信息化名家经典书库

ERP 制造业信息化管理的基石

陈启申　编著

電子工業出版社
Publishing House of Electronics Industry
北京 · BEIJING

内 容 简 介

本书是《ERP——从内部集成起步》的最后修订版，更名为《ERP——制造业信息化管理的基石》。

本书从工业工程学的视角，将现代管理理念与信息技术应用结合起来，讲解 ERP 的基本原理、指导思想、运行机制、项目实施等基础知识，做到“知其然又知其所以然”，并体现“两化融合”的精神。

为了厘清社会上对 ERP 的各种理解，本书根据首先提出 ERP 的美国 Gartner 公司历次研究报告介绍 ERP，根据倡导 MRP 的美国生产与库存管理协会（APICS）出版的经典文献介绍内部集成应用，做到寻根溯源、公正务实，不涉及任何商务因素。

本书分为“ERP 原理与管理思想”“ERP 内部集成的应用”和“项目管理与 ERP 实施”三部分，是一本深入浅出、通俗易懂、结合国情、重在实用的 ERP 普及读物。本书适合企业各级管理人员、项目实施人员、管理咨询公司、软件公司和大专院校相关专业的读者阅读。

图书在版编目（CIP）数据

ERP：制造业信息化管理的基石 / 陈启申编著. —北京：电子工业出版社，2023.5

（信息化名家经典书库）

ISBN 978-7-121-45409-7

Ⅰ. ①E… Ⅱ. ①陈… Ⅲ. ①企业管理－计算机管理系统 Ⅳ. ①F270.7

中国国家版本馆 CIP 数据核字（2023）第 065098 号

责任编辑：徐蔷薇 文字编辑：赵 娜
印 刷：中煤（北京）印务有限公司
装 订：中煤（北京）印务有限公司
出版发行：电子工业出版社
北京市海淀区万寿路 173 信箱 邮编：100036
开 本：787×1092 1/16 印张：28.5 字数：730 千字
版 次：2023 年 5 月第 1 版
印 次：2023 年 5 月第 1 次印刷
印 数：1500 册 定价：99.00 元

凡所购买电子工业出版社图书有缺损问题，请向购买书店调换。若书店售缺，请与本社发行部联系，联系及邮购电话：（010）88254888，88258888。

质量投诉请发邮件至 zlts@phei.com.cn，盗版侵权举报请发邮件至 dbqq@phei.com.cn。

本书咨询联系方式：xuqw@phei.com.cn。

作者简介

陈启申

陈启申是中元国际工程公司（原机械工业部设计研究院）研究员级高级工程师，项目经理。1952 年毕业于清华大学机械工程系。早年曾参与山西太原重型机器厂建设，后长期在机械部工程设计单位和部门从事工业工程、企业技术改造与基本建设工作。1992 年退休后，借助 40 年的工作经历和接受由联合国工业发展组织（UNIDO）举办的物流搬运与设施布置（著名物流专家 Richard Muther 主讲）、项目管理（瑞典项目管理协会主办）及由美国生产与库存管理协会（APICS）举办的 MRP Ⅱ等相关国际继续教育课程的有利背景，投身于 MRP Ⅱ/ERP 的推广普及工作。

陈老师曾是 APICS 会员，退休后在 SSA 公司担任过高级顾问，负责 BPICS 软件第四版的汉化和用户高层培训工作。参加过诸多业内 MRP Ⅱ/ERP 的培训、交流、研讨和实施活动。在总结国内外实践经验、参阅国外主要经典文献的基础上，先后撰写了《MRP Ⅱ——制造资源计划概论》《MRP Ⅱ——制造资源计划基础》《供需链管理与企业资源计划（ERP）》《ERP——从内部集成起步》《成功实施 ERP 的规范流程——知理 • 知己 • 知彼 • 知用》等国内知名的 MRP Ⅱ/ERP 普及教材，不少业内人士进入 MRP Ⅱ/ERP 领域都是从阅读这些图书入门的。

陈老师把自己定位为“ERP 普及教育工作者”，是业内公认具有影响力的 MRP Ⅱ/ERP 启蒙老师。现在他虽已是耄耋老人，但仍关心着我国 ERP 事业的健康发展。

前　言

本书是《ERP——从内部集成起步》（以下简称《起步》）的最后修订版，基本上延续了《起步》的内容。为了改善叙述的逻辑性并突出要点，对一些章节顺序和名称做了调整。作为书名，从内部集成起步只是说明了实施ERP的正确步骤和相关知识，但是仅仅说“起步”，还没有点明ERP的实质，也不利于端正对“ERP过时论”的误解。

书名改为《ERP——制造业信息化管理的基石》（以下简称《基石》）是为了明确指明ERP是一种主要应用于**制造业管理的信息化系统**。它是基础数据的提供者，开展电子商务及所有商务智能（BI）、大数据、物联网等系统用到的基础数据都离不开ERP，故称为信息化的“**基石**”。当然，实施ERP应该从内部集成起步，这是由浅入深、由里及外、现实可行的正确步骤。企业信息化建设是没有止境的，从内部集成起步，练好管理内功，打好坚实基础，才能向更高的信息化境界扩展。

本书讲的是ERP的基本原理、相关管理理念和规范的实施方法，这些都是制造业管理信息化最基础的知识。ERP是制造业信息化管理最基础的应用系统，尽管信息技术及其应用在不断充实并飞速发展，已进入数字化时代，但ERP的基本原理、管理理念和实施规律是不会改变的。就像中学时期的数理化基础课一样，不会过时。

我总结归纳出“**知理-知己-知彼-知用**”8个字，来作为成功实施ERP必须遵守的规范流程。许多实施单位没有注意遵守这个顺序，走了弯路。本书的第1部分主要讲“知理”，第2部分主要讲“知理”，也有“知己”的内容，第3部分主要讲“知彼-知用”，也有“知己”的内容；“知己”多次出现说明**联系实际**的重要性，希望读者仔细领会。

《起步》自2004年出版至今，已再版3次，累计印刷约70000册，得到社会各界人士的普遍认可和欢迎。一些企业高层向员工推荐它作为必修的学习材料，一些学校把它作为授课教材或主要参考文献。

《起步》第3版印刷了近30次，期间虽然有过多次文字纠错和修改，但是有些内容已经不适应当前环境，需要再次审核修订后予以再版。在此，我要感谢指出错误的各位读者，特别是从事工业工程和精益生产的张光旭先生，他不但像大多数读者那样指出许多文字对应方面的差错，而且是唯一一位指出文字叙述错误的读者（1.4.2节和图1.3已在第3版第23次印刷时更正）。

借新书出版之际，有些情况需要做些说明：

1．在 ERP 的前身 MRP Ⅱ传入我国的早期（1987 年），我接受了一次 MRP Ⅱ的正规培训。这次培训由美国 APICS（美国生产与库存管理协会）的专家授课（一位有 15 年从事 MRP Ⅱ事业的经历、做过 29 个成功的 MRP Ⅱ项目、获得 APICS CPIM 资格证书的 DEC 公司总部物料经理），使用 APICS 标准教材（Applied Manufacturing Education Series，AMES），用一个当时比较成熟的 MRP Ⅱ产品进行操练（ASK 公司的 MANMAN），并在北京一家制造企业指导实施应用。像这样同时具备 4 个条件，即资深教师、标准教材、成熟软件、试点企业，为期两个多月的正规培训和实践，在国内可以说是得天独厚、凤毛麟角。MRP Ⅱ是 ERP 内部集成的核心，我感到有责任把自己学到的知识和之后在普及工作中的心得体会，传播给业内。

2．在此培训的基础上，我查阅了大量 MRP Ⅱ和 ERP 的原始经典文献，对传入我国的各种论点，做到寻根溯源、独立思考。再结合自己约 20 年从事 ERP 普及工作的实践体验，联系当前业内存在的一些模糊认识和错误观点，客观、公正地讲解 ERP，不涉及任何软件产品，没有任何商业色彩和偏见。

3．本书把实施方法作为 ERP 项目成功应用的一个重要部分，尽力做到“授之以渔”，提出“**知理-知己-知彼-知用**”规范化的实施流程，有助于企业树立**主体意识**。

4．ERP 是一种信息化管理系统，理解和实施 ERP 必然涉及许多现代管理理念，没有现代管理思想指导，在实施过程中会迷失方向，见不到效果和效益。本书扼要地讲解这些相关理论，并讨论它们和实施 ERP 之间的关系。把握和运用这些现代管理理念，将其作为实施和应用 ERP 的指导思想，是企业各级管理人员必须高度重视的。本书强调管理科学与信息技术相结合，这对统一思想认识、体现“两化融合”、减少实施过程中的各种分歧和矛盾是十分必要的。

5．ERP 源自西方，学习 ERP 和各种近代管理理念要本着“洋为中用”和“师夷长技以制夷”的精神，从引进、消化、吸收，到联系实际创新、应用。由于 MRP/ERP 系统源自西方，国内的翻译会有差异，所以书中比较多地注明了一些名词的英文原文，便于读者理解词汇的真实原意。

6．书中介绍的信息化管理功能，是说明 ERP 系统应该并且可以做到的。但在选型时要特别注意，这些功能并不是每个 ERP 产品都具备的。

7．书中对引用的图表都注明了来源，未注明来源的是我在学习和实践中的体会和总结，若有不妥之处，欢迎批评指正。

读者可在网上搜索 e-works 的“正本清源 独立思考-ERP 是什么”中查阅《我是怎样讲解 ERP 的》一文，文中记载了我和 Gartner 公司（亚太地区）的来往信件，可以参考。

万事开头难，回顾我的 ERP 生涯，1993 年我完成了《MRP Ⅱ——制造资源计划概论》书稿寻求出版，因各方对书名生疏不解，出版遇到困难。最后是中国农业大学博士生导师/农药化学家钱传范教授给予支持和帮助，在北京农业大学出版社出版。出版后受到国家 863/CIMS 主题专家组的认可和业内的重视，打开了我进入 ERP 普及教育工作的大门。借此机会，对钱传范教授的深切关爱和支持，表示衷心感激和怀念。

我已年逾九十，我的尽力恐怕是到此为止了。希望有更多致力于推进我国制造业信息化管理的有志之士，能正确宣讲 ERP，结合实际写出更多更好的普及教材，引导我国企业信息化管理建设健康发展，为提升我国企业在全球市场的国际竞争力，为振兴中华，做出更大贡献！也祝愿有更多的企业在实现管理信息化的进程中，能够按照“知理–知己–知彼–知用”的规范流程，取得成功！

陈启申

2023 年元旦

目录

CONTENTS

第1部分　ERP原理与管理思想

第3部分　项目管理与ERP实施

第1部分

PART 1

ERP原理与管理思想

主要内容

- ◎ Gartner公司是如何提出ERP的
- ◎ 从优化业务流程谈信息集成的必要性
- ◎ 用信息集成的观念理解MRP到ERP
- ◎ 物料信息的集成
- ◎ 物流与资金流信息集成
- ◎ 供需链信息集成
- ◎ ERP内外信息集成扩展
- ◎ ERP与现代管理理念
- ◎ 高管团队工程与企业文化
- ◎ 推广 ERP 要注意的问题

第 1 部分主要介绍 ERP 系统的基本原理和管理思想。

第 1 部分的要点是：

- 尊重历史，追本溯源，根据 APICS 的文献介绍 MRP 和 MRP Ⅱ，根据 Gartner 公司的文献介绍 ERP。
- 突出 ERP 的两个重点：信息集成和优化流程。强调信息化管理和传统手工管理是两种完全不同的管理模式。要创建信息化管理的企业体制和文化环境，进行必要的变革。
- ERP 是从 MRP 和 MRP Ⅱ发展起来的，三者是制造业信息化管理发展的三个重要里程碑。本书用优化业务流程的需要和信息集成覆盖的范围来讲解这三个里程碑，而不采用一般的编年体式。
- 对每个系统都会介绍：解决什么管理问题、依据什么管理思想、信息集成的范围、采用什么模型和运行机理，便于读者领会实施这些系统能够带来效益的道理。
- 成功实施 ERP 要由掌握现代管理理念的员工来实现，要坚持企业主体意识。
- 企业高管团队是主导 ERP 项目实施的核心，关系到 ERP 项目的成败。

第 1 章

Gartner 公司是如何提出 ERP 的

ERP（Enterprise Resources Planning，企业资源计划）在信息化管理领域，已经不再是一个陌生的名词，它几乎被社会公认为是制造业管理信息化的同义语。但是，社会上对 ERP 的解释，往往会在基本正确的叙述中掺杂似是而非的论点，如果不能澄清，将会给 ERP 事业造成误导和伤害。

既然 ERP 的倡导者是 Gartner 公司，只有它赋予 ERP 的原始定义，才是真正可以信赖的依据。要正确理解 ERP，就要以 Gartner 公司的研究报告为准。

1.1 Gartner 公司的研究报告

不论是报刊还是图书文献，提起 ERP，都会不约而同地写道："ERP 是美国 Gartner Group Inc.公司（简称 Gartner 公司）[注 1] 在 20 世纪 90 年代初提出来的。"但是，Gartner 公司究竟是怎样提出 ERP 的，在国内各种 ERP 书籍和文章中几乎没有看到任何相关介绍。在 ERP 红极一时的年代，谁都想把自己的管理软件产品向 ERP 扎堆，以为如此便可以抬高身价，便于推销；于是就出现了此 ERP 非彼 ERP 的混乱状况，使那些想搞信息化管理的企业，在这种无序竞争的 ERP 市场面前，茫然不知所从。

为了确切说明什么是 ERP，一定要根据历史事实，从 Gartner 公司最初为 ERP 下的定义讲起，了解 ERP 诞生的历史背景，把握 ERP 的实质。

Gartner 公司是一家全球最具权威的 IT 研究与顾问咨询公司之一。1990 年 4 月 12

[注 1] Gartner Group Inc.（中文译名为高德纳或加特纳公司）是全球权威的 IT 研究与顾问咨询公司，成立于 1979 年，总部设在美国康涅狄克州斯坦福。其研究范围覆盖全部 IT 产业，在 IT 的研究、发展、评估、应用、市场等领域为客户提供客观、公正、全面、高效的论证报告及市场调研报告，协助客户进行市场分析、技术选择、项目论证、投资决策及制订谈判方案。为项目决策者在投资风险和管理、营销策略、发展方向等重大问题上提供可靠依据。提供综合研究顾问、市场研究、项目咨询和 IT 实施评测等服务，帮助客户做出正确选择。在全球领先的 500 家公司中，Gartner 公司的客户占 80% 以上。Gartner 公司拥有员工 4800 多名，包括 1250 多位世界级分析专家，分布在全球 85 个国家。在全球的 IT 界，Gartner 公司有包括供应商、生产厂商、系统集成商、咨询公司、金融、能源交通部门、政府部门及各领域在内的共约 11500 万家公司客户。

日，它发布了以《ERP：下一代 MRP Ⅱ的远景设想》（*ERP: A Vision of the Next-Generation MRP Ⅱ*）为题，由 L. Wylie 署名的研究报告①，这是第一次提出 ERP 概念。要说明什么是 ERP，只能以这个报告为依据。这份研究报告的内容虽然只有 2 页纸，但却具有非常前瞻性的精辟设想（见图 1.1）。

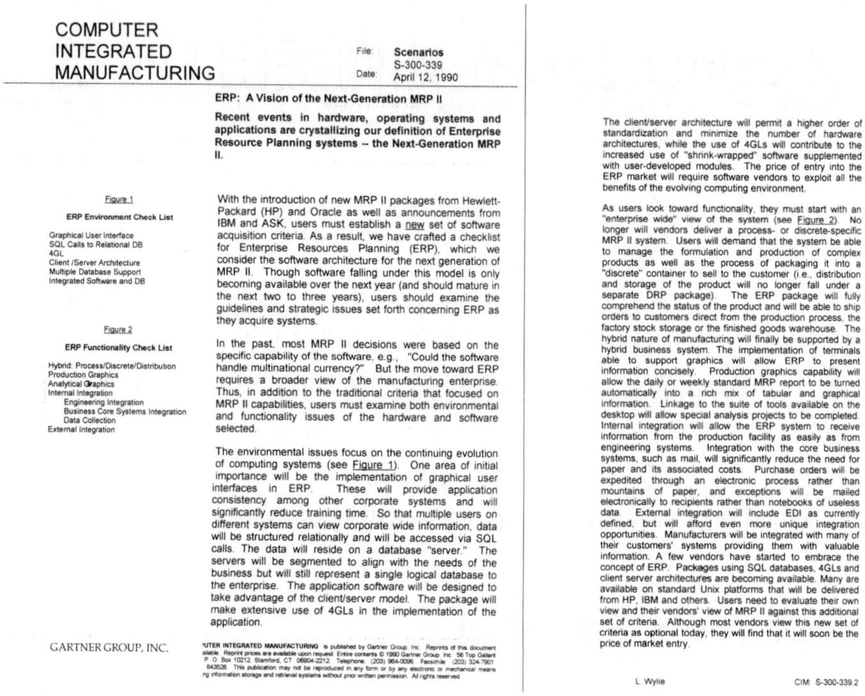

COMPUTER INTEGRATED MANUFACTURING

File: **Scenarios** S-300-339
Date: April 12, 1990

ERP: A Vision of the Next-Generation MRP II

Recent events in hardware, operating systems and applications are crystallizing our definition of Enterprise Resource Planning systems -- the Next-Generation MRP II.

Figure 1

ERP Environment Check List

Graphical User Interface
SQL Calls to Relational DB
4GL
Client /Server Architecture
Multiple Database Support
Integrated Software and DB

Figure 2

ERP Functionality Check List

Hybrid: Process/Discrete/Distribution
Production Graphics
Analytical Graphics
Internal Integration
  Engineering Integration
  Business Core Systems Integration
  Data Collection
External Integration

With the introduction of new MRP II packages from Hewlett-Packard (HP) and Oracle as well as announcements from IBM and ASK, users must establish a new set of software acquisition criteria. As a result, we have crafted a checklist for Enterprise Resources Planning (ERP), which we consider the software architecture for the next generation of MRP II. Though software falling under this model is only becoming available over the next year (and should mature in the next two to three years), users should examine the guidelines and strategic issues set forth concerning ERP as they acquire systems.

In the past, most MRP II decisions were based on the specific capability of the software, e.g., "Could the software handle multinational currency?" But the move toward ERP requires a broader view of the manufacturing enterprise. Thus, in addition to the traditional criteria that focused on MRP II capabilities, users must examine both environmental and functionality issues of the hardware and software selected.

The environmental issues focus on the continuing evolution of computing systems (see Figure 1). One area of initial importance will be the implementation of graphical user interfaces in ERP. These will provide application consistency among other corporate systems and will significantly reduce training time. So that multiple users on different systems can view corporate wide information, data will be structured relationally and will be accessed via SQL calls. The data will reside on a database "server." The servers will be segmented to align with the needs of the business but will still represent a single logical database to the enterprise. The application software will be designed to take advantage of the client/server model. The package will make extensive use of 4GLs in the implementation of the application.

GARTNER GROUP, INC.

The client/server architecture will permit a higher order of standardization and minimize the number of hardware architectures, while the use of 4GLs will contribute to the increased use of "shrink-wrapped" software supplemented with user-developed modules. The price of entry into the ERP market will require software vendors to exploit all the benefits of the evolving computing environment.

As users look toward functionality, they must start with an "enterprise wide" view of the system (see Figure 2). No longer will vendors deliver a process- or discrete-specific MRP II system. Users will demand that the system be able to manage the formulation and production of complex products as well as the process of packaging it into a "discrete" container to sell to the customer (i.e., distribution and storage of the product will no longer fall under a separate DRP package). The ERP package will fully comprehend the status of the product and will be able to ship orders to customers direct from the production process, the factory stock storage or the finished goods warehouse. The hybrid nature of manufacturing will finally be supported by a hybrid business system. The implementation of terminals able to support graphics will allow ERP to present information concisely. Production graphics capability will allow the daily or weekly standard MRP report to be turned automatically into a rich mix of tabular and graphical information. Linkage to the suite of tools available on the desktop will allow special analysis projects to be completed. Internal integration will allow the ERP system to receive information from the production facility as easily as from engineering systems. Integration with the core business systems, such as mail, will significantly reduce the need for paper and its associated costs. Purchase orders will be expedited through an electronic process rather than mountains of paper, and exceptions will be mailed electronically to recipients rather than notebooks of useless data. External integration will include EDI as currently defined, but will afford even more unique integration opportunities. Manufacturers will be integrated with many of their customers' systems providing them with valuable information. A few vendors have started to embrace the concept of ERP. Packages using SQL databases, 4GLs and client server architectures are becoming available. Many are available on standard Unix platforms that will be delivered from HP, IBM and others. Users need to evaluate their own view and their vendors' view of MRP II against this additional set of criteria. Although most vendors view this new set of criteria as optional today, they will find that it will soon be the price of market entry.

L. Wylie   CIM: S-300-339 2

图 1.1　Gartner 公司的 ERP 研究报告［北京，Gartner 公司（亚太地区）研究部提供］

Gartner 公司总是从功能和技术两方面来评价各种信息化系统，把业务和技术结合起来进行探讨，对 ERP 也不例外。在这份报告中列出了“功能”和“技术”两个核对清单（Check List），也就是说：ERP 必须做到核对清单中列出的各项要求。图 1.1 第 1 页左侧有两个文字字块，上面的是针对技术的“ERP 技术环境核对清单”（ERP Environment Check List），下面的是针对功能的“ERP 功能核对清单”（ERP Functionality Check List）。

功能是针对业务流程的，要能够满足企业运行与发展的各种**管理需求**。**技术**是针对信息技术的，要能够支持各项**功能**的**实现**。二者有一种需求与供应性质的关系。

功能核对清单中指出：ERP 的**核心标志是实现两个集成**，即信息的内部集成和外部集成。

（1）**内部集成**（Internal Integration）——内部集成包括 3 个主要方面，即实现产品研发、核心业务和数据采集三方面信息的集成。很明显，这已超出了 MRP Ⅱ的范围。

（2）**外部集成**（External Integration）——外部集成主要是打破企业的“四面墙”，实

① Gartner CIM：Scenarios S-300-339，April 12, 1990.

现企业与供需链上下游所有合作伙伴共享信息的集成。

也就是说，ERP 不但要实现企业内部管理的信息集成，而且要同上下游合作伙伴实现信息集成，要“关注管理整个供需链”（Focus on Managing the Entire Supply Chain），即完整的 ERP 系统要能支持供需链管理（本书之所以用“**供需链**”而未用“供应链”的原因将在第 6 章说明）。

之后，Gartner 公司又陆续发表了一系列的分析和研究报告。例如，J. Borelli 署名的《ERP 的功能性》（*ERP Functionality*）[①]，E. Keller 署名的《实现从 MRP Ⅱ到 ERP 的跨越》（*Making the Jump from MRP Ⅱ to ERP*）[②]，以及多次对各 ERP 主流产品的技术与功能的分析评价报告。

值得注意的是，所有这些研究报告都归类于 CIM（Computer Integration Manufacturing，计算机集成制造）类别中，说明 ERP 是一种主要用于制造业（尤其是机电制造类型的制造业）的信息化管理系统。

1993 年 5 月，ERP 的概念已经逐渐成熟，Gartner 公司做了一个以《ERP：远景设想的定量化》（*ERP: Quantifying the Vision*）为题的会议报告（Conference Presentation），用了 26 页的篇幅讨论了 5 个重点问题，即

（1）是什么促进了 ERP 的发展？

（2）如何区别 ERP 与 MRP Ⅱ？

（3）计算机技术对 ERP 的作用是什么？

（4）ERP 有哪些功能？

（5）用户该如何应用 ERP？

这份报告详尽地阐述了 ERP 的理念和对 1993 年以后的三五年内可能实现应用的估计（用概率百分数表示），深刻阐明了 ERP 的实质和定义，是 ERP 发展进程中的一篇极其重要和具有较高分析水平的文献。每位从事 ERP 领域的工作人员，都应该能够清晰、正确地回答这 5 个问题。本书将在各章节中融汇这篇文献的基本观点并结合国情进行讲解。

综合以上一些早期文献的精神，Gartner 公司对 ERP 的定义可以简明表述如下。

ERP 是 MRP Ⅱ（Manufacturing Resources Planning，制造资源计划）的下一代，它的内涵是“采用最新信息技术（IT），打破企业的‘四面墙’，把信息集成的范围从企业内部扩大到企业的上下游，管理整个供需链，实现供需链制造”。

换言之：ERP 是一种企业内部所有业务部门之间和企业同外部合作伙伴之间实时交换、分享和处理信息的系统；是管理供需链制造的信息化应用系统；是优化供需链流程和进行管理决策的工具；是经济全球化环境下，企业实现国际竞争优势不可或缺的信息化手段。

① Gartner CIM：S-345-394，September 28, 1990.

② Gartner CIM：R-345-107，June 5, 1991.

MRP Ⅱ是 ERP 内部集成的主要组成部分，是美国生产与库存管理协会（APICS [注 2]）的一些专家首先提出来的，本书的第 2 部分将详细介绍。

实现 ERP 离不开信息技术的支持，需要通过实施一个软件产品来体现，这是毋庸置疑的。但这并不意味着 ERP 就等同于软件（Software）或软件包（Package），软件只是一个绝对不可缺少的载体，**ERP 的实质是一种解决制造业管理问题的解决方案**（Solution）**或应用系统**（Application），而不是软件的同义语。

早年，MRP Ⅱ创始人 O. Wight 就在一个 ERP-education-losing-our-religion 课程里说过：**“不要把 MRP Ⅱ当成计算机系统，它只是借助计算机，为制造业企业实现物料计划与控制提供‘可能条件’，但又必须以管理人员为主体、靠人来实现的系统。”**

这段话清楚地说明了计算机（信息技术）和 MRP Ⅱ的关系，突出 MRP Ⅱ的核心功能是“计划与控制”，说明了信息技术、核心业务和管理人员之间的关系。文中提到“可能条件”的含义是说明 MRP Ⅱ仅仅是提供一个“可能”的环境或条件，至于能不能“实现”要靠人的作用。

这段话文字简短，但非常精辟，非常重要！虽然在讲 MRP Ⅱ，但是对 ERP 也同样完全适用。

Computer Associate 公司的创始人王嘉廉先生曾在北京计算机博览会上有一次发言，强调业务和技术就像铁路的两根铁轨，如果脱轨就可能会出人命，也形象地强调了二者结合的重要性。

在这个 ERP 实质的问题上我们必须有非常明确的认识，绝对不能含糊。国内外许多似是而非的观念都是源于对 ERP 实质的错误理解，其中最常见的例子就是用某些软件设计或开发环境的优劣来评论 ERP；或者称 ERP 的各个子系统为“模块”（Module）而不称“功能”（Function）；不说哪些**业务流程**应用了信息化管理**功能**，而是说哪些**部门**用了哪些**模块**。**对 ERP 实质的不同理解，是“业务-技术脱轨”通病的根源，**会在许多方面表现出来。“拨乱反正”非一日之功，本书会不厌其烦地反复强调。

ERP 企业资源计划中的“企业”，原意是指“全企业”（Enterprise-wide）；是一个公司所属的全部生产/服务单元和管理机构；大到可以是集团公司，小到可以是小型企业，甚至是一个工厂。“企业内部集成”中“内部”的含义，如果是集团公司就应该包含总公

[注 2] 美国生产与库存管理协会（American Production and Inventory Control Society，APICS）是一家企业资源管理的教育协会（2005 年易名为美国运营管理协会——Association for Operation Management，但缩写仍用 APICS），成立于 1957 年，总部设在美国弗吉尼亚州亚历山大市，是 MRP、MRP II、JIT、ERP 等现代管理系统普及推广的权威机构，一些 MRP II 的创始人和推广人都是 APICS 的早期会员或负责人。目前，APICS 在全球有 270 个分会，60000 余名会员（最多时曾达到 72000 余人）。APICS 下设流程工业、重复生产、中小型制造业、约束管理等若干专业小组，会不定期地举办研讨会和培训班，可以免费通过电子邮件定期收到 APICS e-NEWS，每期都有一些论述各种最新观点的白皮书。APICS 每年 10 月召开一次国际年会，并出版会议录 APICS International Conference & Exposition Proceedings，会员可以免费索取光盘。这些出版物对研究 MRP II/ERP 等现代信息化管理系统具有重要的参考价值。

APICS 设有 CPIM（Certified Production and Inventory Management）等资格考试证书，受到国外一些从事 MRP II/ERP 行业公司的认可，相当于大学学位。APICS 的知识体系包括 ERP 的核心理念和方法。学习 APICS 知识体系，可以从更宽的视野和更高的高度来理解 ERP 的核心逻辑、管理思想和基本方法，从而指导 ERP 的选型、实施和应用改进，帮助 ERP 成功实施。

司下属的位于不同地理位置的所有分支机构（分公司、生产厂、配送中心）。不论企业规模多大，都是**企业全部管理业务流程的信息集成**，而不是局限于个别业务部门。**只有企业的业务全流程实现了信息化管理，才能充分体现出信息化给企业带来的价值和效益**。

1.2 ERP 诞生的历史背景

ERP 的问世有其时代背景。进入 20 世纪 90 年代，制造业的环境发生了急剧变化，主要的特点是经济全球化（当时称为“新经济时代”）及信息技术的迅猛发展。

在这种环境下，制造业企业面临的严峻形势是：

- **网络技术**的发展，需要重新定义企业同供应商、分销商的关系，以快速响应全球市场供需多变的形势；
- **灵活性**和**响应速度**成为核心竞争力的重要因素，“大鱼吃小鱼”被“快鱼吃慢鱼”替代，因此需要更灵活的扁平化组织结构，也就是要简化信息的处理流程，加快信息的处理和传递速度，提供各级责任人员更多实时和完整的信息，面对多变环境做出快速、正确的决策；
- **需要对传统的业务流程进行重新设计和重组**，减少职能重叠、职责不清、不增值和效率低下的流程和机构，实现企业内外业务流程同步，做到精益生产；
- 能够**实时**（Real-time）、**能动**（Proactive）地对产品研发和业务流程同时进行监控、管理和优化，使创新的产品更快捷地设计和生产出来，并快速推向市场。

总之，今后只有那些能迅速提供质量最优、成本最低、品种多样、交付最快的产品和服务的企业，才能在竞争中生存。

ERP 作为 MRP Ⅱ的下一代，它的出现就是为了适应全球经济新形势的需要，实现网络设计和网络制造，或称供需链制造。同时，也正是由于网络通信技术、数据库技术、计算机和终端产品，以及软件工程的迅猛发展、各种硬件的成本不断下降，给实现更广范围的信息集成提供了无限发展的空间。管理人员可以轻而易举地随手获取所需信息，开展业务或做出决策。人们梦寐以求的“**无须远行，无须久等**”已成为现实。

1.3 Gartner 公司定义的深远影响

Gartner 公司提出 ERP，指明了制造业管理信息化发展的方向，在 Gartner 公司发布的研究报告的指引下，各种信息化应用系统如雨后春笋般迅猛发展。

如前所述，在 Gartner 公司 1990 年发布的研究报告中，对 ERP 的定义是用“ERP 技术环境核对清单”和“ERP 功能核对清单”来表达的，ERP 系统必须做到核对清单中列出的各项要求。

限于当时信息技术发展的条件，“ERP 技术环境核对清单”中所列的各项技术，如图形用户界面（Graphical User Interface，GUI）、结构化查询语言（Structured Query Language，SQL）及关系数据库、第四代语言（4GL）、客户机/服务器（C/S）、多种数据库支持、集成软件等，而其中的大多数现在看来早已不新。当时，对支持企业外部信息集成极其重要的互联网技术还刚刚起步，未能在“ERP 技术环境核对清单”中体现，说明研究报告对技术环境的要求有其时代的局限性，千万不要因为研究报告提出的这些技术要求“不新”就得出 ERP 过时的结论。

“ERP 技术环境核对清单”现在看来一点也不新，是因为这些年 IT 发展得实在太快了；但是在 ERP 研究报告发表的那个年代，确实是“最新”的。因此，我们在 1.1 节解释 ERP 定义时，采用了“**最新的**信息技术”的提法，而不是“死套”原来核对清单的具体内容。

但是，ERP 研究报告中的“ERP 功能核对清单”的内容却比较完整地反映了企业管理对信息化日益增长的需求，意义深远，如图 1.2 所示。当前名目繁多的信息化应用系统（俗称“英文三字经”），可以说都是为了实现 ERP 功能核对清单中的要求，为了实现**内外信息集成**，陆续分别开发和逐步完善的，体现了 Gartner 公司研究报告的前瞻性。

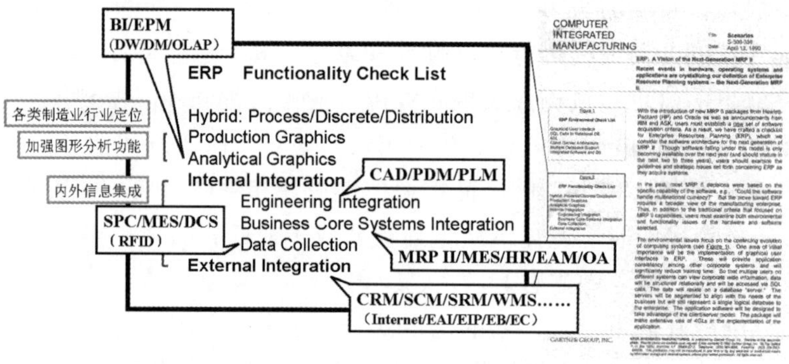

图 1.2　Gartner 公司对 ERP 原始定义的深远意义

“ERP 功能核对清单”中第一条要求 ERP 系统要能适应离散、流程和分销配送不同类型的制造业，即囊括各种类型（包括混合型）的制造业，包括各种行业定位。时至今日，可能还需要加上“服务”类，以适应某些制造业向制造–服务转型的需要。

接下来，“ERP 功能核对清单”提出 ERP 要能采用图解方法分析、评价和处理各种经营生产问题。也就是说，ERP 不再是简单的事务处理系统，而是在分析大量数据资源的基础上突出**整体决策分析**的功能，并进行业绩评价。随后陆续发展的数据仓库（Data Warehouse，DW）、数据挖掘（Data Mining，DM）和在线分析处理（On-Line Analytical Processing，OLAP）等信息技术，以及商务智能（Business Intelligence，BI）、企业业绩管理（Enterprise Performance Management，EPM）等应用系统都是支持 Gartner 公司核对清单的远景设想。

内部集成提到了 MRP Ⅱ没有包括的一个重要方面——同**产品研发**集成。几乎所有制造业都必须不断开发市场和客户需要的创新产品，这是企业生存的首要条件。为了实现“ERP 功能核对清单”的要求，在成组技术（Group Technology，GT）、计算机辅助设计（Computer Added Design，CAD）和计算机辅助工艺设计（Computer Added Process Planning，CAPP）的基础上，陆续开发了产品数据管理（Product Data Management，PDM）和产品生命周期管理（Product Lifecycle Management，PLM）等应用系统。

在核心业务信息集成方面，在 MRP Ⅱ的基础上发展了制造执行系统（Manufacturing Execution System，MES）、人力资源管理（Human Resource Management，HRM）、企业资产管理（Enterprise Asset Management，EAM）及办公自动化（Office Automation，OA）等应用系统。

内部集成还包括 MRP Ⅱ没有的**数据采集**，针对这一要求，除了质量管理的统计过程控制（Statistical Process Control，SPC）系统、结合流程控制的分布控制系统（Distributed Control System，DCS）等外，在条形码基础上发展了二维码和射频识别技术（Radio Frequency Identification，RFID），方便信息采集和集成。近年来，传感技术和移动通信技术的发展，为实现物联网创造了条件。

在外部集成方面，陆续开发的客户关系管理（Customer Relationship Management，CRM）、供应链管理（Supply Chain Management，SCM）、供应商关系管理（Supplier Relationship Management，SRM）、供应链例外事件管理（Supply Chain Event Management，SCEM）、仓库管理系统（Warehouse Management System，WMS）、运输管理系统（Transportation Management System，TMS）等，都是实现外部信息集成不可缺少的应用系统。

1993 年前后，也就是 Gartner 公司在 1990 年提出 ERP 概念之后的几年，还是用“信息高速公路”来解释互联网，当时的互联网还没有普及，而“外部集成”离开网络通信技术是无法实现的。可见，Gartner 公司对 ERP 的设想有相当的前瞻性，也为管理信息技术的发展提供了广阔视野。限于当时的技术条件和软件供应商的研发实力，没有任何一家公司能够单独完成 Gartner 公司提出的全部远景设想。各个应用系统最初是由不同的厂商分别开发的。为了集成不同开发平台的产品，产生了企业应用系统集成（Enterprise Application Integration，EAI）和中间件（Middle-Ware）技术，以及近年发展起来的面向服务的体系结构（Service-Oriented Architecture，SOA）。

这些由不同公司分散开发的应用系统，单独运行时很难发挥应有的作用，信息集成度差，一些功能会有重复；企业在选型时要面对众多的产品供应商，增加费用，给选型和实施带来困难。近年来，一些主流 ERP 产品的供应商通过兼并收购等方式，在已有的 ERP 产品的基础上，融合了 SCM、CRM、PDM、BI、OA 等功能，逐渐形成一个比较完整的管理系统“套件”，体现了 Gartner 公司对 ERP 的整体设想。这一切都说明 Gartner 公司对 ERP 原始定义具有深远的意义和前瞻性，内涵十分广泛。

20 世纪 90 年代，一些 MRP Ⅱ产品供应商在增加了 Gartner 公司最初提出的一些向外扩展功能后，采纳了 Gartner 公司提出的在当时算是领先的技术，或解决了跨世纪的千年虫（Year 2 Kilo，Y2K）问题之后，为了适应时代潮流和商业目的的需要，把已有的 MRP Ⅱ产品改名为 ERP，出现了一股“易名潮”。

这种易名实质上还没有也不可能实现 Gartner 公司对 ERP 系统的基本定义和设想——管理整个供需链，软件的功能基本上还停留在原有 MRP Ⅱ的水平，甚至连 Gartner 公司提出的内部集成包括产品研发集成和数据采集也没能做到。然而，这个“易名潮”却模糊了 MRP Ⅱ同 ERP 的界限，使一些从来没有接触过成熟 MRP Ⅱ产品的人，自然而然地把从 MRP Ⅱ易名而来的 ERP 看成一种“面向企业内部管理”的信息化系统。到了 2000 年，只好再提出一个 ERP Ⅱ来解释最初定义的但又一直未能全面实现的 ERP（参见图 3.1）。

美国 AMR Research [注 3]在其 Extended ERP-Wiring the Supply Chain 课程里，把这种适量扩展了功能并易名为 ERP 的 MRP Ⅱ系统，作为“ERP 的一个良好的起点”看待，一方面说明它毕竟还不是 Gartner 公司最初定义的 ERP 的全部内容，另一方面也说明制造业企业信息化管理不妨从**这个“良好的起点”开始起步**（见 5.5 节“MRP Ⅱ基本子系统配置”）。

从 MRP（Material Requirements Planning，物料需求计划）到 MRP Ⅱ再到包含产品研发和数据采集后的 ERP 内部集成，再包括上下游的供应商和客户，就形成了完整的内外集成 ERP。图 1.3 说明了内外集成各个阶段的扩展和所包括的业务流程范围。

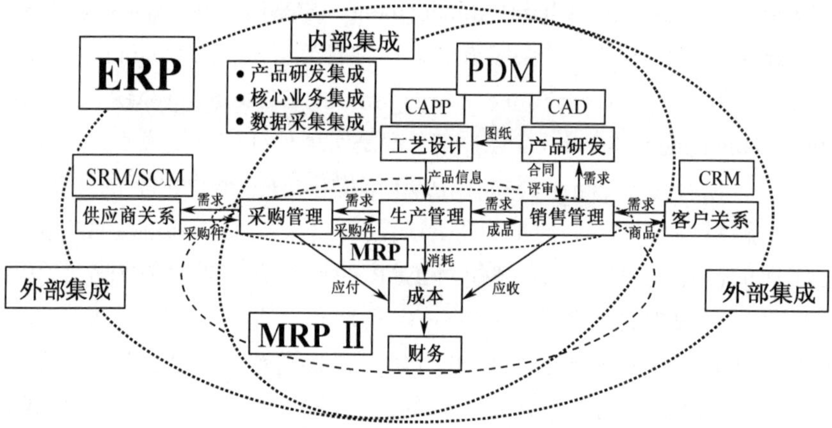

图 1.3　MRP–MRP Ⅱ–内部集成–外部集成

本书不用“编年体”的方式讲解从 MRP 到 ERP 的发展，而是用“**管理需求的发展和信息集成覆盖的业务流程范围**”来解释 ERP 的成长历程，突出信息技术和管理业务的关联性。

[注 3] AMR 的英文全称是 Advanced Manufacturing Research，它原是一家著名的产业和市场分析公司，成立于 1986 年，总部设在美国马里兰州波士顿。2009 年被 Gartner 公司收购后，专注于全球供应链及相关支持技术的研究。AMR 有经验丰富的研究阵营，分析信息技术对产业的冲击和影响，以及如何在各个行业中采用新技术来实现企业经营目标，并提出独立公正的建议和忠告。AMR 经常保持对 2000 种以上的软件、技术平台和服务提供商的研究与分析，帮助用户评价、选择和管理新的系统。同时，它也向软件商和服务商、财务团体提供相关的市场数据、分析报告和建议。

APICS 和 Gartner 公司的详细信息都可以从网上查到。AMR 公司因已被 Gartner 公司收购，不再出现，本书因引用了早期 AMR Research 的文献，故在此说明。

1.4　制造业信息化行业细分与实施环境

1.4.1　信息化需求因行业而异

Gartner 公司发布的研究报告中指出 ERP 是 MRP Ⅱ的下一代，归类在“计算机集成制造”（CIM）中，是一个面向制造业的信息化系统。各种类型的制造业对信息化的要求是有差别的，这就决定了 ERP 产品必须是一种**可配置的产品**。

可配置并不意味着任何行业的信息化系统都可以称为 ERP，ERP 主要面向制造业。其核心功能是面向产品的物料计划，不是什么行业都可以来个 ERP，什么金融 ERP、旅游 ERP、保险 ERP、旅店 ERP 等，这种“扎堆”现象歪曲了 Gartner 公司对 ERP 的定义，不利于人们对 ERP 的正确理解，也不利于软件供应商对行业特点和需求的深入钻研。值得提倡的是，医院的信息化管理系统，清晰、明白地采用 HIS（Hospital Information System），定位精准，完全不需要和 ERP 挂钩。

同是制造业也有不同的行业；同一行业中的不同企业，由于在产业链中所处的上下游或高低端位置不同，生产类型、管理需求和信息化建设的内容也会有很大差别，在功能选择上很难采用同一个标准。社会上需要的是行业定位精准明确、功能针对性强的 ERP 产品，或者说是一种可以**根据管理需要配置的产品**。本书将在介绍制造业生产类型特点之后对其进行详细讲解，请参见 29.1 节“制造业的行业分类及行业解决方案”。

在我国复合型人才和资金都非常紧缺的情况下，国内软件企业应当有所分工，以便扬长避短，集中精力，开发和不断完善更具特色和针对性强的行业信息化管理系统。**行业细分是管理信息化发展的一个必然趋势**。当前已有不少 ERP 产品提供商对自己的产品采用模块化技术，划分几种不同的行业定位，供不同行业的企业选用。

1.4.2　信息化必要的实施环境

有些企业领导以为花了那么多钱上了 ERP 就什么问题都可以解决了，这是一种极其普遍的误解。我们应当看到，ERP 只是制造业企业信息化建设中一个极其重要的基础（本书称之为“基石”），可处理产品的供需问题，提供核心业务的基础数据和分析—优化流程的参数，在企业信息化建设中**是必不可少的，但又不是万能的**。**它需要和其他信息化系统结合应用，才能给企业带来更大的收益**。

ERP 是一种和手工管理完全不同的管理模式，要创建一个良好的信息化实施环境，才能顺利推行。以机械制造企业为例，明确实施目标创建实施环境如图 1.4 所示。图中的外圈是实现制造业信息化必要的实施环境，包括**体制**、**战略**和**文化**三个主要方面。不符合市场经济规律的体制机制，是企业发展的绊脚石；没有长远经营战略，不可能实现可持续发展；没有为客户增值和实现共赢的企业文化，迟早会在竞争中被淘汰出局。在这种环境下上 ERP 是没有意义的，也不会成功。

信息化战略是为企业经营战略服务的。企业信息化的内容非常广泛，不可能一步全部实现。企业的管理模式、组织结构和业务流程也会经常变化，即使是世界级顶尖企业的管理样板模式，即所谓的最佳实践（Best Practice），也会随着客观形势发展而不断改进，不可能一成不变。这就决定了企业信息化建设是一种长期性的投资，而不是一次性的消费。因此，必须根据企业的经营战略需求做好信息化的长远规划，并以解决最迫切和急需的问题作为企业信息化的切入点，遵循规范化的实施流程，以早见效果，增强信心。本书在 26.3.1 节“宏观需求分析要确定的问题”会详细讨论。

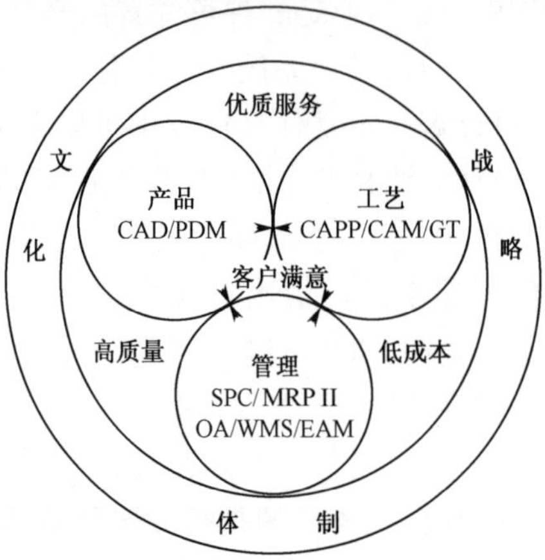

图 1.4　明确实施目标创建实施环境

综上所述，我们不难理解：**实施 ERP 是一种学习、运用和创新知识的过程，同知识传播和知识管理有着密切的关系，需要不断学习（培训、继续教育）；它又是一种不断优化业务流程的过程，同变革管理有密切的关系。**它绝不是一个单纯的技术问题，熟悉手工管理，也不一定就懂信息化管理。对此，我们必须有清醒的认识。本书将会用单独的章节重点讨论“**培训**”和“**变革**”。

1.5　ERP 内部集成与 MRP Ⅱ的异同

Gartner 公司提出 ERP 内部集成包括三个方面的业务：产品研发、管理业务和数据采集的集成，包括企业内部管理的全流程。就 MRP Ⅱ来说，只是实现了核心业务信息化部分，是三个方面之一，还不等同于 ERP 的内部集成。但 ERP 既然是 MRP Ⅱ的下一代，就应包括 MRP Ⅱ所有的基本功能。

1.5.1　计划与控制

制造企业的各项管理业务的实质目的，说到底都是按照现代经济学的基本论点，在为社会创造价值的同时，必须合理地利用有限资源，主要是物料和体现物料价值的资金两项资源。这也是为什么 MRP Ⅱ、ERP 的命名中都有“资源计划”（Resources Planning）的原因。

产品研发、工艺设计、营销、制造、采购和成本财务等各方面的业务，都涉及**物料与成本**（**资金**），仅有计划还不够，还要**控制**计划的执行，落实计划。

制造业的核心业务如图 1.5 所示，图中"**计划与控制**"是协调各项业务运作的神经中枢，是 MRP Ⅱ和 ERP 二者功能的核心。

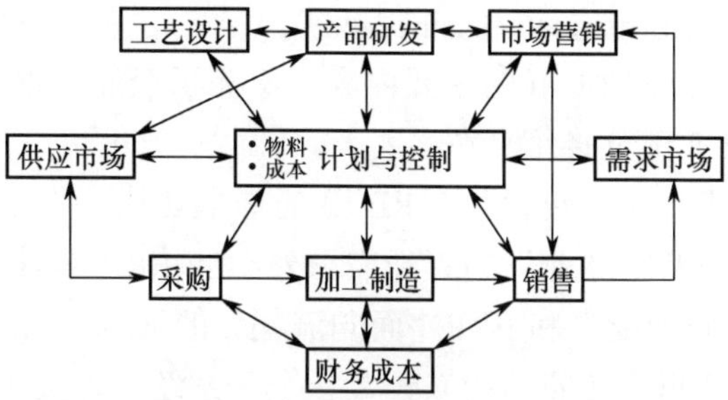

图 1.5　制造业的核心业务

1.5.2　MRP Ⅱ的基本功能

ERP 是 MRP Ⅱ的下一代，MRP Ⅱ应该具备哪些基本功能，是理解 ERP 必须先明确的。

美国生产与库存管理协会（APICS）专家主编的《MRP Ⅱ标准系统》（Darryl V. Landvater，Christopher D. Gray，*MRP Ⅱ Standard System—A Handbook for Manufacturing Software Survival*，Oliver Wight Publications, Inc.，1989）一书中，对一个制造业 MRP Ⅱ软件的运行机理和功能做了比较详细的规定，归纳了 16 项 MRP Ⅱ的基本功能。

从这些基本功能可以看出，尽管 MRP Ⅱ系统还有许多不完善的地方，但是从它所覆盖的业务范围来看，已经包括制造业中以销-产-供计划与控制为主线及成本财务等所有核心业务。换句话说，ERP 内部集成中的核心业务——信息集成部分已在 MRP Ⅱ系统里有所体现。

《MRP Ⅱ标准系统》列出的 MRP Ⅱ基本功能包括以下 16 个方面：

（1）销售与运营规划（Sales and Operational Planning，S&OP）；

（2）需求管理（Demand Management）；

（3）主生产计划（Master Production Schedule，MPS）及总装计划（Final Assembly Schedule，FAS）；

（4）物料需求计划（Material Requirements Planning，MRP）；

（5）物料清单（Bill of Material，BOM）；

（6）库存事务处理子系统（Inventory Transaction Subsystem）；

（7）计划接收量子系统（Scheduled Receipts Subsystem）；

（8）车间作业控制（Shop Floor Control，SFC）；

（9）能力需求计划（Capacity Requirements Planning，CRP）；

（10）投入/产出控制（Input/Output Control）；

（11）采购作业（Purchasing）；
（12）分销资源计划（Distribution Requirements Planning，DRP）；
（13）工具管理（Tooling）；
（14）财务计划界面（Financial Planning Interface）；
（15）模拟（Simulation）；
（16）业绩评价（Performance Measurement）。

ERP 内部集成继承了 MRP Ⅱ的主要内容，覆盖了企业内部管理的主要业务流程，相关内容将在本书的第 2 部分详细介绍。

ERP 是 MRP Ⅱ的下一代，包含了 MRP Ⅱ的基本功能，那么它们之间还有区别吗？除 ERP 要满足“各种类型制造业”的管理需求外，从 ERP 软件产品设计来看，主要的特点就是 MRP Ⅱ**“面向功能”**和 ERP**“面向流程”**的区别。

通常，MRP Ⅱ产品侧重按照功能来设置各个子系统，习惯上译为“模块”。其实英文 module 还有“单元”的含义，“模块”应理解为**“功能单元”**。而 ERP 产品侧重于**按照业务流程**的顺序来设置各个程序和子系统之间的链接，一项作业处理完成后，系统会按照界面上预设了的操作按钮或多个可能的选项，自动提示应当进行的下一步作业；而这种链接的顺序又是可以按照流程的变化进行合理调整的，它突出了业务**流程**，并能适应企业业务流程重组的要求。我们在前面介绍过，MRP Ⅱ系统是面向功能开发的，而 ERP 系统是面向流程开发的。功能是说明“实现什么”，流程不仅说明“实现什么”，更重要的是说明“怎样实现”。

以销售管理子系统为例，功能说明“卖产品”，流程不但要说明卖产品，而且要说明“用什么方式卖”。同样是卖产品，可以有不同的卖法，八仙过海，各显神通。表面上看两种系统都有“销售子系统”，但在流程上往往有很大的区别。

功能是包含在流程之内的。这是 ERP 与 MRP Ⅱ产品的一个最显著的区别，体现业务流程的规范化，是一个大进步。因此，我们应当从**优化业务流程出发来理解企业信息化管理**的意义，下一章会进一步深入探讨。

第 2 章

从优化业务流程谈信息集成的必要性

Gartner 公司的研究报告强调，ERP 的核心标志是实现企业内外信息集成，即集成企业内外业务全流程上的信息，所以说“信息集成”和“业务流程”是密不可分的。

“优化流程”和“信息集成”是 ERP 的两个主要关键词。理解 ERP 要从这两个关键词切入。要实现全业务流程的信息集成，业务流程必须**规范化和可视化**。在信息集成的应用过程中，会发现业务流程存在的问题，要不断改进和优化，而优化业务流程，又离不开信息技术的支持。

2.1 什么是信息集成

企业信息集成（Enterprise Information Integration）的概念比较广泛，这里只讨论企业 ERP 系统的信息集成。它有两个要点：信息的**来源和应用**，信息必须**规范和来源唯一**，信息应用要存取有序，**实时共享**。

2.1.1 信息规范，来源唯一

信息集成的第一个特点是：任何数据或信息都必须**定义明确、编码统一、处理规范**。

每项规范化的数据或信息，都由一个部门的专职员工负责，在规定的时间内录入系统中，存储在指定的数据库，然后根据业务流程的要求，由相关部门的专职员工，按照 ERP 的运算方法进行加工处理。也就是说，任何数据或信息都由**专人维护**，不得由其他任何未经授权的员工重复录入或处理，以保证数据准确可靠、发布/传递及时。很明显，这样可以做到责任分明、避免差错、减少重复劳动、提高效率。人们很容易从系统中查明每个数据的来源、录入时间和责任人。简而言之，信息集成的首要原则就是“**信息规范，来源唯一**”。只有这样才能避免矛盾和混乱，做到运行有效，决策有据。

2.1.2 存取有序，实时共享

来源唯一的规范信息都要为相关的业务人员所用；有用的信息才是有价值的信息，冗余的信息必须清除。信息存储在指定的数据库，为授权的业务人员共用，所以信息集成的第二个特点就是**存取有序，实时共享**。

这里要说明的是，所谓“指定的数据库”并不意味着“只有一个数据库”，而是指一个数据只在唯一的数据库中存取，保证来源唯一。

“共享”说明使用信息的不只是一个部门，而是业务全流程上所有的相关部门。

“共享”也不等于“完全公开”，仅仅是在授权员工之间共享。权限范围可以有大有小，以物料查询权限为例，大到允许某个员工涉及所有仓库，小到只限仓库中的某个货位、某类物料，甚至某个物料。不同企业有不同的管理要求，因此，ERP 产品在权限设置功能上必须有足够的灵活性，选型时要特别注意。

2.1.3 实时企业

Gartner 公司在 21 世纪初曾提出**实时企业**（Real-Time Enterprise，RTE）的概念。环境总是瞬息万变的，因此对信息的时间性有严格要求，不能实时传递和应用的信息或过时的信息，将会完全失去其应有的价值。如果决策的依据是过时的信息，必然会导致严重失误。

根据 Gartner 公司多次对“实时企业”的定义[①②]，“实时”的概念概括起来有以下几重含义：

- 需要的时刻获得必要的和充分的最新信息；
- 能够及时获取、分析和监控影响业务成败的事件；
- 不延误关键业务的处理和决策；
- 及时预见可能发生的风险和机遇。

这是信息化管理所追求的理想境界。当今的竞争是争夺时间的竞争，为了争时间、抢速度，就必须掌握规范、实时、可靠而精确的信息。而信息集成和实时共享是实时企业绝对不可或缺的必要条件。

2.2 业务流程优化与信息集成

ERP 系统集成的是业务流程上的信息，所以信息集成和业务流程是密不可分的。要做到二者结合，业务人员必须树立以下观念。

① Gartner: *The Gartner Definition of Real-Time Enterprise, Research Note*, COM-18-3057, 2002.
② Gartner Research: *Gartner Updates Its Definition of Real-Time Enterprise*, ID Number: DF-22-2973, 2004.

2.2.1　全局观念与全流程

ERP 的一个重要作用是从业务的全流程着眼，即用信息技术来支持全流程优化，涉及多个部门。

以“产供销严重脱节”为例，实质上是生产、供应和销售这三个密切相关的业务流程都各自独立运行，信息交换靠抄写传送，不能实时共享，有问题不能及时处理。即使个别部门用了管理信息系统（MIS），也只能提高本部门的工作效率，不能使产供销三项业务融为一体，如图 2.1 所示。

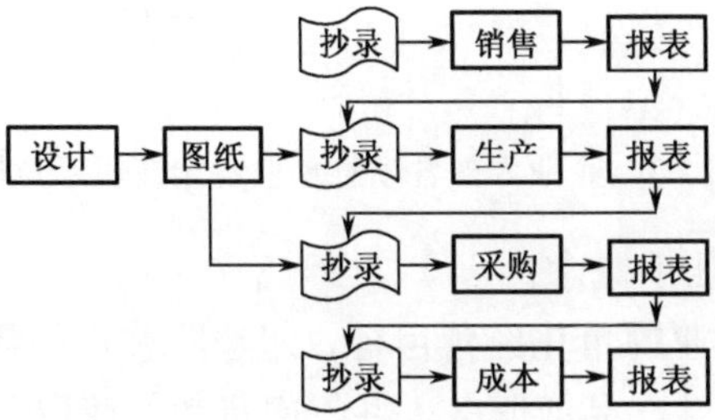

图 2.1　分割的流程

有些企业认为产供销三者只要有一个“共享数据库”就可以解决脱节问题，但是如果没有规范的业务流程和运算数据的模型，没有科学的运行机制和现代管理理念的指导，即使有了共享数据库也不能反映各项业务之间的相互关系，不能实现信息集成。要实现信息集成和共享，除集中的数据库外，还要加上如图 2.2 所示的各项措施。

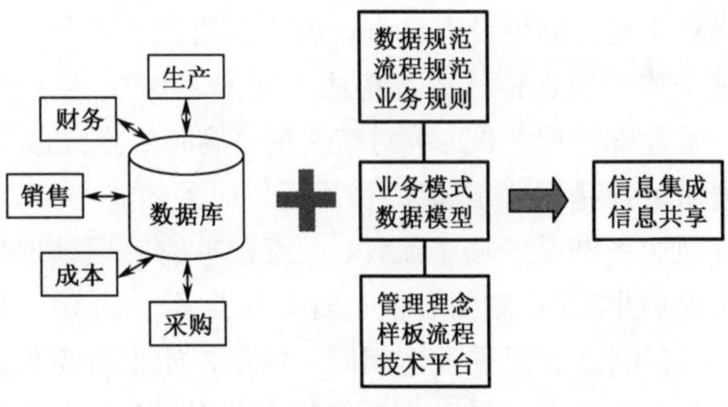

图 2.2　实现信息集成和共享的各项措施

理解信息集成首先要从了解 ERP 覆盖的业务全流程切入。以制造业内部集成为例，各项管理业务全流程示意图如图 2.3 所示。流程的**起点**是竞争情报（市场机遇），掌握市场或客户需求。**终点**是向客户交付产品，收回客户货款，并提供售后服务。这个流程的英文是 OTC，最初是 Order to Cash 的缩写，起点是“客户合同”；现在改为从捕捉市场机遇和需求管理开始，起点延伸到“竞争情报（市场机遇）”，即 Opportunity to Cash，简称仍然是 OTC。

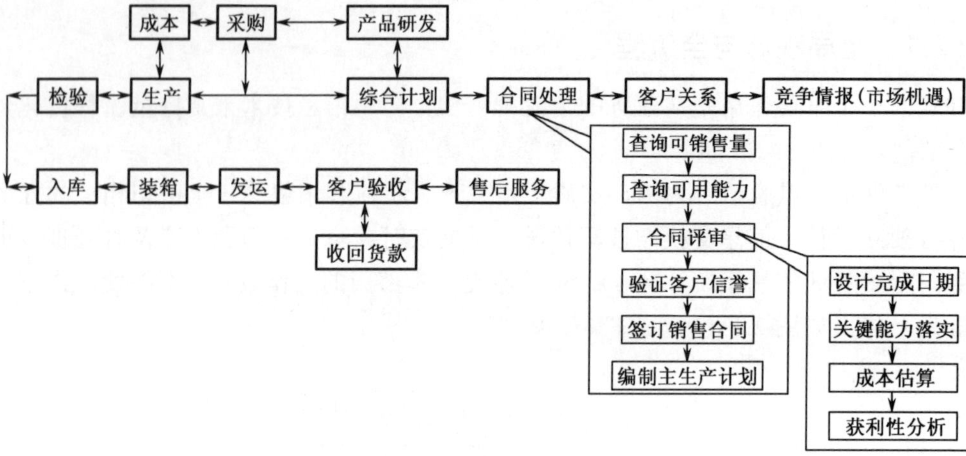

图 2.3　企业内部各项管理业务全流程示意图

全流程主要说明以下几个概念：

- 流程是为了实现企业的量化经营**目标**，即按照客户的需求（包括数量、时间、性能和质量要求）提供产品或服务，并收回货款、获取利润，实现与客户**共赢**，是一种"始于客户，终于客户"的流程。
- 有触发流程启动的"需求"因素，形成流程的起点，也就是说流程是**需求导向**的。
- 每项业务都是由指定的组织机构和岗位人员，使用和消耗必要的资源（信息、资金、各种生产要素），遵照预先制定的业务规则，以一定的处理速度在限定的时间内完成的**增值**作业。
- 各项业务都是**相互依存**的，一项业务的输出是下游业务的输入。如果没有客户订单，就无法编制计划；如果没有计划，就不知道该生产什么。它们之间又是**相互作用**的，如果采购不能保证，生产将成"无米之炊"；生产完不成计划，合同将无法履行。全面质量管理（TQC）对广义的"客户"定义就是"下道工序/流程"。实质上，每项业务都是为"下道工序/流程"服务的。
- 全流程中的每项业务都是一项子流程，子流程中的某项处理步骤又可以进一步分解为更细的流程（图 2.3 右侧的方框是对某项业务/作业进一步细化的流程举例）。从全流程看，所有制造业似乎大体相同，但是，如果对流程进行细化分解，就可以发现不同企业之间会有差异，也就是说企业对 ERP 产品会有**个性化需求**。因此，流程分析一定要做细才能发现差异。西方有句谚语："诡谲总是隐藏在细节中"（The evil is always in the details），所谓"个性化需求"就是一种深藏在细分流程中的"诡谲"。

制造业的**内部流程**又必须进一步同它的上游供应商和下游的经销商、运输商、配送商及产品研发机构等**外部流程**紧密衔接，才能形成一个覆盖供需链的 ERP 全业务流程。

从以上论述可以进一步体会，用好 ERP 系统必须树立的两个主要观念是：

- 以**增值**和与客户**共赢**为企业宗旨，面对全球竞争，不断进取和优化业务流程。

- 每项业务系统之间的关系是：**相互依存，相互作用**。因此，必须树立整体观念，协同配合。

优化业务流程的终极目的是**增值与共赢**，因此，**为客户服务**和**整体、全局、系统的观念**必须体现在企业文化之中，想用好 ERP，就必须不断强化这种观念。

2.2.2　增值与共赢

1．客户价值与企业价值

优化业务流程的目的是最大限度地满足客户日益增长和不断变化的需求，为客户创造价值，但客户价值不总是单纯用货币衡量。如果客户得到的是消费品，消费心理因素占很大分量，是客户的一种"体验"（Experience）或一种"心理需求"；如果客户得到的是一种可以创造价值的"工具"，客户的价值将由这个"工具"产生。

而企业的价值是用货币衡量的，是在满足客户价值的前提下获取**合理的利润**，是"获利"，因此，二者在性质上会有所区别。把二者统一起来，就是在增值的基础上实现供需双方的"共赢"。这里，为客户增值永远是第一位的，如果企业的产品和服务得不到客户的认可，企业将失去市场，更谈不上增值。没有增值就谈不上共赢。

客户价值与企业价值的关联和区别可以用图 2.4 来解释。图中的"质量"是一种广义的概念，除包括**产品质量**（如性能、耐用、安全、便于操作……）和**服务质量**（如查询方便、应答迅速、交货及时、付款简便、售后服务、上门维修、备件更换等）两方面外，还包括购买行为之后为客户带来效益的价值。这个"质量"对不同的客户有不同的个性化标准，带有极大的主观意识和购买心理因素，就像选择 iPad 或超薄大容量笔记本电脑，不同人会各有所好。

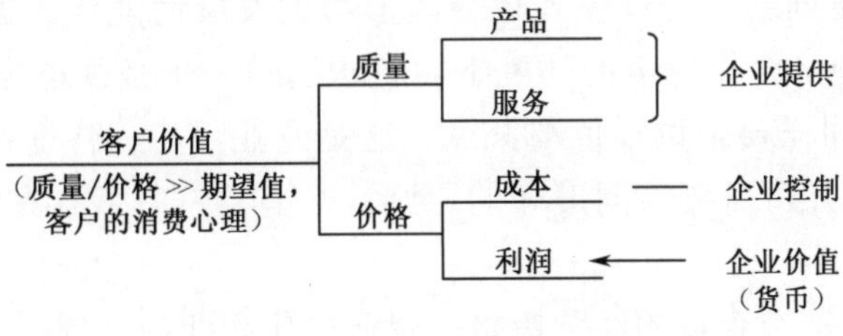

图 2.4　客户价值与企业价值

而企业的价值比较清晰，就是获取更多的合理利润。为了获取更多利润，企业除不断创新开发高附加值的产品、提供优质服务外，还要千方百计地控制和降低成本。降低成本不是降低质量或压缩必要的支出，而是要优化流程，消除一切无效作业，减少浪费，实现精益生产。

企业追求的是：使客户认可的价值或愿意支付的费用大大超过总体运营成本或产品生命周期的总体拥有成本（Total Cost Ownership，TCO，见 20.5.1 节"TCO 概述"），并在这个前提下从中获取合理利润。

2. 收益报告与增值报告

客户因需求得到满足而增值，企业因获得销售利润而增值，双方实现共赢。企业的增值还要分配给所有的权益相关群体（Stakeholder），这是另一层次的共赢。这个群体包括企业（权益的形式是利润）、员工（薪酬、奖金和福利）、合作伙伴（收入）、政府（税收）、贷款方（利息）、投资方（股息或红利）等各个方面。下面以财务报表中的损益表计算收益为例（见图 2.5），看看从增值的角度编制的增值报告同财务的收益报告有什么区别。

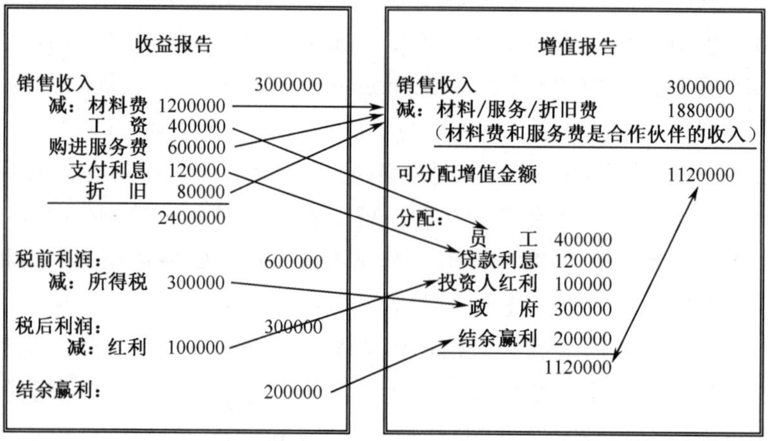

根据 Riahi-Belkaoui, Ahmed, *Financial statements—present and future scope*，Quorum Books, 2001 加工整理。

图 2.5 收益报告和增值报告

企业的员工是权益相关群体中重要的成员，企业的价值是他们创造的，应该受到尊重。管理需要不断创新，管理模式也会随形势的发展而变化，但是“增值”和“共赢”的原则在市场经济合作竞争的环境下，将永远是一个必须遵守的规则。

在 ERP 领域，同样要强调增值与共赢，这是企业用户、咨询顾问公司、ERP 产品提供商和相关的 IT 公司需要共同遵守的原则，只有这样，我国的 ERP 事业才能健康发展。

通过观察和分析一个企业的经营策略、企业文化和业务流程，可以看出这个企业的竞争优势，这是分析价值链的出发点。比如产品研发和进入市场周期的长短、对市场和环境变化的应变能力和响应速度、对总体运营成本的控制等，不同企业由于管理模式和业务流程不同，因此在时间和速度这两个当代竞争要素上有很大差别。按照是否增值的原则分析现有业务流程、发现不合理的症结并设计理想的流程是实施 ERP 系统前期工作中的首要工作。在 26.3.2 节“管理诊断与因果分析”会详细讨论。

2.2.3 消除流程可视化的障碍

只有流程是“可视的”（Visibility）或“透明的”（Transparence），管理决策者才能在任何需要的时刻，得到所需的信息。无论从时间（历史、当前、预计）或空间（地区、部门、岗位、上下游）角度来看，只有当流程可视化的时候，信息才可能具有“可追溯性”（Traceability）。换句话说，只有全面掌控了流程才能谈优化流程。

所以，“信息透明”或“流程可视化”是信息化管理最基本的要求。要做到这一点，有两方面需要注意。

首先，对信息化建设必须有统一规划，不能有信息孤岛（下一节将深入讨论）。

其次，要牢牢树立全局、整体观念。如果把信息看成一种部门或个人的“财富”或“权力”象征，要想做到“透明”并实现共享，就会遇到各种阻力。国内有些工业企业搞“承包制”，把农村的“家庭单产承包制”搬到工业企业中来，每个承包部门事实上都相当于一个独立“王国”，同 ERP 思想格格不入，成为信息透明的最大障碍。工业企业的所有生产资源都归企业所有，应由众多部门运用这些资源实现一个共同目标。所以，工业企业需要的是严格且严肃的“**责任制**”，而不是小农经济生产的“承包制”。

为了企业的整体利益，必须坚定不移地改革这种割据现象。

2.2.4　信息孤岛割断流程

这些年来，不少企业在计算机辅助管理的应用上确实做出了很大成绩，提高了某些管理部门的工作效率。例如，财务部门的电算化会计、销售或采购部门的合同管理、生产部门的零部件配套表、人事部门的工资和奖金管理、技术部门的档案管理及各种仓库的库存管理等。

上述应用都属于“管理信息系统”（MIS），是管理某单项业务的信息系统，互不关联，是一个个的信息孤岛。它虽然能够提高企业个别部门的工作效率，但是不能提高企业的整体效益，难以进行信息共享和业务流程优化。在企业推行信息化管理的初级阶段，信息化建设往往没有总体规划，各个部门各自为政，是一个很普遍的现象。

除少数部门采用信息系统造成的信息孤岛外，还有一种孤岛就是有些企业应用了 CAD、PDM、OA、MRP、ERP、CRM、SCM 等先进的信息化技术，但是这些相互关联的应用系统在企业没有统一规划的情况下，往往由各个部门自行选购由不同厂家开发的产品，甚至选购了同一厂家不同时期开发的版本，系统之间的信息不能交流共享，依然处于一种割裂状态，这是信息孤岛的另一种表现。这种现象在国内相当普遍，是亟待解决的问题。一些主流 ERP 产品提供商一直在不断地兼并相关的应用系统，或扩大各种应用系统之间的兼容，这无疑是一种必然的趋势。

信息孤岛会割断业务流程，不是我们所要的信息化。西方业内有一句谚语叫作：“个人电脑（应用系统）用得越多，（信息集成）难度越大”（The more the PCs, the more the difficulties）。因此，要特别重视企业信息化的**总体规划**。

2.2.5　规范流程是信息集成的前提

信息集成虽好，但并不是轻而易举就能实现的，要有一定的条件。其中，最基本的两条是：**信息必须规范**；产生和处理信息的**业务流程必须规范**。虽然这是极其浅显的道理，但不少企业却很难一时做到。

信息规范通常指数据的名称、代码和定义必须明确一致。这看起来似乎理所当然，不成问题，但是，从不规范到规范，要统一各个业务部门的传统习惯做法，就会遇到“以谁为准”的争议，而部门之间往往因对自己的信息格式习以为常而互不相让。在第 12 章“运行 ERP 的基础数据”中还会进一步讨论。

而规范化的业务流程是保证信息资源完整的必要条件，业务流程不规范必然造成信息流程不规范，从而造成数据的流失或不完整。举个极端的例子，销售经理打一张“白条”，同意发货给某个客户 40 台彩电，“白条”上的信息没有存入数据库。过后，货物给谁了，货款收回没有都说不清了。流程不规范看上去似乎很“灵活”，可以随心所欲，但恶劣后果却很明显。

信息流程规范化取决于业务流程的规范化，是信息公开透明的必要条件，也是建立公平、公正和诚信市场秩序的前提，实现起来比第一个条件“信息必须规范”的难度更大。**从不规范管理到规范化管理实质上是一场深刻的管理革命**，而管理改革只能由企业管理高层来倡导和推动，这就是为什么涉及管理改革的 ERP 项目必须是“高管团队工程”的重要原因。

下面以一个采购作业流程为例，说明业务流程的规范化，请对照图 2.6 进行理解。

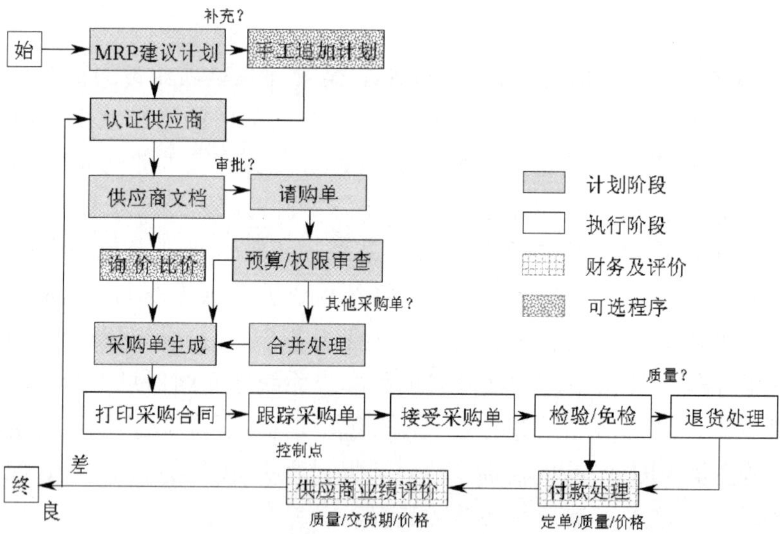

图 2.6　规范化的采购业务流程

在运行MRP 知道该买什么以后，为了保证产品质量，只能向那些经过认证的供应商采购。如果系统里没有事先建立这些经过认证的供应商文档，系统就会“毫不客气”地显示“没有这个供应商”，采购作业将无法进行，若再想“哪家回扣多就买哪家的”“照顾哥们亲朋关系（哪怕是劣质产品）”就没门了，企业产品的质量从进货源头得到了保证，ISO 9000 对采购件的质量要求完全由系统来把关。

经办采购业务的采购员，在采购物料、采购数量和金额上都有权限规定。如果超出采购员的权限，系统会按照流程设定的要求提示进行逐级审批程序，每一级审批权限又都有明确的规定。于是，物料超量存储、预算超支的现象不会再出现，资金可以得到有效利用。

系统在财务部门付款前，会自动进行多方面的核对。例如，到厂的货物是不是所订购的？是否按规定的交货日期到货？到货数量是否为订货数量？是否 100%合格？发票金额同报价是否一致？只有在所有数据都由系统自动核对无误的情况下，才能执行付款作业，因而避免了不良资金的支出。

如果有不合格的货物，可以设定不同的处理流程，或是退货退款，或是另行补齐，或是退回返修，等等。在什么情况下采用哪一种处理方法，有明确的业务准则，任何业务员都会按照同样的准则处理问题。

至此，流程并没有终结，还需要对供应商进行进一步考核，通过数据库的信息来查阅供应商历次业绩表现并给予评价，形成一个闭环的信息流和业务流。不合格的供应商将被淘汰出局，优秀的供应商将被重新组合，使供应链不断得到优化，实现强强联合。

以上是以采购流程为例来说明流程的规范化，但采购流程仅仅是制造业全流程中的一个子流程，图2.6 中采购流程的“始”是上游计划流程的“终”。采购来的物料将被生产部门领去加工成零部件，因此采购流程的“终”又是下游生产流程的“始”。而且，它还要同财务的预算编制流程和应付款流程，以及仓库管理的入库流程集成起来。可以看出，业务流程不是简单的串行单线，它会有并行流程和分支流程。所有的业务流程都必须是规范化的，而只有实现流程的整体优化，才能带来大幅度的增值效益。

业务流程不绝对是一成不变的，只要设置合理，是允许增、减、删、补的。在这个例子里，在 MRP 展开确定的需求之外，也可以有一定范围的“手工添加”程序（如客户要求在成套产品之外，附加一定数量的易损件作为备件提供）。在同时有几个供应来源时，可以增加“询价比价”的程序，选择最合适的供应商。流程必须适应管理的需要，业务流程既是规范的，又是灵活的，**灵活寓于规范之中**。流程可以进行合理调整，一旦做完调整，又是规范的。因此，我们对流程的规范化必须有一个正确理解：规范化只是一个时期的固化，固化可以“重熔”，然后可以按照新的需求修订后再重新固化，而僵化则无法改变，所以**规范化或固化不等于僵化**。ERP 产品必须能满足这个要求。

原国家经贸委在 1999 年 5 月曾经制定了《国有工业企业物资采购管理暂行规定》(以下简称《规定》)，在实际应用中，由于手工管理要处理庞大的数据信息有一定难度，一般仅对大额采购物资（而不是所有物资）按照《规定》的要求进行核查。但如果企业有了上述规范化采购流程，借助信息化管理系统的支持，《规定》的所有要求都可以满足。这就是信息化管理的威力所在，它可以成为廉政建设的得力助手，如表 2.1 所示。

表 2.1　ERP 如何保证《国有工业企业物资采购管理暂行规定》的要求

暂行规定要求	实施 ERP
分级管理与权限	多级权限与审批设置
比质比价采购	询价报价、供应商文件、业绩考核
供货单位认证	选择供应商、业绩考核
采购物资分类	物料分类
采购数量控制	物料清单（BOM）
采购价格控制	询价报价、材料成本差异分析
未经质检不入库、不结算	采购单、入库品合格量、发票一致
建立采购全过程责任制度	工作准则与规程、规范业务流程

正因为规范化管理是断绝“暗箱操作”的一把“将军锁”，又是向传统封闭“独立王国式”运营操作的挑战，会使一些既得利益者感到极不舒服而顽固抵制。这是实施 ERP 系统难度的根本原因所在。技术问题相对比较容易解决，实施 ERP 系统主要是做好人的工作，靠人来做工作。因此，实现信息集成，离开“更新观念，变革管理”只能是一句空话，这是实现信息集成最根本的条件。如果认为“上 ERP 可以，但流程不能改，机构不能动”，那是无法实施 ERP 的。本书会反复地强调：**实现信息化管理的过程本身就是一场深刻的管理革命**。

其实，早在 1989 年，当时国务院的企业管理指导委员会（国家体改委的前身）在《第五次企业管理应用计算机讨论纪要》中就曾指出：“……企业计算机管理信息系统的开发……不可避免地要求按照新思想、新方法、新手段对企业传统的管理模式进行必要的**改革**，以形成适合新系统运行的良好环境。”在1991 年 10 月的《第七次企业管理应用计算机讨论会纪要》又一次指出：“……应用计算机建立管理信息系统，是通过现代化的管理手段，用新的管理模式代替旧的管理模式的一场**变革**……”。因此，如果没有足够的思想准备，没有改革开拓的毅力和决心，仓促地上 ERP 系统，只会给企业带来损害，或者事倍功半。而推动深化改革的大任，又非得由企业“一把手”和高管团队牵头，这就决定了实施 ERP 项目必须是“高管团队工程”，本书第 9 章将专门予以讨论。

2.2.6　流程需要不断优化

实施了 ERP，有了信息集成的支持，减少了冗余的数据和业务流程，加快了处理的速度，流程自然会得到优化。但是，优化流程是一项经常性的工作，在日常工作中，要不断发现需要改进或优化的业务流程。

合理的业务流程，通俗来讲就是在**做正确的事**，而且是**正确地做事**。所谓做正确的事，概括地说就是在全局思想的指导下，每件工作都必须有明确的量化增值目标，依据唯一准确的数据和信息，由经过认证的业务人员负责处理，有确切的指标考核工作成效；如果所做的事不符合这些要求，就可能需要优化。

所谓正确地做事，举例来说就是：

- 能 1 个人做好的事，绝不要多 1 个人参与；
- 能用 1 元钱完成的事，绝不多花 1 分钱；
- 能 1 分钟完成的工作，绝不拖延 1 秒钟；
- 能 1 步完成的事，绝不多迈半步；
- 分清每项工作“重要性”和“紧迫性”的组合关系（依次为：重要又紧迫，重要不紧迫，紧迫不重要，不紧迫不重要），有序地做事。

精益生产（Lean Production）的命名者、《改造世界的机器》一书的作者——James Womack 认为，所有管理中的问题都是某一种流程的结果。在他同丰田公司管理层接触后发现他们时时刻刻研究的是：流程、流程、流程，他们有**确切描述**流程的能力、**分析**流程的能力和**改进**流程的能力，Womack 称他们是卓越的**流程经理**。

上面这些叙述，都是为了消除业务流程上任何不增值的冗余作业，不断优化流程。但是要做到“**做正确的事，正确地做事**”，改变人的观念是第一步。

2.2.7　效益是人用出来的

前面讲了实现信息集成和优化业务流程给企业带来的好处，但是这些“好处”绝不会自动生成，要有相应的管理基础，要靠敢于改革创新的各级管理人员。

有人认为企业管理基础的好坏对上 ERP 系统并不重要，以为上了 ERP 系统自然会提升企业的管理水平。这种理解只是一种天真的幻想。不妨说一个真实的极端例子：据成都一位大学教师介绍，他们访问了我国西部一个生产瓷砖建材的企业，依靠独有的天然优质土壤和极其低廉的人工成本，该企业的效益非常好。但当有人问到企业的规章制度时，这个企业拿出了 3 页纸，其中一页还是打扫卫生的值班制度。这个例子虽然有些极端，试想，这样的企业尽管效益很好，但是能用上 ERP 吗？用了 ERP 管理水平会自然提升吗？

没有一定的管理基础和数据混乱的企业是无法实现信息化的，要有必要的“先天条件”（见 31.3 节“先天条件”）。我们需要的是“绿色信息”，不准确、不及时、不完整，即不规范的信息是污染信息，会使信息化管理走向绝路，用了 ERP 系统会对数据规范化提出严格要求，但是数据并不会因此就“自动”变得准确。

即使有了准确、及时和完整的信息，如果管理者不去掌握它，不知如何应用，同样会使宝贵的信息黯然失色。

图 2.7 表达了信息技术与管理的关系。信息化的结果最多只能是向管理者提供完整、实时、有价值的信息，而实施信息化管理的效益或企业竞争优势的提升，不是系统自动生成的，而是人用出来的，要有一系列的管理措施。我们应当永远记住：“**信息的价值在于应用，效益是人用出来的。**”ERP 是一种人机交互对话式的管理信息系统，不是一个管理自动优化的系统，我们在第 1 章中已指出，它仅仅是提供一个“有可能”的环境条件，要使“有可能”转变为现实，把信息集成的优势有效地发挥出来，在于人们能采取各种管理措施，提高企业竞争力。正确、及时、完整的信息是一种非常宝贵的资源，其

特点是：越是充分利用，价值就越高；不用，就毫无价值。而用好信息的主体是人，是企业的各级管理者。

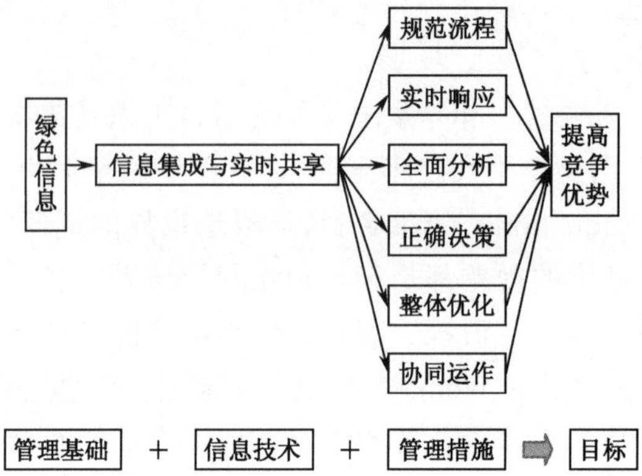

图 2.7　信息技术与管理的关系

把希望寄托在实现不需要人参与的“管理自动化”是不现实的，所谓“管理自动化”仅仅是指事务处理流程的自动交接，或按照设定的业务流程依次有序地操作。有了例外情况可以按照事先规定的准则和程序进行处理，系统可以提示人们按照规范化的业务流程有序地运作，出现偏差可以提出预警，但绝对不是完全依赖计算机，否定人的作用。情况是千变万化的，最终还是需要**人**根据系统提出的提示或建议信息**做出判断**和**采取必要的措施**。信息集成的效果与“工业自动化”不是同一个概念。人与信息系统的关系是：**人建立系统，人维护系统，人使用系统**。一句话：**人主宰系统**。千万不要把“管理以人为本”同“人治”混为一谈，后者是“因人而异的不规范管理”的同义语。

信息化可以解决大部分“信息不对称”的矛盾，这仅仅是对“知情”而言的，但是，同样的信息，由具备什么知识和智慧的人群去应用，结果会有很大的差别，依然会有“人员素质不对称”的矛盾。这就是为什么在前面要提出信息化是一种学习、运用和创新知识的过程的道理。要解决“信息不对称”问题，除了要“知情”，还要“知用”，关键词是“应用”。在实施 ERP 的进程中，各种培训是不断反复地进行的。只有这样，才能真正把信息技术与企业管理结合起来，并见到效益。

20 世纪 90 年代，国家决定提高棉花的收购价，报纸上发布了这则完全公开的消息，没有“信息不对称”的问题。一家电视机生产厂看到这个信息后，决定生产一批已经淘汰了的 14 英寸黑白电视机，在棉花收购期间拿到产棉区销售，由于成本较低，价格低廉，销量不错，获得了一笔不菲的收入。并不是所有的电视机生产厂都看到了这样好的机遇，关键就在于会不会用信息。

一家注塑管材生产厂的生产副总，经常上网关注国际市场塑料原料的价格，在得知国际价格处于下滑趋势的情况下，对一项工程投标项目以保本点报价，结果中标。之后，由于原料价格继续下跌，企业仍然获得一笔不菲的利润。网上的信息是公开的，如何去用则取决于不同企业决策人的智慧和判断力。

这两个例子有些简单，但是至少能够说明：为什么有的企业能够做出带有一定风险的决策，而其他同类企业却没有想到呢？这就是对待信息的“知用”问题。

ERP 的效益要在一个符合市场经济游戏规则的环境下，通过对企业员工的强化培训和不懈努力才能发挥出来。我经常看到，同样一个品牌和版本的 ERP 软件产品、同样的系统配置，在同行业、同样生产类型的不同企业应用，会出现截然不同的效果，这说明由什么人使用这个系统是起决定性作用的，也就是“知用”问题。即使信息技术非常超前，软件的功能非常强大，我们也永远不要忘记——**“管理以人为本”**。

在第 27 章表 27.2“效益来自用好 ERP 提供的信息”中，对“效益是人用出来的”这个观点还会做进一步探讨。

第3章

用信息集成的观念理解 MRP 到 ERP

在讲解 ERP 发展阶段这个问题上，中外多数文献是用编年体的形式来解释的，就是某年前是订货点法，某年出现了 MRP，然后是闭环 MRP、MRP Ⅱ、ERP……这样解释固然没错，但往往不得要领。

信息的内外集成是 Gartner 公司定义 ERP 的关键词，所以本书用管理对信息化需求的增长，带来信息集成覆盖的业务流程范围不断扩大，把信息技术同管理业务结合起来讲解，说明其相互关系及发展的必然性。

为了说明 ERP 的发展过程，先简要说明 MRP、MRP Ⅱ、ERP 三个阶段的信息集成覆盖范围，以后几章再逐一详细介绍。

3.1 MRP——产供销物料信息集成

本书按照信息集成覆盖的业务范围来解释从 MRP 到 ERP 的发展。每个阶段都可以从以下几个方面来思考：

- 实现了多大业务范围的信息集成？
- 能够解决哪些管理问题？
- 主要的运行机理是什么？
- 主要依据哪些管理思想？

ERP 的发展是从物料信息集成开始的，也就是物料需求计划（MRP）。企业的主要业务都是围绕物料开展的。物料是所有“物”的统称，产品、在制品、原材料都是物料。但物料的定义很广泛，本书将在 13.1.1 节“物料的定义和特性”详细讨论。在制造业中，围绕**产品**所有物料开展业务的，主要是销售、生产和采购三个部门，俗称“产供销”。

经常令企业管理人员头痛的事件之一就是“产供销严重脱节”。销售部门好不容易签下了销售合同，生产部门说计划排不下去；一旦生产计划能安排了，供应部门又说材料来不及采购。或者销售订单已经修改，未能及时通知生产和供应部门，造成混乱。在仓库里，生产要用到的物料经常出现短缺，而没有用的物料却又长期大量积压。

MRP 就是解决产供销脱节问题的信息化管理系统。用通俗的话说，它要做到“**既不出现短缺，又不积压库存**”，处理两个对立统一的管理目标。

为了做到这一点，首先必须完整、清晰地描述产品的构成，包括从产品开始直到所有要用到的零部件和原材料。1965 年，由 IBM 公司的一些专家提出了产品结构和物料清单的概念，建立了一个描述产品形成的结构图同时又赋予**时间属性**的模型；把销售、采购和加工装配三项制造业的核心业务集成在一个模型中，既有“量”的信息，又有“期”的信息，来解决“产供销严重脱节”的难题。快速响应和提高应变能力是企业竞争力的重要因素，只要销售件的期量信息（交货日期和交付数量）有了变化，相应的采购件和加工件的期量信息（需用数量和需用日期）就通过信息集成立即发生相应的变化。ERP 依然用到传统生产管理中提到的“期量标准”概念，不同的是，ERP 系统的期量标准是动态的，可以**实时**反映业务运行的实况，这是手工管理难以做到的。

在 ERP 系统中，MRP 系统就是包含**物料计划**和**能力计划**的闭环 MRP。通过能力计划，做到供需平衡，保证物料计划是可行的。这是一种反复修订以形成闭环运作的过程。目前提到的 MRP 指的就是闭环 MRP，现在已经不再单独提闭环 MRP 了。

MRP 规范了业务流程，在产品结构模型的基础上，实现产供销信息集成，也就是产供销一体化。它的主要特点是：

（1）**优先级计划——按需求时间的先后和供应周期的长短编制计划**。

（2）**供需平衡——需求和供应平衡、保证计划可行**。这里的需求指的是市场和客户的需求，供应的含义比较广泛，包括物料、资金、时间和能力等。

本书将在第 4 章详细讨论。

3.2 MRP Ⅱ——物流、资金流信息集成

管理上另一个经常令人头痛的事是“财务数据和业务数据总是对不上号”，财务报表在时间上严重滞后，不能及时暴露生产经营中存在的问题，等到发现了问题，已经给企业造成了很难补救的损失。生产需要的物料，即使有足够的采购周期，仍然会因为资金不到位而不能及时采购。销售出去的商品也会由于客户的信誉度、应收账的账龄等信息不完整甚至“去向不明”而不能及时收回货款，甚至造成坏账。

制造资源计划（MRP Ⅱ）就是解决财务和业务脱节问题的信息化管理系统。

首先，它在 MRP 的基础上，把产品结构模型赋予成本属性，建立**成本物料单**，反映物料的货币价值，实现资金与物料**静态信息的集成**。

其次，通过定义物料流动的各种事务处理（如物料位置、数量、价值和状态的变化），对每项事务处理赋予代码，定义相关会计科目上的借、贷方关系，也就是设定事务处理和账务处理的对应关系，实现物流与资金流的**动态信息集成**，做到“财务账”与“实物账”同步生成，物料的流动在财务上的体现就是账目结转。这样就可以随时将生产经营状况通

过资金运行状况反映出来，及时提供给企业决策层，便于在出现偏差时可以不误时机地纠正和处理。

MRP Ⅱ作为物流信息与资金流信息集成的系统，主要的指导理念是**管理会计**。会计可理解为一种信息系统，现代会计学将主要向企业外部提供财务信息（如资产负债表、损益表和现金流量表）的会计事务称为财务会计，而将向企业内部各级管理人员提供财务信息的会计事务称为管理会计（如成本控制、贡献毛益、本–量–利分析等）。电算化会计软件之所以跟不上管理信息化的需求，要害就是忽视了管理会计，它只提供了财政部要求的各种财务报表，却没有给企业提供管理决策必要的信息，做不到和业务信息实时同步。

做到资金流信息与物流信息集成，财务与业务的集成，是判断企业是否实现 MRP Ⅱ系统的主要标志，也是区别电算化会计与 MRP Ⅱ系统的主要标志。**成本是物料信息与资金信息集成的切入点，**产品成本计算又是在产品结构的基础上进行的。企业是否真正应用了成本子系统是验收 MRP Ⅱ项目应当特别关注的一个标志性重点，本书将在第 5 章详细介绍。

3.3 ERP——供需链信息集成

3.3.1 企业生存的外部因素

还有一个令企业头痛的问题是不能准确、实时地掌握市场和客户可能变动的需求，不能实时地掌握供应的变化情况。过多的不确定因素，经常会遇到许多“意料不到”的问题。由于不能正确地进行市场定位，未能合理地组织货源，不能实时沟通需求和供应的信息，造成过多不必要的延误和浪费。此外，由于无法实时掌握企业外部发生的费用，对总体成本失去控制而削弱或丧失竞争优势。

任何一个企业都不能独立生存。首先，它必须有客户和市场，即它的下游（如经销商、客户），它还必须依靠上游（如供应商）及各中间环节（如第三方物流）等合作伙伴的支持。进入 21 世纪经济全球化的时代，企业的供需关系和市场竞争的范围扩大到了全世界，因此不能忽视企业生存的外部因素。要把信息集成的范围扩大到企业所有的上下游，也就是同企业的供应商和客户实现信息集成，做到协同运营，快速应变。“**管理整个供需链**”就是 ERP 要解决的问题。

ERP 是在经济全球化时代下，因对全球化供需链管理的需要而问世的。为了实现供需链管理，ERP 要**交换**各个不同经济实体之间的业务信息以实现实时共享，必然会涉及异构信息交流和传递问题。因此，实现 ERP 必须得到信息技术和网络技术的支持；企业业务流程的改进和优化，也同样需要信息技术和网络技术的支持。反过来，信息技术和通信技术的迅猛发展，又给信息化管理带来了无限的想象空间。

另外，20 世纪 90 年代前后，也就是从 1989 年到 1991 年，西方发达国家陆续出现的一系列先进的管理思想，如约束理论、敏捷制造、价值链、供需链管理等，为 ERP 系统奠定了管理理论基础（见第 8 章“ERP 与现代管理理念”）。

3.3.2　信息集成范围的扩展

从 MRP 到 ERP 的发展过程，其实质是**信息集成覆盖的业务范围**不断扩大的过程：从物流到资金流，从企业内部到整个供需链，就像水中的波纹一样，由中心逐渐向外扩张。MRP 是制造业 ERP 的核心，它处在水波的中心，并引发波纹，如图 3.1 所示。至于 ERP Ⅱ，只是为了强调 ERP 本应有的功能，并提出实施 ERP 的协同商务概念，最大范围的内外信息集成已经体现在 ERP 里了。

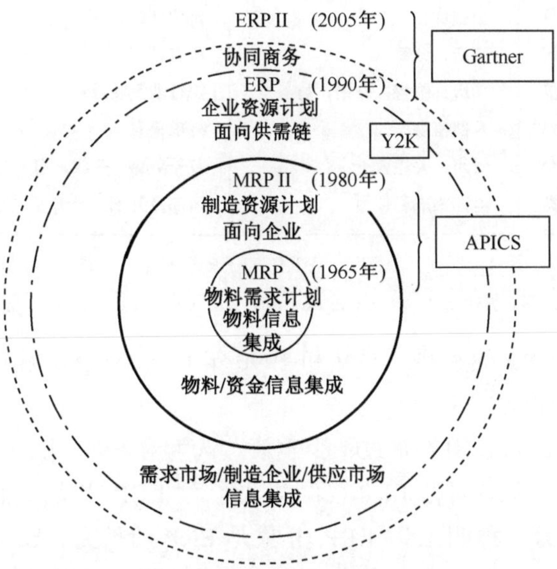

图 3.1　信息集成范围的扩展

对图 3.1 有几点需要说明。

（1）MRP 和 MRP Ⅱ是由美国生产与库存管理协会（APICS）倡导和推广的，ERP 是由美国 Gartner 公司提出的。APICS 是一个资源管理教育机构，而 Gartner 公司是一个权威的信息技术咨询公司。前者的文献比较兼顾管理科学与信息技术的结合，侧重于信息化的应用实践；后者比较侧重于信息技术应用的发展和对于信息化产品的分析和评价。由于两个机构的性质及观察问题的出发点有差异，导致社会上对 MRP Ⅱ和 ERP 的理解和宣传存在偏差。因此，在看待各种论点时，应当注意提出论点的机构或人员的背景、立场和视角。一定要把技术问题与管理问题紧密地结合起来，站在为企业或用户服务的立场来宣传各种信息化管理系统，不要受商务关系和追求盈利的误导。

比尔・盖茨是世界富豪，但最初推动他创新的动机和动力是“充分地发挥计算机的潜力，为千家万户所用”，并不是“钱”途。这是一个很好的例子，说明做事的动机首先是要为社会做出贡献，只有这样，才能不畏艰难、排除万难、持之以恒。

（2）2000 年 10 月 4 日，Gartner 公司发布了亚太地区副总裁、分析家 B. Bond 等 6 人署名的研究报告[①]：*ERP is Dead－Long Live ERP Ⅱ*，提出了 ERP Ⅱ的概念。

1990 年 Gartner 公司提出 ERP 的概念后，一些 MRP Ⅱ产品供应商在克服“千年虫”（Year Two- Kilo，Y2K）的危机并对产品做了一些扩充后，纷纷把自己的产品名称改为 ERP，但其实质基本上还只是内部集成的功能。由于最初的 ERP 已经由于“软件易名”的原因模糊了与 MRP Ⅱ的界限，被人们误认为 ERP 就是面向企业内部的信息集成系统，因此只好再提出一个 ERP Ⅱ来解释最初 ERP 的“远景设想”，这就是 ERP Ⅱ问世的历史背景，如图 3.2 所示。

	ERP	ERP II
• 角色	企业优化	价值链，协同商务
• 领域	制造，分销	所有领域
• 功能	制造，销售，分销，财务	跨行业及特殊行业
• 处理	内部信息	外部信息
• 平台	封闭，关注Web	基于Web，开放，组件技术
• 数据	内部集成和使用	内部及外部，公开及共享

图 3.2　ERP 与 ERP Ⅱ

摘自：B. Bond 等，*ERP is Dead—Long Live ERP Ⅱ*，Gartner Research Note 4 Oct. 2000。

这张对照表中对 ERP 的解释，显然和 1990 年 Gartner 公司发布的研究报告相矛盾，甚至曲解了最初对 ERP 的定义。

ERP Ⅱ定义被提出后，国外有过不少争议，认为对 ERP Ⅱ所下的定义都是 ERP 已经包含的内容，指出“许多问题 ERP 已经解决了”“ERP Ⅱ是新瓶装旧酒”“就像是供应链管理（SCM）的另一种叫法”“ERP Ⅱ只是 ERP 的扩充，ERP 并没有死”，等等[②]。

的确，与 1990 年 Gartner 公司发布的研究报告相比，在图 3.2 中，除“协同商务”和“组件技术”两点外，其他各项确实都是最初赋予 ERP 的内容。可见，上面列举的各方评论是有一定道理的。

反观国内，在 ERP Ⅱ观点被抛出后，曾出现鼓噪一时的“ERP 过时论”，对比之下，国外这种不“随风倒”的自由探讨的学术风气，非常值得我们深思和学习。只有建立了独立思考的学风，才能分辨各种舆论炒作，推动 ERP 事业健康发展。

由于 ERP 推出后的十多年信息技术飞速进步，所谓的 ERP Ⅱ可以比提出 ERP 时采用更加先进的开放标准，采用基于组件或构件开发平台的可配置的体系结构（Component-based Development），更有利于适应各种“与时俱进”的管理思想的发展和需求，实现各种应用系统之间的信息集成。

因此，Bond 的分析报告中至少有两点是可以肯定的，即：从管理观念上讲是**“协同商务”**（Collaborative Commerce）的运作模式；从技术上讲是为了实现协同商务必须具

① Gartner Research Note，Strategic Planning, SPA-12-0420，4 October 2000.

② Techrepublic.com: 2000/09－2000/12 历次网上讨论.

备的技术条件，即**企业应用系统集成**（Enterprise Application Integration，EAI）和中间件（Middleware），以实现不同应用系统平台之间的信息集成。EAI 和中间件是支持协同商务管理模式的一种有力和必要的技术手段。

以下两节将对这两点略加讨论。

3.3.3　协同商务与协同文化

协同商务是一种各个经济实体之间的实时、互动、互信的供需链管理模式，也是 **ERP 的管理模式**；应用信息技术，强化了供需链上各个经济实体之间的信息沟通和相互依存关系。它不只是生产与供销计划的协同，而且包含与产品研发的协同。在早期 Gartner 公司发布的一些有关 ERP 的报告中就曾提到业务流程并行（Concurrent）和同步（Synchronize）的概念，它们与协同（Collaborative）本是同义语。

根据 Gartner 公司在 2000 年前后发表的一些文献（其中包括《ERP Ⅱ万岁》），将协同的概念归纳为以下几点[①②]：

（1）借助 Web 建立和维护由员工、贸易伙伴、供应商和客户组成的业务交流互通的群体。这里的群体可以是某个行业、一段产业链、供需链或某一段供需链。

（2）动态地在群体内部实时分享和应用数据、信息、概念、知识、人力资源和业务流程。

（3）在互信的基础上，通过互利合作解决各种业务问题，并发现和开拓新的商业机遇。

（4）协同商务将重新定义企业在全球市场运营的模式。

企业内部各业务部门固然也需要协同运作，但是 Gartner 公司提出的协同商务的原意，主要指企业与企业之间的协同运营模式。

协同商务只有在企业具备协同文化的背景下才能实现。

1．协同文化

协同是一种**操作层面**上的概念，它的**基础是信息集成**，软件只是提供信息集成的平台环境，或称载体，解决的是信息不对称的问题，本身不能做到协同，也不能解决操作或应用的不对称问题（请回顾 2.2.7 节“效益是人用出来的”）。

做到协同，合作伙伴之间不仅要实时分享信息，而且要共同制订战略计划，确定共同的宗旨，有效地分配资源，消除非增值作业，同步运作。

在产品生命周期内，供需链上的合作伙伴之间，必须在共同的宗旨、目标和评价标准的前提下，以诚信的态度，承诺自己应当担负的责任和义务。

它们之间是一种“**信用互守、目标共商，优势互补、利益共享，信息互通、困难互助，风险共担、长期合作**”的**协同文化**。没有这种**合作竞争**（Coopetition，由 Cooperative

① *An Overview of the New C-Commerce Equation*，Collaborative Commerce Summit, 2001.04, Chicago.

② Gartner: *Manufacturing Imperatives in Collaborative Commerce* , Strategic Planning, SPA-11-5195, 2000.

Competition 演变而来的新词）的企业文化，就不可能实现合作伙伴之间的信息共享和协同商务，更谈不上共赢。

2．协同商务的主要共享信息

在协同商务中，需要实时共享的是**关系经营效益或竞争力的动态信息**，是在**协同文化**的背景下实现的。经常遇到的需要集成和共享的信息主要是：

（1）产品设计信息。在产品生命周期日益缩短的形势下，要求产品不断推陈出新，设计周期也随之缩短，一个产品往往需要由几家不同的产品开发单位联合设计，产品信息共享被提上日程。现在一些主流的产品生命周期管理（Product Lifecycle Management，PLM）产品，都能满足客户在网上确定和修改设计要求的功能，以及不同设计单位的设计方案在网上进行仿真和模拟组装的功能。

（2）需求和供应计划信息。合作伙伴之间的需求计划、生产计划和供应计划，以及库存状态等信息，需要实时沟通，以应对瞬息万变的市场环境。这方面也包括电子采购系统（E-procurement）及服务网络系统。

（3）物流信息。物流成本会直接影响产品的价格和竞争力，物料的运输时间又会直接影响提前期和交付时间，因而必然是协同商务不可忽视的环节。

（4）价格信息。产品成本是各家公司的内部事务，但是报价或由于需求变化引起的价格变化，需要实时交流。

3.3.4 ERP 系统的支持平台

ERP 的理念要通过运行和应用软件产品来实现。但是像 ERP 这样“管理整个供需链”的复杂系统，不可能由一家软件供应商在短期内开发出完整的成熟产品，不同的软件商往往只能在某一领域内提供有特色的功能，很难囊括全局。另外，由于 ERP 已经成为“管理软件”的代名词，各行各业的管理模式不同，需求千变万化，因此很难像对待 MRP Ⅱ那样为 ERP 制定一个明确的统一标准，所以 **ERP 软件必须是一种“可配置”的产品**，或者是具备各种行业特色的可选配产品，才能适应不同行业、不同企业的要求。不同行业的管理特点对软件的配置需求，又推动了**“基于组件和工作流的开发技术”**的发展。

企业内部有可能选用各种不同的信息化软件。在供需链上的各个经济实体，甚至母公司和子公司，也有可能采用不同的 ERP 产品，在企业兼并收购的风潮下，这种现象尤为突出。主体公司与各种伙伴（银行、税务、海关、保险、运输、产品研究院所、供应商、代理商或经销商、客户……）的不同系统之间都需要沟通，而不同软件产品又可能是在不同的平台上开发出来的。因此，要做到信息集成，需要有一种转换不同平台信息的“转换器”。

于是，企业应用系统集成（Enterprise Application Integration，EAI）这种带有“中间件”性质的技术和产品，以及各种层面的企业信息门户（Enterprise Information Portal，EIP）技术和产品就随着供需链管理信息集成的需求应运而生了。没有这些技术的支持，敏捷制造中的虚拟企业或动态联盟（参阅图 6.4）都无法实现。

实现协同商务不仅有技术问题，还有管理和企业文化范畴的问题。要达到这样的境界，需要有一定的时间来培育，不是短期之内就可以解决的。就像 Gartner 公司在 2000 年提出 ERP Ⅱ观念时，曾预计国外要到四五年后才能实现。

我们在运用 ERP 系统时，不但要攻克一些技术难关，而且要涉及大量人文社会科学和管理改革的问题。不同的行业和企业，发展和应用水平必然是不均衡的。

3.3.5　ERP 的 5 个特点

2004 年 8 月，Aberdeen Group[注 1] 在 *The ABC's of ERP: An Executive Primer* 一文中高度概括了 ERP 的 5 个特点，以此作为本章的结束语：

（1）ERP 应用系统专注于**业务流程**；

（2）ERP 应用系统是**可配置的模块化组件**；

（3）ERP 应用系统是**集成的系统**；

（4）ERP 应用系统**超出了一个企业的“四面墙”**，包括了供应商、客户和合作伙伴；

（5）一个完整的 ERP 套件将**涉及企业所有（或最主要的）业务领域**。

这 5 个特点主要还是从技术和业务结合的角度来阐明 ERP，但实施应用的指导思想和企业文化也是关系到成败的重要方面。

下面汇总了 MRP、MRP Ⅱ和 ERP、ERP Ⅱ的主要特点，结束本章的讨论，如图 3.3 所示。

	MRP	MRP II	ERP	ERP II
• 起源年代	1965年	1980年	1990年	2000年
• 命名人	J. Orlicky	W. O. Wight	(GG 分析家) L. Wylie	(GG 分析家) B. Bond
• 环境	市场竞争加剧/计算机技术发展		经济全球化 / 互联网	
• 信息集成	物料信息集成	物流/资金流集成	供需链合作伙伴集成	
• 解决问题	销产供协同运作	财务/业务信息同步	合作竞争/ 协同商务	
• 核心思想	独立 / 相关需求 优先级计划 供需平衡原则	管理会计 模拟决策	供需链管理 / 敏捷制造 / 精益生产 约束理论 / 价值链 / 业务流程重组	
• 推动机构	APICS	APICS	Gartner Group Inc.	Gartner Group Inc.
• 经典文献	• *Material Requirements Planning*	• *MRP II Standard System* 等	• *ERP: A Vision of the Next-Generation MRP II* • *Conference Presentation (1993)*	• *ERP is Dead —Long Live ERP II*

图 3.3　MRP/MRP Ⅱ/ERP/ERP Ⅱ特点汇总

以下几章，会进一步展开讲解 MRP、MRP Ⅱ和 ERP 信息集成的范围，以及是如何实现的。

[注 1] Aberdeen Group 成立于 1988 年，总部设于美国波士顿。其专注于研究如何应用信息技术和最佳实践为企业带来实际效益，对比 644 000 余家优秀企业的业绩指标，面向全球的企业，提供独立、公正的各种标杆分析研究报告，包括企业价值链战略、市场趋势和技术解决方案等。在它的调查报告中，总是把所调查的公司分为 3 个档次，即“最佳”（Best-in-class）“行业平均”（Industrial Average Middle）、“落后”（Laggard），标明各自的业绩，这对需求分析时用到的标杆管理有参考价值（见 26.2 节“标杆管理与差距分析”）。其在 40 个国家有 220 万名读者，包括 90%的“财富 1000”企业。

第 4 章

物料信息的集成

制造业要生产产品，主要的业务都是围绕产品开展的。

产品涉及各种物料，ERP 信息集成的第一步是实现物料信息的集成；也就是实现与产品相关业务流程的信息集成——物料需求计划（MRP）。

MRP 诞生于 1965 年，如果一个制造业企业至今还不理解 MRP，就意味着在管理信息化进程上落后了将近 60 年，这是多么大的差距啊！

4.1 集成物料信息的模型

4.1.1 独立需求-相关需求

在讨论集成物料信息之前，先要弄清几个手工管理未曾用到的新词。20 世纪 60 年代中期，美国 IBM 公司约瑟夫·奥列基（Joseph A. Orlicky）博士提出把产品中的各种物料分为独立需求（Independent Demand）和相关需求（Dependent Demand）两种类型。这是在市场经济环境下基于需求导向引出的概念，有助于分清职责，提高系统运算效率。

把由市场决定而不是由企业决定的外部需求，主要是企业出售的产品，称为“**独立需求件**”，其用量与需用时间由市场或客户决定。针对独立需求件的计划是主生产计划（Master Production Schedule，MPS）。

把组装成出售产品所需的一切相关物料称为“**相关需求件**”，其用量与需用时间由时间坐标上的**产品结构模型**决定。这个模型描述了构成产品各种物料相互之间的从属关系和数量关系，并根据每个物料的工艺路线描述了获取物料所需的时间。针对相关需求件的计划是物料需求计划（MRP）。MRP 按照需用时间的先后（优先级）及**提前期**的长短（以完工或交货日期倒计时计算），确定各物料在不同时段的需求量和下达定单的时间（见 4.2 节）。

这里，“**提前期**”也是手工管理不曾用的名词，它是指为满足需求，需要提前多长时间开始。ERP 的计划系统总是以需求为导向的，提前期的基准线就是需求日期。提前期又分几种类型，本书会在 15.1 节“提前期”详细介绍。

值得注意的是，独立需求和相关需求的概念是由企业（IBM 公司）在管理实践中提出来的，不是研究机构的发明，它诞生于市场经济环境，来源于实践，是理解 MRP 系统必须树立的概念。

4.1.2　物料信息集成的数据模型

如果没有一个反映物料之间相互关系的数据模型，是不能做到信息集成的。物料信息集成就是在**以时间为坐标的产品结构**上运行的（见图 4.1）。

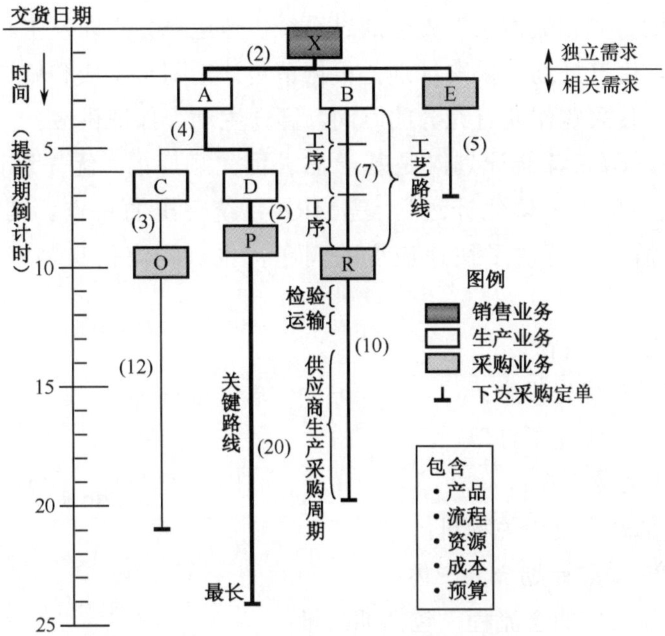

图 4.1　以时间为坐标的产品结构模型

这个模型不仅说明了产品结构上下层物料的从属关系和数量关系，还通过物料之间连线的长短反映了每件物料的加工周期或采购周期，也就是说，模型同时表达了每件物料需求的“**量**”和“**期**”。同时，它也说明了产供销三个主要的业务部门各自要管理的物料对象。

处于产品结构顶层的物料是要销售的出厂产品，处于最底层的物料是采购物料，处于二者之间的是加工装配（生产）的物料。也就是说，这样一个模型涉及销售、生产和供应三个制造业主要核心部门的业务。可以把它看成一个技术文件，但更重要的它更是一个**物料信息集成的模型**，有更深刻的意义。保证模型的构成和数据参数的正确性，对运行 MRP 至关重要，需要做大量工作来保证数据和流程的**规范、完整和准确**。

产品设计和工艺设计对保证产品结构模型的正确性起着重要的作用。产品设计决定了模型中用到的**物料**和**量**，工艺设计决定了物料生成的**期**。二者是量和期的信息来源，也是 ERP 的内部集成必须包括产品设计和工艺设计的原因。

时间坐标上的产品结构模型集成了制造业企业的销售、生产、供应三大主要核心业务部门的需求与供应信息，这个模型中包括物料的数量和需用时间，它回答了编制计划所需的“**要什么？要多少？什么时候要？**”（What？How many？When？）三个基本问题。前两个问题回答“**量**”，后一个问题回答“**期**”。它确实是一种传统生产管理中常提到的“**期量标准**”，但不同之处在于这时的“期量标准”是**动态的**和**集成的**。

由于产成品、加工件和采购件都集成在一个模型中，只要顶层的“独立需求”有了变化，所有低层的各“相关需求”就会通过系统快速运算并立即发生相应的变化，做到迅速响应。这里，**生产计划**和**采购计划**是根据销售计划**同步**生成和修订的，减少了计划编制流程的层次，使采购作业有充分的时间，赢得主动，保证供应。

销售-生产-采购三者的计划既是基于需求优先顺序的“**优先级计划**”，也是集成销-产-供众多信息的“**一体化计划**”，是 MRP 系统突出的特点。其不但解决了产供销严重脱节的矛盾，又解决了快速应变的问题，也是物流信息与资金流信息集成的基础。

优先级计划主要体现在：

- 需用时间早的优先投产；
- 获取周期长的优先下订单。

一体化计划主要体现在：

- 包括了全部产品及相关物料；
- 销售-生产-采购计划合为一体；
- 描述了产品形成的全流程，包括期与量；
- 包含了工艺路线及能力资源（工序/工作中心）；
- 是物料成本计算的依据；
- 是各个时期预算的依据。

时间坐标上的产品结构模型还说明了从原材料到产成品的物料流动过程，各个物料框之间的连线反映物料的采购、运输、检验，以及工艺路线和工序，也是一种说明产品形成过程的**流程模型**；连线的长短反映了物料的加工周期或采购周期，其中连线总长最长的是关键路线，如果要缩短产品交货期，就要从压缩关键路线入手，因为其他流程的周期再短也于事无补。

总之，要想看到产品结构的实质，就应提到“数据模型”的高度来认识。

MRP 根据需用时间的早晚和供应时间的长短来编制计划，早需用的先完成，周期长的先下订单。它的理想境界是使物料供应做到：“不多、不少，不早、不晚”，刚好满足需用的数量和时间，这也正是准时制生产（Just In Time，JIT）追求零库存的理想境界。所以，在以市场需求为导向的前提下，MRP 与 JIT 并没有本质的区别。对 MRP 系统来讲，“少”和“晚”是不允许的，因为不能满足客户的需用量和交货期。但是，可以稍多一些，就是安全库存；可以稍早一些，就是安全提前期（见 19.3 节“安全库存与安全提前期”）。MRP 作为一种以计划为主的工具，较之作为以执行为主的 JIT 系统而言，会考虑较多的不确定因素。JIT 偏重于哲理，但在实际应用时也需要对重复使用的物料做好计划，对供应提前期长的物料，也会有一定储备，以避免在需要的时候供应不上。

MRP 是一种规范化的管理系统，在第 3 章曾提到，它所依据的管理理念主要是：

（1）**优先级计划原则**。生产与供应计划根据交货期、需用时间先后和提前期的长短确定优先顺序，体现需求导向，也是合理利用企业资源和增加企业产出的首要前提。

（2）**需求–供应平衡原则**。需求必须与供应平衡，就加工而言就是和能力资源平衡。供需平衡是微观经济学的核心命题。所谓“闭环”就是通过反复修正，取得平衡，落实可行后再下达计划到执行层，也是计划可控的前提。

这两条简单明了的理念适合任何制造业企业。所有适用于制造业的 ERP 系统，都具备 MRP 的功能。它是需求导向的，又符合经济学的基本原理。

在计算机上运算，要将产品结构用报表格式，也就是物料清单（Bill of Materials，BOM）来表达。它是描述制造业产品和物料流动的基础文件，是所有制造业都**不可缺少的最基本的信息化管理文件**。本书将在第 13 章“编制物料清单”中详细介绍。

4.2　MRP 运算的逻辑流程

管理信息系统是一种规范化的数据处理系统，有输入、处理、输出三个过程。那么物料需求计划的输入、处理和输出又是什么呢？下面先来看一下 MRP 的逻辑流程图，如图 4.2 所示。

从逻辑流程图上看，MRP 要回答需求计划的 4 个问题（请对照图 4.2 上部 4 个方框中的数字），就是：

（1）要生产什么？生产多少？什么时候要货？

（2）要用到什么？多长时间可以完成？

（3）已经有了什么？什么时候可供使用？

（4）还缺什么？什么时候下达计划？

这 4 个问题是任何制造业都必须回答，带有普遍性，人们习惯性把它叫作“制造业计划的通用方程式”。

第 1 个问题，指的是出厂产品，是独立需求件。产品的出厂计划，是根据销售合同或市场预测，由主生产计划（MPS）来确定的。本书将在 16.5 节“主生产计划”进一步详述。

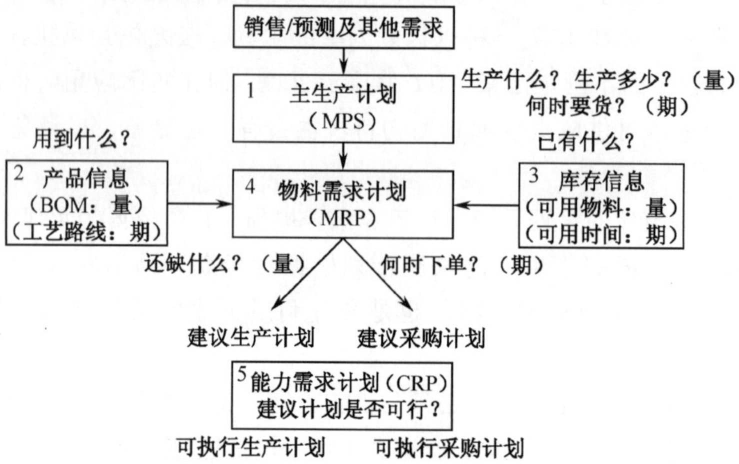

图 4.2　MRP 的逻辑流程图

第 2 个问题，指的是相关需求件，即有关组成产品所有物料的期和量方面的信息，由物料清单和工艺路线来回答，物料清单回答数量信息，工艺路线回答时间（期）信息。本书将在第 13 章和第 17 章详细说明。

第 3 个问题，所谓“已经有了什么”指的是可以参与需求计算的物料可用库存量和可用时间。物料可用量不同于手工管理的库存台账，它是一种动态信息（见 19.8 节“库存与业务的集成关系”）。由于加工工艺和运输等因素的制约，往往会出现没有使用完的剩余库存。

主生产计划（MPS）、产品信息和库存信息是 MRP 的三项基本输入数据，它们都涉及手工管理中不曾用到的新概念。其中，主生产计划是运行 MRP 的依据，决定运行 MRP 的必要性和可行性，另外两项是计算需求数量和供应时间的基本数据（期量标准），它们的准确性直接影响 MRP 的运算结果。关于 MPS 和 MRP，本书将在第 16 章“ERP 的物料计划”详细讨论。

需要提醒的是：第 4 步运算后回答的结果只是一种建议性的计划，最后还要经过第 5 步能力需求计划，回答第 5 个问题：建议的计划是否可行？经过能力平衡运算，修订建议计划，确认建议计划是可执行的，方可下达。本书将在 4.3 节单独讨论。

图 4.3 说明了 MRP 快速展开运算的流程。只要有正确的产品结构和物料清单，合理设置了各种参数，对于几百上千种零部件的产品生产和采购计划，计算机完全可以在两位数的分钟时间内运算完毕；如果参数有了变动，计算机也能实时快速运算修正。

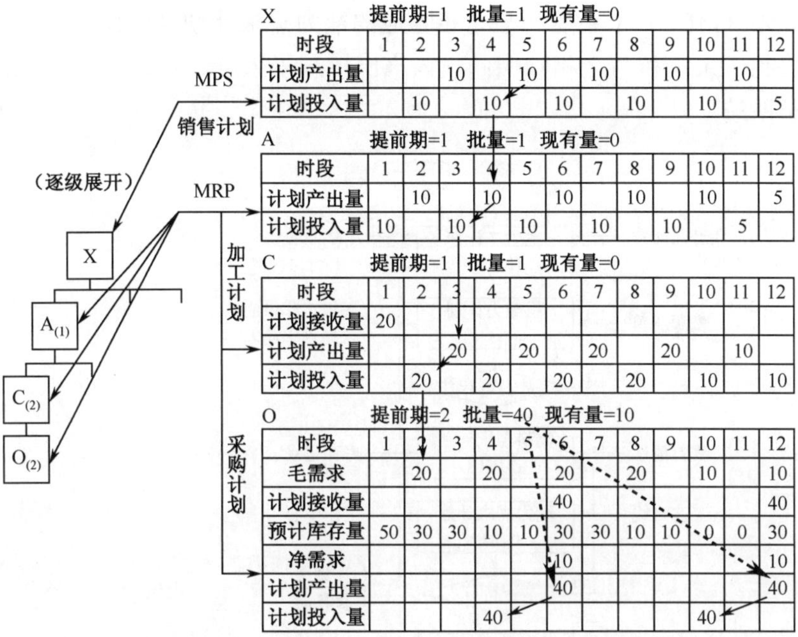

X 提前期=1 批量=1 现有量=0

时段	1	2	3	4	5	6	7	8	9	10	11	12
计划产出量			10		10		10		10		10	
计划投入量		10		10		10		10		10		5

A 提前期=1 批量=1 现有量=0

时段	1	2	3	4	5	6	7	8	9	10	11	12
计划产出量		10		10		10		10		10		5
计划投入量	10		10		10		10		10		5	

C 提前期=1 批量=1 现有量=0

时段	1	2	3	4	5	6	7	8	9	10	11	12
计划接收量	20											
计划产出量			20		20		20		20		10	
计划投入量		20		20		20		20		10		10

O 提前期=2 批量=40 现有量=10

时段	1	2	3	4	5	6	7	8	9	10	11	12
毛需求		20		20		20		20		10		10
计划接收量						40						40
预计库存量	50	30	30	10	10	30	30	10	10	0	0	30
净需求						10						10
计划产出量						40						40
计划投入量				40						40		

图 4.3 产供销一体化计划——MRP 快速展开运算的流程

4.3 MRP 闭环系统

人们通常所说的 MRP 指的是一个集成物料信息的完整**系统**，而不是指 ERP 产品中的“MRP 模块”。一定不要把一个信息化管理系统与软件模块混为一谈。不同软件虽然采用同样名称的模块，但是它们的功能（尤其在细节上）会有很大差别。

一个完整的、可执行的 MRP 系统通常应当包括闭环 MRP 的所有功能，既有正向计划信息的功能，又有反向反映执行信息的功能。不少课程在讲解 MRP 时往往把闭环 MRP 作为 ERP 系统的一个发展阶段来谈，其实，需求计划和供应计划必须相伴运行，当需求与供应平衡时，这个“供应”除有物料供应的含义外，也包括生成物料的加工能力能否满足供应的含义。所以，“能力”具有“供应”的属性，是“供应”的一个重要因素。

当前的 ERP 系统中，**闭环 MRP 就是真正“默认”的完整 MRP 系统**，不要再用 MRP 尚在“襁褓”时的定义来解释已经发育成熟的 MRP。

完整运行 MRP 系统（见图 4.4）应包括：

- **制造数据**子系统。建立物料清单、工艺路线、工作中心等基础数据。
- **库存管理**子系统。提供物料和库存信息。
- **销售管理**子系统。处理销售合同和预测，是 MRP 需求数据源头。
- **主生产计划**（MPS）子系统和与之相呼应的**粗能力计划**（RCCP）。

- **物料需求计划**（MRP）子系统和与之相呼应的**能力需求计划**（CRP）。
- **生产作业控制**子系统和与之相呼应的**投入产出控制**子系统。
- **采购作业**子系统。

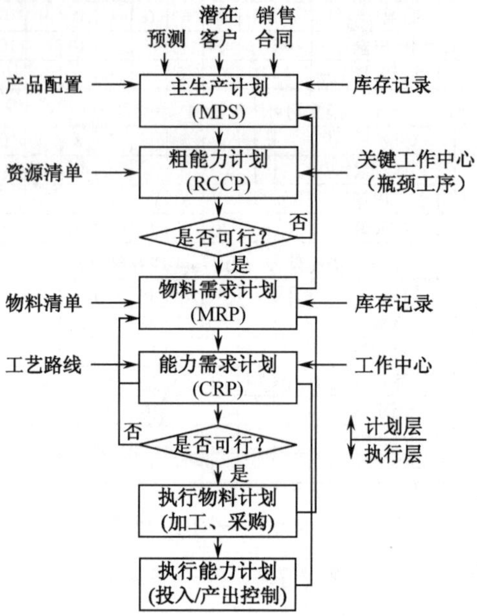

图 4.4　MRP 系统（闭环 MRP）

主生产计划是针对独立需求物料的计划，可以理解为对出厂产品的计划。物料需求计划是针对相关需求物料的计划，即生产计划和采购计划，由于产品结构中同时包含了加工装配件和采购件，因此生产计划和采购计划是同步生成的。

MRP 系统的每个计划层次都要进行能力计划，只有平衡了物料需求和相应的能力需求的计划才能继续进行；不落实的计划是不允许下达的，要保证计划的可行性，不给下一个层次“添乱”，不做“麻烦制造者”。在主生产计划层次要运行**粗能力计划**（Rough-Cut Capacity Planning，RCCP），在物料需求计划层次要运行**能力需求计划**（Capacity Requirement Planning，CRP）。如果能力计划不可行，要将信息反馈到需求计划，进行修订后再次下达。**物料计划和能力计划反复运算，形成了一个闭环**。由于这种方式往往要经过多次人机对话反复运算和调整，才能最后落实，因此操作上比较烦琐。在实际应用时，要依据约束理论，把重点放在瓶颈工序和制约因素上，以减少工作量并加快运算速度。

计划管理层与执行层的信息沟通，形成了第二个稍大的闭环。应根据基层运行的实际情况，不断修正计划。因此，MRP 系统是包括各个层次的**需求**（物料）/**供应**（能力）和**执行**/**反馈**两种闭环的闭环信息系统和运行系统。

任何一个信息系统都要求信息流是闭环的，或者说是**互动的**。有了计划指令，就得有执行结果的反馈信息，有了问题就要及时修正。“肉包子打狗，有去无回”的信息系统没有实用价值。

MRP 系统的执行层还要通过工序跟踪、完工报告来反馈物料计划执行情况的信息，ERP 定义内部集成包括的数据采集系统对实现信息闭环十分重要。通过分析系统提供的每个工作中心的计划投入和产出时数与实际投入和产出时数，对能力资源的时间定额和物料流动的均衡性进行考核，即所谓"投入业务量/产出工作量分析与控制"（Input/Output Analysis and Control），并不断修正，使之逼近实际。

在 MRP 系统中，**车间只是执行层**。在 MRP 系统里不提"车间计划"，而是讲"生产作业控制"，因为车间无权编制计划。产品中不少工件是跨车间加工的，个别车间无法掌握全局情况，如果某个车间私自改动正在执行中的计划，会造成生产全局混乱，干扰产品交付。因此，有了问题只能反馈给计划层，从全局的角度出发进行审视和调整，依靠 ERP 的高速运算和处理能力，修订后再重新下达，这样做既顾全大局，又切实可行。

MRP 的管理理念强调**"需求导向，以需定供"**及**"需求与供应平衡"**的原则。只有考虑了物料的需求，同时又考虑了实现需求的能力资源，达到供需平衡，系统才有实用价值。现实中，需求与供应（能力）都存在不确定因素，因此，在平衡需求与供应时，应采用安全库存或安全提前期作为缓冲，如图 4.5 所示。

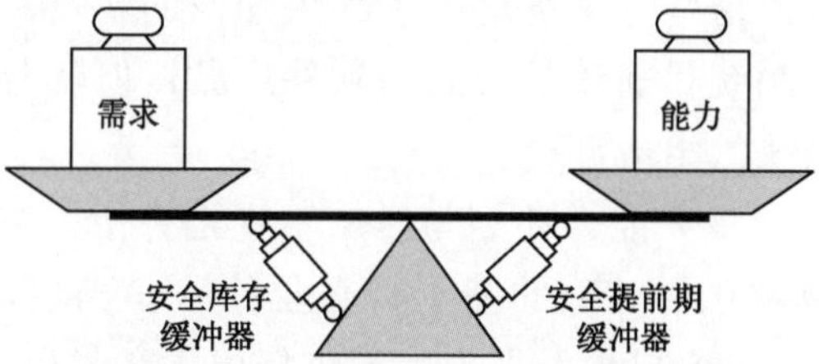

图 4.5　需求与供应（能力）平衡

4.4　正确理解能力计划

国内外曾经有一些文章认为 MRP 系统"不考虑能力的限制"，这种说法是对 MRP 发展早期阶段的认识，现在 MRP 早已实现闭环反馈，强调的是能力平衡。产生这种说法的另一个原因，就是混淆了 MRP **系统**（包括 CRP）和 MRP **模块（仅限需求运算）**的概念。

那么应该怎样来认识"能力"呢？

首先，在一些行业里，能力资源并不是绝对不能改变的，而是可以采取各种措施扩展的。例如，原来开一班的设备可以改成开两班或三班，可以周末加班，招聘临时工；企业自己做不了的事情可以部分包出去或全部外协外包，理想的工艺路线负荷满了，可以分一部分任务给那些看起来不太经济合理的工艺路线来完成等。这些措施都是能力资源的扩展，说明能力在一定的条件下是可能"不受限制的"。

其次，MRP 计划的做法是：首先**暂时**先不考虑能力的限制，为的是看看在客户要求的数量和交货期的条件下，能力资源会出现什么问题，暴露真实的能力需求状况。如果有问题，有没有可能采取措施，扩展能力资源求得供应与需求平衡，尽力满足客户的要求。这是 MRP 系统对能力计划理解的初衷，主要是对某些离散型制造行业而言。暴露能力与需求的矛盾也是企业扩展生产能力和技术改造时决策的依据。

所以说，MRP 并不是“不考虑能力的限制”，相反，它正是一种基于“以客户满意为中心”的指导思想来对待能力问题的。当前，当我们提到 MRP 时，已经默认是闭环 MRP，即 MRP/CRP 并列运行，做到能力平衡。

MRP 的不足之处是其处理需求与能力平衡的方法不够快捷，操作烦琐，不能迅速回答客户的询问。对流水生产类型的制造业，能力平衡比较简单，对间歇性生产类型的企业，难度较大，这也是为什么在大批生产类型的企业应用 ERP 比较容易上手的原因之一。

为了弥补 MRP 在这方面的不足，早期出现了“有限能力排产”（Finite Capacity Scheduling，FCS）的方法。之后，在约束理论的指引下，出现了基于瓶颈工序制订计划的“鼓点-缓冲-绳子”（Drum-Buffer-Rope，DBR）方法。进入 ERP 时代，在制约因素和业务规则的基础上又出现了“高级计划与排产”（Advanced Planning and Scheduling，APS）技术。这些方法都运用了约束理论的观点，加快了编制和调整计划的速度，尽管有些 APS 系统目前还是独立的软件产品，但随着企业需求的发展，终将简化成为 ERP 计划子系统的组成部分。

这些内容都会在第 17 章“能力计划与排产”详细介绍。

MRP 仅仅是针对物料供需计划的基本核心业务——产供销，对企业的经营管理来讲，如果不把资金的计划与控制纳入进来，不包括成本和收付款，分不清增值与共赢，是没有意义的。企业起码在实施了 MRP Ⅱ系统后才能实现基本的内部管理信息化。

下一章就要讨论物流和资金流信息集成的问题。

第 5 章

物流与资金流信息集成

企业管理信息化的目的，不只是提高工作效率，更重要的是提高企业效益。在运用MRP系统完成物料计划后，究竟能给企业带来什么效益？是否达到企业战略规划的要求？是否要根据最新的实际情况修订战略决策？是否实现了增值与共赢的目标？这些问题只有实现物料信息与资金流信息集成或业务与财务信息集成才能说清楚，这就是 MRP Ⅱ系统要解决的问题。

在这一章要介绍 MRP Ⅱ，它是 ERP 计划与控制的核心，说明物流信息如何与资金流信息实现集成。

5.1 战术与战略的统一

20 世纪 60 年代中期，美国 IBM 公司的约瑟夫·奥列基博士（Dr. Joseph A. Orlicky）首先开创了 MRP 系统，为做到需求和资源的平衡，1970 年开始纳入能力计划，进入闭环阶段，形成了一个完整的计划与控制系统。**当前默认的 MRP 系统，是包含能力计划的系统，即闭环 MRP。**

但是，仅仅停留在完成物料计划是不够的。MRP 系统还没能说清楚计划执行后能给企业带来多大的效益，又是否能实现企业的总体战略目标。因此，还需要对照企业的经营目标，对实施信息化管理后的业绩进行评价，对现行战略做出必要的调整。

企业经营的效益是用货币形式表达的。20 世纪 70 年代末，MRP 系统已推行近 10 年，对企业信息化管理提出了新的需求，要求系统在处理物料信息的同时，同步地形成并处理财务信息，说明资金流动状态。也就是说，对物料赋予货币属性以计算成本和报价；用金额表示产品销售计划以说明销售收入；用金额表达采购和外协计划以编制预算；用金额表示库存量以反映资金占用。要求财务会计系统能同步地从销售–生产–供应等核心业务系统获得资金流动信息，通过成本效益分析和投入产出分析等各种财务分析，及时发现问题，不失时机地做出正确的决策，实时控制和指导经营生产活动，使企业业务运作能够不断地实现增值，以符合企业的总体战略目标。简言之，就是实现物流信息与资金流信息集成，并使之符合企业的宏观战略目标。

1977 年 9 月，美国著名的生产管理专家奥列弗·怀特（Oliver W. Wight，1929—1983）在美国《现代物料搬运》（*Modern Materials Handling*）月刊上由他主持的“物料管理专栏”中，首先倡议给与资金流信息集成的 MRP 系统一个新的称号——制造资源计划，资源的含义包括物料和资金。为了表明它是 MRP 的延续和发展，采用了同样以 M、R、P 为首的三个英文名词；为了与物料需求计划相区别，在 MRP 后缀罗马数字“Ⅱ”，可以说是第二代 MRP。但是，MRP Ⅱ并不是取代 MRP，而是扩展和完善 MRP，扩大信息集成覆盖的范围，MRP 仍然是它的核心。

MRP Ⅱ就是在这种需求背景下诞生的，图 5.1 是 MRP Ⅱ的逻辑流程图。

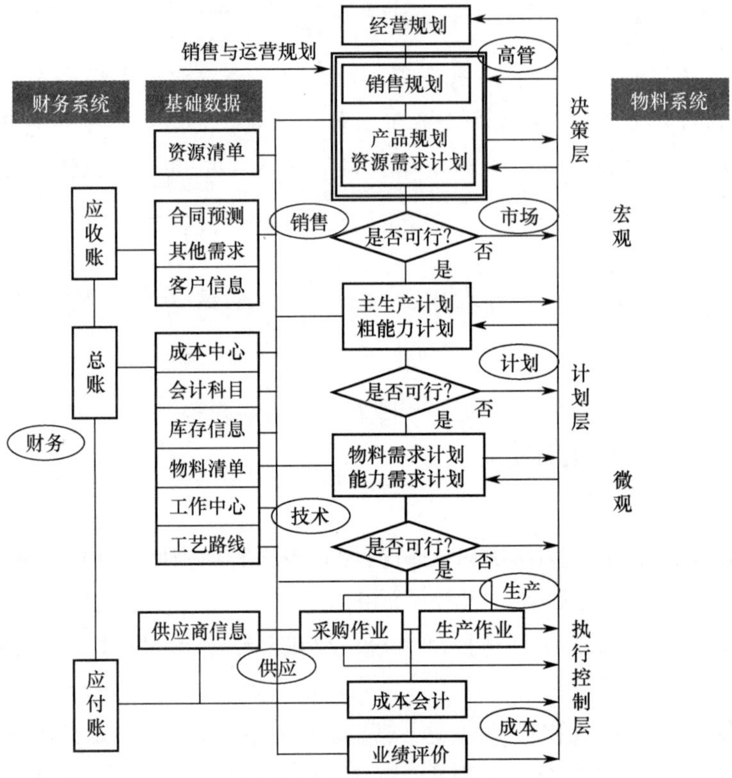

图 5.1　MRP Ⅱ的逻辑流程图

为了做到这一点，必须在 MRP 系统的基础上，把企业的宏观规划纳入系统，也就是说，把说明企业长远战略目标的**经营规划**（Business Plan）以及说明预测、销售收入和产品系列的**销售与运营规划**（Sales and Operations Planning，S&OP）纳入系统中来。销售与运营规划包括了早期定义的销售规划和产品规划，与之对应的能力计划是资源需求计划，详见第 16 章“ERP 的物料计划”。

信息化管理必须为企业的发展战略服务，只有把宏观规划层次纳入系统，才能保证 MRP 与企业宏观规划的一致性，才可以评价运行 MRP 的结果是否符合企业宏观规划的要求。

企业宏观目标必须可行，在 S&OP 层次协调好市场、销售、产品研发、生产、供应、财务、生产能力及人力资源、库存等各项业务的**供需平衡**，是 ERP 系统的一个重要的宏观计划层次，对指导微观计划有重要意义。但是长期以来，S&OP 没有受到足够的重视，早期许多 MRP Ⅱ产品也没有 S&OP 功能。进入 21 世纪，国外开始重视 S&OP，并与需求管理和 CRM（客户关系管理系统）及 BI（商务智能系统）的相关信息集成，这个趋势值得我们关注。每个阶段的物料计划都有对应的能力计划，只有做到供需平衡，计划才是可行的。

为了说明计划执行后的经济效益，还必须把产品**成本计划与控制**纳入系统的执行层中，并设置**业绩评价**流程，对照企业的宏观目标，逐层分解，建立每个层次的关键业绩评价指标，实时监控计划执行的效果。

在图 5.1 中，业绩评价虽然画在逻辑流程的最下面，实际上，在任何一个层次，都要针对不同部门、不同岗位定期进行不同内容的业绩评价，MRP Ⅱ逻辑流程图只是为了表达简便才在最后出现一次。MRP Ⅱ的业务范围涉及高管决策、市场、销售、计划、生产、供应、技术、财务、成本等主要核心业务。

这样，从集成物料信息的 MRP 扩展到集成物料流动与资金流动的信息，并通过财务和成本分析，控制和指导物流业务，形成一个比较完整的企业内部经营生产信息化管理系统——MRP Ⅱ。

MRP Ⅱ的主线是计划与控制，包括对物料、成本和资金的计划与控制。它的计划（P）–执行（D）—评价（C）—改进（A）的闭环过程和著名质量大师 E. 戴明提出的戴明环（Plan—Do—Check—Action，PDCA）的精神是一致的；MRP Ⅱ/ERP 融汇了各种现代管理思想，这只是其中一例，我们会在第 8 章“ERP 与现代管理理念”进一步讨论。

5.2　物流与资金流信息集成的两种方式

MRP Ⅱ是通过静态和动态两种方式把物流和资金流的信息集成起来的。

5.2.1　静态集成

在产品结构和工艺路线标准时间的基础上，采用自底向上累加成本的计算方法，为各层每件物料定义价值（**管理会计**中的**标准成本**）。同时，建立物料分类，使物料价值通过物料分类（见 13.2 节“物料分类”）与会计科目对应，从而建立物料和资金的**静态集成**关系。

如果产品的成本计算不准，会带来一连串的问题，如定价不准、利润不准、盈亏不清，直接影响对产品发展方向决策的正确性。如果成本不准，财务的资产负债表中的流动资产和存货金额不可能准确，损益表中的销售成本和利润也是不准的。也就是说，传统管理之所以粗放，是在手工无法处理庞大数据的情况下不得已的状况，即使不是人为做假账，也还是“不真实的账”。可见，**成本准确是实现物料信息与资金流信息集成的关键**。

所谓“准”，从大的方面讲：贵–贱、盈–亏不能颠倒（常见企业在产品交付之后才发现亏损），具体数字在允许的控制误差范围之内，而不是机械地理解为分毫不差。**MRP Ⅱ系统的成本部分基于管理会计**，根据企业预期利润设置目标成本或标准成本；它不仅要提高成本的准确度，而且要在业务进程中控制成本，而不是事后核算成本，更不是简单地做账。系统会自动分析实际成本与标准成本的差异，并提供详细的成本差异分析报告，便于查找原因，改进管理，降低成本，见 21.7 节“成本差异分析”。

产品成本的形成是在赋予成本属性的产品结构上，从底层（采购）经过中间各个加工、外协等层次，逐层累计到顶层最终产品，如图 5.2 所示。从这里可以看到产品结构的重要意义，它不仅是运行 MRP 的基础，在赋予成本属性后也是运行 MRP Ⅱ的基础。

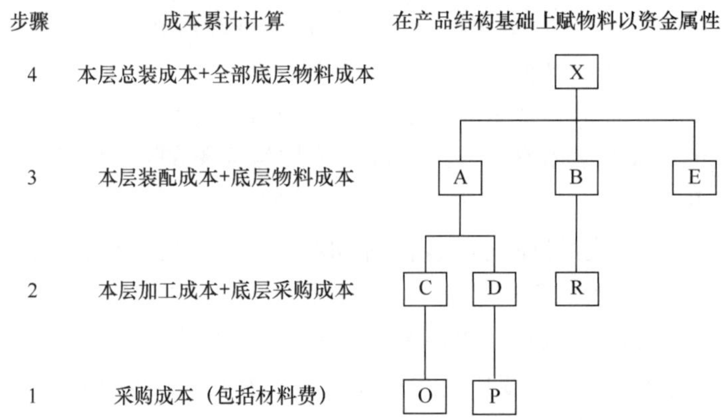

图 5.2　用累加法计算产品的物料标准成本（价值或资金属性）

如果工时定额或材料定额不准确、费用分配率不合理，厂房里缺少必要的各种能源（气、汽、水、电）计量仪表，就不能准确计算消耗量或合理分配，这类因素会影响成本计算的准确性，详见第 21 章“ERP 相关的成本理念”。

为了做到消耗信息准确，会涉及许多管理问题。例如，如果工人的奖金以“完成多少工时”为依据，即使效率提高、工时缩短了也不愿修改定额，那么工时定额就很难准确。如果企业搞车间承包制度，车间即使按“定额”领料，用不完也不退还仓库，那么材料消耗定额也很难准确。也就是说，不合理的管理**体制**和**激励机制**对数据的准确性有很大影响。此外，如果一个大的联合厂房只是在进口处有一个总的流量计或电表，厂房内的各个部门都吃大锅饭，成本也很难控制。这说明准确的资源消耗数据还需有必要的计量设施来保证。

成本的准确度是按照管理的深细度要求确定的。要做到精细，需要开拓一些手工管理不曾用到的信息（如单位时间费率），要下功夫分析研究和设定。这些都是实施成本子系统的难点。为了得到比较精准的成本信息，就要努力克服这些难点。

5.2.2　动态集成

物料是要流动的，物料流动大体上可以归纳为四种状态，即物料的**位置**、**数量**、**价值**、**状态**的变化，每一项变化在 ERP 系统里都相当于进行一次“交易”（Transaction），通常译为“事务处理”，以与“账务处理”相呼应，如图 5.3 所示。

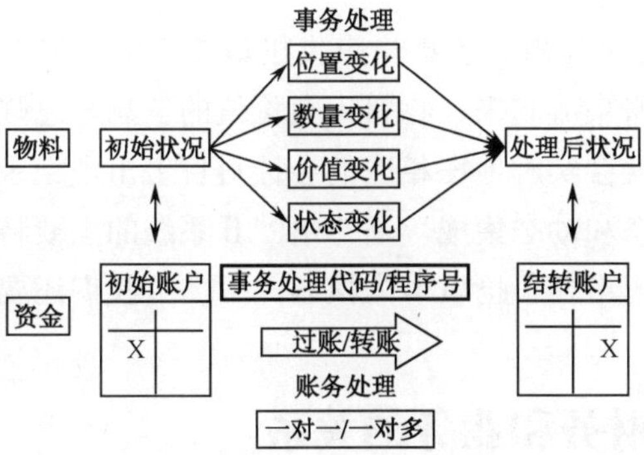

图 5.3　物料信息与资金流信息的动态集成

从仓库领料到车间，既是位置的变化，同时又伴随数量的变化。这是最常见的流动。库存盘点出现盘盈盘亏，没有发生位置变化，却发生了数量的变化。

物料存放不当或超过保质期，造成锈蚀变质，位置不变，但是物料可能从一级品降为三级品，甚至报废，发生价值的变化。物料经过加工，改变了性能或功能，发生了增值变化。

物料流动过程的不同阶段，有不同的状态：由计划展开运算生成的采购定单，但未确定供应方的物料，是一种**定单状态**[注 1]；确定供应方并签订合同开始发运，正在途中，是**在途状态**；到达仓库，尚未质检验收是**待验状态**，验收合格入库是**库存状态**。

各种状态都会对应一定的会计科目，需要事先认真设定科目和借贷关系。

要赋予每一项事务处理一个代码（或直接使用处理某项事务的程序号），同时定义与

[注 1] ERP 的核心是信息集成条件下的计划与控制，首先是对物料的计划与控制；在讲解有关计划时会经常用到“定单”一词。“定单”与“订单”两个名词有其通用性，但“订单”通常用于企业的**对外事务**，有一定的法律约束要求；“定单”通常用于处理企业**内部事务**，是企业的一种**内部行为**。

ERP 提供信息集成的手段，处理以企业为主体的内部业务，属于内部行为，所以本书讲到有关计划时都使用了“定单”，可以看作计划的报表形式，主要说明物料供需的期和量，也包含了预测和新产品研发等不属于具体“订单”的供需量。而把对外事务的销售计划和采购计划，作为**期量计算的需求输入**，也用“销售定单”和“采购定单”表达，说明仅仅是一种**计划运算的结果**。如果意指有具体的销售对象，才用“客户订单”或“销售合同”表达。“合同”较之“定单”，不仅说明对特定物料期和量的要求，还会涉及其他各种技术、质量、服务及付款方式等各方面的条款。

此代码相关的会计科目（可以是一对一或一对多）和各个科目上的借贷方关系，通过这样的处理模式实现物流和资金流的**动态集成**。

有些事务，例如，仓库发料和车间领料，是同一件事务的两面，是同时发生的，用设定**事务处理代码**来定义，把原来几份手工凭证合并一次生成。在设定代码的过程中，如发现业务流程有冗余、重复或脱节现象，要及时改进。

MRP Ⅱ系统对每一项事务处理都会自动建立凭证，记录业务处理过程，便于追踪业务流程和审计。如果业务流程被割断或业务流程不完整，都会造成信息不完整及会计信息的丢失或差错。

MRP Ⅱ系统将销售业务相关信息与应收账集成起来，把采购业务和各种资金流出事项（如外协）与应付账集成起来，物料库存价值的信息与总账集成起来。只要有业务发生，通过事务处理，就会实时地在相应的会计科目上出现记录的账务处理。实现**物流信息与资金流信息的静态和动态集成**，是 MRP Ⅱ系统的主要特征。因此，要正确理解业务与财务的集成关系，不要争抢以谁为核心，下一节我们还要深入讨论。

5.3 正确理解财务和业务的关系

5.3.1 过程和结果的关系

常有文章谈到“企业管理以财务为核心”的观点，甚至建议“管理信息化应当先上财务系统”。抱有这类论点的个人和公司很多，其中不乏从电算化会计转型到 ERP 系统的公司。进入 ERP 时代，对这个所谓的“以谁为核心”的问题，必须重新认识，正确理解。

企业管理涉及的业务很多，其中有一些属于核心业务，如制造业的产品研发、销售、生产、采购、成本、财务等；企业运营离不开这些最基本的业务。不同类型的企业，核心业务的内涵可能会有变化，但都少不了财务。也许，这正是人们容易把财务作为“核心”来理解的一个原因。但是，核心业务不仅是财务一项，要正确地理解它们之间的关系。

ERP 内部集成包括了所有的核心业务，从业务流程的视角来看，每一项核心业务都是企业全流程的一项子流程。子流程的发生有先有后，就是项目管理中经常提到的“先导作业”与“后续作业”。在制造业，最先发生的子流程是市场营销和销售，体现需求导向，是先导流程；财务成本是销售、生产和采购三项业务运行的结果，相对于销售、生产和采购来讲是一种“后续”流程。然后通过投入产出和效益分析，反过来指导或修正经营策略，信息流程是闭环和“互动”的。我们在第 2 章讨论过，各个业务子系统之间是一种“**相互依存、相互作用**”的合作集成关系，而不是以哪个为核心的关系。

传统财务管理的主要工作是账务处理，最后生成财政部要求的三种报表——损益表、资产负债表和现金流量表。这些报表反映的是一个时期企业经营状况的结果，是在一定的会计期末向企业外部公开发布的信息。这里的关键词，一个是“**结果**”，一个是“**期末**”，既不能反映“**过程**”，又不能做到“**实时**”，也不能满足灵活机动的经营决策要求。

在其他业务系统还没有纳入 ERP 系统之前，所有进入财务系统的原始数据都是手工录入的，甚至可能是“人工合成”的，不能体现信息集成，实时性、准确性和可靠性都得不到保证。财务使用的所有凭证、票据上的数据，主要来自各个业务系统，没有产供销等业务提供信息，财务系统将成为无源之水，无本之木，如图 5.4 所示。

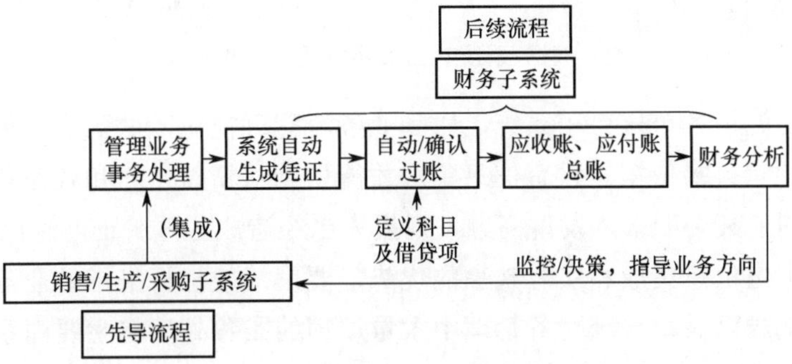

图 5.4　财务是业务的后续流程

有业界人士说得好：“财务报表只是一个结果，只知道结果而不了解过程，对制造业改进管理来说是没有多大用处的。”只看结果，不看过程，是无法控制和优化流程的，与实现信息化管理的初衷相悖，这本是很容易理解的浅显道理，但目前社会上的认识却非常混乱。因此，一定要强调从业务全流程来理解财务和业务的关系。

建于北京密云的北一大隈公司的 ERP 项目经理赵红霞（原北京第一机床厂财务总监）在实施 ERP 项目后说过一段深刻的话：**“过去，我看到的是各方面报来的结果，我说不清数据的可靠性；现在，我看到的是产生结果的过程，我可以判断其真实性。”**这段话，充分说明了**流程**可视化和业务–财务（物流–资金流）**信息集成**的重要意义。

我们应从业务全流程和信息集成的观点出发，来理解各个业务之间的关系，要发扬团队精神，而不是突出以谁为核心。企业在实施 ERP 系统的进程中，是不是先上财务系统不能绝对化。但是，如果先上财务系统，会出现什么后果，必须有一个清醒的认识。

5.3.2　财务管理内涵的变革

现代管理的财务子系统的任务不仅仅是做账，更重要的是通过实时分析反映企业运营结果的各种效益信息，指导企业按照既定的战略目标正常运营和发展，体现**管理会计**的精神。举例来说，在销售、生产和采购每一项业务运行时，财务都要依据集成的实时信息进行监控，把握企业运营的脉搏，一旦发现问题就要及时纠偏，防止风险。这也是实现信息集成后，财务部门实时监控的作用，也是财务部门在信息化管理中的增值效应。企业许多重要的决策，也会依据财务报告和财务分析做出，如图 5.5 所示。

	销售业务	生产业务	采购业务
财务系统 对 业务系统 的 监控内容	• 销售成本 • 售价和收益 • 客户信誉市场风险 • 合同条款-结算货币 • 市场和产品机遇 • 预期销售收入增长 • 成品库存资金占用 • 分销网点布局 • 配送成本 …	• 工序成本 • 质量成本 • 成本差异分析 • 在制品库存资金周转 …	• 材料成本 • 运输成本 • 供应商业绩 • 付款条款 • 原材料库存资金 …

图 5.5　财务系统对业务系统的监控内容举例

只有同时实施了各个核心子系统，做到业务流程可视化，做到信息集成和共享，财务账目和预算才有可靠依据。只有信息集成才能做到从精益生产和效益角度对业务的实时监控；如果到了某个期末才发现问题，则损失已经造成，再纠正为时已晚。上 ERP 系统就要充分体现出信息集成和实时共享的优势，要用绩效杠杆来指导业务流程。

实现信息集成以后，传统财务管理中大量烦琐的账务处理将主要由系统依照业务规则自动处理，减少财会人员大量不增值的事务性工作；财会部门的工作从单纯做账，转换为从经营效益的角度，对业务和物流进行实时监控、分析和支持决策等工作上，从而大大减少企业经营的盲目性和风险。财务部门的职责将发生变化，对人员的素质也有更高的要求。

财务对业务进行监控需要设定一些关键业绩指标。根据国外经验，最常见的关键业绩指标有：

（1）需求预测准确率及需求信息的可靠性；

（2）合同条款的严密性（以上两条说明把握需求、稳定生产的重要性）；

（3）缩短提前期（缩短交货期、加快资金周转）；

（4）质量一次通过，无返修（这两条是按时交货的保障）；

（5）交货履约率（直接关系企业的信誉和客户的忠诚度）；

（6）库存资金占用周转率（控制现金流，一个钱顶几个钱用）；

（7）新产品上市周期（可持续发展的必要条件）。

这些指标都直接影响企业的经济效益，而且不是靠任何一个部门努力就能够做到的。企业要做强，就要关注各项效益指标，不单纯追求产值和 GDP。业绩指标是管理科学关注的重点，也是国内许多企业容易忽视的地方。我们实施 ERP 的一个主要目的是实现**可持续发展**。大而不强，如同虚胖；羸弱体质，不能持久。

物流信息与资金流信息集成可以解决业务和财务集成或账目能够同步产生的问题，但是信息集成的目的不只是完成财务账目。为了应对日益严峻的外部竞争环境，财务部门必须将注意力转向降低成本、增加利润和改进管理；专注于分析和使用信息，而不是简单地完成财务报表。

河北邢钢的“精、专、强”战略非常值得深思和推崇。2005—2009 年，邢钢粗钢产量平均增长仅为行业的 1/5，但是利润增长在行业中名列前茅。也就是说，在不增加产能的基础上实现了利润的增长。这里不乏财务对业务的指导作用，是信息化管理的重要成果体现。

5.4　MRP Ⅱ的其他扩展功能

按照 APICS 出版的 *MRP Ⅱ Standard System*（《MRP Ⅱ标准系统》），MRP Ⅱ除实现物流与资金流的信息集成外，还有一个主要区别就是增加了模拟功能。MRP Ⅱ不是一个自动优化系统，管理中出现的问题千变万化，很难建立固定的数学模型，不能像控制生产流程那样完全实现自动化。但是，MRP Ⅱ可以通过模拟功能，在情况变动时，对产品结构、计划、工艺、成本等进行不同方式的人工调整和模拟，从而预见到“如果怎样-将会怎样”（what-if）。模拟多个方案，通过多方案比较，预见可能出现的问题，用具体数字说话，寻求比较合理的可行方案，做出正确的决策。模拟是一种最简明易懂的决策工具，模拟流程如图 5.6 所示。

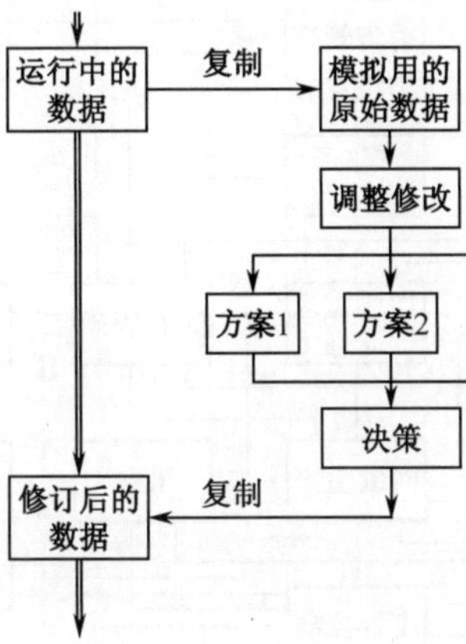

图 5.6　模拟流程

此外，与 MRP 相比，按照 APICS 的 *MRP Ⅱ Standard System* 文献规定，标准的 MRP Ⅱ系统还应当包括工艺装备（工具）管理和业绩评价两方面的功能。

对制造业来说，工艺装备（如模具等）与物料、能力同样重要，不可或缺。工艺装备如果自制，同样有其物料清单（BOM）和工艺路线、需要生产工艺装备的能力资源，如果是企业自己的工具车间加工，同样有车间定单。如果是外购，则有选择供应商和采购定单的问题。可以运用产品结构的母件与子件的逻辑关系，将工艺装备挂在产品结构上，使工艺装备的消耗量与产品或零件直接关联，并按照“谁消耗，谁承担”的原则，合理分摊消耗工艺装备的间接成本（见 13.5.2 节“4. 灵活应用逻辑关系”）。

MRP Ⅱ系统的业绩评价功能（也称“绩效评估”，但如果说的是事后既成事实，用

“估”就不合适了，这是港台地区的叫法）主要是评价数据的准确性、计划执行的实现率、交货履约率、供应商的业绩和客户的信誉度。APICS 的一些专家提出的 ABCD 核查表，基本上就是这样一些内容（见 34.4 节“MRP Ⅱ评价方法借鉴与不足”）。

到了 ERP 阶段，业绩评价的内容更为丰富和实用，要与各种关键业绩指标（Key Performance Indicator，KPI）进行对比；而指标的设定，要用到“高标准定位或标杆管理”（Benchmarking）的概念，突出全球竞争的意识，敢于与强手较劲。因此，早期的 ABCD 核查表显得有些不够用了。目前，ERP 系统中对企业的业绩评价已有专项的企业业绩管理（Enterprise Performance Management，EPM，或 Business Performance Management，BPM）或供需链业绩管理（Supply Chain Performance Management，SCPM）的子系统来处理。

5.5 MRP Ⅱ系统基本子系统配置

MRP Ⅱ系统基本子系统配置如图 5.7 所示，也是**制造业 ERP 系统的核心部分**。

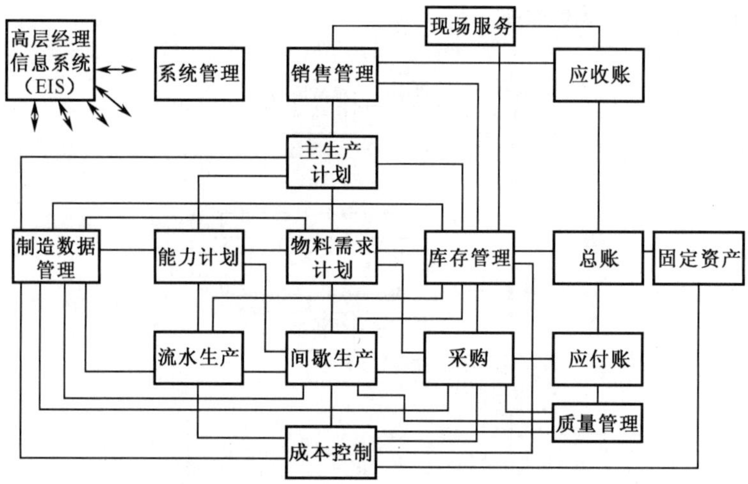

图 5.7 MRP Ⅱ系统基本子系统配置

图 5.7 中每一个子系统都有许多连线与其他子系统相连，说明相互之间的密切程度。不难看出，制造数据管理和库存管理与其他子系统的连线最多，说明它们提供了运行 MRP Ⅱ系统较多的基础数据。

“流水式生产”和“间歇式生产”要根据企业的生产类型全选或选择其一。

图 5.7 中左上角的高层经理信息系统（Executive Information System，EIS）是提供企业高管正确决策需要查询的各种汇总信息，可以按照高层管理人员的要求用不同的方式显示，如直方图、饼图和折线图，以看到结果、对比或趋势。当我们说 MRP Ⅱ/ERP 是“一把手工程”时，千万不要忘记一定要通过 EIS 功能，使企业高管们能够从系统中随时

查询他们所关心的精确信息，根据可靠的实际数据做出决策。我们会一再强调：只有让“一把手”和高管团队感受到他们自己是实施 MRP Ⅱ/ERP 系统的最大受益者，他们才有可能成为实施系统的有力支持者。

如果说 MRP Ⅱ系统提供的是单纯供查询用的报告，EIS 提供的则是汇总和综合的详细报告，当前的商务智能（BI）又进一步按照设定的业务模型规则，依靠数据仓库和数据挖掘技术，提供综合来自各应用系统信息的分析与决策支持。它们之间有一种“一脉相承”的继承和发展关系。

在我们选择了软件，准备采取“分步实施”的策略时，不要忘记优化业务流程和信息集成的道理。例如，如果准备上销售系统，则起码应当同时上与销售管理、仓库管理（成品库）、应收账款、总账等流程密切相关的子系统。也就是说，即使是分步实施也要一组一组地上，而不是一个一个地上，**不要割断流程的信息集成**。否则，等于花钱买信息孤岛，与自行开发的单项业务系统没有什么实质性的区别，这不是信息化管理所追求的境界。

我们在 1.3 节“Gartner 公司定义的深远影响”曾提到美国 AMR Research 公司的 Extended ERP－Wiring the Supply Chain 课程，把适量扩展了功能并易名 ERP 的 MRP Ⅱ系统作为“ERP 的一个好起点”。现将 AMR 的“好起点”所包括的子系统图附在这里，可与传统的 MRP Ⅱ基本配置进行一个比较，也可以在企业配置系统时作为参考，如图 5.8 所示。

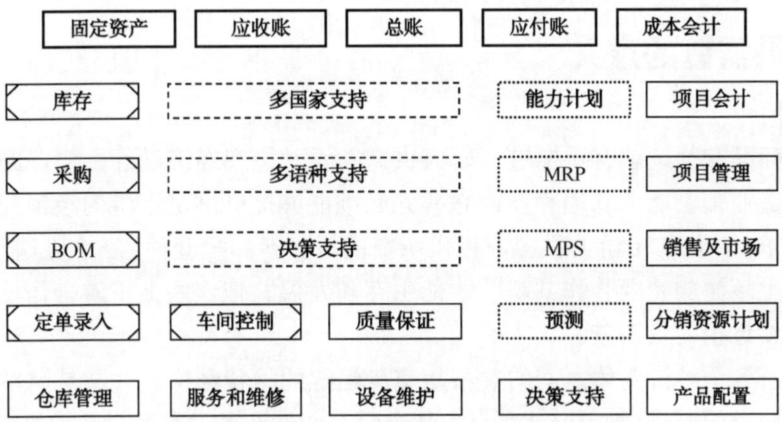

图 5.8　AMR 公司提出的 ERP“好起点”配置

这个配置中的“决策支持”是否为“高层经理信息系统”（EIS），尚无法考证。但 EIS 体现的是“一把手工程”功能，绝对不可或缺，因此要把图 5.7 和图 5.8 综合起来参照。

第 6 章

供需链信息集成

前两章说明了 ERP 内部集成的两个阶段，这一章要讲外部集成。外部集成的前端是市场和客户的需求，后端是满足需求的供应；把内外部串联起来，就形成一条供需链。

在经济全球化环境下，企业必须从供需链管理的战略高度来审视企业的生存与发展。从全球视角出发，组织有竞争力的供需链，做好供需链的计划、执行与监控，并评价业绩，不断优化供需链。

ERP 的终极目标是在企业供需链战略指引下实现供需链信息集成。要用好 ERP 系统，首先要理解供需链管理。

6.1　供需链的意义

只要有商品交换，就有供需链。研究供需关系是微观经济学的主要课题。

任何制造业都不能孤立地存在，它首先必须能够提供满足下游的经销商或客户的产品和服务需求，并依靠上游的供应商提供所需的原材料和配套件，在企业进行加工装配；企业必须和上下游的企业合作共赢，才能生存和发展。把这些上下游合作伙伴联结到一起就是本书要讨论的供需链。

实际上，各个经济实体之间的关系是交叉错综的网状结构，并不是简单的“链状”。下面举一个简单的例子。如图 6.1 所示，某个汽车制造商 M1 有多个发动机供应商（S1～S3），各家发动机公司同时还供应多家汽车制造商（M1～M3），如此延展，形成交叉错综的关系。站在一个主导企业的角度来看，是供需**链**，主导企业与合作伙伴是一对多的关系；站在更为广泛的角度看，是一种网络形态，是供需**网**。

换言之，所有企业都会因产品市场和供应渠道不同而有多个供需链，这些交叉错综的供需链形成了一个非常复杂的供需网，并呈多对多的关系，这是研究供需链管理最实质性的问题。在众多企业之间寻求供需平衡，要制定各种规则，分析制约因素，是供应链计划和高级计划与排产（APS）研究的范围。不同产品有不同的生命周期，因此，产生它们的供需链也是有生命周期的，需要及时地进行动态调整。

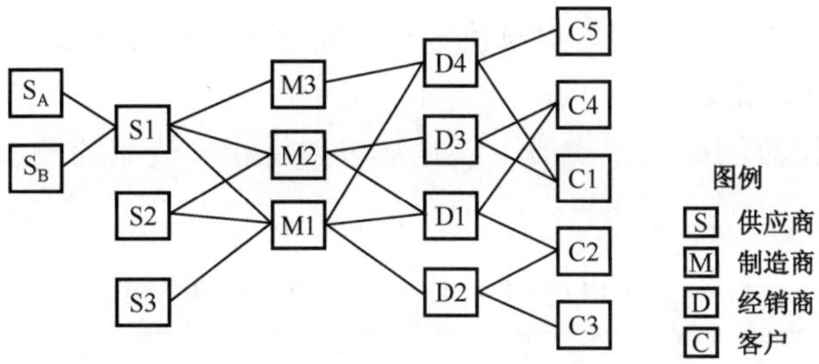

图 6.1　供需网示意图

供需链是客观存在的，自从有了商品交换和社会分工以后，它就在无形之中产生了。远古时代，农夫种棉花出售给织女，织女纺纱织布出售给裁缝，裁缝制作衣衫出售给客官，这就是一条供需链的雏形。用现代的话讲，他们依次是原料供应商、半成品供应商、制造商和客户。这样的供需链很简单，在缺少“物流配送”手段的情况下，可能仅发生在少数几个相邻的村落之间。

在经济全球化的环境下，研究供需链管理更是不可或缺的。供需链管理按英文 Supply Chain Management 直译为“供应链管理”，但实质上链的每个环节都有“供”与“需”双重含义：经销商是客户的供方又是制造商的需方，制造商是经销商的供方又是供应商的需方……“供”与“需”总是相对而言、相伴而生的，它们相互转换、周而复始。马克思曾经说过：“要给需求和供应这两个概念下定义，真正的困难在于，它们好像只是同义反复。”19 世纪，西方有一句妙语说：“教会鹦鹉说‘供应与需求’，也就教会了它经济学。”说明供应与需求是研究经济学的一个主要内容，它们是对立的统一体。

供应总是因为有了需求才发生的。没有需求，谈何供应。时时刻刻研究分析客户或消费者当前和未来的需求，是企业经营首要的工作。企业管理最基本的对立面就是供应与需求，它构成了企业的基本矛盾，也是微观经济学研究的对象。Gartner 公司在一个“需求链”（Demand Chain）的课程中就提到：“一个企业的供应链是另一个企业的需求链。”国外也有 Demand/Supply Chain 的叫法，但是很绕口，而中文用“供需链”却非常简洁明了，体现了中华语言文字的优势。因此，作为一种从经济学角度出发的管理理念，还是称之为“供需链管理”更能说明其实质。

在众多对**供需链的定义**中，APICS：*Handbook of Supply Chain Management* 的解释是比较全面的，它的要点是：

（1）供需链是一种有**生命周期**的**流程**；

（2）包括**物流**、**信息流**、**资金流**和**知识流**；

（3）其**目的**是通过众多链接在一起的供应商提供产品和服务，**满足最终用户的需求**。

这个定义与众不同地说清了几个问题：

（1）供需链有生命周期，意味着它不是一成不变的，需要随着客户需求和市场变化、产品更新换代、竞争形势发展而不断优化和重新组合，这完全符合敏捷制造和网络制造的观点。

（2）它强调供需链是由物流、信息流、资金流等多种流程组成的，而不仅仅是物流。我们将在 6.2 节详细讨论。

（3）提出了知识流的概念，实质上就是知识创新和价值流的概念。

Supply Chain Management 这个名词是从西方传入我国的，直译就是供应链管理，而且已经成为社会上普遍认可和使用的名词。但是一般文献对供应链管理的解释仅限于 APICS 定义要点的第 3 条，而且主要突出的是供应，也就是仅涉及供应商、制造商、仓储和配送中心；主要内容仅指计划、采购、制造、配送、退货，而未突出市场和销售，没有突出需求。APICS 的上述定义更全面，点到实质。

尽管在名称上已经被社会习惯定格为供应链管理，但是我们对它的理解，绝不要仅仅停留在“供应”上，除了理解供应和需求的关系，更要理解实现供需链信息化管理的理念和文化背景。

6.2 形成供需链的 5 种流

供需链之所以能够形成，主要是有 5 种基本的“流”在各个相关经济实体之间，在一定的经济法规约束下流动。这 5 种流就是信息流、物流、资金流、增值流和业务流。让我们暂且用一个简化的链型（未用网状型）关系来说明，如图 6.2 所示。

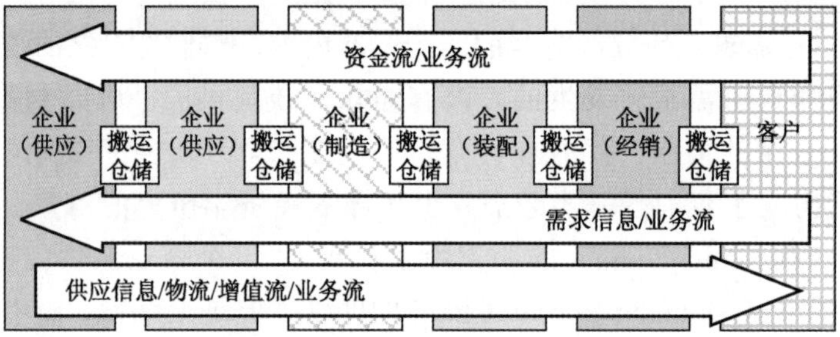

图 6.2 经济实体间的 5 种流的流动形成了供需链

6.2.1 信息流

早年 APICS 月刊上曾在“是先有物流还是先有信息流”的问题上争论不休。其实，回答这样的问题，只要把信息流分成需求信息和供应信息两种不同流向的信息，就很容易解释清楚。需求信息（如预测、销售合同、计划等）从需方向供方流动，这时还没有物料流动，但它却是供需链形成的源头，激发产生物流。而入库单、完工报告、提货单等供应信息则是与物料一起沿着供需链从供方向需方流动。对上面问题的答案应当是：**先有需求信息后有物流，而供应信息是伴随物流一起流动的**。所谓的“商流”实质上就是“需求信息流”。

供需链管理的**第 1 个目的**就是要不误时机地捕捉机遇，掌握需求信息；而满足市场和客户需求是一切经营活动和作业的出发点，没有需求，就无须组织供应，这又是精益生产和准时制的基本原则。因此，要时时监控需求与供应信息的变化，并尽力使供应与需求同步、保持平衡。

6.2.2　物流

任何制造业企业都会根据市场需求开发产品，购进原料，加工制造出成品，以商品的形式销售给客户，并提供售后服务。物料根据需求信息从供方开始，沿着各个环节向需方移动。在各个环节之间，还有配送、运输、搬运作业和缓冲供需不确定性而设的仓储。

供需链管理的**第 2 个目的**就是要根据需求信息迅速组织供应，并控制物料均衡有序地流动，从数量上讲，没有过剩，也没有短缺；从时间上讲，没有停滞，也不“超速”。

6.2.3　资金流

物料是有价值的，物料的流动会引发资金的流动。各项业务活动都会消耗一定的资源，发生成本。消耗资源会导致资金流出，只有当消耗资源产出的产品被客户和市场接受后，资金才会重新流回企业，并产生利润。因此，供需链上还有资金的流动。通过资金的周转和流动来监控和调配物料的有效流动。

供需链管理的**第 3 个目的**就是降低商品成本，这个成本是指供需链上下游各个环节的**总体运营成本**或产品生命周期的**整体拥有成本**（Total Cost of Ownership，TCO），而不是局限在企业内部或某个局部流程的成本。

在管理信息系统中谈论物流和资金流时，实际上是在谈物流**信息**和资金**信息**（会计**信息**）的流动，而不是传递具体的物料或货币。

6.2.4　增值流

随着社会商品日益充足，买方市场逐渐形成，进入客户经济时代，以产定销逐渐转到以销定产，也就是人们常说的“以客户为中心”。从表面上看，客户似乎仅仅是在购买商品或服务，但实质上，客户是在购买商品或服务**以后**为自己带来效益的**价值**，这是购买行为的实质动机，价值可以用有形的货币或无形的客户消费心理来衡量。在知识创新的支持下，各种物料在供需链上移动，是一个不断增加被客户认同的技术含量或附加值的增值过程，并通过优化，不断减少不增值的无效作业。

因此，供需链还有增值链或价值链的含义。企业的竞争优势在于其组成的供需链，与其竞争对手相比，能用较少的资源为客户创造出更多的价值；这是一个各合作伙伴都能获取较多效益的共赢过程。追求共赢是供需链管理的**合作竞争原则**，也是供需链竞争的原则。只有增值了才能有值可赢，增值和共赢是密切相关的。

6.2.5　业务流

信息、物料、资金都不会自己流动，物料的价值也不会自动增值。流动和增值都要靠**人的劳动和创新**来实现，要靠企业的业务活动——业务流或工作流，才能推动它们流动起来。

业务流决定了增值作业和无效作业的比率，决定了物流的速率和企业的效益。企业的业务流必须保证信息、物料、资金流的流速和畅通，这是对瞬息万变的环境做出快速响应的先决条件，协同商务就是改进业务流的一种管理模式。

没有这 5 种流在各个经济实体之间的流动，就形成不了供需链。本书研究供需链管理就是要从系统和全局的角度来认识和思考问题，从经济全球化来考虑问题，要充分理解“不谋全局，不足以谋一域”的道理。在这里可以借鉴中医学“通则不痛”的学说，企业的“痛”就是竞争和经营失利，“通”就是保证 5 种流的流动通畅。可以说，供需链管理是一种说明商品生产供需关系的系统工程，体现了近代敏捷制造理论和网络制造的精神。

供需链的竞争优势总是受链中最薄弱环节的制约，要不断筛选，加强薄弱环节以保持**整体优化**，要用到约束理论的概念，不断排除制约因素。所以说，供需链的组成不是永恒的，而是有生命周期的。要找出薄弱环节，首先必须做到流程的可视化，而可视化又是协同运作的必要条件，在需求和供应多变和不确定的形势下，通过协同做到快速灵活响应，不断满足市场和客户日益变化的需求，并减少各种可能出现的风险。供需链管理的**最终目的**就是结合对价值流和其他各种流的分析，不断优化业务流程，始终保持供需链的全球竞争优势，而 ERP 系统就是要支持企业实现这个目的。

供需链的组成不是永恒的，不仅要选对合作伙伴，不断加强和调整；同时也要发扬协同文化，保有一定比例的长期合作伙伴，这是保证企业可持续发展的重要因素。

6.3 供需链管理与信息技术应用

6.3.1 供需链管理战略

对**供需链管理**的定义综合起来可以解释为：“供需链管理是设计、计划、执行、管理、监控并不断优化供需链的作业，以达到创新价值和提高企业竞争优势的目的。它构建了一个全球竞争的基础平台，平衡全球范围的物流，根据需求的变化，同步地协调供应，并从全球范围的角度来评价供需链的经营业绩。”

美国计算机科学协会（Computer Sciences Corporation，CSC）和供应链管理评论（Supply Chain Management Review，SCMR）每年都发表供应链管理发展情况的调查报告，在 2004 年第四次年度报告中（*The Fourth Annual Global Survey of Supply Chain Progress*）发表了供应链管理成熟度模型，把企业实施供应链管理的进程分为 5 个阶段，如图 6.3 所示。从这张图里，结合 Gartner 公司对 ERP 的定义，可以形象地理解 ERP 从内部集成起步逐步向供需链管理的最高阶段发展，也可以从中理解 ERP 成功的真正标志是实现了图中第Ⅱ、Ⅳ、Ⅴ阶段。

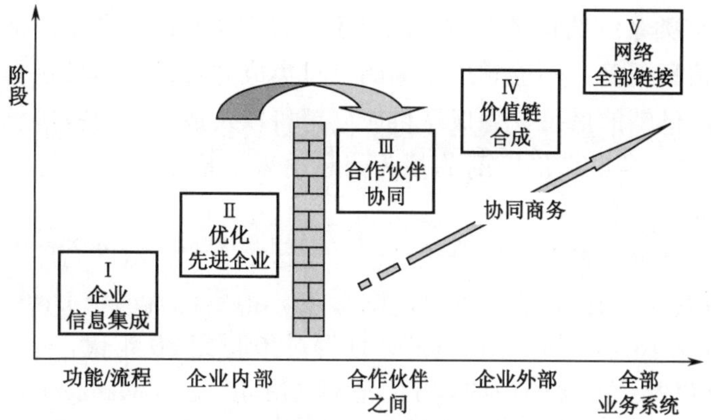

图 6.3　供需链管理成熟度的 5 个阶段

资料来源：Computer Sciences Corporation（CSC）& Supply Chain Management Review（SCMR）：*The Fourth Annual Global Survey of Supply Chain Progress*，2004。

6.3.2　各种信息化系统的信息集成覆盖范围

供需链管理是一种处理商品生产供需关系的系统工程，进入经济全球化时代，研究它更有实际意义。但是，没有信息技术的支持，实现供需链管理只能是空想。

ERP 系统是实现供需链管理不可缺少的工具。在这个系统中，包罗了各种信息化应用系统，都是一些令人眼花缭乱的“英文三字经”，如果用各个应用系统信息集成所覆盖的范围来解释，是比较容易理解，如图 6.4 所示。

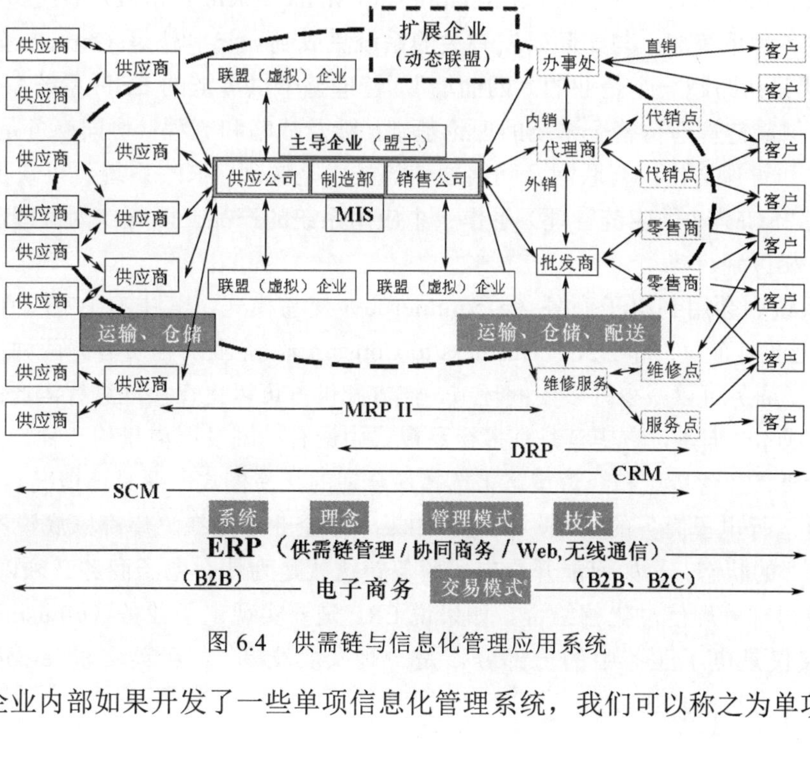

图 6.4　供需链与信息化管理应用系统

一个企业内部如果开发了一些单项信息化管理系统，我们可以称之为单项的管理信息系统（MIS）。这类系统的构思多数是原有手工管理的翻版，通常不能融入现代管理理念，往往会形成信息孤岛，不能实现全局的信息集成并带来整体效益。

如果集成了产供销的信息，完成从供应到销售以及成本、财务等一系列业务，并把上下游第一个层次的客户和供应商的相关信息纳入管理系统以控制应收账款及应付账款，就形成了 MRP Ⅱ系统。

如果再进一步把分散在各地的分销单位、配送中心和分散的仓库存货信息集成到一起，解决物料调度和补充库存的问题，则形成分销资源计划（Distribution Resources Planning，DRP，见 16.7.4 节“分销资源计划”）。20 世纪 80 年代，不少成熟的 MRP Ⅱ产品包括了 DRP 以及企业集团内的多工厂管理（Multi-plant Management）的功能，一些成熟的 MRP Ⅱ软件具备了所谓“内部供需链”的雏形，具备电子数据交换（Electronic Data Interchange，EDI）接口和条码处理功能。这里提到的“内部供需链”是指一个集团或多工厂企业，各个分公司或分厂之间原料或成品有供需关系的场合，是内联网（Intranet）支持的对象。

再进一步把与最终客户进行各种业务交往（如询价、咨询、跟踪、合同、服务、维修、投诉）的信息集成到一起，并使之与企业相关的业务部门（除市场和销售外，还包括质检、设计、采购、运输、财务等相关业务）沟通共享，就需要客户关系管理（Customer Relationship Management，CRM）系统。

如果把更多层次的供应商、企业的合作伙伴（敏捷制造中的虚拟企业）以及各个节点之间的运输、仓储和配送业务信息集成进来，就是供应链管理（Supply Chain Management，SCM）系统或供应商管理（Supplier Relationship Management，SRM）系统覆盖的范围。把所有上述各种系统加上与产品研发有关的系统集成到一起，就是 Gartner 公司最初设想的 ERP 愿景：跨越一个企业的“四面墙”，**管理整个供需链**的 ERP 系统。

这里，供需链管理是整个系统的理论基础，涉及战略和流程；协同商务是 ERP 系统的管理模式和管理文化，互联网及网络通信等技术是实现 ERP 系统不可缺少的技术手段。本书把“SCM”（供应链管理）看作一个**应用系统的产品**，以与作为**管理理念**的“供需链管理”相区别。

ERP 系统中会用到电子商务（e-commerce）交易模式，其中有 B2B（Business to Business，企业对企业）和 B2C（Business to Consumer，企业对消费者）两种最基本的形式。采用电子商务可以减少许多中间环节，需方和供方可以更直接地进行沟通；可以提高效率、降低成本。但是，它毕竟是众多交易模式中最有广阔发展前景的一种，还要根据企业的行业性质、经营特点和经营策略来选择最合适的交易模式，要具体情况具体分析。

ERP 是运行电子商务的基础，试想，如果一家企业还处在“库存家底说不清，落实计划无保证”的状态，又如何能开展电子商务？这就是为什么电子商务必须以 ERP 为基础，与企业内部管理信息化相结合。如果说 ERP 是要实现电子业务（e-business），那么电子商务仅仅是电子业务中的一部分，是一种买卖交易[①]。在英文里 e-commerce 和

① Siebel System 公司总裁 T. M. Siebel. *Taking Care of E-Business*.

e-business 是有区别的，后者包罗前者，但是译成中文时往往未能加以区别。

主导企业与相关的上下游合作伙伴组成一个虚拟企业（Virtual Enterprise）或称“动态联盟”。国外有把遵守协同运作模式、价值驱动和共赢的虚拟企业称为“扩展企业”（Extended Enterprise），以区别于仅限于一般合作关系、以降低成本为目的驱动的虚拟企业，这是供需链竞争的最高境界。要做到这一点，除了主导企业，还要带动相关的上下游企业一起实现管理信息化。

6.3.3　供需链管理与协同文化

实现供需链管理，不但需要信息技术的支持，而且受到许多文化理念的影响，其中最重要的一条就是“**商业道德和诚信**”。在 3.3.3 节“协同商务与协同文化”讨论过的协同文化，第一条就是“信用互守”，对供需链管理是绝对不可少的。

原中国企业家联合会理事长张彦宁先生 2002 年 3 月 25 日在参加福建省企业家活动日谈话中指出，我国急需建立诚信机制，并列举了因非诚信原因造成的经济损失，数字是让人触目惊心的，如表 6.1 所示。

表 6.1　我国因非诚信原因造成的经济损失

非诚信原因	造 成 损 失
逃废债务	1800 亿元
合同欺诈	55 亿元
劣质造假	2000 亿元
三角债财务损失	2000 亿元
合计	5855 亿元

资料来源：《参考消息》2003 年 1 月 8 日。

《中国质量报》2003 年 12 月 25 日引用国家统计局的资料也提到我国因企业之间的失信，造成的经济损失达到 6000 亿元。

这个情况有力地说明，我国要真正实现供需链管理，还要从健全法制、严格执法、规范市场秩序、建立协同文化等众多方面，下大的决心和付出长期的努力，而不是用上一个供应链软件（SCM）就能实现得了的。作为一贯强调数据准确的 ERP 和 IT 行业，就更要以身作则地发扬诚信作风。

在 3.3.3 节“协同商务与协同文化”归纳的 32 字**协同文化**，不妨在此再强调一次：

信用互守、目标共商；优势互补、利益共享；

信息互通、困难互助；风险共担、长期合作。

只有使协同文化成为供需链上各个合作伙伴的企业文化，才能真正实现供需链管理。

第 7 章

ERP 内外信息集成扩展

Gartner 公司的研究报告中提到 ERP 包括内部集成和外部集成两个方面，涉及面非常广，大量扩展功能的应用系统都是由不同公司分别开发出来的。本章从内部集成和外部集成两方面分别予以简要介绍。这里不是介绍软件产品，而是从管理的角度说明各个应用系统应具备的主要功能及其相互关系。

管理需求在发展，信息技术在发展，各种扩展功能也会不断扩展（这里谈到的只是一些比较通用和基本的功能，仅供读者参考）。

7.1 ERP 内部集成的扩展功能

在讨论 MRP Ⅱ系统时，有基于时间坐标产品结构集成物料信息的模型和集成物流资金流信息的静态和动态模型，这完全是针对制造业的。ERP 系统不仅沿用了这些基本数据集成模型，对内更多的是**管理功能的扩展**和**业务流程的优化**；对外，主要是不同经济实体之间相关信息的实时共享与交流。

同样以 ERP 命名的软件，由于其行业定位不同，功能上会有很大差异。如果要为 ERP 制定一个类似 APICS 为 MRP Ⅱ编写的标准，只能是按行业划分的标准进行。ERP 产品“行业细分”趋势已经得到业内公认，并正在逐步实现和完善中。因此，ERP 是一种按不同行业需求**配置**的系统，用针对行业的细化管理功能和灵活的功能配置以避免或减少二次开发。

我们在前面提到过：MRP Ⅱ软件产品主要是按照功能设置各项业务系统，而 ERP 产品则按照流程来设置程序之间的链接。尽管从表面上看是功能的扩展，但是在设计思想和体系架构上是有区别的。ERP 的主要特点是能够适应业务流程和业务规则的变化，做出相应的调整。一旦形成规范化的流程，系统就会按照流程的顺序，在屏幕界面上设置操作按钮或提示，也可以确认后直接进入下一道程序，运行上更加便捷和灵活，集成面更广。如果有人认为 ERP 不够灵活，那是因为他看到的 ERP 产品采用的开发手段过时了，未能真正满足 ERP 的要求；这里还有对“软件”“模块”的认知在作怪。

在实现内部集成方面，按照 Gartner 公司的原始定义要求，ERP 系统在核心业务信息集成的基础上增加了产品研发集成和数据采集信息集成。同时，在许多方面完善和充实企业内部管理功能，弥补了传统 MRP Ⅱ系统的不足。

这里列举了内部集成在 MRP Ⅱ基础上扩充的主要管理功能，有些功能并不是所有行业都需要的，不同行业的企业会有所侧重。对同样的功能，不同行业的具体要求和深度也不完全相同。有些功能又是内部集成和外部集成都需要的，如运输管理、仓库管理、高级计划与排产（Advanced Planning and Scheduling，APS）、BI 等。现重点说明如下。

1. 产品研发集成

产品信息和工艺信息是运行 MRP 的主要原始输入之一（请回顾图 4.2 MRP 的逻辑流程图），又是会经常修改和变动的信息。为了满足客户对产品个性化配置和对产品功能不断增长的需求，加快新产品上市速度和对市场变化的响应速度，只有在运行 MRP 时做到与产品研发和工艺设计的信息高度集成，才能减少重复的数据处理，加快计划的编制和修订速度，缩短交货周期。

产品数据管理（Product Data Management，PDM）或产品生命周期管理（Product Lifecycle Management，PLM）是实现产品信息、工艺信息和生产管理集成的不可缺少的系统，是 CAD/CAPP 和 ERP 之间的桥梁。由于 PDM/PLM 功能涉及面广，可以单独应用，往往由专业公司提供，在不断发展的过程中，逐个地实现与各种 ERP 产品的集成。有些 ERP 产品中有 PDM 子系统，多为兼并收购而来，但是还需要与相关的 CAD/CAPP 产品（不一定是所有的 CAD/CAPP 产品）集成才能提供 MRP 运算的信息。

PDM 不仅把产品信息传递给 ERP，而且要通过 ERP 获取信息。例如，PDM 的报价功能依据的是 ERP 的成本计算结果，ERP 提供的成本信息也有助于产品研发人员运行价值工程，设计低成本、高性能的产品。ERP 的采购子系统要把市场实际供应情况反映给设计部门作为确定外购件的依据，使设计更符合实际。因此，PDM 和 ERP 的信息是交互的。

早期开发的 PDM 产品一般只是面向产品设计的图文档管理功能，没有产品结构的概念，也没有考虑生产制造的需求，不能生成生产需要的制造 BOM，不能将设计或工艺更改信息实时地传递给 ERP，不能实现与 ERP 的信息集成。所以，对已经使用的和市场上的各种 PDM 产品，不能只看它的名称，还要注意它实际具备的功能，或者说要看是第几代的 PDM。

2. 数据采集集成

物料计划执行情况的实时反馈对有效运行 ERP 至关重要，要保证基层的执行情况能够实时地传递到计划及其他相关部门。对离散型生产工位的数据采集，一般最常用的是条码系统、移动终端，无线保真（Wireless Fidelity，Wi-Fi）技术，无线宽带技术，以及各种类型的数据采集器。可以通过各种读码器扫描条码或在各类采集器屏幕的标准格式上输入数字信息，然后转换到 ERP 系统。自动化程度较高的柔性加工系统（Flexible

Manufacture System，FMS）有可能选用生产过程执行系统（Manufacturing Execution System，MES）直接转换。

对流程行业，ERP 要有与分布式控制系统（Distributed Control System，DCS）、各种自控系统及各类数据采集器（Data Collector）连接的接口。

ERP 系统中的所有编码字段都可以采用条码，软件有打印功能。多维码的射频识别（Radio Frequency Identification，RFID）技术结合传感技术和移动通信技术，是推行物联网（Internet of Things，IoT）发展的重要基础。

3．排产功能

车间生产排产对离散型制造是不可缺少的，面对计划多变的情况，早期的 ERP 产品受计算机功能的限制，排产功能不够完善，难以应对。

排产功能主要采用动态甘特图和高级计划与排产（APS）技术，根据约束理论（TOC）原理和设定的各种业务优选规则，通过高等数学运算，采用各种优化排产方法，快速落实生产排产。APS 功能可以支持分布在各地的销售人员向企业有关部门进行远程访问和模拟操作，及时响应客户需求并及时给予切实可行的答复和承诺，是沟通销售与车间生产的必要工具。ERP 系统的 APS 一般主要考虑生产能力的制约问题。

APS 可以扩展运用到供需链计划，包括物流和受制约的各种资源（不仅限于生产能力）需求优化解决方案，一般由功能更为齐全的独立产品完成。

4．运输管理

一个完整的计划周期包括供应商供货周期和对客户的交货周期，其中运输周期是不可忽视的重要因素。运输管理系统（Transportation Management System，TMS）是 ERP 系统不可缺少的子系统，与分销资源计划关系尤为密切，也是实现完整供需链计划不可缺少的环节（参考图 6.4）。

TMS 一般应包括运输公司主文件，运输工具（公路、水路、空运）主文件，进行按时间、费用、距离要求不同的运输路线以及运输工具分析和优化运输方案，编制运输计划，计算运输成本，企业车辆调度和整体运输计划等功能。

5．仓库管理

仓库管理（Warehouse Management，WM）如果是独立应用系统，和库存管理的功能会有重复。根据《Gartner 词汇》的定义："仓库管理系统的功能包括：收货，存放，库存管理，轮番盘点，任务交接，滚动计划，订单分配，订单提取，补充库存，包装，发运，人工管理以及与自动搬运设备连接的接口。RFID 是仓库管理保证准确交付的一项基础。"

作为 ERP 的子系统，主要功能有控制成本（保管费、闲置报废损失、人工成本等）、优化存储空间利用、确定收发货顺序（先进先出、后进先出或按照批号）、调动仓库搬运设备、与运输管理集成等。

企业的配送中心、厂级立体仓库或某些大型货场会更需要 WMS。

6. 质量管理

产品的质量主要靠严格执行质量保证体系来保证，而不是采用了质量管理子系统（Quality Management System，QMS）就能保证的。但是 ERP 系统在质量标准、抽样规则、质量检验、批次跟踪、废品分析、质量成本、质检设备管理等方面可以提供支持，对发生的质量问题记录在案，为改进产品质量提供分析信息。

质量管理不仅要与生产管理子系统集成，而且要与售后服务子系统集成。质量问题要同时反馈到设计、供应等部门。

7. 企业资产管理系统

企业资产管理（Enterprise Assets Management，EAM）系统包括设备维修计划、备品备件采购计划和库存管理，以及相关的各种费用控制。为了提高设备可靠性，优化资产利用，EAM 主要是在全面生产力管理（Total Productivity Management，TPM）理念指导下开发的应用系统，可以是 ERP 系统的子系统，也可以是独立的产品，如计算机维护管理系统（Computerized Maintenance Management Systems，CMMS）。

8. 实验室管理系统

实验室管理（Laboratory Management）包括实验设备和设备能力计划等功能，这项功能在计量中心的企业和检测工序繁重的行业会有相关需求。

9. 人力资源管理（HRM）

人力资源是企业的重要资源之一，作为企业资源计划的重要组成内容日益受到重视。人力资源管理（Human Resources Management，HRM）不同于传统只管考勤、工资和人事档案的人事管理，它要根据企业发展战略制订人才战略计划，包括招聘、培训、考核、晋升、考勤、工资、福利、激励机制、员工自助服务以及知识管理等全流程，内容更为广泛。其中，考勤、工资级别信息与工作中心能力和产品成本的人工费计算集成；一些涉及员工业绩表现的信息要与企业业绩管理（Enterprise Performance Management，EPM）系统集成。

近年来，人力资源管理中涉及“蓝领工人”的部分发展成**劳动力管理**（Work Force Management，WFM）系统，主要解决优化班组劳动力派工、追踪生产活动、进行工时采集、落实加工单的时间定额等问题，最后达到提高劳动生产率的目的。

10. 商务智能（BI）

企业高层经理在做出重要决策时，需要从浩如烟海的数据中，实时、快速地获取所需的信息。对企业及各个部门的业绩评价和原因分析，对各种数据的发展趋势，也都需要信息技术给予支持，这项技术主要就是商务智能（Business Intelligence，BI）。除了一些早期 MRP Ⅱ产品已经具备的高层经理信息系统（EIS）外，进一步在数据仓库技术的基础上，发展数据挖掘技术和联机分析处理（OLAP），实现多维数据的查询分析，以及多数据源的商务智能系统（BI）。在此基础上，建立企业业绩管理（EPM）系统。应用 BI 是信息化管理的必然趋势，可以使管理人员从简单地阅读各种报表，转变为深入看清报表反映的问题和趋势，对**管理决策**是绝对必要的得力工具，但是它必须建立在准确的数据基础上，来不得半点虚假，应该在 ERP 各项业务流程运行步入正轨，也就是数据质量有保障后再应用。要避免虚假不实信息误导评价和决策，所以实施的顺序应该是**先 ERP 再 BI**，也是本书更名为《基石》的原因之一。

11．维修维护服务管理

当前，维修维护服务管理（Maintenance Repair & Operation，MRO）已经不限于传统企业内部的维修、维护和消耗品管理，而是扩大到自己的出厂产品，有了新的内涵。不少制造业已经从单纯制造向制造—服务转型，扩大了服务的范围，加强了售后服务或现场服务、维修和备品备件管理，并实时向产品研制开发和质量管理部门提供产品实际使用状况的反馈信息，了解产品的生命周期阶段，以利于产品推陈出新，保留和扩大客户群。物联网是支持 MRO 的一种重要手段。

扩展的 MRO 被称为 MRO2，以与只限于企业内部的 MRO 相区别。

12．支持跨国、跨地区经营

除了在 MRP Ⅱ阶段已经实现的实时切换多语种、多币制、多汇率、多税制以及多工厂管理的功能外，ERP 系统尤其要强调能够支持不同国家和地区的财务、税务、环保、包装、交通等法令法规、条例及标准的管理，这对有出口贸易的企业至关重要。

13．移动通信

ERP 可以支持移动通信业务，也有称为“移动 ERP”的，应理解为 ERP 系统在操作层面上的一种外延模式。对流动性的工作岗位，如各种现场工作，仓库、安装现场、销售、外出办事人员，甚至是不固定在办公室工作的情况，移动终端日益得到普遍应用。

14．其他

在财务系统中，还可以增加满足上市公司资金管理（融资、投资、股东权益、股金分配等）的需求。

7.2　ERP 外部集成的扩展功能

ERP 外部集成，主要是指与供需链上下游经济实体的信息交换和协同运营，并不是进入其他企业的信息化管理系统。外部集成的对象主要是与产品信息相关的客户（需求信息）和供应商（供应信息）以及第三方物流（Third-Party Logistics，3PL），包括合同、计划、成本及报价、仓储、运输等信息。多个产品研发公司通过网络进行联合设计，也有外部集成的性质，一般主流 PLM 产品都可以解决。

此外，与银行、税务、海关等有业务关系的部门也是外部信息集成的内容，我们不在这里讨论。

7.2.1 外部集成的内容与手段

外部集成要解决的主要业务问题是：

（1）业务流程的可视化，实现实时监控，不断完善和精益化；

（2）计划订单的实时、同步处理，包括能力平衡、计划变更和执行；

（3）交换实时的库存信息，包括供应商管理库存（Vendor Managed Inventory，VMI）和运输信息；

（4）有关价格和费用信息，财务收支结算处理；

（5）对影响计划执行的意外事件的预防、警示和及时处理。

企业外部集成的主要目的是：**沟通需求和供应，实现从需求到供应的端到端信息集成。做到真正依据客户的需求组织供应，依据需求的变化迅速、及时调整供应，体现精益和敏捷；优化流程，强化薄弱环节，提升供需链的竞争优势**。外部集成是企业信息化管理不可或缺的组成部分。

与上下游交换的信息是动态的，主要是计划和执行信息，包括交付时间、价格、运费等随时有可能发生变化的信息，必须同步实时掌控。在市场变幻莫测的大环境下，与上下游合作伙伴的计划和仓储流程可视化、信息集成及协同运作尤为必要。

实现外部信息集成最常见的技术手段有：

- 企业信息门户（Enterprise Information Portal，EIP），也是开展电子商务不可缺少的最简便的工具；
- 主导企业和配套企业采用基于浏览器/服务器（Browser/Server，B/S）结构的同一个 ERP 系统；
- 基于 Web 的多对多电子数据交换（Electronic Data Interchange，EDI）、B2B 系统平台或应用系统之间的适配器（Adapter）。

实现不同应用系统之间的信息交换，要用到基于面向服务体系结构（Service-Oriented Architecture，SOA）的企业应用系统集成（Enterprise Application Integration，EAI）或最新中间件技术。作为完整的外部集成系统主要是 CRM（客户关系管理）、SCM（供应链管理）或供应商关系管理（SRM），二者要和 ERP 集成起来。

要做到这些不仅仅是技术或管理问题，更重要的是**协同文化**，其中最关键的是**诚信**。

CRM 和 SCM/SRM 都有独立的产品，但是使用独立的产品时，ERP 用户要面对多个产品供应商，和 ERP 产品的内容（字段、参数、功能）有重复，增加了复杂性。这些年来，多数 ERP 产品已经包括了 CRM 和 SCM/SRM 的内容，成为 ERP 套件内的子系统，减少了冗余和重复，但是不同产品的这类子系统内容和功能有很大区别，需要特别注意。本书的着眼点是 ERP 产品是否能提供解决前面提到的 5 项主要问题的功能。

下面分别简要介绍 CRM 和 SCM/SRM。

7.2.2 客户关系管理（CRM）

早期的 CRM 是以独立的产品出现的，在包含了 ERP 系统的客户文档、销售、营销等功能的基础上，增加了营销团队工作流程自动化（Sales Force Automation，SFA），指导营销业务工作流程，提示企业各级营销人员如何在最恰当的时刻，开展与客户的交往。例如，当客户因问题还没有得到圆满解决正在恼火时，就不宜去推销新的产品；当客户已有购买倾向但尚未最后定夺时，是经理人员亲自出面谈判的最好时机等。另外，可以把呼叫中心（Call Center）的功能纳入进来，提高售前售后服务质量。

一些非制造业，如旅游、保险、金融，可能更需要功能较为完善的独立 CRM 产品。

由于 CRM 的许多功能和 ERP 重叠，而且多个业务部门都会用到 CRM 提供的信息，目前 ERP 产品提供商已经通过兼并或开发，把 CRM 纳入 ERP 套件中，从而提高了集成度，免去了许多冗余的通用基础数据，如客户代码和文档、合同处理等。

企业应永远将把握市场需求脉搏摆在第一位，CRM 系统中增加了**机会管理**或**商情管理**的内容，可以**处理一些非格式化数据的文件**，包括电子邮件与合同文本。加强了客户调查、跟踪、分析、收集市场和商业情报、销售管理和客户服务与技术支持的功能，有利于把握不同层次客户的价值观，弥补了掌握客户需求信息不足的被动状况的缺陷。一方面要提高客户的满意度和忠诚度，另一方面帮助企业寻求定位在最能为企业带来效益和长远合作的客户群。

通过 CRM 系统还实现了企业各业务部门对客户信息的实时共享，是信息集成的范围向需求市场扩展的极其重要的一步。例如，发生了客户投诉时，企业内与之相关的所有业务，如质量、供应、产品研发、生产、工艺都能够共享信息，一起分析找出根本原因，并加以改进。因此，不要把 CRM 理解为只是销售部门使用的子系统。

CRM 通常对客户数量较多的生产企业更为有用，如生产手机、计算机或其他消费品的企业。对客户群体比较固定且数量较少的制造企业，如订单设计（ETO）类型的企业、为固定的主机厂配套的配件生产企业，可能不一定十分迫切，或不需要太多的功能。如果运行得当，CRM 在降低销售成本、减少由于需求变动响应不及时造成的损失、增加资金回收、减少成品库存、减少保留客户的支出等方面会给企业带来效益。

我们可以比较一下 ERP 和 CRM 的分工与联系，以此来说明这个观点。ERP 与 CRM 的分工与接口如图 7.1 所示，这是一种常见的情况。

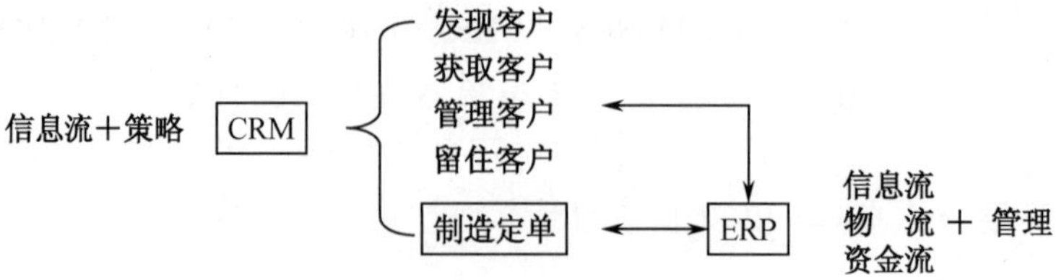

图 7.1　ERP 与 CRM 的分工与接口

当然，有些 CRM 软件有处理客户订单的功能，同样称为 CRM。但是，对制造业来说，即使 CRM 能够处理订单，离开了 ERP，它仍无法保证订单的实现，不能对客户做出可信的承诺。

作为一种管理哲理，客户的含义可以是顾客、卖主、员工或顾问。对某些简易规范的 CRM 系统，可采用 SaaS（软件即服务）平台。

7.2.3 供应链管理（SCM）

SCM 没有统一的标准，作为应用系统，不同公司的 SCM 内涵会有很大区别，一些 SCM 产品的功能只是采购管理加上仓库运输和供应商管理库存（VMI），有些又相当于完整的供需链管理，从客户订单开始到向供应商采购，包括生产计划，覆盖端到端流程，但是在内部集成方面的功能又不如 ERP 系统，不能满足各种行业的需求。这样的 SCM 产品如果和 ERP 一起运行，会有许多重复和冗余。另外，还有以 SRM 命名的供应商关系管理，就是管理供应方。

作为 ERP 套件产品的一个重要组成，SCM 子系统的内涵基本上包括以下内容：

（1）供应计划及执行信息，计划变动的协调功能；

（2）处理外包或外协（Outsourcing）；

（3）供应商关系管理（SRM），供应商业绩评价，选择最佳的供应商，优化供应渠道，实现物料供应、运输配送和交付的协同和同步；

（4）支持供应商管理库存（VMI）模式；

（5）管理原始设备制造商（Original Equipment Manufacturer，OEM）；

（6）对例外事件按照设定的规则和业务流，提出处理建议，即供应链例外事件管理（Supply Chain Event Management，SCEM）。

以上种种扩展功能，其中有些与企业核心业务的集成度较高，如属于数据源性质的产品研发信息，以及与供需链计划有关的运输管理、仓库管理系统和高级计划与排产、信息门户、电子商务、售后服务等，这些业务一般应当优先考虑。在数据数量完备和数据质量有保障的情况下，要及时考虑业务智能（BI）系统，以利于业绩评价和正确决策。

7.3 大集成趋势

事实上，前面谈到的这些扩展系统最初是由不同公司各自开发的，功能是相互重叠渗透的，你中有我，我中有你，没有特别明确的界限，同样的信息在不同的系统中会重复出现，产生大量的冗余。这些系统有些虽然可以在某些类型的行业企业独立运行一时，但是它毕竟不是一个完整的“管理整个供需链”的系统。用户如果选择了多家供应商的产品，不仅会在信息集成方面带来很多麻烦，而且用户要面对多家公司，在项目实施、培训、维护等方面也会增加许多不必要的费用。因此，发展按照 Gartner 公司定义的 ERP 功能开发的套件已是大势所趋。

现以国外的例子来说明，早期的 ERP 产品基本上是从 MRP Ⅱ产品提供商升级形成的，如 SAP、SSA、ORACLE、Baan 等，最初的产品比较侧重于事务处理。而最早的 SCM 产品提供商（如 Manugistics、i2 Technologies）的产品侧重于从需求到供应的规划。从发展趋势看，前一类公司在强化整体计划、分析和优化功能方面向“整体套件”的方向发展，形成把 SCM 和 CRM 等系统的功能都囊括进来的“一体化解决方案”。后一类公司开始做了与前者接口的工作，然后逐渐强化自己的配套体系。这种“相向趋同”的现象，说明各种系统单独运行都不能覆盖供需链管理的全部业务，最终必将日益趋同与整合，成为一个覆盖企业所有管理流程和供需链的大系统。

根据 AMR 公司 2004 年 8 月对 SAP 公司进行的一个调查，虽然 SAP 有 ERP、CRM、SCM 等不同的产品，但许多公司往往是按 ERP-CRM 或 ERP-SCM 捆绑着选购的。这个现象说明，实现 Gartner 公司最初定义的 ERP 本来是应当包括 CRM 或 SCM 软件内涵的，对于这样的系统，APICS 称之为企业全面集成系统（Total Enterprise Integration，TEI），Aberdeen Group 公司称之为企业业务集成（Enterprise Business Integration，EBI）系统，甚至有将这样的信息化系统称为企业业务管理系统（Enterprise Business Management System，EBMS）的。不论其称谓如何，**大集成**是必然的发展趋向。可以这样预计，只要企业需要管理或处理什么业务，就会有相应的信息化系统被开发出来支持这些业务。最后，必将形成一个映射虚拟供需链的大的集成系统。

所有扩展的系统都是对基本系统的**完善和补充，是继承和发扬，而不是替代或否定**。即使是 MRP Ⅱ的基本概念和功能，也是融合在 ERP 系统中的，并没有被废黜。在制造业 ERP 系统中，MRP 依然是一个核心，MRP 系统中的产品结构和 BOM 是一个反映集成销售、生产与供应三大主要业务信息的数学模型，是来源于实践、反映客观规律的，绝对没有过时，也不会过时。

我国多数企业还处在信息化的起步阶段，有些制造业还没有完全实现 MRP，甚至连 MRP 的基本概念都没有完全弄清，这时如果侈谈“ERP 过时”，或把某些应用于 ERP 系统最新的信息技术与 ERP 业务信息集成混为一谈，只会扰乱我国企业信息化的正常秩序，是极其有害的。

各种推陈出新的信息技术对 ERP 的推广应用起了很大的促进作用，如：

- 扩展 ERP 的应用领域；
- 降低 ERP 项目投资和实施费用；
- 有利于业务流程的改进和变化及 ERP 产品的灵活性；
- 有利于不同平台应用系统的信息集成；
- 加快软件的开发；

- 加快信息运算速度；

……

新的应用技术虽然提高了 ERP 的使用价值，有助于提升企业的市场竞争力，却并不改变 ERP 的基本原理和对业务信息集成的要求，也不会改变 ERP 的几个关键词：**“优化流程”“信息集成”“创新改革”“协同运作”和“解决方案”**。

第 8 章

ERP 与现代管理理念

ERP 问世前后，西方涌现出各种现代管理理念，ERP 融入了这些理念，也支持一些理念的实现。所以说，要想成功实施 ERP，就要由具备现代管理理念的各级管理人员去实施和应用。

有了 ERP 系统，还要不断用现代管理理念武装员工，才能有效地运行 ERP，见到更好的效果。因此，有必要把实施 ERP 会涉及的现代管理理念做一番简要介绍。

8.1 ERP 相关的现代管理理念

在 ERP 问世的前后，西方的企业管理科学出现过一系列的各种现代管理理念。其中，与 ERP 关系密切的主要是：

- 1960 年全面质量管理（Total Quality Management，TQM）；
- 1985 年在丰田生产系统（Toyota Production System，TPS）上发展起来的准时制生产（Just in Time，JIT）；
- 1985 年哈佛大学 M. Porter 教授提出的价值链（Value Chain）；
- 1985 年 E. 高德拉特博士提出的约束理论（Theory of Constraint，TOC）；
- 1987 年由摩托罗拉公司（Motorola）倡导的六西格玛（Six Sigma），20 世纪 90 年代中期由通用电器公司（GE）进一步发展，成为一种设计和优化企业流程的哲理和技术；
- 1988—1991 年的敏捷制造（Agile Manufacturing，AM）；
- 1989 年在 TPS 和 JIT 基础上发展起来的精益生产（Lean Production，LP）；
- 1993 年 Hammer 教授提出的业务流程重组（Business Process Reengineering，BPR）。

上述管理理念形成了 ERP 系统的管理理论基础，而且还在不断充实和发展。其中约束理论与 ERP 的关系最为密切，本书会用较多的篇幅来讲解。

一个值得注意的现象是，其中一些理念（如 JIT、精益生产和六西格玛）是总结企业的实践经验得出的，包括最早的 BOM 概念也是由 IBM 公司提出来的，都不是高等学校或研究部门的首创，敏捷制造也是研究部门和通用公司合作的产物，说明这些现代先进管理理念都是在实践基础上产生的。

现简要介绍如下。

8.2 约束理论

约束理论（Theory of Constraint，TOC）是美籍以色列物理学家、企业管理顾问高德拉特博士（Dr. Eliyahu M. Goldratt，1947—2011 年）在他开创的优化生产技术（Optimized Production Technology，OPT）基础上发展起来的管理哲理。

这些观念和方法是运行 ERP 经常要用到的，现概要介绍如下。

8.2.1 优化生产技术

要了解约束理论的成长与发展过程，可先从了解优化生产技术（OPT）开始。OPT 是高德拉特博士早期提出的一种管理思想并开发出了软件。最初开发的软件采用了有限能力排产（Finite Capacity Scheduling，FCS）、车间控制和决策支持，由一家叫 Creative Output 的公司经销。由于高德拉特把自己的工作重点从经销软件转到研究管理哲理和培训教育工作上，他离开了这家公司，并以他父亲的名字建立了高德拉特研究所（Avraham Y. Goldratt Institute），开展咨询培训工作。

OPT 有 9 条基本原则，这些原则对指导生产计划与排产依然有重要的意义，是本书 17.8 节鼓点-缓冲-绳子（D-B-R）计划方法的指导思想，即：

（1）企业的有效产出（Throughput，指销售收入扣除原材料成本）受企业瓶颈资源的制约，因此，在瓶颈资源上损失 1 小时等于整个企业系统在收益上损失 1 小时，而且是无法弥补的。

（2）瓶颈资源通常指能力小于或等于对此资源的需求的资源（一般指工作中心）。为保证瓶颈资源得到充分利用，在瓶颈资源前应有一定的物料储备。这个储备或缓冲（Buffer）是通过设置安全提前期来实现的，即增加在制品滞留时间，但不增加物料数量（安全库存）。在管理上，要保证瓶颈资源是按需求的优先顺序安排生产的，切忌先加工非急需的工件；必须保证传送给瓶颈资源的工件都是合格品、瓶颈资源的后续工序也要避免出现废品或返修品，以免由于补缺浪费瓶颈资源的有限能力；保证瓶颈资源的设备完好率，配备必要的专职设备保养工和工艺装备调整工；错开操作人员交接班、用餐和休息时间，提高瓶颈资源的利用率。

（3）非瓶颈资源的利用率是由企业系统的其他制约因素决定的，而不是由其本身决定的。非瓶颈资源主要保证瓶颈资源能不间断地发挥效益。

（4）盲目地想方设法在非瓶颈资源上节约工时或提高它的利用率，并不能提高企业整体的有效产出。非瓶颈资源不应满负荷工作，否则将破坏物流平衡，造成库存积压。操作人员的闲置问题应通过多面手培训来解决（这是从另一个角度解释 JIT 的哲理），并应相应地进行生产组织和激励机制的变革。

（5）使一项资源开动起来并不是目的，重要的是使资源为企业带来整体效益。因此，不应不加分析地追求“满负荷工作”。

（6）重要的是平衡物流，使物流与需求平衡，而不是平衡能力（同 JIT 哲理是一致的），实现同步制造（Synchronous Manufacturing）。

（7）批量应根据实际情况动态地变化，而不是固定不变的。加工批量不仅受需求的制约（因需定量），而且还受准备时间长短和资源可用能力的制约（在缩短准备时间和平准化生产批量问题上，形同 JIT 哲理）。

（8）要区别两种批量：传送批量和加工批量。传送批量可以不等于加工批量，甚至多数情况是应该小于加工批量的。传送批量与平衡物流有关。OPT 指出传统的经济定货量法（Economic Order Quantity，EOQ）只考虑一种批量，不能得出正确结论。

（9）只有同时考虑到系统所有的制约因素，才能确定工件的加工顺序。提前期只是排进度的结果（例如，两个工件都要在同一天内在一系列工作中心上依次加工，如果两个工件的工序顺序相同，但在每台工作中心上的加工时间长短却不成比例，这时，先开始加工的工件对第二个工件的完工时间会有决定性影响，也就是影响总的加工提前期）。

这些基本原则在 TOC 中都继续得到应用和发挥，对 ERP 应用有重要的指导意义。

8.2.2 约束理论的基本点

高德拉特创建约束理论的目的，是想找出各种处境下生产的内在规律，寻求一种分析经营生产问题的科学逻辑思维方式和解决问题的有效方法，为提高企业竞争力，必须找准问题，寻求不断改革进取的正确方向。约束理论强调**必须把企业看成一个系统，从整体效益出发来考虑和处理问题**。

约束理论的基本要点可以从以下几方面来谈。

1. 企业的目标

约束理论认为企业是一个系统，系统要有个目标。约束理论的经典著作之一是《目标》（*The Goal*），这是一本管理小说，据香港高德拉特机构区域总裁罗镇坤先生在《TOC 是什么》的报告中介绍，全球已有 23 种译文，国内有多家出版社出版。早期版本（1985 年）对目标的提法是“企业唯一的目标就是追求当前和未来的利润”，但是这样的提法有其片面性，容易引起误导。大约在 2005 年，Goldratt 课程对目标的定义已修正为**“持续有效地为权益相关群体（员工、客户和投资人）增加价值”**[①]；突出了“增值与共赢”，符合供需链管理的指导思想；阅读《目标》这本书时要注意书的出版时间（版次）（请对照图 2.5“收益报告和增值报告”）。

① TOC Weekly No. 36，*The Management Attention Constraint— a TOC event*，2010.12.23.

2. 一切妨碍企业实现整体目标的因素都是制约因素

按照意大利经济学家柏拉图（Vilfredo Pareto，1848—1923 年）提出的 20-80 现象，对系统有重大影响的往往是少数几个制约因素（Constraints）（至少有一个）。制约因素有各种类型，不仅有物质型的因素，如市场、物料、能力、资金等，而且还有非物质型的因素，如质量保证体系、企业文化和管理体制、规章制度、员工行为规范和工作态度等，这些也可称为策略性因素。制约因素也可以按企业内部的（如各种资源、企业规章制度）和企业外部的（如市场、政府法规）来区分。制约因素会由于企业的具体情况不同、产品搭配组合和产量不同，在不同的时期有不同的表现和含义。一种制约因素消除后，原来某个没有凸显的因素可能会成为制约因素，所以需要重新定义。

3. 从企业的整体来评价改革的效果

为了评价实现目标的业绩和效果，约束理论打破传统的会计成本概念，提出了 3 项主要评价指标，即有效产出、库存和运行费用。约束理论认为只能从企业的整体来评价改革的效果，而不能只看局部。库存投资和运行费用虽然可以降低，但是不能降到零以下，而有效产出有可能无限增长。3 项评价指标的定义如下：

（1）**有效产出**（Throughput）指企业在某个规定时期通过销售获得的货币扣除原材料成本。与产出量的概念不同，未能销售的产成品只能作为**库存**处理，是没有实现目标的无效货币投入，可能是一种浪费。

（2）**库存**（Inventory）指企业为了销售**有效产出**，在所有外购物料上投资的货币。

（3）**运营费用**（Operating Expenses）指企业在某个规定时期为了将**库存**转换为**有效产出**所花费的货币。运营费用包括除材料费外的所有成本，库存保管费也包括在运营费用中。

各种指标的关系公式如下：

有效产出 = 销售收入 − 外购原材料成本
运营费用 = 产品总成本 − 外购原材料成本
净利润 = 有效产出 − 运营费用
存货利润率 = 净利润 − 库存
生产率 = 有效产出 − 运营费用
存货周转率 = 有效产出 − 库存

作为一种评价经营效益的指标，约束理论的这种解释虽然与传统的会计准则不完全一致，但最新出版的西方成本会计著作已经收纳了约束理论的观点，称之为“面向有效产出的会计”（Throughput World Orientation），以与“面向成本的会计”（Cost World Orientation）相区别。

用约束理论观点处理具体生产问题，可能得出与传统成本会计观念不同的结论。例如：

- 非瓶颈资源在企业已经完成销售计划后，是否还要考虑满负荷生产；

- 为了提高非瓶颈资源的利用率，是否应增加瓶颈资源的产量；
- 非瓶颈资源负荷不满时减小批量，增加了准备时间，在人员编制不变的情况下，是否会增加成本；
- 在瓶颈资源超负荷时，将部分任务交给效率低、运行费用高的机床去完成是否经济；
- 如何降低间接成本，改进分摊方法。

4．“鼓点-缓冲-绳子”（Drum-Buffer-Rope，D-B-R）法和缓冲管理（Buffer Management）法

约束理论根据瓶颈资源和能力制约资源（Capacity Constraint Resources，CCR）的可用能力确定企业最大的物流量，作为约束全局的**“鼓点”**，鼓点相当于指挥生产的节拍；所有瓶颈和总装工序前要有**“缓冲”**（安全库存），保证充分利用瓶颈资源，使有效产出最大化。必须按照瓶颈工序的物流量控制瓶颈工序前头道工序的物料投放量。换句话说，头道工序和其他需要控制的工作中心如同用一根传递信息的**“绳子”**牵住的队伍，按同一节拍，控制在制品流量，保持在均衡的物料流动条件下进行生产。瓶颈工序前的非制约工序可以用倒排计划，瓶颈工序用顺排计划，后续工序按瓶颈工序的节拍组织生产，详见17.8节“约束理论的D-B-R法”。

5．处理制约因素的五步法

运行约束理论首先要根据需求来定义制约因素（影响企业实现或超过整体目标的瓶颈及限制条件）。处理制约因素有5个步骤：

（1）找准并明确系统中影响实现目标的制约因素。如果有多个制约因素，则要分清重要性的顺序。

（2）找出如何最大限度地发挥制约因素作用的方法。保证瓶颈资源得到充分利用甚至满负荷工作。应当首先考虑挖潜、协调所有资源后再考虑扩充能力。

（3）调整其他相关的各种因素。所有其他的部门和工作中心都必须服从和配合瓶颈工序的“鼓点”，避免造成过多的在制品库存。

（4）找出缓解系统制约因素的措施。运用下面“6. 定义和处理制约因素的决策方法”中介绍的一些方法。

（5）如果第（4）步改变了原有的制约因素，则回到第（1）步反复运行。

6．定义和处理制约因素的决策方法

缓解制约因素会涉及变革，需要有正确的思维方法，才能做出正确的决策。**任何进步必然是一种改变，但改变不一定全都是进步**。为此，约束理论强调了三种方法，统称为思维过程（Thinking Processes，TP）。

（1）**因果关系法**（Effect-Cause-Effect Method）。因果关系法是为了找出“要改革什么”（What to Change）。设定一些尽可能少的假设，通过分析和考验，逐一排除，找出造成制约现象的根源（Root Cause），从而找出解决要害问题的有效方法。它与石川鱼刺分析法类似，但它强调通过实践考证，找准问题的根源。在分析时，采用了树枝状（代表因果关系）和云状（代表障碍）的图解，逐级逐层处理。

（2）**驱散迷雾法**（Evaporating Cloud Method）。因果分析有时会出现互相矛盾的原因，有些原因又可能是伪命题。驱散迷雾法就是要处理因果分析后有矛盾的分析结果，找到真正有效的解决方案，创建一种环境，使形成制约因素的基本核心问题不再发生。驱散迷雾法在处理“改革的方向”（What to Change to）问题时会用到。

（3）**苏格拉底法**（Socratic Method）。苏格拉底法是处理“如何引发改革”（How to Cause the Change）的问题。2500 年前的希腊哲学家苏格拉底采用的实现改革的方法是“（老师）只提问题，不给答案（老师并不是没有答案）”。在找出核心问题之后，发动群众对如何解决核心问题献计献策，使献计的人感觉是由于他自己提出了办法，问题才得以解决，因而产生一种“参与感”，会更主动地投入改革活动。这个方法发展了 JIT 的“全员参治与授权”（People Involvement/ Empowerment）的精神，也是一种群众路线的精神。

约束是多方面的，甚至可以包括体制、政策、劳工法、人员的信心和精神状态等，但市场、物料和能力是其中最主要的约束。对一个制造业企业来讲，如果产品的市场占有率很低，那么市场就是制约因素，应当致力于开拓市场；如果市场已经打开，而生产能力跟不上，那么能力就是制约因素；如果供应商的能力跟不上，那么制约因素就是物料。从另一个角度看，企业的产出是受瓶颈工序限制的，即使上下游工序的设备能力有余，也不可能提高企业的总产出，参见 17.8 节“约束理论的 D-B-R 法”。

以供需链为例，链的“强度”是由所有链环中最薄弱一环（瓶颈）的强度决定的，在受力情况下，首先破坏的是最薄弱的一环，即使其余环节的强度再大，也爱莫能助。这正是约束理论的核心思想。为了提高供需链的竞争力，就必须按照约束理论的概念，全力找出最薄弱的环节，予以强化。一个链环的强度增强了，必然会出现“次一个”强度最低的环节，再予以强化。如此不断逐个强化，可以增强整个供需链的竞争力。

当前，制约理论、精益生产和六西格玛经常结合起来运用。

ERP 系统中的高级计划与排产（APS）就是基于约束理论和业务规则开发出来的。当代管理会计也非常重视约束理论的应用，将其作为产品发展决策时的指导思想。

约束理论还提出了一系列的思维与方法，如关键链（Critical Chain，参阅 17.10 节“关键路线与关键链”）、战略与战术（Strategy and Tactic）等，已经或逐步纳入 ERP 系统及其项目实施中。

高德拉特博士于 2011 年 6 月 11 日逝世，他于 1986 年创办的 AGI Goldratt Institute 是一个咨询培训机构，并且一直在运营。高德拉特最后留下的话是：

（1）人们都是善良的；

（2）任何矛盾都是可以化解的；

（3）任何环境无论它的初始状况如何复杂，都是可以简化的；

（4）任何环境都是可以持续改进的，甚至天空也不能成为它的极限；

（5）每个人都能有一个美好的人生；

（6）总会找出一个共赢的解决方案。

高德拉特的著作的中译本有 6～7 种，值得学习参考。

8.3 精益生产与准时制

精益生产（Lean Production，LP）是美国麻省理工学院（MIT）于 1985—1989 年进行的国际汽车计划（International Motor Vehicle Program，IMVP）的研究成果，是该学院的研究小组在对比日本和美欧汽车生产的差异后，对日本的生产方式赋予的名称，它延续了日本丰田汽车生产方式（Toyota Production System，TPS）和准时制生产（JIT）。可以说，TPS、JIT、LP 三者一脉相承。

精益生产的代表著作是：沈希瑾等译、沃马克等著的《改变世界的机器》，1991 年万国学术出版社出版（James P. Womack, Daniel T. Jones and Daniel Roos，*The Machine that Changed the World*，Harper Collins, 1990），以及《精益思维》（James P. Womack, Daniel T. Jones，*Lean Thinking, banish waste and create wealth in your corporation,* New York : Free Press, 2003）。

为了正确认识精益生产方式，必须仔细观察整个业务流程的每一个环节，从产品设计和工艺设计开始，延伸到企业范围以外，直到最终用户。精益生产的核心思想是**“通过不断地持续改进，杜绝一切无效作业与浪费”**，凡是客户认为没有为其创造价值的行为都是浪费行为，换言之：**消耗了资源但未能高效增值就是浪费**。“精益”的原意是追求完美，非常精干，**没有任何多余的糟粕——无效作业和浪费**。

沃马克在他的《精益思维》中强调了精益生产的 5 个原则：

（1）价值（Value）。客户的价值观取决于客户的购买行为，例如有的客户强调迅速交货，有的强调能够再创价值，有的则强调价格低廉，影响的因素是多样的。

（2）价值流（Value Stream）。分析并剔除业务流程中的非增值流程，改进增值流程。

（3）信息和物流（Flow）。着眼于**端到端全流程**。消除信息传递时部门之间的障碍，力争以最短时间完成物流的全过程。

（4）拉动（Pull）。需求驱动。

（5）尽善尽美（Perfection）。不断评价和改进，追求卓越。

精益生产是从丰田生产方式和 JIT 发展起来的，因此必然继承了 JIT 的众多特点。精益生产与供需链管理的原理比较有许多相似之处，体现在以下几个方面：

（1）体现增值链的概念，消除一切不增值的作业和活动。例如，**先合理化，再自动化**的原则，以及产品研发与产品试制的同步工程。

（2）提高快速响应能力。例如，发挥员工的创造性，授予员工必要的权限，使之能对责任范围内的问题做出快速反应和处理，为产品创造价值；通过简单又综合的信息显示功能，在车间建立协同工作的生产小组等。

（3）强调合作伙伴关系和协同，发挥各自的核心竞争优势（包括产品研发、材料和零部件供应等），然后进行整合。

（4）以满足客户需求为前提，按照客户需求实行拉动式的个性化产品生产模式，用大量客户化定制改变传统的大批大量生产方式。

上述精益生产的要求，如果没有一个 ERP 系统的支持是难以实现的。

JIT 是准时制生产（Just-in-Time）的简称，是在日本丰田汽车公司生产方式的基础上发展起来的一种管理模式，是西方国家赋予的名称，从 20 世纪 80 年代起就是西方国家企业管理领域中具有战略性的课题。人们谈到 JIT 时，往往很自然地想到“零库存”“拉动方式和看板”，而忽略了 JIT 的实质——它的管理思想和哲理。我们应当从**哲理**和**方法**两方面来理解 JIT。

JIT **哲理**的核心思想是：**消除一切无效劳动与浪费，在市场竞争中永无止境地追求尽善尽美**（Eliminate Wastes，Continuous Improvement），或者说就是精益生产。JIT 十分重视客户的个性化要求；重视全面质量管理；重视设备的预防性维护；重视对物流的控制；重视人的作用，主张授权员工参与管理和解决实际问题。JIT 的**哲理**适用于任何类型的企业，即不论是重复性大批生产或单件定制生产都应当采用。

JIT 的**方法**体现了 JIT 的哲理，主要是拉动作业（详见 18.6 节“拉动作业”），只在下道工序有需求时才开始按需用量生产。采取平准化计划，按每日生产批量采购和投产，把库存降到最低限度。在库存记录上采取反冲的方法，以减少记录库存的事务处理工作量。实施 JIT 要用到工业工程的许多技术与方法，这也是我们强调复合型人才要具备工业工程知识的原因。

JIT 在处理“需求”上与 MRP 的不同之处可以表示为：“**仅仅**”在需要的时间和地点，“**恰好**”按需要的数量，“**及时**”生产需要的合格产品。也就是说，JIT 的批量规则为“不多、不少、不早、不晚地满足需求”，最大限度地降低或取消安全库存。MRP 侧重计划层次，而 JIT 侧重执行层次，二者相辅相成，各有所长。

实现 JIT 不是一件轻而易举的事，需要有一系列管理措施来保证，举例如下。

- 供应商：合作伙伴关系，考虑技术发展、地理位置、运输条件与交货条件；
- 员工：一专多能、多面手，应对缺勤和编制浪费，参与技术革新与管理；
- 工作单元：成组技术，U 型布置，减少准备时间和传送距离；
- 工艺：柔性，适应品种和数量搭配变化；
- 工装：快速更换，适应品种变化；
- 质量：全面质量管理（TQM），实现六西格玛原则，消除不合格品；
- 设备维护：全面预防性维护（Total Productive Maintenance，TPM），保持设备完好率和利用率；
- 物流：有效计划，节拍均衡，拉动作业，消除呆滞；
- 库存结算：反冲（减少事务处理）；
- 协作关系：按单层物料清单，专业化生产。

其中，全面质量管理、全面预防性维护、人员多面手三项保证条件，是实现 JIT/MRP 计划的首要前提（避免返工、避免停工、弥补缺勤）。

我们将在第 18 章介绍 JIT 的拉动作业和看板法。

8.4 敏捷制造

敏捷制造是 1988 年美国通用汽车公司（General Motor）和里海大学（Lehigh University）的雅柯卡（Iacocca Institute）研究所共同提出的振兴与发展美国制造业的战略。1991 年，由超过 150 家的企业家参加的一项研究在《**21 世纪制造企业战略**》的研究报告中公布，将敏捷制造提到“21 世纪制造业的主要生产模式”的高度。

敏捷有几重含义，即：人的知识和智能的灵活发挥，对市场需求灵敏快速反应，准确有效地满足客户要求，突出人的创新作用。这些内容都是实现供需链管理所要求的。

显然，仅仅靠一家企业是不可能做到“敏捷”的。当遇到有特定市场和产品的所谓“个性化需求”，单靠一家企业自身的资源不能满足这类新产品开发生产的要求时，必须在主导企业的组织下，联合具有竞争优势的强手，“强强联合”形成“扩展企业”或“动态联盟”，运用三维动态仿真、PLM 等网络协同开发新产品，运用“同步工程”“同步制造”共同实现“对市场需求灵敏快速反应，准确有效地满足客户要求”，用最短的时间将新产品打入市场，也就是根据形势变化重组供需链，强化供需链管理。

要使“扩展企业”有效运作，必然要通过网络技术的支持来实现协同商务，所以说：实现敏捷制造的主要形式是全球性的动态联盟，而动态联盟的运作离不开 ERP/SCM 系统的支持。

敏捷制造是纠正“大而全、小而全”和重复建设这类错误发展方向的根本出路，也是进入 21 世纪增强制造业竞争优势的有力的战略武器。要实现这一点，首先要改变“唯我独尊”的封建“山头思想”，发扬协同文化。

不言而喻，为了敏捷，必须消除一切无效作业，必然要贯彻精益生产的思想，而实施精益生产的结果必然是敏捷，精益和敏捷往往是密不可分的，国外现在常常用 Lean-Agile 表达，这也是 ERP 优化流程的主要内容。

当前，敏捷的含义已经超出了 20 世纪 90 年代最初的定义，它包含了各种业务要素的集成、生产和人员组织的灵活性以及各种信息技术的应用。精益生产侧重于资源的有效利用，而敏捷制造侧重于面对环境的不可预测变化的灵活应对策略。

8.5 价值链

美国哈佛大学教授迈克尔·波特（Michael E. Porter）是一名商业竞争问题专家，《财富》杂志称他是当代最重要的谋略大师。他在 1985 年出版的《竞争优势》（*Competitive Advantage*）一书中，论述了影响企业竞争优势的 5 种影响力和价值链的战略思维，这是企业制定可持续发展战略的指导思想和方法，对 ERP 项目做管理需求分析及业务流程分析和重组都具有十分重要的意义。

波特教授把制造业企业的运营流程分为 5 个作业阶段，即进厂物流、加工制造、出厂物流、市场营销和售后服务；还有 4 项支持作业活动，即企业的管理基础、人力资源管理、市场调研与技术开发、采购管理。按照每一项作业活动对比企业和竞争对手的优势和劣势，找出自己的**成本优势**、**特色**（差异）**优势**，最后找出市场**定位优势**，如图 8.1 所示。

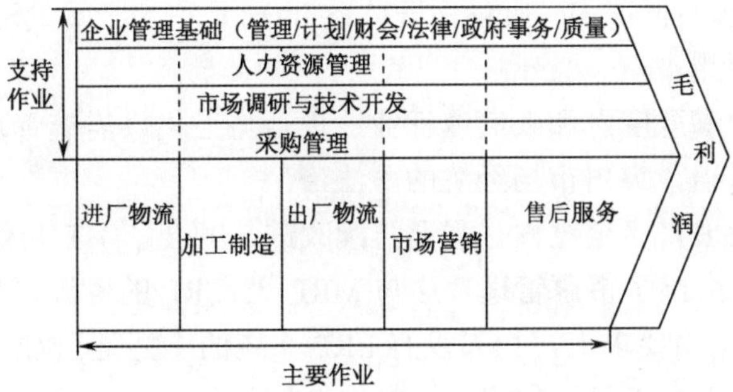

图 8.1　价值链

引自：*Competitive Advantage*, The Free Press, 1985。

无论是 ERP 还是 CRM 系统，都会提供分析市场定位的信息。日本日产汽车公司总裁卡洛斯在满足客户需求的问题上是这样说的："日产要满足特定人群的全面需求，而不是全部人群的需求。"这就是市场定位优势思想的具体体现。

分析价值链，要对增值作业和不增值的无效作业进行分析，与 JIT 的精神是一致的。分析作业时，又会用到基于作业管理（Activity-based Management，ABM）的概念。作业成本法就是 ABM 的应用（见 21.5 节"作业成本法"）。这再次说明，各种管理思想之间总会有一些交融和相通的内容。一些 ERP 产品在分析增值作业和不增值作业方面已经提供了一些手段，如用坐标线的正负方向和数值图解等。

如果从增值的角度看价值链，可称为增值链，二者没有本质的区别。波特教授最初提出价值链仅仅是针对一个企业内部，现在价值链分析已经扩展到整个供需链，直到整个产业。

波特教授提出了"五力理论"和"三类成功型战略思想"。

"五力理论"是指**现有竞争对手，供应商的议价能力，买方的议价能力，新竞争者进入，**以及**出现替代产品及服务**五种影响企业竞争的所谓的"威胁力"。

"三类成功型战略思想"是**总成本领先战略，差异化战略，专一化战略**。

这些观念在 ERP 需求分析阶段具有非常重要的指导意义。

有兴趣的读者请参阅：Michael E. Porter，*Competitive Advantage*，The Free Press，1985。中译本名为《竞争优势》，陈小悦译，华夏出版社，1997。

8.6 全面质量管理

全面质量管理是著名质量管理大师戴明（E. Daming）和朱兰（J. Juran）创造和发展的，它经历了质量检验、全面质量控制（TQC）、质量保证体系几个阶段。当前，它的精神已经不限于生产产品，而是渗透到企业经营业务的方方面面和每一个角落。戴明环（PDCA）理念在所有工作中都得到了普遍应用，MRP Ⅱ的逻辑流程就体现了 PDCA 理念。保证 ERP 系统数据准确也是质量管理的一项内容。

ISO 9000 自 2000 版起有了一些重大的更正，并具有一些新的特点：

（1）自 2000 版起不再称为“质量保证体系”，而是称为“质量管理系统”，与全面质量管理（TQM）一致起来。

（2）强调“**客户满意度**”和政府或行业法规，与当代供需链管理的目标一致起来，它使用了供需链的术语，突出市场经济的“法治”。

（3）强调质量管理贯穿全过程，强调**持续改进**，融会了 JIT 和供需链管理的思想。

（4）在过程图上**突出了资源管理**，这与 MRP Ⅱ/ERP 的资源计划精神是一致的。在“反馈”和“跟踪”等项要求上，如果没有 ERP 系统的支持是很难办得到的。

（5）提出了信息流和增值流的概念，如图 8.2 所示。

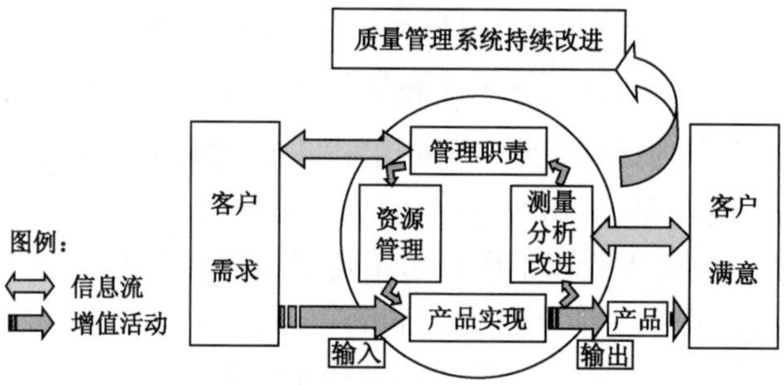

图 8.2 ISO 9000 过程模式图

资料来源：ISO 9001，2008。

8.7 六西格玛

六西格玛（Six Sigma，6σ）原本是一个对质量的统计评价方法，即百万次机会中有 3.4 次失误，或合格率达到 99.99966%。但是，不要把对六西格玛的理解仅仅停留在质量管理的范畴，它的着眼点是**优化流程**。1987 年前后，由于摩托罗拉公司的一个日本竞争对手公司的产品不合格率仅为自己的 1/20，受到触动，创导并实施六西格玛。它的中心思想是：如果能够量化一个流程有多少个缺陷，就可以分析出产生缺陷的原因，进而研究如何消除缺陷并尽可能地接近“零缺陷”的最高境界或最理想流程，体现了管理科学经常提到的“第一次就把事情做好”（Do Things Right at the First Time）的精神。

20 世纪 90 年代中期，通用电气（GE）公司进一步将六西格玛发展成为一个高度有效的企业流程设计、改善和优化的技术，并提供了一系列同等的适用于设计、生产和服务的新产品开发工具，成为 GE 公司在全球追求管理卓越最重要的战略举措。六西格玛逐步发展成为以客户为主体来确定企业战略目标和产品开发设计的标尺，追求持续进步的一种管理哲学。为保证六西格玛正确实施，有一套骨干队伍的建设措施，通过考核授予倡导者、黑带大师、黑带、绿带等不同等级的资格证书：

用于对企业现有流程的梳理和改善的六西格玛方法称为 DMAIC：

- D（Define）——项目及目标定义阶段；
- M（Measure）——数据收集阶段；
- A（Analysis）——数据分析阶段；
- I（Improve）——项目改善阶段；
- C（Control）——项目控制阶段。

六西格玛这一套思路正是实施 ERP 的指导思想和做法。六西格玛强调量化，需要精确可靠的数据，需要 ERP 的支持。事实上，精益生产、敏捷制造和六西格玛往往是结合在一起实施的，它们之间有许多相似之处，而且有互补的关系。

需要详细了解相关内容的读者可参阅：

（1）Thomas Pyzdex, *The Six Sigma handbook*, New York, McGraw-Hill Companies, 2010。

（2）余锋，张冬，徐佳盈著，精益六西格玛管理实践，厦门鹭江出版社，2009。

8.8 业务流程重组

美国 Michael Hammer 和 James Champy 两位教授在 1991 年《哈佛商业评论》（*Harvard Business Review*）以及他们在 1993 年合著的 *Reengineering the Corporation* 中提出了业务流程重组的理念，我们将在第 33 章结合 ERP 项目实施详细讨论。

8.9 现代经济学

现代经济学的代表作是 Paul A. Samuelson 和 Willia D. Nordhaus 合著的《经济学》（*Economics*）。如果仔细分析，以上种种现代管理思想都是基于现代经济学研究的最基本论点，即：**地球上的各种资源是有限的，而人类不断膨胀的需求是无限的；如何更好地利用有限的资源满足社会的无限需求，并进行合理分配。**

各种管理思想只是从不同的角度讨论资源合理利用的问题，如消除对资源的浪费并增值、考虑资源的制约因素、改进业务流程以合理利用资源、保证创造商品的质量不造成资源浪费、强化节能环保以节省和保护资源、加快响应速度使生产和需求保持一致、不生产无用的商品以免浪费资源等，解释的是经济学的主要论点，而且都是围绕“资源”在论述；从经济学的角度可以加深我们对 ERP 之所以称为**资源计划**的理解，如图 8.3 所示。

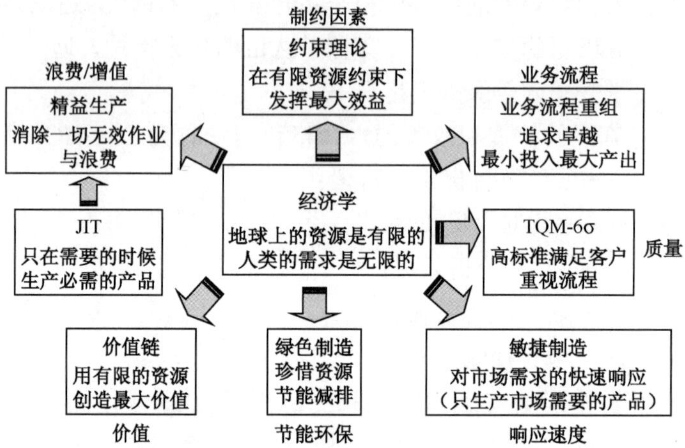

图 8.3　经济学与各种现代管理思想

MRP Ⅱ和 ERP 都是针对资源“R”（Resources）的计划，后者进一步扩大了“资源”的内涵，二者都是基于现代经济学这个基本论点，最大限度地有效利用有限的资源创造更大的价值。对于各种资源，除大家习惯的人、财、物外，不要忽略无法再生的能源，也就是低碳经济或绿色经济的关注点。此外，还有“千金难买，一去不复返”的**时间**，是做到快速响应和实时应变极其重要的资源。

尽管图 8.3 中列举的管理思想是从不同角度来讨论资源管理问题的，讨论的问题和出发点虽然不同，但是它们有一些共同点：

- 不断优化流程，以优质产品与服务满足客户日益增长的需求，为客户创造价值；
- 根据市场需求的变化，做到供需平衡，迅速调整并建立良好的上下游合作伙伴关系，实现“增值”与“共赢”；
- 合理利用各种资源，消除一切无效作业与浪费，降低和控制整体运营成本；
- 把工作的重点放在解决各种制约因素（瓶颈）的问题上，体现 20-80 原则；
- 非常重视人的因素、人的智慧、创造力及能动性；
- 持续优化，追求卓越，永无止境。

事实上，上述几种理念往往是联合应用的，相互取长补短，如 TOC-Lean-Agile-6σ。

企业要想使用 ERP 系统并取得效益，一定要领会以上一些当代管理思想和理念的核心精髓。ERP 和供需链管理需要信息技术支持，但它不是一个简单的 IT 技术问题或单纯的信息化问题，它是一门涉及多个领域、多门学科、内容极其丰富的系统工程和应用科学。ERP 离不开信息技术，但是要注意避免用单纯的技术观点去理解和解释 ERP，对 ERP 从业人员的要求是使自己成为一名复合型人才。

第 9 章

高管团队工程与企业文化

实施 ERP，会给企业管理带来质的巨变和莫大的效益。但是，信息化管理和手工管理是完全不同的两种管理模式，实施 ERP 是在做一件前人没有做过的事，会涉及思想观念、工作习惯、企业文化以及流程和组织机构的深刻变革，会冲击到一些群体的既得利益，有很大难度。如果没有高度的智慧、雄伟的魄力和坚定的决心是难以实现的。只有企业高管团队齐心协力，目标明确，排除万难，才能推动 ERP 项目顺利实施。

坚持高管团队精神（俗称“一把手工程”），树立信息化管理的企业文化，是关系到 ERP 项目成败的关键。

9.1 做前人没有做过的事

ERP 是信息化管理系统，它和传统手工管理是两种完全不同的管理模式，它们的主要区别可以用表 9.1 简要说明。

表 9.1 传统手工管理与信息化管理（ERP）的区别

功 能	传统手工管理	信息化管理（ERP）
信息覆盖	条条块块	业务全流程
信息来源	多头/重叠	规范/唯一
信息传递	电子邮件/电话/传真	信息集成/网络通信
处理速度	慢/不及时	快/实时
信息处理	随意性	规范/规则
信息利用	孤岛	透明/共享
决策支持	粗放/滞后	模拟/分析
出现异常	发现不及时	提示/警示
信息保管	文档/不完整	数据库/存取有序
差错率	多	少
指导思想	自己方便	增值/共赢/全局

也可以用图 9.1 说明信息化管理的一些特点和优势。

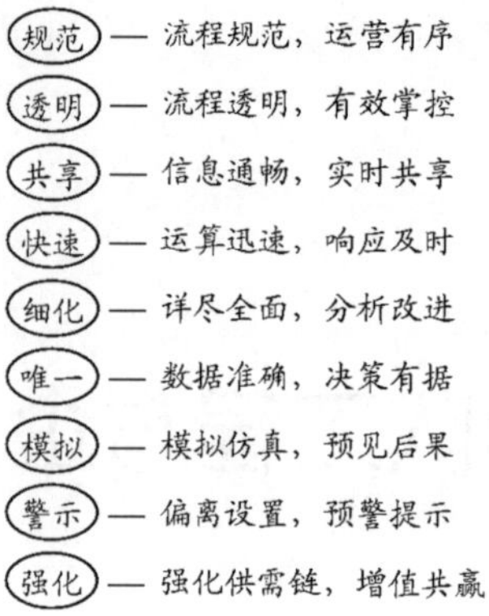

图 9.1　ERP 信息化管理的一些特点和优势

从表 9.1 和图 9.1 中，我们可以得出以下结论：

（1）**实施 ERP 是为了解决手工管理解决不了的问题。**

（2）**信息化管理和手工管理是两种完全不同的管理模式。**

（3）**只有加强员工培训，深化管理改革，创建信息化运营环境，才能充分发挥系统提供信息的作用，发挥 ERP 的优势。**

（4）**最后，也是最重要的，ERP 系统要取得成效，离不开企业高管团队的倡导。**

实施了 ERP 系统，在管理规范、信息共享、处理迅速、决策有据等许多方面都会给企业管理带来巨大的变化和效益。了解了信息化管理的特点，就不难理解信息化是企业管理的必由之路，是解决管理难题的金钥匙。正因为管理模式不同，说明信息化管理是在做一件“**过去从来没有这样干过的事**”。要做前人没有做过的事，管理改革是绝对躲不开的，**要获益就得有付出**。

“信息化和工业化融合”落实到 ERP 项目就是：在 ERP 和相关信息技术的支持下解决管理难题，还要根据企业管理日益增长的创新需求，不断扩展各种信息技术应用，增强 ERP 系统的功能。为了把管理业务与信息技术融合起来，不仅业务人员要能熟练应用信息技术，还要让信息部门的技术人员熟悉业务。国内有些企业要求 IT 专业人员必须在一个业务部门工作一段时间后再从事信息部门的工作，这是一个值得参考的好经验。

9.2　实施 ERP 的动因

为什么要上 ERP，不同企业的出发点会有很大差别。动机不纯，目标不正，会直接影响实现信息化管理的积极性和项目的成败。

9.2.1　形形色色的动因

人们在参加一些 ERP 的会议时，经常会听到这样的对话：

- 我们公司决定上 ERP，你看该买哪家公司的软件？
- 领导决心很大，准备投××万元（投资计划本来应当是商业机密，公开了，会使企业处于非常不利的谈判地位，但有些人却以此来炫耀企业的决心）。

为什么要上 ERP 呢？回答又是五花八门：

- 全面实现经营数字化、办公自动化、商务网络化……；
- 为了迎接上市，用 3 年时间，在我们公司建成 ERP 一体化信息系统；
- 目标是把我们公司的信息化建设项目建设成为我国某某行业的 IT 样板工程；
- 我们是当地的纳税大户，为完成我省（市）3 年内×%大中型企业实现信息化指标，上级要求 3 年之内实现信息化；
- 政府有一笔信息化专项用款，不用白不用；
- 现在竞争激烈，不搞信息化不行；
- 我们这个行业领先的几家企业都上了 ERP，我们不能落后；
- “为了使管理上一个台阶”“为了规范管理”“为了提高企业的形象，正在搞 CI（Cooperate Identity）工程”“为企业信息化搭建一个平台”……；
- 极个别企业甚至暗地里还有“为了排斥异己”之类的不可告人的目的。

综上所述，可以把这些企业上 ERP 的种种动机归纳为以下几种类型：

- 完成上级要求，获得一笔低息贷款；
- 面子工程、形象工程、政绩工程；
- “达到”难以判断成功与否的模糊目标。

上述几类情况虽然常见，但并不是全部。尽管如此，如果听任这种状况继续存在下去，将对我国企业信息化建设造成严重的损失。20 世纪 90 年代中期，在总结我国实施 MRP Ⅱ的经验教训时，曾有报道说“80 多亿元打了水漂”，盲目性是一个主要原因；如果不纠正，就会继续“打水漂”。

9.2.2　我要干与要我干

人们通常把管理信息化比喻为：“工欲善其事，必先利其器”。这里的“事”就是“管理业务”，“器”就是“信息化应用系统（工具）”，主要想说明 ERP 这种信息化系统仅仅是一种工具。

但是人们忽略了这句话里一个重要的“工”字。“工”的原意是工匠，在企业管理中就是“管理者”。正是因为“管理者（工）”想（欲）要把事情做好（善其事），需要通过信息化改变管理模式（利其器）才能做到。我们搞信息化，这个“人”“事”“器”的关系必须首先摆正，如图 9.2 所示。“**我要干**”还是“**要我干**”是实施 ERP 截然不同的两种动因，同样三个字，排列顺序不同，将决定 ERP 项目的成败。

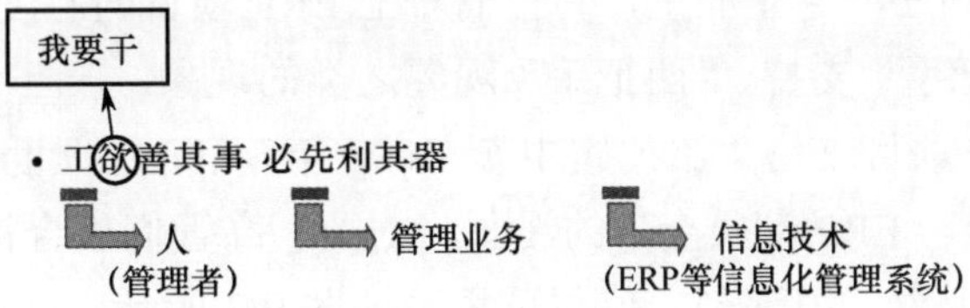

图 9.2　摆正“工”“事”“器”的关系

“工”的因素也就是“人”的因素；换句话说，信息化要“以人为本”，这个“人”字包括从老总到全体员工，而起决定性作用的就是所有带“总”字头衔组成的高层管理团队，在英文里叫作“C-level executives”，就是有“高层主管”头衔的“头头”群体。

有的企业反映：“老总都很支持，就是下面员工推不动。”这是一个似是而非的**伪命题**，没有说清全部事实真相，我们将在 9.3.4 节讨论。

在全球激烈竞争的形势下，企业如果没有危机感和紧迫感，不实现信息化就只能是等死。只有时刻保持“**居安思危**”的意识，才能应对任何突发的危机，不致在危机面前手足无措。

只有从高层团队到全体员工都有“我要干”的意识，ERP 项目才能取得成功。

9.3 高管团队工程是决定 ERP 成败的决定性因素

如前所述，ERP 有很多传统管理没有的优点，会给企业带来很多好处，需要用过去没有用过的方式去实行。如果没有一个条理清晰、目标明确、行动果断、指导有力的高层班子来主持 ERP 项目，是很难取得成功的。

9.3.1 “一把手工程”实质是“高管团队工程”

人们常说 ERP 是“一把手工程”。“一把手工程”是一个我国本土化了的形象提法，强调了企业“一把手”在推行管理信息化项目过程中的责任和作用。但是“一把手工程”的英文原意是“最高管理层承诺”（Top Management Commitment），指的是“高层领导团队”对项目的倡导和责任，指的是一个班子，并不是某个人。“一把手工程”这种提法是不全面的，容易产生误会，可能会让人认为 ERP 只是“一把手”一个人的事，导致其他高管袖手旁观。

总经理或总裁（Chief Executive Officer，CEO）要对企业或公司的生存发展负主要责任，但是像 ERP 这种涉及企业业务全流程、深化改革、改变管理模式、做前人没有做过的信息化系统，光靠 CEO 是不够的，只有全体高管团队有一致的理解和认同，采取一致的步调才能有效地推动。每一位高管都会分管几个部门，只要有一位高管对 ERP 项目不积极，就会影响 ERP 系统在他所管辖的部门的推行，从而导致 ERP 项目无法全面铺开。

现实中经常会遇到在一个企业里，高管们对上 ERP 项目的态度是：“一把手”坚定，“二把手”反对，“三把手”支持，“四把手”观望之类的现象。一旦“一把手”有了变动，“二把手”上台，ERP 项目立马“胎死腹中”。2002 年，《IT 经理世界》杂志有一幅题为“战争与和平——××公司 ERP 动员会”的漫画，刻画了高管们貌合神离，表面一团和气，暗地里却在窝里斗的现象，很深刻，值得反思，如图 9.3 所示。

图 9.3 貌合神离的 ERP 动员会

摘自：《IT 经理世界》2002 年 6 期。

由于这类现象极其普遍，按照英文原意理解的“一把手工程”，实质上应当是“**高管团队工程**”。我们不用“领导班子”而用“高管团队”是为了特别强调“**团队精神**”**必须从高管层做起**，为全体员工树立榜样。当然，高管团队中起决定性（带头）作用的还应当是“一把手”。

9.3.2 支持源于受益

所有 ERP 项目失败的案例尽管有数不清的原因，但却都有一个共同的理由，那就是“得不到‘一把手’的支持”。为什么“一把手”没有支持？其中一个原因就是“一把手”不认为实施 ERP 和自己治理企业的业绩有什么直接关系，把 ERP 看成一项技术性的工作。何况实施 ERP 还会引发许多矛盾，既然在自己任期内企业还能“混”得过去，多一事不如少一事，不求有功，但求无过。其实，在当今全球竞争时代，再不搞信息化，不为企业的可持续发展奠定坚实的基础，这种“无作为”就是严重的“过失”。

“一把手工程”的意义远不是“一把手”要“支持”的问题，而是需要“一把手”和高管团队**倡导推行，深化改革，创造业绩，见到实效**。

我们从 9.1 节看到了 ERP 和信息化管理的特点和优势，企业管理信息化将会使企业的竞争力发生质的变化。人们看到企业实现管理信息化后的辉煌成就，首先想到是企业 CEO（董事长、总裁、总经理、首席执行官）业绩显赫，领导治理有方。因此，成功实施 ERP 的最大受益者，毋庸置疑，是企业的“一把手”和高管团队。

但是天上不会自动掉下免费的“馅饼”，要想获益，就得付出。作为最大的受益者，企业的高管团队就应挑起影响项目成败的重担，且责无旁贷。

9.3.3 两个标志——明白人和自己用

要成为受益者和责任人，“一把手”必须是**明白人**，才能担负重任。不仅如此，还必须**自己亲自用** ERP 系统，才能充分受益，并推动企业信息化不断深化应用。

如果是“明白人”，他会关注以下 6 个方面的工作：

（1）根据企业经营战略和企业愿景，提出信息化的目标，指导企业的信息化建设；

（2）关注信息化培训，建设一支不同层级的、用现代管理思想武装的复合型人才队伍；

（3）合理调配各种资源，任命能完成重任的项目经理和项目组成员；

（4）关注 ERP 选型、实施和应用，审批项目投资预算使用情况及项目组各个阶段的成果报告，掌控项目进展和目标方向，关注实施 ERP 产生的实际效益；

（5）面对各种冲突、争执和矛盾，能从企业战略发展高度和全局利益出发，判别是非，坚持原则，及时妥善处理；

（6）坚持观念更新，指明企业深化改革的愿景，建立现代企业文化。

对上述各类工作的具体内容，将在第 3 部分分章详细介绍，我们会看到，这类工作如果没有“一把手”的决心和支持是谁也推不动的。

ERP 项目启动之初，要有一次全体员工动员大会，这是实施 ERP 的必要步骤。只有“一把手”是明白人，才能真正起到动员的作用，指明方向，鼓舞士气，使 ERP 有一个良好的开端。

ERP 系统不同于 CAD/CAPP 等只在设计工艺技术个别部门应用的项目，它是覆盖企业业务全流程的信息化管理系统，可以提供高管们时刻关心的各种信息。因此，体现“一把手工程”的另一个标志必须是高管团队成员都亲自使用——**自己用**，具体体现在以下几个方面。

（1）企业高管每天要看的日报上面的所有信息都会包含在 ERP 系统中。在不少成功应用 ERP 的企业中，高管上班的第一件事就是打开计算机，查询自己关心的信息。因此，“自己用”是理所当然的事。

（2）ERP 提供的信息是动态的，因此高管们可以随时掌握企业当前的运营情况。ERP 提供了各种分析信息，用各种形式的图表显示，更有助于高管们从趋势、对比、综合等方面实时和动态地把握企业的经营动态。下属定期送来的报表不是实时的信息，有可能会误大事。

（3）高管们不但可以从 ERP 系统查询信息，还可以了解信息产生的过程，判断“结果”的真实性和可靠性。

（4）有了 ERP 系统，即使高管们走遍天涯海角，只需带上笔记本电脑，只要有上网的地方，随时都可以实时掌握企业运营的详细情况，有问题及时指导纠偏，有机遇绝不轻易放过。不再使用效率低下的打长途电话听汇报的传统办法，何乐而不为？

所以说“自己用”——应用信息化手段掌控企业运营的全貌，应成为企业高管们的日常工作。经常有实施 ERP 企业的老总说：“我非常支持他们上 ERP 项目”，言外之意，我用不着 ERP，是“他们（手下的员工）”要用，这类错误观念如果不端正，就千万不要上 ERP 项目。

天津拖拉机厂与美国约翰·迪尔（John Deer Co.）成立合资公司后，美方总经理一上任就要实施 ERP。他认为：“**管理公司就像盖楼，ERP 就是盖高楼大厦的基础。有了 ERP，管理层才能随时随地掌握非常精确的数字，有了精确的数字才能做正确的决策。**

而作为公司上层，做决策是一件非常严肃的事。”如果我国企业的“一把手”都能有这样的认识，我国信息化前进的步伐一定会大大加快。

因此，企业实施 ERP 的第一项工作就是对高管团队进行基础知识培训。为了能够正确指导 ERP 项目实施，遇到矛盾能够做出正确的判断，高管团队必须对 ERP 系统的基本原理和实施要点有足够的了解。曾经，有的企业为了节约培训费而删除了 ERP 厂商的高管培训课程，此举反映企业没有理解“高管团队工程”的重要意义，这是极端错误的。

9.3.4 目标、方法与考核

许多企业高层领导非常关注“执行力”的问题。其实，一项任务要顺利推行，付诸实现，关键在 3 个方面，即**目标—方法—考核**。

高管团队必须制定总体战略指导整个企业的经营活动。没有战略的公司就好似在没有目的地随意漫步，而不是朝着特定目标的方向进发。就 ERP 项目而言，**首先**必须以实现企业战略目标为全体员工的行动纲领，做到深入人心，就像朝着同一方向的指路牌，全体员工都朝着同一个目标奋斗；**其次**要对员工进行教育和培训，把应用 ERP 系统实现战略目标的方法、工作规程和准则教给员工，使员工学会使用得力的工具（利其器），按照规范化的操作指南，信心百倍地完成岗位职责（善其事）；**最后**要制定实现战略目标的各项指标，把总体业绩考核指标逐层分解到每个部门、每个岗位，制定每个岗位的员工业绩考核指标，促使每位员工都为实现企业的经营战略而努力奋斗。企业要制定科学、合理的激励机制和奖惩制度，必须扬善去恶。

只有高管团队提出了更高的明确要求和目标，才会促成“我要干”的浪潮，不再出现“当一天和尚撞一天钟”的得过且过现象；就会把 ERP 当成一种解脱管理困境的良方，不再抵触。前面提到的所谓“推不动”的现象，往往是企业高管团队没有提出明确的目标和方向，没有对员工进行充分的培训，又没有科学的考评体系和激励机制造成的，“下面不愿干”是一个“伪命题”，解决这类问题必须从高管团队找原因，不能责怪普通员工。这首先是一个“领导力”问题，而不是“执行力”问题。

9.3.5 建设复合型人才队伍

ERP 作为一种信息化工具不同于没有知觉的设备或工具，它是一种有“现代管理理念”的工具，**需要有具备现代管理理念的员工去执行**。自行开发的软件往往忽视这个特点。我们在学习 ERP 的过程中，要同时把 ERP 的理念学到手，这些现代管理理念往往是手工管理不曾涉及的。因此，必须克服那些已经长期占据人们头脑的各种先入为主的传统观念，只有“更新观念”才能正确理解 ERP 的运行机理、参数要求，并明了深化应用的方向。

就人的因素来说，影响我国 ERP 成功率的主要难点是大量缺少两类人员：

（1）**深刻理解信息化、有改革决心的企业管理高层**；

（2）**热心信息化事业、有敬业精神的复合型专业人才**。

就第 2 条而言，对作为用户的企业和 ERP 项目的实施方都是同样迫切的需求。我们将在 10.2.4 节“壮大复合型人才队伍问题”进一步讨论。

企业高管团队必须十分重视员工的培训工作，制订计划，协调任务安排，使相关员工都有培训的机会，同时与考核、奖励制度结合起来。

每一位从事信息化管理事业的人员，都应当自觉努力学习、实践和磨炼，使自己成为一名用现代管理思想武装、熟悉管理业务和信息技术，勇于创新和改革的复合型人才。

“一把手工程”叫了几十年了，真正完全体现“一把手工程”的项目不是很多，这里有体制机制和企业文化束缚的问题，有高层管理信息化教育培训不力的问题，也有“一把手”本身的敬业和拼搏精神的问题。这些问题如果不能妥善解决，我国 ERP 的大规模普及应用几乎不可能实现。

9.4 怎样才能不陷入误区

任何新生事物在成长过程中，由于认识上的偏差，可能会出现各种误区，ERP 也一样。陷入误区会造成人力、财力和时间的浪费，延误 ERP 的成功实施。作为企业的高管团队，必须具备识别各种误区的能力，引导全体员工，避免其陷入误区。

9.4.1 常见误区类型

人们往往会对 ERP 产生各种误解，不妨把常见的误区及其产生的原因归类如下。

（1）**管理业务和信息技术严重脱节，**把 ERP 看成单纯的软件，不理解 ERP 实质是解决方案。常见的表现有：

- 只看到几个不成熟或开发平台落后的软件，从某些软件的技术平台和功能来理解 ERP，误以为 ERP 是僵化的。
- 把 ERP 项目交给信息部门负责，不是管理人员“唱主角”，甚至几乎没有业务人员介入。
- 不以实现企业战略目标作为评价 ERP 项目成功的标准，满足于技术上系统走通的所谓“成功上线”。

（2）**媒体为了吸引眼球做出极不负责的宣传。**

- 早期有过不加分析地强调所谓的“国情”，抵制 MRP Ⅱ在国内普及的情况。
- 联想集团在开始准备实施 ERP 项目时，集团领导在一次会议上发言的原话是：“上 ERP 有可能早死（因为当时没有太多可借鉴的成功经验），不上 ERP 只会是等死（在竞争压力下因管理落后失败）。”这句话被媒体断章取义讹传为“上 ERP 是找死，不上 ERP 是等死”，等于“上是死，不上也是死”，把 ERP 和“死神”捆绑在一起，使不少企业望而生畏，裹足不前，延误了实施 ERP 的大好时机。
- 把一篇原意是介绍如何避免 ERP 项目失败的好文章，命题为“ERP 成功率等于零”，造成极大的负面影响。

（3）**软件商商业利益驱动造成的误导。**

- 宣传本公司产品的长项，贬低早期或其他 ERP 产品之不足。例如，用供需链管理（SCM）系统的功能对比 ERP，曲解 ERP 不足（其实 ERP 的最终境界就是实现供需链管理，二者不应对立），用有限能力计划（FCS）和高级计划与排产（APS）曲解 MRP 不考虑能力限制等。
- 以推销本公司产品为出发点，而不是以客户需求为出发点，误导企业信息化的需求分析工作和实施步骤。

（4）**道听途说、断章取义、不加分析产生的误导。**

- 忽视成功实施 ERP 必须结合深化改革的重要意义。例如，早期有片面宣传 MRP Ⅱ不符合国情的情况，之后又有宣传业务流程重组（BPR）是激进行为企图予以否定的现象，都未能理解实现信息化管理必须同时进行管理改革的必要性。
- Gartner 公司发布 ERP Ⅱ研究报告后，国内曾一度鼓噪 ERP 过时论，造成业内思想混乱。

企业实施 ERP，首先高层管理团队不能陷入误区，而且要向员工讲明。不要被错误言论所误导。以下我们着重对几个常见并且影响较大的误区进行探讨。

9.4.2 上线就是成功吗

让我们先谈谈在成功问题上的误解。

ERP 项目上线（Go-live）是一种 IT 术语，表明各项子系统都已经“挂”在总线上而且走通了，完全没有“成功”的含义。“成功”往往会被认为：所有必要的数据和参数都已录入系统，所有购买的子系统经过测试都可以顺利运行，用户可以接手用来取代手工管理，从手工管理模式“切换”（Cut Over）到信息化管理模式。当报道说某某企业的 ERP 项目已于某年某月某日“成功上线”，最多只能说明上线的工作已经在实施顾问的指导下成功完成了。

“上线”固然是成功路上的一个重要里程碑，但是还不一定等于项目实施成功。**成功的标志只能以实现预期目标为准。**

在 ERP 的实施全周期中，最后一个阶段叫“实现目标”，也就是说“切换”之后还有许多工作要做。实现既定目标取得实效要靠人的努力，要认识到，**效益是人用出来的，而不是系统自动生成的。**

上海三菱电梯公司对 ERP 的成功率有一个非常恰当的比喻，认为选对软件是成功的第一步，走通流程也只有 20%成功，做到人人在用，也就是所谓的“上线”只能是成功的 60%，只有学会用系统提供的信息进行正确决策，改革不合理的流程，见到效益，才能算做到大约 100%成功，如图 9.4 所示。中石化集团也说得好，“成功上线”不等于“上线成功”，“上线”以后，还有大量的工作要做。这两家公司的体会是深刻的，值得我们借鉴。

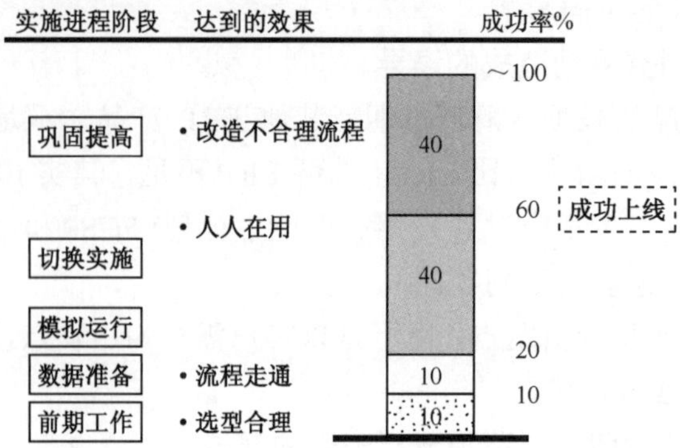

图 9.4　三菱电梯公司对 ERP 项目成功上线的认识

美国一家 ERP 管理咨询公司 Panorama Consulting 于 2010 年 9 月发表的一篇题为《从 ERP 上线向取得竞争优势迈进》的文章里，用图 9.5 说明上线以后只有再做大量的工作（图中的阶段 2 和阶段 3）才能取得竞争优势和获取投资回报。尽管采用的比例数据和三菱电梯公司不同，但精神是一致的。

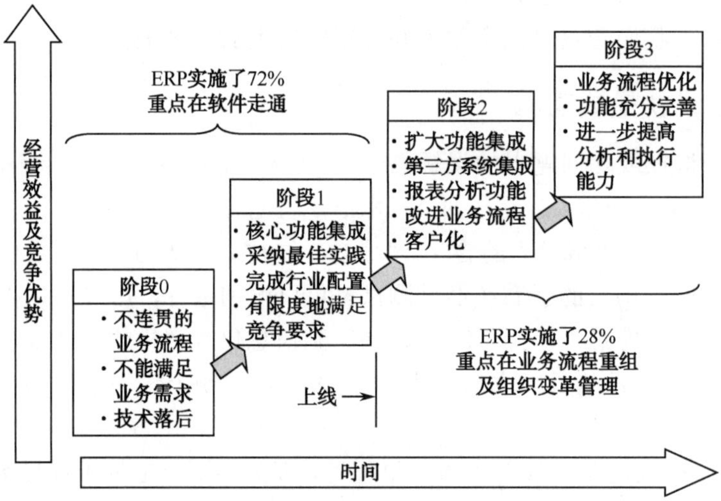

图 9.5　上线后到取得更大的效益要做的工作

资料来源：美国 PANORAMA Consulting Group LLC，2010。

如果实施 ERP 系统久久见不到效益，就会存在“复辟”和倒退的风险。功亏一篑导致前功尽弃的教训是不少的，要引以为戒。因此，上线还有一个极其重要的标准，就是除 ERP 系统可以交付使用外，同时还要“**完成 ERP 原理和应用知识的转移，使企业管理人员（最终用户）具备应用 ERP 系统解决问题的能力**”[①]。ERP 产品供应商或咨询公司必须把应用 ERP 的知识完整和无保留地传授给企业的人员，为企业深化应用、发挥人

① 美国管理咨询公司，*Performance Monitor LLC*，*ERP at the Speed of Light*，2007.

的作用奠定基础。换句话说，就是要使企业的管理人员“**知其然，又知其所以然**”，或者用《老子》的话：“**授之以鱼不如授之以渔**”中的“学会捕鱼的方法”。国内许多“成功上线”的案例往往忽视了这个极其重要的知识转移内容，以至于企业在深化应用问题上依然感到迷茫。

9.4.3 ERP 就是软件吗

接着上一节的话题，还需要明确一个不厌其烦一再强调的重要问题。这个问题在本书开头的第 1.1 节就明确地强调了，请回顾。

不同企业在实施 ERP 的过程中，有各种完全不同的做法，并由此产生截然不同的效果，究其根本原因，就是把 ERP 的实质理解为软件还是解决方案。不同理解会造成不同的行为和方法，请见表 9.2。

表 9.2 对 ERP 实质不同理解的区别

观点	软件	解决方案
视角	消费	投资—重视投资效益分析
注重	成本/砍价	效益/解决问题
目标	建立信息化手段	解决管理难题
选型	采购/信息部门	多部门组成的选型班子
调查	周游列国开始	管理诊断—需求分析入手
实施	技术部门	综合型项目实施组
顺序	软件成熟度	解决问题的紧迫性
适用	僵化	定位匹配、因需随变
责任	软件商三包	企业主体意识
成功	上线通过	实现目标、深化应用

在 ERP 的实质问题上，不能有半点含糊，否则，会影响项目的成败和存亡。

9.4.4 怎样看待国情

究竟应当如何看待“国情”是实施 ERP 系统和选择软件过程中一个不可回避的问题。

不要笼统地谈国情，要具体分析。人们经常谈论的“国情”大体上可以归纳为以下几类情况。

（1）第 1 类是必须遵守的国情，如国家公布的法律法规。所有在国内销售的国内外 ERP 产品都必须完全满足这类要求。

（2）第 2 类是必须变革的“国情”，这里大体上又有几种类型。

① 可以改变的。比如说，人员素质和管理水平不高等。我们毕竟不能总是停留在“不高”的状态，必须通过培训和学习来改变它。谁都知道，落后是要挨打的。这也是我们强调企业文化中必须有“学习型企业”的内涵。

② 必须改革的。信息化要求数据信息准确，对不真实、不规范、不合法的现象只能

通过深化改革和健全法制、下决心解决。听任虚假数字泛滥，会“祸国殃民”。

以上两种情况的关键词就是一个“改”字，针对的是实施 ERP 系统不应迁就的“国情”。

③ 必须改善的。在市场经济体制和经济法规尚不完善的情况下，有些现象如三角债之类一时还不可能完全杜绝，暂时还需要采用灵活的业务流程来处理。作为 ERP 系统的软件应当能够提供灵活的方法来处理。

（3）还有一类人们经常谈论的“国情”（有时称“厂情”），实际上是企业的行业特点和个性化需求，应当通过选用适用于行业对口的 ERP 产品来解决。这也是 ERP 产品必须按行业细分的道理。

也有一些是客观现实情况，一时难以变化的。例如，国外软件在处理成品发送流程时，提货单、出库单、装箱发运单、出厂单、发票同时生成，但是在国内，发票开出就要纳税，而此时客户还没有付款，甚至滞后时期不定，这是一个极其普遍的情况，需要增加过渡流程特殊处理，既要记录成品已经出库发运，又要记录发票和应收款的账龄，还要等货款到账后冲销并缴税。

国外的 ERP 产品非常重视与各国的法律法规保持一致，在英文里常用 Compliance 一词来强调，直译是“服从”或“顺从”的意思。

我国加入 WTO 以后，企业面临经济全球化的挑战。能否在全球市场竞争中求得生存与发展，不断提高我国的竞争优势，使我国能够持续保持世界经济强国的地位，这才是最大的国情。

国内有些软件商和学者对国产软件提出的要求是：一方面强调软件要适应国情，另一方面又提出产品要走出国门，要国际化。“适应国情”和“国际化（向国际惯例靠拢）”在许多方面往往是不一致的，在这个问题上可能需要不同的软件版本，有大量工作需要研究和探索。

9.4.5 管理模式的国界

人们热衷于讨论不同国家的文化和管理模式，诸如美国模式、日本模式、中国模式等。但是，在经济全球化的环境下，不论是哪个国家，都逃脱不开全球竞争这个“如来佛的手心”。管理模式的好坏，和判别“国情”一样，只能用这种模式在全球竞争环境下能否持续生存与发展作为衡量标准。

先进的管理思想和方法是没有国界的。日本的 JIT 所提出的杜绝浪费原则，被认为是 JIT 的基本哲理。但是，在 1921 年美国汽车大王亨利·福特（Henry Ford）的著作《今日和明天》（*Today and Tomorrow*）中就已经提出“**任何超出需求的多余原材料或成品的库存都是浪费**”的概念，只不过 JIT 又有新的发展。日本全面质量管理的理论是从美国著名的“质量之父”爱德华·戴明那里受到了教育和启发。之后，美国接受了 JIT 的思想，提出了精益生产理念，又反过来用于本国的管理实践。说明“管理模式”是可以打破国界相互借鉴的。

我国“鞍钢宪法”中的“两参一改三结合”[注1]和JIT提出的“全员参加治厂”的概念，其精神是一致的，都是重视人的因素，重视不断改革，只是进入了信息时代，又有了新的内涵。反过来，我们汲取外国先进管理思想之后，在实践中也可能创立新的管理思想。鸦片战争后，清朝的政治改革派魏源（1794—1857年）曾提出：“师夷之长技以制夷”，这句话用在当代，就是说，学习国外有用的技术之后，经过消化吸收和再创新，再去和国外竞争，说明了“洋为中用”的目的，值得深刻理解。

因此，对各种管理模式，一定要用博采众长的态度，为企业所用；切忌用瞎子摸象的态度，肯定一面否定其他，应当多加思考和分析，避免盲目性。

其他误区如“ERP以财务为核心”，也是一个非常普遍的片面观点，我们已经在5.3节“正确理解财务和业务的关系”中讨论过，这里不再赘述。

9.5 制造业的目标与企业文化

9.5.1 制造业的目标

对制造业目标的理解会直接影响制造业的企业文化。

关于制造业的目标问题，社会上有各种提法，这里特别介绍APICS的定义，值得思考和借鉴。目标错了，方向和行为也就会出错。由于动因不同，会直接影响实施ERP的步调和效果，因此有必要对制造业的基本目标有一致的认识。

APICS在2009年出版的《供应链管理基础》(*Basics of Supply Chain Management*)教材中对于制造业目标的论点，突出了“增值”和“创造财富”，非常精辟。原意是：**“制造业的主要目标是为生产者和客户创造价值，从广义上讲就是为社会创造财富。就制造业而言，价值的形成是把原材料和创新概念转换为满足客户需求的最终产品和服务。对任何经济社会，制造业都是重要的组成部分。制造业最主要的增值作业是有效地提供适销对路的商品和服务，并对社会整体财富的积累和民众的生活质量产生积极的影响。”**

[注1] 1959年，我国当时最大的钢铁联合企业辽宁省鞍山钢铁公司的第二初轧厂员工提出以“两参一改三结合”的形式开展技术革新活动，就是：**干部参加劳动，工人参加管理，改革不合理的规章制度，工人、领导干部和技术员三结合**，联合攻关，开展技术革新活动。把人的因素与技术工作和管理工作结合起来，以技术革新为突破口，通盘考虑以人为本的原则。用一种人性化、科学化、民主化的管理方式替代不尊重科学、浮夸蛮干等官僚主义行为。这项活动在“初轧机超压下实验项目”上取得成果，使初轧机的产量几近翻番地增长。“两参一改三结合”于1960年被国家命名为“鞍钢宪法”。

几十年来，“鞍钢宪法”经历了“墙里开花墙外香”的过程，先是日本，随后是欧洲和美国，许多管理学家渐渐认识到了它的价值。

欧美和日本管理学家认为，“鞍钢宪法”的精神实质是“后福特主义”，即对福特式僵化、以垂直命令为核心的企业内分工理论的挑战。用眼下流行术语来说，“两参一改三结合”就是“团队合作”。美国麻省理工学院管理学教授L. 托马斯明确指出，“鞍钢宪法”是“全面质量”和“团队合作”理论的精髓，它弘扬的“经济民主”恰是增进企业效率的关键之一。（摘自《互动百科》）

我国曾有一个工程机械访问团赴日考察，见到日方的TQC小组活动如获至宝，又是问又是记；日方笑着说，这就是向你们中国的“鞍钢宪法”学来的，闻者汗颜。“鞍钢宪法”也是说明管理模式无国界的一个很好的例子。

这段话明确地指出，制造业是为社会创造物质财富的**实体经济**，是国家经济增长的基石，不是“买空卖空”，不会出现泡沫。本书第 8 章里介绍的约束理论，对企业目标的最新定义更新为：**“持续有效地为权益相关群体（员工、客户和投资人）增加价值”**，和 APICS 提法的精神是一致的。

电视剧《乔家大院》里的晋商有个非常好的经营理念，就是**“信、义、利”**三个字。诚信（信）永远是第一位的，然后是社会责任（义），利是不可少的，但是排在最后。在“信”和“义”的底线上获取“利”，这是中华商业文化的美德，应当不遗余力地发扬光大。

“企业的唯一目标就是追求利润最大化”和“追求钱途”这类提法有很大的片面性，会毁掉中华文化的美德；如果不择手段地追求金钱，会起到许多负面的不良后果，甚至对国家、对社会造成极其严重的危害。

9.5.2 建立实施 ERP 的企业文化

企业文化直接受对制造业目标认识的影响，它关系到企业全体员工的价值观。ERP 系统是由人去操作和应用的，而每一个人的行为又都受一定的思想意识和企业文化的支配。

人的思想意识都是在一定的经济社会环境下生成的。我国是一个有着悠久历史的文明大国，经历了几千年的封建社会，一百年的半封建半殖民地社会，四五十年的计划经济体制，迈入市场经济的时间远远少于发达国家，市场秩序和法治建设都还在不断整顿和完善。此外，小农意识突出在**人情**、**面子**、**关系**三点上几乎是无处不在、无孔不入，影响深远，处理不当会成为腐败的温床。在这种社会环境下潜移默化产生的思想意识，是实施 ERP 系统的最大障碍。也就是说，实施 ERP 系统最大的难题是做人的工作、转变人的观念。人们常说“最大的敌人在我们自己的头脑中”就是这个道理。

人的思想和价值观决定了人的行为，而习以为常的行为又会养成一种习惯，多年的习惯又会形成一种不成文的“文化”。如果这种“文化”不能适应全球市场竞争的要求，就需要改革。这种改革首先要从思想观念的转变开始。只有人的观念、行为和习惯转变了，改革才是牢靠的。技术问题比较容易解决，但长期在人们头脑中铸成的思想意识绝不是短期就能够改变的，这就是信息化管理艰巨性之关键所在。

不要以为上了 ERP 系统，管理水平就“一定”会提高，库存和成本就“一定”会降低，这是一种天真的想法。ERP 系统的运行机制提供了这种可能，但是否“一定”会实现，归根结底要看企业的员工是在什么文化环境下使用系统提供的信息来改进管理工作的。

企业文化的内容很多，但是为了用好 ERP 系统，以下 4 个方面必须融汇在企业文化中，这一点要特别重视。这几项内容反映了企业高管团队和企业员工在从事商品生产与经营中所持有和共同遵守的价值观，把员工个人的价值和企业的目标融合起来，也是企业凝聚力的前提条件。

1．为客户创造价值

正如第 8 章介绍的各种现代管理理念所述，企业的一切行为都要以理解和满足客户需求为出发点。**降低成本**，**提高质量**，是因为客户不愿意为不增值的浪费和过高的质量成本埋单；**产品创新**是为了满足客户不断涌现的新的需求；**按期交货和缩短交货期**是为了使客户更及时地体现使用效益；**良好的售后服务**是为了不影响和中断客户的使用效益；**追求卓越永无止境**也是为了向客户提供更好的产品和服务，争取客户，扩大市场。所以，“为客户创造价值”这一条就可以引申出许多相关的企业文化要求。企业只有在满足客户的各种需求并获得价值后，才有可能不断壮大自己。这也是我们一直强调的增值与共赢的关系。

有了这样的文化，衡量每一位员工行为规则的标准将是：**能不能为客户创造价值，能不能为企业带来效益**。那些不符合这条文化的潜规则都应退出舞台。

2．成为学习型企业

为客户创造价值，需要员工具备更高的素质。员工需要不断地用先进思想和知识武装自己，不断学习和接受继续教育。像 ERP 这样一个体现现代管理理念和高新技术的信息系统，必须对全体员工进行大量强化培训，员工不仅要熟悉现代管理理论，灵活应用最新的信息技术，更要掌握认识和处理各种事物的辩证、务实的思维方法。

一个学习型企业，不仅要重视培训，还特别要强调必须形成一种主动自学、互教互学、交流技艺的风气。“留一手”是一种“吃老本”的陈腐观念。我有两个苹果，给你一个我就少了一个；但是知识不同，我传授给你了，我自己毫发无损；何况，明天我通过学习和实践又有了新的心得体会，可以继续交流。知识是一种财富，只有通过学习和实践才能获得；知识在不断更新，只有坚持不懈地学习，加深领悟和理解，努力实践和创新，知识财富才能保值和增值。

建立学习型企业要从高管团队做起，树立榜样。同时，要建立有效的奖励机制。建成一支强大的复合型的人才队伍，使其成为企业核心竞争力的中坚力量。

3．发扬团队精神

复合型人才队伍除体现在知识和技艺方面外，还需要在思想上有为客户创造价值的价值观。但是个人的作用总是微小的，需要大家共同努力发挥整个团队的作用才能取得成绩，因此必须发扬团队精神；而高管团队应当成为企业发扬团队精神的榜样。

我们反复强调 ERP 要求的**全局、整体和系统**的观念，**为客户创造价值，为企业带来效益**，都必须融会在团队精神中。不仅如此，还要把团队精神扩展到企业外部，和上下游合作伙伴**建立协同文化，实现合作共赢**。

关于团队精神，我们将在 23.5 节“创建团队精神”中结合对实施 ERP 项目小组成员的要求详细讨论。

4．追求卓越，勇于改革创新

企业应有一套完整、科学的激励机制，促使每一位员工能够居安思危，永不自满，自觉不断改革创新，使各项流程日趋合理，生产技术不断提高，管理改革不断深化。如果员工没有这种孜孜不倦的精神，企业就不可能持续发展。

实施 ERP 系统会遇到许多困难，只有通过创建一个良好的企业文化，才能克服众多的障碍，取得成功和实效。换句话说，如果企业文化没有包括上述 4 项内涵，成功实施 ERP 将会是可望而不可即的空想。

第 10 章

推广 ERP 要注意的问题

回顾我国实施和应用 MRP Ⅱ/ERP 的艰难曲折历程，为的是汲取经验教训，使今后的路走得更加顺畅，让成功的案例如百花争艳般开遍全国各地。

我们先回顾 MRP Ⅱ/ERP 在我国的发展，再讨论推广 ERP 需要注意的问题。这里的论述虽然未能包括近年不断发展的情况，但是基本论点还是值得参考的。

10.1 我国 ERP 发展历史

10.1.1 起步

20 世纪 80 年代初期，我国有一些机械制造业引进国外的 MRP Ⅱ软件，开始转向信息化管理。我国机械工业的重点企业沈阳鼓风机厂在引进意大利鼓风机制造技术时，在国外看到信息化管理给生产管理带来的巨大效益，决定在引进技术的同时，引进 IBM 公司的 COPICS 软件。该厂是国家 863 工程自动化技术领域计算机集成制造系统（CIMS）主题第一批重点应用的工厂之一。北京机械工业自动化研究所首席专家蒋明炜先生参加了这个项目，他是我国最早投入 MRP Ⅱ/ERP 事业的知名专家之一，在消化吸收 COPICS 软件的基础上，北京机械工业自动化研究所开发了我国最早的国产 MRP Ⅱ软件，从利玛软件几经沧桑，发展至当前的 RS10/ERP 系列产品。

早期引进软件的企业还有沈阳第一机床厂，该厂以中德科技合作形式引进德国工程师协会提供的 INTEPS 软件。第一期工程作为“六五”国家科技攻关成果通过鉴定，实施了以 MRP 为中心的计算机辅助生产管理系统。二期工程又进行了大规模扩充，计划形成以 MRP Ⅱ为中心的、较全面的企业管理系统。但是机床行业一度由于行业结构问题而出现效益滑坡，影响了信息化管理系统继续前进的进程。

早期引进 MRP Ⅱ系统的还有长春第一汽车厂、十堰第二汽车厂、杭州汽轮机厂、西安仪表厂、天津纺织机械厂、山西经纬纺织机械厂、广东顺德科龙电器集团等。从以上情况看来，我国最早引进 MRP Ⅱ系统的主要是带有机械加工性质、批量生产的行业，包括汽车、电工和家电行业。

国内企业在实施 CIMS 系统（含 MRP Ⅱ）过程中获得国际好评的首先是北京第一机床厂，该厂引进了美国、加拿大合营的 InfoPower 公司的 MRP Ⅱ软件（同时引进该产品的还有山西经纬纺织机械厂、济南第二机床厂和北京人民机器厂）。北京第一机床厂的 CIMS 系统在 1995 年先后获得总部设在美国的制造工程师学会（SME）的“工业领先奖”和联合国工业发展组织（UNIDO）的“工业发展奖”。1994 年，北京第一机床厂计算机室改制为独立的北京并捷信息技术有限公司，在消化吸收 InfoPower 的 MRP Ⅱ产品的基础上开发出国产的并捷 ERP-EMIS 5.0 产品。

10.1.2 外国软件商涌入

自 20 世纪 80 年代以来，国外几家著名的计算机公司都结合销售计算机产品（硬件），推出了各种版本的 MRP Ⅱ产品，如 IBM（COPICS）*、HP（MM-PM）、DEC（MANMAN）、CDC（InfoPower）、WANG（BN-CAPMS/VS）、Bull（IMS7）等。这些外国公司尽管有的已经不复存在，软件也已落后过时，但是它们把 MRP Ⅱ的思想与方法引入了中国，如 DEC 为机械工业部设计研究院和北京自动化软件中心举办的培训班，以及后来 Forthshift 在天津举办的几次培训班，采用的都是 APICS 的正规教材，由国外经过 APICS 的 CPIM 资格认证并有多年从事 MRP Ⅱ项目实践经历的专家担任授课教员，培养了我国第一批 MRP Ⅱ专业人才，为奠定我国管理信息化基础起到了不可磨灭的作用。

进入 20 世纪 90 年代，又有不少国外的软件公司在我国设立了独资公司、代表处，或通过代理商销售商品软件。最早在中国成立公司的主要有 SSA、Forthshift（被 Infor 收购）和 EMS（被 IFS 合并）。紧接着又有 QAD、Oracle、SAP、CA、JDE（先被 PeopleSoft 合并，后又被 Oracle 并购）、Avalon（已退出）、Baan（先被 SSA 合并，后 SSA 又被 Infor 并购）、Symix（后改名 FrontStep，并与 MAPICS 合并）、MAPICS（被 Infor 公司并购）、Scala（被 Lawson 收购，2011 年又被 Infor 收购，专注服装鞋业）、IFS，以及供应链管理软件 Manugistics 和 i2 等公司（先后被 JDA 公司并购）都陆续进入中国。

兼并收购可以归纳为以下几种情况：

- 两家公司的产品行业定位相似，功能相近，为了避免两败俱伤而自愿合并，取长补短形成一个新的产品。
- 被收购的产品，按照原有的特长，经过充实，作为本公司定位于某个行业或可以配置的产品。同时，原有客户可以继续得到支持。
- 摒弃被收购产品的冗余部分，经过改造成为收购方的一个子系统，加强收购方产品的整体功能。

21 世纪初期前后，又有一批针对中端应用的国外软件进入我国市场，如 Epicor（恩柏科软件）、Sage（赛捷中国）、Exact（易科软件中国）等。说明许多国外软件公司已经看到我国企业对 MRP Ⅱ/ERP 产品日益增长的需求，有着广阔的发展远景，它们同时也是对国产软件业极大的挑战。

---

* 括号内为产品名称。

令人眼花缭乱、难以捉摸的软件行业的收购兼并几乎成为一种无法阻挡的趋势，值得企业用户在选型时特别关注。如果合并的目的是“消灭一个竞争对手”，使一种产品不复存在，特别是个别公司在没有向用户甚至自己的雇员打招呼的情况下就突然撤出中国市场（如 Avalon），则是一种极端不负责任的行为，企业在选型时要特别警惕这类情况，以免得不到后续支持。

10.1.3 国产软件的兴起

国内开发的 MRP Ⅱ商品软件，早期推出的是机械工业部北京自动化研究所软件中心开发的 CAPMS 软件包。后来，北京开思、上海启明等软件公司也都相继推出商品化软件。一些企业，如北京第一机床厂成立了北京并捷自动化技术服务中心，山西经纬纺织机械厂成立了希门信息技术有限公司，第一汽车集团成立了长春启明公司，并且都开发出各自的国产软件。可惜的是其中一些公司已不再从事 MRP Ⅱ/ERP 项目研发了。

第一批国产 MRP Ⅱ软件可以说基本上是在消化了某个国外 MRP Ⅱ软件的基础上，结合国内的需求特点进行开发的，有 MRP Ⅱ的思想主导，有较高的起点，软件产品都能体现 MRP Ⅱ的基本原理。之后，以开发或代理 MRP 起家的公司有北京的和佳、金航数码，广东的珠海通软和广州天剑计算机系统工程公司等。从院校或研究单位扩展起来的公司有天津企之星、南京金思维等。还有数不清的 ERP 软件公司陆续脱颖而出，或面向某个行业，或面向某项业务（如分销）。不少台湾地区的软件如鼎捷、汉康、天心也进入大陆地区，或独资或合资。一些原来从事财务软件的软件公司，如用友、金蝶、浪潮、新中大、金算盘等公司的产品也从电算化会计向 ERP 系统扩展。

国内外软件公司的情况总在不断变化，有分有合，有起有落，但是无论如何，众多软件的问世必然会给企业带来更多的选择机会，也为 ERP 系统在我国普及创造了良好的条件。关于软件选型的问题，我们将在第 29 章专门讨论。

一些早期知名的软件公司（如利玛、开思）在融资、转型、兼并等寻求发展的转折点上，没把握好，造成令人痛惜的损失，这些惨痛教训值得业内引以为戒。

总的来说，真正全面实施了 ERP 系统并取得整体效益的企业在逐渐增多，但还不够普遍，原因是多方面和复杂的。国内长期以来正反两方面的经验教训，对指导今后 ERP 系统的实践具有珍贵价值，是一笔十分宝贵的知识财富，我们会在第 3 部分进一步讨论。

10.2 在我国推行 ERP 需要注意的问题

综合国内一些普遍的现象，把我国在实施 ERP 系统上存在的主要问题归纳如下。

10.2.1 企业高管认识问题

影响 ERP 健康发展的因素很多，但首先是企业高管对管理信息化的理解，是否有决心深化管理改革。有时，企业高管看到一些负面现象，便对 ERP 望而生畏，裹足不前。因此，一定要加强对企业高管团队的信息化教育培训，用成功案例的企业老总的体会去影响那些还在迷茫犹豫的老总。目前，有些成功案例的介绍成为软件公司宣传自己产品的商务手段，但不够全面和公正。在这个问题上，政府机关、专业组织和媒体应该有所作为，正确引导。

10.2.2　规范市场问题

自从 ERP 被炒得热火朝天以来，我国出现的以 ERP 命名的软件据说有上百种。如果对比 Gartner 公司对 ERP 的原始定义的要求，真是“真真假假，鱼目混珠”。推广 ERP 本来是件好事，但如果只是想把 ERP 当成“唐僧肉”，谁都想“宰”了分享一口，好事也会变成坏事。

市场不规范的一个主要原因是从事 ERP 事业的单位缺少一种“提升我国企业的竞争实力，为我国企业信息化管理做贡献”的共同“宗旨”。在商业利益和急功近利的驱使下，追求“短平快”“短期业绩”和“市值”，炒作概念，“忽悠”客户，缺少长期战略和“共赢”的经营思想。这种现象混淆了 ERP 的定义，影响了 ERP 市场的健康发展。不顾客户利益的非理性的动作只能是损人不利己，可能得益于一时，但对我国企业管理信息化事业的伤害却是致命的。

销售 ERP 产品、提供各种服务都会考虑盈利问题，但不能单纯追求“钱”途。只有在帮助客户选择了适用的软件产品，提供有效的服务，使客户企业见到了效益后，收取回报才是问心无愧和心安理得的。不少软件公司有一条类似“客户的成功就是我们的成功”“为客户创造价值”这样的口号，这是非常正确的，应当使之付诸实现，在此基础上求得“共赢”，只有“共赢”才能实现可持续发展。

除此之外，每一个 ERP 产品提供商都应有自己的市场定位，侧重某些行业或某些地区，使软件产品及服务有其特长。同时在分工的基础上，从全局视角，使不同客户企业的需求得到满足。不要为了争夺客户，相互压价、舍本厮杀，牺牲或降低服务质量，甚至使用不正当的商业手段。这样既伤害客户企业的利益，也损害软件商的声誉，给我国的 ERP 事业造成极其恶劣的影响。企业既然做 ERP，就要按照 ERP 的管理思想办事，提倡合作竞争。

ERP 市场不规范的问题，作为客户的企业也是有一定责任的。例如，有些企业在选型的过程中，存在某些“猫腻”做法，不仅妨碍了软件商之间的公平竞争，最后对企业自身也会造成伤害。如果企业高层管理人员能够更多地关注 ERP 项目，做出正确的指导和判断，这些不规范的现象是会减少的。

各级政府机关对企业信息化建设应多做服务性的工作，如组织交流和培训，不要进行行政干涉，如设定本管辖范围的实现信息化的指标，甚至规定政府贷款只提供给使用指定软件商产品的企业。这种做法只会助长不正之风，违背 ERP 选型原则，用行政干预的“优选”代替适用，对我国企业信息化建设非常有害。

只有 ERP 市场是有序的，ERP 事业才能持续健康发展。

10.2.3　宣传普及问题

在 ERP 市场尚不够规范的情况下，防止企业受到各种伤害的最好办法，就像预防 SARS 或新冠病毒一样，主要是“提高自身免疫力”。能够明辨是非，避免盲从，才能少花冤枉钱，少走冤枉路。因此，ERP 的普及教育工作十分必要。

这些年，ERP 的普及已经有了很大的进展。常听到软件公司的人说：“现在的企业越来越精了。”这话虽然听上去不入耳，但却是一种褒义，说明企业对 ERP 的理解在不断深入和理性化。

企业人员对 ERP 系统基本原理的了解大多来自软件公司、咨询公司或参加各式各样的培训班。但是人们注意到，在参加各类培训的成员中，信息技术专业人员占了多数，偶尔有一些中层经理，但高层经理很少。而决定企业是否实施 ERP 系统的决策人员正是这些较少参加培训的高层管理人员。“明白人”越多越好，如果企业的高层管理和决策人员普遍掌握了信息化和 ERP 的知识，毫无疑问，必将大大加快我国企业信息化健康发展的步伐。

一些信息化专业网站不妨开设远程教育式的普及课程。但是，目前不同教材对 ERP 的讲解还有不少差异，一些观点还不统一，这也是一个迫切需要研究和解决的问题。

10.2.4　壮大复合型人才队伍问题

ERP 是一门知识型的应用系统，ERP 软件是一种知识密集型的产品，ERP 系统的开发、实施和应用，都需要大量复合型人才。这样的复合型人才，靠学校教育是培养不出来的，学校只能提供先进的基础知识和技能的教育；而能够真正掌握和熟悉 ERP 原理和应用的，将是那些在实践中经历了多次“摸爬滚打”、反复品尝了“甜酸苦辣”、百折不挠、有志于我国信息化建设的“学习型”的群体。也就是说，复合型人才要靠继续教育，要有一定的磨炼时间才能实现知识和经验的积累。有人说“复合型人才是练出来的，不是念出来的”，千真万确。

复合型人才应当具备 4 方面的知识，即：

- 企业管理知识；
- 信息技术知识；
- 行业流程知识；
- 项目管理知识。

人们习惯把复合型人才定义为“既懂管理又懂计算机”的群体。“管理科学”和“计算机/数据库/通信技术”只是两个主要的方面。但如果缺少行业领域的知识，就会难以理解行业的业务流程特点，说不清不同行业对信息化管理的需求。此外，对制造业来说，还需要运用工业工程的知识来支持系统的实施。如果缺少项目管理的知识，就难以和人交流沟通，难以有效地组织和控制 ERP 项目的实施进程，推动项目成功。当然，不同背景、不同工作岗位的复合型人才的侧重点是不同的，要求各个方面都精通是不现实的，也是不必要的，具体可以参考图 10.1。

基础知识 \ 岗位	咨询顾问	实施顾问	市场开拓	产品研发
· IT技术				
—信息化应用	●	●	●	●
—软件工程	◐	●	◐	●
· 管理科学				
—企业管理	●	●	●	●
—行业知识	●	●	●	●
—流程管理	•	•	◐	•
—项目管理	•	•	◐	•
—工业工程	◍	◍	○	○

图例： ●必修 ◐简化 •优选 ◍选修 ○不修

图 10.1 复合型人才需要的基础知识

现实中，不少已经积累了相当经验的从业人员，会因受到各种内外因素的影响而中途退出改行，或者担任了高层的管理工作，不再做具体指导。因此，如果没有一种有效的激励机制，使 ERP 这样具有广泛内涵的信息化管理技术和实践成为有志之士的专业或职业方向，复合型人才队伍就难以不断壮大。企业信息化管理有大量的问题要研究和解决，要不断创新和发展，是一项十分有意义的工作，需要有更多的复合型人才把推行 ERP 作为自己的终身事业，把指导众多企业成功实施 ERP 作为自己追求的理想。

10.2.5 交流提高问题

信息技术的应用，无论在原理、概念、观点还是方法经验等方面，都有许多问题需要经常探讨、切磋“技艺”、共同提高。举办年会或大型研讨会交流计算机应用技术固然是一种方式，但是这类会议涉及的主题面较广，对具体问题的交流讨论不易深入；每次规模较大，间隔期长，不够机动灵活；有些甚至是属于“台上台下都收钱”的“双丰收”活动。对那些有着实际问题需要解决的业内一线人士来说，还得靠经常举办交流讨论活动，才会真正有所收获，共同提高。

据介绍，APICS 在国外的会员活动，有的小组是按 1 小时汽车路程来组织的。小组人员开展经常性的交流研讨活动，处于竞争对手的不同公司的成员，在不涉及商业机密的原则下，一起探讨各种问题，共同提高。这种形式既不需要租借场地，又能经常机动地开展活动，及时解决大家关心的问题，值得我们借鉴。

我国目前还没有能起到 APICS 类似作用的机构。国内外曾有一些和 ERP 相关的网站，由于近年来变化较大，有些已不复存在，有的不再以 ERP 作为重点，本书不再介绍。

10.2.6 大中小集成问题

目前，国内不少大型骨干企业已先后实现了管理信息化。但是，大型企业产业链的前后端，有大量中小型企业还没有实现信息化，或者说还没有真正实现“管理整个供需链”。

这些年，国外管理软件行业非常重视中小型企业的信息化，有一个专门的名词就是 SMB（Small and Midsize Business，中小型企业）。这里有一个原因，就是国外大型企业的信息化已经基本完成，大型企业对 ERP 系统的需求已经趋于饱和，软件商为了生存与发展，就要开辟新的市场。但是，就供需链管理信息化来讲，必须把供需链上所有的企业都纳入信息化的轨道上来。

中小型企业的类型很复杂，覆盖范围很广，不能一概而论。有的是“麻雀虽小，五脏俱全”，对信息化管理系统的需求不亚于大型企业。有的虽然规模不大，但是产品附加值很高；有的则是依附于其他企业，虽然不起主导作用，但却是产业链上不可或缺的重要成员，要求有方便与主导企业集成的信息化系统。其中一些有良好的市场远景和务实的经营战略的企业，即属于成长型的企业，是推行信息化管理的重点。

一般来说，中小型企业的共性主要是人才和资金不如大型企业雄厚，往往缺少长远战略，希望所使用的软件简练而针对性强、易于理解和操作，以缩短实施周期和减少信息化投资，有较短的投资回收期，但是，又必须能够适应企业的发展及方便扩展和升级。

上述发展趋势促使软件工程要有更为通用的标准以与其他软件集成，有针对企业特殊需求的可裁剪和配置的灵活性，有更加友好的用户界面供不同背景的业务人员使用。

随着互联网技术的发展和应用软件不断成熟，并进入了云计算时代，软件即服务（Software as a Service，SaaS）、平台即服务（Platform as a Service，PaaS）等 IT 技术，为中小型企业信息化开创了一片广阔的天地。

只有大中小型企业都普遍实现了信息化管理，才能真正实现供需链管理。

毕竟，ERP 事业不属于急功近利的行业，开发和实施都非常艰难，每一个项目几乎都要从零开始，人为因素干扰很多，拖延的时间可能会很长；不断做重复的工作，会使人感到没有新意，这也是人才不能坚持且造成人才流失的一个原因。我国没有一个像 APICS 这样能够统筹 ERP 事业的权威机构，进入数字化经济时代，许多机构都“扑向”最时髦的领域，以致像 ERP 这样管理信息化基础的项目不再受到重视。必须清醒地重视这种消极现象，制造业管理信息化需要坚固的基石，没有坚固的基石是盖不出高楼大厦的。

第 2 部分

PART 2

ERP内部集成的应用

主要内容

◎ 制造业的生产类型和需求响应策略
◎ 运行ERP的基础数据
◎ 编制物料清单
◎ 需求管理与销售管理
◎ ERP计划的时间概念
◎ ERP的物料计划
◎ 能力计划与排产
◎ 生产作业控制
◎ 物料管理与库存管理
◎ ERP 的采购管理理念
◎ ERP 相关的成本理念

信息化管理和手工管理是两种完全不同的管理模式，ERP 会用到许多和手工管理完全不同的理念、术语和方法。本书第 2 部分主要围绕 ERP 的核心——计划与控制的相关业务进行讲解。

第 2 部分的要点是:

- 介绍制造业企业的类型和对 ERP 功能的不同要求。
- 说明运行计划与控制要用到的基础数据及各种参数设置的方法。
- 介绍 ERP 计划模式和传统管理的区别，讲解 ERP 的时间概念和运算特点。
- 从建立物料清单开始，按照业务流程的顺序，依次介绍需求管理与销售管理、计划与控制、能力计划、生产作业控制、物料管理和库存管理、采购管理及产品成本在 ERP 系统中的相关知识。

本书的重点是为了普及 ERP 的知识，围绕物料和资金的计划与控制这条主线，深入讲解信息集成模式与传统管理的区别和应用特点。企业还有许多其他的重要业务，但这些业务不是计划与控制的主线，不在本书讨论范围内。

第 11 章

制造业的生产类型和需求响应策略

从本章开始，进入本书的第 2 部分——ERP 内部集成的应用。讲解 ERP 内部集成核心业务的运行机理、基础数据、参数设置等，有了清晰理解，选型才不会失误。

ERP 主要应用于制造业，但是制造业的类型很多，不同类型的制造业在应用 ERP 时会有差异，要采取不同的处理方法，对 ERP 产品功能的要求也不相同。

本章要介绍 ERP 领域里经常用而手工管理不用的概念，这些概念是实施 ERP“知理-知己-知彼-知用”规范流程中“知理-知己”的部分，对 ERP 选型是绝对必要的基础知识。

11.1 离散生产与流程生产

人们习惯用离散型、流程型等来表述制造业的各种生产类型，在讨论制造业 ERP 系统之前，参照了 APICS 出版的 2004 年第 11 版《词汇》（*APICS Dictionary，11th Edition*，2004）的定义，对这些常见的名词先要有一个明确的理解。

11.1.1 离散生产

离散生产（Discrete Manufacturing）环境下，物料的单位是件，生产、加工的产品和零部件是由不再拆分的单件和组件组成的，单件和组件都可以单独存储，而且只能按“件”生产和销售。产品结构通常为 A 型（见 13.5.7 节“产品结构的类型”）。由于是一种装配型的产品，零部件的形成一般是物理性的变化，装配后的产品还可以拆卸或更换其中损坏的零部件。

离散生产按照生产工艺流程的不同又可以分为以下两大类。

1. 间歇生产

间歇生产也称间断生产（Intermittent Manufacturing）。间歇生产采用通用机床或数控机床，依次顺序加工，按加工优先顺序、数量及产能约束条件排产；加工过程中可以停顿，形成在制品，可以存储。机床的布置通常为机群式布置（Job Shop），在应用成组技术的条件下，多采用成组单元布置（Work Cell）。

建立成组单元布置时，首先要对加工的零件按工艺相似性进行分组，按照工艺路线的工序顺序将机床排列成 U 形，物料从 U 形的一端流入，从另一端流出。U 形布置便于操作人员同时照顾几台机床，缩短行走距离，是准时制生产（JIT）经常采用的布置形式。

成组单元是一种借用流水生产方式的间歇生产，可用于批量较小的“准”重复式生产。并不是所有加工的零件都非要依次通过排列成 U 形的所有机床，有时可以“跳过”，有时会有些小的折返。机群式布置与成组单元布置的区别如图 11.1 所示。

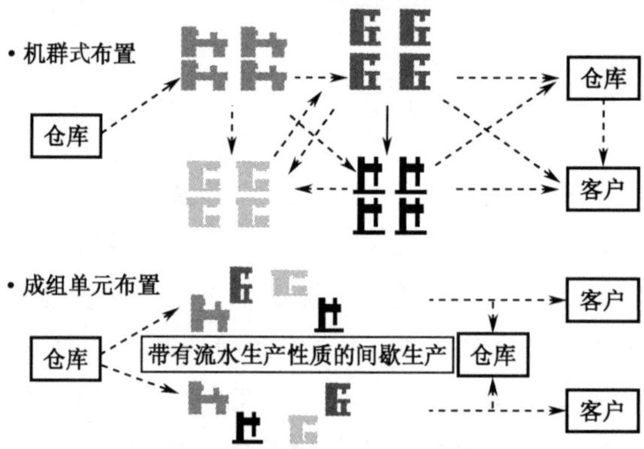

图 11.1　机群式布置与成组单元布置的区别

2. 重复式生产

重复式生产（Repetitive Manufacturing）是离散型生产的一种特定形式，是相对于间歇生产而言的。重复式生产有一定的批量，主要是连续流水生产（Continuous Flow Manufacturing），采用专用机床或设备，组成多个工位的生产或装配流水线，物料通过各个工位依次连续加工或装配，工艺设计要保持每个工位有基本相同的生产节拍（工件流入工位到流出工位的时间，Cycle Time），保证物流均衡流动和传输。在短期内生产“同一”类型的产品，在生产线或装配线上产品可以有变型，但调整和更换品种时间很短，对生产节拍不会造成大的影响。

这里谈到的短期，可以是分、时、日，通常不会超过周。所谓同一，并不排除有少量设计更改和品种变型，但是有一定的批量，产品的加工周期不会有很大的差别。如果生产一种轧钢机，3 年后又生产一台，由于技术和需求的发展和变化很快，两次生产不可能完全一样，生产批量很小，则不是“重复式生产”的概念，属于间歇生产。重复式生产和间歇生产最主要的区别是下达计划任务的方式不同，前者按日进度计划安排生产，后者按车间生产定单安排生产（见 16.7.3 节“重复式生产与有限能力排产”）。

11.1.2　流程生产

流程生产（Process Manufacturing）是对应离散生产而言的。流程生产的生产物料多为粉状、颗粒、液体或气体，计量单位是质量、体积或长度。如果最终产品有包装，可以是不同计量单位的瓶、袋、桶等，有“件”的性质，只能取整数或改变包装容器的容量。流程生产工艺通常是在各种专用生产装置中连续进行化学反应的过程，用各种自动化控制设施来控制，生产装置之间一般通过封闭管道或传送带自动输送，直到形成最终成品。物料的形成主要是化学性质的变化，变化之后，一般不能还原。有些产品的形成是多种原料的混合，如油漆调色和药品混配，虽然不能还原为原料状态，但不属于化学变化，可作为离散型生产。

千万不要混淆“流程生产”与“流水生产”，后者是针对大批量生产的离散型产品。流程生产虽然有“重复”的性质，但它不属于“重复式生产”。因此，不要以为有些软件有“重复式生产”系统就可以满足流程生产的要求了，这是完全不同的两种生产类型。

流程生产的产品往往是 V 型产品结构，有联产品和副产品，以及复用品（按设定比例重复使用）、回收品和废弃物，物料和成本都有特殊的处理要求，见 13.5.7 节“产品结构的类型”。

流程生产按照调整品种的难易程度又可以分为连续流程（Continuous Process）和批流程（Batch Process）两大类。

1．连续流程

连续流程一般只生产单一的产品（如乙烯、尿素），或通过变更生产装置的参数（如温度、压力）或催化剂调整产品的规格（如各种燃料油）。一旦投产，在生产装置大修之前一般不再中断，如炼油、化工、冶炼等行业。

2．批流程

批流程旨在生产多品种规格的同类产品。生产过程可以中断，且可以更换品种（如日用化学品、塑料制品、某些建材和轧制产品等）。但是品种更替顺序往往要遵循某些经济合理性的要求，以减少更换品种带来的损耗。例如，塑料颗粒原料按颜色由浅入深的顺序进行排产等。

对批流程工业，虽然有可能借用重复式生产 ERP 产品的功能，但是连续流程工业有较多的特殊性，要求不同。

离散生产和流程生产在同一个企业里有时是并存的，Gartner 公司的研究报告中就提到 ERP 系统必须满足混合生产（Hybrid）的要求。混合生产还不是完全由企业集团的多元化经营引发的需求，而是在一个生产企业内部，同时就有离散生产和流程生产两种类型并存的情况，这在制药、食品、饮料、卷烟等行业尤为多见。以卷烟为例，烟丝生产的膨化工艺是流程生产中的批流程，而卷接包的流程是离散生产中的流水生产。饮料行业前端的配制、发酵是流程生产，而灌装是离散生产。制药行业的原料药是流程生产中的连续流程，而制剂又是离散生产。为了满足这些不同行业的需求，选择 ERP 产品时要特别注意功能对口配置。

离散生产与流程生产的对比如表 11.1 所示。

表 11.1 离散生产与流程生产的对比

功　能	离散生产	流程生产
定单	按件下达计划	按产品系列下达计划
制约因素	物料可获性	生产装置的能力利用
计划关注	保证进度	保证流程的连续性和成品的收率
MRP	是编制详细计划的工具	是次要工具，甚至可以不用于详细计划
CRP	是落实详细计划的工具	是详细计划的主要工具
BOM	层次多且复杂	扁平且简单
工艺路线	多种选择	固定，由流程确定
工作中心	分散，灵活	固定，专用
计划员	面向商品及零部件	面向流程工艺

11.2 需求响应策略

11.2.1 交付周期与制造周期

需求响应策略（Demand Response Strategy）是指企业为满足客户要求的交付时间采取的计划策略。需求响应策略也可以理解为对定单的响应策略，它受两种周期的制约：

一种是从和客户签订销售合同（接单）开始，到客户收到定购的产品为止的时期，称之为客户交付提前期（Customer Delivery Lead Time），用 D 表示，简称交付周期，也可理解为需求周期。

另一种是制造周期（Production Cycle），用 P 表示，也称 MCT（Manufacturing Cycle Time），指企业制造客户所需产品的周期，包括产品研发设计、生产准备、采购、加工、装配、发送到客户等几个阶段，也可理解为供应周期。

本书把满足日益苛刻的交付周期的策略称为“需求响应策略”。制造周期与交付周期之比称为 P/D 值，P/D 值总是大于或等于 1，是衡量对需求响应速度的一项指标。各种需求响应策略的交付周期（D）和制造周期（P）的关系可用图 11.2 来说明。

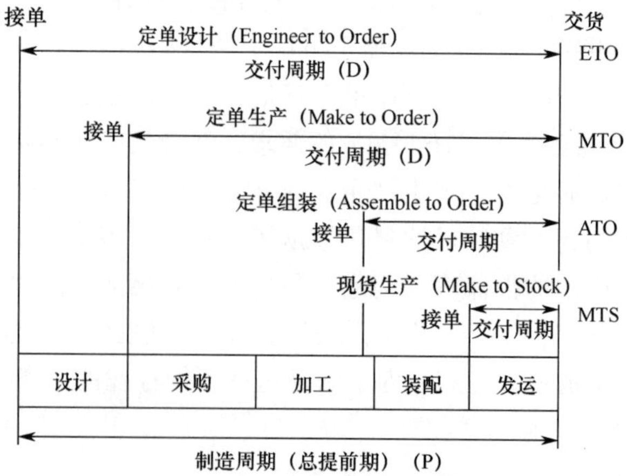

图 11.2 4 种基本需求响应策略

11.2.2　需求响应策略的类型

从图 11.2 中可以看出，需求响应策略的基本类型有 4 种。

1．现货生产（Make to Stock，MTS）

企业生产的产品是一种大路货，在接到定单之前就已经生产出来，销售有需要时，可以随时从成品库的货架上提取，故称之为“现货”。现货生产的交货期只受运输条件限制，交付周期是制造周期中的发运阶段，缩短交付周期的关键在于做好预测和物料配送。现货生产是几种类型中交付周期最短的一类。

现货生产的生产计划很大程度上依赖销售预测的准确性和与客户建立的协同文化及合作伙伴关系，受竞争对手销售策略、消费者的消费行为、技术进步变化等不确定因素影响极大，因此必须定期核查预测的有效性，这时 ERP 系统中的 S&OP 功能是不可少的。在补充库存所需的提前期很短时，通常是根据前端（客户端）实时的消耗信息，通过网络通信技术和协同运作进行实时补充。当补充库存所需的提前期较长时，要事先预测，一般采用定货点法补充库存，或在保证保质期或有效期的前提下有适量的安全库存。对正在加速更新换代的产品，采用现货生产要注意控制现货库存。

为了控制库存和资金占用，实际上企业近期的生产计划还是要根据计划定单制订，用定单上的数量冲销预测量。

日用消费品、常用药品、烟酒、食品等都属于现货生产类型，一般来说产品价值相对较低。

2．定单组装（Assemble to Order，ATO）

接到定单后再开始组装产品称为定单组装或按单组装。这类产品具有一系列的标准基本组件和通用件，是模块化的产品结构，可以根据客户的要求进行选择装配，也是“客户化定制”的主要形式。

大量的基本组件和通用件都是在接到订单之前，事先根据预测生产出来的，保持一定的库存，接单后再加工的零部件极少。接到正式合同后，只需要有一个最终装配计划（Final Assembly Schedule，FAS），将基本组件中的可选项，按照客户选择的型号装配出来就可以交货（总装配计划包括收到合同以后，核查物料可用量、配套领料、装配、测试、检验、包装及发货等作业）。这时的交付周期等于制造周期中的装配加发运周期。

这种模式很像在中药店抓药，各种药材早已制备好（不是从上山采药或加工开始），分门别类地存放在指定的抽屉中，药方一到，就可抓药配齐交货。

定单组装也称按定单配置（Configure to Order，CTO）。计算机和小轿车是典型的定单组装商品。

3．定单生产（Make to Order，MTO）

定单生产也称按单制造（Build to Order），这类产品主要是标准的定型产品，市场需求量波动不定，一般在接到订单后才开始生产产品，但不需要从头设计和编制工艺，可以迅速报价和承诺交货期。

交付周期中不包括制造周期中的设计阶段，采用典型的 MRP 计划方法。原则上产品无库存或只有极少库存，只有原材料和外购配套件可根据供应时间长短(采购提前期)、通用性和价值等因素，适当保留一定数量的安全库存。

有标准型号规格的电机、通用机械是典型的定单生产类型。

4．定单设计（Engineer to Order，ETO）

定单设计也可称按单设计，指在接到订单后按照订单的要求，从产品设计开始直到产品交付，交付周期等于全部制造周期(总提前期)，是 4 种类型中交付周期最长的一种。

重型装备机械、船舶等属于此种类型。

这类产品完全是按客户特殊要求重新设计的定制产品，从设计到制造各个阶段，与客户的信息交流非常密切，需要通过网络和电子业务（e-business）实时沟通。产品往往只生产一次，不再重复（One of a kind），如果没有老产品部件可以借用，不仅产品和工艺路线每次都要重新设计，原材料采购也需要重新开始。这时，压缩产品开发周期和制造周期是影响竞争力的关键因素，靠一家企业往往受能力限制难以做到。对于这类情况，要用到敏捷制造和网络制造的原理，根据客户订单的要求，组织各种专业的经济实体，发挥各自的特长，组成虚拟企业（动态联盟）协同完成订单任务。这是供需链管理所要研究和解决的重点问题。

定单设计的英文也称 Design to Order。这种类型应当在实施 GT（成组技术）、CAD（计算机辅助设计）、PDM（产品数据管理）的基础上，再运行 ERP 系统，便于 ERP 系统与产品数据源头能够实时集成。定单设计往往要用到关键路线法来制订项目计划，要用到约束理论提出的关键链概念（见 17.10 节“关键路线与关键链”）。

各种需求响应策略汇总如表 11.2 所示。

表 11.2　各种需求响应策略汇总

需求响应策略	计 划 依 据	举　例
现货生产（Make to Stock，MTS）	主要根据市场消耗反馈信息安排生产；产品完成后发运或入库	大批生产的定型产品，如日用消费品
定单组装（Assemble to Order，ATO）	有各种变型的系列产品，根据合同按客户要求配置可选项	标准系列产品，如轿车、计算机、电梯
定单生产（Make to Order，MTO）	根据客户定货合同组织生产	标准定型产品，如电机、水泵
定单设计（Engineer to Order，ETO）	根据客户要求专门设计	单件或小批量生产，如重型机械

如果将表 11.2 与图 11.2 对照不难看出：

现货生产的交付周期最短，但供应周期更短，可以用最短的时间满足客户需求，生产性质多为大批量生产，P/D 值最大。超市的商品均属此类。

次大的 P/D 值是定单组装，交付周期只考虑最后总装和发运的周期，多为生产系列的多型号产品。

定单生产的 P/D 值又次之，根据合同确定需求量，多为标准或定型设计的多品种小批量生产；与定单设计相比，只是省去了设计周期；对产品中销售量大的型号，在合理控制资金条件下往往也可以有一定的库存，实现随时供应。

定单设计的 P/D 值为 1，交付周期等于总提前期，要根据客户要求专门设计，属单件小批量生产。

企业竞争力的一个重要标志就是：**比竞争对手有较短的交付周期**。企业采用柔性加工和并行工程的目的，就是要提高应变力并使几项作业依次重叠进行，利用缩短的生产周期以满足交付周期。P/D 值只是用来说明各种响应策略的区别。对比不同企业的响应速度，还必须注意 P 与 D 的绝对值。

11.2.3　产品生命周期与需求响应策略

产品生命周期一般指产品从概念设计开始到最后退出市场的过程，是以企业为主体看待产品在市场上的兴衰，以确定产品发展和推出新战略。如果把产品使用、服务、维护、回收、报废、处理全部包罗进去，可以称为产品全生命周期，它是产品生命周期管理（PLM）研究的课题。

在产品生命周期的不同阶段，某些产品响应策略的表现形式可能不同。在产品开发初期，一般是针对某个用途或用户设计的，有定单设计（ETO）性质。产品逐渐发展定型，用户数量渐增，形成定单生产（MTO）性质。产品再进一步发展，形成系列，可满足市场多方面的需求，又会形成定单组装（ATO）性质。到产品成熟周期，需求大增，又可能进入现货生产（MTS）性质。待产品进入衰减期，需求减少，少量的定货又可能回到定单生产（MTO）性质。因此，企业必须明晰自己产品的生命周期，在生命周期的不同阶段需求响应策略会发生变化，销售策略和计划方法也要随之变化，如图 11.3 所示。**选择 ERP 产品时要注意企业是否有这个特点。**

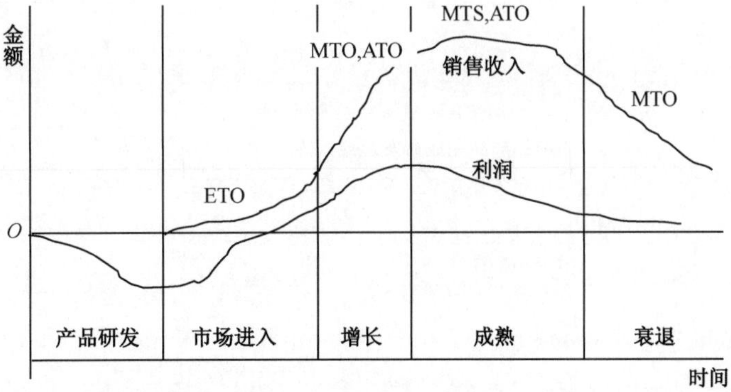

图 11.3　产品生命周期与需求响应策略

需求响应策略除影响计划方法外，也影响安全库存和批量规则的设定（见 19.3 节“安全库存与安全提前期”和 19.4 节“定货批量”）。在一家企业中各种模式完全可能同时并存，对不同的产品应采用不同的策略。

此外，由于产品品种和批量可以有多种组合，如大批量生产（Mass Production）、多品种小批量生产、单件生产、大量客户化定制（Mass Customization）。4 种响应策略也会根据产品品种多少、生产批量大小和客户群数量的不同，不仅会因产品而异，而且会因时间而异，有时还会随着国家政策法令而变化。例如，军工产品的客户对象可能较少，在和平时代为小批量生产，而在战争时期则是大批量生产。有些特效药品在疫情蔓延时期是大批量生产，而平时可能是按单少量生产，同样的产品在不同时期可能会有不同的响应策略。

在后续章节中，会经常涉及需求响应类型的概念，选择 ERP 产品时一定要注意这个因素的影响。

第 12 章

运行 ERP 的基础数据

运行 ERP 内部集成涉及的数据项很多，这里只介绍其中最基本的数据。也就是说，运行任何 ERP 产品，这些数据都必不可少。

数据规范化是管理信息化的首要基础。企业哪怕暂时不上 ERP 系统，但是如果能够按照运行 ERP 的要求，打好信息化管理的基础，一旦上 ERP 系统，大量数据资源可以继续使用，ERP 项目的实施周期就将大大缩短。

数据信息是企业的重要资源财富，不仅要重视数据的规范和准确，而且要注意信息安全，设置访问和维护权限，防止失密。

12.1 信息化管理对数据的要求

12.1.1 信息化管理需要绿色信息

实现信息集成的首要条件是必须符合信息设置和信息处理的严格要求。**规范化、准确性、实时性**和**完整性**是企业信息化管理对数据的 4 项基本要求。

“规范”指数据的定义、代码和设置必须是明确和唯一的。

“准确”指必须去伪存真、符合实际。不准确的信息会造成严重的管理失误。

“实时”指必须在规定的时间完成数据的采集和处理，数据的价值是有时间性的，过时的信息，就是不准确的信息，不仅没有价值，还可能造成误导。

“完整”指数据文件中各个字段没有任何疏忽和遗漏，能够满足 ERP 系统运行的要求。

计算机的功能再强大，也难以分辨数据的真伪，最多只能做一些逻辑判断，如日期的先后、字段或数字的位数、是否大于或小于某个值等。例如，数字应当是 10000，如果录入 10001，计算机同样接受，但如果规定是 5 位数，若录入了 100000，系统则会提示：位数不对。人们比喻说：计算机最讲诚信，不论人跟它说什么，它总认为是真实的。换句话说，计算机是一个“聪明的大傻瓜”，它有很强的运算能力，但却分辨不出真伪。对计算机讲假话，你得到的回答只能是没有意义的废话；国外叫“垃圾进、垃圾出”(Garbage in, garbage out，应意译为“**假话进，废话出**”)。数据不准是实施 ERP 失败的重要原因之一。因此，企业在实施 ERP 系统之前，一定要下决心，本着极其严肃认真的态度，采取一切必要的严厉措施，保证各项数据的规范、准确、实时与完整。一定要把“数据质量”纳入全面质量管理（TQM）的范畴，建立必要的激励机制，奖惩分明，严格管理。

报刊上曾经登过一副对联，上联是“从上到下层层加码马到成功”下联是“从下向上级级掺水水到渠成”，横批是“数字化经济”。它说明了数据不准确的一个原因，企业应当避免。

12.1.2 保证数据准确的措施

数据不准造成的经济损失是巨大的，由于很少有具体的量化数字说明其严重性，数据准确问题往往得不到足够的重视。

Computerworld 刊物根据 The Data Warehousing Institute 2003 年 3 月的一项统计，指出不正确和“劣质”的数据使美国的商业每年损失 611 亿美元。这确实是一个骇人听闻的天文数字，至少可以说明数据不准后果的严重性。另一个问卷调查活动则调查了 647 个采用了数据仓库和商务智能的单位，其中有一半没有任何改进数据质量的措施和计划。在这种情况下，商务智能的应用像是在过愚人节。

我们不妨把范围再缩小一些来看数据差错造成的浪费和损失。据美国食品制造业协会（Grocery Manufacturing Association，GMA）2003 年 9 月的一个统计，管理人员 12%～23%的时间在用来纠正定单和发票的错误，销售收入损失的 3%～5%是由于库存数据不准造成的，每纠正一个样本上的错误要花费 60～80 美元……

这些引用的资料虽然发表时间较早，但依然可以说明数据不准造成了看不见的经济损失和严重危害。要牢牢记住：信息化管理需要的是规范、准确、实时和完整的绿色信息。

为了做到数据准确，有一些工作应当引起注意。

- 企业高层经理要把“数据质量”作为一个严肃的质量问题看待，这是全面质量管理的一项重要内容。不良数据会产生“质量成本”，同样会影响企业的竞争优势。企业必须不放过任何影响“数据质量”的因素，并彻底加以解决。
- 把重视数据准确性作为树立全员质量意识的企业文化对待。
- 培训员工，使人人都了解真实数据对管理的重要性，了解 ERP 系统对数据的要求。
- 健全责任制，建立鼓励员工提供正确数据和信息的激励机制和奖惩制度。
- 改进数据流和业务流，定期清理冗余和无用的数据。

- 建立自检和例行的审计制度，发布数据质量通报。
- 创造必要的物质条件，为数据准确提供保证。例如，足够的仓储设施保证物料分类存放，便于存取和盘点；添置必要的计量仪表和相关设施等。

数据的准确性从广义上讲还有**先进合理**的含义，但这不是在录入数据时就能完全做到的。在实施和应用的过程中，要不断运用工业工程学的原理，如工作分析、物流与设施布置、激励机制等，对输入数据的合理性进行反复验证，不满足现状，不断改进和优化，只有这样才能真正提升管理水平。这也是本书为什么在 9.4.2 节“上线就是成功吗”指出“成功上线”不等于项目成功的道理。

12.2　字段类型

每项数据除明确定义外，在编码时，还要注意它的字符类型及字段长度。各种 ERP 软件产品会有不同的规定。字符类型通常分为 3 类。

（1）**字符型**（Alphanumeric）：由任意字母、数字或符号（键盘上的任何字符）组成，采用字符型的数据如物料代码、供应商及客户代码等。通常用“*A*”或“*A*，*n*”（*n* 为位数）表示。

（2）**整数型**（Integer）：无小数的数字，如物料的件数（不允许是 0.5 件）、说明日期的天数一般都是整数型。通常用“*I*”或“*n*，0”（*n* 为整数位数）表示。

（3）**实数型**（Real）：有小数的数字，如金额数、重量数等。通常用“*R*”或“n_1，n_2”（n_1，n_2 为小数点前后数字的位数，或总位数与小数位数，不同 ERP 产品会有不同的定义）表示。

对于字段的长度，不同 ERP 产品的设置是有出入的。有的 ERP 产品很灵活，可以由用户自己任意设定。但要注意，字段长了并不一定是好事，不但会增加输入的工作量，而且会增加出错的概率。本书会提到一般软件通常采用的字段长度，或者说是一般 ERP 产品允许范围内的最小字段长度。在这个长度范围内，各种 ERP 产品基本上都可以适应，企业在准备 ERP 要求的基础数据时（在购买 ERP 产品之前）可以放心参照。

对各种基础数据的代码设置要求，我们会在后面相关的章节中逐个详细介绍。

12.3　数据类型

在介绍运行 ERP 系统最基本的数据之前，先了解数据的 3 种基本类型，这有助于我们对数据的维护。这 3 种类型就是静态数据、动态数据和中间数据。

1. 静态数据

静态数据（或称静态信息）一般指生产活动开始之前就可以着手准备的数据，如物料代码和物料清单、工作中心的能力和成本费率、工艺路线、仓库和货位代码、会计科目的设定、供应商文档和客户文档等。

由于企业所处的客观环境总在不断变化，因此，所谓的静态只能是相对的。也就是说，静态数据也要定期维护，以保持其准确性与合理性。ERP 系统运行时，将直接访问静态数据，不再做任何处理。

为了缩短 ERP 系统的实施周期和投资回收期，在选型开始前，就可以在理解 ERP 原理的基础上，着手准备各类静态数据。

2. 动态数据

动态数据（或称动态信息）一般是指在经营生产活动中发生的数据，这种数据不断发生、经常变动，如客户合同、库存记录、完工报告等都不断会增、减、修订，一旦建立，就需要随时维护。

3. 中间数据

中间数据（或称中间信息）是指根据用户对管理工作的需要，由计算机系统按照人们设定的逻辑程序，综合上述静态和动态两类数据，经过运算，形成的各种报表。它是一种经过加工处理的信息，供管理人员掌握经营生产状况，进行分析和决策使用。如果静态数据和动态数据不准确，中间数据不仅毫无意义，还会酿成决策失误。

ERP 内部集成系统中的主生产计划（MPS）和物料需求计划（MRP）都是根据静态数据和动态数据，经过运算后生成属于中间信息的计划报表。

如何综合处理静态数据和动态数据以得到中间数据，完全根据管理特点的需要，制造业中的不同行业和企业对中间数据的报表形式的要求是不同的。因此，作为一个 ERP 产品，“报表生成工具”是必不可少的（有的 ERP 产品叫作“报表生成器”）。这样的工具应当便于不具备太多计算机知识的一般管理人员使用。MRP/ERP 软件会提供大量基本的、各类制造行业都会用到的中间数据报表，只有当人们对 MRP/ERP 原理理解得比较透彻后，才能有效地发挥这些中间数据报表的作用。项目实施进程中的原型测试模拟，就是要着重解决 ERP 产品提供的中间数据是否适用于本企业的问题（见 30.4 节“模拟运行”）。

在一个信息化管理系统中，静态数据和动态数据是输入数据，中间数据是经处理后的输出数据。如果输入的数据是不可靠的，那么加工处理后输出的中间数据也是不可信的，更不能依靠它做出正确的决策。一项中间数据的生成，需要依据由多个部门提供的静态数据和动态数据，是实现信息集成的结果。这也是为什么要强调把维护数据准确、不弄虚作假作为一种企业文化来提倡的原因，因为没有这种文化，要实施信息化管理是很困难的。有些企业会出现几套财务报表，有财务科自己掌握的、报给企业领导的、上报给政府机关的等，这对实施 ERP 是绝对不允许的！

早期 APICS 的一些专家曾建议考核实施 MRP Ⅱ的企业时，把实施水平分为 A、B、C、D 4 级，其中，数据准确性是考核的主要内容（见第 34 章“项目实施评价”）。

12.4　主要基础数据

运行 ERP 系统必须先建立一系列最基础的数据，这些数据对任何类型的制造业都是必要的。主要基础数据的相互关系及建立和录入顺序如图 12.1 所示。图中各行数据上下排列位置只是为了便于用连线表达其相互关系，在同一行中的数据录入有先后顺序要求，如先有仓库，后有货位，设置仓库货位后，才能运行仓库管理，产生库存信息。

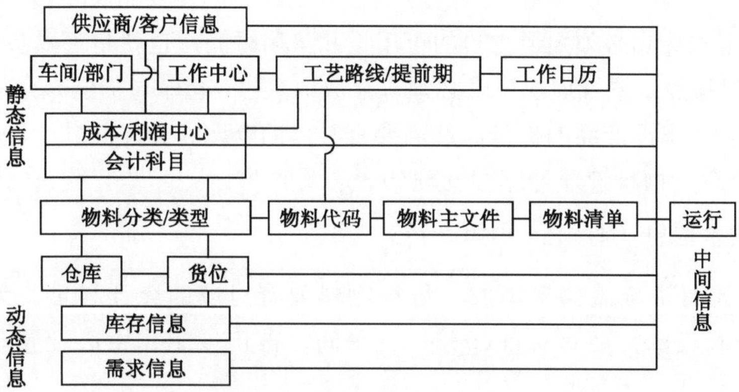

图 12.1　主要基础数据的相互关系及建立和录入顺序

图 12.1 中的基础数据可分为以下几类。

1. 物料与产品信息（图 12.1 中第 4 行）

我们在第 4 章介绍过，产品信息是通过物料清单来描述的。物料清单中所涉及的物料，都必须先建立好文档，也就是物料主文件或主文档（英文是 Item Master、Item Record 或 Part Master）。一种物料可能用于多种产品，但主文件只有一份。这就如同企业里的员工可以在各个部门之间调动，但人事档案只有一份一样。没有建立物料主文件的物料不能进入物料清单，系统不能识别，屏幕上会提示：“没有这个物料”，并中止运行。

在建立物料主文件之前，要对每个物料进行编码，赋予唯一的物料代码。在编码之前，还要确定所有物料的分类（关于物料编码请见 13.3 节“物料代码”）。

2. 能力信息（图 12.1 中第 2 行）

物料计划是一种需求计划，通常理解供需平衡只是指物料的需求与供应必须平衡。供应有两个来源——自制和采购；自制物料的计划能否实现受加工能力的制约，所以能力资源也是一种供应要素。物料计划必须与能力计划相伴运行，处理好供需矛盾，计划才可行。

需求占用能力资源的时间量是通过工艺路线文件及其时间定额确定的。在 ERP 内部集成系统中，主要的能力资源是工作中心，工作中心又属于某个车间或部门，都要事先定义好。各种作业活动只能在工作日进行，遇到非工作日（周末、节假日、设备检修、客观原因造成的停产日期），系统在计算时会自动“越”过去。因此，必须设定适用于各种情况的不同的工作日历。例如，公司总部、分公司、分厂、车间甚至工作中心都可以有各自特定的工作日历，用不同的代码表示（各种能力信息的编码请见第 17 章“能力计划与排产”）。

3. 库存信息（图 12.1 中第 5、第 6 行）

运行物料需求计划必须知道物料的可用量和可用时间，也就是可以参与需求计算的数量。各种物料按照定置管理的要求必须有存放地点——仓库与货位。所有物料的入库、生产作业的领料、出厂产品的提货，都需要有具体的仓库和货位信息（各种库存信息的编码请见第 19 章“物料管理与库存管理”）。

4. 财务成本信息（图 12.1 中第 3 行）

要实现物流与资金流信息集成，每种物料要有对应的会计科目。为了建立责任会计制度、控制成本，要对总部、分厂、车间、部门或工作中心设置利润中心或成本中心。

5. 需求信息（图 12.1 中第 7 行）

所有计划都是为了满足客户和市场需求，必须先有需求信息（包括预测、合同、企业内各部门之间的需求以及潜在用户的信息等）才能编制生产计划（关于需求管理的内容见第 14 章“需求管理与销售管理”）。

6. 供需方信息（图 12.1 中第 1 行）

系统执行采购作业，必须先建立供应商文档；执行销售作业，必须先有客户信息。

这里的供需方信息是最基本的静态数据，如单位名称、单位代码、主要业务、负责人及联系人、地理位置和地址、电话传真和电子邮件、银行账号、付款方式以及交货地点和收付款方等。客户关系管理（CRM）和供应商关系管理（SRM）与 ERP 系统无缝集成，可提供大量动态、详细的供需方信息，包括客户对企业的重要性（客户分类）、客户的信誉及交易额的限度、供应商的供货业绩考核记录等。

要注意所有供需单位的名称必须统一，像与财务相关的“中国工商银行–工商行–中国工商–IC”这类不统一的现象必须规范。

上述数据信息都是运行 ERP 核心计划子系统 MPS / MRP 不可缺少的必要信息。这些信息中，第 1、2、6 项、第 3 项中的仓库与货位、第 4 项中的会计科目都是静态信息，其余为动态信息。动态信息一般在静态信息之后建立。例如，在物料信息建立之前，无法建立库存信息，因为不知道库存为何物。在客户信息没有建立之前，也无法建立需求信息，因为不知道和谁签订合同。这些信息之间有一种“先导和后续”的关系。有些静态信息本是企业管理基础工作的内容，其中不少是 ISO 9000 所要求的必要文档中的数据，在实施 ERP 系统之前就应当具备，因为 ERP 与 ISO 9000 在规范化管理方面的要求是一致的。但在现实中，国内仍然有不少已经通过了 ISO 9000 认证的企业仍拿不出这些数据，这种现象极不正常。

之所以称上述数据为基础数据，是因为它们要回答制造业的一系列经营生产中最关心的基本问题，如表 12.1 所示。

表 12.1　基础数据与管理的关系

	产 品 信 息	能 力 信 息	库 存 信 息	财务成本信息	需 求 信 息	供需方信息
生产什么	✓				✓	✓
生产多少	✓		✓		✓	✓
生产过程	✓	✓				✓
供应周期	✓	✓				✓
资源能力	✓	✓				✓
成本费用	✓	✓	✓	✓	✓	✓

以上各种运行 ERP 必要的数据信息，有些与现行管理所用的数据可能会有一定出入，有的需要适当加工，有的则要经过分析以后才能确定。对有些企业来说，准备规范化的数据会需要相当大的工作量，但是，这些规范化的数据对一个管理信息系统是绝对必要的。信息化管理比手工管理要精细，从粗放到精细，必然需要更多的数据，这是实现管理信息化必须做的。只有用积极的态度及早动手准备，才能为实施 ERP 打好基础，并缩短实施进程。在本书各章节中，会提到 ERP 要用到的各种手工管理未曾用过的数据和对数据的严格要求。

下面再用业务流程与内部集成系统应用的图示，来说明要处理的管理问题、用到的系统和基础数据之间的关系，供读者参考，如图 12.2 所示。

阶段	A	B	C	D	E	F	G	H	I	J
管理上要处理的问题	监控供应商业绩	保持准确的库存记录	零部件生产作业计划	确定零部件需求量	编制总装计划	确定最终产品需求量	产品发送到分销中心计划	定货数量及交货时间	确定和选择运输方式	如何满足客户需求
内部集成应用系统	采购管理	盘点方法	车间控制	MRP	MPS/FAS	预测	装运计划	独立需求件库存管理	权衡库存/运输的方法	DRP
数据库	采购定单 供应商文档	库存记录 会计科目	工艺路线 工作中心 成本中心 会计科目	物料清单 工作日历	客户定单 工作日历	销售历史记录 销售分析	运输成本	运输计划	运输成本	客户关系模式 客户文档

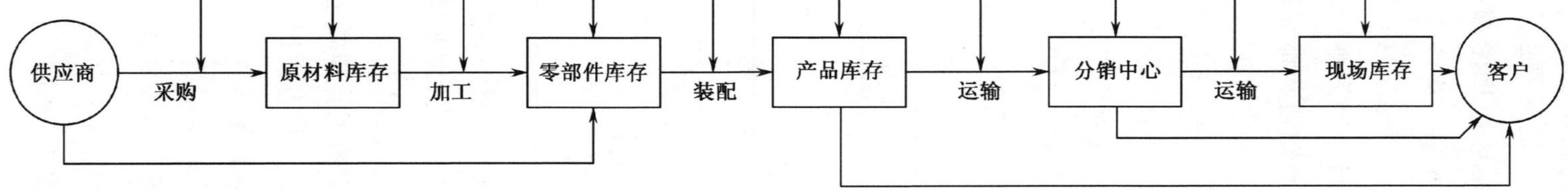

参考Thomas E.Vollmann等著的*Manufacturing Planning and Control Systems*而制作。

图 12.2　业务流程与内部集成系统应用

第 13 章

编制物料清单

制造业的各项核心业务都是围绕产品来开展的。在第 4 章中已经介绍过，表述产品构成和形成过程的模型是“时间坐标上的产品结构”，而物料清单（Bill of Material，BOM）是用报表格式表达物料形成的数据模型。

20 世纪 60 年代初期的 MRP 就是从一款物料清单处理程序（BOM Process）的软件起步的，BOM 是 MRP 的核心。没有 BOM 就谈不上 MRP；而没有 MRP 就无法运行 ERP。ERP 引入国内已有三十多年，但是还有一些企业既想搞信息化管理，又不愿在基础工作上下功夫，这类企业应当老老实实“补课”，想绕是绕不过去的。

13.1 物料和产品结构

任何制造业都要生产产品。在 ERP 系统中，产品形成的过程是用产品结构模型来表达的，即“时间坐标上的产品结构”（请回顾图 4.1“以时间为坐标的产品结构模型”）。产品结构的报表形式是**物料清单**。它不仅说明了产品结构上各级物料的从属关系和数量关系，而且说明了物料加工或装配的时间要素——累计提前期和为满足需用时间的开始时间，是信息化管理环境下“期量标准”的表述。物料清单还要表达自制/外购、每件物料的有效期、成品率等编制计划需要的信息，这些都是各类管理人员日常工作经常用到的信息，手工管理难以实时提供。关于物料清单将在 13.5 节详细讲解。

在讨论物料清单编制问题之前，需要先对物料和产品结构有比较深入的理解。

13.1.1 物料的定义和特性

组成产品结构的最小单元是物料。在英文中“物料”有多种叫法，当我们说“物料需求计划”时，“物料”在英文中对应的是 Material；当我们说“物料代码”时，英文中对应的物料是 Item 或 Part。在一些国产 ERP 产品中，也有用“物项”“物品”“物件”的，不统一。我们顺着“物料需求计划”的词义，采用“物料”的叫法。

这里所说的物料指的是：要**列入计划、控制库存、控制成本**的物件的统称。包括所有的制造用原材料（含药品、食品或某些制品的配方中所含的成分）、配套件、毛坯、半成品、产成品、联产品、副产品、回收复用品、需要处理的废品、包装材料、标签、说明书、技术文件、合格证、工艺装备，甚至可以是不能存储的某些能源等。换句话说，**物料是计划的对象、库存的对象**和**成本的对象**。

从管理的角度看，物料有其管理特性（就像材料有物理性能和化学性能一样），主要包括以下 3 个方面。

1. 相关性

从需求导向概念出发，任何一种物料都是由于某种需求而存在的，没有需求的物料，就没有产生或保存的必要。一种物料的消耗量受另一种物料的需求量制约，如购买原材料是为了加工零件，而生产零件又是为了装配产品，说明任何物料都是与某种需求或其他物料相关的。MRP 理念的基本点就是按照物料的相关性，通过计划与控制做到供需平衡。

从大范围来讲，一家企业的原料是另一家企业的产品；一家企业的产品又是另一家企业的原料；无数的供需关系联系到一起形成供需链或供需网。

只有当市场有需求时，企业生产的产品才有价值。需求不但有品种规格、性能、质量和数量要求，而且有时间和空间（需用时间和使用地点）要求。

2. 流动性

既然任何物料都是由于某种需要而存在的，它就必然经常处于流动状态，而不应在某个地点长期滞留。物料的相关性必然形成物料的流动性，不流动的物料只能是一种没有需求的积压浪费。通过物料的流动性来检查物料在相关性上存在的问题，是物料管理或物流管理的一项重要内容。

3. 价值

物料是有价值的。库存或存货是流动资产，要占用资金；而资金又是有时间价值的，使用了资金就应体现资金成本并产生利润。因此，不仅要把库存物料看成一种资产，还要看到它也是一种“负债”（尤其是超储物料），它占用了企业本来可以用来在其他方面获取利润的资金，应当考虑机会成本。产品研发人员需要知道每个零部件的价值，从设计源头把住成本关，这也是价值工程学要做的分析工作。

只有理解和牢记物料的这些管理特性，才能用好 ERP 系统，做好计划管理、物料管理、库存管理和成本管理。

13.1.2 产品是由众多“单层结构”组成的

由一组具有唯一性的物料组成的“单层结构”是产品结构的基本单元。

任何一个产品都是由若干个“单层结构”组成的，单层结构中的上层物料称为“母件”（Parent），下层物料称为“子件”（Component）。有些软件采用“父件”的叫法，但社会上通常用母公司和子公司说明公司的隶属关系，而不用父公司。我们认为，母子的血缘关系较父子更为明确，符合信息数据准确定义的要求，所以采用“母件”的叫法。

单层结构是由一个母件和从属于母件的一个或多个子件组成的。如果对应设计图纸，母件相当于组装图上的装配件，子件则是零件明细表中众多的零部件。

建立物料清单是从建立一个个反映“单层结构”的“单层物料单”（Single Level BOM）开始的，系统会根据各单层结构母件与子件的对应关系，自动逐层把所有相关的单层结构挂接起来，最后形成最终产品完整的产品结构。

“单层结构”是体现标准化、通用化和系列化的基础。

以图 13.1 的产品结构为例，图中每个方框代表一种“唯一性”的物料（方框中的字母代表物料代码和物料名称），无论是尺寸精度、形状结构，还是材质、物理和化学性能等都没有区别。这个特点决定了物料代码的唯一性。每一项方框代表的是物料的完工状态，可以入库存储，而不是正在工序之间流动，处于尚未成形的状态。

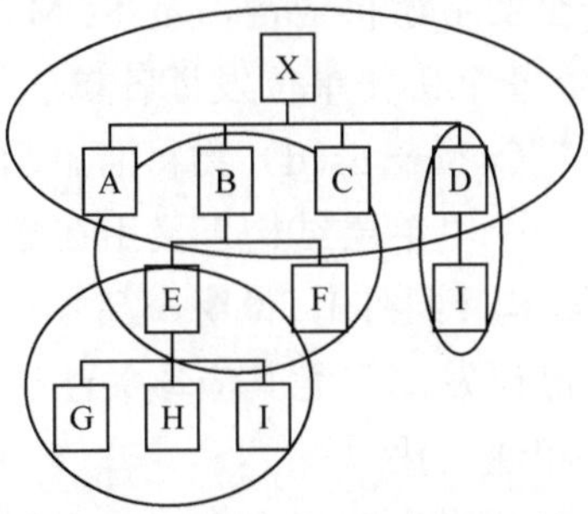

图 13.1　众多“单层结构”组成产品的完整结构

图 13.1 中，X 作为最上层的母件是一个要销售出厂的产品，它由 A、B、C、D 4 个子件组成。件 X 和件 A、B、C、D 组成一个“单层结构”，在 ERP 系统中用“单层物料清单”报表格式表示。件 B 对于 X 来讲是子件，但它对于 E、F 来讲又是母件，并一起组成第 2 个层次的单层结构。同理，件 E 与件 G、H、I，件 D 与件 I 又组成位于不同层次的单层结构。物料 I 既是 E 的子件，又是 D 的子件。任何一个产品都是由这样众多的“单层结构”组成的。

母件与子件的关系可以一对一，也可以一对多，但必须是唯一的。如果众多子件中有数量或性能的差异，就应当是另一个不同的单层结构，从属于不同的母件，必须有不同的母件代码。如果子件有多个可选品种，就要按模块化产品结构处理，此时母件被称作虚拟件，子件则是可选件；子件被选定后再构成实体的母件。这部分内容将在 13.5.6 节进行详细介绍。

母件与子件之间的连线对加工件来说是加工流程（工艺路线）和加工周期，对采购件来说则是入库前的采购流程和采购周期（供应商的制造周期及运输、通关、检验等所需的时间）。物料清单表格里周期的长短在“提前期”栏目中表述。

只有明白产品是由多个单层结构组成的道理，才能区别“专用件”“借用件”“通用件”“选用件”，从而正确编制物料清单。在 ERP 系统中，对每项“单层结构”的文件只需建立一次，凡是要用到这个单层结构的产品都可以共享，无须重复建立。曾有企业在自行开发软件时，由于没有“单层结构”概念，对所有产品的描述都从顶层一直扎到底层，相同的“单层结构”在各个产品文件中多次重复出现，数据的冗余量很大，占用大量存储空间。因此理解产品是由众多“单层结构”组成的非常重要！

产品结构有多少个层次因产品而异。各种 ERP 软件产品设计层次可以多达 99 层，一般不少于 25 层，但实际应用多数在 10 层以下。层次越多，计划和管理就越复杂，车间定单或加工定单的数量会越庞大。以汽车生产为例，如果汽车厂自己生产所有的零部件，产品结构层次就会很多，非常复杂。如果所有的零部件都是外购外协，汽车厂就是一个总装配厂，产品结构就是一种极少层次的“扁平结构”。产品结构外协的部分被分散到各个协作厂，成为协作厂的产品结构。如果协作厂对它的零部件也采取外协外包的方式，那么它的产品结构也将是扁平的，这体现了专业化分工给管理带来的好处。这些众多层次的外协外包，构成一个企业上游供应链，是 SCM（供应链管理）或 SRM（供应商关系管理）产品的管理对象。各个协作单位发挥各自的特长，形成供需链的竞争优势。

ERP 系统可以通过“反查”（where used）物料清单功能，查询每一个物料（零件）用在哪些“单层结构”上，每一个“单层结构”又用在哪些产品（顶层）上。如果有许多产品都“借用”相同的单层结构（组件），说明产品零部件设计的通用性很好，对简化管理和降低成本都有好处，产品研发部门尤其应该关注这个问题，也应该利用 BOM 提供的信息促进零部件的标准化和通用化。

ERP 系统还可以通过“物料分类”功能查询每一类别下所有不同规格品种的物料，通过分析，作为确定标准化过程中优先选用的依据，对简化和优选诸如各种原材料、紧固件等带有通用性物料的品种规格很有帮助。把这些功能和成组技术结合起来应用，正是产品研发部门的主要工作。作为 ERP 基础管理文件的物料清单，能够对产品设计标准化、通用化工作提供指导性信息，对产品研发人员来说同样是一个得力的工具。有人认为，编制物料清单只会增加产品设计研发部门的工作量，对研发部门没有任何用处，这种看法是不正确的。

国内外有些 ERP 教材把“单层物料清单”仅仅说成是物料清单的一种形式，这样的解释没有谈到“单层物料清单”的实质——单层物料清单是**物料清单的基本组成单元**。

13.1.3 编制物料清单的顺序

“前导工作”和“后续工作”是项目管理中经常用到的概念。在编制物料清单之前，要先做好一些前导工作。

首先要做的是，定义企业所有物料的分类，建立各种分类码的基本要求是说明物料的来源（自制、外购等）、物料的处理方式（虚拟、库存、选配等）及与会计科目的关系。任何一种物料都必须归属于至少一种分类之下。

接下来，确认每一项物料的代码都是唯一的。再为每一种物料建立各自的物料主文件（或译为物料文档，Item Master）。只有建立了物料主文件的物料，才能进入物料清单。

按**物料分类—物料代码—物料主文件—物料清单**的顺序依次编制，是一个非常规范的操作程序。在运行 ERP 产品时，如果前道程序没有完成，后道程序就不能进行。下面逐一详细讨论。

13.2　物料分类

按照各种不同需求对企业所有物料进行分类，是信息化管理的一项基础工作，也是物料编码前要先确定的工作。物料分类的主要作用如下。

1．定义相关的会计科目

物料分类最主要的目的是说明每一类物料同什么会计科目有关，也是实现物料信息与资金信息静态集成的第一步。

2．查询物料库存

分类的另一个重要作用是为了查询物料。例如，按管理要求可以把物料分为钢材、化工材料、机电配件、低值易耗品等。如果需要再细化，则可以把钢材再分为板材、型材、棒材；把化工材料再分为橡胶制品、油漆等；把机电配件再分为电机、轴承等。如果再要细分，板材又可分为厚板、中板、薄板；型材又可分为角钢、槽钢、工字钢等。按分类查询可以帮助业务人员知道仓库现有的圆钢有哪些规格，哪些有积压，尽可能先用掉积压物料，降低库存。也可以把规格相近的物料归并为一种优选规格，以简化采购、运输和保管的工作，并降低成本。

3．说明物料的来源

物料有不同的来源，最基本的来源有两类，即自制和采购。ERP 系统在展开运算时，按照“来源码”将物料分别归属到车间定单或采购定单，来执行加工作业或采购作业。

4．说明处理方法

对不同特征的物料，ERP 系统的处理方法也不同，对应不同的处理类型码。

（1）如果物料是一种可供客户选择的基本组件（Feature，直译为特征件），则可以有多种选择的可选件（Option），系统会自动进入一个配置选项目录，各种零部件可由客户选择要还是不要（如标注“Y”或“N”）；然后系统会自动生成一种定制物料单，并转入销售合同。这部分内容将在 13.5.6 节深入讲解。

（2）如果物料是一种搭配出售件（Kitting），也就是说，根据客户要求，一个包装中可以有各种搭配的规格，则要确定搭配方案。例如，一个工具箱中有不同用途的各种工具，一纸箱衬衫中有面料花色相同的几种尺码搭配，一包缝纫针中有不同规格的缝纫针等。

（3）如果是虚拟件，则在运行计划程序时系统会自动越过（见 13.5.5 节）。

（4）对流程行业中的联产品、副产品，按照同主导产品的比例关系，分摊成本。

（5）计算非库存件或某些消耗品存量时，系统会有不同的处理方法。

5．便于建立物料主文件

同一类物料往往具有类似属性，在建立物料主文件时，只要复制已有的同类型物料文件，在文件上更改编码、名称和少量参数就可以形成一个新物料的主文件。这种建立新文件的方法带有一种参数化设置的性质。

一个物料可以从不同角度设置多种分类。目前，不同 ERP 软件产品采用的分类名词可能不一致的，如物料分类、物料类型、产品组、来源码等。弄清楚 ERP 软件各种名词的真正含义和作用，是系统实施进程中原型测试阶段的重要任务。

在进行 ERP 产品培训时，要弄清楚具体 ERP 软件产品怎样定义各种分类的含义和作用，是系统实施进程中原型测试阶段的一项重要任务。

13.3 物料代码

13.3.1 物料代码的作用和要求

物料代码就是赋予每件物料的物料编号。物料代码的作用和要求有以下几点。

1．识别物料

计算机识别和检索物料的首要途径是物料的代码，通常称为物料代码或物料号（Item Number 或 Part Number）。各出版物和 ERP 产品的叫法不统一，也有叫物料编码、项目号、物品号、识别码、物件号、零件号等的。有的软件也可以通过物料名称的拼音字母顺序来检索物料，但物料代码仍然是检索的第一选择。这里不用物料编码是因为“编码”是一种操作，对物料进行编码形成物料代码，代码可以是数字或字母，“码”的含义比“号”要广。

2．唯一性

物料代码最基本的要求是唯一性（或称不二义性），包括代码和字段长。所谓唯一性就是说，同一种物料，不论出现在什么产品上，只能用同一个代码；而不同的物料，哪怕有极微小的区别也不得采用同一个代码。通俗地讲就是，一个人不能起两个名字，两个人不能用同样的名字。如果一个零件经过修改，则必须更改代码（可以加一个说明版次的后缀），并说明它的有效期，以免造成管理上的混乱。

同一种物料如果要求在尺寸公差（如机械的偶件装配要求）、质量公差（如汽轮机叶片平衡要求）、化学成分（如在钢材标准含碳量范围内再分上下限）等方面进一步细分，有些 ERP 产品采用在物料代码中增加一个属性字段的方法来处理，也可考虑用物料代码加后缀或通过批次来识别，这类需求在卷烟、酿酒等行业常会出现；选用的 ERP 产品必须能够满足这样的需求。

3. 字段类型

物料代码多为字符型（计算机键盘上的任意键，主要是数字键和英文字母键），字段长度有一定限制，各种软件规定不一，一般最长为 15～20 位（空格也算位数）。物料代码的位数过长，会增加系统的存储空间，以及增加录入时间，并且容易出现差错。确定物料代码时还要考虑所选软件的其他查询功能，若软件可以通过其他代码（如分类码、分组码）查询，则在物料代码中不必考虑过多的标识段，以免重复并增加字段长度。对那些在各类商场销售的产品，编码时要遵守中国物品编码中心有关条码设置的规定（如厂商识别、商品项目、校验码等）。

4. 应用自动识别技术

在物料代码问题上一定要结合条码技术应用。随着条码技术的发展，二维码可以包含物料的更多信息（如批号、工艺记录、作业的指导性信息等）。目前，二维码已经得到普遍应用。此外，无线射频识别（RFID）技术在 ERP 系统数据采集应用方面，将随着这些装备设施成本费用的下降而普及推广，是物联网不可或缺的手段。

5. 集团统一编码

对一个集团性质的企业，不仅要保证一个分公司、一个工厂物料代码的唯一性，而且要从集团全局的角度，考虑整个集团所有产品和物料编码的唯一性，建立物料编码标准。例如，一个以家电为主导产品的集团企业，有几家分公司生产不同类型的制冷产品，如电冰箱、空调机等，它们之间有共用的物料是很自然的事。这时编码的唯一性就不能仅限于一种产品类型，而要从全集团角度统一考虑。因为不同分公司产品的维修备件往往在一个地区仓库里集中管理，如果没有从集团角度总体考虑物料编码，很可能在备件仓库出现同一物料有多种代码的问题，造成管理上的混乱。

另外，如果集团对大宗物资采用集中采购方式，则集团所属各企业必须对这类物资使用相同的物料代码，以便汇总后集中采购，从而获得批量优惠。

6. 不同图纸的同一性

如果一家企业从不同的国家（或产品设计单位）引进技术图纸（如分别从日本和德国引进机床制造技术），则来源不同的产品图纸中极可能有图号不同但零件完全相同（材质、形状、精度等）的物料。对这种情况需要注意，如果几种产品是经常同时生产的，应重新编码，以便在编制加工计划或采购计划时予以汇总，从而减少更换品种的准备时间，避免不必要的无效作业。

7. 区别零件与毛坯

必须把毛坯的代码与加工后的零件代码区别开来。铸件可加后缀字母“-Z”字或一个数字，锻件可以加“-D”字，因为铸件、锻件需单独定货和储存，并单独计算成本和单独结算，所以不能与加工后的零件混淆。一般传统的做法是在零部件的毛坯（铸坯或锻坯）上压铸出零件的图号，如汽车发动机箱体铸件、连杆等，若无法区别铸坯或锻坯，以及加工后的零件，则必须改革。

13.3.2 物料代码的含义问题

物料代码要不要有含义？不是绝对的，可以有以下几种情况。

1. 无含义

在有物料分类的情况下，物料代码可以是无含义的，就是全部用数字编号。这样做有很多好处，例如：

- 代码简短、存储量少（6 位数数字就可以满足近 100 万种物料的编码，即 100000～999999；只要再增加一位数，即 7 位数，就能满足近 1000 万种物料的编码）、保证唯一性、便于发展和扩充。代码位数越少，错误概率越低。
- 全部采用数字，可防止数字与字母的混淆（如数字 0 与大写英文字母 O、数字 1 与字母 I、数字 2 与字母 Z 等），减少差错。
- 方便录入（可以按规定的指法，用计算机键盘右侧的数字辅键录入），提高录入速度，减少差错，便于不熟悉英文键盘的业务人员使用。

为了能够按顺序正常查询，尽管数字编号的长度可以不同，但不要用 0 作为编码左侧的第一位数，要考虑方便检索的要求。

2. 有含义

物料代码也可以是有含义的。例如，将总位数分成几段，依次表示产品、部件、零件、版次或其他标识（如 XXXX-XXX-XXX-XXXX-X）。很多机械制造厂采用这种传统的编码方法，它的缺点是位数过长，“借用”时易出现混乱。

随着产品设计向标准化、系列化、通用化发展，一种零件在几个产品之间相互“借用”的情况会越来越多。这种“借用件”实质上已经是一种通用件，不宜再采用依附于部件或产品物料代码的方法，而应当赋予一个表示通用件的代码（如 T-XXX）。不然，当有些产品已经不再生产，而“借用件”还挂着标识产品的代码就不合适了。

有些产品往往用几个段落表达产品的规格，如钢管代码用几个段落依次表达产品码、品种、外径、壁厚、钢号和螺纹码。例如，将总位数是 15 位的代码分成 6 段：9 C 1 3 9 7 0 7 7 2 N 8 0 0 L，这样比较直观，只要位数不过长也是可取的。

3. 混合应用

此外，还可以采用代码中某些位数有含义，而另一些位数无含义的流水号结合起来编码。例如，XXX_XXX，前 3 位是产品代码（有含义），下划线后 3 位是零件的序列号（无含义，零件数量少于 999）。这里的下划线如果用空格代替，虽然是可行的，但如果录入时忘了空格不容易被发现，所以尽量不要使用空格。

在一些系列产品中，以水泵为例，性能完全相同的水泵，其出水口可以有不同方向，这时可以采用同一个代码，加后缀表示出水口的方向（如加 L、R 分别表示左、右）。泵体铸坯只需一种规格，留有几个不同的出口位置，在机加工时再处理。一种毛坯可以适用于不同出口的泵体，带有通用性质，以减少物料数量。

13.3.3　其他编码的注意事项

1. 物料特征

对定单组装类的产品（见 13.5.6 节）也可按基本组件、可选件和通用件分别标识。例如，赋予不同的前缀号，或以某些字符作为物料代码的前几位代码。

2. 物料代码与图号

设计图号如果能保证唯一性，并且字段长度不超过规定，考虑到企业多数员工已相当熟悉，也可以用图号作为物料代码。有的 CAD 系统有自动编码功能，可以自动检查避免重复。各种 ERP 软件都能列出物料号与图号的对应关系，但只以物料代码作为检索依据。我们应当明白：图号是识别图纸用的，而物料代码是识别物料用的，尽管有时两者会完全相同，但它们的性质和使用目的是不一样的。

3. 成组码

成组技术采用的成组码由于不是唯一的，因此不能作为物料代码。必要时，可在物料代码中用某些位数反映成组特征，供编制计划时参考。有些软件中设有“成组码”，便于把某个时期内（如 1 周）工艺相似的零件组织到一起生产，以减少准备时间。ERP 产品中的成组码并不是成组技术采用的完整成组代码，只标识对编制计划有参考意义的工艺特征。

4. 来源不同的物料

同一种物料，如冰箱的压缩机、拖拉机的发动机，来源不同（如不同生产厂家，国产或进口），可以用基本物料代码加表示来源的后缀来处理。但是同一种零件，如油泵上的油嘴偶件或柱塞偶件，由于公差不同而划分几个档次，只有同一公差范围内的零件才可以互换，可以通过诸如属性、批次代码、后缀来处理，不一定要改变物料代码，要根据 ERP 产品的功能和管理要求的具体情况确定。

5. 工艺路线变动

同一种自制物料，有可能因主要工艺负荷过满而采取替代工艺；在自制能力不足时，会将某道工序外协，只是采用的工艺路线不同，无须更改物料代码。详见 17.3.2 节第 4 项“工艺路线与物料清单结合应用”。此时，物料的成本也会不同，要学会掌握 ERP 产品的运算逻辑，灵活运用。

6．库存保存单位

库存保存单位（Stock Keeping Unit，SKU）即库存存取的计量单位，在大型连锁超市配送中心（DC）的物流管理中经常会用到。例如，矿泉水饮料有单个瓶装、6 瓶包装、12 瓶包装等不同的库存保存形式，它们必须有不同的物料代码，以示区别。因为不同包装所用的包装材料消耗量是不一样的（单瓶饮料的物料清单相同，但包装可有多种选项，最后组成出厂 SKU），SKU 除物料外还包括不同的包装材料，必须在物料清单中清晰表述。

7．慎重编码

一般不允许轻易变动 ERP 软件产品中设定好的物料代码，如要修改，必须先把所有与该物料相关的记录（如果库存、加工单、会计科目等记录中有该项物料）统统清除干净，这是一件十分烦琐的工作。因此，确定物料代码的编码原则要特别慎重，不但要考虑当前使用的方便性，而且要考虑今后发展和扩充的需求。

国外对实施 ERP 有一种诙谐的提法：要简单和标准化（Keep It Simple and Standard，KISS），即越简单越标准越好。**一定要把复杂的事情简单化，千万不要把本来简单的事情搞复杂**。这是一条基本原则，不仅在物料代码上要遵循这个原则，在任何地方都要用到这个原则。人们容易把简单的事情复杂化，要简化复杂的事情则比较难。

13.3.4　相关的对照代码

同一个物料，在不同情况下会有不同的代码，如图纸号、国标号、供方代码或需方代码等。ERP 产品应当满足录入对应参照代码的功能。

1．国标

一种物资的国家标准之下还会有许多具体的规格，必须在物料代码中明确表达出来，不能只简单地以国家标准作为物料代码。

2．供需方的代码

采购件在供方有自己的物料代码，同样，销售件在客户方也会有自己的物料代码，都应当记入相应的对照编码字段中。一旦建立了这些相关的代码，在检索物料号时，会自动与物料代码同时显示出来。在签订采购合同或销售合同时，对照代码也会自动显示在相应的字段上。

3．销售要求的代码

有些产品的销售出库记录，如汽车，要包括汽车编号、汽车底盘号、发动机号、汽车类型、颜色等；家电行业的产品除产品号外还要有序列号。这不属于对照代码的概念范畴，可以用二维码来处理，或采用专用的程序。不同行业对 ERP 产品的编码功能会有不同要求，在选型时要特别注意。

13.4 物料主文件

对每一种物料都必须建立一份文档，称为物料主文件或物料文档，用来说明物料的各种参数、属性及有关信息，反映物料与各个管理功能之间的联系，通过物料主文件来体现信息集成。物料主文件中包罗的数据项很多，一般要用多个屏幕页面分别显示，每一页或几页对应一项业务，便于不同岗位的业务人员查询，同时，要明确维护每页数据和信息的责任人，保证准确和实时。现举例说明如下。

1. 主要与设计管理有关的信息

与设计管理有关的信息，如机电产品的图号或食品、药剂、烟草的配方号（或原料、成分）、物料名称、重量、体积（对比重小或占空间大的物料需要说明，如空心构件、箱体或棉花包）、设计修改号或版次、生效日期和失效日期等。

一个物料在不同产品上的用量是不一样的，因此，物料的需用数量只在物料清单上标识，在物料主文件里无须说明。这也是为什么许多 ERP 产品把物料主文件与仓库、货位、批次等文件一起放在物料管理或库存管理子系统中维护，而把物料清单与工作中心、工艺路线等文件一起放在制造数据子系统中维护的缘故。

设计图纸的零件明细表往往有“材质”一栏，在 ERP 系统中，原材料是一个独立的物料，是“零件”下一层的原材料物料，“材质”则在原材料的属性中表达。

2. 主要与物料管理有关的信息

- 计量单位。计量单位可以是单体（件、盒、箱……），也可以是长度、重量、面积或体积单位。采购、销售与存储可能采用不同的计量单位，存储与发料又可能采用不同的计量单位，这种情况要有相应的换算系数。例如，盘钢采购的计量单位是吨，发料的计量单位是米；紧固件采购的计量单位是盒，发料的计量单位是件等。
- 计算定货量的数据。例如，成品率（见 19.4.3 节“损耗及有效成分”）、ABC 码（见 19.6.1 节“物料的 ABC 分类”）、循环盘点间隔期（见 19.6.2 节“循环盘点”）、默认的仓库和货位、分类码、现有库存量、安全库存或最小库存量（见 19.3 节“安全库存与安全提前期”）、批量规则及调整因素（见 19.4 节“定货批量”）等。
- 对外购件要设置采购员码、主要和次要供应商及物料在供方的代码等。
- 提示警告信息，如最长存储天数、最大库存限量等。对那些具有有效期和容易变质的物料要规定复验周期或保质期，到时系统会发出警告或提示。

3. 主要与计划管理有关的信息

与计划管理有关的信息，如处理方法的分类代码，独立需求（MPS 运算）或相关需求（MRP 运算）标识（有的物料，如备件及可包装或不可包装的产品，都可以既是相关需求件又是独立需求件，选用的 ERP 产品必须满足这个要求），需求时界和计划时界，固定、变动和累计提前期，低层码，计划员码，成组码，主要工艺路线码（当物料有几种加工方法时）等。

4．主要与销售管理有关的信息

与销售管理有关的信息包括销售员码、计划价格、折扣计算、佣金、物料在买方使用的代码等。

5．主要与成本管理有关的信息

与成本管理有关的信息包括标准单位成本、实际单位成本、采购费、售价等。

6．主要与质量管理有关的信息

与质量管理有关的信息包括批号、待验期、复验间隔天数、最长保存期等。

以上数据中有些直接影响 MRP 的运算结果，如提前期、成品率、安全库存、批量规则等，在确定这些数据时要特别慎重。

物料主文件中会包含一些动态数据，如现有库存量、实际成本等，它们与有关程序集成，可以随时显示更新的数据。

13.5 物料清单

13.5.1 物料清单的作用

物料清单是基于产品结构模型描述产品形成的重要文件，是企业所有核心业务都要用到的共享管理文件，关键词是“共享”，也就是说，它对任何业务都是重要的，不是某一项业务所独占的文件。使用物料清单最频繁的是计划部门，计划的有效性受物料清单的影响也最大。物料清单的作用可以从以下几方面来谈。

1．用报表表达时间坐标上的产品结构

时间坐标上的产品结构是集成物料的模型，物料清单以报表的形式来表达这个模型，便于计算机识别。这说明产品形成的流程包括所涉及的物料及期量数据。

2．联系与沟通企业各项核心业务的共享文件

物料清单是运行 ERP 内部集成系统的主导文件，企业各个业务部门都要依据统一的物料清单进行工作，是一种共享文件。

- 物料清单确定配置产品需用的可选件、计算累计提前期，是**销售部门**洽谈客户定单的依据。当遇到一个新产品要报价时，如果新产品与老产品的结构相似、工艺相近，负责报价的部门就可以从各个老产品中摘出相似的相关单层结构，重新“拼凑”成一个结构近似的假想新产品。用假想新产品通过 ERP 系统的成本累加功能估算出它的成本，并参照此成本迅速提出比较可靠的报价。

- 物料清单是按照实际的生产装配顺序编制的，是**计划部门**编制生产计划和采购计划的依据，也是追溯任务来源的依据。
- 物料清单是**仓库部门**向生产工位配套发料的依据。
- 物料清单是**质量部门**跟踪物流、工序及生产过程的依据。
- 物料清单是**供应部门**采购和外协的依据。
- 物料清单是**设计部门**改进产品设计的三化（标准化、系列化、通用化）工作需要参照的重要文件。
- 物料清单是**成本部门**计算成本的依据。
- 如果把工艺装备也包括在物料清单中，就可以同步生成**生产准备**计划，并按所加工的零件数量合理分摊消耗工艺装备的间接成本。

不难看出，上述各项业务涉及销售、计划、生产、供应、物料、成本、设计、工艺等部门。物料清单体现了信息集成和共享。对一家制造企业来讲，要实现信息化管理离开物料清单是不能运行的。

国内有一些企业，如大连起重机厂的销售计划科就曾用拼凑单层产品结构的方法形成模拟产品，迅速做出新产品的报价；哈尔滨汽车电器厂的财务科，在产品结构的基础上，用自底向上累计的方法计算成本。这些例子都发生在 20 世纪 80 年代，是国内企业中一些部门在没有听说过 MRP 情况下的管理创新，说明 MRP 这种“产品结构”的思维方法反映了生产客观规律，对任何地域和体制都是适用的，不能简单地把它看成“舶来品”。只是我国企业的这些管理创新，没有人对它再进行深层次的研究，并提升为管理理论。

物料清单是信息系统识别产品的依据，用来说明产品是如何“做出来”的，要为企业众多部门所应用，它的准确度必须达到 100%。物料清单是“时间坐标上的产品结构”数据模型的报表形式，如果模型不准确，运行 ERP 的结果会完全失去意义。

建立物料清单，从表面上看似乎会给企业的某些部门增加工作量，但从企业管理的整体来看，将减少各个部门在查询、统计、传递和复制报表等方面的大量工作，因此要用全局观点来对待物料清单。在 ERP 系统与 CAD 和 PDM（产品数据管理）系统集成的情况下，可以在设计图纸的基础上，经过适当补充调整，转换成制造用的物料清单，从而减少大量的重复工作。

13.5.2 制造 BOM 与设计 BOM

ERP 系统使用的物料清单称为制造 BOM（Manufacturing BOM，M-BOM），而由 CAD 生成的 BOM 称为设计 BOM（Engineering BOM，E-BOM），通常按产品图纸上的各个装配图的零件明细表编制而成。两者的用途有根本区别：前者是为了生产制造，所有相关的物料都必须包括在内，并且是按照加工装配的实际流程来描述，不仅有“量”的信息，还有“期”的信息；后者仅限于图纸上零件明细表出现的物料，是为了管理图纸，也有指导采购和估算报价的功能。

零件明细表是编制单层物料清单的基础，但又不完全等同于单层物料清单。

在产品更新换代比较频繁、设计修改量比较大的情况下，尤其是定单设计（ETO）类型，都应当先实施 CAD、CAPP 和 PDM 系统，然后再实施 ERP 系统，以简化建立物料清单的工作。由于一些 PDM 产品仅仅是为 CAD 服务的，若要实现 E-BOM 向 M-BOM 转换，为 ERP 所用，则必须包括来自 CAPP 的工艺和材料定额功能，同时要按照实际的生产装配流程进行调整。在用 PDM 系统把 E-BOM 转换为 M-BOM 时，需要对这些区别有一个清晰的认识，如图 13.2 所示。PDM 和 ERP 不仅要依据企业需求响应策略特性，确定孰先孰后，更重要的是能够按照 ERP 产品的格式要求，提供 ERP 所需的产品信息。

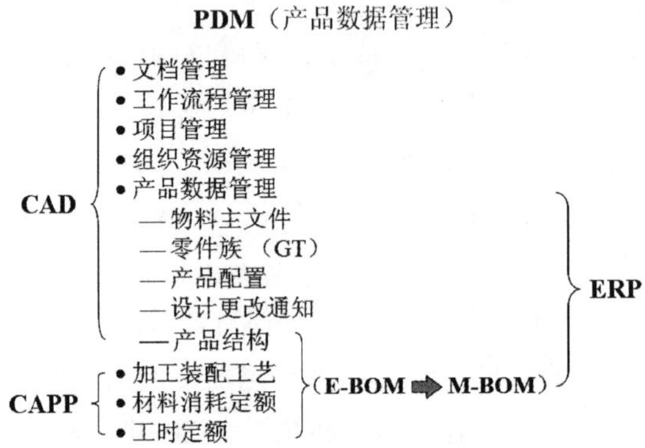

图 13.2 CAD、CAPP、PDM、ERP 的关系

零件明细表不能直接形成物料清单，两者之间的主要区别如下。

1. 编码的严密性

- 物料清单上的每一种物料均有其唯一的编码，即物料代码。一般零件明细表不一定有这样严格的规定。例如，有时同一个图号下面可能包括一组或多个相似或对称的零件；有时一些简单或不太重要的零件可能没有图号（如安装调整时用的不同厚薄垫板）；完全相同的零件由于属于不同的产品，有可能因缺少沟通而各自采用了不同的图号。零件明细表往往只考虑自身所属的产品，不一定从全局角度考虑到整个企业物料编码的唯一性。如前所述，图号为设计所用，用来识别图纸；物料清单为多项管理业务共用，用来识别物料。
- 根据管理的需要，在物料清单中要把一个零件的几种不同状态，如铸坯或锻坯与加工后的零件、加工后的零件与再油漆成不同颜色的零件等看成不同的物料，赋予不同的物料代码，以便区别和管理。零件明细表一般没有这样的处理。
- 零件经过修改后，在图纸上可以盖上许多图章，说明修改内容和版次，图纸号往往是不变的，但作为物料代码，要求标识出不同的修改版次，甚至更改物料代码，以免混淆。

2. 有关工艺及定额信息

由 CAD 生成的 E-BOM 只包括产品总装、部件组装、加工的零件和采购的标准件及配套件等图纸上有的物件，不包括这个零件所用的毛坯，也不包括毛坯所消耗的原材料规格，只是在零件表中附注材质。加工工艺和工时定额、毛坯和材料消耗定额是由 CAPP 完成的，所以制造物料清单（M-BOM）必须从 CAPP 和 CAD 系统中提取数据，如图 13.3 所示。

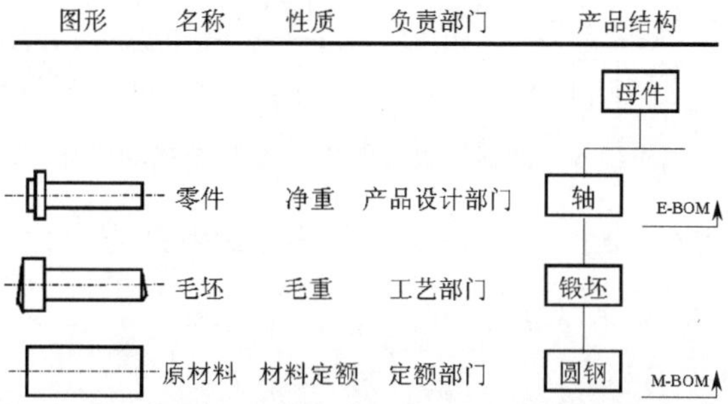

图 13.3　物料清单与零件明细表的区别

对一个加工件来说，它的下层可以是毛坯，毛坯的底层是原材料。加工件与毛坯的关系是净重与毛重的关系，而毛坯与原材料的关系是毛重与材料消耗定额的关系，它们在物料清单中都要作为不同的物料对待。原材料要采购，毛坯要外协加工后入库，都需要分别单独处理。物料清单主要用于计划与控制，所有的计划对象都必须进入物料清单。而零件明细表中既不包括图纸上不出现的物料，也不反映材料消耗定额。

3．对装配过程的考虑

- 物料清单中母件（图纸上的组件）的下属子件（图纸上的各个零件）的排列顺序要反映各子件实际装配的顺序，而零件明细表上零件编号的顺序主要是为了看图方便而采取顺时针或逆时针排列，并不代表实际装配顺序。
- 物料清单中零件、部件的层次关系一定要反映实际的装配过程。例如，有些图纸上的组装件在实际装配过程中并不一定出现，在物料清单中用虚拟件（Phantom）来表示（见 13.5.5 节）。又如，图纸上一个组件（如两端带管接头和接头座的软管，图 13.4 中的 C 件），在实际装配时，这个组件下的零件（如管接头座，图 13.4 中的 F、H 件）要先拆下来，分别固定在两个相邻组件上（B 和 X 件），最后总装时再和带接头的软管 G 连接。M-BOM 必须按照实际的装配工艺制定，把 E-BOM 中的 C 件拆散，重新组合，如图 13.4 所示。

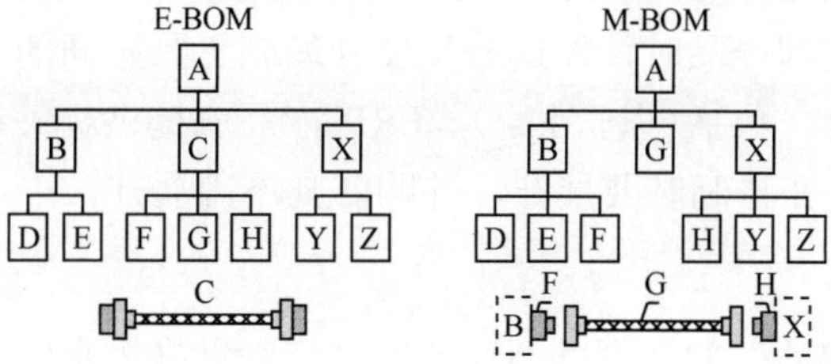

图 13.4　一个母件的子件分别装到另外两个母件上

- 有时设计定为自制件，但在生产过程中改为采购件，如图 13.5 所示。

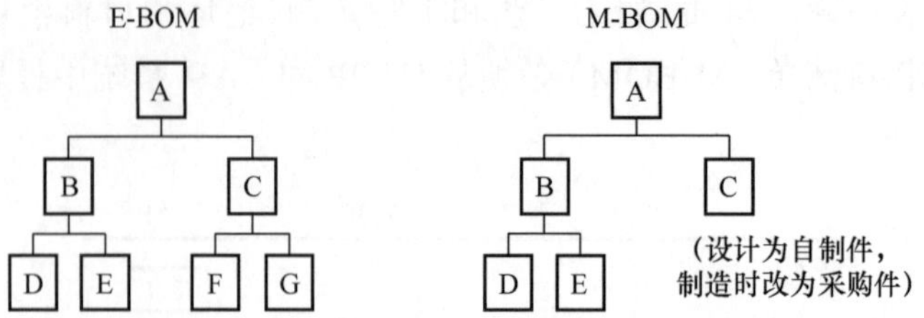

图 13.5　自制件改采购件时产品结构的变化

总之，这类情况非常普遍。因此，物料清单要由既熟悉设计又熟悉制造工艺和生产的专门小组来建立。

4．灵活应用逻辑关系

什么物件应挂在物料清单上是非常灵活的，完全可以由用户自行定义。例如，加工某个冲压件除要用到原材料钢板外，还需要一个专用模具。在建立物料清单时，就可以在冲压件的下层，把模具作为一个外购件挂上，它与冲压件的数量关系就反映为模具的消耗定额，可以根据额定寿命来折算。如果模具的额定寿命是冲压 10000 件，那么每冲压一件，逻辑上就相当于消耗 1/10000 台模具，如图 13.6 所示。如果设定模具的最低库存（逻辑上）为 500/10000 台，定货批量为 1 台，也就是说当冲压了 9500 件时，系统会自动建议生成定单，补充“安全库存”，即再补足 1 台模具。这就把生产准备计划也纳入进来了，体现了“一体化计划”精神。

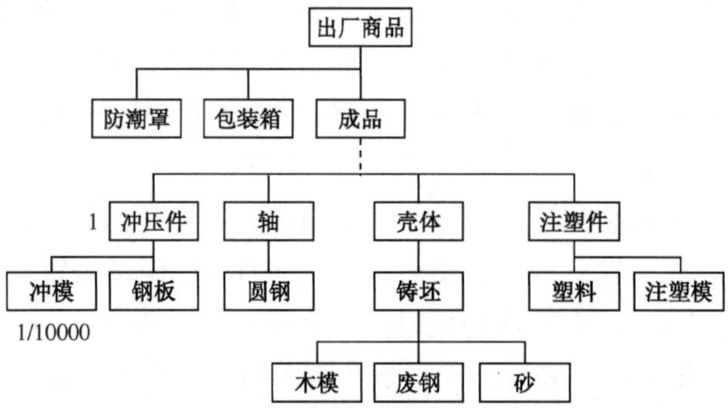

图 13.6　模具在产品结构中的处理方法

模具是外购件，但也可能由本厂的工具车间制造。模具可以有自己的物料清单，只有在把它作为工具车间的产品时，才进一步展开编制工具车间的计划，而作为外购件时无须展开。对这类问题（包括自制/外购），ERP 产品应提供相关选项用来预设是否“展开”。图 13.5 中的 C 件在自制时要展开，外购时则不用展开。

5．如何处理包装

在图 13.6 中，“成品”如果可以不包装，则作为独立需求件对待，由主生产计划处理。以摩托车为例，发货时可以不包装，如果客户要求装箱发货，则经过装箱包装的摩托车相当于图中的“出厂商品”，也是独立需求件，此时“成品”就成了相关需求件。因此，一个物料，由于所处的位置不同，既可以是独立需求件，又可以是相关需求件。包装材料应与“成品”处于同一个层次。如果一个产品发运时要分成几个包装箱，则可分成多个“成品”，连同各自不同包装箱，形成多个有不同编码的“出厂商品”，分批发运。

总之，物料清单的作用是零件明细表无法代替的。物料清单是企业信息化管理共享的重要**管理文件**，图纸上的零件明细表则是一种**技术文件**。

13.5.3 建立物料清单的方法

物料清单是 ERP 内部集成系统的主导文件，它的准确性直接影响系统的运行结果，必须认真维护。只有建立了物料主文件的物料才能用于物料清单。因此，在建立物料清单之前，应先核实物料主文件，确认所有参数都是合理、正确和完整的。前道工序没有做好之前，不要急于进行后续工序。“做正确的事并且第一次就把事做对”（Do right things and do things right at the first time），这是项目管理的一条原则，是实施 ERP 系统必须遵守的。

物料清单的建立方法与步骤如下。

1. 成立编制小组

物料清单不同于产品图纸上的零件明细表，它包罗的内容超出了设计部门的工作范围。因此，单靠一个设计部门是难以胜任的；除设计人员外，通常还需要由工艺和生产人员共同组成一个专门小组来完成。小组不一定是常设机构，但应有一批固定人员，明白编制物料清单的意义和要求，可以随时集中工作，以便积累经验，熟练操作，保证工作的质量和延续性。

2. 确定原则

在建立物料清单之前，有一些原则要在项目经理的主持下讨论确定，并记入工作准则与工作规程中（见 30.5 节“工作准则与工作规程”），举例如下。

1）哪些物料应包括在物料清单内

有人问：物资 ABC 分类中的 C 类物资是不是可以不放在物料清单里，以简化物料清单，减小工作量。原则上，需要列入计划、计算成本的一切物料都应包括在物料清单中，表面上看起来似乎增加了一些工作量，但如果由于物料清单不完整而造成管理混乱，重新整顿或延误造成的损失要比这大很多倍。ABC 分类只是帮助管理者运用重点管理法和 20-80 原则（见 19.6.1 节“物料的 ABC 分类”），对一个产品来讲，不论是 A、B 或 C 类物料，都是必不可少的，哪怕少一个不起眼的小垫圈，产品也组装不起来，更出不了厂。

物料清单作为一种企业管理文档，各个部门都要用到，但最主要的是满足计划工作的需要。物料清单是计算产品成本的基础，还要考虑成本和资金预算的需要。除组成产品的物料外，还有一些不是产品本身的物料，如工艺装备、贵重的消耗品（如特殊性能或材料的贵重焊条不会包括在设计图纸中）、专用工具、技术文件等，甚至制药业进行药品检测用的实验小白鼠，都可以根据计划与控制的要求，确定是否列入物料清单。

2）划分产品结构层次的原则

产品结构的层次往往与工艺有关，是否有必要增加一个层次要根据制订计划与编制进度的需要来定。对合并一炉处理的热处理工艺相同但属于不同产品的物件、同一炉烧结不同规格的砂轮坯或绝缘固化不同产品的线圈等，要结合工艺路线来研究层次关系，必要时物料代码要加后缀来区别。

在层次划分上，还是应按照 13.3.3 节提到的“简单和标准化（KISS）”原则，以利于维护，并且便于减少库存事务处理次数和加工定单的数量。

3）替代物料及替代原则

在产品结构上的某些物料可以有多种选择，有些是根据客户定货的要求（如客户指定拖拉机要某个厂家生产的发动机、电冰箱指定要进口压缩机等），有些是受供应或库存条件的限制，还有些是质量或成本的要求。在替代时，用量可能有变化，要规定替代物料与原有物料的数量折算关系，以及要确定替代原则和方法。软件对一次性替代的物料，应有简化的处理方法。

最常见的替代情况有 3 种，要预先设定：

- 由于质量安全问题必须立即停止使用原来的物料，即所谓紧急替换；
- 由于供应问题，一种物料（A）短缺时可以临时用另一种物料（B）替代，一旦有了 A 物料库存，再自动改回来；
- 由于设计更改或成本原因，在用完现存的一种物料后，自动开始使用另一种物料。

3. 建立物料清单的顺序

我们知道，产品是由多个结构单元即单层物料清单组成的。因此，只要建好所有单层物料清单，描述整个产品的物料清单就会由系统自动“串接”构成。在建立物料清单时，先定义母件，然后按照装配顺序依次录入母件下属的全部子件，并按单层结构标明数量（括号里的数字），如图 13.7 所示。一种单层物料清单，只要物料组成和数量完全相同，就可以用在不同的产品上，无须重复建立。

- 从低层母件 M 开始，建立单层 BOM

母件物料代码：M (M又是 X 的子件)

顺 序	子件物料代码	数 量	偏置期
1	A	1	
2	B	2	
3	C	2	
4	D	4	

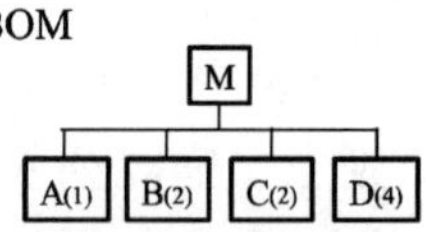

其他信息由物料主文件提供
(如物料名称、成品率等)

- 最后建立顶层母件 X 的单层 BOM

母件物料代码：X

顺 序	子件物料代码	数 量	偏置期
1	M	2	
2	N	1	2

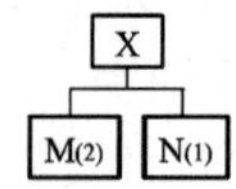

图 13.7　建立物料清单的顺序

任一个部件，都可以以该部件作为顶层物料，连同该部件下层的全部物料，形成单层物料清单。

要特别强调的是，子件必须按实际装配的先后顺序录入。在装配线上每个工位是按零部件装配顺序排列的，不能颠倒。也就是说，零部件（子件）装配成组装件（母件）是有一定顺序的。此外，流水线上的工位要同货位对应，便于发送物料和统计消耗量，如图 13.8 所示。

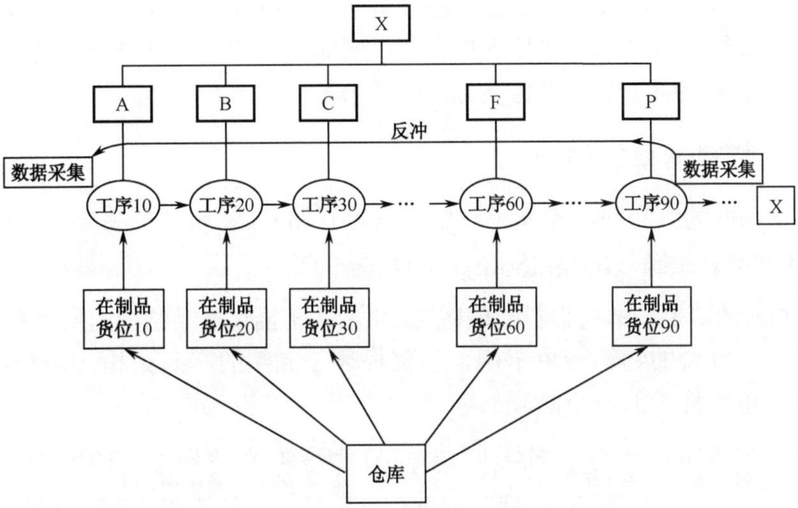

图 13.8　流水生产物料与工序及货位的关系

在大型机械的装配过程中，位于产品结构同层的各个部件的装配作业不一定在同一天进行，如汽轮机、轧钢机、重型机床、高压开关等，各个重大部件（物料清单中的子件）实际装配的时间可以相差几天甚至几周。

以汽轮机为例，虽然底座、带叶片的转子和上盖在产品结构上都处于同一层，但实际上并不是在同一天装配的，也就是说，需用日期不是同一天（见图 13.9）。这时，各件之间有一个需用时间差，通常叫作偏置期。该偏置期必须在建立物料清单时注明，这时软件应当有设置偏置期的功能。可见，适用于一般制造业的 ERP 软件产品，不一定适用于重型机械制造行业。这是 ERP 产品行业特性的又一个典型例子，说明个性化需求往往体现在这些细节中。

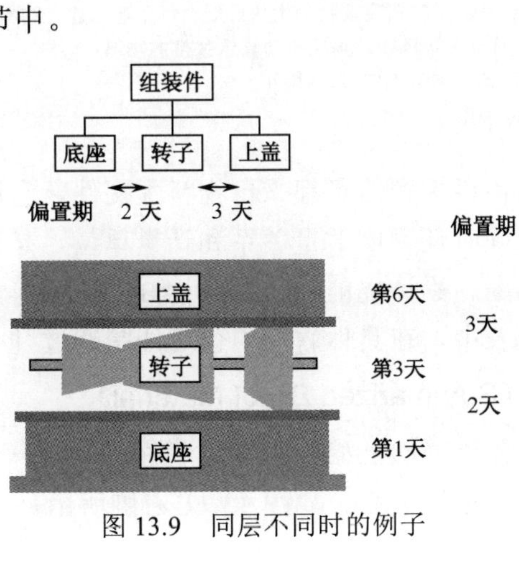

图 13.9　同层不同时的例子

对医药、食品、化妆品、玻璃、水泥等类型企业，产品物料清单既有各种物料的组合，也有各种成分或原材料的配方，其编制原则与建立物料清单是一样的，但是所有属于配方类的物料清单都有保密要求，软件的保密权限必须允许详细到与物料有关的字段，而不能停留在文件或记录的层次。

此外，对这类行业，软件还要有处理原料中有效成分含量的功能，不同来源、不同时期进货的原料其有效成分往往是不相同的。例如，中药材、玻璃行业的石英矿石都要计算有效成分（见 19.4.3 节“损耗及有效成分”）。

13.5.4 物料清单的类型

除前面谈到的编制物料清单从单层物料清单开始外，物料清单主要有 5 种表达类型。

1．缩排式物料清单（Indented Bill of Material）

缩排式物料清单是基本的物料清单格式，主要用于描述产品结构的层次关系。图 13.10 是电子挂钟全部物料的物料清单示例，该例描述了完整的产品结构（请对照图 13.18，本例是模块化电子挂钟的一个选项）。

物料代码： 10000　**图号：**101　**版次：**A　**计量单位：件**　**批量：**50　**现有量：**40
物料名称： 电子挂钟　**类型：**3　**分类：**08　**提 前 期：**2　**累计提前期：**32

层次	物料代码	物料名称	计量单位	数量	来源	生效日期	失效日期	成品率	累计提前期	ABC码
1	11000	钟罩	件	1.0	B	20120101	99999999	0.98	30.0	A
1	12000	盘座	件	1.0	M	20120101	99999999	1.00	27.0	A
·2	12100	机芯	件	1.0	M	20120101	20121231	0.90	23.0	B
·2	12200	盘面	件	1.0	M	20120101	99999999	1.00	30.0	B
··3	12210	铝板	件	1.0	B	20120101	99999999	1.00	15.0	B
·2	12100	长针	件	1.0	M	20120101	99999999	0.90	23.0	B
··3	12110	铝材	g	8.0	B	20120101	99999999	0.80	20.0	C
·2	12200	短针	件	1.0	M	20120101	99999999	0.90	23.0	B
··3	12110	铝材	g	6.0	B	20120101	99999999	0.80	20.0	C
·2	12300	秒针	件	1.0	M	20120101	99999999	0.85	23.0	B
··3	12110	铝材	g	3.0	B	20120101	99999999	0.75	20.0	C
1	13000	钟框	件	1.0	M	20120101	99999999	1.00	28.0	A
·2	13100	塑料	kg	1.1	B	20120101	99999999	0.80	25.0	C
1	14000	电池	件	1.0	B	20120101	99999999	1.00	3.0	C

图 13.10　电子挂钟全部物料的物料清单示例

注：① 表中失效日期 999999 表示没有期限限制，生效日期也可默认为建立物料清单的日期；
② 系统按规定的生效日期与失效日期，到期自动显示替换的物料；
③ “来源”栏中“M”为自制件，“B”为外购件；
④ 表中数值仅为举例用。

物料清单中的表头和各栏标题信息都来自物料主文件。它用缩排的层次号说明产品各物料之间的层次关系，同时还说明数量关系和计量单位，是自制还是外购、物料的生效日期和失效日期、成品率、累计提前期，以及 ABC 分类等。这里为了讲解方便，把各项主要信息列在同一张表中，在具体软件中也可能是通过几个屏幕分别显示的。

2．汇总的物料清单（Summarized Bill of Material）

这种格式只是把产品各个层次上相同的物料汇总，说明一个产品所需要或消耗的各种物料的汇总数量，不说明层次关系。如图 13.11 右侧所示，物料 P 在缩排式物料清单中会出现 3 次，但在汇总的物料清单中却只出现 1 次，并显示总用量为 1+3+1= 5。

汇总的物料清单通常是针对一台产品的，如图 13.11 所示。如果要汇总多台产品的零件，只有结合销售定单，有了确切的定货数量后才有意义。

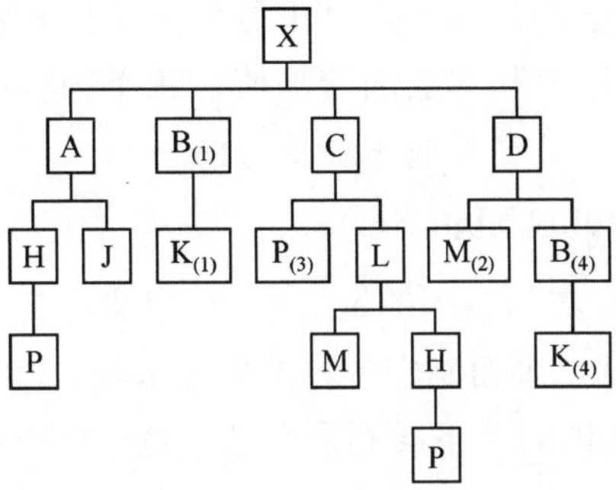

物料代码	数量
A	1
B	5
C	1
D	1
H	2
J	1
K	5
L	1
M	3
P	5

图 13.11　汇总的物料清单示意图

3．反查用物料清单（Where-used List）

反查用物料清单用来查询一个物料在哪些产品中要用到。它自底向上搜寻（反向查询）所有产品的物料清单，列出它的“直属”母件（单层反查），直至顶层的最终产品（多层反查）。根据反查的逻辑，可以对任何生产或采购作业，追溯哪些销售定单引发了该项车间任务单或采购合同，这在调整和确认计划时经常会用到。对产品设计来说，修改一个零件时要利用反查功能，检查修改造成的影响有多大。

概括地说，反查功能追查物料的从属关系（如从库存追查到产品），追溯功能追查任务的因果关系（如从能力负荷追溯到车间或销售定单），这些都需要依据一个准确的物料清单。

图 13.12 中物料 C 出现在产品 X 和产品 Y 的各个层次上。反查用物料清单说明物料 C 的上层物料有 A、D、Y、H 四种情况和顶层物料有 X 和 Y 两种情况。

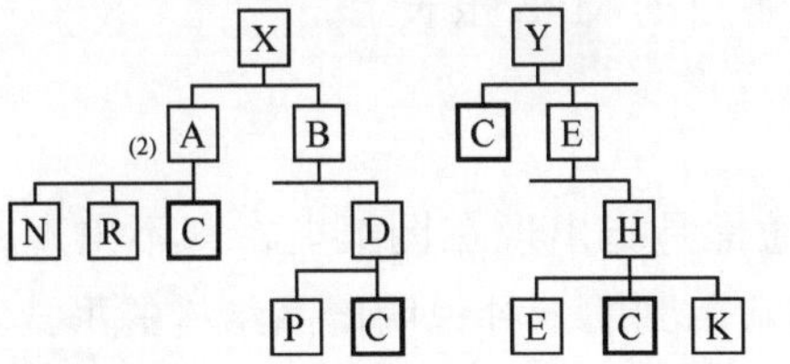

物料代码：　112100
物料名称：　C

上层物料				顶层物料	
层次	物料代码	名称	用量	物料代码	名称
1	11000	A	2	10000	X
2	11200	D	1	10000	X
0	20000	Y	1	20000	Y
2	22200	H	1	20000	Y

图 13.12　物料 C 的反查用物料清单示意图

4．成本物料清单（Costed Bill of Material，Costed BOM）

成本物料清单是在物料清单的基础上编制的，主要是利用物料清单上的层次和数量信息，把每个物料的加工时间和累计提前期改为材料费、人工费、变动间接费、固定间接费及总值等资金信息。按照产品结构，说明产品中每件采购件、零件、部件，直到最终产品的价值，同时说明底层的累计值和本层的增加值，赋予物料以资金属性，体现物料和资金信息的集成。详见 21.4.2 节“产品成本计算方法”。

5．计划物料清单（Planning Bill of Material）

计划物料清单的作用是把对一种产品系列的销售预测，参照历史销售记录，经过调整，分解为每种产品各自占总量的百分比，进而确定各自的年需求量，作为编制主生产计划的参考依据，如图 13.13 所示。这种结构的上下层都是产品，是一种双层 MPS 计划的形式。

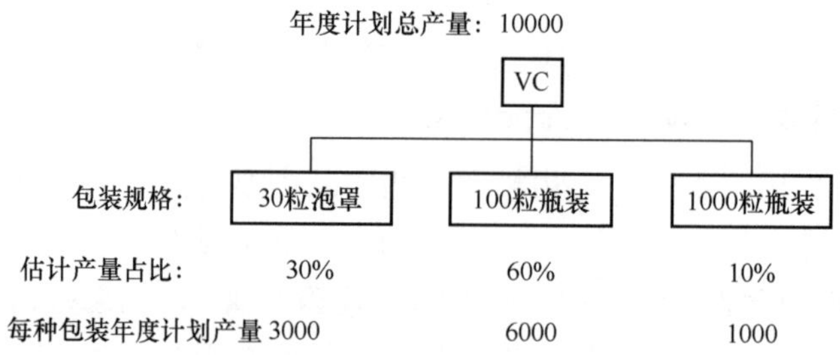

图 13.13　计划物料清单

计划物料清单可以灵活运用，如把采购周期长的原材料单独列出，建立同系列产品的数量比例关系，便于预计原材料的计划储备。例如，每吨产品需要各种钢材的比例，可用计划物料清单描绘。模块化物料清单（见 13.5.6 节）也是一种计划物料清单，原油裂解后石油产品各占原油的比例也可以用计划物料清单表示。

只要在产品系列 MPS 的预测项中录入总量，各个产品的预测量就会按计划物料清单上的比例关系直接反映在各自的 MPS 报表上。

13.5.5　虚拟件

虚拟件（Phantom）通常是指出现在图纸上，却不出现在实际加工过程中的组件。虚拟件是建立物料清单经常用到的一种说明产品结构的形式，它可以出现在产品结构的任意一层，通过定义物料类型来标识，通常用于以下几种情况。

1．虚拟件的原始定义

虚拟件是指在实际制造过程中并不按图纸出现的物料，它是为了处理设计图纸和实际制造工艺之间的差异而定义的，可以把它作为一种过渡件来处理，如图 13.14 所示。这种类型的虚拟件提前期为零，一般无须存储。只有虚拟件下属的子件才有出入库事务。

例如，油罐吊耳由一个弧形板和一个带孔的板组成，设计图纸上把这两个件焊在一起，称为“吊耳组件”（P），但在实际焊装时，由于这个小部件没有定位精度要求，一般先将弧形板焊在罐体上，再将带孔的板（A）焊在弧形板（B）上，图纸上所谓的吊耳组件在实际生产过程中并不出现，如图 13.15 所示。

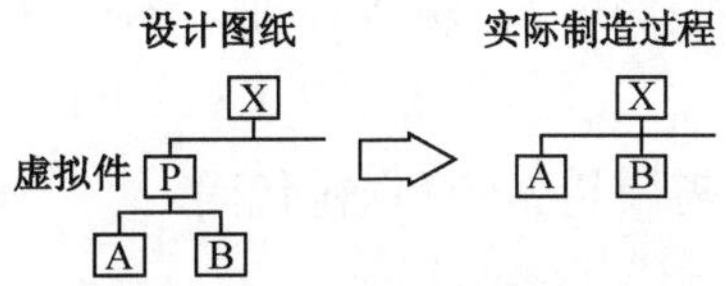

图 13.14　虚拟件的定义

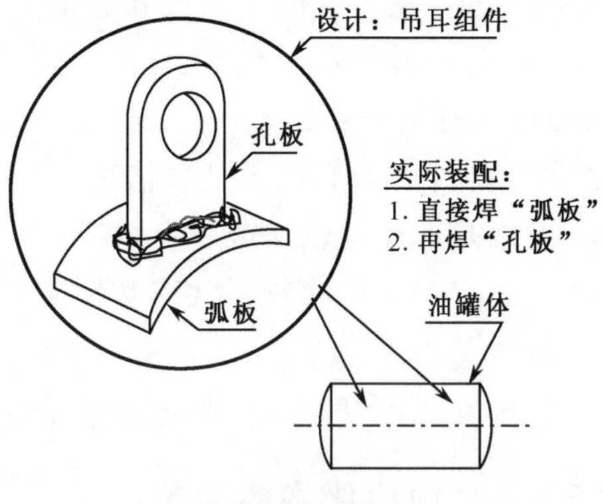

图 13.15　虚拟件举例——吊耳

2. 作为一组物料的代表

虚拟件可用来代表规格和数量完全相同的一组物料。例如，某一电器系列产品，产品的不同印制电路板上有一部分规格和数量完全相同的电气元件，可以用一个代表件表示这部分相同的电气元件，从而简化定单处理，仓库也可以打包发料。这样的代表件就是一种虚拟件的性质，英文叫作 Kit Bill。把一个产品上的紧固件汇合在一起、将要消耗的电焊条汇合在一起发料都可以用这种方式处理。

又如，产品出厂时，按照客户要求，有时会随机附带一批易损件的备用件，此时可以把这一组备用件用一个代表件（带有虚拟件性质）表达，以简化物料清单。

这种类型的虚拟件也无须加工，提前期同样为零，但是它可以有库存和代码。ERP 软件在处理虚拟件的库存问题上，应当允许用户自行定义是否需要库存，如图 13.16 所示。

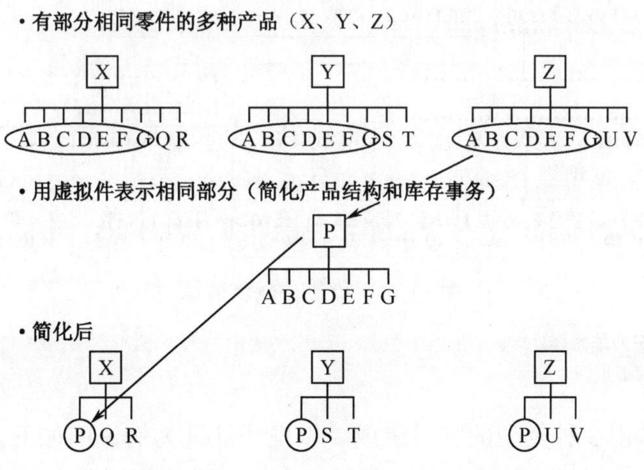

图 13.16　代表一组物料的虚拟件

3. 一组可选件的统称

在模块化产品结构中（见 13.5.6 节），具有一系列可选物料的基本组件（特征件）也具有虚拟件的性质。此时，它代表的是一组必选其一的物料，是一个没有具体化的抽象的物料。这时虚拟件有一点像“白马非马”中的“马”，是马，但又不是具体的马，它可以在 BOM 的任何一层出现。

处理虚拟件可以有以下几种情况：

- 可以是非库存物料或库存物料；
- 若定义为非库存物料（多数情况），则可以无物料代码，无提前期，不包括在物料清单中；
- 若定义为库存物料，则定货批量规则采用“按需用量”，有物料代码。

13.5.6 模块化物料清单

模块化物料清单（Modular BOM）通常用于变型系列产品的情况中。所谓变型产品是指一些可供客户选择的少数零部件，可以组成规格众多的最终产品。采用模块化物料清单，只需对基本的可选件进行预测（而不是最终产品），以简化预测工作量。

图 13.17 是电子挂钟的例子，有 4 种钟盘、6 种钟框、2 组同样花纹的长针和短针、2 种秒针，理论上可以组成 4×6×2×2×2=192 种不同的最终产品，但只要对 4+6+2+2+2=16 种物料进行预测和控制。

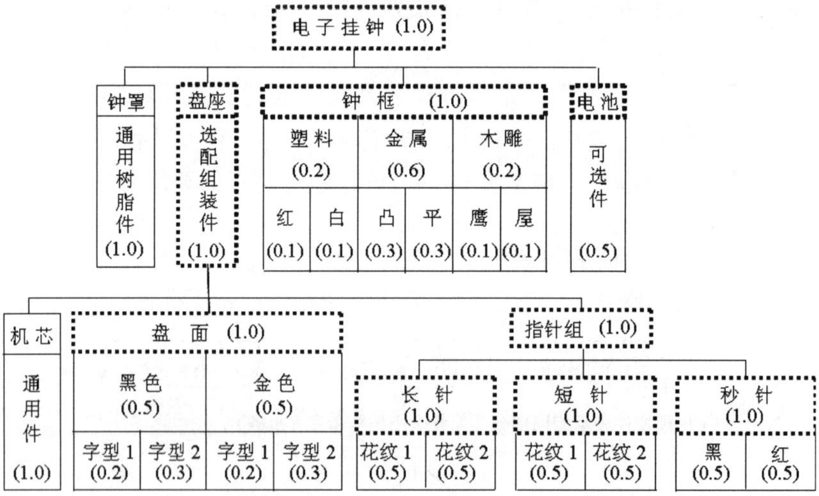

图 13.17 模块化物料清单

注：① 括号内数字为预测百分比；
② ⁞⁞ 为选配虚拟件。

系列产品通常由 3 种类型的物料组成，以电子挂钟为例说明如下。

1. 通用件

通用件是指所有产品都必须用到的相同物料，如机芯、钟罩是每台挂钟都不可缺少的部件。

2. 基本组件

基本组件在英文里称特征件（Feature）。基本组件是所有产品都必不可少的，但是组件中有多种选择件，可以任选其一。例如，电子挂钟的钟框和盘座，每台钟都需要，但有多种选项可供客户选择，如钟框有红塑料、白塑料、有花纹或无花纹 4 种花式的铝合金框，以及做成老鹰或舵轮形的艺术钟框等。这些选项必须选其中之一，不能不选。正因为“不能不选”，所以必须在产品结构中以基本组件的形式列出，以防遗漏，不可以采用“临时添加”的处理办法。

系统应设置各种规则以保证合理配置。在电子挂钟的例子中，长针和短针都必须采用同一种花纹，如果选用不同花纹，系统会依据“选择排斥”规则予以拒绝，或依据“推荐关系”规则自动设置。

3. 可选件

可选件（Option）是指那些在成套产品中可以包括也可以不包括的物料，即可选可不选的物料，如机芯用的电池。可选件可以随钟一起购买，也可以由客户自己买。

供客户选择的模块化产品结构的物料目录（见表 13.1）在标明上下层之间的数量关系时，用预测百分比表明各选择件的计划需求量，具有计划物料清单的性质。根据客户定货要求，生成与销售定单关联的一次性定制物料清单。在模块化产品结构中，往往在多个层次都有选项问题（本例只举了两层），也就是说，虚拟件是可以在产品结构的任意层出现的。由于各种 ERP 软件功能的差别很大，所以选择时要注意。

表 13.1 模块化产品结构的物料目录（销售定单管理使用）

物料代码：10000　　物料名称：电子挂钟

<table>
<tr><th>层 次</th><th>物 料 代 码</th><th>物 料 名 称</th><th>选 项 号</th><th>选 择 性</th><th>数 量</th><th>预测百分比</th><th>实际需求（Y，N）</th></tr>
<tr><td>1</td><td>11000</td><td>钟罩</td><td>通用件</td><td></td><td>1</td><td>100</td><td></td></tr>
<tr><td>1</td><td>12000</td><td>盘座</td><td>基本组件</td><td></td><td>1</td><td></td><td></td></tr>
<tr><td>2</td><td>12100</td><td>机芯</td><td>通用件</td><td></td><td>1</td><td>100</td><td rowspan="5">根据客户要求对可选件逐项选择，系统自动按选项建立一次性客户化物料清单</td></tr>
<tr><td rowspan="4">2</td><td>12200/1</td><td rowspan="4">盘面</td><td>1</td><td>黑色、字型 1</td><td>1</td><td>20</td></tr>
<tr><td>12200/2</td><td>2</td><td>黑色、字型 2</td><td>1</td><td>30</td></tr>
<tr><td>12200/3</td><td>3</td><td>金色、字型 1</td><td>1</td><td>20</td></tr>
<tr><td>12200/4</td><td>4</td><td>金色、字型 2</td><td>1</td><td>30</td></tr>
<tr><td rowspan="2">2</td><td>12210/1</td><td rowspan="2">长针</td><td>1</td><td>花纹 1</td><td>1</td><td>50</td><td></td></tr>
<tr><td>12210/2</td><td>2</td><td>花纹 2</td><td>1</td><td>50</td><td></td></tr>
<tr><td rowspan="2">2</td><td>12220/1</td><td rowspan="2">短针</td><td>1</td><td>花纹 1</td><td>1</td><td>50</td><td></td></tr>
<tr><td>12220/2</td><td>2</td><td>花纹 2</td><td>1</td><td>50</td><td></td></tr>
<tr><td rowspan="2">2</td><td>12230/1</td><td rowspan="2">秒针</td><td>1</td><td>花纹 1</td><td>1</td><td>50</td><td></td></tr>
<tr><td>12230/2</td><td>2</td><td>花纹 2</td><td>1</td><td>50</td><td></td></tr>
</table>

（续表）

层 次	物料代码	物料名称	选 项 号	选 择 性	数 量	预测百分比	实际需求（Y，N）
1	13000/1	钟框	1	塑料、红色	1	10	
	13000/2		2	塑料、白色	1	10	
	13000/3		3	金属、凸纹	1	30	
	13000/4		4	金属、平纹	1	30	
	13000/5		5	木雕、鹰	1	10	
	13000/6		6	木雕、屋	1	10	
1	14000	电池	可选件		1	50	

模块化产品结构在许多行业中都是常见的，用较少的零部件，通过搭配选择，装配出规格较多的产品，如汽车、电梯、机床、计算机等行业。不少软件配置了按定单选择组装的功能。有的可以根据产品样本上的型号、属性，按照产品结构定义自动选择有关的零部件，根据销售定单的“客户个性化”要求，迅速建立相应的定制物料清单并编制物料需求计划，以减少大量冗余的信息，节约存储空间。

客户定制的销售合同要在表 13.1 的“实际需求”栏选择所要的子项（Y 或 N），在此基础上，系统会生成一个一次性的定制物料清单，作为提货和装配计划的依据。客户定制物料清单的生成过程如图 13.18 所示。

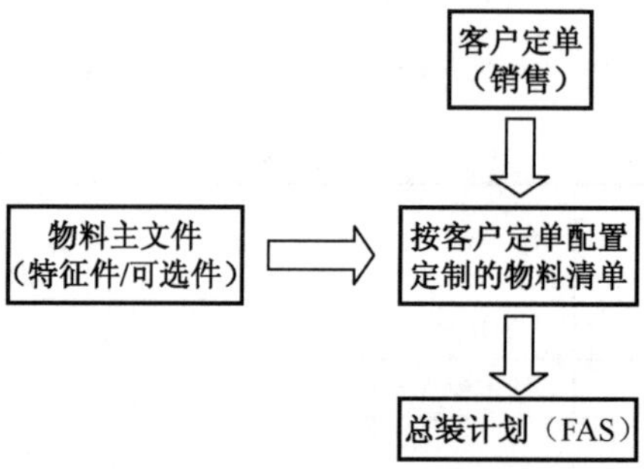

图 13.18 客户定制物料清单的生成过程

下面再举一个例子，来说明如何灵活编制定单组装（ATO）类型的产品结构。

机床工具行业中的磨具生产是定单组装的一种特殊情况，如图 13.19 所示。磨具的线速度、硬度和气孔度决定磨具的配方；磨具的外形和尺寸决定采用的模具；孔径决定芯轴的尺寸。配方中又有各种不同粒度的磨料结合剂、湿润剂及其他成分，有成千上万种组合。这种情况可以用模块化产品结构及定单组装的计划功能来处理。这个例子结合模具来确定砂轮的形状和尺寸，既满足了砂轮坯的配方要求，又满足了对所需模具的要求。

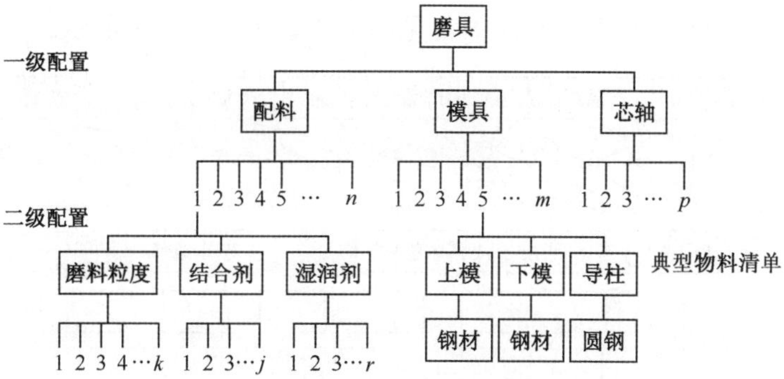

图 13.19　在磨具配置中灵活应用模块化产品结构

13.5.7　产品结构的类型

产品结构的类型基本上可归纳为 4 类。

1．A 型结构

A 型结构是指由数量众多的原材料加工组装成各种组件和部件，最后装配出一种产品，如同金字塔一样。我们前面讨论的产品结构都是以 A 型结构举例的，这是最常见的产品结构类型。

2．V 型结构

V 型结构是指由少量原材料经过工艺流程后产生众多品种产品的结构模式。这是连续流程行业最常见的结构模式。图 13.20 是一个石化企业的产品结构。在冶金、造纸和建材等流程行业也常见 V 型结构。

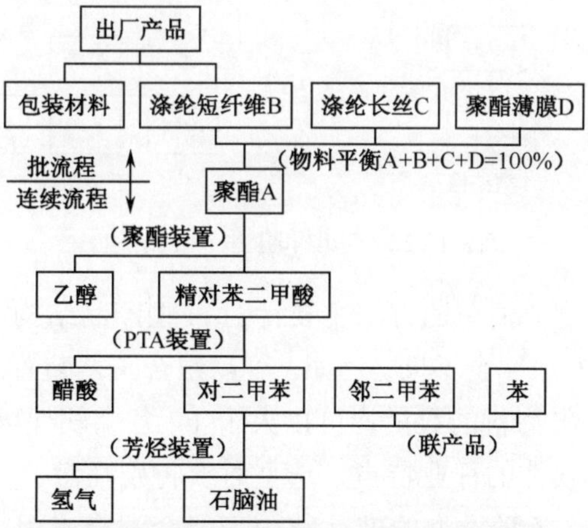

图 13.20　石化企业的产品结构（V 型）

3．X 型结构

X 型结构是指在 A 型结构的基本组件和通用件中，按订单选择装配出众多的组装产品，这是定单组装（ATO）类型产品中常见的形式，如图 13.21 所示。

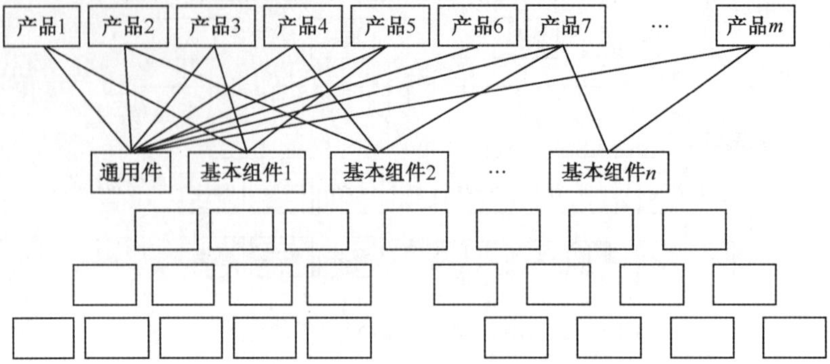

图 13.21　定单组装型产品结构（X 型）

4．T 型结构

由一种原材料加工出多种规格的产品，属于 T 型结构。例如，钢材或铝材多次轧制成不同厚度并根据定货要求切割成不同宽度的带钢或铝箔。如果底层还包括各种原料成分，产品结构将是一个工型结构，或者说是 A 型和 V 型的混合结构，如图 13.22 所示。

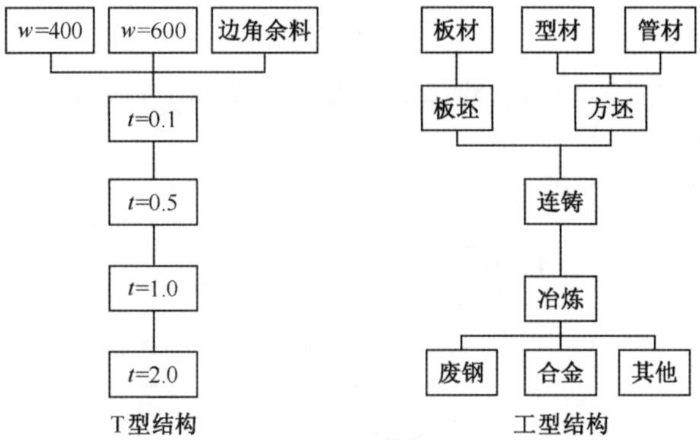

图 13.22　T 型和工型产品结构

一般 ERP 软件建立物料清单的方法主要针对 A 型产品结构，对 V 型产品结构而言，建立物料清单时的录入方法完全不同。例如，可以结合工艺装置录入“输入物料”和“输出物料”，输入物料和输出物料的数量均可以大于 1。各个软件可能有不同的方法，这再一次说明了制造业 ERP 软件的行业特点，选型时要特别注意。

此外，在某些情况下各种类型的产品结构可能会混合应用。例如，具有 A 型产品结构的柴油发动机，它的连杆和连杆盖是两个加工件，但这两个加工件的毛坯却是合成一件锻出的，于是出现了一种局部的 V 型结构。一块布料裁成若干衣片、一块钢板切割出多个板坯都可能是 V 型结构。在选择 ERP 产品时要注意这类具有行业特点的特殊需求。

13.6 设计变更通知

设计变更通知（Engineering Change Order，ECO 或 Engineering Change Note，ECN）是维护物料清单准确性的重要手段。按照 ISO 9001 的要求，设计或工艺的变更都必须有文件标识、审查和批准的程序。在 ERP 内部集成系统中，物料清单的修改必须以设计变更通知为依据，只有先建立设计变更通知文件，才能执行物料清单的“修改”或“更新”作业。

设计变更通知必须编码，并注明变更日期、执行日期、更改内容、更改原因、影响范围、更改人、审批人等，编码可作为检索标识。

设计变更通常有两种情况：一种属于紧急变更，如由于客户更改技术要求或涉及严重的质量问题，必须立即更改。另一种属于改进设计，并不急于修改，可在现有库存物料用完后变更，但要修改物料主文件或物料清单中的有效期，避免继续使用已经停用的物料。

物料清单是企业主要业务部门都要用到的文件，设计变更对它的影响很大，应慎重处理。在变更设计时要注意以下 5 个步骤。

- **确认**：明确改什么，是否真有必要改，有什么效益，以及修改的代价和对成本的影响。
- **分析**：分析上述问题，列出利害关系，提出更改意见。
- **审批**：由有关部门人员组织审批小组，审查更改的必要性及其影响，确定更改时间。
- **文件**：建立设计变更通知及必要的相关文档，通知有关部门。
- **监督**：检查设计变更通知的执行情况，记录在案。

对设计变更频繁的企业，只有通过 PDM 系统实时地将变更信息与 ERP 系统集成，才能避免出现各种差错和延误。

13.7 物料清单的准确度

物料清单是众多核心业务部门都要使用的重要共享文件，如果不准确，影响面很大，往往会造成生产混乱、延误交货、丧失市场机遇，因此必须保证**百分之百准确**。

物料清单的准确度也就是产品全部单层物料清单的准确度，其计算方法如下。

物料清单的准确度（%）=（正确的单层物料清单数量 ÷ 全部单层物料清单数量）× 100%

举例来说，假设某个产品由 100 个单层物料清单组成，如果其中有 2 个出错，那么这个产品物料清单的准确度就是（100 – 2）÷ 100 × 100% = 98%。

只要发生单层结构的从属关系，物料名称和代码、数量或计量单位中任何一项出错，都属于单层物料清单出错。检查时由车间主任、工人、技术人员一起，拆卸要检查的产品或部件，再对照物料清单逐项检查，或通过控制组装和发料来发现问题。

早期 APICS 推荐的 ABCD 评价法，A 级企业要求物料清单的准确度是 98%，这是远远不够的，必须为 100%。无数实践证明，如果用 98%来考核，由于人们的习惯和惰性，达到 100%要付出更大的努力，甚至永远也达不到 100%。

由于物料清单会经常被更改，因此检查物料清单的准确度是质量检查的一项例行工作。

第 14 章

需求管理与销售管理

制造业的一切经营生产活动都是由市场和客户需求引发的。需求管理是运行 ERP 系统的首要工作，是内部集成与外部集成前端的结合点。需求管理和销售管理的不同之处在于它偏重经营战略，而销售管理侧重于事务处理。

做好需求管理要借助互联网技术，在合作伙伴之间坚持诚信与共赢的原则，采用协同商务模式，发挥各方的能动作用，做到信息透明和实时共享，实现企业内外的信息集成。

14.1 需求管理的意义

制造业的需求主要来自市场和客户，需求管理与采购管理一样，都是 ERP 内部集成与外部集成的汇合点。做好需求管理就是实现企业业务流程前端的内外信息集成。

当前，新技术发展迅猛，产品生命周期越来越短，客户的个性化需求日益多样，低碳、绿色、安全等环境要求更加严格。因此，不能把 ERP 的需求管理简单地理解为获取定单，需求管理不但要敏锐洞察客观世界对需求的变化，还要为服务水准、库存水准、产品发展、市场定位与占有率、促销和定价策略、客户定位、投标策略及企业发展投资规划等各项战略提供依据。

需求管理不仅要把握和选择能够发挥企业优势和带来效益的需求，更要研究如何组织供应来满足需求，做到供需平衡，实现供需各方共赢。

需求管理涉及的功能包含在客户关系管理（CRM）和供应链管理（SCM）系统中，在 ERP 系统中主要使销售与运营规划（S&OP）进行全面平衡。可见，ERP、CRM 和 SCM 本来就是不可分割的一个统一集成系统，是实现全面供需平衡不可或缺的信息化手段。

从企业内部管理来讲，如何不断提高制造柔性、缩短各类提前期，是应对需求变化和提高响应速度的一个极其重要的因素，也是敏捷制造追求的目标。

Gartner 公司提出需求链管理（Demand Chain Management）的概念就是通过协同运作使 CRM 与 SCM 集成和同步。传统的做法是把需求理解为一个“给定数”，然后不断去修改它。供需链管理的概念是把需求看成一个能够带来价值的“动态变数”，只有实时跟踪、**同步和协同**运作，才能实时地把握它并尽力满足它。

在各种需求信息来源中，竞争情报或商情是一个重要方面，世界领先的500家企业中绝大多数都建立了自己的竞争情报机构和竞争情报系统。美国企业经营利润中约35%是由竞争情报工作创造的[①]。竞争情报信息可以从公开发表的资料和网站上经过分析加工得到，也可以在企业涉及的市场领域，委派或任命兼职的联络员及时通报商机情况。在收集情报方面，每家企业都会有其独到之处，ERP系统必须把竞争情报信息作为需求信息的重要组成部分，并与之集成。国外一度将ERP内部集成覆盖的全流程称为“从获取定单到回收货款”（Order to Cash），现在已改为“从商情机遇到回收货款”（Opportunity to Cash），同样是“OTC”，含义却不同，说明了需求管理的重要性。

AMR在2004年5月发布的一篇研究报告[②]中，说明了精确把握需求信息后为企业带来的效益，其内容如下：

- 库存减少15%；
- 交货履约率提高17%；
- 资金占用减少35%；
- 脱销是统计平均值的1/10。

这些效益是由于重视了需求管理才获得的，否则就会在不经意中无形地流失了。这从另一个侧面说明了需求管理的重要性。

需求管理在ERP系统中与其他相关系统的信息集成关系如图14.1所示，该图说明了如何通过需求管理把CRM-SCM-DRP-S&OP-MPS集成起来，做到共赢基础上的供需平衡。

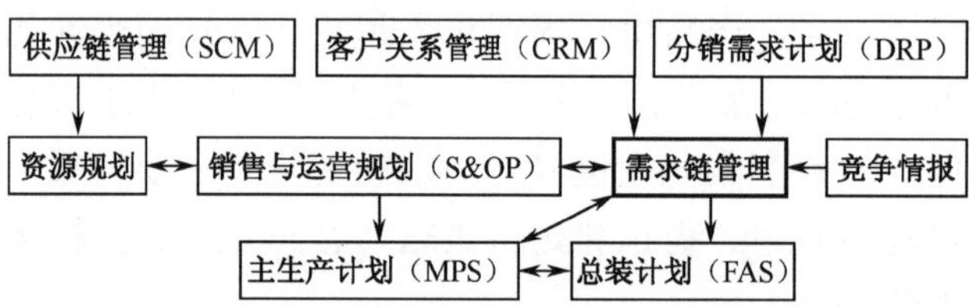

图14.1　需求管理在ERP系统中与其他相关系统的信息集成关系

需求管理已经经历了从需求预测阶段到需求协同阶段，将向需求优化阶段发展。在信息化技术的支持下，需求管理战略将更加有效和强化。

14.2　需求类型与需求响应策略

不同的需求类型对应不同的需求响应策略（请回顾第11章），并且对应不同客户群

① 《石油和化工信息化》，2003年第8期.

② AMR: *The Ideal Supply Chain is within Reach*，2004.5.

和市场定位，这些信息最后都将自动从不同的子系统集成到主生产计划。

14.2.1　需求预测

不同需求响应策略的预测对象是不同的。现货生产（MTS）的主要依据是预测，即使企业不预测，代销商也要进行预测。定货生产（MTO）主要对原材料储备进行预测，可以运用“计划物料清单”的形式（请回顾 13.5.4 节第 5 项“计划物料清单”）。定单组装（ATO）类型要对基本组件和可选件进行预测。一旦有了实际需求，则要冲销产品的预测值，相关低层物料的预测值也同时冲销，以免重复计算增加库存。

采用预测的主要是 MTS 类型企业。预测模式多数是根据历史销售记录，推测未来的需求。但一家企业的产能有限，销售量往往会小于市场的实际总需求。因此，在预测时还要考虑市场份额增减的因素，进行必要调整。预测模式很多，有专门教材详细介绍，不在本书讨论。不论采用哪种预测模式，预测的结果总会与实际情况有一定出入，不可能完全准确。因此，在预测时应注意以下几项原则。

（1）按产品大类或系列来预测。这样做包罗的范围广，误差可能小。

（2）不同产品采用不同的预测方法，用多种预测方法相互对比。

（3）定义客户群，根据不同客户购买行为的变化，修订预测方法。

（4）预测数据来源越接近，最终客户越准确。

（5）预测期跨度不宜过长，越长越不准。

（6）用一个数值范围来表达预测，说明允差。

（7）经常复核预测结果，预测不是一次可以定案的。

（8）预测方法和结果都要简明易懂。

（9）市场部门必须与技术部门联合预测，考虑技术进步对产品发展的影响，关注产品的生命周期。

一般管理软件的预测子系统只是提供几种计算模式，不能代替市场研究和市场开拓。重要的是增加需求信息的透明度，使各业务部门人员都能清楚地了解本岗位的工作应如何迅速响应需求变动。潜在客户或正在进行洽商但未定案的交易量，也可以作为预测量的一个部分。

预测永远不会完全准确，要定期复核修订，发挥销售与运营规划（S&OP）的作用（见 16.4 节“销售与运营规划”）。

14.2.2　分销需求

现货生产（MTS）和定单组装（ATO）两类响应策略面对的问题，主要是对日用消费品和耐用消费品的需求，通过各种销售渠道，采用 DRP 或 CPFR 模式（见 14.3 节），将需求信息汇总到企业本部。这里有补充库存的补库定单、分销合同、预测等几种形式。对于 ATO 类型，除在生产企业进行组装之外，也可以根据具体条件在配送中心进行组装，以缩短交货期。

14.2.3 其他需求

其他需求包括备品备件、试制品、展览品、破坏性试验品、企业内各部门之间的协作件、调拨物资等。这些需求可以是独立需求件，也可以是相关需求件，采用内部定单的形式。如果不是通过物料清单计算需求量，也可以在 MPS 或 MRP 层手工录入。请回顾图 2.6 中“手工追加计划”方框。

14.2.4 销售合同

除现货生产（MTS）可以根据库存补充和预测之外，其余需求响应策略（ATO、MTO、ETO）都要求依据合同进行生产。即使是补充库存也需要有合同协议，说明补充库存的时间和数量。合同是生产计划的法律依据，必须认真对待，坚决执行。

完整的合同管理流程包括售前服务、合同评审、确认与合同承诺、定单录入等项业务。

向系统输入合同信息时必须先建立客户档案，说明客户的群体类型、重要性等级及信誉记录，否则 ERP 系统不能执行销售作业。

所有合同必须编码，说明年份、客户的行业及所在地区、商品类型等。合同号根据管理需要可以在车间定单上反映出来，有利于追溯和跟踪。

按照企业销售管理的需要，ERP 产品的合同管理子系统应能灵活执行各种情况。例如，在一份客户合同上记录多个物料，不同物料可以有不同的交货期，同一物料也可以有不同的数量和不同的交货期等。每一行都必须说明物料代码、数量、单价、总价及客户方的物料代码和采购单号、客户提出的需求日期、协议的交货期、运输方式、运费支付条件、交货地点、付款单位和发票寄往地点等。数据不全，将被认为无效，不能记录到系统中去。这些信息将作为计划、提货、收款、开具发票、发运作业的输入数据。

按照预测值下达的定单，可以看成一种在接到销售合同之前的“内部定单”，一旦有了实际的销售合同要及时冲销。14.2.3 节提到的其他需求也可以采用内部定单的形式，这样有利于会计结算。

一揽子（总括）定单（Blanket Order）实质上是一种由客户制订的需求预测和意向，还不是真正意义上的销售合同。只是以协议的形式认定总量，但具体的需求（品种规格、交货数量及日期）要逐期（月）签订销售合同，予以确认。无论如何，这种方式的需求信息是由客户提出的，由客户做出预测会比较慎重和相对可靠，对供需双方都是有利的。

14.3 CPFR 模式

我们应当清醒地看到，没有一个预测是百分之百准确的，客观世界存在大量不确定因素，只有运用互联网技术，在坚持诚信和共赢原则的基础上，实现合作伙伴之间的协同运作，才能迅速应对各种不确定因素。

协同计划–预测–补库模式（Collaborative Planning，Forecasting and Replenishment，CPFR）是 1995 年沃尔玛公司为一种 Listerine 品牌的口腔保健制剂与 Warner Lambert 公司采用的协同预测/补库模式，现在已经推广应用到各种日用消费品和耐用消费品领域。例如，在零售业可以通过零售商的电子收款机（Point of Sells，POS）采集商品的实际销售数据，作为补充库存的依据，同时也可以作为生产企业产品发展战略的参考。互联网技术使制造商、分销商和零售商联合在一起，实现信息共享，消除了牛鞭效应，在提高服务水平、缩短交货期、增加销售量方面取得了显著效益。

著名运动鞋制造商耐克（Nike）的经验是：如果可以更快、更准确地在相关人员中共享信息，就会更早地发现市场趋势，尽可能使企业的所有产品都根据订单按需生产，而不是靠一些软件提供的公式来预测需求。这些预测公式往往简化了假设条件，并且很难考虑不同企业的不同业务规则。

CPFR 实质上是一种企业与合作伙伴之间的协同商务，关键词是“**协同**”，是一种电子业务（e-business）。它要求合作伙伴之间建立良好的互信，有共同的商业目标，并且建立了能够实时交流信息的信息化手段，可以实现信息的实时共享。换言之，就是具备 3.3.3 节强调的协同文化。没有协同文化和网络通信技术，就无法实现 CPFR。

CPFR 的核心思想依然是使需求（预测）和供应（补充库存）协同计划，减少不确定性，是供需链管理的重要内容之一。但是，它的适用范围主要是制造业中的重复生产类型，以及批发零售业（采集来自电子收款机的商品销售信息）。在现货生产（MTS）和定单组装（ATO）情况下，CPFR 是一种行之有效的需求管理模式。

14.4　创造需求

在需大于供的情况下，要考虑资源的制约，研究扩大产能和相应资源的策略。反之，在需求不定或不足的情况下，要研究创造和扩大需求的策略。需求管理应当是一种能动的作业（Proactive Activity），需求不是坐等来的，要建立跟踪商情的情报体制和策略，抢先推出更能满足客户需求的产品和服务。在 2.2.7 节中介绍的电视机厂定位产棉区供应黑白电视机就是一个开辟新市场的好例子；乔布斯主持的苹果的 iPod、iPhone、iPad 等新产品开发也是非常好的例子，有文章说他似乎没有做市场调查，但是他对消费者的心理却研究得十分透彻；华为的 5G 技术也是如此。在创新时代，市场需求分析也会有新的内涵。

除竞争情报收集体制之外，企业往往希望 ERP 系统提供以下一些分析和促销的功能，以保证营销业务规范化。这些要求可供 ERP 系统选型时参考。

1. 分析广告宣传的效果

- 分析广告宣传的投入与相应销售收入增长的关系（考虑时间滞后）。

- 分析哪一种广告宣传形式最有效，从而节约促销成本。

2．促销规则

常用的促销规则有以下几种。

- 折扣规则（按金额、数量、品种、客户分类有不同的标准）。
- 折让规则（鼓励提早结算付款，缩短回款期，按回款时间长短给予不同折让，以减少延期或拖期支付）。
- 根据产品在商场中的摆放位置是否醒目对经销商实行优惠策略。

3．客户分析

- 找出能为企业带来最大效益的重点客户。
- 按不同类型的客户建立定价与报价规则，保持报价原则一致。
- 客户信誉分析和客户交易限额的确定，同时确定交易冻结（暂停销售）的原则。

4．产品销售、改进和新产品需求的信息

- 不同产品销售情况（按地区、季节、节假日、销量）分析。
- 现场服务：反馈信息分析、备品消耗分析、服务费用计算。
- 投诉信息和质量分析。
- 产品生命周期分析。
- 问卷调查分析。

ERP 产品的需求管理子系统不仅能提供各种必要的事务处理功能和分析功能，更重要的是提供一个能够完善实现“赢得客户、满足客户、保留客户并不断扩大客户群”的战略。

14.5 销售管理

14.5.1 销售管理的内容

需求管理与销售管理是两个不同层次的管理，前者侧重于**市场营销和市场开拓**，从战略的高度预测和管理需求，在 ERP 系统里高于 MPS 的各个层次；后者是执行销售策略，处理实际需求——订单（合同），侧重于**事务处理**，涉及从订单录入开始到提货交运。各种不同 ERP 产品之间的功能是交错的，差异很大，很难清楚划分，有时甚至把需求管理的业务都归入销售系统。但是，**销售管理不能替代需求管理**。

销售管理带有共性的主要内容是：客户档案管理、定价与报价、供货量核实、合同管理、装箱提货、调拨、发送与交付、退货处理、催款、各类促销业务（折扣、折让、广告等）、销售人员业绩考核及佣金等。对定单组装（ATO）的情况还必须有供客户个性化选择产品组成的配置功能。有些行业有包装材料回收的管理需求，在定货方、交货地、发票寄往地、付款方又有多种组合；开具发票与定单又有多种拆与合的组合。有时销售渠道管理功能（代理商管理）也可能包括在销售管理之中，根据企业的需要进行配置。

对应生产管理中经常提到的“期量标准”，销售管理除“期（交付期）”和“量（定货量）”之外，还多了一层“空间”的概念，即“交付地点”，它含有市场定位的概念。关于销售定单的内容请回顾 14.2.4 节。

尽管不同 ERP 产品的销售管理内容相近，但所采用的报表却各有千秋。因此，一个 ERP 产品的用户化报表生成功能，是绝对必要的。一般业务人员不需要太多的计算机知识，就可以独立操作完成，但是要经过一定的审批程序确定报表格式。

不同行业在销售与财务的业务处理上有很大区别。例如，计算机行业或某些家电行业，由于产品更新换代速度很快，价格波动较大，与代理商之间有各种结算方式。企业必须把所有销售模式和可能的流程梳理清楚，这也是在 ERP 选型中特别需要注意的问题。

销售管理与库存、财务（应收账）、主生产计划、制造数据的集成关系非常密切，与分销需求计划、运输管理和仓库管理也紧密关联。只有销售业务人员接受了全面培训，在应用 ERP 系统时能够充分利用和发挥这种集成优势，才能提高销售合同的履约率，从而提高企业的信誉度，增强客户的忠诚度。这里我们可以看出，尽管客户关系管理（CRM）提出了许多设想和远景目标，但就制造业来讲，如果没有后方内部集成系统的支持，依然无法实现，所以说内部集成系统是绝对不可或缺的。

14.5.2　客户信息

在运行销售业务之前必须先建立客户主文件。为了控制资金回收，必须考核客户的信誉，对每个客户建立信用记录，规定销售限额。对新老客户、长期或临时客户及带来利润多少等不同情况的优惠条件不同，应在企业内部有明文规定，有所遵循，并记入 ERP 系统，规范销售业务。

客户主文件的内容一般包括客户代码（可以段表示客户类型、所在地区、主要购买商品类别等主要信息）、客户名称（注意唯一性）、地址及邮政编码、联系人、座机和手机号码、传真号码、电子邮件地址、银行账号、使用货币、报价记录、优惠条件、付款条款、税则、付款信用记录、销售限额、收货方（Ship-to）、付款方（Bill-to）。企业对口的销售员代码及佣金码等也可以一并设置。

第 15 章

ERP 计划的时间概念

ERP 之所以能够实现它的核心功能——计划与控制，一个重要的原因是它对时间概念有一些与传统手工管理完全不同的理解及处理方法。只有对 ERP 的时间概念有深入的理解，才能确切地领悟 ERP 的运行机理。

当前，时间和速度已成为市场竞争的重要因素，“大鱼吃小鱼”已经演变成“快鱼吃慢鱼”，光阴一去不复返，时间是一种不可弥补的重要制造资源。加深对“时间”的理解是更新管理观念的一项重要内容。

本章从“提前期”“时间三要素”和“5 种作业时间”3 个方面来介绍。

15.1　提前期

在 MRP/ERP 系统中，提前期是一种在以需求时间为基准的原则下提出的时间概念，在以下各节和本书各有关计划的章节中都要用到。其实提前期的概念在我们生活中也是常见的：坐飞机出差，飞机 10 点起飞，必须提前多长时间赶到机场，又必须提前多长时间从家里出发，必须提前多长时间约定出租车，这些都是提前期的概念。

物料需求计划是以需求为导向的，以交货日期或完工日期为基准倒排计划，推算出作业的开始日期或定单下达日期。在此期间的时间跨度称为“提前期”（Lead Time），意思是提前多长时间开始行动。有的文章和软件译为“前置期”，这种说法不如“提前期”的意思确切。“提前”是时间的范畴，而“前置”是位置或空间的范畴。

根据 APICS《词汇》的定义，提前期有 3 个层次，说明如下。

（1）**总提前期**（Total Lead Time）。把从签订客户合同之时起，到将商品交到客户手里的时间称为“总提前期”，为的是对全流程进行控制，就是前面说的“计划期”。如果是定单设计类型，总提前期还要包括产品研发设计阶段，请回顾 11.2 节“需求响应策略”。

（2）**累计提前期**（Cumulative Lead Time）。把从采购开始到完成产品装配和测试的时间称为“累计提前期”，就是完成采购和生产作业的总时间（采购提前期和加工提前期），是编制 MPS 所覆盖的范围，也是设定计划时界的参考依据（计划时界见 15.2.3 节）。

对生产产品而言，累计提前期相当于关键路线的长度。

（3）**加工提前期**（Manufacturing Lead Time）。累计提前期中去除采购周期，从下达车间定单开始到产品验收的生产加工周期称为“加工提前期”。加工提前期中的总装提前期也就是产品结构中从 1 层到 0 层的周期，是设定需求时界的依据，具体内容详见 15.2.3 节。

加工提前期中的每一道工序又细分为 5 种作业时间，是编制工艺路线、分析加工提前期、缩短生产周期的基础数据，具体内容详见 15.3 节。

15.2 时间三要素

ERP 的计划与控制，要用到计划期、时段、时区与时界等全新时间概念。

15.2.1 计划期

企业的年、季、月、周、日计划是人们为了统计、结算、报告等管理需要人为设定的。例如，12 月 31 日和 1 月 1 日虽然在报表上分别属于两个月份，并且属于两个年份，但是用 ERP 编制计划的时间概念来看，它们之间的关系与 1 月 1 日和 1 月 2 日之间的关系没有本质区别，都只是一日之差。为了对生产运营计划进行管控，ERP 系统把时间看成延绵不断的无限长河，根据对计划控制的需要，决定计划期的长短，不受传统年、月、日等计划时段的限制。

各种产品从接到客户定单开始到完成交付的周期是不同的，计划期也不同。生产豆奶，采购周期加生产周期累计不到一周；生产远洋货轮，则需要一年以上的时间。为了控制产品的生产全过程，计划的跨度就要覆盖产品的全周期（总提前期）。如果不考虑发运周期，至少不得低于累计提前期，必须保证底层物料有足够的提前期来完成计划。因此，不同产品计划期的长短要根据制造周期而有所不同，是一个变量。如果全过程是跨年度的，计划期就应超过一年。在生产任务不足时，由于远期有较多的不确定因素，所以可采用滚动计划并随着时间推移不断修订。

有些教材和软件把计划期叫作“计划展望期”，这是对英文 Planning Horizon 的直译。APICS《词汇》中的定义是“延伸到未来的时间量”，我们按照企业一般的习惯用法称之为计划期。

对某些总提前期很短（比如只有几天）的产品，如果销售形势很好，企业接到的定单或合同已经延续到很远的将来（比如下一年的第二季度），这时就要把最远交货的产品合同完成日期作为计划期的终点。只有这样，才能统筹考虑和控制全部定单或合同的计划，以及生产准备、物料采购和财务资金预算。

总之，定义计划期的目的，是实现对产品从设计到交付**全流程的控制**、提高计划的**预见性**，以及实现供需链计划。有了计划期的概念，除有助于控制产品生产的全流程之外，还有助于了解和管理产品的生命周期，有助于制定长远的产品战略发展规划。

15.2.2 时段

ERP 系统把年、季、月、周、日、小时、分钟等不同的时间跨度统称为时段（Time Phase 或 Time Bucket）。

划分时段的目的是**区分“优先级”**，实现优先级计划。传统手工管理往往只说明一项合同是在某个月份交货。在这个月里，可能有几十甚至上百件合同要完成，要说明谁先谁后，有时再分成上、中、下旬。如果再要细分到周或天甚至小时，数据的处理量会变得很大，传统手工管理将难以承受。

在一个跨度较长的时段（如年度）中，能力总体上可以满足总的负荷需求，但是如果把时段细分，就可能在某个时段出现超负荷，而另一些时段又出现任务不足的情况。由于手工管理无法处理庞大的数据，优先顺序的划分很粗放，是造成生产不均衡、资源利用不合理、库存资金占用过大和不能按期交货的主要原因。

运行 ERP 时，产品的需求数量是根据销售合同、潜在的客户需求或预测，按交付或需求的具体时间（如某年某月某日）一笔一笔地输入系统，作为原始数据存储的。查阅时，系统自动将需求量的原始数据，按照管理要求设定的时段（日、周、月、季等）加以归纳汇总，根据计划管理的需要，可粗可细地显示日计划、周计划、月计划、季计划等的数量，如图 15.1 所示。

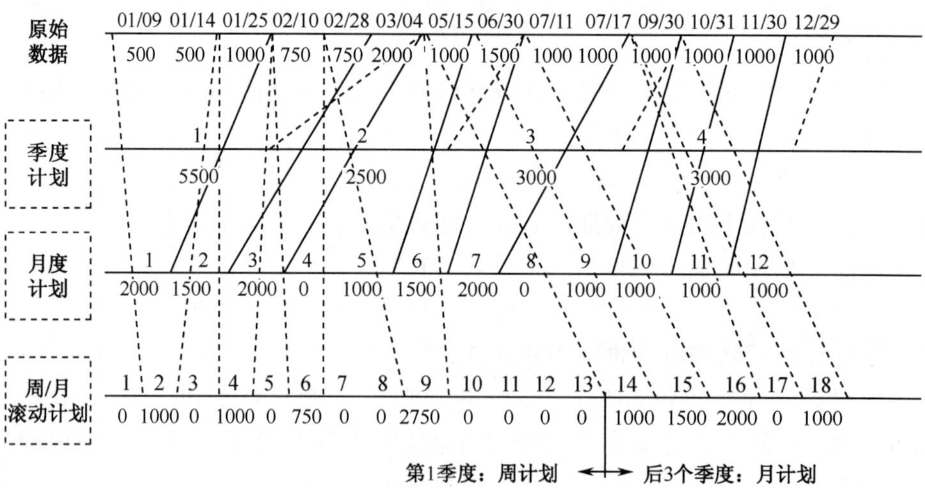

图 15.1 时段设置与显示

ERP 系统可以对不同的时段设置方法赋予不同的代码，如“J”代表季计划、“Y”代表月计划、“G1”代表第一类滚动计划等，供管理人员根据需要设定或选用。这是手工管理绝对做不到的，体现了信息化管理的优越性和必要性。

ERP 系统可以设置多种时段显示的方式，除按季度、月份、周、日均等设置外，也可以近期若干时段为日，以中远期为周或月或季，每隔一定时间只要重新设定“开始日期”，系统就又会按近期细（需求信息充分且得以落实）、远期粗（需求的不确定因素较多）的时段自动显示，满足**滚动计划**的需求。滚动计划是非常灵活的（见图 15.2），假定开始设定 1 个月一滚动，做 3 个月计划，第 1 个月是周计划，后 2 个月是月计划；如果由于外部环境变化太大，2 个月后改为 3 周一滚动，开始 3 周的周计划，随后是 2 个月的月计划。即完全根据控制计划的需要自行定义，灵活调整。

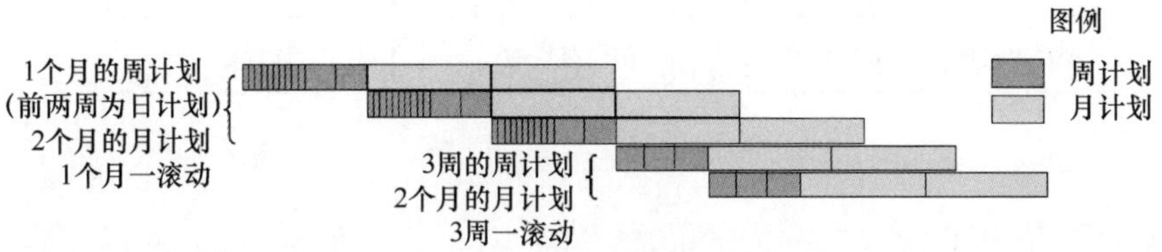

图 15.2 自定义灵活的滚动计划

时段划分到“日”是对 ERP 计划最起码的要求，按“周”划分时段会出现：如果**需用日期**是一周的第一天，而**供应到货**却是在一周的最后一天的情况。从报表上看似乎可以按周完成计划，然而实际上还是未能满足客户需用时间的要求。因此，在以周为最小时段时，应理解以一周的最后一天作为供需底线。当然，也可以不归结到周时段，按定单具体日期逐项标注。这些功能体现了计划运算的灵活性，是 ERP 产品必须具备的功能。绝对不要将“旬”作为时段，因为不同旬的工作日是不等的，有的包含周末或假日，不利于编制均衡计划。

当前，不少 ERP 产品已经能够做到最小时段为小时甚至分钟，以满足各种行业（如一个班内品种变化极其频繁或流程行业自控系统按分秒采集数据的生产类型）的不同需求，这对车间排产尤其重要。

有了时段的概念，才能实现优先级计划，合理利用有限的内、外部资源，保证生产均衡有序，提高企业合同交付的履约率和企业信誉。

15.2.3 时区与时界

信息化管理虽然能够迅速响应市场的变化，但也要保持生产计划相对稳定（尤其是近期），在车间层，装配车间更需要有稳定的计划，以利于生产正常运行。ERP 的核心功能是计划与控制，为了控制计划，特提出时区与时界的概念。

ERP 系统在处理针对出厂产品的主生产计划（MPS）的过程中，把产品的计划期划分成 3 个时间区段，称为时区（Time Zone）。如果要修改计划，则先要看看是落在哪个时区，要分析计划变动带来的影响和代价，建立规范化的计划变动审批程序，以保持计划的相对稳定。时区与时区之间的分界线称为时界（Time Fence），如图 15.3 所示。

	起点 ≥总装提前期 →	需求时界 ≈累计提前期（加工/采购） →	计划时界
时区	1	2	3
时段	1 2 3	4 5 6 7 8 9	10 11 12 13 ……
需求依据	合同	合同及预测的取舍	预测
定单状况	下达	下达及确认	计划
计划变动难易	难、代价极大	ERP系统不能自动更改 必须人工干预 改动代价大	ERP系统可自动更改
变动审批权	公司级经理	部门级经理	计划员

图 15.3　时区与时界

1. 需求时界

近期第 1 时区的长度一般相当于或不小于产品加工提前期中的总装提前期，图例是 3 个时段。第 1、2 时区之间的分界日期称为“需求时界”（Demand Time Fence，DTF），在需求时界至“起点”的各时段，由于计划接近完成，零部件已加工完毕，产品已经在装配车间进行总装，如果计划变动会造成极大的混乱和严重损失，一般不允许在这个时区内变动计划。

2. 计划时界

第 2、3 时区之间的分界日期称为“计划时界”（Firm Planned Time Fence）。在“计划时界”至“起点”的各时段，零件正在加工或已加工完毕，计算机系统不能自动更改计划，以防止系统自动调整给正在执行的计划造成混乱。如有变动必须经主管计划员判断后确认，体现计划要以管理人员为主的精神。

对第 3 时区各时段，即图 15.3 中计划时界以外的时段，需求如有变化，由于还没有进入累计提前期的范围，计划还没有下达，所以运行系统时允许自行修订计划，不受约束。

计划时界至“起点”的时间长度，即 1、2 时区长度之和的默认值相当于“累计提前期”，但可以根据管理和控制的要求适当增减，覆盖自动生成的默认值。

由于系统在这个时界内不能自动变动计划，有些 ERP 产品的设计会把计划时界以内出现的短缺在计划时界以外显示需求计划量，主生产计划员在确认时要特别注意系统提出的警示。

由于某些产品的累计提前期较长，有文献提出可以进一步再划分为几个“子时区”，如子时区 A 和子时区 B，把已经占用能力资源的加工定单和已经下达的采购定单的时段单独列出，在审批计划变更时，可以分别分析各子时区更改计划的代价，如图 15.4 所示。

要注意，MPS 是针对独立需求件（产品）的，而每一种产品的总装提前期和累计提前期都是不同的，但是它们所使用的工作中心又是共同的，确定时界时要按不同的产品组分别考虑，这是一个涉及企业管理业务的规则问题，有很大的主观能动性。例如，需求时界一般不小于总装提前期，但是计划时界根据主生产计划员的管控需求，可以设置为大于、等于或小于累计提前期。

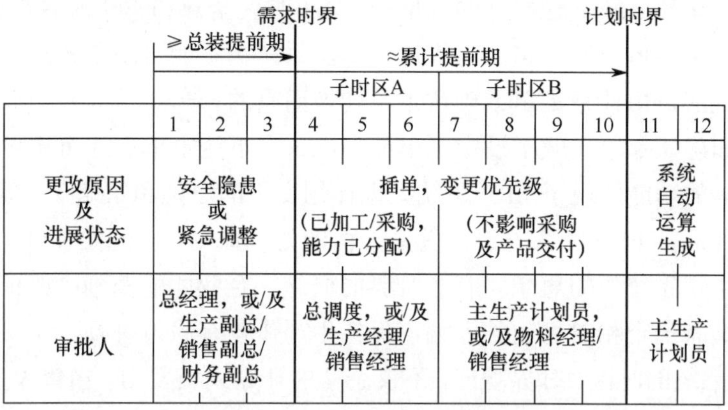

图 15.4　子时区示意图

资料来源：John F. Proud，*Master scheduling: a practical guide to competitive manufacturing*. John Wiley & Sons, Inc, 2007。

15.2.4　时区与定单状态

在不同的时区，定单的状态是不同的，处理的方式也是不同的。定单有以下 3 种状态。

1. 计划定单

在第 3 时区，各种需求定单是由系统按照 MRP 正常逻辑自动运算生成的，这时的定单状态是系统"建议"的，是根据销售或预测要求的信息，还需由计划员进一步确认或做必要的调整后才能真正生效，称为"计划定单"（Planned Order）状态。

2. 确认定单

在第 2 时区，系统生成的具有建议性质的计划定单往往是不能直接应用的，必须经过能力平衡，由主生产计划员核实或对一些计划参数做必要的合理修订（如更改额定的提前期，调整定单的批量或将一个定单拆分为多个，将加工件临时改为外购件，或更改安全库存和批量的默认值等），在物料、能力、数量和时间上都没有问题以后，再对计划定单加以确认，形成确认定单后方可下达。这时的定单状态是"确认"状态，称之为"确认定单"（Firmed Planned Order，直译为"确认的计划定单"）。根据 APICS 的定义："确认"的作用是"一种覆盖系统正常逻辑的工具"。换句话说，"确认定单"就是在基于默认数据（正常逻辑）的"计划定单"的基础上，认定或调整后形成的定单，在 ERP 产品的"定单状况"栏目中设置。

运行 MRP 不能变动确认定单的完工日期、下达日期、定货数量，也不允许其他计划定单进入已被冻结的时段。换句话说，为了减少运算 MRP 时因任何微小变化而引起计划过度波动，给基层生产造成混乱，设定 MRP 运算逻辑对确认定单不起作用。

但是，ERP 产品应允许确认定单恢复为计划定单，给计划工作提供更大的灵活性。

3. 下达定单

凡是经过确认并已经下达执行的定单，即第 1 时区全部和第 2 时区部分定单，是“下达定单”（Released Order）状态。对下达定单，系统更不能自动更改。下达定单通常是通过一个打印程序，由计划定单或确认定单转换而来的。

计划定单和确认定单一般不设定定单编号，只有下达定单后才有定单编号。

时区和时界的功能体现了 ERP 系统处理计划变更的原则和策略——既编制计划，又控制计划，也体现了 ERP 在人与系统关系方面的处理原则——既要保证系统的灵活性，又要贯彻“人主宰系统”的思想。有了时界的概念，企业才能做到：既保证对市场变化的快速响应，又有一个相对稳定的计划，保持生产作业有序地进行。

对于 ERP 系统的时区、时界功能，不仅企业的计划人员要用，**销售人员也必须重视**。在与客户洽谈时，要考虑后方的计划执行状态，前方的工作不能随便给后方工作“添乱”；反过来，只有后方能够提供充分保证，前方的承诺才能可靠地落实。这对保证企业的信誉度、提高客户的忠诚度都是非常重要的。美国通用汽车公司的一位销售经理说得好：“我们答应客户的，就一定要做到；我们做不到的，就不能轻易许诺。这是关系到我们公司信誉的原则大事。”企业经营中，经常会出现销售员先把单子拿了，以完成自己的定额指标为目标，至于定单能不能完成，那就是另外一回事了的现象。其实在 ISO 9000 中已经要求合同必须经过评审，向客户承诺的必须是可行的。因此，上了 ERP 系统后，如何考核销售员将是一个新的课题，销售洽谈合同的流程也应重新审定。

时区 3 对不同的需求响应策略（见第 11 章）的意义不同，尤其对于需求不是预测的情况，每个定单都经过合同评审程序后确认，如 ETO（定单设计）和部分 MTO（定单生产）类型就没有预测和计划定单状态。但是需求时界以内的时区 1，为了控制总装计划稳定执行，对所有类型都是同样重要的。必须保证时区 1 内的计划稳定，不要轻易变动。

企业在 ERP 产品培训阶段，要注意学会灵活运用 ERP 的计划功能，这里只能做些原理介绍（读者可能一下子还不能深刻领会）。

15.3 5 种作业时间

为了缩短交货期，必须缩短提前期。为了分析提前期中哪些部分是可以压缩的，哪些是难以压缩的，要进一步细化加工提前期，每一道工序都可分解为 5 种作业时间，即排队（Queue）、准备（Set-up）、加工（Run）、等待（Wait）和传送（Move）时间。图 15.5 所示为以加工提前期中某道工序为例来说明 5 种作业时间。

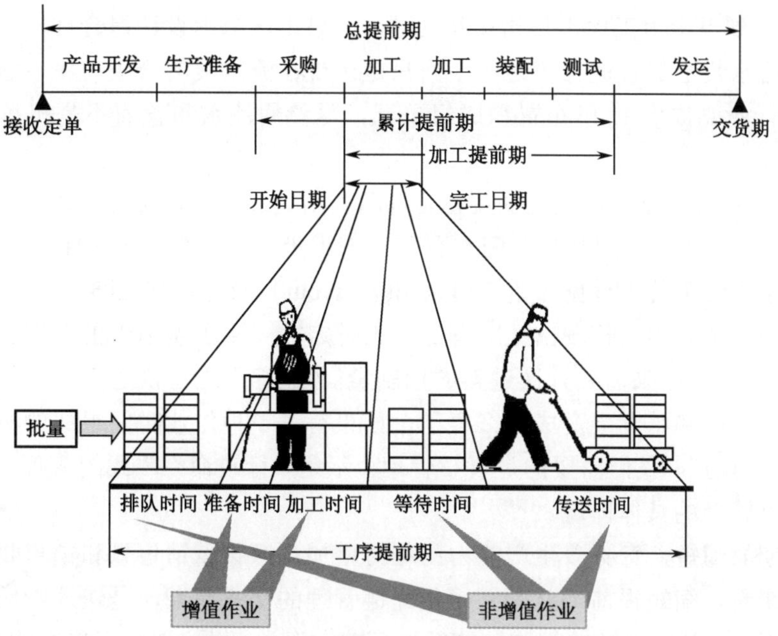

图 15.5　提前期与加工作业时间

图 15.5 中，准备时间和加工时间通常是必要的生产时间，在我国传统的劳动定额里分别称为“准终时间”和“机动时间”。物料或零件在这段时间里改变了形状或性能，发生成本并增加价值，属于**增值作业**。而排队、等待和传送时间不会改变物料或零件的价值，但却因为占用了库存资金同样增加了成本，属于**非增值作业**。如果想缩短加工提前期，就应当从压缩或消除这 3 类非增值时间入手加以分析。据统计，在离散型制造业，准备时间与加工时间之和往往不到加工提前期的 5%～10%，所以说，压缩非增值作业的潜力是非常大的。

准备时间不改变物料的形态，严格地讲似乎是不增值的，但它却是不可缺少的，即不能为零。在图 15.5 中虽然把它和加工时间一起划在增值作业，但是也要注意设法压缩。设想，若在一个作业班次里多加工一些品种以加快库存周转，则品种频繁更换势必增加准备时间。为了减少准备时间，使一个班次里有充足的时间用于加工，一般采取两种措施：

- 运用成组技术，把工艺相同或相近的零件，按减少准备时间的原则依次加工，在 ERP 系统中通常用对零件设置反映工艺加工特点的“成组码”来实现。
- 改进工艺装备设计，采用定型化、标准化，缩短更换工艺装备的时间，在不影响加工进行的情况下做好准备工作等，这些都是**工业工程**的范畴。ERP 系统可以显示各种作业时间，但不会自动缩短作业时间，缩短提前期要靠工业工程师，要靠人的作用。

这 5 种作业时间都与投产批量有关，因此，减少批量，尤其是减少传送批量，即不等全部完成就分批向下道工序传送，可以减少排队等待时间。对流水线生产而言，每完成 1 件就传送到下一道工序，传送批量为 1，如果生产节拍设计得合理，排队和等待就不会出现在流水线上的各道工序之间，而只是出现在流水线的一头一尾。这也是为什么在机械制造行业要提倡 U 形布置和成组单元，尽量用流水布置而不是机群布置的原因之一。

实施 ERP 系统可以使计划更加周密，资源利用更加合理，因而有助于减少排队时间和等待时间。但是传送时间却与车间布置和运输手段有关，不是靠 ERP 系统能够减少或压缩的，属于**工业工程**“设施布置”（Facility Layout）专题内容范畴。

我国有一家企业的厂长发出把所有加工工时定额一律压缩 10%的号召。“上有政策，下有对策”，工人把原来需要几次进刀的切削量，“压缩”为一次进刀，工时是压缩了，但是天晓得光洁度和精度会变成什么样子。如果有了 5 种作业时间组成的概念，就不会硬性地搞“一刀切”。我们需要的是科学管理，不是“行政命令”式的管理，而 5 种作业时间正是科学管理的具体体现。

加工周期的缩短，意味着生产能力的相对增加，意味着销售量和销售收入的增加。从战略高度来看，缩短提前期就是缩短供需链管理的交货周期，是快速响应市场需求变化的必要前提，也是实现敏捷供需链的重要环节。总之，提前期会直接影响在制品数量、现货量和计划周期，因此要重视提前期数据的准确性。

这里再一次说明，用好 ERP 系统不是单纯的 IT 或技术问题，对制造业来讲，在许多场合都会用到工业工程的知识和方法。因此从事制造业信息化应用的复合型人才，除了熟悉管理和信息技术应用外，还应当具备一些工业工程的基本知识。

本节只是简要地介绍了 ERP 计划的时间概念，有助于对以下章节的理解。关于 5 种作业时间，我们在 17.3.3 节“加工提前期的作业时间”会进一步详细讨论。

第 16 章

ERP的物料计划

计划与控制是ERP的核心功能，它统一协调、指导企业的各项经营生产活动。

如果把企业比喻成一个人体，企业的经营战略相当于人的大脑，推陈出新的产品相当于它的血脉，生产设施和能力资源相当于它的肌肉骨骼，而牵动人体各部位协调活动的神经系统就是计划与控制。这个比喻形象说明了计划与控制在企业经营生产活动中的地位和作用，也说明了它与企业经营目标、产品和资源的关系。

ERP的计划与控制系统基本上延续了使用了几十年的成熟的MRP Ⅱ计划系统，并在以下两个方面取得突出的发展：

- 销售与运营规划（S&OP）的普及应用；
- 基于约束理论和业务规则的先进计划与排产（APS）的应用。

16.1 计划与控制

计划与控制是ERP系统的核心功能，两者密不可分，没有反馈计划执行的信息并加以控制，计划会落空，所以ERP运行流程必然是闭环的。

计划的作用是：

（1）使企业的产出（包括产品和服务、数量和时间）满足市场和客户的需求。

（2）提供设计图纸、材料、装备、人力需求数量和需用时间信息。

（3）有效地利用企业的各种资源，协调各部门运作，合理组织各类产品生产。

（4）使投入能以最经济的方式转换为产出。

控制的作用是：使计划执行的结果不超出允许的偏差范围，也就是客户或市场对产出数量、时间和费用上能够承受的偏差，同时把执行情况反馈给计划编制部门，实时掌控与应变，完成信息闭环。

ERP是掌控整个供需链计划的信息化管理系统，内部集成虽然仅针对一家企业内部的计划与控制，但它却是整个供需链计划与控制的核心组成。抓住计划与控制这条主线，就像人的神经系统一样，协调企业各项经营生产活动以实现企业的经营战略目标。

计划与控制和各项核心业务的关系请参见图 1.5“制造业的核心业务”。

16.2 ERP 的计划层次

ERP 内部集成计划与控制子系统继承了 MRP Ⅱ系统的主线，包括对物料和资金的计划与控制。就物料计划与控制而言有 5 个层次，其中，计划层次 4 个，即经营规划、销售与运营规划、主生产计划、物料需求计划；第 5 个层次是执行层次，涉及企业内部资源的是生产作业控制，如表 16.1 所示（生产作业控制将在第 18 章详细讨论）。采购作业虽同属执行层，但它所涉及的是企业外部资源，企业只能实时掌握供应执行情况，必要时只能调整计划但无法控制，所以未在表 16.1 中出现，我们将在第 20 章中单独讨论。

划分这么多层次的目的是体现计划管理由宏观到微观、由战略到战术、由粗到细的深化过程。经营规划是企业的战略规划，各个层次都必须满足经营规划的战略要求，同时又必须做到供需平衡，使计划积极可行。划分层次还有一个目的是明确责任，不同层次计划的制订或实施由不同的管理层负责，评价 MRP Ⅱ实施业绩时，不同管理层次要对各自的计划实现率负责。

在对市场需求的估计和预测成分占较大比重的阶段，计划内容比较粗略，计划跨度也比较长。一旦进入需求信息比较具体的阶段，计划内容就比较详细，计划跨度也比较短，处理的信息量大幅增加，计划方法与传统手工管理的区别也比较大。从高层次向低层次的过程是计划管理由宏观到微观、由粗到细的**计划流程**。

在 5 个层次中，经营规划和销售与运营规划属于宏观规划阶段，主生产计划是从宏观向微观过渡的层次，物料需求计划是微观计划的开始，是具体的详细计划，而生产作业控制或车间作业控制是进入执行并控制计划的阶段。通常把前 3 个层次称为主控计划（Master Planning），说明它们是制定和实现企业经营战略目标的计划层次。

企业的计划必须是现实和可行的，否则，再宏伟的目标也没有意义。任何一个计划层次都包括需求和供应两个方面，对制造业而言主要是物料计划和能力计划。每个层次进行不同深度的供需平衡，并根据反馈的信息，运用系统提供的模拟方法加以调整或修订；只有经过供需平衡的可行计划，才可以传递到下一个计划层，使下达的计划都是积极可行的。

每个计划层次都要回答以下 3 个问题：

（1）生产什么？生产多少？何时需要？也就是物料品种、数量和需用期。

（2）需要占用多少能力资源？

（3）供需有无矛盾？如何协调？

表 16.1 ERP 内部集成计划与控制层次

<table>
<tr><th rowspan="2">阶段性质</th><th colspan="2">计划层次</th><th rowspan="2">计划期</th><th rowspan="2">计划时段</th><th rowspan="2">复核间隔期</th><th rowspan="2">主要工作内容</th><th rowspan="2">主要计量单位</th><th rowspan="2">资金计划</th><th rowspan="2">主要编制依据</th><th rowspan="2">能力计划</th><th rowspan="2">主持人</th><th rowspan="2">ERP 产品功能</th></tr>
<tr><th>名称</th><th>对应习惯叫法</th></tr>
<tr><td rowspan="2">宏观计划</td><td>经营规划</td><td>5 年计划</td><td>3～5 年</td><td>年</td><td>6～12 个月</td><td>经营战略
产品发展
市场占有率
销售利润率
基建技改措施</td><td>元</td><td>预算
成本
销售利润率</td><td>市场分析
市场预测
技术发展</td><td>企业资源：
资金
人才
关键材料
能源
面积</td><td>高管团队
会同
营销
研发
生产
物料
财务</td><td>不包括</td></tr>
<tr><td>销售与运营规划（S&OP）</td><td>无对应，
近似厂务会议</td><td>1～3 年</td><td>月</td><td>月</td><td>产品系列的品种、数量、成本、售价、利润
控制库存量/拖欠量
供需平衡</td><td>元/吨或元/台</td><td>销售收入
资金周转</td><td>经营规划
销售预测</td><td>资源需求计划</td><td>同上</td><td rowspan="4">ERP 产品应具备的功能</td></tr>
<tr><td rowspan="2">微观计划</td><td>主生产计划（MPS）</td><td>无对应，近似销售计划</td><td>3～18 周</td><td>滚动</td><td>周～季</td><td>独立需求件
最终产品</td><td>台或件</td><td>销售收入</td><td>S&OP
合同预测
其他需求</td><td>关键工作中心
粗能力计划
（RCCP）</td><td>主生产计划员</td></tr>
<tr><td>物料需求计划（MRP）</td><td>无对应，
加工计划及采购计划</td><td>3～18 周</td><td>时～周</td><td>日～周</td><td>相关需求件
加工件
采购件</td><td>件吨米</td><td>预算
成本</td><td>MPS
产品信息
库存信息</td><td>能力需求计划
（CRP）</td><td>主生产计划员或分管产品的计划员</td></tr>
<tr><td>执行</td><td>生产作业控制（PAC）</td><td>车间作业控制</td><td>日～周</td><td>时～日</td><td>时～日</td><td>核查/执行计划，
确定工序优先级，
派工单，完工报告</td><td>件吨米</td><td>控制成本</td><td>下达定单</td><td>投入任务量
实际产出量
分析</td><td>计划员</td></tr>
</table>

换句话说，每一个层次都要处理需求与供应的矛盾，平衡需求与供应，做到计划既积极可行，又不偏离经营规划的目标。上层计划是下层计划的依据，下层计划要符合上层计划的要求。如果下层计划偏离了企业的经营规划，即使计划执行得再好也是没有意义的。整个企业遵循和集成在一个统一的计划下，即所谓“一体化计划”（One Plan），既有宏观计划与微观计划的统一、产品发展规划与经营规划的统一，又有销-产-供计划的统一、物料与资金计划的统一或业务与财务的统一，这是 ERP 计划与控制的核心精神。

ERP 各层次能力计划的主要作用是验证下达计划的可行性，能力具有“供应”的属性；能力计划的目的是验证并落实供需平衡，有一定控制的性质，但最后真正的控制是在执行层，要保证计划保质保量地按期实现，如有异常情况，应反馈到计划层修订计划。

16.3 经营规划

企业的计划是从长远战略规划开始的，这个战略规划层次在 ERP 系统中称为经营规划（Business Plan）或企业规划。经营规划要确定企业的经营目标和策略，为企业长远发展做出规划，并制订关键业绩指标。

把经营规划作为计划与控制的最高层次，说明 ERP 内部集成系统对企业经营战略的重要性高度重视，所有业务活动都必须服从于企业的经营战略，企业的信息化战略也必须支持和服务于企业的经营战略。

经营规划主要包括以下内容。

（1）市场定位及产品研发方向（包括对知识产权、环保安全、各国家/地区的法规条例等方面的关注和落实）。

（2）新产品上市周期、预期的市场占有率及产品的生命周期。

（3）营业额、销售收入、利润、资金周转次数、销售利润率和资金利润率（ROI）等各项经济效益指标。

（4）长远发展和能力规划、技术改造、企业扩建或基本建设及相关的财务预算。

（5）为实现战略目标进行必要的员工培训，建立职工队伍建设规划。

企业经营规划的目标通常是以货币或金额来表达的。这是企业的总体目标，是其他各层计划关键业绩指标（Key Performance Indicators，KPI）的依据。所有各个层次的计划，都只是对经营规划的进一步具体细化，不允许偏离经营规划。

经营规划在企业最高管理层主持下会同市场营销、产品研发、生产、计划、物料、技术及财务各部门的负责人共同制定。在执行过程中如果发生意外，下层计划人员只有反馈信息的义务，没有变更经营规划的权限，变更经营规划只能由企业最高决策层决定。由于经营规划的复核间隔期较长，数据集成和处理工作量也相对较少，因此一般 ERP 产品都不包括经营规划子系统相应的功能，但它却是运行 ERP 计划系统的依据。经营规划要求的资金目标将作为 S&OP 层次预期销售收入的依据。

16.4　销售与运营规划

销售与运营规划（Sales and Operational Planning，S&OP）是 ERP 计划系统的第 2 个计划层次。按照早期《MRP Ⅱ标准系统》的解释，它的作用是为了使企业的产品系列生产大纲能够体现企业经营规划的要求，系统应当有一个把经营规划的**金额转换为产品数量的计划层次，销售收益必须满足金额目标**。

早期的 MRP Ⅱ流程中是分为销售规划与生产规划（或产品规划）两个层次的，由于它们之间有不可分割的联系，故后来合并成一个层次。但是，许多 MRP Ⅱ产品都没有 S&OP 功能，只是在进入 21 世纪以后，S&OP 才日益受到重视。Oliver Wight Co.调查的一些美国制造业中，采用不同形式的 S&OP 系统的企业在逐年增长：1994 年增长 17%，1999 年增长 76%，2000 年增长 85%。调查中还发现七成以上的调查对象虽然采用了 S&OP 流程，但并没有使用专用的软件，说明一些 ERP 产品还没有提供完善的 S&OP 程序。Comsumergoods 介绍，采用 S&OP 系统最多的是生活消耗品制造业，说明 S&OP 在现货生产（MTS）类型的制造业中应用较为广泛，且多数是市场、销售、供应链和财务业务的协调和集成。

下面先看一些经典文献对 S&OP 的定义。

16.4.1　销售与运营规划的定义

S&OP 虽然是一个计划层次，但它不是由计划部门单独完成的。它属于宏观决策层（请回顾图 5.1“MRP Ⅱ的逻辑流程图”），是一个由高管团队主持、综合各个核心业务（包括营销、产品研发、生产、采购、库存、财务等），使之协调一致符合经营规划的决策层次，也是一种定期评价企业战略执行情况和业绩的计划层次。它的计划期通常是 1~2 年，但是每个月又必须核查的重要业务流程；它不仅要下达计划，更重要的是还要从企业宏观和全局的视角，定期检查和控制计划的执行，了解各种变化对财务目标的冲击，并根据实际情况不断及时修正，保证年度经营目标能按预期完成。同时，为提高客户服务质量，需要做好供需平衡，指导下个月的工作。

Oliver Wight Co.对 S&OP 的要求是：“**销售与运营规划的目的是要得到一个协调一致的单一运作计划，使得所有关键资源，如人力、能力、材料、时间和资金都能有效地利用，用能够获利的方式满足市场的需要。**”

APICS《词汇》对 S&OP 比较完整的定义是：

“S&OP 是供高层管理人员从战略高度指导经营业务的一种程序，它把面向客户的全部产品的市场营销规划与管理供需链集成起来。这个流程把各种业务（如销售、市场、产品研发、制造、外协和财务）计划归纳到一套集成计划中。企业至少每月召开一次会

议，在产品系列层次研究讨论 S&OP。这项程序必须做到使需求、供应和新产品投入等计划在综合计划层与详细计划层保持一致，同时又符合经营规划要求。它是企业近期和中期计划的权威性文件，其计划期长度要能足以支持企业的资源规划并支持企业年度经营规划。通过业绩评价和不断改进，正确执行 S&OP 是集成战略规划和战术计划的必要手段。”

当前，国外许多公司把 S&OP 看成一种集成业务管理的系统（Integrated Business Management，IBM）或集成业务计划系统（Integrated Business Planning，IBP）。其主要目的是：

- 高层管理人员能够掌握当需求、供应、产品、项目计划有任何变动时对财务的影响；
- 当计划执行情况不能完成经营规划的战略目标时，能引起高层管理人员的高度关注；
- 高层管理人员通过业务业绩评价，做出正确的战略、战术和财务决策。

每家企业在不同时期运行 S&OP 的侧重点会有区别，不同 ERP 产品的 S&OP 子系统成熟度和功能也有区别，要注意数据来源的集成度，有满足个性化需求的友好界面，易于使用和扩展。

16.4.2 销售与运营规划的特点及作用

企业的预算和计划往往是由几个部门分别制定的，S&OP 的作用就是要提出一个集成和协调一致的统一计划，作为企业各个业务部门行动的依据。

S&OP 是一个战略决策流程，有 3 个特点，并由此决定了必要的参与人员：

- 核查各项业务的战术级计划是否与企业的经营战略规划保持一致，企业资源是否得到有效和充分利用，并依据形势的变化做出新的决策。由于涉及实现战略的问题，所以必须由**企业高层管理人员主持**。
- 分时段全面平衡需求与供应，并评价修订供应与需求对财务的影响。一般由**计划部门具体操办**。
- 制订出一个各部门统一目标和协调一致的计划，使企业的有限资源得到合理应用，**所有相关业务部门负责人都必须参加**。

因此，S&OP 必须由企业总裁主持，会同各高层经理及中层经理一起协调计划，以满足企业的经营规划要求。检查月度计划的执行情况，并编制今后 12～24 个月的计划。要讨论预算、促销活动、新产品导入等影响企业经营规划的各项因素，保证企业所有部门的运作都与经营规划保持一致，打破部门分割，加强全局观念，保证以最有效和经济的方式，合理利用企业的有效资源，支持经营规划。

国内一些企业开厂务会议，由于没有 ERP 系统提供集成信息和模拟功能，因而在规划的内涵和目标、手段和方法等方面无法做到 S&OP 要求的深度。

国外使用 S&OP 系统的企业，一般都设一个不代表任何业务部门局部利益的 S&OP

协调员（Coordinator）岗位，负责事先整理好数据和需要研究的问题，为 S&OP 审议会议做准备。对应国内情况，S&OP 协调员的角色很可能相当于“总经理助理”。

一些原始需求信息可以通过客户关系管理（CRM）系统提供，一些分析执行情况的信息可以通过商务智能（BI）系统提供；S&OP 决策流程必须依据可靠、准确和实时的数据。

每一个部门都要知道其他部门的制约因素，同时又要千方百计地减少本部门的制约因素。其中，最关键的是销售和生产两个部门，对现货生产（MTS）类型，销售要向生产部门提供准确的需求信息，而生产部门要在能力平衡的前提下满足定单的要求；对定单生产（MTO）类型，销售部门要保证生产部门有足够的提前期，而生产部门要保证产品在提前期内能够完成并交付。

销售与运营规划（S&OP）的作用是：

（1）把经营规划中用货币表达的目标转换为用产品系列的产量来表达，也就是说，每个月生产哪些产品，销售多少，才能实现全年的经营规划，即把销售金额通过产品数量落实下去。

（2）制订一个均衡的月产率，以便均衡地利用资源，保持稳定生产。因为需求往往是有起伏的，而生产能力却是有限和稳定的，为此要制定合理的库存水准，使之既保持生产稳定，又满足变动的需求。

（3）控制拖欠量（对 MTO 类型）或库存量（对 MTS 类型）。

（4）作为编制主生产计划（MPS）的依据。

S&OP 采用的时段一般为月，各个时段的销售规划不一定和生产规划完全一致。例如，销售规划要反映季节性需求，即使各月销售量有大幅度的波动，但只要完成季度的销售指标就能保证全年的销售额也是正常的。而生产规划受生产能力资源的限制，希望最好每周甚至每天的生产量都是均衡的，要考虑能力的限制和均衡生产。在不同的需求响应策略环境下，生产规划的侧重点也不同。对现货生产（MTS）类型的产品，生产规划受平均能力制约，在确定月产率时，要考虑已有库存量。如果要提高成品库存资金周转次数，年末库存水准要低于年初，那么生产规划的月产量就会低于销售规划的预测值，不足部分用多余库存量来弥补，如图 16.1 所示。

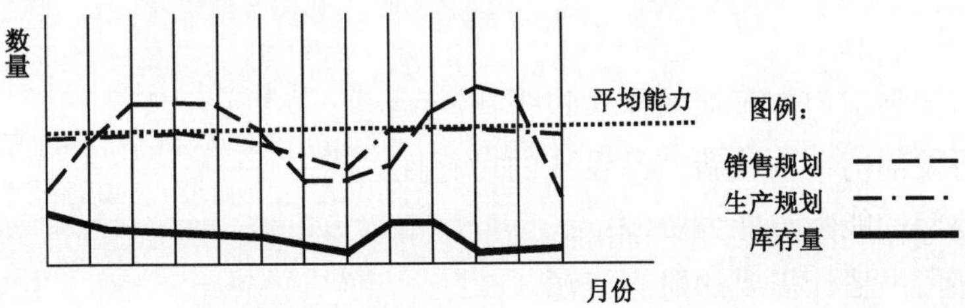

图 16.1　季节性销售与生产及库存

有些类型的产品，如制冷设备（空调、冰箱），从全球市场着眼，是有可能避免季节性波动的。例如，北半球是入冬淡季时，可以打入南半球的市场。

对定货生产（MTO）类型的产品，生产规划要考虑未交付的拖欠定单量（Backlog），如果要减少拖欠定单量，那么生产规划的月产量要大于销售规划的预计销售量。

16.4.3 销售与运营规划及主生产计划的区别

能不能直接运行主生产计划（MPS）而跳过 S&OP 呢？对这个问题我们不妨看一下两者之间的区别，如表 16.2 所示。

表 16.2 S&OP 与 MPS 的区别

对 比 项	S&OP	MPS
处理问题	销售额、产量与战略规划的关系	产品搭配
计划目的	开拓市场，实现企业战略目标	完成合同/订单
详尽程度	综合计划	详细计划
计划目标	协调企业主要业务部门计划	落实生产/采购计划
相关部门	市场/计划/研发/销售/生产/采购/库存/财务	计划为主
报表	产品系列	最终具体产品
计划时段	月或季	日或周
生产考虑	产出率	优先级
责任主持人	总经理	中层经理

S&OP 是一个战略级的规划，离开了战略规划，战术计划会失去可靠的依据，甚至失去目标和方向。S&OP 要协调各个业务部门和关键资源的利用，只有经过协调与平衡的计划才是切实可行的。因此，有必要重视和认真研究这一个计划层次。

16.4.4 销售与运营规划的编制

计划必须既现实又灵活，为了做到这一点，所有支持 S&OP 的信息必须可靠、可信和易于获取。几乎所有的 S&OP 流程都遵循“计划、评价、检查和改进”这样的循环周期。S&OP 的两个最关键的作业是编制需求计划（销售额）和供应计划（产品系列的产量）。所有的需求和供应计划除在有例外情况下需要每周核查外，一般都是每月核查一次，同步协调各个业务部门的工作。

S&OP 的输入项如下。

- 市场与销售部门：预期的需求报告；
- 产品研发部门：确认新产品设计的可行性；
- 生产部门：能力与能力资源；
- 财务部门：估计需要的财务资源。

S&OP 的输出项如下：

- 销售计划（由市场与销售部门负责）；
- 新产品开发计划（由设计部门负责）；

- 供应计划（由生产部门负责）；
- 预算计划（由财务部门负责）；
- 预计拖欠量（由总经理决策）；
- 预计库存量（由总经理决策）。

下面用一个简化的例子说明销售规划与生产规划的关系，如表 16.3 所示。

表 16.3 销售规划与生产规划

销售规划（现货生产，3 种产品系列 A、B、C）

产品系列	月销售额（按销售成本计￥000）												合计
	1	2	3	4	5	6	7	8	9	10	11	12	
A	16	15	15	15	15	14	14	14	14	16	16	16	180
B	20	18	18	18	18	15	15	15	15	20	20	20	212
C	5	5	5	5	5	5	5	5	5	5	5	5	60
合计	41	38	38	38	38	34	34	34	34	41	41	41	452

产品规划（以产品系列 B 举例）

产品系列 B			1	2	3	4	5	6	7	8	9	10	11	12	合计
销售规划	￥（000）		20	18	18	18	18	15	15	15	15	20	20	20	212
	台		200	180	180	180	180	150	150	150	150	200	200	200	2120
生产规划	￥（000）		19	18	17	17	17	17	14	15	17	18	18	20	207
	台		190	180	170	170	170	170	140	150	170	180	180	200	2070
库存规划	台	200	190	190	180	170	160	180	170	170	190	170	150	150	（50）
	周转次数		11.7	11.4	12	12	12	10	10.5	11.8	11.5	14.1	16	16	—

此例是现货生产（MTS）环境下的报表示例，通过减少生产规划的产量，控制年末库存量，在消耗 2120 −2070 = 50 台库存的同时又满足销售规划，使库存周转次数由年初的 11.7 提高到年末的 16，提高了 36%。为简化起见，表中仅列出产品系列 B 的计划数字，省略了实际及偏差数字。

表 16.3 中周转次数指成品的库存周转次数，计算方法如下：

$$\text{成品库存周转次数}=\frac{[(\text{本时段销售额}+\text{下两个时段计划销售额})/3]\times 12}{\text{本时段限有库存值}}$$

和销售与运营规划相伴运行的能力计划是资源需求计划（Resource Requirements Planning），将在第 17 章“能力计划与排产”中讨论。

总之，在计划与控制系统中，如果仅仅运行 MPS/MRP，只是涉及几个与物料相关的业务，仅仅做到需求与能力的平衡，因此有一定的局限性。还需要一个由高管主持，综合各个核心业务，做到全面协调与平衡，同时又要符合经营规划的战略要求，实现企业的销售收入和利润的目标。新产品上市的时机，关系到产品生命周期、竞争环境、市场客户需求、企业效益新增长点等方面的因素，需要定期研究。

S&OP 关注的重点主要是：**战略目标**、**市场需求**、**新产品**投入时机和**供应** 4 个方面。

16.5 主生产计划

16.5.1 作用与意义

主生产计划（Master Production Schedule，MPS）在 ERP 计划系统中是一个重要的计划层次，是传统手工管理没有的新概念。它根据客户合同和预测，把销售与运营规划中的产品系列具体化，确定出厂产品，使之成为展开 MRP 与 CRP 运算的主要依据，起到从**宏观**计划向**微观**计划过渡的承上启下的作用。

主生产计划又是联系市场、主机厂、配送中心及销售网点（面向企业外部的**需求**）和生产制造及采购（面向企业内部及向供方外延的**供应**）的桥梁，使生产计划和能力计划符合销售计划的优先顺序，并适应市场需求的不断变化而适时调整。同时，主生产计划又要向销售部门提供生产和库存信息，提供可供销售量等信息，作为销售部门和客户洽商的依据，起到了沟通内外的作用，如图 16.2 所示。

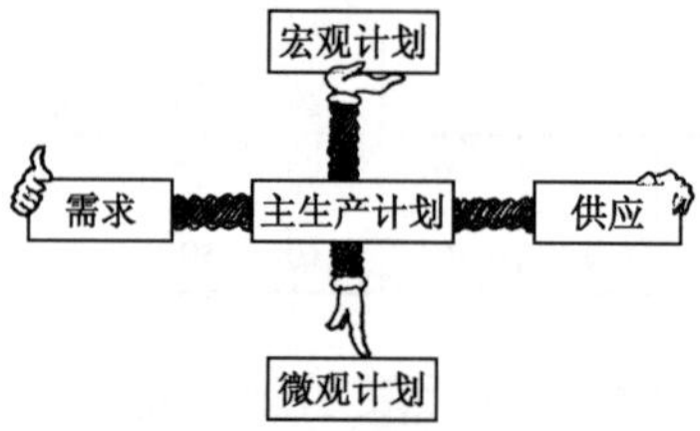

图 16.2 MPS 的重要作用

总之，主生产计划在 ERP 计划系统中的位置是一个上下内外交叉的枢纽，其地位十分重要。它要解决如何既满足销售定单的要求，又均衡生产以保证供应的要求的问题。

主生产计划运行时要相伴运行粗能力计划（见 17.4 节“粗能力计划”），只有经过按时段平衡了供应与需求后的主生产计划，才能作为下一个计划层次——物料需求计划的输入信息。

主生产计划必须是现实可行的，需求量和需求时间都是符合实际的，没有夸大或缩小，关键能力也是可以满足的。它必须是一种可以执行的计划，只有可执行才是可信的，才能使企业全体员工认真负责地去完成。因此，主生产计划编制和控制是否得当，在相当大程度上关系到 ERP 计划系统的有效应用。之所以称为“主”生产计划，就是因为它在 ERP 计划系统中起着“主控”的作用。

我们强调主生产计划的重要意义是指多数普遍情况，特别是多品种小批量和有多种变型的系列产品的情况。如果企业产品的生产周期特别长，比如说在 9 个月或 10 个月以上，同时每年生产的数量又只有少数几台，那么主生产计划的重要性可能就不一定十分明显。德国的一些重型装备制造业曾采用一种“粗计划/细计划”的计划系统，主生产计划相当于这种计划系统中的矩阵粗计划，也就是负荷/能力矩阵。对流程型生产类型企业来说，因为生产设施的产能基本固定，所以往往依据产能制订计划，MPS 有时甚至会与 MRP 合并运行。

16.5.2 计划对象与方法

S&OP 的计划对象是系列产品，产品系列下有多种具体产品，是 MPS 的计划对象，通称最终成品（End Item）。最终成品通常是独立需求件（请回顾 4.1.1 节“独立需求–相关需求”）。

ERP 产品对不同的需求响应策略在基本数据设定、销售及主生产计划方面的功能是有区别的，选型时要注意。由于企业的生产类型与需求响应策略不同，最终成品的含义也不相同。企业的生产特点与 MPS 计划方法的关系如表 16.4 所示。

表 16.4 企业的生产特点与 MPS 计划方法的关系

响应策略	生产特点	工艺特点	需求信息依据	MPS 计划方法	MPS 计划对象	BOM 特点
现货生产（MTS）	大批大量	流水生产	市场 DRP 反馈补充预测	单层 MPS-MRP	最终产品	制造 BOM 计划 BOM （原材料）
定单组装（ATO）	多品种小批量	成组技术 柔性制造	基本组件通用件预测 配置产品按定单	上层 MPS/FAS 下层 MPS-MRP	最终产品 基本组件通用件	模块化 BOM
定单生产（MTO）	多品种小批量	成组技术/流水生产柔性制造	定单/预测	MPS-MRP/GT MPS-MRP/JIT/FAS	最终产品	制造 BOM 计划 BOM （原材料）
定单设计（ETO）	单件小批	数控，离散机群	定单	单层 MPS-MRP 关键路线法/关键链	最终产品	制造 BOM 计划 BOM （原材料）

（1）现货生产（MTS）通常生产的是消费流通领域直接销售的产品，MPS 的计划对象通常是 A 形产品结构中的顶层（0 层）。这类产品的需求量往往根据分销网点的反馈信息，如分销资源计划（DRP）及各商场电子收款机汇集的信息或预测来确定。

（2）定单组装（ATO）。对模块化产品结构（请回顾 13.5.6 节“模块化物料清单”），产品可有多种搭配选择，用总装计划（Final Assembly Schedule，FAS）安排出厂产品的计划，用多层 MPS 和模块化 BOM 制定通用件、基本组件和可选件的计划。这时，MPS 的计划对象相当于 X 型产品结构中“腰部”的物料，顶部物料是 FAS 的计划对象（见 16.7.1 节）。

（3）定单生产（MTO）及定单设计（ETO）的最终成品一般是标准定型产品或按定货要求专门设计的产品，最终产品是产品结构顶层的物料。

MTO 类型企业的产品类型最广，可以是大批大量，也可以是单件小批。对 JIT 生产模式而言，MPS 要与 FAS 结合应用。

对钢材生产这种类型的定单生产而言，同一种钢号的钢坯可轧制出规格繁多的钢材，这时，MPS 的计划对象可以放在按钢号区分的钢坯上（相当于 T 型或 V 型产品结构的低层），以减少计划物料的数量，然后再根据定单确定最终产品。

16.5.3 MPS 报表及其应用

1. MPS 的输入与输出

MPS 主要以出厂产品（独立需求件）为计划对象，按每个产品分别提供计划报表。报表的输入信息均来自各子系统，以体现信息集成，具体包括如下信息。

- 需求信息：销售子系统的预测和合同信息，厂际之间的定单，备品备件定单，内部破坏试验定单，分销需求计划（DRP）子系统的补库定单等。安全库存虽然参与净需求计算，但是它不属于独立需求件的“毛需求”，只是一种对不确定因素的缓冲措施。
- 物料信息：物料主文件中与计划管理和物料管理有关的信息（如提前期、需求时界、计划时界、计划员代码，以及批量、批量增量、安全库存量等）。
- 库存信息：库存子系统的独立需求件库存量信息。

经过运算，输出信息是每一种产品在未来各时段的：

- 需求量与库存量；
- 计划产出量和投入量；
- 可供销售量等。

这样的报表集成了销售、计划、库存和生产等各项业务的信息，因此，它不是计划部门单独使用的报表，而是各个相关部门实时共享的重要计划报表。

报表格式有横式和竖式两种，前者体现需求和供应的演算关系，后者体现需求和供应的对应关系，以及系统根据运行结果生成的各种提示和警告。下面分别予以介绍。

2. 横式报表

横式报表主要说明需求和供给及库存量的计算过程，见表 16.5 及 16.5.4 节中需求计算的说明。报表分表头和表体两部分，在表头中，除“现有库存量”会随时间变动，属动态信息外，其余都是静态信息。这些信息由系统集成自物料主文件，便于直接、清晰地看到关键的数据和参数。

在表体部分，预测量与合同量集成自销售管理子系统，这是运算 MPS 首先要输入的动态信息，根据设定的预测或合同取舍规则显示毛需求。系统运算后生成的中间信息有净需求量、预计可用库存量、计划接收量、计划产出量和计划投入量及可供销售量。对于同样的信息，可按管理需要设置不同的显示时段，得到不同时段的信息（请回顾图 15.1“时段设置与显示”）。

从横式报表上可以看出毛需求、预计库存量、净需求、计划投入量和计划产出量、可供销售量等信息及其运算关系。如果为了追溯需求的来源、了解加工单和需求的对应关系及出现例外情况时应采取哪些措施，就要用到竖式报表。

表 16.5　主生产计划典型报表格式（横式报表）

物料代码：	100000			计划日期：	2022/01/04
物料名称：	X	安全库存量：	5	计划员：	CS
提 前 期：	1 周	批　量：	10	需求时界：	3
现有库存量：	8	批量增量：	10	计划时界：	8

时　段	当期	1	2	3	4	5	6	7	8	9	10	11
		02/03	02/10	02/17	02/24	03/03	03/10	03/17	03/24	03/31	04/07	04/14
预测量		5	5	5	5	5	5	5	5	5	5	5
合同量		12	8		2	7	6		13	5		2
毛需求		12	8		5	7	6	5	13	5	5	5
计划接收量		10	(10)		(10)		(10)		(20)		(10)	
预计可用库存量	8	6	8	8	13	6	10	5	12	7	12	7
净需求			7		2		5		13		3	
计划产出量			10		10		10		20		10	
计划投入量		10		10		10		20		10		
可供销售量		6	2		1		4		2		8	

表 16.5 作为计算举例仅显示了 11 个按“周”划分的时段，可能仅是计算机显示屏上的一页（一个屏幕），整个计划期的完整计划可以分成多页显示，远期可采用较长时段，减少显示页数。

上述 MPS 运算的报表，对 MTS 和 MTO 类型是“定型产品”；ATO 类是经过客户选择后的一次性定制产品。至于 ETO 类型，需求完全依据合同定单，不存在取舍毛需求的问题。此时，预测只是针对供应周期长、价格较低、使用概率较大、作为储备之用的原材料。

预测和合同之间的取舍，可以有多种组合。表 16.5 所示例子中取二者之大值，表示企业对预测有信心，虽然暂时没有拿到合同，但是相信随着时间的推移，迟早会拿到合同。

如果对预测把握不大，可以只取合同值。如果已经拿到的合同不是来自预期客户群（属于一种过去未涉及的市场），而对预测（一般依据历史资料或以往的市场定位）还有把握，这类情况可以取二者之和。

总之，MPS 运算的核心是解决**需求量**，包括：

- 依据预测与合同取舍，确定**毛需求**；
- 依据毛需求、库存（包括预计接收量）和相关参数，确定**净需求**和**计划投入量**。

3. 竖式报表

竖式报表用对照的方式显示供应（定单下达状况）和需求（任务的来源，如合同、预测等）的信息，如表 16.6 所示。竖式报表的表头部分与横式报表完全相同，表体中的数据与表 16.5 也是一致的。

报表的供应部分说明加工计划的相关信息。在提示栏中，系统提示主生产计划员应注意采取的措施，如提示某项任务应提前或推迟、已脱期（提前期不足）、取消库存（由于定单取消）、补充安全库存、应予以确认或下达（否则可能脱期）等。自动“提示”是 ERP 计划系统对例外情况的处理建议，是信息化管理的一个特点。请回顾图 9.1 中的“警示”。

表 16.6 MPS 竖式报表

物料代码：	100000		计划日期：2022/01/04
物料名称：	X	安全库存量：5	计 划 员：CS
提 前 期：	1 周	批量：10	需求时界：3
现有库存量：	8	批量增量：10	计划时界：8

提示	加工单号	供给量	下达日期	到期日期	毛需求	需用日期	需求追溯	库存结余
	供 应				**需 求**			
下达	40094	10	2022/01/28	2022/02/03				18
					12	2022/02/03	合同 123	6
确认	40105	10	2022/02/03	2022/02/10	8	2022/02/10	合同 134	8
	40123	10	2022/02/17	2022/02/24	3	2022/02/24	预测	
安全库存	计划	10	2022/03/03	2022/03/10	2	2022/02/24	合同 141	13
	计划	20	2022/03/17	2022/03/24	7	2022/03/03	合同 156	6
					6	2022/03/10	合同 167	10
	…	…	…	…	…	…	… …	

提示的种类有（例外信息与采取措施）：提前，推迟，确认，下达，取消，提前期不足，补安全库存等

如果在计划时界以内，运行了禁止系统自动更改的计划，系统会在计划时界以外显示运行后变更的数据，并在提示栏中提示。

在加工单号栏，对已下达和某些确认定单标出定单编号；未下达定单虽然没有定单编号，但应标明定单的状态，如计划、确认等。

报表的需求部分说明需求量和需求的依据，如果是合同则标明合同号，不是合同则说明其他需求来源，如预测，从而起到一个追溯计划依据的作用。当能力不足或计划不能完成时，如果看到需求的依据是预测，就可以忽略，因为并没有明确的销路；如果是合同，则必须尽力完成。需用日期和计划产出日期是一致的。最右侧说明库存结余，也就是预计可用库存量。

企业的销售、计划、生产、物料、仓库等各个部门都可以从 MPS 报表中得到各自所需的信息，按照同一信息源进行决策。MPS 报表是信息集成的典型范例。

各种 ERP 产品的报表显示格式会有不同，有些 ERP 产品直接标注日期，不分时段，但是“例外情况**提示**”“建议采取**措施**”“**追溯**定单状况和来源”这 3 项手工管理难以做到，但对计划管理又是非常需要的“警示”功能，是 ERP 报表必须具备的。

16.5.4 需求的计算方法

MPS 和 MRP 的需求计算方法基本上是相同的，它们都要回答 3 个问题，即：

- 需要什么（物料名称及物料代码）？
- 需要多少（交付或完成数量）？
- 什么时候要（交付或完成日期）？

也就是回答物料需求的“期”与“量”的问题。MPS 和 MRP 之间的区别主要是计划对象不同，如表 16.7 所示。

表 16.7 MPS 与 MRP 运算内容的差别

对 比 项	MPS	MRP
计划对象	独立需求件，数量相对较少	相关需求件，BOM 展开，数量大
毛需求	预测与合同取舍	MPS 确认的计划投入量
合并需求	不同销售定单的相同产品	不同产品、不同层次的相同零部件
变动影响	考虑时区与时界	由 MPS 落实供需平衡并确认后转来
多余库存销售	可供销售量	不面对销售

尽管 MPS 与 MRP 有这些差异，但是运算逻辑是通用的。这里，我们对照表 16.5 和表 16.7，以主生产计划需求计算为例来讨论需求计算方法。

1. 毛需求

毛需求（Gross Requirements）是指导生产数量和完成日期的信息，不再是一种假定或估计。需求信息主要是预测值和合同值，二者如何取舍得出毛需求，是首先要确定的业务规则。各个时区取舍的方法是不同的（对照图 15.3“时区与时界”）。取舍的规则基本上有 4 种组合，即按合同值、按预测值、按二者数值之和、按二者中的最大值。

在本例中的设置，需求时界以内各时段（时段 1～3）近期的需求比较明朗，毛需求是以合同值为准的，也就是装配的成品必须有客户的合同定单，时段 3 没有合同，毛需求为 0。需求时界至计划时界之间的各时段（时段 4～8）一般以预测值或合同值中较大的数值为准，也就是认为预测值迟早会被合同冲销；当然也可以有其他人为的判断方法。计划时界以后各个时段（时段 9 以外）取二者中的最大值，二者数据相同时取合同值，没有合同或合同值较小时则取预测值。为了便于讲解毛需求是怎样得出的，表 16.5 同时列出了预测信息和合同信息，但在具体的 ERP 产品中，这两者的原始信息是在销售管理子系统中录入的，不一定在 MPS 报表上显示，运算是在后台自动按照设定的业务规则运行的，这里为了便于讲解，特在同一个报表上列出来。

2. 计划接收量

计划接收量（Scheduled Receipts）是指在报表显示的计划日期之前早已下达的定单，而在计划日期当日及以后完成或到达的数量，如时段 1 的 10 件。计划产出量若经确认，也可以在计划接收量行项显示（表 16.5 中括号里的数字），如何显示完全根据计划员工作的需要，可以在系统设置中预先设定。

3. 预计可用库存量

预计可用库存量（Projected Available Balance，PAB）是从现有库存中，扣除预留给其他用途的已分配量之后可以用于下一时段净需求计算的那部分库存。它与现有库存量不是同一个概念，预计可用库存量着重在“可用”。它的计算方法是：

预计可用库存量 =（前一时段末的可用库存量 + 本时段计划接收量 + 本时段计划产出量）−本时段毛需求

上式中若右侧前 3 项计算的结果为负值，说明如果不补充库存，将出现短缺。例如，在表 16.5 中时段 2，前 3 项计算结果是 6 + 0−8 = −2，系统在运算时会自动生成计划产出量来补足。

在表 16.5 中：

时段 1：PAB = 8 + 10 − 12 + 0 = 6

时段 2：PAB = 6 + 0 − 8 + 10 = 8

时段 4：PAB = 8 + 0 − 5 + 10 = 13

依次类推。

当毛需求是以预测值大于合同量而取预测值时，主生产计划员在判断是否需要补充“短缺”时要根据预测的可靠性、能力资源和库存状况，在确认前做些分析。在能力不足的情况下，可以先不考虑预测部分的需求。这也是为什么定单要先确认后下达的原因之一，即下达的定单必须是可执行的。

4．净需求

毛需求指“需要多少”，而净需求（Net Requirements）指“还缺多少”。

在没有设定安全库存量，也就是安全库存为零的情况下：

净需求计算值=本时段毛需求−（前一时段末的可用库存量+本时段的计划接收量）

若计算值= 0 或为负值（可用库存量 + 计划接收量＞毛需求），则无净需求；

若计算值＞0：净需求=计算值。

若设定了安全库存量，即设定了最小库存量，系统将根据设置判断本时段的库存结余（预计可用库存量）是否小于安全库存量，如果小于安全库存量，系统将自动修订净需求量来补足规定的安全库存。有关安全库存量的设定方法见 19.3.1 节“安全库存”。

这种从毛需求到净需求的计算方法称为“净需求计算法”（Netting）。

5．计划产出量

计划产出量（Planned Order Receipts）是为了满足净需求，系统根据设定的批量计算得出的。本例批量为 10，当净需求＜10 时，计划产出量一律取 10；若净需求大于批量，超出部分按批量增量递增，本例批量增量为 10，当“10＜净需求＜20”时，一律取 20。

若批量设为 1，就是缺多少补多少的意思，或称“因需定量”规则。“因需定量”有“恰恰正好”的意思，是准时制（JIT）默认的批量规则。有无多种批量规则是 JIT 与 MRP 的重要区别之一。定货批量规则见 19.4.1 节。

6. 计划投入量

计划投入量（Planned Order Releases）是系统根据规定的提前期和成品率计算得出的，说明“什么时间下达计划”。本例为简化起见，成品率设为 1.0，即没有损耗。有关成品率参见 19.4.3 节“损耗及有效成分”，考虑损耗的计算见 16.6.4 节。

在本例中，第 1 时段，毛需求为 12，现有量 8 加上计划接收量 10 共计 18，可以满足毛需求 12。库存结余为 6，大于安全库存，不发生净需求。

时段 2 的毛需求为 8，大于库存结余 6，库存结余为−2，产生净需求 2，系统考虑补足安全库存量 5，再修订为 7。为满足净需求 7，系统根据设定的批量，生成计划产出量为 10，再根据提前期 1，建议在前一个时段（时段 1）下达计划投入量 10。

时段 3 没有毛需求，库存量不变。时段 4 毛需求为 5，库存结余 8 虽能满足，但余量 3 小于安全库存量 5，系统自动修订净需求为 2，并按批量 10 生成计划产出量 10，补足了安全库存。

有人会对这个例子中当计划产出是 20 时，计划投入的提前期仍然是 1 周提出质疑。由于时段是周，一周内有 5 个工作日，需求量 20 有可能分成几批投产，但都落在这一周内。这个例子并没有说明可用能力，在能力能够满足时，有可能无须延长提前期。由此可见，当时段划分较长时，有些问题不能充分暴露。这说明，时段划分必须能由计划员根据需要自行定义，当需要了解更为详细的信息时，就需要采用更细的时段。

在 ERP 产品设计中，一般允许用户有几种选择。

（1）“标准批”（Standard Batch）的提前期。

把最常遇到的批量设为“标准批”。“标准批”主要指出现频度较大的批量，与批量规则中的“固定批量”不是同一个概念。

为“标准批”设定提前期（固定值），用以计算计划投入的期段。

如果需求量小于标准批，则按标准批的提前期设置。如果需求量是标准批的倍数，则提前期也要乘以倍数。不同 ERP 产品的设置可能会有所出入，选型时要注意。

（2）从工艺路线和工作中心文件摘取“固定提前期”和“变动提前期”数据。按照以下公式计算不同需求量的提前期：

$$\text{提前期} = \text{固定提前期} + (\text{变动提前期} \times \text{需求量})$$

究竟该选用哪种方法要根据所使用的数据是否齐备、设备负荷的高低、运算时间的长短等诸多因素来综合考虑。一些文章评论 MRP 系统的批量和提前期都固定不变是错误的，可能是由于他们所看到的 ERP 产品只有上述第一种需求计算方法导致的（再次强调：不要把 MRP 原理同 MRP 软件混为一谈）。加工提前期肯定与需求量有关，在早期计算机运算速度不是很快的年代，采用一个设定的提前期值，可以简化运算。另外，如果工艺路线中的时间定额不准，即使计算方法正确，计算结果也不一定具有实际意义。

从这段叙述还可以看出，提前期、安全库存量、批量、批量增量等参数的设置是否恰当，对计算结果会有很大差别。如果设置不当，即使采用了 ERP 系统也不一定能够起到降低库存的效果。

7. 可供销售量

由于按设定的批量投产，并补足了安全库存，经常会出现计划产出量大于净需求的情况。此外，若预测值大于合同量，毛需求取预测值，也会出现产出大于实际合同需求的情况。

在某个计划产出时段范围内，计划产出量超出下一次出现计划产出量之前各时段合同量之和的数量，是一种多余的库存，可以随时向客户出售，这部分数量称为可供销售量（Available to Promise，ATP）。

这个信息主要是供销售部门决策用的，它是销售人员与临时来的客户洽商供货条件时的重要依据，通俗的说法是："我还有多少没有买主的存货可卖。"因此，我们称之为"可销售"，而不称"可定货""可签约"或直译"可承诺"。可供销售量的计算方法如下：

可供销售量（ATP）= 某时段计划产出量−
下一次出现计划产出量之前各时段合同量之和

在表 16.5 中，

时段 1：ATP = (10 + 8) −12 = 6（以"现有库存及计划接收量之和"作为"计划产出量"）

时段 2：ATP = 10 − 8 = 2

时段 4：ATP = 10 −（2 + 7）= 1

依次类推。

可供销售量中应当包括安全库存，因为安全库存的作用是为了弥补供需两方面的不确定因素。在表 16.5 中，系统只能分别显示某个时段的可供销售量，但是软件产品应有累计可供销售量的功能，随着时间的推进，把早期未售出的可供销售量自动转入当前期。有的 ERP 产品允许设置安全库存为不可动用，但是安全库存的作用是为了满足意外的需求，应当是可以动用而且是可以随时补充的。

16.5.5 计划的重排与部分修订

修改计划是一种不可避免的经常性业务，ERP 计划系统的任务之一就是要在多变的环境下，维护物料计划的有效性。不论是销售任务变动、产品结构或工艺变动、采购件脱期、加工件报废、设备意外损坏、关键的操作人员缺勤，都可能会修改 MPS 或 MRP。

一般来说，第一次编制计划比较容易，但是及时修改和调整计划的工作量却相当繁重。这就要求计划员非常熟悉 ERP 计划与控制的原理与方法，熟悉产品结构和各种数据参数，并能灵活、熟练地判断和运用。人的因素永远是第一位的。

修订计划前要注意以下事项，防止朝令夕改，大起大落。

- 弄清问题的性质，明确修订的必要性。例如，预测生成的计划，不一定要修订。要注意问题出现在产品结构的哪个层次，如果是确认或下达状态的定单，系统是不能自动修改的，即如果要系统自动运算，就必须把确认状态改回为计划状态（ERP 产品一般具有这样的功能）。

- 利用系统的功能，追溯有关计划任务（定单）的来源，查询问题影响的范围，是否是关键或重要的客户，对于在需求时界以内的变动，要通过规定的审批手续。
- 分清轻重缓急，重新调整优先级。

在 ERP 系统中，修改 MPS 或 MRP 都可以采用全重排和净改变两种方法，但是 MPS 修改后必须重新运行 MRP 和 CRP。

1．全重排法

主生产计划完全重新制订称为全重排法（Regeneration），即重新展开物料清单，重新编排物料需求的优先顺序。采用全重排法，原有计划定单都会被系统删除并重新编排，推倒重来。全重排法的好处是把计划全部理顺一遍，避免出差错。重排计划的间隔时间，要根据产品结构的复杂程度、物料数量的多少、对计划准确度的要求、计划变动影响面的大小，以及计算机和服务器的档次和运行速度等因素分析确定。

有的企业每周末都要进行一次全重排。但有的企业产品比较简单，对所有产品的计划全重排一次的时间只需十几分钟或个把小时，可根据实际情况及时运行或在夜班时运行，尽早提交修订好的计划，不一定要等到周末。复杂产品全重排的运行时间虽然比较长，但即使如此，其运行速度也是手工管理无法比拟的。

下达定单及其产生的计划接收量一般不能参与重排计划，确认定单是否可以重排，不同的 ERP 产品可能会有不同的设置规则，企业要根据自己的需要选择不同功能的 ERP 产品。

2．净改变法

系统只对定单中有变动的部分进行局部修改称为净改变法（Net Change），一般改动量比较小。例如，只变动部分产品结构，部分产品需求量增加、减少或拆分，需求日期提前或延后，安全库存、批量、成品率等参数的修改，盘点后库存量修正，出现报废，采购件脱期等。

系统会自动标记上次计划修改后有过变动的物料，运行净改变时只对发生过变动的物料计划进行重新修订。这种方法的修改量小，运算时间短，可以随时进行。一般用于计划变动较多但影响面不大的情况。

但是，大量频繁的局部修改有可能产生全局性的差错，因此，隔一定时间还有必要用全重排法把全部物料的需求计划全面梳理一遍。一般 ERP 产品都提供两种修订计划的功能，其中全重排法必不可少，早期的 MRP Ⅱ软件就只有全重排法，净改变法是为了简化修订计划的程序而增加的功能。

影响计划变动的常见因素有：MPS 修改，设计或工艺变更、损耗率和批量变化，库存错误，库存参数（批量、安全库存等）变更、提前期变更，客户订单更改、出现计划外废品及供应或生产引起的问题等。政府制定的安全和质量条例，有时会要求立即修订计划。

修订计划时，应充分利用系统的模拟功能。计划的模拟可以在不打乱现有数据、不妨碍正常运行的情况下相伴运行。ERP 不是一种自动优化的程序，但可以通过模拟比较，在几个可行的方案中选择最佳方案。

与主生产计划相伴运行的能力计划是粗能力计划（见 17.4 节“粗能力计划”），或采用约束理论的 D-B-R 法（见 17.8 节“约束理论的 D-B-R 法”）。

16.5.6 主生产计划员

如前所述，MPS 是一个承上启下、沟通内外的重要计划工具，但是要用好 MPS，使之发挥应有的作用，需要一位有资质的主生产计划员（Master Scheduler），或称主管计划员，他不仅负责编制主生产计划，而且要熟练掌握调整计划的方法和原则。ERP 系统再好，归根结底还是需要人来掌握和应用。

主生产计划的输入信息是由销售、库存等业务和物料信息集成来的，它的输出是按照需求计算规则自动生成计划产出量和计划投入量，都无须人工录入。主生产计划员的工作主要是贯彻优先级，做到平衡供需，能力平衡工作量较大。要根据情况的变化，权衡轻重，做必要的调整，核实并确认计划，保证计划的可行性。

尽管主生产计划员的事务工作很少，但为了对计划进行决策，这个岗位需要具备相当高的素质，要求做到以下几点。

（1）熟悉产品和生产工艺，了解车间作业及物资供应情况，了解销售合同及客户要求，同时又能区别不同客户对企业长远盈利的影响，并以此作为调整计划的依据，一些信息需要从 CRM（客户关系管理）系统获取。

（2）知道如何运用成组技术的概念，建立产品的搭配组合（Product Mix），以减少生产准备时间、合理利用资源。

（3）知道如何集中安排通用零部件生产，以减少不必要的无效作业。

（4）时刻保持同营销、产品研发、物料、生产、运输配送、财务等部门及企业高管的联系与沟通，相互支持，预见未来可能发生的问题，防患于未然。

主生产计划员需要掌握的信息远远不能局限于 MPS 报表上的内容，还要了解有关的产品信息、客户信息、车间能力、协作及供应单位、装箱与运输条件，以及有关的财务信息。

主生产计划员的日常工作主要是在 ERP 系统宏观计划的指导下，核实和调整 MPS 计划，既保证产品的交付履约率，又保证 MRP 正常运行。具体地说包括以下几个方面：

（1）核实需求信息的可靠性；

（2）核实需求变动的必要性，分析因变动发生的成本和对企业长远效益的影响；

（3）处理好供需平衡，保证下达的计划切实可行；

（4）根据实际计划执行情况，及时复核并修正计划；

（5）及时发现并纠正不合理的参数设置。

总之，主生产计划员是一个非常关键的岗位，这个岗位的主要任务是解决供应与需求的平衡问题，合理、有效地利用企业的各项资源。实施 ERP 系统，这个岗位必须有合适的人选。在国内一些先进企业中，全部计划人员都具有大专以上的文化水平，而且积累了一定的工作经验，这一点非常必要。

16.5.7 保持计划稳定可行

在生产作业计划的执行过程中，最令人伤脑筋的是计划犯“神经病”，朝令夕改，计划赶不上变化。造成这种现象的原因很多，一般有以下几类。一定要找到问题的根源，并从根源上把问题彻底解决。

- 销售人员未能尽职，如预测不准、缺少分析、轻易许诺、没有区分客户的重要性等（销售流程的合理做法参见图 26.4“答复客户的现行流程”）；
- 在设备完好率、质量合格率、人员出勤率等方面缺少管理措施，影响计划按时完成；
- 供应商选择不当、沟通不够、交货脱期；
- 参数设置不当，造成资源利用不合理；
- 优先级没有得到有效控制；
- 没有遵守 MRP 的时界规则要求，计划变动随意性太大；
- 生产工艺不够合理，无效作业过多，提前期过长；

……

对计划多变的问题，有些人以为只要有一个功能强大的车间管理软件就可以解决，这是舍本求末的做法。一定要从根源上找出原因，采取有力的管理措施，正确设定 ERP 系统的参数，把好销售和主生产计划阶段两个关口，从源头上处理好。

每次 MPS 修改后都要重新运算 MRP 和 CRP，以保证计划的有效性和可行性。

16.6 物料需求计划

16.6.1 作用与意义

本书第 4 章已经简要地介绍了物料需求计划（MRP）的基本概念，说明了 MRP 是基于“时间坐标上的产品结构”的物料优先级计划，又是集成销售、生产、供应 3 个主要业务部门的物料一体化计划，是制造业 ERP 计划系统的核心。时至今日，当我们提及 MRP 系统时，已经默认它就是闭环 MRP 的概念（既包括 MRP，也包括 CRP），只有定单需求和生产产能平衡了，物料需求计划才是切实可行的。关于 CRP，本书将在第 17 章“能力计划与排产”重点讨论。

主生产计划只是针对最终产品的计划，一个产品可能由成百上千种相关物料组成，如果把企业所有产品的相关需求汇合起来，则数量将会更大。一种物料可能会用在几十种产品上，不同产品对同一种物料的需用量不一定相同。另外，不同物料的加工周期或采购周期不同，需用日期也不同。既要使每种物料能在需用日期配套备齐，满足装配或交货期的要求，又要考虑合理的生产批量，在不需要时不要过量占用库存。由于手工管理不可能进行如此大量的数据处理，因而难以解决物料短缺和库存量过大的问题。

MRP 是 MPS 需求的进一步展开，也是实现 MPS 的保证，一般 ERP 产品中，MRP 只针对相关需求件，而且是经过 MPS 和 RCCP 运算通过能力平衡后才开始运行的；它根据 MPS、物料清单和物料可用量，由系统计算出企业要生产的全部加工件和采购件的需求量。MRP 按照产品出厂的优先顺序，计算出全部加工件和采购件的需求时间，并提出建议性的计划定单，是一个信息集成的运算过程。计划员的主要工作是进一步核实和平衡供需，处理异常情况。烦琐的事务处理都交给 ERP 系统来做，计划员起的是决策者的作用。

MRP 要在复杂多变的环境下维护物料计划的有效性，按照截止日期确定优先级，满足合同交付要求。

MRP 的计划期不得小于产品的最长的累计提前期（关键路线），保证覆盖了物料清单上所有物料的计划都能满足产品总装计划的要求。MRP 主要的计划与控制作用可归纳为：

- 计划与控制库存，保证库存物料在品种规格、可用数量和可用时间等方面都能满足需求；
- 计划与控制下达到车间和供应商的定单有足够和有效的提前期，可以满足完成计划所需的时间；
- MRP 为能力计划和制约因素提供准确的定单负荷量，MRP 与 CRP 总是相伴运行，做到供需平衡，使下达执行的计划积极可行。

为了适应客观不断发生的变化和处理异常情况，MRP 需要不断修订。修改 MRP 同样要用到全重排法和净改变法，请回顾 16.5.5 节。

16.6.2 MRP 的信息处理

MRP 根据 MPS 的需求，展开物料清单，编制相关需求件的计划；凡是有销售定单的计划信息，都可以由 MPS 集成过来；有时客户要求增加产品中的某些易损件的数量，可以人工追加录入；MRP 最终要提出每一个加工件和采购件的建议计划，除说明每种物料的需求量外，还要说明每一个加工件的开始日期和完成日期，以及每一个采购件的下达定单日期和入库日期；应**把生产作业计划和物资供应计划统一起来**。MRP 处理的问题与所需信息如表 16.8 所示。

表 16.8　MRP 处理的问题与所需信息

处理的问题	需要用到的信息
1. 生产什么？生产多少？何时完成？	1. 现实、有效、可信的 MPS，真实的毛需求
2. 要用到什么？	2. 准确的 BOM，及时的设计更改通知
3. 已有什么？ 已定货量？到货时间？ 已分配量？	3. 准确的库存信息 下达定单跟踪信息 确认定单、领料单、提货单
4. 还缺什么？净需求？	4. 批量规则、安全库存、损耗（物料主文件）
5. 下达定单的开始日期？	5. 提前期（物料主文件、工艺路线）

从表 16.8 中可以看出，所有的输入信息都是从系统各个来源唯一的相关文件中摘取集成而来的。

16.6.3 同一零件出现在不同产品与层次的 MRP 运算

在 16.5.4 节中，我们结合 MPS 横向报表介绍了需求计算的方法，MRP 的运算和 MPS 的运算基本相同，只是它的毛需求是由 MPS 提出的，没有预测与合同的取舍问题，而且不需要计算可供销售量。

下面进一步说明 MRP 是如何根据产品结构逐层展开计算各层物料的需求量的，以及 MRP 又是如何合并计算同一零件用于多个产品不同层次的需求量的。

下面以 X、Y 两种产品中的 A、C 两个子件为例（为了简化，暂不考虑其他零部件）来说明 MRP 的运算方法。例中，A 是产品 X 的 1 层子件（数量为 1），C 是 X、Y 两种产品的通用件，但在两种产品中所处的层次不同，需用的数量 （括号内数字分别为 1 和 2）也不同，如图 16.3 所示。

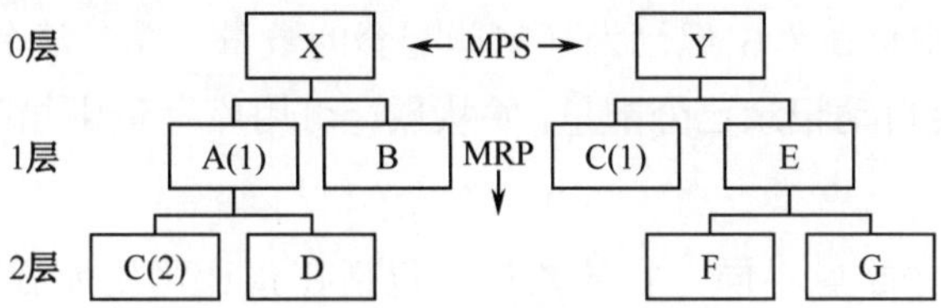

图 16.3 X、Y 产品的结构

下面用表 16.9 来说明 MRP 的报表及运算方法。

表 16.9 同一零件出现在不同产品与层次的需求计算

批量规则	提前期	现有量	分配量	安全库存量	低层码	物料代码	时段	当期	1	2	3	4	5	6	7	8
1	1	0	0	0	0	X	MPS 计划产出量			10		10		20		10
							MPS 计划投入量		10		10		20		10	
1	2	0	0	0	0	Y	MPS 计划产出量				20		20		20	
							MPS 计划投入量		20		20		20			
1	2	15	0	0	1	A	毛需求		10		10		20		10	
							计划接收量									
							预计可用库存量(前)	15	5	5	-5	-5	-25	-25	-35	-35
							预计可用库存量(后)	15	5	5	0	0	0	0	0	0
							净需求				5		20		10	
							计划产出量				5		20		10	
							计划投入量		5		20		10			
50	2	40	5	10	2	C	毛需求		30		60		40			
							计划接收量		50							
							预计可用库存量(前)	35	55	55	-5	-5	-45	-45	-45	-45
							预计可用库存量(后)	35	55	55	45	45	55	55	55	55
							净需求				15		5			
							计划产出量				50		50			
							计划投入量		50		50					

实际上，表 16.9 是由 2 个 MPS 报表与 2 个 MRP 报表合并组成的，即成品 X 和 Y

的 MPS 报表的一部分（仅摘录计划产出量和计划投入量两项）及物料 A 和 C 的 MRP 报表。MRP 报表的格式与 MPS 报表基本上是一样的，只是没有预测、合同和可供销售量等项（请对照表 16.5）。为了方便说明 MRP 的运算方法，把报表上部表头各项，集中放到了表 16.9 的左侧。下面逐项予以解释。

1．表头信息

表头信息包括以下各项（提前期、现有量、物料代码 3 项在前面已有说明，这里不再讨论）。

1）批量规则

计划投入量并不总等于净需求，往往受工艺和设备条件（如热处理装炉量）或采购条件（如供应商或运输要求、折扣优惠等）的影响要做一些调整。多种确定批量的方法通称批量规则（见 19.4.1 节“批量规则”）。

2）分配量

分配量指库存量中仍在库中但已为某定单配套的数量。只要某个定单进入配套、领料或提货阶段，系统就会自动记录已分配量，并从预计可用库存量中扣除，然后再运算 MRP。

3）安全库存量

安全库存量与已分配量不同，它的数量仍包括在预计可用库存量中，只有当库存量低于安全库存量时，系统才会自动生成净需求，提示要补充安全库存。表 16.9 中物料 C 在时段 3 和时段 5 的净需求量中，都含有补充安全库存的因素。例如，时段 5，预计可用库存量 45 本来可以满足毛需求 40，但库存结余 5 小于安全库存 10，因此系统生成净需求 5。

4）低层码

同一种物料在各种产品中所处的层次可能是不同的。即使在同一个产品上，也可能在不同的层次上出现。例如，在图 16.3 中，物料 C 在成品 X 中出现在 2 层、在成品 Y 中出现在 1 层。一种物料出现在系统的各种产品中最低的那个层次，即该物料的低层码（Low-level Code）。各种 ERP 产品运算低层码的方法不同，可由人工设定，也可由系统在建立或维护一次 BOM 时自动修订。顶层物料的低层码是 0。

MRP 运算是自上向下展开的，对所有产品的通用件要汇总起来，合并计算它们在各个时段的需求量。当展开到 1 层遇到产品 Y 的物料 C 时，由于物料 C 的低层码为 2，也就是说还会在其他产品中的 2 层出现。系统根据物料 C 的低层码，把展开到 1 层的运算结果暂存，待展开到 2 层时，再把产品 X 对物料 C 的需求量合并到一起，显示运算结果。

2．表体信息

MRP 报表的表体信息与 MPS 报表几乎是相同的，只是 MRP 的计划对象是相关需求件，它的毛需求是由上层物料的计划投入量确定的。

下面用 C 件在时段 1 的需求计算来说明 MRP 的运算方法。某时段下层物料的毛需求是根据上层物料在该时段的计划投入量和上下层数量关系计算的。在时段 1，X 件的计划投入量为 10，引发对 A 件的毛需求为 10。A 件现有库存量为 16，可以满足。但在时段 3，A 件的预计可用库存量 5 不能满足毛需求 10，系统显示−5，说明将出现短缺，并生成计划产出量 5 以补足短缺。按 A 件提前期为 2 时段倒排计划，在时段 1 生成 A 件的计划投入量 5。每件 A 需要 2 件 C，共需 10 件 C。再将 Y 件的计划投入量 20 对 C 件的需求 20 合并，生成 C 件在时段 1 的毛需求 30：

$$5\times2+20=30$$

物料有成品率或损耗率时，系统会自动计算增补量，并加到计划投入量中。此时，计划投入量将会大于计划产出量。

物料有备件或其他需求时，报表格式应增加一栏“其他需求”，一般指不经物料清单展开或由人工添加的需求。

MRP 是根据 MPS 确认的计划投入量，通过物料清单展开的。MRP 计划是否还需要再确认呢？一般来说，生产单一产品，在按日产出率编制作业计划的情况下，MRP 不需要确认；对人为变更了系统设置的提前期或批量规则的情况，有时需要确认，以免在计划修订时，系统再更改经人工设定的参数。无论是计划定单还是确认定单，系统都可以转换为下达定单。

MRP 报表同 MPS 报表的格式一样，也有横式和竖式两种。为了说明 MRP 的运算方法，这里仅列举了横式报表的例子。竖式报表的格式和 MPS 的报表格式是雷同的。

每项物料有各自的 MRP 计划报表，单从这样的报表还不能判定 MRP 计划是否可行。MRP 计划是否可行，要通过能力需求计划来验证。运行能力计划时，要根据各个物料的工艺路线，把各个时段企业要生产的**全部物料**占用各个工作中心的负荷和工作中心的可用能力进行对比；经过调整，使负荷与能力平衡后，计划才是可行的，只有可执行的计划才能下达到基层去执行。因此，物料需求计划必须和能力需求计划相伴运行。

16.6.4 考虑损耗的 MRP 运算

下面用图 16.4 来进一步说明考虑损耗（成品率）情况下的需求计算，同时也表达了 MRP 如何同时生成加工计划和采购计划。物料的采购批量会受到供应方和运输条件的限制，批量一般较大，“计划投入（下达采购定单）”的时间间隔也较大。

在冲压计划中，由于钢板在模具调试及冲压过程中可能出现不可避免的废品，因此投入量要大于产出量，以弥补冲压损耗。

$$投入量=产出量\div成品率$$

由于成品率是一个概率统计平均值，在投入量上可简化取一个接近的整数。图 16.4 中，物料 X 的成品率为 90%，因此，产出 1000 需要投入 1100（计算数值为 1111.11）；Y 的成品率为 95%，产出 1000 需要投入 1050（计算数值为 1052.63）。要注意 ERP 产品对成品率、废品率和损耗率不同的定义，以避免参数设置错误，具体请参见 19.4.3 节“损耗及有效成分”。

原材料的采购周期长，定货批量大，定单的间隔期也长。图中的例子采购周期为 15 天，定货批量为 10000，定单间隔期为两周。实际上，采购件的计量单位与冲压件应当不同，如采购单位为吨，冲压单位为件，需要用换算系数折算，本例进行了简化处理。

总装计划（MPS/FAS）

	第一周	第二周	第三周	第四周
产品AX		5000	4000	
产品AY	5000			5000

车身组装计划（MRP）批量= 按需

	第一周 一	二	三	四	五	第二周 一	二	三	四	五	第三周	第四周
产品AX						1000	1000	1000	1000	1000	4000	
产品AY	1000	1000	1000	1000	1000							5000

冲压计划（MRP）X成品率90% Y成品率95% 提前期=1天 批量=按需

	第一周 一	二	三	四	五	第二周 一	二	三	四	五	第三周	第四周
X：产出量						1000	1000	1000	1000	1000	4000	
投入量					1100	1100	1100	1100	1100	1100	3300	
Y：产出量	1000	1000	1000	1000	1000							5250
投入量	1050	1050	1050	1050							1050	4200

原材料采购计划（MRP）现有量=3600 定货批量=10000 提前期=15天

	第一周 一	二	三	四	五	第二周 一	二	三	四	五	第三周	第四周
需求量	1050	1050	1050	1050	1100	1100	1100	1100	1100	1100	4350	4200
预计库存量	2550	1500	450	9400	8300	7200	6100	5000	3900	2800	8450	4250
采购量			10000								10000	

图 16.4　考虑损耗（成品率）情况下的需求计算

16.6.5　考核 MRP 执行业绩的主要指标

根据 APICS 的相关资料，对 MRP 执行业绩的考核指标有以下几个方面，可供参考：

- 每周物料需求计划是否按计划执行；
- 生产定单是否按时下达；
- 库存、BOM、工艺路线和预测数据是否准确；
- 采购定单是否按时下达；
- 有无因短缺造成的停工；
- 有无过量库存；
- 采购定单是否经常变更；
- 下达生产定单有无物料短缺；
- 是否满足销售定单完成日期；
- 提示信息是否受到重视。

16.7 特殊生产类型的计划

16.7.1 定单组装与多层 MPS

定单组装（ATO）是一种客户定制型的生产模式，它与定单设计的不同之处是一般必须在企业产品系列的可选范围内选择配置，有一定限制，但交货期（需求周期）短是它的一个重要优势。它的计划特点是双层 MPS。如果有个别可选件需要专门特殊定制，则需要与交货期权衡。

系列产品通常是模块化产品结构，可以根据客户的要求，从可选件中选择所需的零部件，装配成一系列不同规格的各种变型产品，称为定单组装（指按定单的要求选取可选零部件进行最后总装）。在这种情况下，MPS 的计划对象会出现在多个层次上，最上层是出厂产品，在规划阶段用相当于计划物料单的 MPS 处理，在处理具体合同定单阶段用总装计划（FAS）处理。第二层以下是模块化产品结构中的通用件、基本组件和可选件，根据预测用 MPS 处理。如果系列产品在低层仍有选项，系统应具有处理多层 MPS 的功能。让我们仍以电子挂钟为例来说明，定单组装与双层 MPS 如图 16.5 所示。

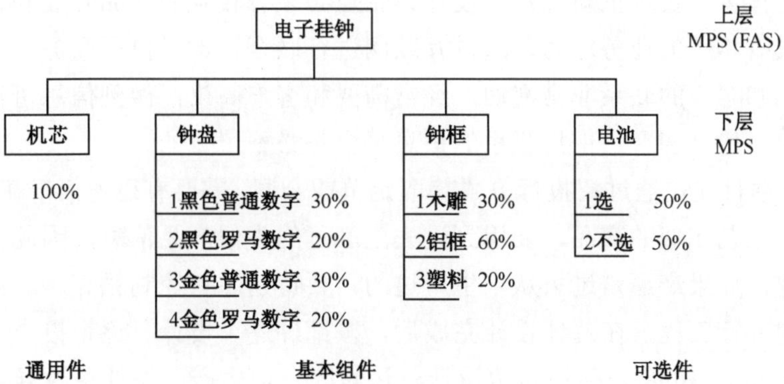

图 16.5 定单组装与双层 MPS 示例

在编制计划时，先根据预测预估基本组件和可选件中各选项占需求量的百分比，并按此安排生产，各项的总和不一定等于100%，可以允许一定的多余库存储备，以应对预测不准的情况。一旦收到正式定货合同，只要编制一个总装计划，从库存储备中选择合同所需的零部件，就可以较快地总装成合同要求规格的产品。

总装计划（FAS）与 MPS 实际上没有本质的区别。换句话说，FAS 是 MPS 的一种特定形式，但它的计划期仅限于总装提前期，比 MPS 的计划期要短得多。FAS 能否按期实现，在多层 MPS 计划的情况下，受到下层 MPS 能否提供所需的可选装配件的制约。或者说，FAS 必须有 MPS 的支持，还要结合销售管理子系统一起运行。

在定单组装环境下，MPS 是一种预计的产品计划，而 FAS 是一种实在的装配计划，是确认的产品总装计划，或者说是一种客户定制的配置计划。它的计划期包括签订合同、核实零部件库存、总装、检验、包装、发货等一些作业。

FAS 使用的产品结构往往是一种单层物料清单，只是最终产品及组装件。MPS 与 FAS 的主要区别如表 16.10 所示。

表 16.10 **MPS 与 FAS 的主要区别**

对 比 项	MPS	FAS
计划期	≥累计提前期	总装提前期
需求依据	预测	合同
产品结构	多层	单层
投产批量	多样	合同量
输出	MPS 计划	总装计划，配套领料单
适用类型	各种	ATO，拉动作业

16.7.2 定单设计与项目计划

定单设计（ETO）也称项目型制造（Project-oriented Manufacturing），多数是单件生产，如重型装备机械、船舶制造都属于 ETO 类型，它具有以下特点。

（1）完全按客户要求重新开发和设计，企业必须有较强的产品开发和设计力量，或者合作伙伴具有相关的业务能力，通过互联网进行联合设计，协同商务尤为突出。

（2）由于和客户的联系非常密切，经常需要和客户商议，做到信息可视化并取得客户认可，因此，建立和客户保持联系的信息平台是必不可少的。

（3）ETO 项目往往通过招投标方式获取定单或合同，需要有迅速而准确的报价功能。对结构相近、工艺相似的产品，要用到过去生产过的类似产品信息，因此技术和生产档案管理很重要。如果产品是过去从未生产过的，要特别注意控制预算。

（4）采用并行工程，在总体设计完成后，按部件逐个设计、逐个投产。对于一次不能完成整个产品的 BOM，往往是边设计、边修改、边生产，设计更改异常频繁，因此和 ERP 集成的 PDM 或 PLM 系统是绝对必要的，而且应该先上 PLM 再上 ERP。

（5）生产周期较长。计划内容要包括产品设计、工艺设计和生产准备、控制全过程，要用项目管理的原理和方法来控制产品研发和生产阶段计划。

（6）对整台产品会用到工作分解结构（Work Breakdown Structure，WBS）技术，项目和子项目计划分阶段由专门部门负责控制执行，用网络计划控制关键路线和重要环节，再通过定单转入 MRP 和 BOM 链接，进一步展开零部件计划，并有与之相对应的成本计划与控制预算功能，会用到作业成本法，需采用实际成本。

（7）在保证加工质量和装配条件的前提下，可不考虑安全备份，加工件可以按需生产，无须安全库存。安全库存主要针对经常用到且采购期长的原材料和通用的外购配套件。

（8）车间多采用机群布置和数控机床，一个零件有可能使用不同的机床完成同样的加工目的。换句话说，零件可以有多种工艺路线和不同的加工成本。

（9）在一个机床上的准备时间会随前一个加工件的情况而变化，也就是说，提前期会因加工顺序而变动，因此要运用“关键链”的概念和方法编制计划和排产。

（10）在一个大型的配套工程中，成套设备会由多家企业联合生产，相互之间的关系交错复杂，要用到网络计划和项目管理功能来控制计划和预算。生产周期较长、由多个独立大型机械组成的定单设计产品，也会用到项目管理功能。

（11）产品往往需要运到建设工地进行安装，大型部件有可能分批交付运到现场。在安装过程中有可能返工和修改，计划内容要延伸到运输和现场组装，需要和安装公司协同运作。回收货款是分项目、分阶段的。

（12）对工作中心一线人员素质要求较高，人力资源管理和劳动力资源管理需加强。

（13）重型装备机械的加工件，需要以重型铸/锻毛坯作为原材料。重型铸/锻件类的生产计划往往受钢号材质、冶炼设备能力、铸坑尺寸、铸锭尺寸和铸锭坑容量及多种钢锭和铸件搭配要求、钢锭热运和水压机车间锻造计划等多种因素的相互制约，这些因素都将直接影响产品的生产周期，对这种非常特殊的生产模式需要有专门的特殊计划程序。

对定单设计生产使用的项目管理软件的特殊要求是：能体现关键路线法（Critical Path Method，CPM）和关键链（Critical Chain）的概念（见 17.10 节“关键路线与关键链”）；要考虑多种资源的计划，除材料、人工、资金外，还要包括设备和工具；要能列出完成同样加工目的的多个工艺路线和工作中心（设备），不同工艺路线有不同的生产率和准备时间；要能处理同时生产若干不同产品的计划。这些特点比一般建设工程使用的项目管理系统要复杂得多，不能以为都是“项目管理”就照搬。

在上 ERP 系统之前，对定单设计类型一定要先实施 CAD 和 PDM，选用的 PDM 产品必须与 ERP 系统集成，能够实现从“设计 BOM”到“制造 BOM”的转换，能够将设计更改的变动要求实时地反映到 ERP 相关的文件上。定单设计的产品一般都相当复杂，建立 BOM 是一件非常艰巨的工作，如果不是按照这样的顺序实现信息化，难度是非常大的。

由于 ETO 类型的企业相对较少，因此专门针对 ETO 类型企业的 ERP 成熟产品也较少，从而影响了这类行业的信息化进程（国外许多重型装备企业往往自行开发管理软件）。

16.7.3 重复式生产与有限能力排产

重复式生产主要指大批大量生产。它与间歇式生产都属于离散型生产，在编制计划时，要注意它们之间的区别，如表 16.11 所示。

表 16.11 重复式生产与间歇式生产的区别

间歇式生产	重复式生产	间歇式生产	重复式生产
产品多变	产品相对单一	物料发放用出库领料单	用反冲法登录物料消耗
工艺路线多变	工艺路线固定	统计工时和成本	用反冲法登录工时和成本
能力需求计划	有限顺排计划	按定单完工日期交付	逐日分批交付
零件加工提前期长短各异	生产节拍短，均衡，稳定	车间调度重要	车间调度简单
用加工单下达生产任务	用日产量下达生产任务	投入 / 产出控制	主要控制产出
考虑批量规则	按日/班产量，或按需定量		

重复式生产会用到准时制生产（JIT）的一些特点，如以日产量代替加工单、用反冲法统计物料消耗和成本以及用拉动作业代替推动作业等。这些也是软件为重复式生产提供的功能。但是，当我们讲 JIT 时，不仅讲它的方法，更重要的是讲它的哲理（见 8.3 节“精益生产与准时制”）。JIT 多用于重复式生产，但反过来，重复式生产作业不一定能做到 JIT 在哲理方面的要求。

重复式生产不仅要平衡能力，还要平衡物料流动。如果在一周内要生产 A、B、C 3 种产品，各自的合计数分别是：A 型 1200 台、B 型 450 台、C 型 600 台，合计 2250 台，一周内平均每天生产 450 台。为了平衡能力，只需依次轮番生产就能满足。这样排产比较简单，但可能造成在制品积压，物流不均衡，如表 16.12 所示。

表 16.12 轮番生产

	星期一	星期二	星期三	星期四	星期五	合 计
A 型	450	450	300			1200
B 型			150	300		450
C 型				150	450	600
小计	450	450	450	450	450	2250

为了既实现能力均衡，同时又做到物流均衡，就要实现**平准化生产**，如表 16.13 所示。有时，还需要混流生产，在一条生产线上同时加工多种工件或装配多种变型产品。平准化生产可以减少库存，实现准时制生产。

表 16.13 平准化生产

	星期一	星期二	星期三	星期四	星期五	合 计
A 型	240	240	240	240	240	1200
B 型	90	90	90	90	90	450
C 型	120	120	120	120	120	600
小计	450	450	450	450	450	2250

由于重复式生产主要是有一定批量的流水生产，无论是生产线还是装配线，它的能

力是有限的，最多只能在一个很小的范围内上下波动。因此，重复式生产的计划是有限能力顺排计划，用单位时间产量的限制来编制计划。采用日产计划进度表而不用加工单，从 MPS 阶段就按照平准化的要求编制计划。对拉动作业要用到总装计划（FAS）功能（见 18.6 节“拉动作业”）。

重复式生产运用 MRP 系统的特点，概括起来如图 16.6 所示。

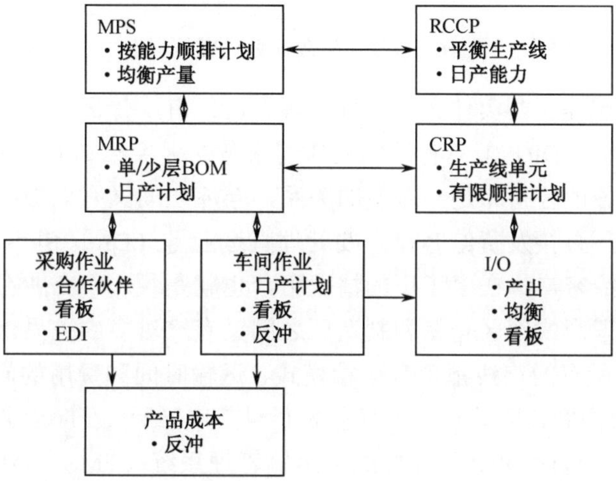

图 16.6　重复式生产运用 MRP 系统的特点

16.7.4　分销资源计划

分销资源计划（Distribution Resource Planning，DRP）是 ERP 计划在分销网络系统中的应用，创始于 20 世纪 70 年代中期，目前已成为物料配送的基本模式。在日用消费品、卷烟、汽车、家用电器及其配件等现货生产（MTS）的行业应用较广。一般 ERP 产品都有 DRP 功能，需要网络通信手段。分销资源计划是分销需求计划（Distribution Requirements Planning）的扩展，除物料需求外，还包括仓库管理和布局、人力资源、资金管理、运输工具和运输计划等。由于上述两者都简称 DRP，容易含混不清，因此在选择软件子系统时要注意其功能内涵。

一般分销网点的布局是从制造厂的中心仓库将产品分配给各地区仓库。批发商或零售商再从地区仓库或直接从中心仓库提货，然后转手销售给客户。各销售点或仓库又可以相互调配，互通有无。分销需求计划和物料需求计划（MRP）在运算方法上是相同的，都是一种分时段的计划方法。在定货批量规则上，往往采用定货点法或定期用量法（见 19.4.1 节“批量规则”），并考虑安全库存。分销需求计划依据客户的需求，对照各零售商、批发商、地区仓库和中心仓库的库存量及在途的库存量（逻辑仓库），集成销售网点、地区仓库和制造厂家的信息，用补库单（Resupply Order 或 Replenishment Order）的形式，提出对物料的需求，并生成制造厂的主生产计划，如图 16.7 所示。

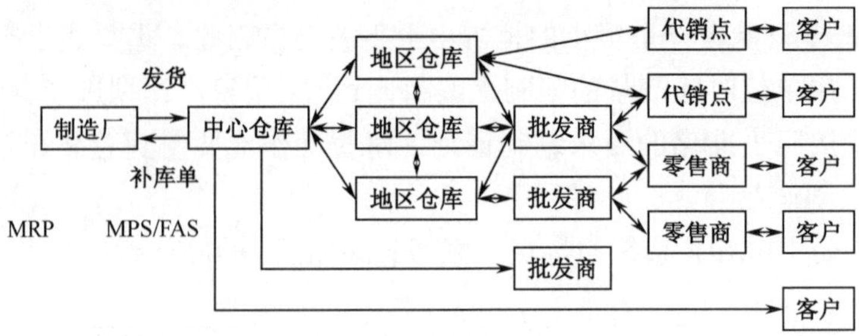

图 16.7　分销资源计划逻辑流程图

DRP 处理的逻辑是：要卖什么？在哪里卖？已经有了什么？已经定购了什么？还缺什么？什么时间定货？DRP 汇总各地的销售需求量，提供给制造厂生成 S&OP 和 MPS。

中心仓库对应各地区仓库是一对多的关系，仓库之间又有调拨和支援的关系。有时地区仓库要求制造厂直接发货给客户，要处理直运业务（Drop Shipment），发票寄往代理商，货物直接运给客户。在多工厂的情况下，也就是说一个企业在不同地区有生产相同产品的工厂，代理商或地区仓库和制造厂之间又有一对多的关系。

在图 16.7 中，所有的连线都含有运输模式、运输时间和费用的问题，说明运输管理是 DRP 的一个重要内容，且运输班次有它的专用工作日历。在应用分销资源计划时要注意企业的这些特点。运行 DRP 往往要结合运输管理系统（TMS），注意研究和优化一些问题，诸如：

- 配送仓库的布局和短途运输及长途运输在时间和费用方面的优化；
- 是直接运往客户接货点，还是通过地区配送中心发送；
- 结合运量、装载量和包装模式，以及物料的价值、容积、需求的紧迫性、气候、货品的保质期、供应的延续性、运输距离、安全等因素，分析各种运输方式的优化方案，如公路、铁路、水路及空运模式，或几种模式分段交接转运。

16.7.5　流程工业的计划特点

前面谈过，流程工业有两种类型。一种是批流程，在生产一批品种后可以中断，按照生产成本最低原则，顺序更换产品品种；另一种是连续流程，一般只生产固定的产品，或靠变更生产装置的参数来调整产品性能规格。一旦投产，在生产装置大修之前不再中断，生产是连续不断的。

连续流程工业有较多的特殊性，**必须采用具有行业特性的专用 ERP 产品**，而且还有必要进一步进行行业细分，如冶金、化工、炼油、原料药等。其基本特点简要说明如下。

1．产品结构

ERP 的计划是按照产品结构展开的，流程工业的产品结构和离散型的产品完全不同，请回顾图 13.20 V 型产品结构。

流程工业产品结构的主要特点有：

- 产品结构比较简单，层次较少，极少涉及变更问题，与工艺流程关系密切，产出物料会随工艺流程参数（压力、温度、反应时间）而变化（品种，产量）；
- V 型产品结构，物料多为流体（气体、液体或粉状、颗粒；采用管道传输）；
- 用可调整的配方形式（不同配方可能达到同样效果）替代物料清单；
- 物料品种少，具有有效成分含量和质量等级等要素，且会随产地来源、批次变动；
- 由于原料和工艺参数的变化，产成品可能需要按质量等级分类；
- 产品结构中有联产品、副产品，再循环和回收复用（回收率）物料，还可能包括能源（不计库存结余）和有特殊处理要求的废弃物；
- 母件和子件的数量关系不固定，有成品率（收率）变动的因素，在一定范围内会随机波动；
- 产成品可以单独出售或进一步加工，兼有独立需求和相关需求双重性质；
- 采购、库存和销售需要有各种不同的计量单位，可以相互折算；
- 没有和产品研发集成的要求。

2. 工艺流程

能力和提前期数据是由工艺流程提供的，流程行业的工艺流程有以下特点：

- 采用专用设备或装置（工作中心），流程和能力都相对固定，进出料是连续的；
- 不允许中断生产，但可调整物理参数，产量在高低值范围波动；
- 提前期很短，除流程首尾外，无排队、等待时间。

3. 库存

- 通过存储容器的位面（流体）、重量（散装固体）自动监测储量，盘点工作简单；
- 在变截面储罐或管道及装置内储量，需要有自动计算储量的仪表；
- 自动监测并采集供给量和消耗量数据；
- 除生产流程首尾投入和产出的物料外，如中间产品作为商品出售，需要控制库存。

4. 数据采集

- 容器中的储量、管道中的流量、各种装置的出产量、各种能源的消耗量等都自动监控，自动采集数据；
- 管理信息系统与现场控制、计量及监测系统必须有接口，包括和分布式控制系统（DCS）的接口；
- 通常会用到制造执行系统（Manufacturing Execution System，MES）的控制和数据采集功能（见 18.7 节“制造执行系统”）。

5. 计划

连续流程生产的产品通常是 T 型和 V 型产品结构。

T 型产品结构物料品种相对较少，MPS 和 MRP 几乎是合并运行的。由于能力是固定的，能力计划比较简单，一般只考虑日产量或班产量的能力制约。

在一些属于 V 型产品结构的化工生产类型中（见图 13.20“石化产品的 V 型产品结构”），任何一层的物料都可能是出厂产品，都会有出厂产品计划，一种物料兼有独立需求和相关需求性质，要平衡各层物料的数量。这类生产一般是不能中断的，工作中心（工艺装置和设备）能力也是相对固定的。如果遇到市场或原料供应方面的约束不得已要调整产量时，也只能用调整工艺流程中的某些参数的办法来维持生产。

1）MPS

- 以销定产为主，以产促销为辅；
- 考虑能力和原料限制，采用有限顺排计划；
- 考虑均衡生产，做到物料平衡；
- 考虑“共生”产品搭配；
- 日产量在高低值范围内按需求调整；
- 标准批与设备容量、配方有关。

2）MRP

- 表达“单耗”与总量的关系；
- 采用有限顺排计划；
- 连续进料；
- 要包括能源和辅料的计划；
- 考虑回收复用物料（回收率与补充量）。

6. 生产作业

- 作业报告在自控系统上反映；
- 分析收率；
- 分析质量等级；
- 现场数据采集（DCS 接口）。

7. 采购作业

- 供应商相对较少，但有采购配额问题；
- 采购计划稳定，定货数量大，往往是一揽子合同，质量和批号跟踪十分重要；
- 必须保证连续供应。

8. 成本

- 自动化程度高，人工费比重小；
- 生产装置（工作中心）由班组操作，人工费率按班组而不是按个别工人计算；
- 工序成品率（收率）的变化会影响成本变动；
- 采用滚加法与 ABC 成本核算法相结合的方法；
- 对联产品和副产品的成本有各种分摊方法；
- 间接费不是按工时而是按设备台时分摊；

- 回收复用品按回收率扣减。

9．设备维护

设备可靠性对计划的稳定性十分关键，采取预防性维护制度，对设备运行的监控和备品备件管理、设备和各种装置的维修计划（网络计划）都十分重要。

10．质量管理

质量管理包括质量检测数据采集、批跟踪、工艺流程控制、实验室管理等。

综上所述，连续流程工业应有适合行业特点的专用的 ERP 产品。这类 ERP 产品在子系统划分上与通用的 ERP 系统有很大区别。例如，生产的物料与生产装置呈固定关联的关系，备品备件消耗与运行时间和负荷相关、成本的分摊有特殊要求，需求计划与能力计划会统一考虑等，都有各自的特殊性，选型时要特别注意。

第17章 能力计划与排产

供需平衡是ERP计划系统运行的原则。需求引发供应，能力是带有供应性质的一个要素。物料计划是否可行？要通过能力计划来验证。

在编制计划过程中要发现并解决能力资源与物料需求的矛盾，合理规划和利用能力资源，舒缓制约能力的各种因素。

在ERP管理模式下，“排产”不是生产车间的任务，而是由计划部门平衡物料与能力计划后完成的，生产只是执行层。因此，本章将“生产排产”与“能力计划”放在一起讨论。

17.1 能力计划层次

ERP系统的能力计划和物料计划总是相伴运行的。能力计划要对应物料计划，同样有由宏观到微观、由粗到细、由远到近的不同层次；不同层次能力计划中的“能力”可以有不同含义。图17.1与图5.1的精神是一致的，下面分别进行介绍。

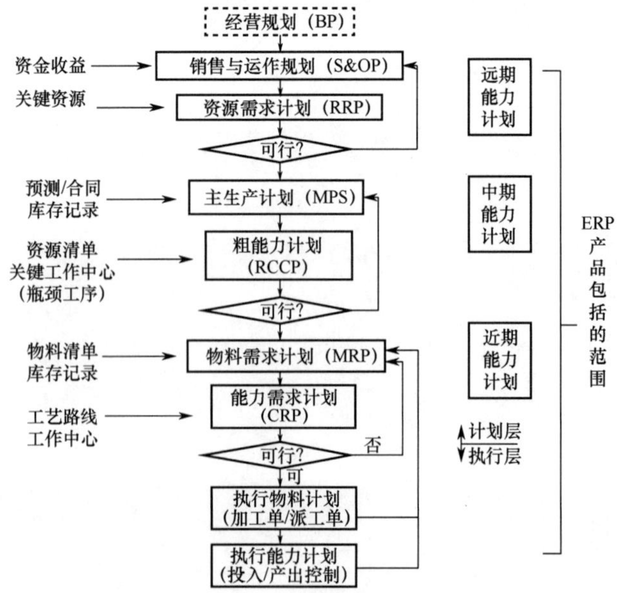

图17.1 能力计划与物料计划相伴运行

17.1.1　远期能力计划

在经营规划阶段（图 17.1 的最上层），远期能力计划是落实企业生产规模发展的战略规划，运算程序比较简单，运行的间隔期较长，ERP 产品一般不包括这方面的功能。

ERP 系统的远期计划实际上是从**销售与运营规划**（S&OP）阶段开始的；远期能力计划是与之相伴运行的**资源需求计划**（Resource Requirements Planning，RRP）。资源需求计划所指的资源是关键资源，可以是资金、关键工作中心的能力、受市场供应能力或供应商生产能力制约的关键原材料等少量关键因素。资源需求计划用每一种产品系列消耗关键资源的综合平均指标来计算，如小时/台、吨/台或元/台，或单位产品质量的平均消耗指标，如吨/吨等。

资源需求计划是一种平衡需求的极其粗略的能力计划，主要是对比关键资源的消耗指标，不涉及工艺路线，但这些指标必须事先计算出来。本章主要讨论中期和近期两种能力计划。

17.1.2　中期能力计划

中期能力计划指与主生产计划（MPS）相伴运行的粗能力计划（Rough-Cut Capacity Planning，RCCP），物料来源有自制和采购。运算粗能力计划主要针对产品自制件中少量的关键加工能力，因此，它是一种计算量较小、占用计算机机时较少、比较简单、粗略、快速的能力核定方法，通常只考虑**关键工作中心**（瓶颈工序）及相关的工艺路线。由于粗能力计划是一种中期计划，为了简化计算，通常只考虑计划定单和确认定单，而忽略在近期正在执行的和未完成的定单，也不考虑在制品库存。

对某些特殊行业，如回收部件（如变速箱）修复，有时称为所谓的反向或再制造逆向供需链（Remanufacturing Reverse Supply Chain，RRSC），由于修复的部件磨损情况差别很大，修复的工作量很难估计，这种情况也只做粗能力计划。

17.1.3　近期能力计划

近期能力计划指与物料需求计划（MRP）相伴运行的能力需求计划（Capacity Requirements Planning，CRP）。根据准备下达、已下达和未结定单的任务负荷，按时段核查所有相关工作中心的能力、有无超负荷或任务不足的现象。也就是说，能力计划不仅要考虑能否满足需求，也要反映能力（尤其是昂贵的工作中心）是否充分发挥的情况。

不同层次的能力计划如表 17.1 所示。

表 17.1 不同层次的能力计划

对 比 项	资源需求计划	粗能力计划	能力需求计划
计划时期	远期	中期	近期
计划阶段	S&OP	MPS	MRP
需求信息	产量	独立需求件	相关需求件
能力资源	关键资源	关键工作中心	全部工作中心
能力计算	消耗指标	资源清单	工艺路线
时段	月	周/日	日
定单	—	MPS 计划/确认定单	MRP 计划定单/未结定单
考虑现有库存	—	不考虑	考虑
提前期	—	偏置天数	开始/完成日期
批量	—	因需定量	批量规则
工作日历	—	通用日历	工作中心日历

表 17.1 中，MRP 计划定单依据的是 MPS 下达定单。

17.2 物料计划与能力计划

本章主要讨论中期能力计划和近期能力计划，也就是涉及工艺路线和工作中心的能力计划。在讨论能力计划之前，先要弄清不同生产类型的能力计划同物料计划的关系。

17.2.1 间歇式生产

间歇式生产是指零件加工要经过多个工作中心，中间有等待和传送的生产模式。MRP 的计划对象是加工件（零部件），是按一项项的单个加工件分别单独展开运算的。多个加工件会使用同一个工作中心，而且有可能都排在同一个时间使用。因此，只有把对应某一工作中心的全部加工件所需小时数汇总到一起，按时段列出，与工作中心的可用能力（小时数）对比，才能看出能力资源是否能满足物料需求。这样的运算非常烦琐，只能依靠信息技术来完成。

加工件是经工艺路线的各道工序逐步形成的，工序对应工作中心，工作中心根据需求的优先顺序加工各个零件。在间歇式生产模式下，如果需求计划排下来，多个加工件需要在同一个时段使用同一个工作中心，就可能出现负荷超过能力的现象。这种矛盾在展开 MRP 运算时并不会暴露，只有运行能力计划，才能发现工作中心能力资源与物料需求的矛盾。

例如，有 3 种加工件，各自有一条理想的工艺路线，工艺路线上有若干道工序，每道工序都对应一个工作中心，分别要用到 1～4 个工作中心。其中，工作中心 1 和工作中心 4 各有 3 种加工件要使用，如果 3 种加工件相遇在同一个时段加工，就会出现能力冲突。这种情况在机群式布置生产类型中是极其普遍的，如图 17.2 所示。

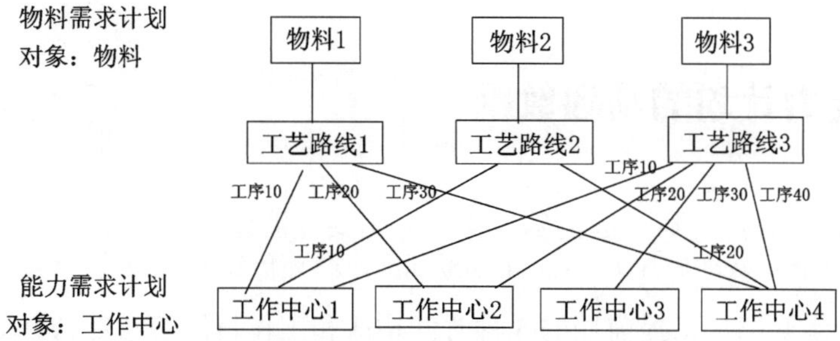

图 17.2　间歇式生产类型的能力冲突

相对物料而言，工作中心的能力由于随生产效率、人员变动、设备故障、质量问题返修等因素的影响而变化，不确定因素较多，是影响计划编制的重要因素。

17.2.2　流水式生产

流水式生产类型的情况完全不同，生产工艺相对固定，一条生产线或装配线就是一个工作中心，每种物料（加工或装配件）只对应一个工作中心（包括若干工序的流水线）。流水线的单位时间产量比较稳定，物料每日（班、小时）计划产量受流水线产能的限制，也是相对稳定的，每种物料各行其道，互不干扰，这时只要按照有限能力顺排计划，能力计划就可以大大简化甚至省略（见图17.3）。这是一种**能力计划优先**的计划模式，即先确定能力限制，再做物料计划。此时，除生产装置的产能外，产成品的市场需求和采购件的供应都会成为制约因素。

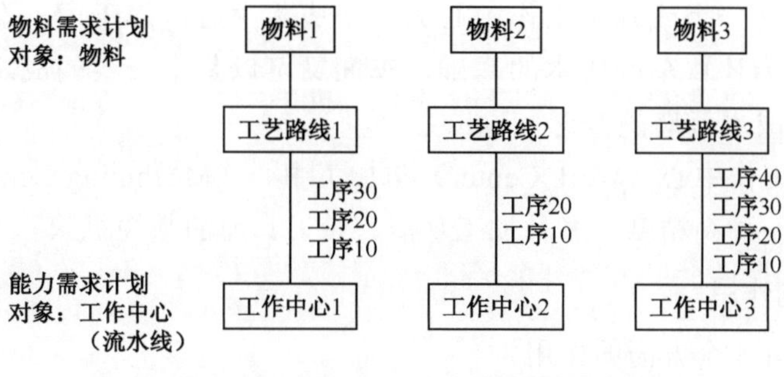

图 17.3　流水式生产类型的能力计划

早期，有些 MRP Ⅱ软件产品并没有能力计划功能，对大批大量生产诸如电子元器件（如电阻电容）、紧固件之类产品的企业，按流水线能力限制安排物料计划，现在依然适用。

流程生产的生产装置的能力是相对固定的，只在一个小范围内波动，能力计划也比较简单。本章主要讨论离散型间歇式生产的能力计划，这也是编制生产计划时最令人困扰的环节。

综上所述，系统会根据加工物料工艺路线提供的信息，根据以物料为对象的物料需求计划，汇集各工作中心在各时段占用的工时，转换为以工作中心为对象的能力需求计划。间歇式生产运行能力计划比较烦琐，会有多次反复，所以应尽量采用流水式生产或成组单元，以简化能力计划运算。

17.3 能力计划的基础数据

运行能力计划需要用到一些基础数据，首先要弄清楚它们的定义和作用。在 17.1 节我们已经引用了工艺路线和工作中心两项数据，它们都属于静态信息，这一节会详细讨论。此外，还要进一步介绍加工提前期的 5 种时间构成和工作日历等与能力计划有关的基础数据。请参见图 12.1“主要基础数据的相互关系及建立和录入顺序”中第 2 行的内容。

17.3.1 工作中心

1. 工作中心的定义

工作中心是各种生产能力单元的统称，也是发生加工成本的实体。因此，在 ERP 系统里，它属于计划与控制范畴，而不是固定资产或设备管理范畴。在用手工管理进行能力平衡时，往往用各类“设备组”每年可用小时数与年负荷小时数对比，比较粗放，由于时段划分很粗，不能显示细化后才能发现的矛盾。工作中心把“设备组”的概念扩大了，除设备外还可以是人员甚至是装配面积等，都属于能力资源。

在编制工艺路线之前，先要定义工作中心，建立工作中心主文件。工艺路线中一般每道工序都要对应一个工作中心，但是像焊接装配这类作业也可能有几道连续工序对应同一个工作中心。加工件经过各个工作中心都要发生费用，产生加工成本。在责任会计制中可以定义一个或几个工作中心为一个成本中心。属于同一车间所有工作中心发生的费用可作为计算车间成本的基础，车间又可以是上一层的成本中心。所以，工作中心又有产品成本范畴的概念。

注意，不要把工作中心（Work Center）与加工中心（Machining Center）混淆起来。众所周知，后者是一种高精度、多种加工功能、带刀具库的数控机床。

2. 工作中心的作用

工作中心主要有 4 个方面的作用。

（1）作为平衡负荷与能力的基本单元，是运行能力计划时的计算对象，也是计划排产的主要单元。分析和控制能力计划执行情况也要以工作中心为对象，进行工作量（小时）的投入产出分析（见 17.6 节）。

（2）作为车间作业分配任务和排产的基本单元，派工单就是一种以工作中心为对象的任务单，说明该工作中心的各加工单或车间定单的优先顺序（见 18.2.2 节“派工单”）。

（3）作为车间作业计划完成情况的数据采集点，也用做反冲法中的控制点（见 18.6.2 节“反冲法”）。

（4）作为计算加工成本的基本单元。计算零件的加工成本是以工作中心文件记录中的单位小时费率乘以工艺路线文件记录中占用该工作中心的小时数得出的（见 21.4 节“产品成本计算”）。

3．工作中心的设置

设置工作中心是一项细致的工作，要充分考虑到设置的原则能使工作中心**起到上述 4 个作用**。工作中心可以是一台功能独特的机床或生产装置、一组功能和费率相同的多台设备、一条生产线或装配线、一个成组单元、由若干工人组成的装配班组甚至大到某种生产单一产品的封闭车间。

对外协工序来讲，对应逻辑上的“工作中心”则是一个外协单位的代码。

工作中心能力的计量单位一般为小时，但有时会用到其他单位，如机械行业中的大型产品在组装时需要占用一定的面积，装配面积有可能会限制产量，这时要把装配面积作为工作中心并以面积作为计量单位；总面积是各种产品装配时占用面积之和。

又如，卷烟行业的烟丝制成后储存在储丝柜中，一个储丝柜只能存放一种品牌的烟丝，而且只有在全部用完后清理干净，才能存储另一个品牌的烟丝。储丝柜决定了卷烟的产量，这时要把储丝柜作为工作中心，并且以储量（容积或重量）作为能力的计量单位。对于一些工业炉窑类的工作中心（如热处理、绝缘固化），物料在加工过程中，经常会有多种物料合并进入同一个炉窑类工作中心的情况，可能会以装载量或物料尺寸作为能力的计量单位。

这些带有行业或工艺特点的要求，都是在 ERP 产品选型时要特别注意的。

4．关键工作中心

约束理论认为，企业的有效产出主要受瓶颈的制约，生产能力的瓶颈就是关键工作中心。因此，关键或瓶颈工序的工作中心（Critical Work Center 或 Bottleneck）必须单独在工作中心主文件中标注，以便系统可以自动调出作为粗能力计划的对象（见 17.4 节）。关键工作中心的定义是：

- 经常满负荷，加班加点；
- 需要专门的熟练技术工人来操作，不能任意替代或随时招聘；
- 工艺独特的专用设备，或受加工成本/生产周期限制，不能用其他工艺替代或分包外协；
- 设备昂贵，需要专用厂房（如恒温、起吊能力），不可能随时增添。

通俗地说，关键工作中心主要是那些能力经常等于或小于需求小时数的工作中心。

不要把关键工作中心与设备管理中的“重点设备”混淆起来。设置关键工作中心主要用于能力计划，它是计划范畴内的概念。必须注意，不同产品工艺特点不同，生产数量不同，占用各工作中心的时间也不同。因此，关键工作中心会随产品组合和产量增减而变化，并不是一成不变的，要随时注意分析和维护。

企业中，关键工作中心的数量总是少数，关键工作中心的能力平衡了，供需平衡的问题基本上就能解决。这是管理科学中的“重点管理法”，也是约束理论处理制约因素的原理方法。对一些经常生产的产品类型，车间班组长就能判断哪些是关键工作中心，不一定需要通过烦琐的计算才能确定。只有遇到一些从来没有生产过的产品时，才需要通过粗略运算。此外，为了简化报表和运算，也可以设置为在系统运算后只显示有超负荷的工作中心。

要保证关键工作中心设备的完好率和利用率，可采取以下措施：

- 配备专职维修保养工，随时监护；
- 配备后备操作人员，做到“人停马不停”，比如说午餐时班组长临时顶替，使其有可能满负荷运行；
- 对送往关键工作中心的物件必须逐件进行严格检验，不要使关键工作中心由于加工不合格的毛坯或工件，出现废次品，浪费负荷已经很紧张的能力资源；
- 保证关键工作中心前有一定的缓冲物料，不发生停工待料现象，一般要设安全提前期；
- 加强管理关键工作中心下游的工序，不出现废次品，以免因补充或返工增加关键工作中心的工作量；
- 及时采集关键工作中心的数据，掌握它的运行状况。

没有上述一系列的管理措施，即使有了功能强大的ERP软件，计划依然不可能落实。也就是说，实现ERP的效益不能只靠单纯的技术，还必须与管理措施结合，体现以人为本的精神。

5．工作中心的基本数据

1）编码

工作中心代码的字段长一般为6～8位，依软件设计而定。规定字段含义的方法很多，例如，可按工作中心的类型（车床、压力机等）、所在位置（厂房的行跨）、顺序，各占2位来分段编码。工作中心如果隶属于车间部门，而车间部门又有其代码和主文件，在工作中心代码中就不用包括车间部门的含义，这个原则和库位代码（不用包含仓库的含义）是一样的。

2）能力数据

工作中心的参数主要是**额定能力**（Rated Capacity），即考虑效率和利用率后，每日可提供的工时数或台时数（或每小时可加工的件数、可生产的吨数）。

额定能力的计算公式如下：

$$\text{工作中心能力（小时/日）}=\text{每日班次}\times\text{每班工作时数}\times\text{工作中心效率}\times\text{工作中心利用率}$$

式中，工作时数可以是工时或台时。当设备的自动化程度较高，可以连续全日运转，或一个人可同时操作多台设备时，往往用台时作为能力单位；反之，则以工时作为能力单位。换句话说，看制约能力的因素是设备台数还是工人人数。

效率和利用率这两个因素是为了使工作中心的可用能力更符合实际，从而使计划和成本也更加符合实际。在设置这两个参数时，可按照它们在计算中的逻辑关系灵活运用。

效率说明实际消耗工时或台时与标准工时或台时的差别，与工人的技术水平、心理状态或者机床的使用年限有关，可以大于、等于或小于100%。

$$效率=\frac{完成的标准定额小时数}{实际工作小时数}$$

利用率与任务的饱满程度、设备的完好率、检修频率、工人出勤率、更换工艺装备时间、工作地清扫、自然休息时间等因素有关，是一种统计平均值，通常小于 100%。瓶颈工序或关键工作中心的利用率可以采取措施使之等于或接近 100%。

必要时可以用采取提高利用率的措施来调整工作中心可用能力。

$$利用率=\frac{实际工作小时数}{计划工作小时数}$$

是否以利用率作为关键业绩指标（KPI）的指标之一来考核，要具体分析。在任务饱满的情况下，必须尽量提高关键工作中心的利用率，工艺路线上前后的工作中心利用率要服从关键工作中心要求，盲目追求高利用率是没有意义的。利用率还含有“期望负荷”的意思，事先规定一个百分比使负荷不要过高，尤其是瓶颈工序前后要留有余地。对贵重的工作中心则利用率不要过低，使之发挥应有的价值，提高经济效益。此外，降低准备时间也有利于提高工作中心利用率。

有些企业由于工时定额不准，想通过在“效率”上做些变通来补救。明知定额时间过长，又没有决心更正，就把“效率值”提高。要知道，工时定额是工艺路线中的一项数据，依物料而异。而“效率”是工作中心的参数，不因物料而异。因此，用提高“效率值”来弥补工时定额不准，无益于提升管理水平，应当从改革激励机制入手，下决心修正工时定额。

工作中心的额定能力应当是能持续保持的能力，要稳定可靠，是一种预期的能力。额定能力要对比历史上某个有代表性时期能力的统计平均值——纪实能力（Demonstrated Capacity）进行修正，如修订效率或利用率，并确定允许偏差。运行能力计划有时要根据计划期内工作中心的具体情况做必要的调整，调整后的能力称为计划能力（Planned Capacity），然后再与需用能力（Required Capacity）进行对比。为了说明工作中心的理想能力，有时也要标明可能提供的最大能力（Maximum Capacity），表明工作中心可能具有的最大潜力。

3）成本数据

使用工作中心每小时发生的费用，称为费率或费用分配率。工作中心的直接费用包括能源（电、气、水、汽等）、辅助材料（如乳化液、润滑油）、折旧费、维修费、操作人员工资及附加工资等所有凡是可以归纳到具体工作中心的费用，按小时消耗或按年度平均消耗和工作时数折算成小时费率。可用人工小时（元/工时）或机器小时（元/台时）计算工作中心费率。

$$工作中心费率=\frac{在工作中心上发生的所有费用之和}{发生费用的持续小时数}（元/小时；元/台时）$$

如果加工件的间接成本是以人工成本为基准分摊的，那么还要规定每个工作中心的间接费率；一般是工作中心费率（元/工时或元/台时）的一个百分比（可以＞100%）。关于间接费分摊的内容请见 21.4.3 节“间接费分配”。

4）其他数据

在工作中心文件的参数中，有时还要包括一些其他的数据。例如：

- 设备数量（当一个工作中心包括多台机床时）和设备的能力差异（同型号设备有新旧之分，效率不同）数据；
- 操作人员数量和技术等级数据，以计算人工费，并与人力资源管理系统集成；
- 可替代的工作中心及其代码，必要时可替代超负荷的正式工作中心；
- 标注是否为关键工作中心，系统可自动摘取用于运行粗能力计划；
- 平均排队时间（统计平均值）。

17.3.2 工艺路线

1. ERP 系统的工艺路线

只有在建立工作中心主文件之后，才能开始建立工艺路线文件。

在 ERP 计划系统中，编制工艺路线是在工艺过程卡的基础上进行的，但又有所不同。工艺过程卡是指导加工制造的**技术文件**；工艺路线则是 MRP 系统的**计划文件**或**管理文件**，它的作用主要是为了编制计划和计算成本，通常不详细说明与编制计划没有直接关系的技术要求和方法（必要时可在注释中说明）。ERP 同 PDM（产品数据管理）集成时，工艺路线信息将自动转换，无须重复建立。

工艺路线的典型报表格式如表 17.2 所示。

表 17.2　工艺路线的典型报表格式

物料代码：11100　　生效日期：20220101
物料名称：　C　　失效日期：20250630

工序	工序名称	工作中心		标准时间 (小时)			排队时间 (天)	传送时间 (天)	工人数		外协费 (元)	工具
		代码	名称	准备	加工 (工时)	机器 (台时)			准备	加工		
10	下料	01001	锯床	0.5	0.50	—	1.0	1.0	1	2		逐道
20	车削	02030	车床	1.0	1.25	—	1.0	1.0	1	1		工序
30	热处理	06010	电炉	1.2	—	5.00*	2.0	1.0	2	1		分别
40	磨削	02052	磨床	1.0	2.00	—	3.0	1.0	1	1		列出
50	电镀	90001	(外协)	—	—	—	—	10.0	—	—	200.00	菜单
60	检验	08015	质检	—	0.10	—	1.0	—	—	1		

* 热处理炉每炉装载100件。

ERP 工艺路线的工序是从投料开始到最后完成（包括检验）入库前所有的工序，可能会跨多个车间，也就是包括了传统管理的“车间分工表”的内容， ERP 系统的工艺路线表把“车间分工表”和“工艺路线卡”合二为一；在工艺路线报表上反映出较长的传送和等待时间，就是车间之间的交接时间。如果工作中心编号有几位是车间的含义，则可以很清楚地分辨出来，如在表 17.2 中，01 是下料车间，02 是机加工车间，06 是热处理车间，90 是外协单位，08 是检验部门。

2. 工艺路线的作用

工艺路线主要有以下作用：

（1）计算加工件的提前期，提供运行 MRP 的计算数据；

（2）计算占用工作中心的负荷小时，提供运行能力计划的数据；

（3）计算派工单中每道工序的开始时间和完工时间；

（4）提供计算加工成本的标准工时数据；

（5）按工序跟踪在制品，是工序跟踪报告的依据。

3. 工艺路线报表

ERP 系统的工艺路线报表是一个管理文件，它具有以下特点（请对照表 17.2）。

（1）除说明工序顺序、工序名称、工作中心代码及名称外，工艺路线报表还把加工过程和时间定额汇总到一起显示。制定工时定额与编制工艺在同一部门进行。工艺人员掌握时间定额，有助于分析所制定工艺的经济合理性。

（2）除列出准备和加工时间外，还列出排队时间和等待/传送时间，也就是加工前后的缓冲时间。

（3）表上列出的准备和加工的标准时间，是用来计算标准成本的，且考虑了操作工人的人数。在计算计划跨度和能力计划负荷时，要被相应的工人数除，才是真正占用工作中心的时间，再连同传送、排队时间作为编制计划进度的依据。例如，工序 10 的加工标准时间为 0.5，这是计算成本用的数据，即加工一件消耗 0.5 工时，再乘以工时费率。如果计算计划跨度和能力，要被这道工序的加工工人数 2 除，即 0.25 小时，也就是占用工作中心的时间。不同的 ERP 产品可能会有不同的定义。

（4）每道工序对应一个工作中心，说明物料的形成与工作中心的关系，也用来说明工作中心负荷是由于加工了哪些物料形成的。

（5）工艺路线表包括了外协工序、外协单位代码和外协费用。外协工序的时间可记入工序的传送时间字段中，表示工件从送出到收回的时间，是固定提前期。

（6）除说明基本的工艺路线外，还要说明各种可能替代的工艺路线，便于在调整计划或主要工艺路线上的设备出现故障时替代。当一个零件可以通过多种工艺路线完成，或有若干替代工艺路线时，可对不同工艺路线赋予不同代码。如果工艺路线比较定型，使用同一类型工艺路线的零件较多（如成组加工），但每件的加工时间又不相同时，也可对典型（或优选、标准）的工艺路线编码。利用软件的复制功能，建立新的工艺路线时只需在典型的路线文件上修改少量数据，以简化数据录入。此外，与建立物料清单一样，也要说明工艺路线的生效期和失效期。

（7）系统在模拟计划时，如需要调整工艺，可先对工艺路线的工序变化、时间定额、加工成本利用系统的模拟功能进行模拟，然后再做决策。

4. 工艺路线与物料清单结合应用

工艺路线有时要结合物料清单来应用。例如，对由企业提供毛坯或原材料委托外协加工的物料，由于原材料是采购件必须列入产品结构，而作为原材料母件的外协件，不在产品结构的最低层，不能定为采购件，但也要用采购程序处理。这时，可用一种变通的办法，把外协件定义为加工件，但其工艺路线只有一道外协工序（这种处理方法还要依 ERP 产品功能而定）。图 17.4 是用电阻件外协弯脚的例子说明自购材料外协加工的处理方法。

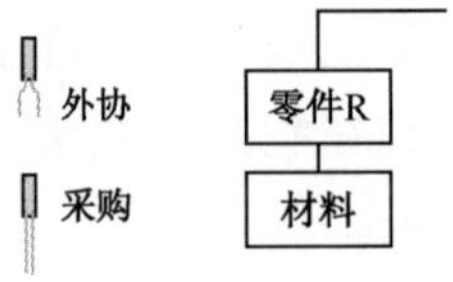

物料代码：47588
物料名称：R

工序	工序名称	工作中心		标准时间（小时）			排队时间（天）	传送时间（天）	工人数		外协费（元）	工具
		代码	名称	准备	加工（工时）	机器（台时）			准备	加工		
10	弯脚	90003	（外协）	—	—	—	—	15.0	—	—	385.00	

图 17.4　自购材料外协加工的处理方法示例

从逻辑上讲，工艺路线中可以把“设计”“运输”等非工艺性作业作为独立需求件性质的一道工序来处理，也可以把供应商或分包商的计划作为一种特定的工序对待，只计算提前期和总费用。

总之，只要符合运算逻辑，根据 ERP 产品的条件，就可以有各种灵活变通的运用工艺路线的方法。它可以包括任何占用工作中心需要计算时间的工序，必要时也可以是既无工作中心又无费用但要增加时间的“工序”。

在机械产品中，往往有两件相关的物料分别加工后再合在一起加工，然后又分开加工的情况。例如，箱体和箱盖、连杆体和连杆盖、涡轮副或油泵油嘴偶件等（又称配作件，在采用数控机床加工的情况下，由于精度提高，某些配作件可以减少）。这些加工件的工艺路线需要特殊处理。有的工序会和其他物料合并处理，如热处理会将工艺要求相同的不同物件放在一炉处理，这时就要把热处理件作为单独物料处理，不要再作为工艺路线的一道工序，在物料清单上也要增加一个层次。

换句话说，编制物料清单要与工艺路线结合起来考虑，在流程工业中这种特点更为普遍。

17.3.3　加工提前期的作业时间

在 15.1 节和 15.3 节我们已经简要介绍过提前期和 5 种作业时间的概念，这里再结合工艺路线报表重点介绍加工提前期的 5 种作业时间。

在 ERP 计划系统中，把加工件每一道工序的生产周期进一步细分为 5 种作业时间，即排队时间、准备时间、加工时间、等待时间和传送时间。传统的生产管理教科书经常把排队、等待和传送 3 种时间合在一起称为“缓冲时间”“过渡时间”或“保险期”。有的 ERP 软件把加工前的排队时间称为加工前缓冲期，把等待和传送时间称为加工后缓冲期。不论怎样称谓，这几种作业时间都是客观存在并需要研究和分析的，如图 17.5 所示。

在工艺路线报表中要显示这些时间的标准值，如表 17.2 所示。

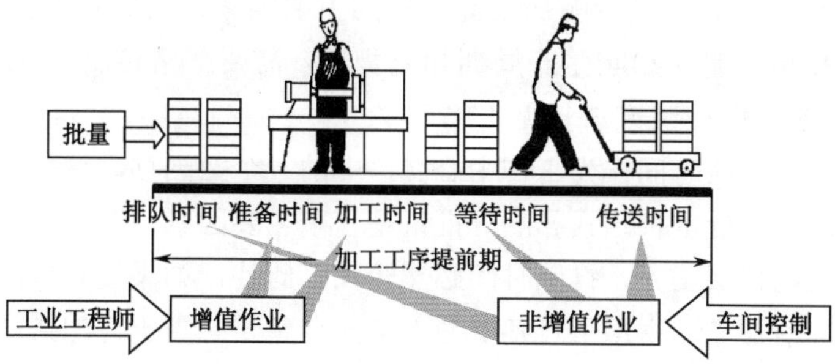

图 17.5 加工工序提前期的 5 类时间构成

在 5 种作业时间中，与产量有关的时间称为变动提前期，如加工时间，计算计划跨度时要乘以加工件数量。与产量无关的时间称为固定提前期，如准备时间，不论加工数量多少，都是一个固定数值。只有把所有的时间因素全部考虑进来，首尾相连，系统才有可能计算加工件真实的加工周期(跨度)。下面我们将表 17.2 中的数据绘制成图 17.6 来说明。

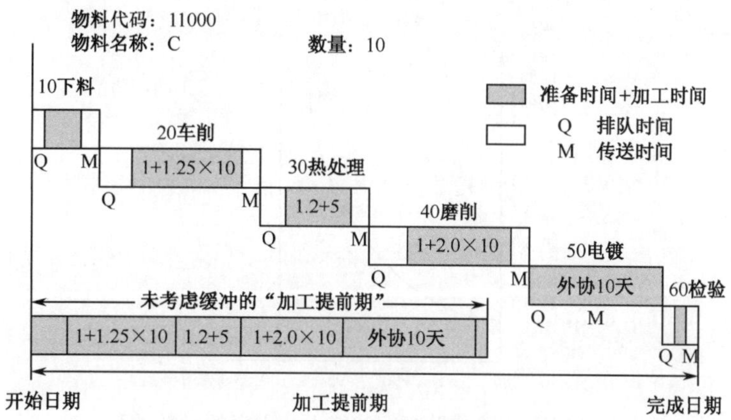

图 17.6 加工提前期与工艺路线

在安排计划时，必须考虑生产时间（准备时间和加工时间之和，图 17.6 中灰色的方框），以及前后的缓冲时间（排队、等待和传送，图 17.6 中白色的方框），这样得出的加工提前期才是符合实际的。如果工艺路线表中的排队时间和传送时间有遗漏，也就是未考虑缓冲时间，即所有生产时间首尾相连，系统计算出的加工提前期就像图 17.6 下侧的横向直方图（只考虑了灰色的方框），这样加工提前期必然小于实际需要的跨度，按照这样用小于实际加工提前期编制的计划，很明显是无法执行的。

5 种作业时间构成的说明如下。

1. 排队时间

排队时间（Queue Time）指一批零件在工作中心前等待上机加工的时间。在离散型生产中，一个工作中心加工的各种零件加工周期长短不一，为了保证工作中心（尤其是瓶颈工序）生产不中断，排队时间（尤其是后续工序）往往很难避免。在流水式生产中，生产节拍比较均衡，工序之间排队时间很短，甚至可能为零。但在流水线的头道工序前，还会有排队现象。排队时间是影响加工提前期的主要因素，有时可达 80%，直接影响在制品库存量和占用资金量，影响生产周期和交货期，需要严格控制。“投入产出控制”就是 ERP 系统提供的一种控制方法（见 17.6 节）。

一般软件把平均排队时间作为工作中心文件中的一个数据项，这是一个根据历史数据计算出的统计平均值，受多种因素影响。批量是一个主要因素，若批量大，则从加工第一件开始到整个一批物料加工完，排队时间必然较长。此外，如果没有按优先级安排生产，把不急需的工件提前加工，占用了设备资源，必然会延长急需工件的排队时间。在软件处理上虽然把排队时间当做工作中心的一个参数，但要根据工作中心工作量（小时）的投入/产出分析，随时注意维护（见 17.6 节）。采用成组单元或流水线加工，减小批量和均衡生产节拍是降低排队时间的主要措施。

有关能力利用率和排队时间的关系，在 2009 年版 APICS *Detail Scheduling and Planning* 教材的第 6～45 页中指出“如果利用率接近 100%，排队时间会陡增”，如图 17.7 所示。

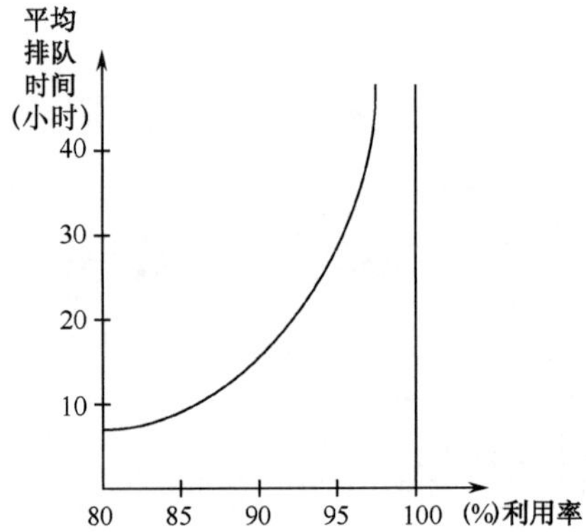

图 17.7　平均排队时间和能力利用率的函数关系

引译自：APICS CPIM *Detailed Scheduling and Planning* 2009。

这个观点值得商榷。提高工作中心利用率受多种因素影响，如保证任务饱满，设置安全提前期作为缓冲，保证设备完好率，消除前后流程出现废品和返修，保证操作人员出勤率，采取工作中心外部更换模具的方法等。因此，仅仅增加平均排队时间不一定就能保证提高工作中心利用率，而且这个观点和同一教材关于延长排队时间造成的恶性循环的论点是相悖的（见图 17.11）；读者遇到这类情况时应该独立思考并进行判断。

关键工作中心前会设置安全提前期作为缓冲，以抵消不确定因素在时间上造成的延误，在制品会提前到达，形成排队，但这是安全提前期，不是排队时间。安全提前期和排队时间不是同一个概念，安全提前期只是在可能出现延误时，有提前到达的在制品用来保证关键工作中心可以不间断生产，属正常情况。

2．准备时间

准备时间（Setup Time）指熟悉图纸及技术文件，装卡、调整及拆卸工艺装备，清理设备和场地的时间，相当于我国传统劳动定额中的“准终时间”，是一种固定提前期。或者说，准备时间是在工作中心上，从完成上一个加工件的时刻起至开始加工下一个加工件时刻之间的时间长。为了使每个零件平均占用的准备时间少些，批量大些似乎有利，但会影响均衡生产，增加在制品库存，削弱对市场变化的应变能力。

准备时间主要是指占用工作中心的“内部准备”类型，是生产时间的一部分，也是能力计划必须考虑的因素。对食品医药行业常见的搅拌和清洗类装备，不论装载量或清洗量多少，处理时间总是一个固定数的工序，相当于采用固定提前期。

3．加工时间

加工时间（Run Time）指占用工作中心加工工件或装配产品、部件的时间，相当于传统劳动定额中的机动时间。加工时间与工作中心的效率、工装设计、操作人员的技术水平有关。

在间歇式生产中，加工时间用工时/件或台时/件表示，是一种变动提前期，即：

$$\text{每批工件的加工时间} = \text{工件数量} \times \text{单件加工时间}$$

在流水式生产中，加工时间用“件/小时”表示。

准备时间与加工时间之和是计算能力平衡的“工作中心负荷”（Load）。

4．等待时间

加工完毕的工件停放在工作中心旁，等待这批工件全部加工完成后，一起运往下道工序或存储地点的时间，称为等待时间（Wait Time）。很明显，等待时间的长短与加工批量或传送批量有关，它也与搬运设施或下道工序的能力有关。有些软件把等待时间合并到传送时间中去，也就是说，可以把等待时间看作传送时间的一部分，理解为“等候传送”。

5．传送时间

传送时间（Move Time）指工序之间或工序至存储地点的运输时间。它与车间布置、搬运工具的能力及效率有关。如果是外协工序，传送时间是指自上道工序完成之时起至厂外协作单位完成后送回至下道工序的时间。

能力计划的负荷只考虑准备时间和加工时间，即实际占用工作中心的时间。排队时间、等待时间和传送时间不占用工作中心，但在排计划跨度时必须考虑，具体可以对照图 17.6。

为了便于我国国有企业将传统的定额转换为 MRP 系统要求的数据，可列出常用的传统时间定额与提前期时间构成的对比关系，如表 17.3 所示。

表 17.3 传统劳动定额与提前期时间构成

传统劳动定额	提前期时间构成
1．作业时间	—
（1）基本作业时间/ 机动时间	加工时间
（2）辅助时间	准备时间
2．布置工作地时间	准备时间
3．准备与结束时间（准终时间）	准备时间
4．休息与自然需要时间	计入工作中心利用率
5．保险期或缓冲期	排队、等待、传送时间
6．主要用来考核操作人员工作效率	用来安排进度计划，考核工作效率及管理水平

本书在介绍供需链时讲过，在企业里流动的物料，从原料到成品是一个增值过程。在提前期的 5 种作业时间中只有加工时间真正对产品起增值作用，称为增值作业。准备时间实际上没有增值，但它不可缺少，不可能为零，不是完全“无效”的；它会影响投产批量的大小、在制品数量和计划周期，应当设法尽量减少。准备时间如果过长，批量小了会不经济；为了提高应变能力，便于更换品种，应从改进工装和操作入手，压缩准备时间。

排队时间、等待时间和传送时间对产品都不起增值作用，属于无效作业，在间歇式生产类型中，一个零件在机床上的时间往往仅占生产周期的 5%～10%（甚至更小），即上述准备时间与加工时间之和；而 90%以上的时间消耗在排队、等待、传送和存储上。就管理者而言，应当把工作重点放在压缩这 90%的无效时间上；用工业工程提供的方法研究改进操作及工艺装备设计，用设施与布置原理改进车间布置、搬运方法和物流，压缩各种不起增值作用的无效作业时间。

我们曾经指出，ERP 系统只能提供各种有用的信息，但要想真正改进管理，提高生产率，还需要运用工业工程的原理和方法，进行正确决策和改进，这也是复合型人才有必要了解的一门学科。

影响各种时间构成的因素如表 17.4 所示。

表 17.4 影响各种时间构成的因素

时 间 类 型	影 响 因 素
排队时间	批量，优先级，能力，拖欠量
准备时间	批量，工艺装备设计
加工时间	批量，设备性能，能力，工艺装备设计
等待时间	批量，搬运手段
传送时间	批量，搬运手段，车间布置

从表 17.4 中可以看出，批量对运行 ERP 系统是一个极其重要的参数，如果设置不当，有时库存不但不会降低，还有可能升高。此外，安全库存设置不当也会造成同样后果。批量的设置与企业实际生产条件有直接关系。

日本一些企业推行的一分钟快速换模法（Single Minute Exchange of Dies，SMED），

运用工业工程方法，通过动作分析、改进工装设计，把更换模具的时间控制在几分钟之内，压缩了准备时间，有利于小批量投产，减少在制品库存，按照市场需求变化，迅速更换品种，调整生产。

最常见的就是一种所谓的“外部准备”方式，当机床在加工一批工件时，下一批工件的工艺装备在机床之外准备好，不占用设备，不影响设备的正常运行。在工装设计标准化的前提下，用极短的时间更换品种，减少准备时间。

以一个双门电冰箱塑料内胆生产为例，上下门各有一对箱胆和门胆，一个冰箱有 4 个胆，如果车间只有一台真空吸塑机，就要用 4 种模具，轮流生产。如果更换模具的时间很短，可以在吸塑机之外不影响正常生产的情况下进行准备（“外部准备时间”，External Setup），一天之内可以把 4 种胆配齐，满足装配要求。但是如果要在占用设备的情况下更换模具（“内部准备时间”，Internal Setup），更换的时间又很长，最坏的情况一天只能生产 1 种胆，这样需要 4 天才能配齐，从而积压大量在制品，而且要占用很大的库存面积。

采用柔性制造系统（Flexible Manufacturing System，FMS）可以极大地减少准备时间，不再受品种变化的限制。

为了编制正确的计划，合理利用能力资源，制定正确的标准成本，企业的工时定额必须准确。传统管理往往用完成多少工时定额作为发放奖金的依据，从而影响了工时定额的准确性，也不利于提高生产率。应当按照工业工程的激励原则，建立合理的考核和奖励办法，在不影响工人收入的前提下，使时间定额逼近实际。例如，提高单位工时的奖金额。为配合 ERP 系统正常运行，必须研究以按照优先级完成需求计划作为奖励的依据的方案。

用供需链管理的原理可以说明，只有在产品售出后，有了销售收入和利润，企业才有可能发工资和奖金。市场经济的观念是：“企业人员的工资是客户发的。”我国有些企业提出“客户是我们的衣食父母”的口号，其精神是一致的。这说明以完成工时作为发放奖金的依据与为客户增值的宗旨毫不相干，不是科学管理。试想，若企业的产品没有销路，在没有销售收入甚至亏损的情况下，由于完成了工时，却照样发奖金，而钱从哪里来？此外，为了得到奖金，操作人员往往会先做容易完成工时定额的工作，班组长在分派任务时也有可能做人情，破坏了优先级计划，影响产品成套率和交货履约率。

因此，为了实施 ERP 系统，必须运用工业工程的激励原则，改革不合理的奖励制度，保证数据准确。早在 MRP Ⅱ时代，国内许多企业号称 MRP Ⅱ成功上线，实际上成本管理和车间管理两个子系统往往都没上，造成这种现象的一个重要的原因，就是由于没有准确的工时定额。改革激励机制是一项极其艰巨的工作，但是为了持续提高企业的竞争力，应对激烈的全球竞争大环境，对这类不符合科学管理的“顽石”，绝不能采取“绕过去”的消极态度，而应该发挥管理创新的精神，把“顽石”搬走。

这个问题再一次说明信息技术应用和科学管理是密不可分的。

17.3.4 工作日历

工作日历也称生产日历，说明企业各部门、车间或工作中心在一年中可以工作或生产的所有日期。有些软件从英文 Shop Calendar 直译为车间日历，容易让人误解为车间使用的日历，这不是正确的译法。

MPS 和 MRP 展开计划时，要根据工作日历安排任务，非工作日不能安排任务。系统在生成计划时，遇到非工作日会自动越过。工作日历要标明休息日、节假日等非工作日期。

软件应能允许用户自行设置多种工作日历，赋以代码，可以分别用于总公司、国内外不同经纬度的分公司、各工厂、不同车间（如受供电供水的限制，公休日不同）、不同工作中心（如设备检修停产，不同班次）甚至成品发运涉及的运输航班等。必须能区别对待不同的需求，只有一种工作日历的软件是不适用的。

工作日历的基本单位是日，但必须细化到每个工作日的小时数，要能说明一天之内增加班次或改变每班的小时数后能力的变化。

作为计划排产，有些行业需要把时段细化到分，甚至到秒。但在与能力比较时，仍会采取四舍五入的方法进位到小时，以简化处理。

以上介绍了基础数据的作用和设置，下面开始讨论不同阶段的能力计划。

17.4 粗能力计划

17.4.1 输入信息与输出信息

粗能力计划与能力需求计划的输入/输出信息是有区别的，如表 17.5 所示。

表 17.5 粗能力计划与能力需求计划输入/输出信息

对　比　项	粗能力计划	能力需求计划
输入信息	关键工作中心能力	工作中心能力
	使用关键工作中心偏置期	MRP 计划定单/未结定单
	占用关键工作中心时数	工艺路线标准小时数
输出信息	关键工作中心负荷图	工作中心负荷图，负荷追溯表

17.4.2 运算方法

粗能力计划（Rough Cut Capacity Planning，RCCP）是伴随主生产计划（MPS）运行的，是一种中期计划，这时只有最终产品的计划，一般只考虑计划定单。由于这时还没有展开计算所有物料的需求，所以还不可能知道所有工作中心的负荷情况，只能根据经验对关键工作中心（瓶颈工序）的负荷做一粗略的估计。

有几种运行粗能力计划的方法。

1. 资源清单

说明每种产品的数量及各月占用关键工作中心的负荷小时数，同时与关键工作中心的能力进行对比。表 17.6 是一个简化的例子，只显示某一个月 3 种产品 A、B、C 的负荷情况，表明这个月里铣镗床能力有问题，但没有超过最大能力，有可能通过加班方式解决。

也可以列出每个关键工作中心一年里每个月的负荷–能力对比表。

表 17.6　资源清单示例

需　求					供　应				
产　品					关键工作中心				
	A	B	C	……	代码	名称（能力单位）	月能力（小时）		
数量（台）	15	60	20	……			需用	可用	最大
需占用工作中心负荷（小时、平方米）	20	80	30	……	1100	数控冲床（小时）	130	140	150
	40	120	50	……	4230	大立车（小时）	210	256	320
	130	150	—	……	4700	铣镗床（小时）	280	240	300
	80	300	120	……	5200	装配（平方米）	500	500	500

2. 确定使用关键工作中心的开始时间和结束时间

上述资源清单是传统 MRP 系统常用的方法，由于在 MPS 层次，还没有对产品结构进行全面展开，还不能详细到按时段逐段分析。为了弥补这个不足，需要采用偏置天数的概念，参考历史资料，估计各个产品使用关键工作中心偏离交货期的开始日期和结束日期，将使用关键工作中心的时段适当细化，显示是否有超负荷的能力问题。使用关键工作中心的开始日期距交货期的时间间隔称为偏置期（Days Offset 或 Lead-time Offset），如图 17.8 所示。图中显示，有同时抢占关键工作中心的现象，计划需调整。

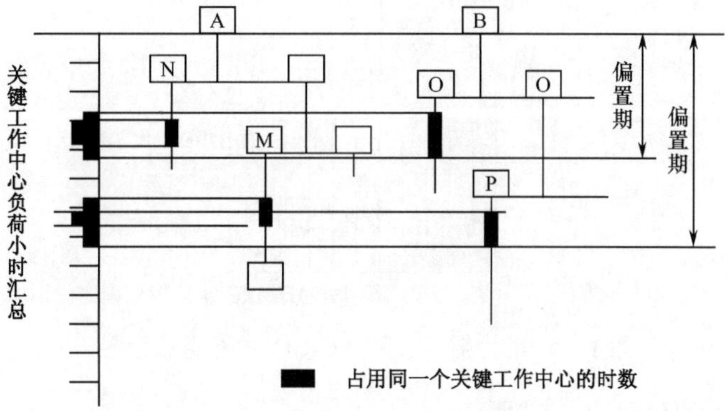

图 17.8　关键工作中心偏置期

例如，德国西马克公司（SMS Siemag AG）是一家重型机械制造企业，它生产轧钢机，对曾经生产过的各种轧钢机机架使用数控铣镗床的机时有完整的历史记录，而且有这些机时发生的时间与轧钢机的完工日之间的时间偏差的记录，这样就比较容易估算出偏置时间。企业应该注意积累和保管好这方面的数据资料。

能力同负荷有了矛盾时必须调整。众所周知，超出能力的任务是不可能完成的。调整后的 MPS 计划由主生产计划员确认，确认后的 MPS 作为 MRP 运行的依据。做好粗能力计划是运行能力需求计划的先决条件，会减少甚至免去能力需求计划大量反复运算的工作。

在重复式生产的情况下，只要把流水线设为关键工作中心，就能按照流水线的有限能力，采用有限能力排产（Finite Capacity Scheduling，FCS）法运行能力需求计划（见 17.7 节）。

17.5 能力需求计划

能力需求计划（Capacity Requirement Planning，CRP）是伴随物料需求计划（MRP）运行的，是一种近期能力计划。由于运行 MRP 后，全部物料的计划都已展开，因此可以全面地核查所有工作中心的情况。

17.5.1 逻辑流程图

能力需求计划（CRP）的逻辑流程图如图 17.9 所示。

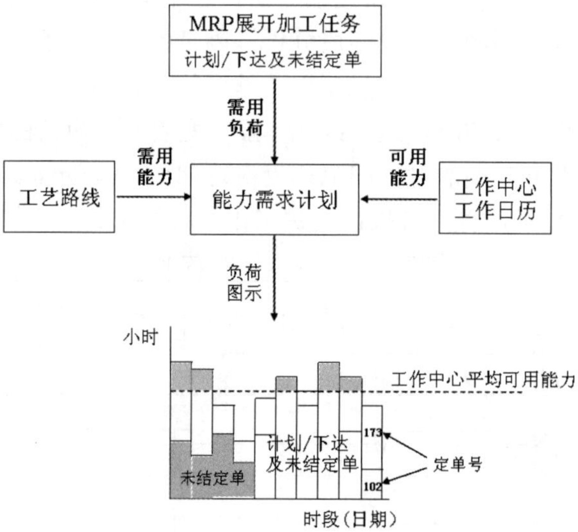

图 17.9 能力需求计划（CRP）的逻辑流程图

图 17.9 中输入的信息有 3 方面：

（1）来自 MRP 的定单任务，说明要加工什么、数量为多少、要求何时加工；

（2）来自工艺路线的工序信息，说明完成 MRP 的任务要用到哪些工作中心，占用工作中心的时间是多少；

（3）通过来自工作中心的信息，并结合工作中心的工作日历，考虑工作中心的停工及维修等因素，确定各工作中心在各个时段的可用能力。

系统根据这些信息自动运算，生成工作中心能力负荷报表，说明分时段的能力需求情况。看起来很简单的工作，但是对系统运算来说并不轻松。

系统要对所有加工件的工艺路线进行搜索，把同一个工作中心各个时段的负荷汇总到一起，既要把准备下达的定单的负荷分时段合并到一起，又要考虑已经下达但尚未完成的定单还剩余多少时数没有完成。也就是说，要根据来自生产作业的工序完工报告，随时把已经完工的定单删除，图中“未结定单”一旦完成，占用的工作中心负荷会自动减少。它还要将需求信息中的销售定单或车间定单号显示在相应的直方图上，便于追溯任务来源。在信息集成的条件下，这些信息都是自动转换和显示的。

17.5.2　工作中心能力负荷图

能力需求计划的输出信息显示的是工作中心的负荷情况，可以按照设定的时段、超负荷的百分比（如显示超出可用能力 10%以上的工作中心）等条件生成不同的报告。哪几个月有能力问题，可以在超负荷的部位标明是哪些产品引发的超负荷。超出工作中心可用能力的负荷，在直方图上用特殊的方式（如加大亮度、不同色彩、闪烁等）表示，如图 17.10 所示。

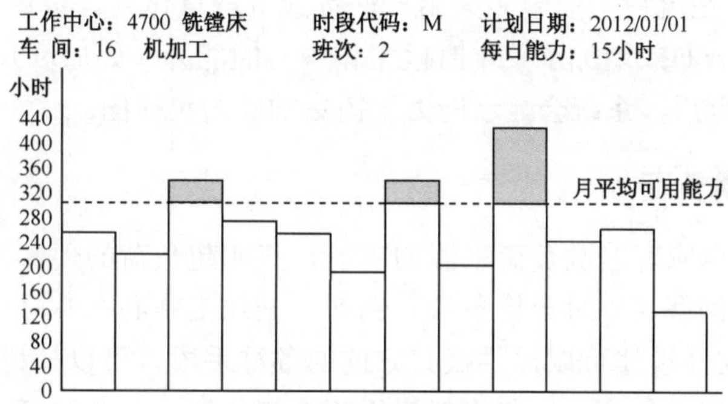

日期	1/01	2/01	3/01	4/01	5/01	6/01	7/01	8/01	9/01	10/01	11/01	12/01
负荷	250	220	345	280	250	180	340	200	420	240	260	150
工作日	20	17	23	20	21	22	21	18	21	20	20	21
能力	300	255	315	300	315	330	315	270	315	300	300	315

图 17.10　能力计划直方图

直方图也可以水平绘制，甚至用符号（如“*”）表达负荷量，因软件设计而异。

如果一家企业有成百台工作中心，有上万种物料，这将是一个非常繁重的运算过程。即使只要求系统把有超负荷的工作中心显示出来，或者只显示负荷超过一定百分比的工作中心，报表数量虽然少些，但运算工作量却省不了多少。这就决定了 CRP 的运算是一项极其费时的工作。不少企业虽把 RCCP 做好了，而 CRP 的工作基本上没做，只有遇上例外情况才进行处理。这也说明为什么许多间歇式生产的企业迟迟没有用上生产作业子系统的一个原因。

MRP 是一种可以运算的程序，而 CRP 仅仅是反映能力状况的报告。在需求导向的前提下，CRP 不能对需求做任何处理，并不能单独解决需求平衡的问题，最多只能调整可用能力（如更改作业班次或每班的小时数）。正因为如此，要做到供需平衡，还要返回到 MRP 进行调整，通过模拟功能寻找方案，以及多次反复进行 MRP/CRP 试算，才有可能得出满意的结果。所有这些都取决于计划人员的分析与判断，以及计划人员对系统掌握和应用的熟练程度。

MRP/CRP 反复运算调整后，如果仍无法解决矛盾，则要修正 MPS。只有经过 MRP/

CRP 运算落实后，才能作为 MRP 的建议计划下达给计划的执行层。

MRP/CRP 是一种费时而烦琐的操作，不能做到快速、及时地应答客户的询问和要求，往往会因此失去商机。为了弥补传统 MRP/CRP 运算的缺陷，ERP 系统增加了高级计划与排产（Advanced Planning and Scheduling，APS）系统（见 17.9 节）。

能力需求计划与粗能力计划一样，在屏幕上用直方图显示，同时也采用报表方式，说明每个时段的负荷小时和若干时段累计负荷小时及累计可用能力。如果个别时段负荷超过能力，但在某个时期的累计负荷没有超过累计能力，说明是有可能调整的。如前所述，负荷是根据需求信息中的需求量和工艺路线文件中的标准时间值计算得出的，这些数据如果不准确，将直接影响能力需求计划的运算。

需要注意的是，能力与负荷的计量单位必须一致。在离散型生产中多用加工单件所用的标准时间作为计量单位，即小时/件；在重复式生产中多用单位小时的产量作为计量单位，即件/小时。在流程工业中多采用日产量或班产量作为计量单位，如吨/日。

在调整了负荷分布或增加了某个时段工作中心的能力（如加班），解决了超负荷（超出可用能力）的问题后，系统会显示能力平衡后的能力负荷图。

17.5.3 追溯负荷

能力需求计划也应有追溯负荷来源的功能，查明超负荷的现象是由于什么定单引起的，便于计划人员调整计划时分析参考。例如，某加工中心在 9 月出现超负荷现象，通过负荷追溯查询（软件设计可以提供极其方便的各种手段），可以知道是由于什么加工单、加工什么物料造成的超负荷，这些物料属于哪个销售定单，在修订计划时要考虑对应的客户是不是关键客户，如表 17.7 所示。

表 17.7 负荷追溯表

工作中心：61214　　落地镗床　　　　　　　　计划日期：2022/01/01
车　　间：06　　　第一金工　　班　次：2　　每日能力：15 小时

日　期	加工单号	物料代码	需用数量	负荷小时
……	……	……	……	……
……	……	……	……	……
2022/09/01	123024	875.432	10	30
2022/09/05	123125	656.789	25	80
2022/09/11	124265	567.345	40	90
2022/09/15	121378	123.234	15	50
2022/09/20	125321	432.321	25	80
2022/09/29	128765	890.456	10	20
……	……	……	……	……
……	……	……	……	……

能力需求计划还将对企业的技术改造规划提供有价值的信息，找出真正的瓶颈，使投资有一个正确的方向。

为了保证工作中心有持续可靠的能力，一定要做好设备的预防性维护制度，保证设备的完好率。同时，要抓好质量管理，消除废品和返修件，防止因追加任务而破坏能力需求计划。

核定和维护工作中心能力是 CRP 的一项重要工作，应通过分析投入/产出的小时工作量来修正工作中心能力（见 17.6 节）。

17.6　投入 / 产出控制

投入 / 产出控制（Input/Output Control）是一种监控能力和排队时间的方法。通过分析计划投入、实际投入、计划产出、实际产出、计划排队时间、实际排队时间以及投入、产出时数的允差等项数据，不断评议加工工时定额、工作中心的能力和排队时间的准确性，要控制在允许误差之内。这是一种需要逐日分析的控制方法，目的在于保持物料的均衡流动，如表 17.8 所示。为了运行能力计划和投入/产出控制，企业的工时定额必须基本准确，不能有大的出入。表 17.8 中的计划投入要考虑工作中心真实的可用能力，并使高峰与低谷负荷趋于平缓。实际投入信息来自加工单或派工单，在下达加工定单事务时，系统同时把实际投入信息加在该工作中心上。

表 17.8　投入/产出报告

工作中心：8531　　名称：车床

能力：16 小时/日　　允许偏差：±3 小时

时　段	当　期	1	2	3	4	5
计划投入		16	16	16	16	16
实际投入		15	13	17	16	15
累计偏差		−1	−4	−3	−3	−4
计划产出		16	16	16	16	16
实际产出		15	15	16	15	16
累计偏差		−1	−2	−2	−3	−3
计划排队		36	36	36	35	35
实际排队	36	36	34	35	36	35

计划产出一般是工作中心可用能力产出率，实际产出是从工序完工报告得到的信息。在分析投入产出时，首先分析产出，通过对比，分析工作中心是否执行了能力计划。例如，实际产出小于实际投入，而实际投入又与计划投入相当，说明该工作中心在执行能力计划上存在问题，或是设定的能力偏小，或是工时定额偏大，无法完成计划，这对瓶颈工序来讲尤其重要。

投入/产出报告不仅是为了分析工作中心的能力状态，而且还可以分析上道工序工作中心的能力。例如，当实际投入小于计划投入时可能是上道工序能力不足，不能按计划提供下道工序的投入量。

如果用 Ip、Ia 表示计划和实际投入，用 Op、Oa 表示计划和实际产出，如何通过对比结果说明能力计划存在的问题呢？具体如表 17.9 所示。

表 17.9 投入 / 产出分析

对 比 结 果	说 明 什 么	对 比 结 果	说 明 什 么	对 比 结 果	说 明 什 么
Ip＞Ia	加工件推迟到达	Ia＞Oa	在制品增加	Op＞Oa	落后计划
Ip=Ia	加工件按计划到达	Ia=Oa	在制品维持不变	Op=Oa	按计划
Ip＜Ia	加工件提前到达	Ia＜Oa	在制品减少	Op＜Oa	超前计划

还可以用投入/产出报告来分析物料流动和排队状况。排队时间相当于已下达定单但尚未完成的“拖欠量”，并不意味着一定是脱期。排队时间的变化可用下式表示：

时段末的排队时间 = 时段初的排队时间+实际投入−实际产出

如果要减少排队时间，就必须使实际产出大于实际投入。永远不要投入超过工作中心可用能力的工作量。当拖欠量增大时，不加分析地用延长提前期（放宽工时定额）的办法，过早地下达过多的定单增加投入，只会增加排队时间，积压更多的在制品，人为地破坏了优先级，从而造成了更多的拖欠量，形成恶性循环，如图 17.11 所示。

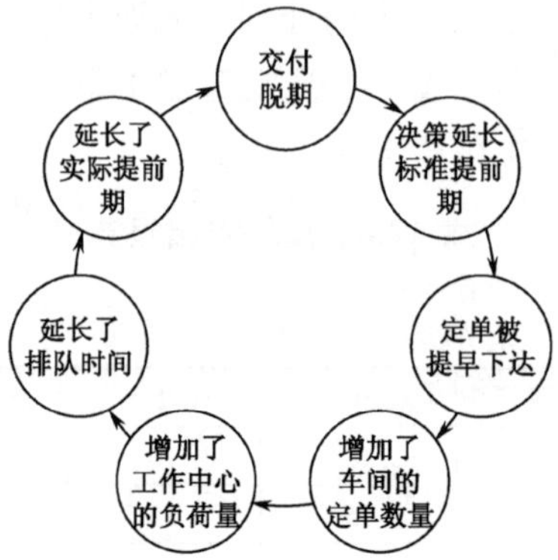

图 17.11 盲目延长提前期的恶性循环

引译自：APICS CPIM *Detailed Scheduling and Planning* 2009。

投入/产出控制的原理示意图如图 17.12 所示。根据工作中心的能力和已下达的定单的完成情况，控制投入量。不顾工作中心能力限制，过早下达定单，只会增加排队时间和提前期，不能解决拖欠问题。由于能力问题造成的拖欠量只能从扩大能力入手来解决，即加大“出水管”的口径。

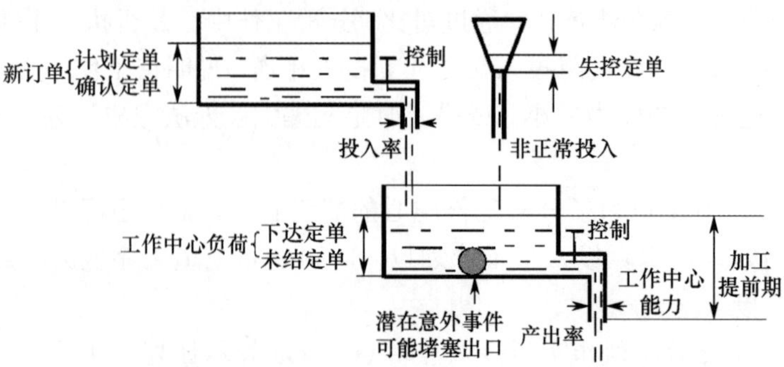

图 17.12 投入/产出控制的原理示意图

需要注意的是，为了顺利运行能力计划，除控制定单投入外，还要设置合理的利用率和安全提前期，对预见可能出现的各种意外事件更有所防备。

17.7　有限能力排产

有限能力排产（Finite Capacity Scheduling，FCS）或称有限顺排计划（Finite Forward Scheduling）是考虑在能力限制的条件下排负荷（Finite Loading），它假定能力是不能调整的。通常适用于某种单一的工作中心或较难调整的能力单元，如装配线、生产线、柔性制造单元或成组单元，或某种价格昂贵的机床、某种无法替代的关键工作中心。

有限能力排产完全按照能力的现实情况，由系统自动编排计划。通俗地说，就是“我就这么点能耐，多的活我干不了”。计划是排下去了，但客户要求的交货期能不能满足就是另外一回事了。计划人员较难了解真实的能力短缺情况，人的能动作用降低了，这是有限能力排产与能力需求计划的主要区别。因此，企业在运用系统时要注意它的适用范围和条件，而不是用它取代能力需求计划。不少软件都设置了有限能力排产的功能。

顺排计划与倒排计划可以结合使用。例如，可从瓶颈工序开始考虑能力限制，用顺排计划求出可以承诺的交货期，并与客户洽谈。安排计划时，对非瓶颈工序，用倒排计划和能力需求计划处理。对瓶颈工序用顺排计划，并留有一定的时间缓冲。对超负荷情况，可以先调整工作中心能力，如周末或某几天适当加班，然后用调整后的可用能力进行顺排计划，如图 17.13 所示。在这种情况下，ERP 产品必须配有专为工作中心使用的工作日历，并精细到能调整日历上个别日期的工作时数作为可用能力。

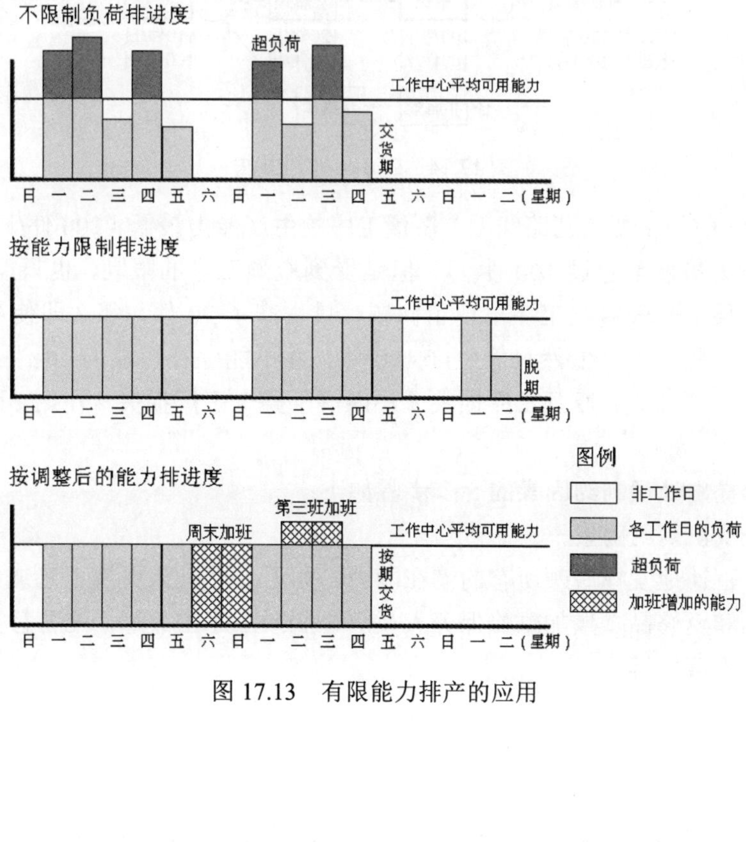

图 17.13　有限能力排产的应用

17.8 约束理论的 D-B-R 法

约束理论是以色列高德拉特（E. M. Goldratt）在他的优化生产技术（OPT）的基础上提出的一种管理思想。约束理论提出的 D-B-R（Drum-Buffer-Rope，鼓点–缓冲–绳子）计划方法，在一些 ERP 系统中得到采纳。约束理论认为，企业的有效产出（Throughput，销售额减材料费的金额数）受企业瓶颈工序的制约。因此，编制 MPS 要以瓶颈工序的产出能力作为“鼓点的节拍”，物料流动的速度不能超出节拍的速度。所有能力单元都按照鼓点节拍（用一根绳子牵着所有的工序，绳子不能松也不能断）控制物料均衡地流动。约束理论的一个原则是**“控制物流，而不是控制能力”**，这也是 JIT 的一项原则。

为了保证瓶颈工序能力的充分发挥，生产不中断，除了采取各种措施保证瓶颈工序处在不停顿的工作状态外，还要在瓶颈工序前设置缓冲量（采用安全提前期，避免增加库存），以保证在上游工序出现意外的情况下，有一定提前到达的储备不致使瓶颈工序停工。在总装配工序前，同样也要设置缓冲量，以防瓶颈工序及其下游工序出现意外情况时，不致影响出厂产品的完成量，如图 17.14 所示。

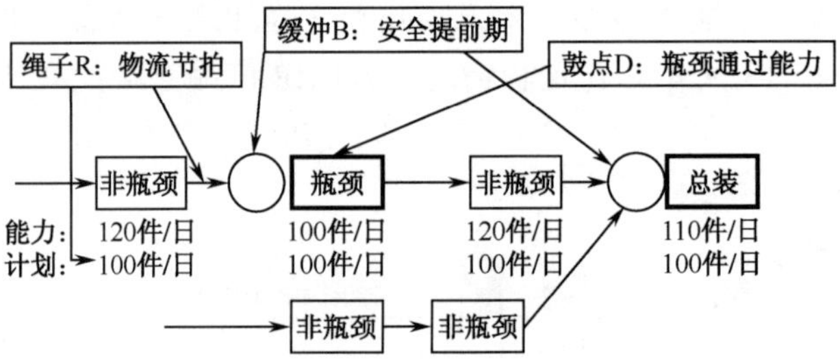

图 17.14 D-B-R 计划方法

在图 17.14 中的主要工艺路线上，瓶颈工序的生产能力最低（100 件/日），它的前后工序的生产能力虽然都超过 100 件/日，但是受到瓶颈工序的限制，也只能随从 100 件/日的节拍。如果某一天瓶颈工序出现了问题，只生产了 90 件，那么即使第 2 天前道工序生产 110 件，瓶颈工序依然只能生产 100 件，并不能弥补短缺的 10 件。这就是约束理论的又一个重要原则：**瓶颈工序损失 1 小时等于整个工厂损失 1 小时，而且是无法弥补的。**

约束理论提出处理制约因素的 5 个步骤如下：

（1）首先找出制约因素——瓶颈。

（2）千方百计地发挥瓶颈所有的潜在能力，如不占用机床更换工艺装备，保证前后工序不出废品和返修品，增加维修保养人员防止瓶颈工序出故障，配备替换的操作人员做到“人停马不停”等。

（3）按照瓶颈的节拍组织生产，使其他资源与瓶颈协调一致。

（4）如果仍不能满足需求，则要采取措施（如外协、改变工艺等），为制约因素“松绑”。也就是说，不要完全受制于制约因素，而要能动地解决矛盾。

（5）一个制约因素解决了，原来次要的因素又会成为主要矛盾，再继续处理新出现的制约因素。

17.9 高级计划与排产

运行需求计划和能力计划是一项反复运算和调整的烦琐人机对话过程，是运行 MRP 系统最花费时间的处理过程，对经验不足的计划人员来说尤其会感到困惑——当客户提出定货要求时，对这种漫长烦琐的运行速度不能做到迅速答复，也不能及时响应环境急剧变化的要求。

为了弥补 MRP 的不足，一些软件厂商开发了高级计划与排产（Advance Planning and Scheduling，APS）（有些软件和文献用“排程”的叫法，是来源于中国港台地区的用法，内地长期以来一直都称“排产”）。APS 基于约束条件（找出物料、能力或人力资源的制约因素），基于规则（如按客户重要性和信誉度的类别、按需求日期的先后、按瓶颈工序的利用率等预先设定的规则，来确定生产和供应的优先级），基于业务模型、模拟及数学算法（如线性规划、目标函数、排队论），使客户定单直接链接到车间定单，并用直观的图形反映每个能力资源的负荷状况，考虑各个因素之间的关系，按照处理规则迅速调整，做到快速应答客户的询问，并落实承诺的条件。

APS 是一种在排产可行前提下编制计划的模式，这里把它放在能力计划章节来讲，是因为 APS 主要是基于能力制约因素编制计划的方法，与能力计划有关。

运行 APS 所需的数据在 ERP 计划系统中都已具备。APS 要做的是进一步建立业务模式、确定业务规则，在有限能力和其他约束条件前提下，采用更为高端的数学运算方法，加快运算速度，为计划与排产提供更为全面和详细的决策信息。

在这种运算模式下，批量可以成为一个根据实际情况调节的变数，而提前期将按照实际排产结果动态变化，从而弥补传统 MRP 系统在设定批量和提前期数值方面的局限与不足。

APS 系统除分析可供销售量（Available to Promise，ATP，即每个时间段超出合同需用量的那部分库存量）外，还要分析可利用能力（Capacity to Promise，CTP）和可承诺交货期（Deliver to Promise，DTP），不仅要考虑企业内部计划，而且要考虑供应链计划，给客户一个可靠的答复，从而弥补 MRP/CRP 处理速度慢和提供的信息量不足的缺陷。对企业来讲，“答应客户的事就一定要做到”，这是关系企业信誉和保持客户忠诚度的诚信原则。

不同软件的 APS 系统在适用的行业、功能等方面会有很大区别，没有统一的标准。

例如，有的 APS 系统可以考虑物料的约束和供应提前期的约束。有的 APS 系统可以提供资源分析功能，采用模拟方法，区别瓶颈能力和非瓶颈能力，设想在满足需求的情况下，对不同类型能力应做何种调整。

系统功能完全取决于管理需求，APS 考虑制约因素，尽管有不少文献解释它是有限能力排产法，但是按照约束理论，考虑制约因素是为了给制约因素“松绑”，而不是“听天由命”。因此，不应把 APS 与 FCS 等同理解，应当从管理的需要来不断完善某些 APS 软件功能。

对 MTO 和 ETO 的机群式布置、单件小批的生产类型的企业，在答复客户交付要求以及在调整工作中心作业计划方面会更需要 APS 功能。在 MTS 和 ATO 批量连续流水生产和流程行业里，产品是通过成组单元、生产线、装配线或化学反应装置生产的，而这些能力资源的产出率（日产量、班产量，甚至是小时产量）是相对固定的，最多只是在一个小范围内上下微量浮动。对流水生产，可以采用“有限能力排产”（FCS）的方法来约束物料的需求量。如果一条流水线只能生产一种产品，而且能力不能扩展，则只能按照能力资源的约束条件确定最大的需求量，超出能力限制时无法满足需求量。

因此，企业在选用 APS 系统时，要根据自身的特点具体分析，确定是否真有需要，需要哪些功能等。

运行 APS 需要详细的工艺路线信息，它的排产原理可用图 17.15 来说明。图中假定原来只有定单 1 和 3，进度已经排好。现在要加进定单 2，如果按照客户要求的交货期排进度，见图 17.15 的左半图，将出现能力冲突。按照设定的规则，客户 2 的重要性等级比客户 3 低，系统按照设定的优先级规则和能力的限制，自动调整到图 17.15 右半图的状况，先完成定单 3，把优先级低的定单 2 往后排。

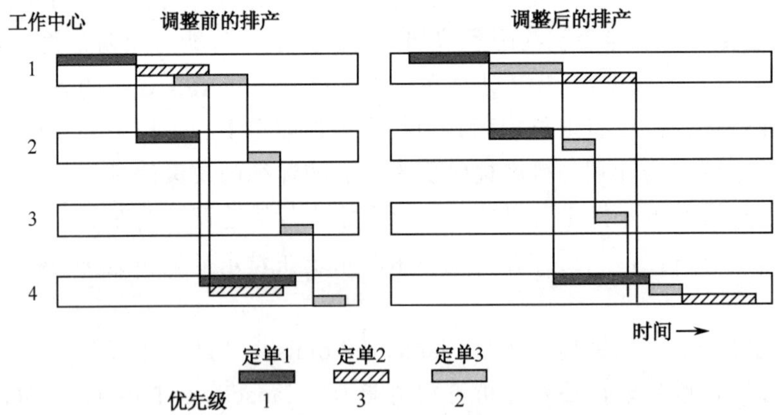

图 17.15　APS 排产原理示意图

这样的调整是切实可行的，如果客户 2 接受延期的交货期条件，就可以签约，做到对客户需求的快速应答。所谓快速应答绝不等于有求必应，而是给予可信和可以承诺的答复。

在这个例子中，有以下几个特点和假设条件：

- 车间定单或工作中心的派工单直接反映客户定单（依靠详细的工艺路线数据）；
- 有限能力排产；
- 业务规则是：按照客户优先级规则处理排产的优先顺序；
- 可以在软件屏幕上直接移动工作中心的任务条，进行人机对话调整（移前推后、并行、拆分），系统会用不同颜色表示是否脱期，并标明相关各工作中心的任务条位置。

这里只是扼要地说明了 APS 的一些基本概念，而且是以客户重要性的顺序作为业务模式的规则。业务规则还可以有多种设置，优先条件也可以是交货期、定单金额、设备利用率、库存资金占用、占用关键工作中心时间等。对一个 SCM 产品的 APS 系统，还要全面考虑各个环节在供货和库存控制下的物料约束条件，而不能仅限于一家企业。

今后的趋势是：APS 的基本运算功能将融合在 MRP 运算中，与 MRP 并列，作为一种可供选择的运算模式，而不再是一个独立的、复杂且昂贵的软件产品，它将给传统的 MRP 计划与排产方法带来全新的变革。

17.10　关键路线与关键链

计划评审技术（Program Evaluation and Review Technique，PERT）和关键路线法（Critical Path Method，CPM）都是运行 ERP 经常会用到的技术，计划人员必须学习掌握。这里重点介绍关键路线和关键链。

在物料信息集成的数据模型（请回顾图 4.1“以时间为坐标的产品结构模型”）中，关键路线用累计最长的物料之间的连线来表达，用最早/最晚开始时间和结束时间作为每个工序的缓冲。现实中，一个产品可能会因有多个零件使用同一个关键工作中心（如某个数控机床）而出现争夺资源的现象，这时，就要用到约束理论的创始人 E. 高德拉特于 1997 年提出的“关键链项目管理”（Critical Chain Project Management，CCPM）概念，从整体全局、系统和多任务的观点制订每个单项定单的计划，关键链在制约因素之前设立缓冲，防止意外中断。

在图 17.16 中，上半部“Ⓐ”是未考虑争夺关键工作中心情况下各个物料的采购和加工进度，即图 4.1 的横向表达形式。如果物料 D、C、B 都要使用同一台关键工作中心，那就只能依次加工，见下半部“Ⓑ”。最后使用关键工作中心的是零件 B，为了保证交货期不变，零件 C 和 D 需要不同程度地提前加工，为了早些得到原材料，采购定单要提前下达。D 要等待 C 完成后才能装配 A，因此增加了等待时间。A 要等 B 完成后才能和 D 一起装配成 X，也增加了等待时间。零件 B 要等 C 加工完成后才能使用关键工作中心。最后的结果是：X 产品的关键路线（总提前期）延长了。

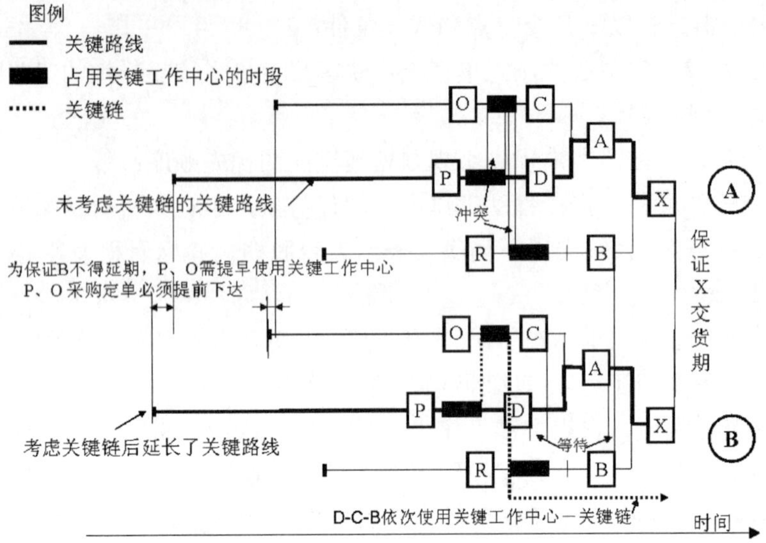

图 17.16　关键链对关键路线的影响

要看到，图 17.16 仅仅表示了一个产品的计划模型，企业要生产众多产品，每个产品都有自己的关键路线，而关键路线上可能有多个加工件都会用到同一个关键工作中心，按照交货的优先顺序依次加工，犹如多层瀑布，相互制约计划进度（如瀑布的水流量），如图 17.17 所示。

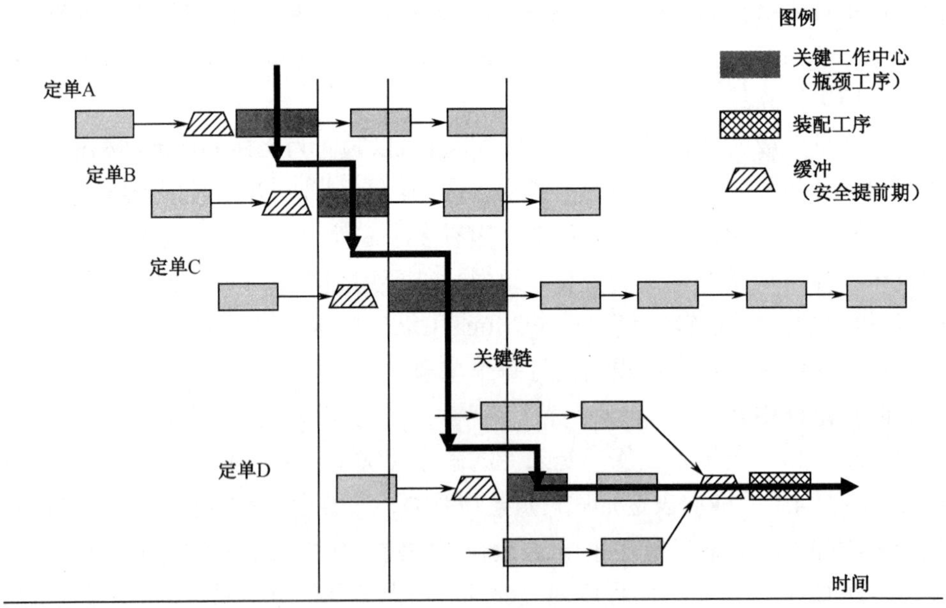

图 17.17　多个定单的关键链

对这类问题简单的处理办法一般是甘特图，如图 17.18 所示，以围绕关键工作中心形成的关键链进行排产。ERP 产品利用拖曳、点击挖掘等开发技术，以及用不同颜色表达正常/拖期或工作中心超负荷，提示计划员，从而可以非常方便地进行调整修改。

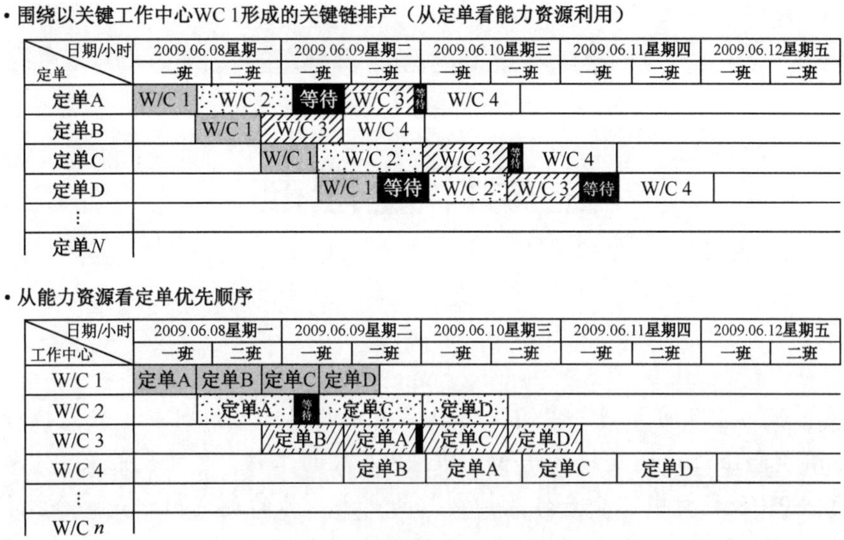

图 17.18　关键链排产甘特图

用围绕以关键工作中心 WC 1 形成关键链排产的定单进度甘特图，是排产的主要依据，可以显示每个定单的进度。再围绕工作中心显示定单执行的优先顺序，形成工作中心的派工单甘特图。

通过 ERP 系统的排产功能，上层定单合同的进度需求与底层排产信息实时集成，迅速确定计划的可行性，作为向客户承诺的依据。

17.11　小结

能力计划主要是平衡供需，为了缓冲需求和能力的不确定因素，如预测不准、合同变动、生产故障、供应受阻等，除设置安全库存或安全提前期作为缓冲外，在制造工艺、设备性能及生产调度方面也要保持一定的灵活性。

能力计划除满足需求和落实物料需求的实现外，当能力有富余时（尤其是价值比较昂贵的设备），为了充分发挥已有能力可以带来的效益，要采取必要的措施来创造需求，如新产品开发、开辟新的市场、代客加工和各种促销活动等。当不同地区销售品种和销售量悬殊时，要通过市场调剂来扩大需求，并注意市场定位。

总之，做好能力计划不是计划部门一个部门的事，所有市场、销售、物料、产品研发和工艺等部门都要同心协力参与，实现供需平衡。

第18章

生产作业控制

与传统管理的“车间计划”不同，ERP 系统中的车间是执行层，只是执行计划而不编制计划；编制和修订计划及排产是 MRP/CRP 层次的工作。这里我们未用“车间计划”，而是采用了 APICS 教材中“生产作业控制”的叫法，为的是突出它是一个执行“**控制**”层，不是“计划”层。本章将着重说明在各种生产模式下它的主要功能，并简要介绍 JIT 和 MES 基本应用。

作为 ERP 产品的一个子系统，在进口 ERP 软件里，往往称之为车间控制；在国产软件里往往称之为车间管理、生产管理。总之，我们不要在名称上过分纠缠，而要关注 ERP 产品能否提供满足企业管理需求的具体功能。

18.1 控制的意义和内容

在 ERP 计划系统中，生产作业控制（Production Activity Control，PAC）与采购作业同为计划的执行层次。PAC 只是执行计划，既不编制计划，也不能改动计划。因此，对生产作业是“控制”，而不是“计划”。

控制在这里有 3 个意义。

（1）控制生产作业在执行中不偏离 MPS/MRP 计划。

（2）出现偏离时，采取措施纠正偏差。若无法纠正，将信息反馈到计划层，不能自行改动。因为零部件的加工过程往往是跨车间的，一个车间改动计划会影响全局，造成混乱。

（3）如实报告生产作业执行结果，作为评价业绩和改进工作的依据。

尽管计划是经过能力平衡后下达的，但是具体到下达加工单之前，还要做一系列核实工作，以保证到达工作中心的生产指令，必须是绝对可执行的。具体地说，PAC 要控制以下内容。

（1）控制加工单的下达。只有经过核查，在物料、能力、提前期和工具都齐备的情况下才下达定单，以免造成生产混乱。通过查询一系列报表，如加工单、库存分配、例外短缺、工艺路线、能力计划、工作日历等来逐一核实。

（2）控制加工件在工作中心加工的工序优先级（根据加工单的完工日期）。具体来讲就是生成下达定单（加工单）、派工单及车间文档（包括图纸、工艺过程卡、领料单、各种工票）。

（3）控制投入和产出的工作量，保持物流稳定。同时控制排队时间、提前期和在制品库存。

（4）控制加工成本（包括返修、废品、材料利用、工时等），结清定单，完成库存事务处理。

离散生产和流程生产的控制是有区别的，而车间作业控制（Shop Floor Control，SFC）通常是指针对离散生产中的间歇生产方式的控制。

在计划指令的形式上，间歇生产使用加工单或车间定单（Work Order，Shop Order），计划对象是以**件**为计量单位的物料；重复生产和流程生产采用作业进度（Rate Scheduling），它是以**单产率**，即一个单位时间（时、班、日）内生产的数量为计划单位的。物料需求计划的计量单位因生产类型而异。

不同生产类型的作业控制是有区别的，流程式生产和间歇式生产类型中的重复式生产都是受工作中心能力制约的批量生产，作业控制相对简单。生产作业控制（Production Activity Control，PAC）通常是指针对离散生产中的间歇式生产方式的控制，包括推动作业和拉动作业（看板）。

这一章主要介绍间歇式生产的 PAC。

运行 PAC 的主要信息依据是：

- 确认定单、下达定单、人工添加的定单（说明加工什么）；
- 工艺路线文件（说明加工顺序）；
- 工作中心文件（说明在何处加工）；
- 工艺装备或专用工具文件（核实加工条件是否具备）。

PAC 主要提供的信息是：

- 加工单；
- 派工单；
- 工序进度报告；
- 完工报告。

上述输出信息的前两项是依据 MRP/CRP 计划，经过核实确认后下达的计划指令，后两项是反馈信息。所有这些信息除说明物料代码、名称、定单号等基本信息外，主要说明时间和数量，也就是“期”和“量”两个方面的数据。

此外，系统还要提供物料和能力可用量报表。根据加工单上物料的数量和时间，系统自动显示所需的物料及能力，若有短缺，将会自动标识。

PAC 系统提供的报表所反映的动态信息已超出了手工管理统计报表的概念，因此不能简单地称为统计报表，它们是一种体现信息集成的**动态查询报表**。

18.2 计划指令

无论是计划指令还是反馈信息，都有以物料为对象和以工作中心为对象这两种形式。就计划指令而言，面向物料的是加工单，面向工作中心的是派工单。

18.2.1 加工单

加工单（Work Order，又称工作令）或车间定单（Shop Order）是一种说明加工件物料需求计划的文件，有一点像手工管理中的传票，可以跨车间甚至厂际协作。车间作业的优先级主要根据 MRP 要求的计划产出日期。加工单是在工艺路线报表的基础上形成的，要说明用量和进度。加工单的典型格式如表 18.1 所示。

表 18.1 加工单的典型格式

加工单号：120215

物料代码：11100　　需用数量：100 件　　计划日期：20120630

物料名称：C　　需用日期：20220901　　计 划 员：CZY

<table>
<tr><th rowspan="2">工序</th><th rowspan="2">工序
名称</th><th colspan="2">工作中心</th><th colspan="3">标准时间（小时）</th><th rowspan="2">本工序
总时间</th><th colspan="2">计划进度</th><th rowspan="2">工具</th></tr>
<tr><th>代码</th><th>名称</th><th>准备</th><th>加工
（工时）</th><th>机器
（台时）</th><th>开始日期</th><th>完工日期</th></tr>
<tr><td>10</td><td>下料</td><td>01001</td><td>锯床</td><td>0.5</td><td>0.25</td><td>—</td><td>25.5</td><td>20220710</td><td>20220712</td><td rowspan="6">M432</td></tr>
<tr><td>20</td><td>车削</td><td>02030</td><td>车床</td><td>1.0</td><td>1.25</td><td>—</td><td>126.0</td><td>20220715</td><td>20220724</td></tr>
<tr><td>30</td><td>热处理</td><td>06010</td><td>电炉</td><td>1.2</td><td>—</td><td>5.00*</td><td>6.2</td><td>20220725</td><td>20220726</td></tr>
<tr><td>40</td><td>磨削</td><td>02052</td><td>磨床</td><td>1.0</td><td>2.00</td><td>—</td><td>201.0</td><td>20220729</td><td>20220814</td></tr>
<tr><td>50</td><td>电镀</td><td>90001</td><td>（外协）</td><td>—</td><td>—</td><td>—</td><td>（240.0）</td><td>20220815</td><td>20220828</td></tr>
<tr><td>60</td><td>检验</td><td>08015</td><td>质检</td><td>—</td><td>0.10</td><td>—</td><td>10.0</td><td>20220829</td><td>20220830</td></tr>
</table>

*热处理炉每炉装 100 件。

18.2.2 派工单

派工单（Dispatch List）也称调度单，是一种面向工作中心说明加工优先级的文件，说明工作中心在一周或一个时期内要完成的生产任务。它还说明哪些工件将要到达的时间、哪些已经到达或正在排队，应当什么时间开始加工，什么时间完成，加工单上的需用日期是哪天，计划加工时数是多少，完成后又应传送给哪道工序。它还说明哪些工件即将到达，什么时间到，从哪里来，如表 18.2 所示。没有信息集成系统，这样的报表靠手工管理是做不出来的。

有了派工单，车间调度员、工作中心的操作人员就会对目前、已在等待和即将到达的任务的信息一目了然，心中有底。如果在日期或工时上出现问题，也容易被及早发现，并采取补救措施。通常，应当把控制的重点放在关键工作中心上。

表 18.2 派工单的典型格式

工作中心：6121 名称：车床 日期：自 20221004 至 20221031

物料代码	物料名称	加工单号	数量		工序号	日期			剩余时间		上工序工作中心	下工序工作中心
			需用	完成		开始	完成	定单	准备	加工		
	正在加工的工件											
75831	D	12087	20	16	20	20221004	20221004	20221006		1.0	1028	8601
88501	E	12098	50		20	20221004	20221006	20221009	0.2	15.0	1028	8603
	已到达的待加工工件											
51888	F	12120	40		40	20221006	20221007	20221012	0.2	10.0	8420	入库
16877	G	12376	20		30	20221007	20221007	20221013	0.1	5.0	8510	8523
	将要到达的工件											
37414	C	12376	25		15	20221010	20221011	20221120	0.1	8.0	7100	8200
75776	Z	12241	10		20	20221012	20221012	20221031	0.1	3.0	7200	8532
10215	Y	12347	80		10	20221012	20221105	20221105	0.5	30.0	7300	8320
……	……	……	……	……	……	……	……	……	……	……	……	……

18.3 反馈信息

反馈信息主要是工序跟踪报告和工作中心完工报告。前者的对象是物料，后者的对象是工作中心。

18.3.1 工序跟踪报告

工序跟踪报告是针对物料的报告，如表 18.3 所示。跟踪报告也称加工单执行状况报表或工序状态报表。

表 18.3 工序跟踪报告

物料代码：704728 定单日期：20220830 计划日期：20220630

物料名称：外套圈 加工单号：12376 计 划 员：CZY

工序号	工作中心代码	工作中心名称	开始日期	完成日期	计划数量	完成数量	合格数量	报废数量	原因代码	返修数量	转下工序	实耗工时	
												准备	加工
10	110102	车床	0811	0814	1000	1000	1000	0	……	0	1000	1.0	20.00
20	203121	热处理	0814	0818	1000	1000	1000	0	……	0	1000	1.5	15.00
30	120402	磨床	0818	0822	1000	800	799	1	13	0	799	0.5	30.00
……	……	……	……	……	……	……	……	……	……	……	……	……	……

18.3.2 工作中心完工报告

完工报告的信息依然可以按物料信息、时间信息和数量信息 3 个方面划分，如表 18.4 所示。

表 18.4　工作中心完工报告

工作中心名称：车床　　　　合同号：224567

工作中心代码：120402　　　加工单号：22376

班　组　号：8341　　　班次：1　　　报告日期：20220831　　操作员：CX

序号	物料代码	物料名称	工序号	开始日期	完成日期	定单日期	计划数量	完成数量	合格数量	报废数量	原因代码	返修数量	转下工序	实耗工时	
														准备	加工
10	704728	外套圈	30	0818	0822	0830	1000	800	799	1	13	0	799	0.5	30
……	……	……	……	……	……	……	……	……	……	……	……	……	……	……	……

此外，还可以增加诸如已下达、已发料、短缺、完成未结算、完成已结算、材料和工时消耗及发生的成本等信息，相当于针对工作中心的工序跟踪报告，这里未能一一列出。企业要根据自己的需要设计报表格式，同时考虑这类数据将如何采集。

为了采集工序跟踪信息及完工信息，可以在班组设置计算机终端，由班组长负责录入，也可以采用便携式数据采集器（Data Collector）或手机/掌上电脑，用有线或无线通信方式输入主机。目前，条码和 RFID 技术已经得到普遍应用，是效率较高的数据采集方式。

18.4　确定工序优先级

派工单上加工的优先级一般是按照工序开始日期的顺序排列的，而工序开始日期又是以满足加工单要求的完成日期或需用日期为基准推算的。多数情况下两者的优先顺序是一致的，但也可能有例外。比如，某个工件的工序加工时间很短，虽然开始日期在前，但即使略微推后也不致影响加工单的需用日期。当在提前期上出现矛盾时，可以参考以下几种常用确定优先级的方法来判断。

1．紧迫系数（Critical Ratio，CR）

$$\text{紧迫系数（CR）}=\frac{\text{需用日期}-\text{今日日期}}{\text{剩余的计划提前期}}$$

该公式说明，到需用日期的剩余天数与需要加工的时间（计划提前期）对比，可出现 4 种情况：

CR = 负值　　　说明：已经脱期；

CR = 1　　　　　　　剩余时间刚好够用；

CR ＞ 1　　　　　　　剩余时间有富裕；

CR ＜ 1　　　　　　　剩余时间不够。

很明显，CR 值小者优先级高。一个工件完成后，其余工件的 CR 值会有变化，应随时调整。

2．最小单个工序平均时差（Least Slack Per Operation，LSPO）

时差也称缓冲时间或宽裕时间。

$$LSPO=\frac{加工件计划完成日期-今日日期-尚需加工时间}{剩余工序数}$$

式中，尚需加工时间指剩余工序的提前期之和。LSPO 值越小，也就是剩余未完工序可分摊的平均缓冲时间越短，优先级越高。

3．最早定单完成日期（Earliest Due Date）

完成日期越早的定单优先级越高。使用这条规则时，对处于起始工序的定单要慎重，有必要用 LSPO 复核。本规则比较适用于判断工艺路线近似的各种定单，或已处于接近完工工序的各种定单。

确定工序优先级的方法很多，以上 3 种比较简单易懂，便于车间人员使用，这也是多数软件常用的方法。总之，确定优先级主要考虑以下内容：

- 定单完成日期；
- 至完成日期剩余的时间；
- 剩余的工序数。

确定工序优先级的前提条件是要有一个可靠的 MPS 和 MRP 计划。由于系统的工作日历以日为最小时段，目前多数 ERP 产品中还极少有细化到“班计划”的。处理班计划，可以在优先级上标注。

在使用上述方法时要注意，最直观的方法仍然是用完成或需用日期来表示优先级，用优先序号只能表示相对关系，如果盲目地一味遵照相对优先级，有可能延误加工单的需用日期，在应用时要注意分析。

18.5 常用调度措施

计划是由 MRP/CRP 计划层编制的，而不是由车间层编制的，这是 ERP 计划流程的基本原则。但作为加工执行层的车间，在**保证完工日期不变**和**不影响其他车间开始日期**的前提下，是可以做一些调度和调整工作的，所有相关信息都是透明和共享的，计划部门可以实时掌握这些微调变动。

在需要压缩生产周期的情况下，ERP 计划系统提供的处理方法大体上有以下几类。

1．平行顺序作业

工件在上一个工作中心完成一定数量，不等全部加工完，就部分地传送到下一个工作中心去加工，如图 18.1 所示。

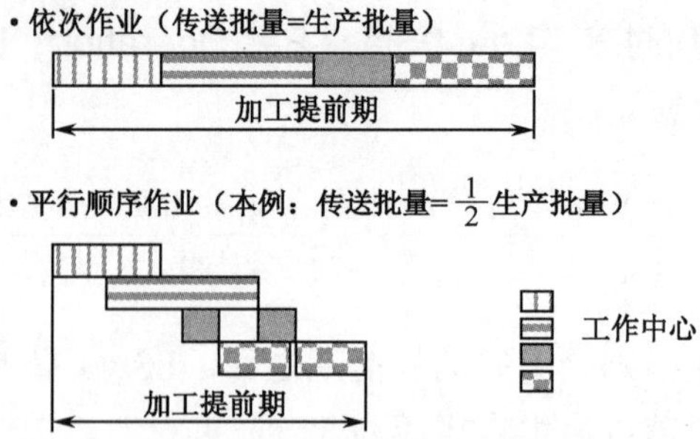

图 18.1　平行顺序作业

平行顺序作业说明了约束理论的一条原则：传送批量可以不等于甚至多数情况是不应等于加工批量的。平行顺序作业可以缩短加工周期，但传送次数增加了，搬运费用也会相应增加。如果增加了搬运成本，但缩短了交货期，按照约束理论也相当于增加了“有效产出”，增加了利润，这才是企业追求的目标。

另外，考虑传送的批次时要注意上、下道工序加工时间的比值，如果上道工序加工时间很长，或各道工序加工时间呈无规律的长短相间，有些工作中心会出现窝工等待。因此，有些工序还会在全部加工完成后再传送给下道工序，形成平行顺序作业和依次顺序作业交替的现象。

ERP 产品设计是通过设置依次顺序作业中下道工序的排队时间 Q 为负值来实现的，也可以通过设置“传送批量”来处理。

2．加工单拆分

在有几组工作中心能完成同样的工作的情况下，可以拆分加工单，就是把原来一张加工单加工的数量分成几批，由几张加工单来完成，以缩短加工提前期。每批的数量可以不相同。每组工作中心都需要有准备时间，从而增加了准备时间。此外，还可能需要几套工艺装备，成本也会增加。有时，上道工序首先由一台工作中心完成，下道工序分为由两组不同的工作中心加工，然后又由一台工作中心来完成第 3 道工序。这种分合交替的作业经常会发生，如图 18.2 所示。

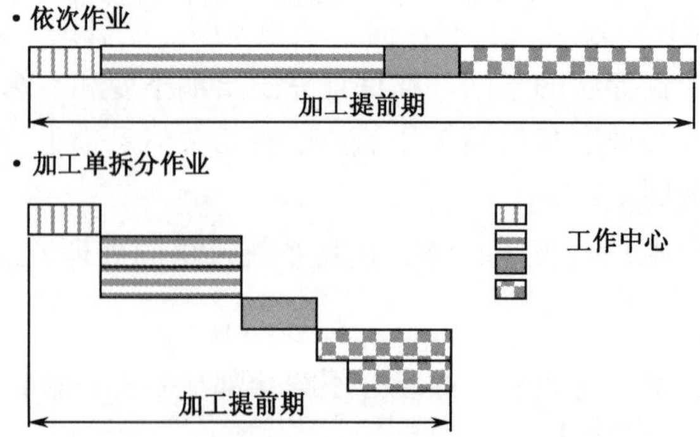

图 18.2　加工单拆分

有时还可能把一部分数量的加工单拿出去外协。如果拆分是部分外协，对一个信息集成的系统，将会自动生成采购作业定单。

3．压缩排队、等待和传送时间

通常系统提供“人为设定压缩量”和“系统按设定的比例压缩”两种基本处理方式，以减少这类非增值作业。但是，系统处理上压缩了不等于实际就可以压缩，要有相应的管理措施。

4．替代工序或改变工艺

由于正常工艺路线上的工作中心临时出现故障或者由于某种原因暂时由一个看来并不合理、加工成本较高但仍可保证加工质量的工艺来完成。

5．其他

如加班加点、调配人力等。

成熟完善的 PAC/SFC 子系统应当能够完成上述任务，否则，这类措施就需要由一个 MES 系统（见 18.7 节）来实现。

18.6　拉动作业

拉动作业是准时制（Just-in-Time，JIT）常用的生产模式。JIT 是在日本丰田汽车公司生产系统（Toyota Production System，TPS）的基础上发展起来的一种管理模式，是西方国家的叫法，主要用于重复式生产。20 世纪 70 年代的石油危机，对日本这样一个依赖资源进口的国家是一个冲击，促使 JIT 在日本的企业中推广采用。20 世纪 70 年代末，JIT 受到西方国家的关注。为了应对日本制造业的挑战，JIT 已成为西方国家企业管理领域中具有战略性的课题。4.1.2 节“物料信息集成的数据模型”曾简单地讨论过 MRP 与 JIT 的关系，8.3 节“精益生产与准时制”又讨论过 JIT 的哲理，理解 JIT 必须区别它的哲理和方法的适用范围。

“拉动作业”和“看板”是 JIT 的方法，体现了 JIT 的哲理，其目的是实现“仅仅在需要的时刻，按照需要的数量，生产真正需要的合格产品”，从而控制库存，甚至追求企业内部达到“零库存”的理想境界，核心思想是**消除无效作业和浪费**。

拉动作业一般适用于工序相对固定的重复式生产类型，而作为“推动作业”的 MRP 则较多地考虑了制造业的普遍情况，即考虑了较多的不确定因素。因此，两者各有一定的应用范围，如图 18.3 所示。在间歇式生产中，以 MRP 原理和方法为主，融会 JIT 哲理。在重复式流水生产和大批生产中，以 JIT 哲理和方法为主，把 MRP 作为计划策略。

以下重点说明重复式生产中常用的拉动作业方法与反冲法。

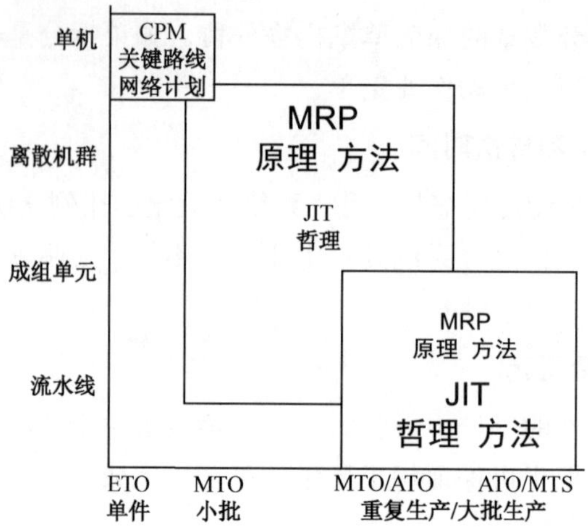

图 18.3 MRP 与 JIT 的应用范围（用字号大小来区别）

18.6.1 看板作业

推动作业和拉动作业的主要区别是看物料移动依据指令传来的方向。如果指令来自需求端则是拉动，如果指令来自计划端则是推动，如图 18.4 中的箭头方向。推动作业是根据市场需求及销售预测编制 MPS 和 MRP，以加工单形式下达计划，再根据加工单领料配套发往各工作中心，上道工序完成后就送往下道工序，驱使物料移动。拉动作业是由下道工序在需用时，发出看板指令，物料依据看板指令开始移动（见图 18.4 左图）。

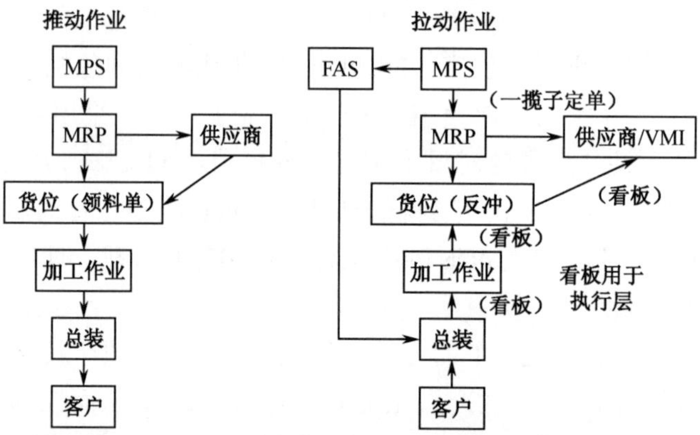

图 18.4 推动作业与拉动作业

拉动作业依据的是主生产计划（MPS）和最后总装计划（Final Assemble Schedule，FAS）制订的日产计划或单位时间产出率（见图 18.4 右图）。从最后总装开始，由后道工序发出移动物料的指令信号（如看板，它是一种对需求的响应方法，不是计划方法，其目的是控制产出），也就是说，仅仅在有需要时物料才开始加工和移动。移动和加工物料的数量一般由标准料箱控制。尽管物料的形状尺寸或搬运手段不同，但标准料箱（或周转用工位器具）所放置的物料数量都应同日产量成固定比例关系。例如，日本丰田公司的料箱存放量约为日产量的 1/10，即一日周转 10 次。拉动作业可以大大减少在制品库存及等待排队时间，简化优先级控制和能力控制，简化工序跟踪和数据采集工作，减少事务处理的工作量，降低管理费用。如果生产线上出现故障，则全线停车，以防止产生过量库存，同时要彻底查清故障原因并排除故障根源。

图 18.5 是看板作业的示意图。这里有“移动看板”和“生产看板”两种看板类型。在①的情况下，工作中心 1 和工作中心 2 各已完成一个标准料箱数量的加工件，在没有需求指令之前，都处于休止状态。在②的情况下，挂在空箱上的移动看板“M”移到装满工件的料箱，将满箱上挂的生产看板“P”挂到工作中心旁的指示板上，同时将满箱移向下道工序，此时工作中心还没有开始工作。在③的情况下，工作中心取下生产看板“P”并开始生产，并将看板“P”挂在完成加工工件的料箱上。

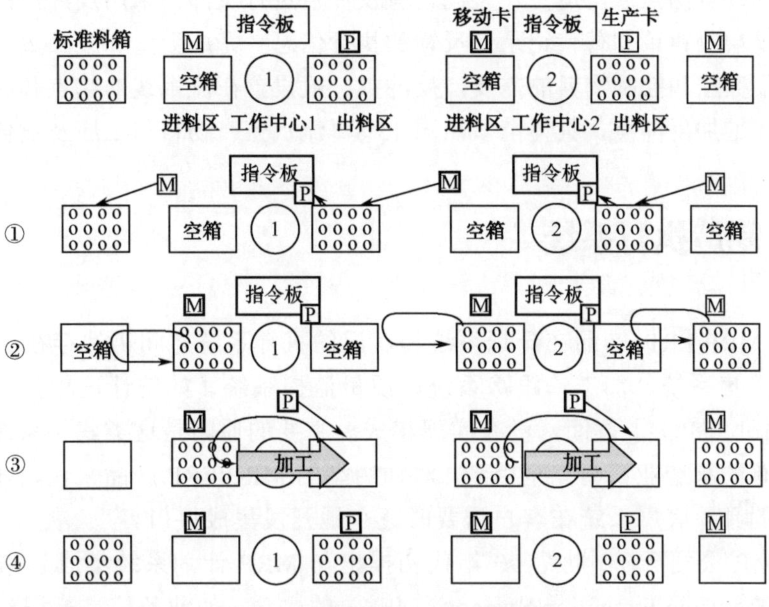

图 18.5 看板作业的示意图

“看板”来自日语“かんばん”，就是一种信号板。在丰田汽车开始推行看板作业时，并没有用到计算机。一些企业就是通过高挂在生产线上的液晶显示器来起到看板作用的。

JIT 采用的是拉动作业，但不能用拉动作业来概括 JIT，就像不能用零库存来概括 JIT 一样。零库存是一种尽力降低库存的哲理，不同类型物料的零库存含义是不同的：对产成品来讲，有的行业可以做到当天出产，当天销出，但并不等于直接交到最终用户手中，可能在代理商的仓库里暂时储存，对代理商来讲还不是零库存；对原材料来讲，采用供应商管理库存（VMI），只是材料没有放在主导企业的仓库里，从全局来讲绝对的零库存实际上是不存在的，甚至会带来一些负面的不利影响。小批量加工、缩短提前期、不出废品等都是降低库存的先决条件。

重复式生产作业，如果条件不具备，也可以不采用拉动作业，而用其他方法（如周期用量法）来确定批量和发料，甚至也可以有一定数量的安全库存。软件系统可以生成移动看板和生产看板，但是否用和如何用则取决于用户。对产品比较定型的大批生产企业，应创造条件向 JIT 迈进，但不要混淆拉动作业、重复式生产作业和 JIT 各自的概念。

18.6.2 反冲法

短周期和小批量是提高响应市场变动、提高灵活性的有效方式，但是批量小又会增加事务处理的工作量。反冲法（Back Flushing）是一种事后扣减再登录的方法，可以简化物料发放与接收事务。它根据实际消耗量（完成的和报废的零部件或成品）和单层物料单结构，冲销库存记录中相关物料的库存量，更新库存现有量，同时计算成本。

反冲一般适用于生产节拍较短的重复式生产作业或装配生产线，根据监控要求可以在用户定义的任意两点或两道工序之间设置反冲点进行反冲。采用反冲法的先决条件是准确无误的单层物料单和替代记录及反馈的执行信息（完成数量和废品数量）。

根据采集数据和控制物料的需要，反冲点一般设置在流水线的起点和终点，必要时也可以在中间增加反冲点，具体请参照图 13.8“流水生产物料与工序及货位的关系”。

18.7 制造执行系统

早期的 MRP/ERP 产品在计划系统和底层的执行系统之间仍然存在一个鸿沟。例如，与数据采集系统、加工单跟踪系统、质量监控系统［如统计过程控制（Statistical Process Control，SPC）］之间，没有实现集成。主要的原因是这类底层系统千差万别，而且不是所有的制造业都会完全用到，对通用型的 MRP/ERP 产品来说，只能针对具体企业所采用的具体底层系统在客户需要时逐个地开发集成接口。

美国 AMR 公司于 20 世纪 90 年代初提出与 MRP 计划系统集成起来的制造执行系统（Manufacturing Execution System，MES）的概念，使业务信息流程一直延续和深入到生产作业底层。一些在车间或现场管理方面具有特色的软件公司及其合作伙伴与用户在 1992 年成立了 MESA 协会来开展业务。MESA 对 MES 的功能定义包括如下 11 个方面。

（1）制造资源分配与状态报告；

（2）详细工序作业计划；

（3）生产调度；

（4）车间文档管理；

（5）数据采集；

（6）人力资源管理；

（7）质量管理；

（8）工艺过程管理；

（9）设备维修管理；

（10）产品跟踪；

（11）业绩分析。

MES 有一个比较明确的定义是在 ISA 标准［ISA-95，简称 S95，全称是制造业企业系统标准与用户资源（Manufacturing Enterprise Systems Standards and User Resources）］出台以后，第三版由 1945 年成立的国际自动化协会（International Society of Automation，ISA）于 1995 年通过。

ISA-95 定义的 11 项 MES 功能，基本上和 MESA 的定义是一致的，也是目前 MES 产品的主要功能。MES 之所以是由一个“自动化”协会来制定的标准，也因为它主要应用于自动化程度较高的生产类型。

综上所述，MES 有两方面的作用，一方面是在加强 MRP 计划的执行功能，编制详尽的作业进度（排产/调度），说明加工进度。另一方面是把 MRP 计划与车间作业现场的自动化控制（包括自动化立体仓库存储）通过执行系统联系起来，说明如何进行加工，并采集执行计划的反馈信息。具体的现场控制措施包括程序控制（Programmable Logic Controllers，PLC）、数据采集器、条形码、RFID、各种计量及检测仪器、机械手等。MES 系统设置了必要的接口，可与提供生产现场控制设施的厂商建立合作关系。

国外的 MES 产品一般包括以下功能：

- 在制品跟踪（人工、设备、物料）；
- 库存管理；
- 生产报告（包括完工情况、废品、物料发放及回收、设备调试及故障等各项报告）；
- 与加工单、操作规程、图纸及质量保证集成；
- 批号及系列号管理；
- 质量管理：样本检测及员工资质；
- 自动化集成：PLC/SCADA（Supervisory Control And Data Acquisition）/SPC；
- 条形码及 RFID 数据采集；
- 可视化：实时及历史报告。

其中，有些功能可能与 ERP 重复，因此在与 ERP 系统集成时要注意。

2003 年，MESA 协会已将“MESA”缩写解释为“Manufacturing Enterprise Solutions Association”（制造业企业解决方案协会），为会员企业提供解决方案服务。这个现象说明一个趋势，MES 和其他信息化系统的关系将越来越密切，界线也将会越来越模糊。

由上海宝山钢铁集团自动化部组建的宝信软件股份有限公司开发的 BS-MES 系统，通过收集生产过程中大量的实时数据，并对实时事件进行及时的反应和处理，进行生产过程的优化管理。BS-MES 系统既接收生产实际数据并反馈生产结果给 ERP 系统，又把上一层管理系统的生产指令下达到过程控制系统（Process Control System，PCS）；连通了现场各类控制设备与企业管理平台，实现了数据的无缝连接与共享。BS-MES 系统既实现了所有生产线的信息共享，也实现了全过程的一体化产品与质量设计、一体化计划与物流调度、一体化生产控制与管理，从而形成包括了 ERP 的一些功能且以 MES 为核心的企业信息系统。

由于上海宝山钢铁集团采用的底层控制系统引进技术的面比较广，因此 MES 系统的集成面也比较广；国内一些冶金行业已在推广应用。

近年来，MES 日益受到重视，得到了很大发展；许多 ERP 产品也加强了执行计划的各种功能，今后 MES 会逐渐与 ERP 融合在一起。由于各种 MES 产品的内涵不尽相同，企业要根据自己的需求选用。

第 19 章

物料管理与库存管理

实施 ERP 的企业往往设置物料管理部，集中统一管理所有涉及物料和物流的业务。除管理物料需求计划外，库存管理和采购管理也是物料管理的两项重要内容，这一章重点讨论库存管理。

库存是资产，管好库存就是管好企业的钱财。库存往往是企业资产负债表中最大的资产，是会计报表上资产、产品销售成本、投资回收率（ROI）、资金周转率等估值的依据。

库存管理涉及多种参数设置，直接影响对物流和资金的控制，因此必须弄清这些参数的意义和在运行 MRP 中的作用，并正确设置。

库存不是孤立的，它的存在主要是由计划决定的，是计划的结果；同时，库存又是对计划的支持，保证计划能顺利执行；它与所有涉及物料的业务实现信息集成。

19.1 物料管理

本章介绍的“库存管理”和第 20 章介绍的“采购管理”是物料管理的两项重点内容。对我国多数传统企业来讲，设置物料管理的组织机构还不多，但在合资企业和外资企业较为普遍。

19.1.1 物料管理的重要性

物料管理的重要性可从两方面来谈。

1．对企业的各种物料进行集中系统管理

我们在 13.1.1 节“物料的定义和特性”中谈到过，物料有 3 个管理特性，即相关性、流动性和价值。就相关性而言，各种与生产有关的物料之间在数量和需用时间上是相互影响和相互制约的。因此，企业必须对物料进行系统的统一管理。“铁路警察，各管一段”，各业务部门之间缺少信息沟通是传统管理上库存资金占用过大的主要原因之一。

《美国运营管理协会词汇》《APICS 词汇》对物料管理的定义是：“**物料管理**（Materials

Management）集中了支持物流全过程的所有管理功能，从采购、内部控制的生产物料，到全部在制品的计划与控制，再到最终成品的入库、发货和分销。”[1]这里所说的物料，除采购件、零部件、最终产品外，还包括维护、修理和运行操作使用的物料（Maintenance Repair Operating Supplies，简称 MRO 物料）。

2．供需链上物流和物流信息的管理

前面谈过，物料的第 2 个管理特性是物料的流动性，物料必须流动，户枢不蠹、流水不腐，停滞是一种浪费。从供需链的原理出发，企业的生产活动就是一个物料的流动过程。如果物料流动很通畅，则说明企业的产品适销对路，市场形势很好。如果物流量很大，则说明企业的销售量增加，销售收入增加。换句话说，企业的效益与物流速度和物流量是成正比的。

就计划而言，如果生产计划完成了，那么必定会产生一定数量的物料，形成库存记录。而为了生产计划能正常执行，又必须有一定可用的库存物料，按时按量满足生产的需要。早期 APICS 命名的“生产与库存管理协会”的含义就在于此，突出了生产与库存的关系，说明库存是计划的产物。

概括地说，物料管理有 3 重意义。

- 保证供需链上物流畅通，从物流的角度来管理物料；
- 对生产计划的支持与监控；
- 物料是有价值的（物料的第 3 个管理特性），因此也包含对资金的计划与控制。

注意，不要把物料管理的含义与 ERP 产品中的“物料管理”或“库存管理”子系统相混淆，就像不要把 JIT 的哲理与 ERP 产品中的“JIT”子系统相混淆一样。

19.1.2　物料经理

物料管理是一种对物料的集中系统管理，因此，一些推行 ERP 系统的企业，把与物料有关的业务，如生产控制、库存控制、物料搬运、厂内外运输、外协外包、利废利材、采购供应、厂内外仓库、退货处理等，由一位物料经理（Material Manager）统一管理。有的企业（特别是装配生产型的企业）甚至把物料需求计划（MRP）放在物料管理范围之内（用虚线框表示可选）。这样做有利于协调各项业务的工作，保证计划的顺利执行，减少传统管理中各个职能“分兵把口”、互不衔接、各行其是、“推诿扯皮”的现象，从而保证物料的均衡流动，保持业务流程的畅通。在 ERP 系统中有许多参数需要设置和修订，系统提供的许多报表需要专职人员进行维护和分析研究，以改进管理。这些工作都需要有一个组织机构来专门负责。

一种常见的物料管理组织形式如图 19.1 所示。

从图 19.1 中可以看出，这种形式的管理层次少，相当于副厂级的各职能经理直接领导有关业务系统的工作，物料经理是其中之一。图中“MRB”（Material Review Board）是一种物料核定常设机构，专门对有质量问题或不合要求的物料做出处理决定。例如，

① APICS Dictionary，11th ed，2004.

判断能否通过返工或返修以满足技术和质量要求，或是让步接受，或降级改作他用。对返修仍不能补救的则判为拒收或报废，并同时决定成本费用。MRB 部门属于质量管理范畴，是一个对不合格品进行评审和处理的部门，执行 ISO 9001 标准中对“不合格品控制”的要求。

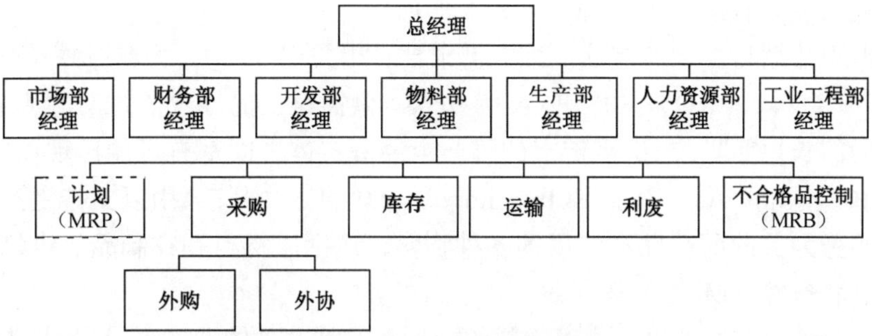

图 19.1　一种常见的物料管理组织形式

美国早期曾调查过一些企业，1967 年（MRP 初期）大约只有 3%的企业设置了物料经理，但是到了 1978 年（MRP Ⅱ初期）设置了物料经理的企业已增加到 50%，说明这种组织形式对改进业务流程有较好的效果。

概括地说，物料经理的主要职责是：既要保证供应、保证物料按质按量按计划正常流动，满足客户和市场的需求，又要千方百计地降低成本、降低库存，提高库存周转率，也就是加快资金周转。这是两个互相矛盾的目标，而物料经理的主要任务就是要处理好这个矛盾，**平衡库存水准与服务水准**，要考虑供需链上各个环节的库存策略，其工作既有战略性，也有战术性。具体包括以下工作。

（1）确定物料管理的方针和策略。

- 会同生产部门、计划部门、财务部门协助企业领导确定各种物料的库存水准（包括安全库存）和资金限额；
- 确定 ABC 分类原则；
- 确定定货批量规则及调整因素。

（2）掌握物料信息，监控计划执行。把及时、准确地维护物料信息作为例行工作，通过各种信息预计可能出现的问题，提出建议措施，防患于未然。

（3）会同设计和成本部门在选用物料时进行价值分析和成本控制。

（4）不断提高物料管理人员的素质，保证物流畅通。

（5）按规定出具各种物料报告。

19.2　库存管理

库存管理是物料管理的重要组成部分，是控制物流和资金占用的重要内容。这里主要介绍应用 ERP 系统时会用到的概念和参数设置。

库存信息对财务的资产负债表和损益表有直接的关系。库存是可以交换和销售的流动资产，一般占企业资产的 20%～60%。库存信息在损益表中以销售产品成本的形式出现，是说明企业收益的重要因素。库存反映了企业财务状况的好坏。因此，库存管理非常重要，不能仅将其看成一个记好库存台账的问题。

库存管理因计划与控制的层次（独立需求件、相关需求件）、物料对象（产品、在制品、半成品、原材料、MRO）、物料的 ABC 分类、供需链上的地位（供应、制造、分销）、物料供应周期的长短而异。在供需链上的每一个经济实体之间都有可能出现库存和运输。

在《APICS 词汇》中“库存”（Inventory）一词的定义是：**“用以支持生产、维护、操作和客户服务为目的而存储和使用的各种物料，包括原材料和在制品、维修件和生产消耗品、成品和备件（MRO）等。”**

因此，库存管理主要是“与库存物料的计划与控制有关的业务”，目的是支持生产运作，不符合上述定义目的储存的物料及超出需求的物料都应消除，以减少资金占用。注意，不要把库存管理与仓库管理系统（WMS）混淆起来。仓库管理系统主要是针对仓库或库房的布置、物料运输和搬运、存储自动化等的管理。两者的概念是不同的。库存管理包括以下几方面内容。

19.2.1 库存控制

库存是计划的结果，又是支持计划实现的先决条件。因此，库存管理的首要任务是根据产品计划的要求来控制库存。传统管理习惯把库存管理理解为仅仅是物料的“入库、存储、出库”，也就是库存事务的一部分工作（见 19.2.4 节），这是不全面的。库存管理如果不与计划管理结合起来，就不能说明库存物料的品种、数量和存储时间是否合理，即不能说明库存物料在数量上是存多了还是存少了，在时间上是存早了还是存晚了。库存量应当是计划的结果，库存脱离了计划就谈不上控制。库存管理除保证库存信息准确，满足客户和市场需求计划外，还有一项重要的任务是控制库存量，加速库存周转，降低成本。换句话说，评价库存管理的标准主要是：

- 客户服务水准，既保证生产和销售的需求，又控制资金占用；
- 库存占用的资金额，控制在企业预算之内；
- 库存资金周转次数，超过、保持或接近行业领先水平。

库存资金周转次数计算公式如下：

$$\text{库存资金周转次数（次）}=\frac{\text{产品年销售成本（元）}}{\text{库存年平均占用资金额（元）}}$$

这里考核的只是库存资金占用情况，而不是企业全部流动资金。换句话说，只是流动资金中的盘存资产部分，即储备资金、生产资金和成品资金，不包括结算（如应收账款）和货币资金。这种处理方法与成本计算采用制造成本法是一致的，它反映了企业的库存管理水平。在考核企业业绩时，库存资金周转次数是一项重要的指标，说明为了实现某个销售金额需要用于库存的流动资金的金额数。通过实施 ERP，既要增加销售收入，又要提高库存资金周转次数。通俗地说，就是一个钱能顶几个钱用。库存占用资金与销售收入两者之间并不存在必然的线性关系，管理的目标是：既要增加销售收入，又要降低库存资金占用。这正是实施 ERP 系统所追求的目标。

库存控制与计划层次相对应，也有宏观和微观两个层次。宏观层主要控制会计年度内的库存水准，作为财务预算的依据。控制库存水准的主要参考值是同行业类似企业在类似客户服务水准下的库存周转次数。按照标杆管理的精神，应高于同行业的平均库存周转次数。16.4 节“销售与运营规划”中的表 16.3 就是宏观控制库存的一项内容。而微观层主要针对库存事务、盘点及储运等，也是 ERP 产品中库存管理的主要功能。

日本的 JIT 哲理，把库存量比做江湖的水量，把水下的礁石比做由于管理不善造成的各种问题，如预测不准、供应不及时、计划不周、能力不足、质量不高、不重视培训、设备保养差等。库存量大了相当于水位高了，淹没了水下的礁石，看上去有利于通航，但是水下被掩盖的问题（礁石）永远不能暴露出来，导致永远得不到彻底解决。因此，库存量过大被喻为“众弊之源”。也就是说，库存量掩盖的管理问题永远不会自动消除，如图 19.2 所示。

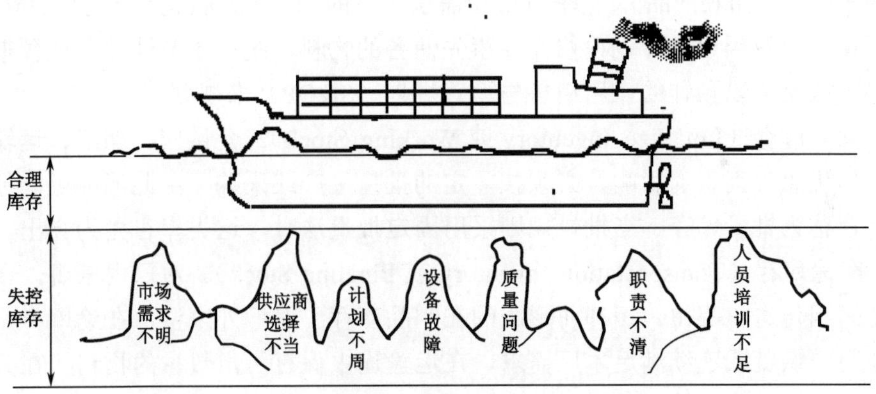

图 19.2 过量库存掩盖管理不善的问题

人总是有一些惰性的，总是希望工作轻松一点。因此，只有当库存资金占用影响了企业的竞争力或利润时，才会下决心去降低库存。这个要求通常是企业老总提出来的，例如北京一个汽车厂，平时生产线上储存了 2～3 天的用量，该厂已习以为常，后来老总提出要求降到 10 件，促使员工精心操作，实现了新的目标。真是：“老总不发话，库存降不下”，从而体现出“一把手工程”的高效作用。

从图 19.2 中也可以看出，任何船只都会有一定的吃水量，没有水是不能行船的。这里用了“合理库存”，而不是“零库存”。“零库存”是一种控制库存的哲理，为的是减少一切无效作业与浪费，要有效地使用各个系统和各种技术。例如，预测要准，加工周期要短，质量要有保证，供应商要可靠等。总之，库存管理追求的是消除不必要的多余库存，而不是追求“没有”库存。一家企业自己可以做到“零库存”，但是从供需链管理的角度来看，只是库存转移，或“嫁祸于人”，把原材料储存在供应商的仓库中，把产成品储存在经销商的仓库中。因此，要用整体拥有成本（Total Cost Ownership，TCO）（见21.5 节“作业成本法”）来全面系统地权衡各种库存方案。

控制库存量是物料管理的重要内容，在确定库存量时要注意库存目的和库存费用。

19.2.2 库存目的

没有目的的库存就没有储存的必要，这是控制库存时第一个要考虑的问题。库存的目的主要是保证生产和销售正常进行，它有 5 种常见的基本类型。

（1）安全库存（Safety Stock 或 Fluctuation Inventory），有时也称最小库存余量（Minimum Balance）或最低库存。

企业内外的需求和供给都可能出现偏离计划或预测的情况，会遇到许多不确定因素。为了不中断生产，在计划需求量之外经常保持一定的库存量作为保险储备。安全库存是物料主文件中一项用户设定的参数，当实际库存量低于安全库存量时，系统会自动生成定单，建议用户补足安全库存；若安全库存设置不当，就有可能增加库存量。

（2）季节性储备（Seasonal Stock）或预期储备（Anticipation Inventory）。受季节供应约束的采购件（如农产品）、受季节市场需求约束的产品（如服装、空调机、节日礼品）或为工厂休假日及因设备计划检修需要事先储备的物料，统称季节性储备或预期储备。这类库存一般是可以预计的，用销售与运营规划（S&OP）来规划。

（3）批量库存（Lot Size Inventory 或 Working Stock）。受供应、加工、运输、包装或享受折扣优惠等因素的影响，必须按一定的批量生产或采购。由此形成可能超出实际需要的库存称为批量库存。当批量规则采用固定批量法时，这类库存尤为突出。

（4）在途库存（Transportation Inventory 或 Pipeline Stock）。对厂内来讲，在途库存是工序之间因传送、等待、缓冲而形成的在制品库存。对厂外来讲，在途库存是为了保持连续向用户供货或连续满足本厂需求，在运输途中保有一定数量的物料。在分销资源计划和流程工业的管道输送中常出现在途库存。此外，财务与实物对账时，例如，已付款但货物尚未到厂入库，也要用到在途库存来对应“在途材料”账户。

（5）囤积库存（Hedge Inventory）。针对生产常用物料涨价的趋势，储备一定数量的库存，以控制今后的成本。由于这样做要积压库存资金，必须分析涨价因素与多付利息之间的关系。如果囤积库存不是生产用的物料，应归入“不可动用量”，不参与需求计算。系统可以按用户规定，把超过设定的“最长允许存储天数（或货架天数）”，在一个期间内未发生任何事务处理的，或超过规定的“最大存储量”的物料显示出来，提醒管理人员分析原因并采取措施。

19.2.3 库存费用

控制库存量的第二个要注意的问题是库存费用。确定库存费用要考虑以下 4 个因素。

（1）物料价值。物料的单位标准成本或计划价格，在物料主文件中记录。

（2）定货费（Acquisition Cost 或 Ordering Cost）。如前所述，“定货”包括采购和加工两个方面，是指为了获取物料需要支付的费用。例如，准备定单、洽谈、运输、搬运、验收、办公和管理等费用。定货费与定货批量和次数有关。批量小，定货次数多，定货费就高。定货费或定货成本通常在物料主文件中记录。

（3）保管费（Carrying Cost）。保管费是指为了保存物料所支付的费用。例如，利息、折旧、损耗、财产税、保险等。现代管理把占用资金的机会成本（即这笔资金如果不用在保管费而是投资在其他方面能获得的收益），也计入保管费。机会成本占保管费的比例往往在40%以上，照这样计算，保管费可占到库存价值的20%～35%。保管费通常用占库存价值的百分比来估算，需要在系统参数中设置。

以上3项数据在经济批量计算中还会用到，ERP产品会有具体要求。

（4）短缺损失（Cost of Stock-out）。短缺损失指由于物料出现短缺造成停工待料的损失、紧急定货的额外开支（包括加班加点和紧急采购）、未按期交货造成的客户索赔、撤销甚至丧失市场等经济损失。

以上几项费用相互影响，例如，库存量大，短缺损失有可能小，但保管费高；要降低保管费就要降低批量，但批量小则会导致定货次数增加，从而增加定货费用。控制库存就是要权衡这些费用，使总费用最低，达到降低成本的目的。

在控制库存时，通常由企业决策层从宏观上提出一个库存水准要求，在这种紧迫感和危机感的压力下，解决各种管理不善的问题，使库存降到最低限度。经过一个时期的正常运行，再提出更高的控制库存水准的要求，进一步挖掘潜力，再次降低库存，从而不断降低成本，提高市场竞争力。要做到这一点，企业决策层必须适时地提出更高的目标，并监督执行。

19.2.4 库存事务

除控制库存外，库存管理的日常工作是库存事务处理。库存事务有4种类型：

（1）物料存放位置的变化，即物料的移动。例如，从供应商（采购单）到待验区，从待验区到仓库或退货给供应商，从仓库到车间，从车间到检验区或废品库，从发货区到客户（销售合同），等等。

（2）物料数量的变化。位置的变化会伴随数量的变化。但是，也有存放位置未变，数量却发生变化的情况，如盘点后数量的调整等。

（3）物料价值的变化。在存放位置和数量都未变化的情况下，物料的价值由于变质（过期、锈蚀等）、超过保质期等原因在金额（标准成本）上的调整。

（4）物料状态的变化。在下达定单但是尚未付款或到货的情况下，在ERP系统中会把物料归入“定单状态”，而物料到货入库时则归入“库存状态”。

以上4类处理是为了把物料的事务处理同资金的账务处理对应起来，实现物流信息与资金流信息的集成。请对照5.2.2节“动态集成”。

企业应当列出日常经营生产活动中都有哪些库存事务，并分析这些事务与什么物理位置发生关系，涉及哪些会计科目，借贷关系如何，又涉及哪些定单。在ERP产品中对每一种库存事务都要有代码并明确定义。

在分析库存事务的同时，要分析相关的业务流程是否合理。也就是说，定义库存事务的过程也是发现业务流程存在问题的过程。

19.3 安全库存与安全提前期

由于存在大量不确定因素，需求与供应难免会出现不平衡的情况。为了弥补可能出现的不平衡，保持对客户一定程度的服务水准，要在需求和供应的“天平托盘”下面加上两种“缓冲器”：一种是“安全库存”，靠增加一定的库存量来缓冲；另一种是“安全提前期”，靠供应时间的富余量来缓冲。两种“安全”参数都是为了提高对客户的服务水平，提高客户满意度，请对照图4.5“需求与供应（能力）平衡”。

19.3.1 安全库存

安全库存可以理解为弥补超出预计需求的数量。确定安全库存要考虑以下因素。

（1）按物料的“易于获取性”区别对待，是否“易于”主要是供应提前期的长短。对不易于获取的物料，在设置安全库存时，还要参考以下其他因素。

（2）按物料的ABC分类区别对待，除考虑资金占用外，还要考虑保管成本，以保证安全库存量的合理性。这里应当注意，不论物料属于ABC的哪一类，对产品来讲都是不可缺少的。C类物料虽然价值低，但是同样不能出现短缺。

（3）按生产类型区别对待。例如，现货生产（MTS）的安全库存主要放在成品层，定单组装（ATO）则主要针对通用件和各种选用件，定货生产（MTO）主要针对原材料和标准配套件，定单设计（ETO）主要针对原材料和毛坯。一般不对中间层次的物料设安全库存，如果因不可避免的原因要消耗较多的物料（如机械加工中的偶件、可能出现废次品的精密加工件、药品加工中的针剂安瓿等），则用成品率来处理，这是一种统计平均值。MRO中的备品备件可以按消耗速度设定“可供使用天数”作为安全库存。

（4）物料使用频率。不经常使用的物料，一般不宜设置安全库存。

（5）仓库的分布。一家企业有多个工厂或仓库时，物料的安全库存要通盘考虑，有时可以相互调拨，以减少库存总量。

安全库存是为了缓冲供需之间的不平衡才设置的，因此是可以动用的，不可把安全库存量设置为“不可动用”。当库存量低于安全库存量时，系统会自动生成补充计划以维持一定数量的安全库存。

设置安全库存与安全提前期的目的都是保持一定的客户服务水准。客户服务水准是用出现短缺或脱销的概率确定的，例如，若客户服务水准为95%，则脱销的概率为5%。如果把客户服务水准设为100%，要占用大量库存，是非常不经济的，所以要从出现短缺或脱销对企业造成的损失来衡量客户服务水准，如图19.3所示。

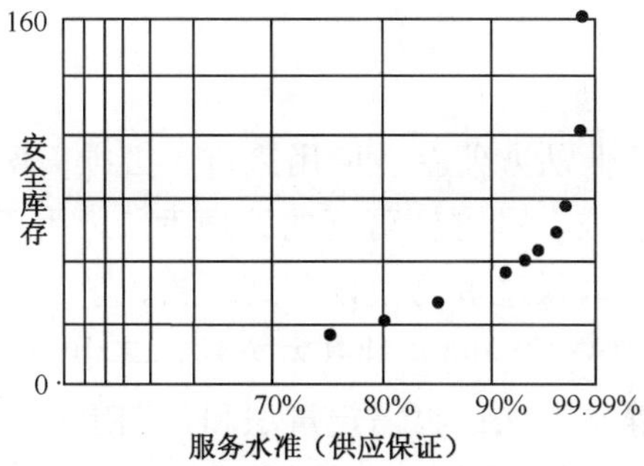

图 19.3 客户服务水准与安全库存的关系

确定安全库存不仅是一个统计学概念，更是经营决策问题。预测的准确性、市场需求和供应的稳定性、生产率的高低、提前期的长短、生产能力的大小、数据的准确度、车间作业的响应速度及主生产计划员如何运用时界的概念控制 MPS 的变动等，都会影响安全库存量的确定。因此，要随着情况变化维护安全库存量的设置。现代管理思想要求努力减少不确定因素（至少是企业内部可以控制的部分），采用协同运作模式，重新组织与客户和供应商的合作伙伴关系，把安全库存降至最低程度。

19.3.2 安全提前期

安全提前期与安全库存的作用是类似的，都是为了缓冲供需的不确定性。一般来说，安全库存主要针对供需数量不确定性大的物料，如备品备件和定单组装产品的基本组件及可选件。对供需时间因素的不确定性，如受运输或其他因素不能如期抵达的采购件，因各种原因不能如期完工的加工件，保证瓶颈工序工作不中断，都会采用安全提前期。

与安全库存相比，安全提前期占用的库存资金较少，但提前的日期如果设置不当，可能因提前期的误差而影响优先级运算。在库存资金占用相近的情况下，安全库存对满足客户服务水准更有保证。系统在处理安全库存时也比较简单。

19.4 定货批量

加工或采购的定货批量是运行 MPS/MRP 必不可少的参数，确定每件物料的批量是物料管理的一项重要工作，批量对加工周期的长短有很大影响。期量标准中的“量”一方面是需求量，另一方面是定货量，二者必须协调。

在 MRP 系统中称确定定货批量的方法为定货策略（Order Policy），包括确定批量的基本方法（批量规则）、在此基础上确定批量增量及对损耗的考虑 3 个方面。合理制定定货策略不仅是控制库存量的一个重要内容，而且对 MRP 运算也有重要影响。

对独立需求件的批量要考虑产品的销售趋势，畅销的产品批量可以宽松些；相关需求件的批量，主要受工艺和供应条件的限制。批量规则还要与安全库存一起综合考虑，总的原则是要控制库存。

19.4.1 批量规则

确定批量的方法很多，但从方便企业应用来讲，必须简明易懂才有实用价值。应当把批量规则（Lot Sizing）看成一种方便可行的管理手段，用于处理好客户服务、生产与成本的对立统一关系，不要陷入过多的假设和高深的数学计算。教科书上有各种批量规则，这里只列举 ERP 系统中最常用的 4 种基本方法。其中，固定批量法、经济批量法不随需求变化而变化，属于静态方法；因需定量法和定期用量法与需求量有关，属于常用的动态方法，随定货数量而变化。现简要说明如下。

1．固定批量（Fixed Order Quantity，FOQ）法

固定批量指由于受生产条件（如一炉的装载量、装卡一次的最低产量等）、运输或包装的限制，不论需求量是多少都必须定货的最小批量或标准批量，所以是静态的。采用这种策略时要注意防止库存积压，制定合理的固定批量，经常核查改进。

2．经济批量（Economic Order Quantity，EOQ）法

经济批量法是一种早在 1915 年就已开始使用的批量法，它的主要精神是寻求年度定货费与保管费在保持平衡的条件下，确定经济的定货批量。但是它有许多假定，例如：需求量不仅是均衡的，而且是持续的；物料单价和定货费是固定的；保管费与库存价值呈线性关系等。从这些方面讲，它是静态的。当保管费等于定货费时，总费用（保管费与定货费之和）最少。计算公式如下：

令

$$保管费=定货费$$

则

$$\frac{\mathrm{EOQ}}{2}\times C\times I=\frac{U}{\mathrm{EOQ}}\times S$$

$$\mathrm{EOQ}=\sqrt{2US/IC}\text{（件）}$$

式中，U —— 年需求量（件）；

S —— 每次定货费（元/次）；

I —— 年保管费占年平均库存值的百分数（%）；

C —— 物料单价（元）。

有的文献考虑年需求量（U）每年不同，所以把 EOQ 法列入动态方法。但事实上 EOQ 法的几项假定与现实是有一定出入的，实际需求量是经常波动的，不是一年才变动一次，物料的单价也在变动，保管费并不一定与定货量按同一比例增减，物料单价也可能因某个时期定货量增大而获得优惠，所以 EOQ 法的假定条件依然是静态的。

此外，EOQ 法不考虑物料的工艺路线是否通过关键工作中心，也不考虑物料在产品结构中的层次及受母件批量的影响（对某层物料的批量是经济的，但对相邻上下层物料的批量不一定是经济的），因此，它不能保证计划的正确性。

尽管如此，人们还是往往把 EOQ 法作为一个参考起点，在实际应用时再用其他方法修正。因为它毕竟全面地考虑了批量规则中“定货数量”和“定货频度”两个主要影响决策的因素，因此 ERP 系统都提供 EOQ 法。

3．因需定量（Lot-for-Lot，有时简写为 L4L）法

因需定量法是指完全根据需求量决定定货量，不加任何修订，是一种动态方法，也是保持库存量最小的定货方法。因需定量法一般用于定货生产环境下的产品、易变质的物料及价值较高的 A 类物料。

准时制生产（JIT）也要求因需定量，定货批量小，增加了定货次数。由于运输和传送频繁，对采购件要选择位于较近地理位置的供应商，对加工件要缩短准备时间和传送时间。

4．定期用量（Fixed Period Requirements）法

人为设定一个时间间隔，如 3 个月，每次按 3 个月的用量定货。由于间隔期长短是固定的，各个时间间隔内的需求量不是一个固定值，因此，定期用量法属于动态方法。这种方法也称“可供使用天数”批量规则。对于没有批量限制的物料，为了减少定货和运输次数，可以采用定期用量法。

应用时，要注意不同 ERP 产品对“定期”的定义。以表 19.1 举例，设定货期间为 3 个时段，1～3 时段的净需求之和为 45，于是，在第 1 时段接收量为 45，满足 3 个时段的需求。第 4 时段净需求为“0”，有的系统会跳过这个没有需求的时段，从下一个有需求的时段重新推算 3 个时段的用量。这个例子是从有净需求的第 5 时段向前推 3 个时段，即 5～7 时段，计划接收量为 18+12=30。

表 19.1　定期用量法的期间设置示例

时　段	1	2	3	4	5	6	7	8	9	10
净 需 求	10	15	20		18		12	30	10	10
计划接收量	45				30			50		

周期定货量（Period Order Quantity，POQ）法是定期用量法的一种特定形式，它按照 EOQ 法计算出经济定货量，再按照下列公式计算出下定单的间隔时间，从而使每次的定货量都比较经济。

$$\frac{\text{年需求量}}{\text{EOQ}}=\text{每年的定货次数}$$

$$\frac{\text{每年的时段数}}{\text{每年的定货次数}}=\text{定货间隔期}$$

在应用批量规则时，要注意产品在生命周期曲线所处的位置，尤其在衰退期，对销量下降和即将淘汰的产品，要严格控制投入批量和库存量。

19.4.2 批量增量

按批量规则确定的定货量只是一个基准值，当需求量大于基准值时，超出基准值的部分的数量称为批量增量，有以下几种设置增量的方法。

批量增量计算通常有 3 种情况，不同方法的定货量是不同的，如表 19.2 所示。

表 19.2 批量增量计算举例

增量原则	基准值	需求量	定货量
基准值的倍数（多用于固定批量法）	100	117	200
超出部分因需定量（较合理）	100	117	117
按某个数量的倍数增量（本例为 10）	100	117	120

确定批量原则。只有当准备时间在 5 种作业时间中影响较大时，为了减少每件的准备时间，批量才可能会选得大些，需要注意权衡。如果准备时间很短，可以采用因需定量的方法以减少库存。当净需求超过固定批量时，为了不使库存过大，要确定合理的批量增值。

19.4.3 损耗及有效成分

在上述计算得出的定货量的基础上要再进一步考虑损耗量。如果按批量规则投入已超出实际需求量，并已经可以弥补损耗需求就无须再增加定货量。损耗有成品率、缩减率和废品率 3 个指标。

1. 成品率（Yield）

成品率在有些场合（如流程行业）也称收率，往往是一种必要的合理损耗。有时，物料在不同工序上有不同的成品率，必须能够分别设定。例如，针剂药品用的安瓿在灌封和检漏工序有不同的成品率，而损耗又是不可避免的，应当按工序分别计算并累加。成品率记录在物料主文件、物料清单或工艺路线文件上，是一种概率统计平均值。

成品率有时可以通过改进工艺或利用信息化手段（如钢板或服装面料套裁程序）来提高，但有些情况的改进是有局限的。多数机械加工零件的成品率应当为 100%。

成品率与合格率的概念不同，合格率是针对废品率而言的，是质量管理范畴内的概念，应当要求合格率为 100%。有些企业把采购件中的废品作为成品率处理，要具体分析，也要看采购合同协议是如何签订的。原则上应当选择保证供应 100%合格产品的供应商，在 ERP 采购管理子系统中有退货处理功能。如果采购件是易碎品（fragile，如鸡蛋、玻璃、瓷砖等），除改进包装减少运输损失外，根据具体情况可以考虑一定的成品率。

2. 缩减率（Shrinkage）

缩减率是一种自然的损耗，是不可避免的。例如，卷烟厂的原料烟叶经一个时期存放后，由于水分蒸发，重量会减少。一些 ERP 产品会把缩减率包含在成品率中，但二者在概念上是有区别的。

设置了成品率与缩减率两种损耗参数后，系统运算时会自动弥补。请回顾图 16.4“考虑损耗（成品率）情况下的需求计算”。

3. 废品率（Scrap）

废品率是一种可以设法通过质量保证体系来减少或避免的损耗。出现废品时，要通过重新下达定单来弥补，要记录多消耗的材料、人工和成本，记录造成废品的原因，并与“质量管理”子系统集成。

确定计划产出量时，要按照批量规则和定货增量。在计算计划投入量时，还要在计划产出量的基础上考虑损耗率。考虑了损耗率的计划投入量的计算公式如下：

$$计划投入量=\frac{计划产出量}{损耗率}$$

其中，

$$损耗率=成品率\times(1-缩减率)\times(1-废品率)$$

4. 有效成分

有效成分不是直接意义上的损耗，但在某些计算物料用量的情况下，是一个必须考虑的因素。例如，制药行业中使用的淀粉，如果采用同一个物料代码，会由于每一批含水量不同而影响淀粉的用量，必须用“有效成分”折算。中药材和一些农产品也有类似问题。又如，使用矿石为原料的行业（冶炼、建材），矿石中的有效成分也会因产地和批次而异。因此，应用于这类行业的 ERP 产品必须具备折算有效成分的功能。

19.5 补充库存的其他方法

除物料需求计划（MRP）外，还有一些常用的库存补充方法，这里着重介绍定货点法和两箱法。

19.5.1 定货点法

定货点法是一种补充库存的计划模式，始于 20 世纪 30 年代初期，它是一种使库存量不得低于安全库存的库存补充方法。

人们习惯于把定货点法作为 MRP 问世之前的定货方法，这种解释可能会使人误认为定货点法已经被 MRP 替代，已经过时。其实定货点法在一些均衡消耗的场合仍然被普遍采用，ERP 系统依然提供这种方法，如图 19.4 所示。图中最左侧的三角图形说明物料逐渐消耗，库存逐渐减少，当库存量降到某个时刻时，剩余的库存量可供消耗的时间刚好等于定货所需要的时间（定货提前期），就要下达定单（定单的含义包括加工单和采购单两方面）来补充库存，这个时刻的库存量称为定货点。在均衡消耗的情况下，定货点法采用的批量规则是固定批量。

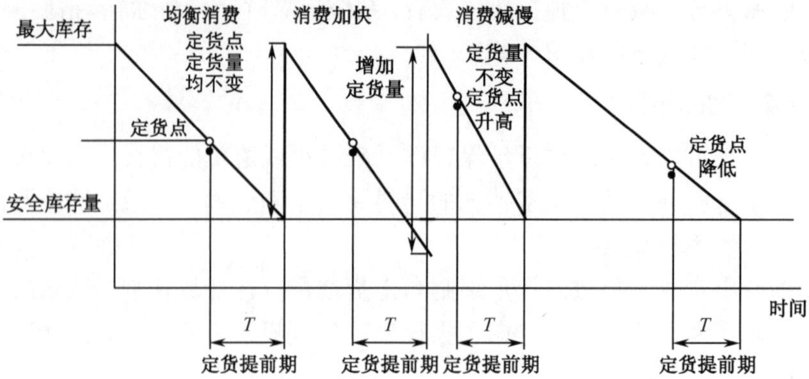

注：定货点=（日消耗量×提前期）+ 安全库存量

图 19.4　定货点法

在稳定消费的情况下，定货点是一个固定值。但是，当消费速度加快时，如果保持定货点不变，就会消耗安全库存。为了保持一定的安全库存，就必须增加定货量以补充消耗了的安全库存。如果不增加定货量，又不消耗安全库存，就必须提高定货点。这样，定货点就不再是一个固定值。因此，对需求量随时间变化的物料来说，由于定货点随消费速度的快慢而升降，所以无法设定一个固定的定货点，这时就要用 MRP 来处理。所以，定货点法只适用于稳定消耗的情况，如在超市货架上销售的某些日用消费品。

但是，由于价格调整、促销、节假日、食品安全、客户购买行为的改变等，即使是超市的商品，也会有不规则的波动，这时应采用与电子收款机（POS）信息集成的技术，采用 CPFR（协同计划–预测–补库）模式（见 14.3 节“CPFR 模式”）取代定货点法。

19.5.2　两箱法

在定货点法的基础上，设定货量等于安全库存量，就是一种“两箱法”（Two Bin System）的补充库存模式。可以说，两箱法是定货点法的一种变型。所谓“箱”就是一个容器。若一个容器内的物料用完了，就去补充，此时使用另一个容器内的物料，两个容器交替使用。两箱法通常用于价值低、供应提前期短的物料，如紧固件，如图 19.5 所示。

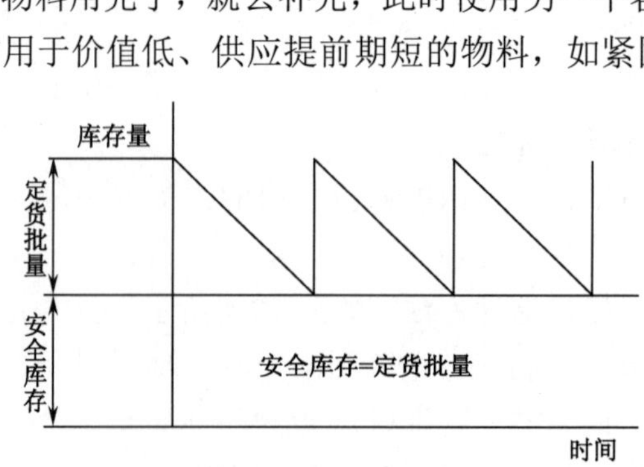

图 19.5　两箱法

一些装配车间往往有一种专用料架，同样的物料（如螺钉、螺母、垫圈、开口销之类的紧固件）放置在两个料斗里，一个料斗里的物料用完了，就到仓库去补充，同时采用另一个料斗里的物料。仓库里同样是采用两个料箱，进行交替采购补充。

19.6　库存盘点

19.6.1　物料的 ABC 分类

MRP 用柏拉图原理（Pareto Principle）中的“20-80”现象，按照物料的品种数和价值分为 A、B、C 三类，设置不同的盘点规则。也就是说，大多数企业中，占品种数约 20%的物料，其总值约占全厂库存物料总值的 80%；而占品种数约 80%的物料，其总值只约占全厂库存物料总值的 20%，如图 19.6 所示。

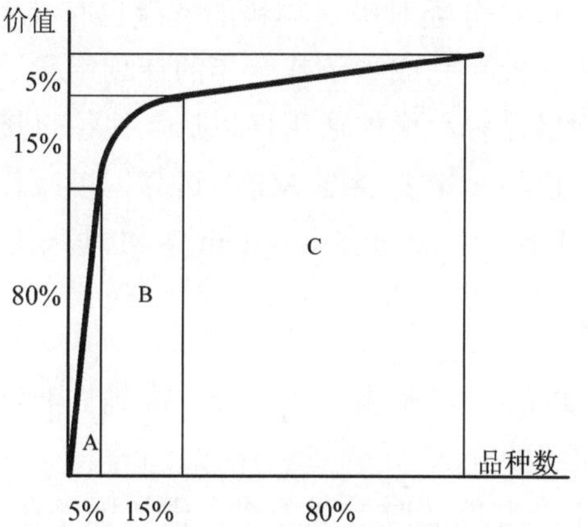

图 19.6　物料的 ABC 分类

柏拉图（Vilfredo Pareto）是意大利社会经济学家，他发现的“20-80”现象最初是指社会财富的 80%集中在 20%的人口手中，而 80%的人口只拥有社会财富的 20%。企业管理应用柏拉图原理，把管理的重点放在数量虽少但影响面大的事件上去。

例如，通过 ABC 分类，只要对 20%的物料进行盘点，就可以使 80%的财务账目避免重大差错。图 19.6 中“价值”的概念是：Σ（物料单价×物料数量），有“占用资金”的含义。

ABC 分类不仅用在库存盘点上，而且在处理任何问题上都可以使用，诸如少数零件使整个产品交货脱期；少数原因造成频繁出现的设备故障；少数质量指标不妥造成大量返修等管理问题，都可以用柏拉图的“20-80”原则来分析处理，是一种“重点管理法”。

除物料管理部门要参考 ABC 分类外，其他管理部门在应用重点管理法时也会参考。例如，设计部门要重点做 A 类零部件的价值分析；财务部门要重点控制 A 类物料的成本；等等。对 A 类物料还要经常核查它的需求情况，控制定货批量和安全库存，研究减少其提前期的措施。因此，在物料清单上单独列出 ABC 分类栏目，请回顾图 13.10“电子挂钟全部物料的物料清单示例”最右列。

一般 ERP 产品都有自动划分物料 ABC 分类的功能，自动计算物料品种数和价值占总数的百分数。计算的流程是：

（1）计算每种物料的年用量；

（2）乘以单价得出年金额数；

（3）由高至低排列年金额数；

（4）确定 ABC 分类。

除依据品种数和总价值划分外，有时还要考虑一些其他的因素，如单价、获得该物料的提前期长短和难易程度、发生短缺带来的损失等。因此，系统还必须允许进行必要的人工调整。

应当看到，在不同时期，企业物料的 ABC 分类，由于数量或价值的变化，分类也会变化，需要注意维护。ABC 分类对确定物料的批量也有参考意义。例如，价值很低的物料，必要时甚至可以一次投料完成半年或全年的计划用量。有些价值较低的紧固件，在进行优选分析、减少规格品种和增加通用性以后，往往直接发往使用的车间现场，不一定要挂在物料清单上，也不一定要经过 MRP 运算，以减轻系统运算工作量。这样的库存称为作业现场库存（Floor Stock 或 Bulk Item），往往采用“两箱法”补充库存。

19.6.2 循环盘点

库存信息是运行 MRP 的 3 项基本输入之一，准确性非常重要。为保证库存信息的准确性，要按时进行库存盘点。

为了使盘点不影响生产并能随时发现差错，需加强库存管理人员的责任。在 ERP 系统中，除通常采用期末盘点法外，还可以采用循环盘点法（Cycle Counting）。循环盘点法区别对待 A、B、C 不同类型的物料，规定不同的盘点间隔期和允许的盘点误差，进行轮番盘点。循环盘点法的好处是可以在不中断生产的情况下进行盘点。为了保证盘点的准确性，定置管理是一个先决条件，仓库、货位、批号、容器或托盘同物料的关系都必须明确定义。循环盘点也可以称为轮番盘点或周期盘点。

表 19.3 说明了 A、B、C 物料划分和盘点的要求。表中的数字只是举例，企业应当有自己的规定。

表 19.3　A、B、C 物料划分及盘点

ABC 分类	品种数占总品种数的比例	价值占总价值的比例	盘点间隔期	允许盘点误差
A	10%～20%	60%～80%	每月一次	±1%
B	15%～30%	15%～30%	每季一次	±2%
C	60%～80%	10%～20%	半年一次	±5%

库存盘点时不仅要核对物料数量的准确性，而且要检查物料的有效性。物料管理不

能脱离计划管理单独进行。如果库存物料不是计划需要的，那么即使物料的账、物、卡再准，也没有必要储存。一般 ERP 产品在物料主文件中可设定“最长储存天数”，如果在这个天数内，某个物料从未发生任何库存事务（出入库等），系统就会发出警告。

循环盘点发现差错后，在修订数据之前需要有一个核实的步骤。例如，由于库存事务没有做到实时处理，或由于登录疏忽造成数据不符等。此时，应补做库存事务，由系统自动更正数据，而不要用人工直接修订数据。这种先核实、找出原因再修订的方法，通常称为二步法。

循环盘点只是库存盘点的一种方法，它的精神一是要减少盘点对正常生产的影响，二是要根据物料的价值，区别盘点要求。但是，盘点仅仅是一种事后处理方法，只能发现差错后纠正错误，不能防止出错。它是一件非常烦琐的工作。重要的是要通过循环盘点，找出产生差错的原因，从而改善和健全库存管理制度，严格遵循工作规程，避免出现差错。否则，表 19.3 中盘点的间隔期即使再短，也无助于改善库存记录的准确性。

有的企业发现，出现差错的概率往往发生在进行出入库事务的时刻，或是收发料数量点错，或是登录记错。而那些不去动用或极少动用的物料就很少出错。于是做出规定，各类物料每发生若干次出入库作业（比如说 B 类物料 50 次，C 类物料 100 次）就进行一次盘点，由系统自动统计出入库事务处理次数，而不采用循环盘点的方法。这种与出现差错概率联系起来的盘点方法，值得 ERP 产品开发人员借鉴。在确定处理（除出入库外，也包括反冲之类的库存记录事务处理）次数时，可以做一些统计，列出差错概率与事务处理的关系，把差错概率大于 ABC 分类设定的允许值时的处理次数，作为盘点的间隔标准。实质上这是一种“基于作业管理”（Activity-based）思想的管理方法。此外，还可在下定单前或库存接近一个最小的存储量时进行盘点。

任何方法的最终目的，都是保证运算 MRP 时有准确的输入数据。

19.6.3　维护库存信息的准确性

必须保证库存信息准确，运行 MRP 才有实际意义。通常的做法如下：

（1）培训和教育有关业务人员，明确库存记录准确的必要性，知道如何做才能保证库存数据的准确性。

（2）建立责任制，有严肃的工作准则与工作规程，每项库存事务都必须在规定时间内录入系统。

（3）管好库存事务处理的历史档案。

（4）库区布置得当，库存设施便于存储清点，管理严密。人、物出入库有严格的规定和制度。

（5）有条件的库房，要尽量采用条形码和自动识别设备，在线自动记录出入库数量。

（6）定期评议、审查，公布各责任人员负责库区的库存数据准确率，有严格的考评制度和激励机制，奖罚分明。

为了保证库存信息准确，除物料管理部门有责任进行维护外，设计、计划、成本部门都有责任进行维护。设计部门要维护物料清单，计划部门要维护物料需求量，成本部门要维护物料的标准成本，这些都与库存信息的准确性有直接关系。

总之，在 ERP 信息集成系统中，库存管理不是孤立的作业。

19.7 仓库与货位

所有库存信息都会联系到物料存储的仓库与货位，仓库和货位是运行 MRP 的重要基础数据，若定义不清，将无法实施库存管理，如图 12.1“主要基础数据的相互关系及建立顺序”所示。

定义仓库与货位是企业定置管理的重要内容，所有仓库必须有专人负责、严密保管，有整洁的通道和区域划分，方便存取。仓库应当有严格的管理和登记制度，未经批准不得随意出入。一个大厂房会有多个仓库，如果大厂房有多个进出口，可以随意去往任意仓库，就必须立即整顿。一个仓库只允许有一个出入口，仓库之间不可串通。

在 ERP 系统中，仓库和货位不仅有物理性的，如实际的厂房建筑，也有逻辑性的，如对运输途中的物料（包括管道输送的流体）可定义为存放在逻辑的“在途仓库”中，并与会计科目的“在途材料”相对应。根据需要，也可以把车间当作一个“逻辑仓库”用于处理存放在车间的物料。一个逻辑仓库也可以代表多个物理库。所有企业库存事务涉及的仓库，包括厂内外、租用和销售网点的库房，都应纳入系统，明确定义。

所有物理性或逻辑性的仓库都必须**编码**，一般仓库代码为 2 位字符型，可以满足 200 多个仓库的编码要求（26 个英文字母×9 个数字）。仓库内的每个货区（如地面）、货架、货柜等都可作为货位对待。对立体仓库的货位可以用长、宽、高 3 个方向的坐标来编码（6 位字符型）。

有的企业习惯用存放的物料作为货位的标识，而由于存放物是不断变化的，因此不可用变动的状态作为编码的依据，物料名称可作为一种补充标识，而不能作为代码。这个道理就像住宅的门牌号不能用住户姓名来标识一样，住户会搬家，但是门牌号不会变。相当多的企业以为只要库管员熟悉就没有问题，然而库管员总会有缺勤或变动的时候，“人治”毕竟不是规范化管理。

仓库和货位在系统中的作用是：

（1）说明物料存在的位置、数量、状态（如是否可以用于需求计算）与资金占用情况。

（2）说明在制品库存与工序之间的关系。

（3）跟踪物料（如批号跟踪）。

（4）确定领料、提货的顺序（特别是先进先出之类的场合）。

（5）必要时可与会计科目对应。

一种物料可能存储于多个仓库或货位。例如，一个物料代码有多种性能允差时（如尺寸、电工参数），可按公差范围分别存放和发料。又如，同一种成品经常需要在几个地区的仓库中存储。有时为了充分利用空间，不同的物料还会存放在同一个货位中，一个货位可放多个小料箱。有的行业在货位之下还设置了“料箱”或“储罐”等更细一级的存储单位，需要按照先进先出的原则来存储和发放物料，选用的 ERP 系统必须能够满足各种可能的要求。

在计算机管理模式下，传统定置管理的概念无须局限于某个货位只能对应某种物料，只要在系统记录上说明物料和存储位置的对应关系，只要存储空间能够满足，就可以随机存放。这将大大提高存储空间的利用率，减少对仓库设施的投资。无论对高架、立体仓库或地面（或托盘）存放，只要存放位置有正确的编码，都可以这样处理。但是，只有保证仓库的通道有足够的宽度和回旋余地，便于搬运作业，才能做到随机存取。仓库管理系统（WMS）要解决这类问题。

19.8　库存与业务的集成关系

库存和销售—生产—采购等与物料相关业务信息集成的关系密切，下面就以库存台账为例，介绍信息集成的作用，以及与手工管理的区别。

19.8.1　ERP 系统库存台账的特点

在手工管理条件下的库存台账，就像一本收支账簿，由人工记录入库、出库和结余的数量以及发生日期和物料的来源去向，这些都是静态数据。

在信息集成的条件下，库存台账的信息完全是**动态**的，而且是**实时**的。运行了物料需求计划（MRP）可以看到当前和未来预期库存变化的信息。一旦签订了一笔销售定单并录入系统，即使还没有提货出库，库存台账也会立即自动地把这个定单上的定货量从成品库存记录中的“现有量”栏目中扣除，转记在“已分配量”栏中。同样，如果有生产定单下达，它要用的原材料，也会在原材料库存记录中，实时自动地划到“已分配量”栏目，同时减少“现有量（可用量）”，如图 19.7 所示。

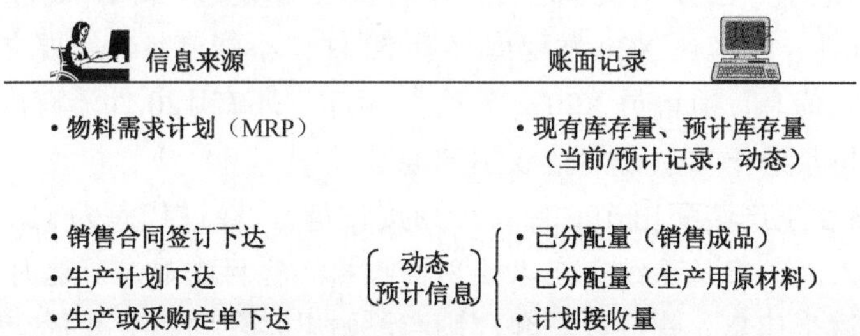

图 19.7　动态的库存台账

反过来，如果有一笔生产或采购定单已经下达，在未来某个时刻即将完工或到货入库，系统会自动地把这笔数量显示在库存台账的“计划接收量”栏目里，从而提高了管理的预见性。“已分配量”和“计划接收量”两栏是动态信息，用手工管理无法实现。请参考 16.5.3 节表 16.5“主生产计划典型报表格式（模式报表）”中各个时段的库存信息。

这就是信息集成的效果，有了“已分配量”的信息，就可以避免出现“一个姑娘许配给两个婆家”的误会；有了“计划接收量”的信息，可以避免重复生产或重复采购，减少管理混乱的现象。有时管理者会因为没掌握已下达采购定单的信息，在有急需时重复定购，甚至用空运紧急调用，不仅无谓地增加了运营成本，而且造成多余库存积压浪费。

下面再用报表中数据的变化，进一步形象地说明信息集成下的库存台账。

19.8.2 信息集成在库存台账上的体现

这里用简化的报表来进一步说明信息集成的作用，如图 19.8 所示。

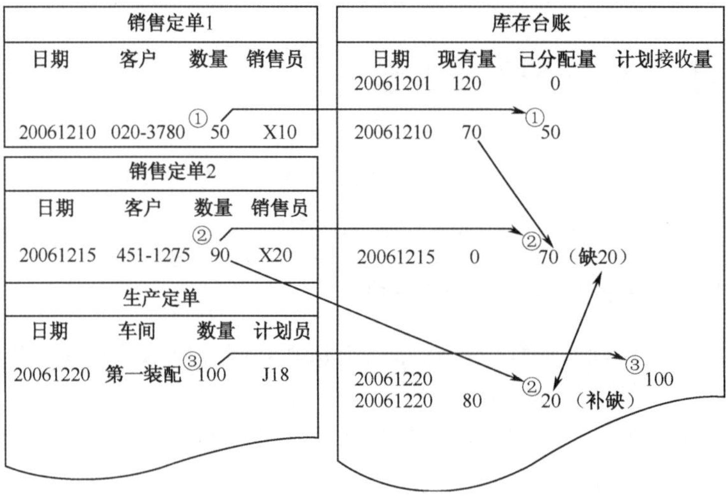

图 19.8 信息集成在库存台账上的体现

库存台账显示，在 12 月月初，库里有 120 件存货。10 日，南方有一笔定单，需要 50 件货物，经过代码为 X10 的销售员核准确认，录入系统后，库存台账立即自动从 120 件中扣除 50 件，记入“已分配量”栏目；现有量（可用量）剩下 70 件。15 日，北方有一笔定单需要 90 件，销售员 X20 发现库存量 70 件已不能满足，需要立即安排生产。如果没有这样的动态信息，销售员 X20 一定会以为库里还有 120 件没有出库的存货，一旦发现情况不对，再紧急下单，必然造成生产混乱。

如果 20 日将要生产装配出 100 件（计划接收量），经过代码为 J18 的计划员确认，虽然暂时还没有入库，但是系统会在“计划接收量”栏目中显示。这时，销售员 X20 通过远程查询看到这个信息，就可以与客户协商，如果客户同意分两批交货（立即交付 70 和随后交付 20），就可以有把握地与客户签单了。

一张销售定单签订并录入系统后，除在库存台账上有所反映外，还会在其他相关的子系统，如主生产计划子系统、应收账款子系统等实时地显示出必要的数据，不再需要传递报表，做到迅速、实时、便捷、准确。

从这个例子可以看出，库存记录的变化来源于计划（本例是销售和生产计划），脱离计划谈库存控制是没有意义的；真正起控制作用的是被喻为人体神经系统的计划管理系统，要控制库存首先要正确运行计划系统，同时也要正确设定各种库存策略和计算参数。

19.9　小结

库存管理是物料管理的主要组成之一，**既要满足市场需求，不出现短缺，又要严格控制库存，合理使用资金**。

实际上，库存水准往往大于实际需求，其中有各种原因，有些因素是我们很难控制的（如需求变动造成的库存）但要设法及早消化；有些因素是由库存数据的准确性和各种人为设定的参数（如服务水准、批量规则、安全库存等）造成的，这些因素直接影响 MPS/MRP 需求计算的准确性。因此，要定期经常复核这些数据和参数，使之符合库存管理目标的需要，做到严格控制库存。

要做到这一点，人的因素依然是首要的，要实施 ERP，库存管理岗位的人选应该受到重视。

第20章 ERP的采购管理理念

物料管理的另一个重点是采购管理。采购管理在 MRP 逻辑流程图中和生产作业控制并列，同属于计划的执行层。运行 MRP 的结果，一方面是生成“**计划**的加工单”，另一方面是生成“**建议**的采购单”。这里用“建议”就是要通过采购管理来落实。

本章讨论在应用 ERP 系统时，采购作业会用到的相关理念和模式，用什么管理思想来指导采购作业才能在实施 ERP 系统后见到效益，以及参数设置要注意的事项。企业应根据信息化管理后采购作业流程的变化来制定符合本企业特点的采购流程，研究并设置各种合理的参数。

如果把需求管理理解为信息的内部集成和外部集成接口的前端，采购管理就相当于接口的后端。

20.1 采购管理的重要性

1. 供需链流程的重要环节

制造业不能是“无米之炊”，它的一个特点就是必须首先购进原材料才能进行加工。对装配型产品来讲，还必须首先购进配套件和标准件才能进行装配。要做到按计划执行加工单，首先要靠采购供应来保证，两者有着不可分割的关系。

企业生产能力的发挥，在一定程度上受到采购供应的制约。采购提前期在整个产品生产周期中往往占了很大的比例，而实现按期交货满足客户需求的第一个保证条件就是采购作业，它直接关系到计划能否如期执行。实质上，采购作业可以看成**企业生产能力的外延**，如果外延的能力不能保证需求，销售计划同样也无法完成。因此，销售人员在向客户承诺交付条件之前，除了解企业生产能力的可行性外，还必须了解采购件供应的可行性，这也是合同评审的必要内容；如果没有 ERP 提供相关的信息，就不可能迅速、准确地做到这一点。

从供需链管理的角度来看，由于采购周期一般比较长，不确定因素比较多，供应商毕竟不是企业自身，对需求变化的应变能力和响应速度相对来说会慢一拍，企业难以控制，很可能形成供需链的薄弱环节，影响整个供需链的竞争力。因此，保证与供应商之间的信息实时沟通至关重要，这往往要通过 ERP 的信息外部集成来实现，而协同文化更是不可或缺的。

2. 质量第一关

制造业产品的质量，在产品设计不出现差错的前提下，首先取决于采购物料的质量。一台电视机的色彩不好，人们首先指责的是电视机的品牌商，而不会想到液晶板是哪一家企业生产的。在加工过程中，一个铸件出现砂眼气孔，会造成大量加工工时浪费。一种塑料零配件很快老化褪色，会使产品立即黯然失色。ISO 9000 质量保证体系把采购质量放在极其重要的位置，对原材料提出一系列质量保证措施的要求，也说明采购作业是把好产品质量的第一关。

3. 成本第一关

在产品成本中，原材料和采购件所占比重最大，对制造业来讲，视行业而异，原材料和采购件占产品成本的 50%～90%，多数在 60%～70%。随着专业化生产的发展，外协采购件在产品成本中所占的比例越来越大，因此，降低采购费用是提高企业利润率的一项重要措施。采购作业管理的目标就是用较低的采购成本、较少的库存保证生产活动不间断地均衡运行。

为了说明材料费与库存值如何影响销售利润率和投资收益率（Return on Investment，ROI），我们引用图 20.1 所示的例子。这是美国杜邦公司首先提出来的分析图，通称“杜邦 ROI 模型”（DuPont ROI Model）。图中各方框中的数字为金额数，括弧内的数字为假定材料费和库存值分别降低 5%后的数值；降低的比例不算大，但因此使销售利润率提高 29%，企业资产总额收益率提高 30%。

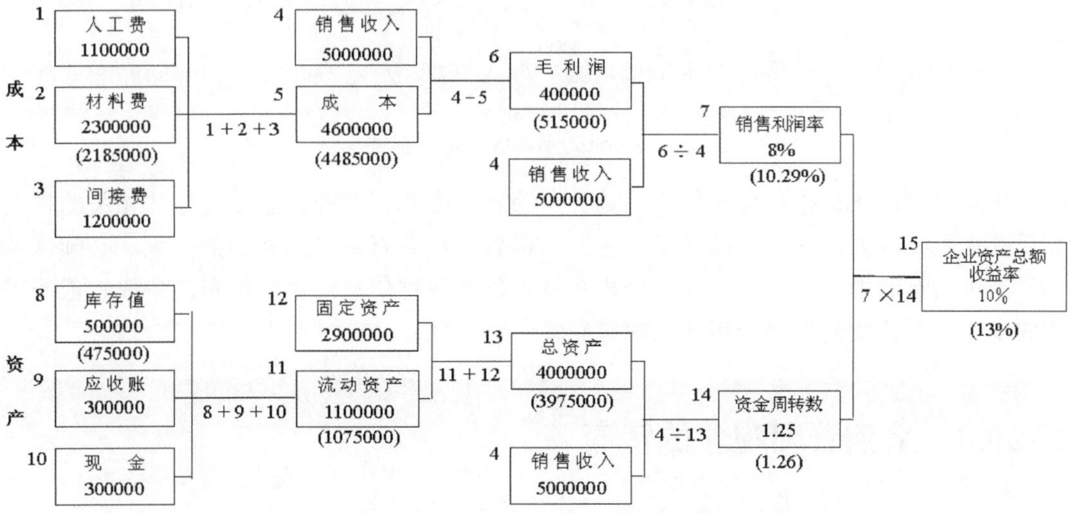

图 20.1　材料费与库存值对企业资产总额收益率的影响

由于制造业的采购材料费在销售成本中占有举足轻重的比重，现代管理非常重视采购管理，在 ERP 系统中它是一个重要的核心业务流程，因此把它作为信息集成的一个重要的组成部分，无论是生产企业的制造流程，还是商贸企业的供销流程，都需要与采购流程集成。在全球经济的环境下，采购作业将是一个面向全球的供应链业务。

从图 20.1 中还要注意，即使材料费得到降低或控制，但如果库存依然居高不下，即使销售利润率较高，最终的资产收益率还是提升有限。所以，在物料管理业务中，采购管理与库存管理同样重要。

20.2　成本由谁定调

从表面上看，在成本构成中，材料费的比重最大，生成材料费是执行采购作业的结果，但是，采购毕竟是一个执行层的作业，它是由计划层的 MRP 运算得出的采购指令，然而 MRP 只能说明该买什么，而不能说明为什么要买这样的物料，所以材料费不是 MRP 系统确定的，而是产品研发部门确定的。

尽管产品的设计研发费用占产品的成本比例不是很大，但产品成本的基调是研发业务定下的，如图 20.2 所示。即使是产品研发部门为产品成本定下了基调，只要充分发挥采购作业管理在信息化管理条件下的作用，还会有进一步降低采购成本的空间。

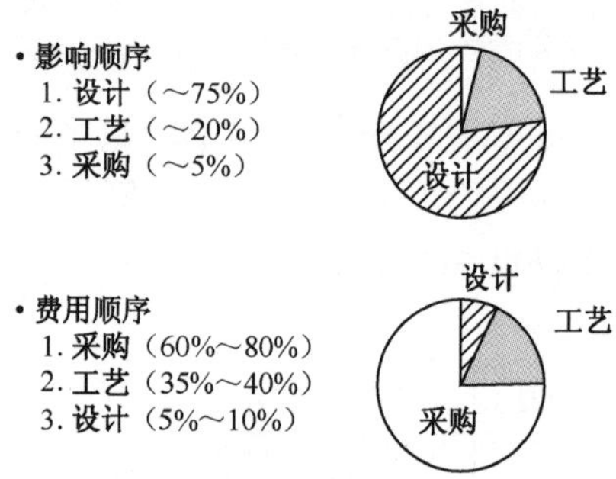

图 20.2　谁为采购成本定下基调

从前面的论述来看，采购供应不是一个独立的作业。对外，它要与全球相关的供应商保持联系；对内，它与产品研发、生产、销售、财务有着极为密切的关系。必须保持信息的透明畅通和实时共享，及时分析系统提供的各种信息，消除浪费，争取较低的采购成本。下面让我们来进一步深入探讨。

20.3　采购管理观念的转变

随着我国改革开放的进展，经济效益观念日益加强，大而全、小而全的企业组织形式将逐渐被专业化生产和企业之间的协作模式所替代。一些在本企业生产不具优势的部件，也会采取外包的方式，通过采购作业来处理。外购、外协和外包件在产品结构中的比重逐渐增加，采购作业面向全球的现象已经非常普遍。维修管理（Maintenance, Repair & Operations，MRO）和设备资产管理（Enterprise Asset Management，EAM）系统的普及应用，把与固定资产和备品备件相关的采购任务也纳入采购管理系统，采购对象已经超出了产品的范围，对采购管理也提出了更高的要求。供应厂商的经营稳定性、研发投入比例和质量的提高，都会直接影响企业产品的竞争力。ERP 的采购管理系统，虽然能为管理人员提供较多的信息，但真正做好采购管理工作，做出正确的判断和决策，关键还是要改变人们在采购作业上的陈旧观念和做法，改革管理机制。

现代采购管理的一些理念与特点可以归纳如下，其中有相当部分正是 JIT 的哲理。

20.3.1　合作伙伴

企业（买方）与供应商（卖方）是合作伙伴的关系，具体来说包括以下几点。

（1）企业对供方的选择更加慎重。不但要审查供方的质量、价格、履约率和服务，还要了解供方的技术条件和发展远景、质量保证体系、生产能力、计划管理、财务状况和经营方针等方面的情况。在严格认证和选择的前提下，减少同一物料的供应单位，既有单一的长期合作伙伴，又要考虑一旦出现风险和意外时有可靠的后备供应厂商。

（2）严格选择供应商，不仅是为了进行交易，更重要的是和一些有战略性质的供应商在合作共赢的协同文化的指导下建立相互依存的合作伙伴关系，互惠互利，共享计划信息，并签订比较长期的供求协定。买方和供方不再是简单讨价还价式的买卖关系，而是一种类似联盟的合作关系。

就供方来说，为了保证有一个长期稳定的市场，也需要不断改进其产品的性能和质量，提高信誉，与买方建立长期的合作关系。在市场经济下，买方往往会通过控股、资金投入、并入集团或派驻经理人员等方式来巩固和加强这种合作关系。

（3）企业的产品质量要从采购件抓起，从供方这个“根”上抓起；买方要与供方共同商定质量标准，派出专业人员协助和指导供方，使供方能提供质量有保证、可以免检的商品，并允许供应商直接发货至使用点（Point of Use），如生产线旁，以减少中间环节的管理费。

（4）企业的采购员起到供方计划员（Vendor Scheduler 或 Supplier Scheduler）的作用。买方不仅是供方的顾客，而且是供方的“计划经理”，尽力做到供方与买方同步生产。另外，供方要有足够的应变灵活性以适应买方意外的计划变动。为了做到这一点，买方的采购部门要了解供方对所提供物料的生产周期（提前期）、需求和计划时界，把供方的计划看成本企业计划的延伸部分，把供方看成本企业的一种外延的能力单元，慎重考虑计划变动对供方的影响。

（5）买方与供方共同有效地管理进度。当双方都采用 ERP 模式时，买方可以应用电子数据交换（EDI）系统或远程终端，通过计算机联网来查询和跟踪买方采购物品在供方企业内的生产进展情况。当买方和供方对同一物料所用的代码不一致时，ERP 产品应有对照说明。

（6）双方共同协调运输、仓库保管和配送工作，落实运输和调拨计划，借助第三方物流，保证供应及时并控制库存。

20.3.2 协同作业

采购作业除在企业外部与供应厂商的关系有上述一系列变化外，与设计、销售、质量、计划、工艺、物料、财务等企业内部业务也有非常紧密的联系。采购作业不仅是以供应部门为主导的业务，而且也应当是一种带有跨业务部门性质的协同作业。

为了降低成本，采购作业内容更加广泛，对采购管理人员的素质要求更高。由于单靠采购部门单方面设法降低采购成本，降低的幅度是有限的，所以必须会同所有影响采购的相关部门共同改进采购作业。具体工作举例如下。

（1）会同产品研发部门，共同对产品和零部件进行价值分析（性价比），结合市场供应情况，研究材料的合理选用。

（2）会同销售部门，研究保证履行交货合同的措施，保证有足够的采购提前期。同时，实时掌握市场需求的变化，避免造成采购上的浪费（如加急运费、过量超储）。

（3）与研发、制造、成本部门一起分析决定一个零部件是企业自制还是外购，既要保证质量和计划进度，又要控制成本。

（4）会同工艺部门研究改进工艺，采用合理的原材料尺寸规格，提高材料利用率。

（5）工艺路线中的外协工序，统一由采购部门负责，选择协作单位，制订外协计划，控制外协成本。

（6）有时，广告商也可以作为供应商处理，便于区别每一种产品的广告费用，按定单分别处理，直接计入相关产品的成本。这也是“基于作业管理”的内容。也就是说，企业生产资金流出，统一由采购部门控制。

（7）研究确定每种采购件合理的批量规则和安全库存量或安全提前期。

（8）会同财务部门，编制采购预算和资金使用计划。

（9）会同质量部门确定合理的采购件质量标准，不因过高要求增加采购成本。制定合理、有效的质量检测标准，关注由于采购材料质量问题引起的产品成本失控而增加质量成本。

（10）关注产品成本中的材料成本差异分析，改进采购工作。

采购作业不是一种闭门造车的独立活动，而是要通过 ERP 系统保持与各个相关业务的信息集成与实时沟通，成为业务流程的一个环节。实施信息化管理，对采购业务人员素质的要求会越来越高。只有从全局着眼，才能真正提高管理水平，不断降低采购成本。

采购人员要想做到这些要求，必须从选好供应商、建立良好的合作关系开始入手，用好 ERP 系统所提供的信息，运用 20-80 原则，抓住重点，减少一切无效的作业，把时间和精力用到实实在在地提高采购管理水平上。

早期，一个实施了 MRP Ⅱ的美国企业，采购员的工作时间分配发生了明显的变化。催货的时间从实施前占总时间的 50%下降到 12%，而研究工作寻求降低成本的时间从 28%增加到 36%。说明实施了 MRP Ⅱ系统可以提供给采购员更多的实时信息，在周密和有预见的计划的指导下，能够在留有足够的采购提前期之前下达采购单，减少了混乱。通过将同类件合并，增加了定货批量和折扣率，降低了采购成本。

在全球采购的情况下，采购人员还需要不断积累国际化的采购经验，不断优化供应渠道，消除供需链的薄弱环节。不少企业设置了物资供应公司或供应链管理部，对有关供应的业务流程（选择供应商—签订采购合同—运输—库存—付款—退货）进行集中管理，避免工作脱节。

20.4　采购模式和采购流程

针对不同的需求响应策略，采购的模式和流程是有区别的，准备实施 ERP 系统的企业，只有先对自己的采购模式非常清晰，明确采购业务的需求，才能选好 ERP 产品，下面以间歇式定货生产和重复式生产为例做一简要说明。

20.4.1　间歇式定货生产

在定货生产和定单设计的情况下，供应商的变动比较多，固定不变的供应商相对较少。主要的业务流程多为一般通用的采购流程（请回顾图 2.6“规范化的采购业务流程”），大体上包括以下几个步骤，但不同企业会有差异。

1．资源调查

通过各种渠道（包括网上搜索）寻找供应货源，供应商的条件（见 20.6 节“选择供应商”）可以记录在 ERP 的供应商关系管理系统中。

2．价值分析

通过资源调查，在充分理解产品对采购件的要求的前提下，提出采用更为经济和标准、性价比更好的方案。这一步工作可以与产品研发过程并行，也可以是 PLM（产品生命周期管理）的内容。

3．询价及洽谈

向搜索到的供应商询价，了解各种可能的优惠条件，建立报价、供货条款等记录，对各供应商进行全面的分析比较。

4．供应商认证

根据采购物料对企业产品的增值效果，对供应商进行分类。分析、论证、筛选相关供应商，确定“首选供应商”，建立供应商档案，系统运行时，只向建立了文档的供应商执行采购作业。对一些“一次性”采购，可以建立临时供应商档案，简化信息量。

5. 生成请购单

MRP 运算生成的建议采购单，可以直接下达，也可以进入请购状态，以便在采购定单下达前进行种种核定。例如，采购提前期是否足够和有效，核对双方物料代码、数量、批量，是否动用安全库存，是否有需要人工添加的采购件等。同时，还要确认采购的必要性和采购条件的合理性，根据库存费用、运输和价格优惠政策等因素合并某个时期内同一物料的采购量。相当于一次对采购计划的“确认”过程，把运行 MRP 生成的“建议”采购单转换为正式的请购单或采购单。

6. 审批

对各采购员负责的采购物料和金额数设定权限范围，必要时，采购员可定期轮换。应当对采购员进行编码，以便查询和维护其所负责的物料主文件和物料的库存状况。每一位采购员允许经管的采购物料品种范围和采购金额是预先设定的，系统会自动检查。若合乎权限规定，则无须审批，流程将自动进行下去。当超过采购员的权限时，系统会生成请购单（Requisition）提请审批，按照设定的审批顺序，自动逐级提交给审批人（系统会自动向审批人发出处理提示）。请购单先审批通过后，再形成正式的采购单并下达。

审批可以有不同的业务流程和规则。以多级审批为例，可以是每一级都同意才能执行；也可以是只需最后一级拍板，但各级必须过目并提出意见；还可以按照金额数的大小，直接提交给不同权限级别的审批人；等等。根据企业的管理要求，审批流程可以有不同的设置或选择。审批规则在不同时期还可能会有变动，所以 ERP 产品的审批流程的功能设置必须具有一定的灵活性。

7. 下达采购单

与供方签订协议，确定规格数量、包装条件、价格、交货批次、运输装卸方式、交货地点、验收条件与付款条件等。与供应商物料代码的对应关系需要在这个阶段明确。为了避免可能出现的不确定因素，对采购件往往采用安全提前期，合同协议上的交货时间要早于需用时间，以应对可能出现的意外情况。

采购定单下达给供应商后，必须得到供应商的书面确认（电子邮件、EDI 或信息门户等）才算生效。有关第三方物流、各方违约的处理规定等也需要在这个阶段确定。

8. 采购单跟踪

如果双方都实施了 ERP 系统，就可以按照权限，进入对方系统查询采购物料的加工进展情况，或通过电子数据交换控制进度，并做好运输安排。

9. 验收入库

系统自动核对采购单与到货规格品种数量和发票是否一致，审核通过后再进行库存事务处理，生成验收报告。在出现不合格品时，要及时采取补救措施。

10. 退货处理

当发现不合格品时，可以有不同的退货处理流程。例如，若尚未付款则终止付款并退货；若已付款则退货退款。也可以补齐、返修不合格部分，甚至撤销合同等，根据企业的需求事先设定业务规则。

11．参数维护

每项采购作业结束后，要对设定的相关参数进行维护。具体工作如：分析实际采购费与标准采购成本的差异（采购部门与财务部门协同进行），并修订标准成本；修订采购提前期和批量规则数据等；使所有与采购有关的参数做到合理、准确、符合实际。

12．供应商业绩评价

根据供应商历次供货记录，评价供应商的业绩表现。对业绩不佳或者价格、质量还有改进空间的供应商，要进行分析。有希望的，可以协助改进，保持合作关系；否则，应寻求更合适的供应商替代之，以保持供需链的竞争强度。这将是采购作业的经常性工作。

所有采购流程的信息都将保存在 ERP 系统的数据库中，包括供应商主文件，采购员主文件及业绩记录，询价报价记录，请购及审批记录，计划、未结和已结定单记录，收货入库记录，质量检验记录，退货处理记录，供应商业绩记录，应付账款记录，等等，体现信息集成与共享，提供分析采购管理所有必要的数据。

20.4.2　重复式生产与 VMI

在重复式生产和 JIT 模式下，由于所消耗的物料会重复利用、相对稳定，供求关系比较固定，采购物料质量和交货周期也比较稳定，企业和供应商共建协同文化，建立长期合作伙伴关系，可按照需用时间，由供应商直接送货到生产使用点。此时，用于间歇式定货生产的程序可以大为简化。

按照滚动计划的精神，近期的采购条件比较具体详细，远期的采购条件比较笼统，但有一个控制范围，把长期（6～12 个月）协定和短期（月）合同结合起来，一次签约，分期供货，俗称“一揽子合同”，也有称“总括计划”（Blanket）的，这对供需双方都是有利的。

对一些重复式生产类型的企业，可以采取供应商管理库存（Vendor Managed Inventory，VMI）模式。VMI 模式最初用于制造商或供应商对分销或零售企业的库存管理，供应商直接从电子收款机或其他形式的销售终端（POS）下载信息到自己的系统，分析确定不同物料的需求数量，作为生产和供应计划的依据。之后，逐渐推广应用于重复式生产企业对应供应商的库存管理。

所谓供应商管理库存，就是在靠近需方的附近设立仓库（由使用物料的需方提供或由供应商租用），所有库存由供方管理，按照双方的协议，供方必须能够在合理提前期的前提下实时地掌握需方的需求，并保证需方所需的库存量。需方只是在需要时才到仓库提货，可以在提货时付款，也可以先装配在产品上并经过下线检验合格后再付款。国内一些汽车、家电等具有重复式生产性质的企业已在采用这种方式。实现 VMI 的关键点是：保证需求和供应信息实时沟通和供需双方之间的诚信和互信。

用总体拥有成本（TCO，见 20.5 节）的观念来理解，VMI 是建立在双赢基础上的采购供应模式。

人们往往容易看到 VMI 对需方的好处，如供应有保证，什么时候需要就什么时间提货；可以实现需方原材料的“零库存”，减少需方的仓储面积，推迟结账的时间；可以做到采购件提货时同步开具发票，简化应付账处理程序等。但是，供方负担的保管、保险、搬运、税务等相关的库存管理费用，将会按照双方事先的协议，分摊到供应物料上。

VMI 对供方也是有利的，由于分享计划信息，提供给供方一个控制物料的能力。签订一揽子合同，供方的市场有保证，可以随时掌握供应物料的消耗情况，实时安排生产，补充供应，有效利用供方的资源，避免超储或短缺，避免浪费，达到精益生产的要求。

VMI 是“协同预测、计划和补充库存模式”（CFPR）的初级阶段，VMI 最主要的优势是取代不可靠的预测，把需方与供方捆绑在一起，共享需求信息和库存数据。从而改进客户服务，减少需求预测的不确定性，减少安全库存和库存保管费用，减轻事务处理工作量，降低总体运营成本。但是，它也有一些必要的条件，如只适用于重复式生产，一种物料只有一个供应商，需要坚定地执行共赢和诚信原则，有严格的保密协议，等等。

VMI 不同于寄销存货（Consignment Inventory），突出体现在供需双方的协同关系和信息共享上，ERP 必须通过信息门户或在供方设置远程终端等技术措施，实现外部集成和供应链管理功能才能做到。EDI 也是一种常用的手段，但要做到信息实时交换，双方约定的规则和人员的行为因素很重要。

20.5 总体拥有成本的应用

20.5.1 TCO 概述

总体拥有成本（Total Cost Ownership，TCO）是 20 世纪 80 年代末期 Gartner 公司提出的概念，最初只是针对个人电脑，应用于投资分析（如瘦客户机）。现在已经扩展成为供需链管理范畴的一种哲理，指在一个特定事务或流程与供需链相关的全部成本费用，或者说是产品全生命周期内的全部成本与费用，包括询价、采购、运输、安装、培训、使用、管理、保养、维护、支持和最后报废处置的全部成本费用。这些成本费用之间是密切相关的，一个环节的低成本，可能导致另一个环节的高成本，或反之。有些则属于容易被忽略的“隐含成本”，如由于停机造成的损失。因此，必须用系统和全局的观点来审视成本问题，而不是只看购买时价格的高低，因为有时价格低的物料会造成其他成本的提升。对企业的产品研发和采购管理来说，在决策时都可以用 TCO 的哲理综合全面考虑。

TCO 不仅是一种分析方法，更重要的它是一种哲理，也是一种思维方式，是用系统、整体、全局和发展的观点来审视问题。TCO 模式可用于任何资产的采购决策，它不要求详细计算所有的费用，而是把注意力放在主要成本和影响决策的成本上。TCO 的精神是使供应和需求双方的成本全面可视化，以便进行对比和改进。

TCO 的主要分析方法是基于作业管理的作业成本法（Activity-Based Costing，ABCosting），见 21.5 节“作业成本法”。并不是所有的项目都一定要用 TCO。TCO 计算费时费力，因此，要遵照 20-80 原则，有重点地计算。例如，发生次数不多却是费用最大的项目、经常采购或采购量大的项目、被隐藏的事务处理费用等。

TCO 的概念很好理解，但是执行起来比较复杂，需要大量数据和时间。如果能够理解 TCO 的实质精神，有重点地运用，无论对企业的采购作业还是进行 ERP 选型，都是有帮助的。

20.5.2　TCO 分析

从发生总体成本的来源来看，主要有由供方发生的和由需方发生的两类，也包括供需双方在交易过程中共同形成的成本。从供需链来讲，会有多重供方和需方。从发生成本的时间来讲，可以划分为交易前、交易中和交易后 3 个时期（见表 20.1）。人们往往容易关注前两个时期发生的成本，而忽略交易后发生的成本，应引起注意。

表 20.1　TCO 分析

发生时期	供　方	双　方	需　方
交易前	原材料、人工费、 间接费用、包装材料		需求认可、调查货源、 质量认证、多方对比
交易中		相互了解、洽商签约、询价议价	
	发货运输、跟踪纠错		关税及其他税务、质量检查
		合同变更	
	开票		付款
交易后		退货处理	
	保修、投诉处理		培训、管理、备件、处置、报废、 维护、在线服务和支持、运行消耗

20.6　选择供应商

采购管理的永恒主题是：提高质量、降低成本、提高效率、保证供应。质量和成本是选择供应商的两项重要指标，通称“比质比价”。但是，在成本方面，“比价”仅仅是 TCO 分析中交易前阶段的工作，还需要进行全面对比。

20.6.1　供应商分类

企业选择供应商，主要基于质量、履约信用和价格 3 个方面。企业与各家供应商的关系，要从战略合作的高度，依据不同供应商在增值、创新和提高竞争力等方面的作用大小和影响范围而有所区别。ERP 产品在建立供应商文档时，会有对供应商进行分类的要求。不同类别供应商在合作关系的深度、信息交换、业绩评价、优惠条件等方面处理的方式会有所不同。大体上可以有以下几种类型：

（1）一次性供应商。针对偶尔采购的物料，依物料的重要性可以在认证和建立供应商文档方面适当简化。

（2）一般供应商。通常针对供应来源较多、没有特殊质量要求的物料。

（3）合作供应商。供货条件要求严格的供应商，相对固定，同一物料可以有单一或少数几个供应来源。以上几类一般是零部件层次的供应商。

（4）战略联盟供应商。影响企业业务和产品技术长期发展的供应商，需要紧密合作共同研发并共同承担风险。供应来源唯一，需要从多方面考察后确定，数量较少。

20.6.2 选择供应商的标准

对不同类别的供应商，可以有不同的选择标准。其中，对战略联盟供应商的要求最严格，要注意以下各个方面。

- **财务**。一个公司的财务状况，不仅说明公司的经营业绩和管理水平和在行业中的地位，而且还说明经营的稳定性。这些都是企业选择合作伙伴的重要考核内容，是长期合作的基本条件，也是防范风险的重要因素。
- **信誉**。选用信誉和履约率高的供应商，是减少供应环节风险的重要条件，可以免去企业采购人员大量的催货等无效作业，而把时间和精力用在提高采购管理业务上。在企业提供技术外包的情况下，供应商的信誉更为重要。在一家供应商同时供应企业的竞争对手的情况下，为了防止知识产权受到侵犯，必须有保证措施。
- **技术**。必须考察供应商的技术发展战略及可持续发展潜力、关注供应商的产品研发和制造能力、现有的和可能逐年投入的能力及其利用情况。如果企业产品中的配套件和零部件都是由一流的供应商提供的，则企业产品的品牌度也必然会随之提升。
- **质量**。供应商全面质量管理（TQM）执行情况不能看表面上是否通过 ISO 9000 认证，而要看是否真正保证质量持续稳定并不断提高。要注意供应商的退货记录。
- **成本**。关注供应商的成本而不仅只是为了报价，而是要通过沟通交流，研究供应商的成本模式和控制成本的措施，商讨双方都能够接受的利润率，并在此基础上分析价格的合理性。同时，在确定批量折扣、改进运输条件等方面不断优化和降低成本，增加双方收益。
- **位置**。供应商所处的地理位置直接影响定货批量、运输方式和运输成本。在条件相同的情况下，应尽量本地化。汽车行业实施 JIT 模式，很注重地理位置这个因素，几个主要汽车总装厂与零部件生产厂的平均距离如表 20.2[①]所示。

① 《中国计算机报》2005 年第 1 期 B17 页。

表 20.2 汽车总装厂与零部件厂的平均距离示例

公司名称	丰田	日产	克莱斯勒	福特	通用汽车
距离（km）	95.3	183.3	875.3	818.8	687.2

- **服务**。有些特殊的配套件，可能需要供应商提供培训后才能使用；各种零部件损坏了，也需要供应商提供售后服务来修复；能否对客户投诉和零件保修做到及时处理，也和供应商服务网点的分布状况有关。
- **沟通**。指信息交流的有效手段，包括供应商管理信息化的实施深度，是否具备协同运营的条件。例如，信息门户、EDI、Extranet 等能否实现信息集成和协同商务，快速响应需求市场的变化等。
- **风险**。在一个动荡的世界，无论是政治动乱、贸易争执、金融破产、局部战争，还是地震、海啸、洪水、海盗劫匪、交通事故等，都会给正常供应带来风险。一定要考虑供应商所在环境的稳定性和供应的安全可靠性。

20.6.3 减少同一物料供应商的好处

很多企业由几家供应商供应同一种物料（原材料或配套件），认为这样可以有一个较好的谈判优势，不至于被一家供应商所“挟持”。同时，万一一家供应商发生不可抗拒的意外，可以从其他供应商获取货源，从供应风险和安全性的角度考虑是有必要的。

但是，我们也要注意，在风险较小的情况下，应当本着合作伙伴和供需链竞争的原则，遵照总体拥有成本（TCO）的精神来精选供应商。减少供应商的好处如下：

- 简化计划及调配工作量。供应商数量少，肯定会大大简化计划分配的工作量，减少几家供应商之间的争执和矛盾，巩固合作伙伴关系。
- 享受经济批量的优惠条件。向少数供应商定货，每家的定货数量肯定要大，以形成对供应商有利的定货批量，需方可以争取折扣优惠，实现双赢。
- 减少专用工艺装备费用。对一些需要特殊工艺装备加工的零部件，由多家供应商供应，每家供应商都至少要准备一套工艺装备，必然增加制造总成本。
- 有利于质量控制。集中供应有利于控制质量，减少企业的质检成本。
- 简化运输。少数供货来源必然减少运输调度，提高运输效率。
- 减少库存。由多家供应商供货时，由于都要按定货批量定货，必然会增加库存。
- 降低采购费。综合上述各种原因，减少了供应商，按照 TCO 的原则，有可能降低采购成本，降下来的成本可以弥补由于只和少数供应商谈判，造成谈判地位不利的损失。
- 加强合作伙伴关系，共同提高竞争力。供应单位精简集中了，使企业有可能集中精力加强与最具优势的供应伙伴的合作，共同创新，持续地推出有竞争力的产品和服务。

在 APICS 推荐的 MRP Ⅱ企业实施 ABCD 评价标准中，有许多考核指标，其中“供应厂商是否按时交货”“到货物料的合格率”是两项主要内容。粗略来看这似乎不是本企业的问题，完全是供应商的事，但是从采购管理角度来看，则是衡量企业有没有选对供应商，有没有和供应商配合好的结果，责任仍在本企业。

为了防范不可预料的采购风险，可以考虑多个供应来源，但要设定优先顺序和分配比例；ERP 产品必须具备这方面的功能。

20.6.4 供应商业绩评价

本章一开始就谈过，制造业的特点之一就是不能做“无米之炊”，若加工用的原料得不到保障，生产就会中断，若配套件供应不上，产品就无法组装。因此，控制供应风险的一个重要环节就是对供应商的监控，这也是保证供需链管理实施成功的主要因素。供应商业绩评价是采购管理的一项例行工作，要定期提出供应商评价报告，这项工作可以由 ERP 系统完成。

对不同类型的供应商，评价的内容和频率应有所区别，应重点针对合作供应商和战略同盟供应商。对各个评价指标也可以设权值，区别其重要性。

一般的 ERP 产品都有供应商业绩评价的功能，主要是统计供应商历次合同履约率，包括供货的性能规格、交货时间、数量和质量（合格品百分率）、发票和价格、售后服务，有时还会加上对客户需求变化的响应速度和满足程度，以及配合的主动性等最基本的评价指标，这类操作层面的指标对各类供应商都是需要的。

对比前面提到的选择供应商的几项基本标准，由于有些信息不是从运行日常事务集成得来的，有些是非结构化的，有些是需要借助 BI（商务智能）功能的，所以在瞬息万变的市场环境下，企业更需要密切注视供应商状态的变化，预防和避免风险。

评价供应商，不是简单化的“末位淘汰”。如果供应商对本企业有增值潜力，应当发扬优势互补、困难互助的协同文化，协助供应商提高业绩。举一个河北保定先锋金属表面处理有限公司（以下简称先锋公司）的真实故事。这个公司为日产轿车提供压铸轮毂，从价格上来讲，较之同类供应商已经很有竞争优势了，但是日产轿车感觉先锋公司还有潜力可挖。他们派了一个工作组到先锋公司，深入各个业务环节调查研究，根据自己的管理经验，提出了许多很有价值的建议，使成本又下降了一个幅度。该工作组在河北工作时期的所有费用全部由日产轿车负担，而因降低成本增加的利润却是一家一半平分，这是真正协同共赢的文化，非常值得我们学习。

20.7 集中采购与分散采购

采购管理是采用集中采购模式还是分散采购模式的问题，主要出现在一家企业或集团有多家工厂的情况下。

集中采购的优势是：选择较好的供应商，建立长期的密切合作关系，便于协调同一个供应商的定单，获取较大折扣；可以精简企业的采购组织机构，有利于培养专业采购人员；等等。

主张分散采购的理由是能够实时响应各工厂独特需求的变化，各工厂有其特有的地理位置和运输距离，需要区别对待；有些工厂和现有供应商已建立了良好的合作和信任关系；等等。同一集团内的多家工厂也有生产性质相同与否的区别，如家电行业集团内部有多家生产制冷设备的工厂，许多通用的原材料和配件就可以集中采购，分别发货到各使用点。汽车企业可以集中采购钢板，棉纺企业可以集中采购原棉，食品企业可以集中采购某些农产品，等等。因此，采取哪种采购模式必须具体问题具体分析。

多数企业采取两者结合的方案，原则上是各家工厂使用品种相同的物料，采取集中采购模式。而各家工厂使用的特殊物料，由各家工厂自己采购。ERP 系统对多工厂管理的情况主要提供集成的信息，便于企业自己选择适用的采购方案，而不是强行规定或限制使用某种模式的业务流程。

所谓集中，主要是采购事务处理的集中、信息的集中，而不是集中到仅仅一个供应商。某些公司的下属企业认为有些通用物料集中采购是“侵犯分公司的采购权利”，其实，采购作业只是执行计划，本来没有什么“权利”可言，这种陈旧观念和带来的隐含陋习必须改变。

国外已经出现一种将采购作业外包的模式（Procurement Outsourcing），一些企业设立物资供应公司也有类似的性质。外包采购通常是针对一些通用的、无特殊严格要求的大宗物料，由于定货数量上集中了多家公司的需求，可以享受批量优惠，降低采购成本。但是一些关键的物料还必须自行采购，以保证质量和交货期。

20.8 自制与外购决策

20.8.1 处理自制转外购的方法

在实际生产中，经常会遇到原来设定为自制的物料，由于企业自身能力资源的限制，时间上不能满足交货期限的要求，改为全部或部分外包，并作为一种临时措施。但是，由于物料清单来源码已设定为自制，系统自动生成的是加工单，此时该如何处理？各种 ERP 产品提供的解决方案会有很大不同，但是如果已经形成了加工单，可以按下列简单变通的步骤处理：

（1）加工单拆分为两份，一份采用自制件首选的工艺路线；另一份采用特定的工艺路线，只有一道工序，这道工序就是“外协”（请参考图 17.4“自购材料外协加工的处理方式示例”）。

（2）ERP 产品必须可以为不同的工艺路线编码，也就是说，同一个加工件可以有多条工艺路线，有优选默认的，也有各种备用的，分别予以编码（参见 17.3.2 节“4. 工艺路线与物料清单结合应用”）。

20.8.2 影响自制与外购决策的因素

对那些很明显由于技术、能力等原因不能自制而必须采购的，或某道工序必须外协的零部件不在“自制外购决策”讨论的范围内。我们关注的主要是已经外购或自制的零部件，采购管理部门根据成本差异分析、质量分析或业绩分析等来源的信息，发现问题并提出某些零部件需要重新进行自制或外购的决策，这在信息化管理模式下是采购部门会同产品研发、生产、财务等部门共同开展的一项经常性工作。

此外，在出现需求发生变化或生产规模发生变化、推出新产品或产品有较大修改、供应商状态有变化等情况时，也会遇到一些零部件的自制或外购的决策问题。

决策要考虑的主要因素是：

- 作为分析对象的零部件是短期还是长期需用，确定短期还是长期效益；
- 企业现有生产能力的利用率、质量和成本；
- 生产同步性-准时制看板供应对库存的影响；
- 供货周期（提前期），供应的稳定性、供货保障及风险；
- 质量保证与质量成本；
- 保护知识产权与核心技术，供方是否同时为企业的竞争对手供货；
- 供方的可靠性、技术特长和研发投入；
- 在成本方面，不能简单地对比采购费与加工费，必须按照总体拥有成本的概念，做更全面的考虑，包括运输成本、采购管理费、库存相关费用、质检和派驻代表等质量相关费用等。

决策时用到的许多数据，如能力、成本、质检记录、供应商业绩、供货周期等都可以在 ERP 系统中获取。

第21章

ERP 相关的成本理念

ERP 的核心是对资源的计划与控制，资源的实体表现是物料，而成本是衡量各种制造资源消耗的货币表现形式，是评价 ERP 实施效益的重要尺度，也是说明企业技术和管理水平的主要指标。讲效益除了扩大有效产出，还必须加强对成本的控制。

成本会计在逻辑流程图中虽然排在较后的框中，但实际上，系统的每个环节都要考虑成本。无论是从事任何一项业务的管理人员，还是表面上看似乎不介入管理工作的工程技术人员，都应当时刻从系统全局出发，同树立“质量意识”一样，把“成本意识”作为处理任何工作须臾不可忽略的出发点。

这一章主要介绍运行 ERP 系统会遇到的主要成本理念。

21.1 管理会计

21.1.1 财务会计与管理会计

ERP 系统的成本会计基于管理会计原理，采用标准成本体系，同生产计划与控制和各项核心业务紧密结合，体现物流和资金流的集成。

会计是一种信息系统。现代会计学把主要向企业外部提供财务信息的会计事务称为财务会计（Financial Accounting），而把向企业内部各级管理人员提供财务信息的会计事务称为管理会计（Management Accounting）。ERP 的成本计划与控制属于管理会计的范畴，当然，作为管理软件产品，也包括生成对外报表的财务会计功能。

ERP 系统的主线是计划与控制，企业不仅要对生产和物料实行计划与控制，也要对成本和资金实行计划与控制。因此，ERP 的成本管理是按照管理会计的原则，对企业成本进行预测、计划、控制、决策、分析与考核。财务会计与管理会计的主要区别如表 21.1 所示。

表 21.1 财务会计与管理会计的主要区别

对 比 项	财 务 会 计	管 理 会 计
性质	对外报告会计 行业企业之间有可比性	对内报告会计 一般不公开
使用对象	企业外部	企业内部
范围目的	生成国家规定的财务报表 不能完全满足企业内部决策需要 主要是： • 资产负债表 • 损益表 • 现金流量表	生成企业管理决策特定目的用的详细程度不同的会计报表，没有特定格式。例如： • 成本物料单 • 成本差异报表 • 事务处理凭证 • 各种分析报表
时间性（报告频率）	按规定时间（年、月）报告已发生的客观事实	按管理需要自行定义时间段（小时到数年），报告历史、未来和当前信息
约束条件	受国家法令、公认会计条例或准则的约束	无强制约束，以满足企业成本/效益分析的要求为准

编制面向企业外部的财务报表要按照财务会计的要求，但是，对企业内部经营管理来讲则要用到管理会计。管理会计是 20 世纪 50 年代发展起来的一门新学科，是现代管理科学中的一个重要组成部分，传入我国虽然已有多年，但在国内传统的电算化会计系统中还没有得到体现，这是电算化会计的一个致命弱点，直到近年转型 ERP 系统时才开始有所转变。在明确我国进入社会主义市场经济体制以后，改革的步伐加快了，随着改革进程的深化，逐步向国际惯例靠拢，管理会计必将在我国得到日益广泛的应用。

手工管理的成本会计往往局限于事后核算，要完成对外上报的各种报表，没有做到对成本的计划与控制。这种观念已不适应现代管理的需要。ERP 管理模式对成本要强调：**事前计划**—执行**过程中控制—事后分析**，并把三者统一起来。

随着价格体制的改革，特别是价格形成机制的转变，企业的产品价格将主要由市场竞争来确定。计划成本或目标成本是竞争环境下市场或客户能接受的销售价格，是扣除税金和企业的合理利润后倒推出来的。企业如果不控制成本，就意味着可能会失去市场份额，从而将影响企业的生存和发展。换句话说，在市场经济条件下，企业要想获取更多的利润，除不断创新，保持可持续发展外，主要靠降低成本。利润的计算方法详见下式：

利润	=（ 单价	− 单位变动成本）	× 销量	− 固定成本总量
（预期计划）	（市场竞争约束）	（严格控制）	（市场竞争约束）	（控制）

可简化为：

利润	= （价格	− 成本）	× 销量
（预期计划）	（市场竞争约束）	（严格控制）	（市场竞争约束）

在区分财务会计和管理会计的同时，也要注意二者之间的相互关系。例如，财务报表中的资产负债表中有流动资产和存货金额等项目，其准确性要基于产品成本，而损益表中销售成本的准确性也要基于产品成本。如果产品成本是粗放和不准确的，那么财务报表也是不准确的，由此可见产品成本的重要性。

21.1.2 标准成本体系

标准成本体系（Standard Costing System）是在 20 世纪诞生的一种成本管理制度。标准成本是预先确定的某个时期（如会计年度）的不变成本。它是通过对历史资料的分析研究，经过反复测算，估计未来某个时期内各种生产条件（如生产规模、生产技术水平、能力资源的利用等）处于正常状态下确定的计划成本或目标成本。将实际发生的成本和标准成本进行对比，把对比的差异和各种汇总信息提供给管理人员，作为分析企业经营生产活动和决策的依据。没有标准成本就谈不上对成本的计划，没有实际成本就谈不上对成本的控制，两者都是必要的。

采用标准成本将有利于：

- 编制企业预算和成本计划；
- 确定销售价格，方便投标和报价；
- 估算企业利润；
- 控制成本，跟踪库存价值的变化；
- 简化成本计算程序，及时提供成本报告；
- 评价目标完成情况和经营业绩，分析原因，明确责任；
- 制定经营决策和降低成本的措施。

用通俗的话说，标准成本是“算了再干”，而传统的成本核算是“干了再算”，两者之间有本质的不同。

21.2 责任会计制

管理会计的重要内容之一是责任会计制，而建立责任中心又是推行责任会计制的主要内容。成本中心和利润中心都是制造业的主要责任中心。

21.2.1 责任会计的原则

划分和考核成本中心和利润中心要遵循以下几点：

（1）目标。各个责任中心都必须以实现企业的总目标为己任。在实现总目标的前提下，将总目标分解为各责任中心的目标。

（2）可控性。本着责权一致的原则，责任中心只能对可控成本或利润负责，而可控成本或利润必须符合以下条件：

- 责任中心对将要发生的成本费用或可能获取的最低利润是预知的；

- 预期发生的成本和利润都是能精确地计算和分配的；
- 是责任中心可以控制的成本费用或利润。

曾经有一家企业要把来厂实习的大学生的费用交由车间成本中心消化，这种费用对车间成本中心来讲就是不可控的。一个成本中心的不可控成本，往往是其上游或下游的可控成本，划分时要本着谁承担谁负责的原则。各项可控成本之和称为“责任成本”。

（3）信息共享。责任中心必须能够共享所需的信息，能够预见可能发生的例外情况，并及时采取补救措施。责任中心还必须掌握差异分析的手段，以便不断改进工作。

（4）责任中心必须十分明确处理例外事件的原则，如加工成本中心在加工时由于材料问题出现废品，这个费用应当由采购成本中心承担。

（5）依据上述原则制定考评指标。

21.2.2 成本中心

成本中心只负责对成本的管理与控制，而利润中心除有权控制成本外，还有权对影响利润的因素做出决策，如选择市场或货源，保证利润的实现。企业的分厂、业务部门、车间、班组、工作中心甚至个人，只要发生费用支出的，都可以根据需要定义为成本中心，几个成本中心可以形成成本中心组，并可以有多个层次。

21.2.3 利润中心

利润中心必须是独立核算、有收入来源的部门或单位，如分厂、事业部等。公司或企业下可设立一个或多个利润中心，利润中心之下还可以设立一个或多个小规模的利润中心。利润中心内部可再设置成本中心，成本中心之下还可以有若干小范围的成本中心。用户可在 ERP 系统中自行定义和设置。

应当用现代管理的责任中心概念来代替承包概念。停留在承包水平是难以理解和实现 ERP 系统的，工业企业内部的承包会割断业务流程，妨碍信息透明和共享。企业在建立责任中心体制时，要防止出现短期行为和局部利益妨碍整体利益的现象，不要违背 ERP 内部集成的“全流程”和“一体化计划”的原则精神。

在责任会计制中，除成本中心与利润中心外，有时还设置投资中心，如基建技改部门对投资规模、决策和投资效益负责。

ERP 产品必须具备设置多层次的成本中心和利润中心的功能，以汇集成本数据，实现管理会计的要求。

21.3 产品成本构成

21.3.1 成本构成

自从 1993 年 7 月开始实施新的财务会计制度以来，我国的会计制度逐步向国际通行的惯例靠拢。新的成本制度将过去的完全成本法改为制造成本法。企业产品成本包括直接材料、直接人工和制造费用，这样计算出来的产品成本实际上是细到车间（或相当于车间的分厂）为止发生的成本。产品成本将比较准确地反映车间一级的成本水准，便于考核车间的管理水平和所分担的责任。企业管理费和企业产品成本计算不发生直接关系，不再计入产品成本。成本分类与构成如图 21.1 所示。

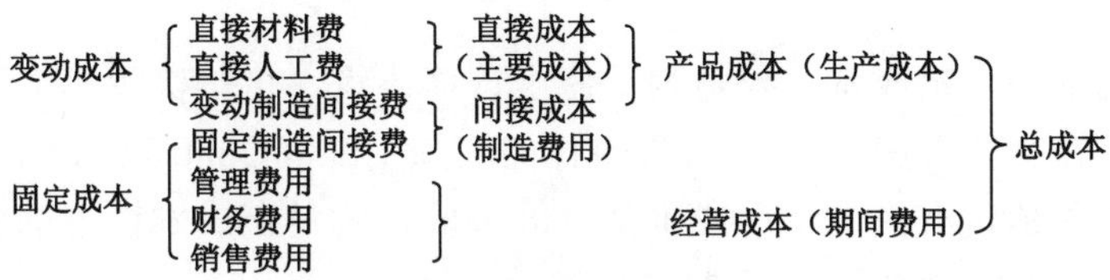

图 21.1　成本分类与构成

21.3.2　直接成本与间接成本

在管理会计中，直接成本和间接成本是按照归属的难易程度原则分类的。

在图 21.1 中，直接成本指可以明确分辨用于某个具体物料上的费用，与生产数量有关，无须分摊。凡是和具体物料有关的返工报废费用，都要按照工序跟踪报告和返修单上的信息，分别计入直接材料费和直接人工费中作为直接成本。

间接成本是指那些不能明确分清用于哪个具体物料上的费用，需要进行分摊。其中：与产量有一定关系的称为变动间接费（如燃料与动力费，一些辅助材料如乳化剂、润滑油等间接材料费，搬运费等间接人工费）；与产量无直接关系的称为固定间接费（如非直接生产人员的工资、办公费、直线法折旧、厂房采暖及照明等费用）。当前的趋势是尽可能地把传统上视为间接成本的制造费用与相关的产品联系起来，充分体现“谁受益谁分担”的原则，使成本计算日益精确，有利于分清责任和管理决策。

区分直接成本与间接成本的目的主要是用于决定费用是否分摊及如何分摊。

21.3.3　变动成本与固定成本

在管理会计中，变动成本和固定成本是一种按照成本性态（Cost Behavior）划分的分类。成本性态或称成本习性，是说明成本对业务量（产量、销售量等）的依存关系，说明业务量增减变动与发生成本之间的内在联系。这种关系可以从总量和单位量两方面来分析。

随业务量增减的成本称为变动成本，业务量增加，变动成本总量也增加，并在一定的范围内呈线性关系。但单位业务量的变动成本是不变的，如图 21.2 所示。变动间接费、直接人工费和直接材料费都属于变动成本。与业务量没有直接关系的成本称为固定成本，不论业务量有多大其总是保持在一个固定值上，但单位业务量的固定成本因业务量的增加而减少了分摊量，或反之。固定成本主要是固定间接费。

	业务量增加	业务量减少
固定成本 总量 单位成本	不变 减少	不变 增加
变动成本 总量 单位成本	增加 不变	减少 不变

图 21.2　成本性态

区分变动成本和固定成本主要是为了便于管理决策。这些决策包括产品定价、产品发展获利分析、自制/外购等。现代管理会计的贡献毛益（Contribution Margins）概念，即产品的销售收入超过产品的变动成本部分的金额，就是在成本性态的分类前提下提出的，对管理决策具有重要意义（见 21.7 节）。

按照成本性态分类的，除变动成本和固定成本外，在管理会计中还有各类混合成本。例如，在某个业务量以下成本是固定的，但超过一个限度又是变动的，如有些能源、电话费的计算等，在实际应用中比较复杂。有兴趣的读者可以查阅管理会计图书，这里不再赘述。

21.4　产品成本计算

21.4.1　计算产品成本的基础数据

在第 13 章介绍的产品结构和物料清单中物料之间的数量关系（包含材料消耗定额）、物料主文件中记录的采购成本，第 17 章中介绍的工作中心文件中的各种小时费率、工艺路线文件中的标准时间等，都是计算产品成本的基础数据。而在第 18 章中介绍的完工报告、工序工作报告又是计算实际成本的依据。这些数据的准确性是成本准确性的保证。只有有了准确的成本，才能说清楚各种产品的获利性及企业的盈亏和利润。

在这些数据中，有一些是数量性数据（如标准时间），还有一些是价格性数据（如小时费率、采购价格）。这样划分有利于计算和分析。

21.4.2　产品成本计算方法

本书第 5.2 节曾从物流与资金流信息集成的角度，在静态集成方面简要介绍过成本计算。ERP 系统是按照成本发生的实际过程来计算产品成本的，即其成本是在产品结构模型的基础上，从低层采购开始，按照产品的形成过程，由低向高逐层累加得出的，如图 21.3 所示。所有制造业的产品都是从采购原材料或外购件开始的，也就是说，所有产品结构中最底层都是采购件，即图中的 O、P、R、E，这层发生的成本是材料费（采购件的价格）和采购间接费（指采购部门的管理费、运输装卸费、保管费、租金、保险费、相关税费等费用），两者之和构成产品成本中的采购成本或直接材料费。这时还没有发生加工成本。

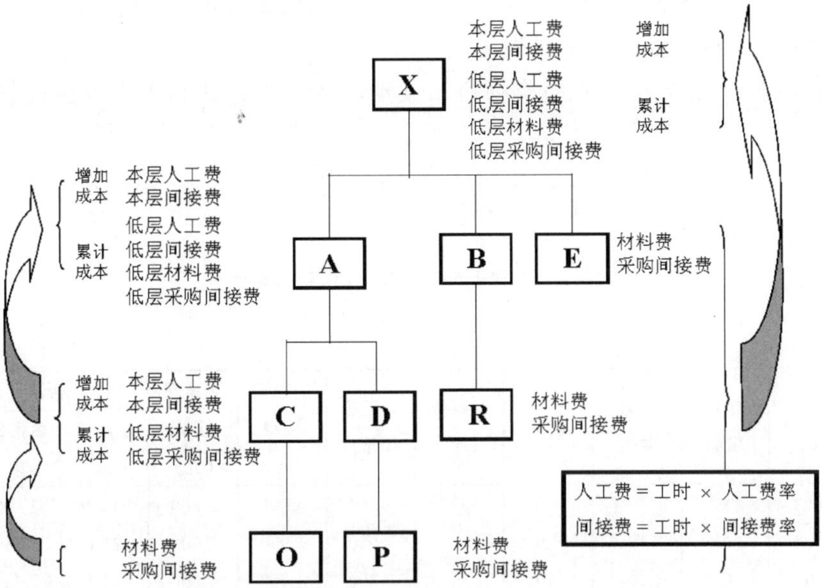

图 21.3　在产品结构模型基础上累加计算成本

ERP 系统应提供各种企业常用的采购件成本计算方法，如先进先出（通常针对有保质期要求的物料）、后进先出（一般在价格上涨期采用）、加权平均及其他方法。

再往上各层，如 C、D、A、X，如果有加工装配作业，将发生加工成本。加工成本主要是直接人工费和分摊的间接成本，两者构成这层物料的增量成本。再汇总低层物料的累计成本，形成这层物料的合计成本，也就是常说的计划价格。

各种费用的计算方法如下：

直接人工费 = 人工费率（工作中心文件）×工作小时数（工艺路线文件）

间接费分配 = 间接费率（工作中心文件）×工作小时数（工艺路线文件）

如此逐层自低层向高层累加，直到计算出顶层的最终产品的成本。这种计算产品成本的方法称为成本累加计算法（Cost Roll-up）。它反映了产品成本发生和增加的实际过程，可以用来说明物料或产品的库存值、作业费用和成本单价。

实际计算零件加工成本时，是按照工艺路线中每道工序逐步计算的，因为每道工序使用的工作中心、操作人员的人数和工资等级、加工时间长短等都不同，所以费率也不一样。

由于 ERP 系统可以细化计算到工序成本，因此对不同的成本计算，如采用定单成本（ATO/MTO/ETO 类型）、品种法（如 MTS）、分批法及分步法（如流程工业）等都可以预先设置，并由系统自动归并计算得出。

累加计算法的成本构成分解较细，便于企业财会人员按不同要求进行汇总。如果对工序进行跟踪，也便于期末在制品的成本结算或结转。如果产品结构中任何层次的任何物料成本有了变化，就都可以迅速计算出整台产品成本的变化，以便于及时调整产品价格。

ERP 系统把加工单和采购单看作财务实体（Financial Entity），加工和采购成本是在执行车间作业或采购作业的过程中发生的。

ERP 系统把产品结构中各层次物料的成本，按低层累计和本层发生的材料费、人工费、变动间接费和固定间接费，以及其合计值分别列出，用成本物料单（Costed BOM）的报表形式表示。表 21.2 是依据图 21.3 在产品结构模型基础上累加计算成本得出的成本物料单。

表 21.2 成本物料单（标准成本）

物料代码：10000

物料名称：X　　　　成本类型：标准成本

层次	物料代码	物料名称	计量单位	数量	材料费（元）	人工费（元）	变动间接费（元）	固定间接费（元）	合计（元）		
									低层累计	本层新增	本层合计
0	10000	X	件	1.0	—	2.500	3.000	2.000	40.250	7.500	47.750
1	11000	A	件	1.0	—	1.950	1.900	2.000	21.150	5.850	27.000
·2	11100	C	件	2.0	—	0.800	1.000	0.600	8.250	2.400	10.650
··3	11110	O	件	2.0	8.250	—	—	—		8.250	8.250
·2	11200	D	件	1.0	—	1.500	2.000	1.000	6.000	4.500	10.500
··3	11210	P	kg	0.5	6.000	—	—	—		6.000	6.000
1	12000	B	件	1.0	—	1.000	1.200	0.800	5.500	3.000	8.500
·2	12100	R	件	1.0	5.500	—	—	—		5.500	5.500
1	13000	E	件	1.0	4.750	—	—	—		4.750	4.750
	合计				24.500	7.750	9.100	6.400			

表 21.2 所示的成本物料单可以详细地表达每一种物料的各类成本费用，又可以表达各层物料的价值。每一层物料的价值又可以分别看到低层累计部分和本层新增部分，它可以看出一个产品的材料费、人工费、变动间接费和固定间接费各占多少，这为分析成本构成、寻求降低成本的切入点提供了充分的信息，是手工管理方式绝对难以实现的。报表中左侧 5 列是由物料清单集成过来的，材料费是由采购件的物料主文件集成过来的，人工费和间接费是系统根据工作中心文件和工艺路线文件的信息按照设定的公式计算得出的。全部计算由系统根据设置的参数自动完成。

如果把成本物料单的数据与图 4.1“以时间为坐标的产品结构模型”结合起来，把每一件物料发生的费用按支付时间（一般是等于或早于下达定单时间）加以汇总，就可以做出生产准备的预算计划。

1987 年前后，哈尔滨汽车电器厂财务科在没有听说 MRP 的情况下，按产品结构的模式和某大学联合开发了成本滚动计算的程序。大连起重机厂销售计划科利用产品结构的原理，用老产品的大部件配置拼凑成新产品近似结构的方法，开发了报价系统，加快了报价和竞标速度，说明这种计算方法本来就是一种来自实践的客观规律，也说明实行改革开放政策后国人智慧得以发挥，可惜的是我国企业基层的这种创新没有得到重视和进一步提升。

国内一些企业在滚动累加成本时，往往只计算直接人工费和直接材料费，没有把间接费分配到每件物料上去，这样不能全面反映物料的真实价值。因此，下面要进一步讨论间接费的分配和间接费分配率（间接费率）的问题。

21.4.3 间接费分配

国内多数企业在计算成本时，对间接费是定期（如按月）结算的，它与直接人工费和直接材料费不同，并不随着工票或各种凭证按物料分别实时记录，所以通常称之为期间费用。各种物料每月的产量是变动的，这种计算方法可以使同样的物料在不同时期得出的价值是波动的，物料库存值是不准确的，不能作为价值分析的依据，因此，还要把间接费分配到每件物料的成本上去。值得注意的是，随着生产自动化程度的提高，有些生产类型的间接费在成本中所占的比例有上升的趋势，甚至起主导作用，因此要重视间接费的分配方法。

我国会计制度改革后采用制造成本法，间接费只算到车间一级，不再把企业管理费计入产品成本。由于加工成本是在工作中心上发生的，间接费要分配到工作中心。间接费分配（Overhead Apportionment 或 Allocation）一般按以下步骤进行。

（1）预计会计期间生产部门的产量、效率和能力水平，结合间接费的类型确定分配依据。

（2）将辅助生产部门（如锅炉房、各种动力站、工具及机修车间等）的间接费分配给各生产部门（如各生产车间）。不同类型的间接费要根据企业会计科目划分的要求分为若干成本集（Cost Pool），不同成本集分配的依据是不同的，如表 21.3 所示。

表 21.3 成本集与间接费分配举例

间接费成本集	分配依据（动因）
照明、采暖费	建筑面积、建筑空间、使用时间
电力费	用电设备电机安装容量或使用时间
折旧、保险费	固定资产价值
维修费	固定资产价值或设备数量
管理人员工资、福利费、就餐费	直接人工人数
搬运费	搬运物料的次数或质量

（3）计算工作中心的间接费率（Overhead Rate、Burden Factor 或 Absorption Rate），也称间接费分配系数或分配率。分配到生产部门的间接费还要再进一步分配到工作中心，分配之前先要确定工作中心的能力利用水平（Capacity Level 或 Activity Level），一般用正常生产条件下的能力小时数表示。间接费率是在一定的产量规模、效率和能力水平的条件下预先设定的，有时间期限，因而带有相当大的人为因素，在条件发生变化或出现较大的间接费差异时要随时注意修订。间接费率的计算公式如下：

$$间接费率=\frac{预计某个时期的间接费总额}{预计该时期应完成的工作小时}（元/工时或元/台时）$$

大多数情况下，式中的分母用工时表示，若为设备密集型生产可用台时表示。间接费本是期间费用，用间接费率的方法就可以把计算物料成本时的间接费计算滞后变为同步计算。

固定间接费和变动间接费是分别计算的。划分这两类间接费的方法有很多，基本上是取历史上两个产量相差较大时期的变动间接费总额之差除以产量之差，求出单位产量的变动间接费，再根据计划产量，计算会计期的变动间接费和固定间接费。

综上所述，传统的间接费分配是以工时或台时为基准的，或者说是以产量为基准的。随着产品成本结构中间接费比重的增加，如果以比例较小的工时数为基准，分配一个较大的数量会产生较大误差；而以产量为基准的粗放型计算，已不能满足决策的需要。因此，以作业为基准的 ABC 成本法受到国内外企业的重视。

21.5 作业成本法

21.5.1 作业成本法的意义

作业成本法（Activity-Based Costing，或称 ABC 成本法）是基于作业管理（Activity-Based Management，ABM）的核心内容。从广义上讲，“作业”包括业务流程的各个环节，从产品研发到销售，目的是区分哪些是增值作业、哪些是不增值作业（无效作业），体现精益生产方式或 JIT 杜绝一切浪费的精神，改进业务流程，但这一节所要讨论的内容集中在产品成本，不涉及过多的内容。

作业成本法也是管理会计中一种以作业（指一项工作、活动或事务处理等）为基准计算间接成本的方法。作业成本法的概念萌发于 20 世纪 70 年代，80 年代末期由美国库柏（R. Cooper）和卡普兰（R. S. Kaplan）首先提出[见《哈佛商业评论》(*Harvard Business Review*) 1988 年 9/10 期]，正因为它是管理会计的范畴，主要用于企业内部成本计算，不应受到通用会计准则的限制。

作业成本法提出的背景是产品成本结构的变化。随着生产自动化程度的提高，在产品成本结构中人工费的比例日益减少，而间接费的比例日益增加。传统的间接费计算方法已不能反映不同产品消耗间接费的真实情况，不利于定价，不利于分析各种产品的盈亏，也不利于分清增值作业和无效作业。总之，不利于正确决策。

生产产品或提供服务都需要通过一系列的作业去实现，任何作业都要消耗资源并发生成本。作业成本法的用意是想通过分析每一项作业如何消耗资源，分析消耗资源的合理性及作业的必要性，从而减少或消除无效作业，实现降低成本的目的。同时，也便于分析生产各种产品具体发生的作业量，按照作业量分配间接费，更接近实际情况，从而使产品定价更合理，也便于真实地分析各种产品为企业带来的利润。成本计算精确，在分析零部件是自制还是外协时也更便于正确决策。

21.3.3 节介绍的传统间接费计算方法是以直接材料费或直接人工费为基础，从产品的单位数量的“库存价值”概念出发来设计的。它较少考虑产品结构和生产特征对成本的影响，通常是按设定的比例，通过工序消耗的工时折算分摊的。这是一种简便的计算方法，在间接费所占比例不特别大且产品特征变动较少的情况下是可以采用的。但是当自动化程度很高、各种产品的结构悬殊（开发的新产品与成熟的老产品，劳动密集型产品与技术密集型产品）、批量波动、间接费是人工费的几倍甚至更高时，也就是说，间接费与产品产量之间并不呈线性关系时，传统的间接费分配方法会产生较大的误差，以一个小份额的人工费为基准来分摊一个大份额的间接成本，其可靠性是不足以作为决策依据的，会对决策产生误导，不利于对产品成本和利润进行分析与控制。

21.5.2 作业成本法的间接费分配

作业成本法涉及企业所有的间接费，包括制造成本以外的间接费。就产品而言，作业成本法的精神是把间接费中与具体产品有关的费用，如采购、调试、搬运、质检、工具、库存事务处理、设计修改等费用，对应一定的作业成本集（Activity Cost Pool），以建立与产品成本之间的关系，或计算出每项作业活动的单位成本，按作业活动发生的次数计算其费用，并计入与产品相关的成本。作业成本如何分配给产品，即作业成本集与产品成本之间定量关系的计算依据，称为成本动因（Cost Driver）。换句话说，成本动因说明作业的业务量与耗费的资源量之间的数量关系，即说明发生作业成本因果关系的主要因素。

传统间接费分配与作业成本法的区别如图 21.4 所示。从图中可以看出，作业成本法是把间接费先分配到各种作业成本集上，再根据产品发生的作业量，乘以成本动因单位费用，分配到具体产品。而传统间接费分配是先把间接费分配给生产车间，再按统一的间接费率不加区别地分配给各种产品，会经常造成产品成本的严重失真。

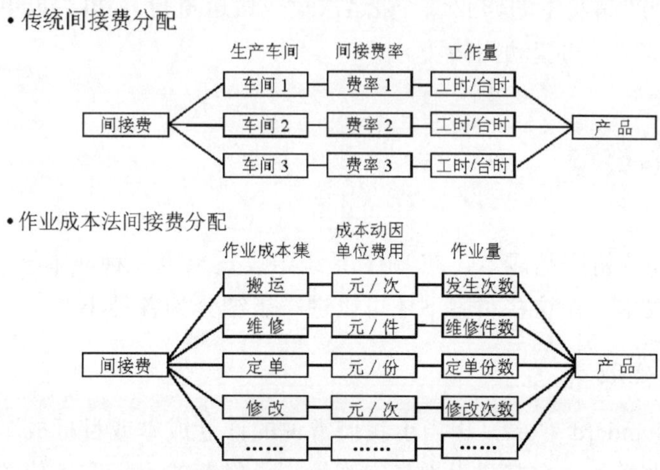

图 21.4 传统间接费分配与作业成本法的区别

以处理采购定单为例，处理定单要通过许多作业，如询价、砍价、签约、跟踪、交付、验收、入库、核对发票、付款等，每一项作业都要发生费用。为此，采购作业多的产品分摊的采购费用就应当多些。同理，设计费应当直接分摊到工程师们所设计的产品上，而不是作为间接费均匀分摊，这样复杂的产品分摊的设计费就多些。质量成本应当分摊到相应有质量问题的零件上，这样质量成本高的零件，将因受到重视而得到改进。

技术含量高的产品，分摊的成本就高；反之，技术含量低的产品，分摊的成本就低。只有如实地反映了产品成本，才能正确定价，从而在招标项目上，不至于出现成本低的产品由于报价高而失去中标的机会。在产品发展方向的决策问题上，也不至于由于盈亏计算的偏差而中断盈利产品的生产或错误地转让出去。

作业成本法在国内企业中已有应用，对纠正传统成本分配的偏差有明显效果。一些 ERP 产品已具备作业成本法的功能，用户自行设置多种成本、成本集、成本类别，并定义成本动因。

21.5.3 计算步骤

把哪些作业列入作业成本法的范围，要根据这些作业对产品成本的影响、它们在间接费中所占的比重，以及是否为企业降低成本目标的重点等因素来确定。

下面以物料搬运作业为例说明作业成本法的步骤。

（1）定义用作业成本法计算的作业。例如，从库房用叉车运至工作地，从一个工作中心用悬挂链运至喷漆线等作业。

（2）确定作业的成本动因，如搬运次数或搬运重量。确定成本动因要经过试算，计算结果必须合理。

（3）根据搬运作业的总次数或总吨位和总搬运费用的历史资料，求出单位费用（Cost Driver Rate），即每搬运一次或搬运单位重量的平均费用。

（4）确定发生搬运作业成本的成本中心或作业成本集（如搬运间接费成本集）。

（5）测算每个产品发生的作业量（搬运次数或搬运重量），再乘以单位费用得出总费用，并计入该产品成本的变动间接费。

21.6 成本类型

为便于维护和分析产品成本，在 ERP 系统中设置至少 3 种成本类型，即标准成本、实际成本和模拟成本。在这些类型下还可以进一步细分为各种小类。

21.6.1 标准成本

标准成本（Standard Cost）相当于我们常说的计划成本或目标成本，是在正常生产条件下的平均先进成本，有其科学性和客观性，是经营的目标和评价的尺度，反映了在一定时期内计划要达到的成本水准，在会计期内保持不变，是一种“冻结”的成本，并作为预计企业收入、报价、物料库存值等计算的基础。实际成本与标准成本对比产生的成本差异，可作为成本分析的依据。

ERP 系统通常允许用户定义多种标准成本，就是分成几个小类。例如，上年标准成本、现行标准成本等。现行标准成本（Current Standard Cost）也称现行成本（Current Cost），它反映计划期内某个时期的成本水平或成本标准，并随着产品结构、加工工艺和劳动生产率、采购费用等的变化而定期调整（如 3～6 个月）。各种标准成本类型实质上是系统提供给用户几组可选的成本文件，用户完全可以灵活运用，自行定义。

21.6.2 实际成本

实际成本是生产过程中实际发生的成本，主要根据结算加工单或采购单结算时得到的实际数据（如来自领料单、完工报告、采购发票等）。编制财务报表时一般使用实际成本。

计算实际成本的方法通常有加权平均法、移动平均法、最后进价法等。用手工管理时很难做到随时更新计算方法，但用计算机处理起来却很方便。企业在选择 ERP 产品时，要注意 ERP 产品是否能够提供自己要采用的计算方法。

21.6.3 模拟成本

ERP 系统的特点之一是它的模拟功能，回答“如果怎样–将会怎样”（What-if）的问题。为了在成本模拟或预计时（例如，要知道设计变更、产品结构变化、工艺路线变化或材料代用后对成本的影响）不影响现行运行数据，可以设置模拟成本（Simulated Cost），这对产品设计过程中进行价值分析也是有帮助的，企业的有关部门应学会充分利用软件中的模拟功能。

在制定下一个会计年度的标准成本之前，先把修订的成本项输入模拟成本系统，经过多次模拟比较，提出多种可行的方案，经审批后再转换到标准成本系统。因此，模拟成本有时称建议成本（Proposed Cost）。ERP 软件允许各类成本方便地相互转换。

上述三类成本都是必要的，有了标准成本才有成本控制目标，有了实际成本才能说明成本控制的效果，并对比标准成本，找出差异，研究是成本失控还是标准成本制定得不切实际，进而找出改进的措施，而制定和修订标准成本又离不开模拟成本。

21.7 成本差异分析

实际成本与标准成本之间的差异称为成本差异。成本差异分析是一种例外管理方法（Management by Exception），即重点管理法，它把管理人员的精力有重点地放在差异较大的问题上。成本差异分析是管理会计的重要内容。

实际成本低于标准成本时的差异称为有利差异（Favorable Variance），即成本节约，用负数表示。反之，称为不利差异（Unfavorable Variance 或 Adverse），即成本超支，用正数表示。各种差异都要设置会计科目。不论差异是正值还是负值，只要超过了规定的允差，都应进行差异分析。有时出现负值不一定是好事，因为在一项差异上出现负值可能导致另一项差异出现更大的正值，所以要从总体来权衡利弊。

在现代管理会计中，成本差异类目分得比较细，这对分析和控制成本是非常必要的。成本差异的类目如图 21.5 所示，具体可以根据企业对成本分析要求的深度来选用。现就图 21.5 的内容简要说明如下。

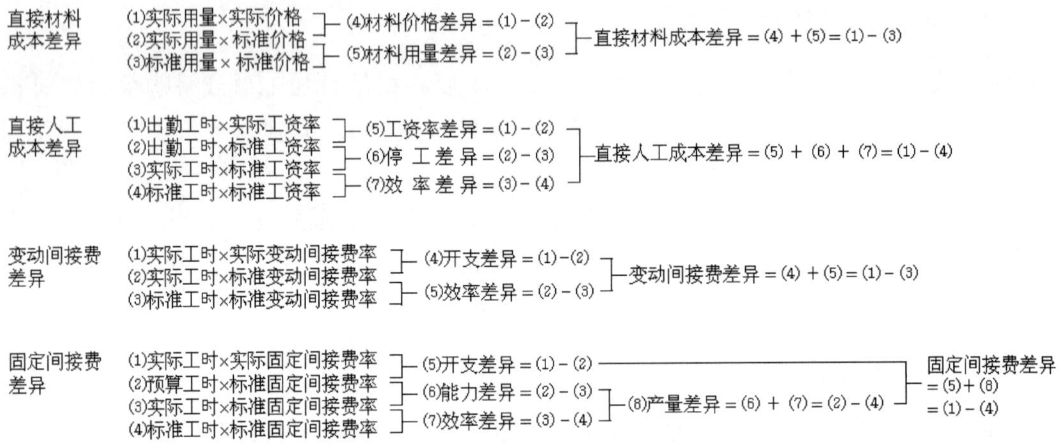

注：①出勤工时 ＝ 上班小时数；是支付工资的时间基准
②实际工时 ＝ 出勤小时 － 停工小时；指实际用于生产作业的小时数(actual hour worked)，或称作业工时
③预算工时 ＝ 按能力或作业水平应该可以完成的小时数(budgeted hour)
④标准工时 ＝ 实际产出单位数 × (标准工时 / 产出单位)

图 21.5　各类成本差异的类目

21.7.1　直接材料成本差异

材料成本差异比较容易理解。造成价差的原因包括采购价格变化、运输费用增加、材料代用或变更、自制件改为外购件（或反之）等。造成量差的原因包括报废或损耗、材料利用率变化、产品结构变化等。

价差与量差如图 21.6 所示。

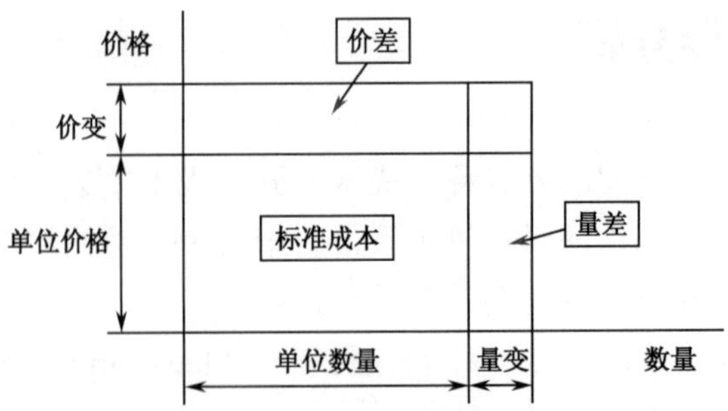

图 21.6　价差与量差

21.7.2　直接人工成本差异

直接人工成本差异可分为以下几种类型：

（1）工资率差异。这是一种价差，一般是由工作中心的工人等级或工资变化造成的。

（2）停工差异（Idle Time Variance）。一般是由设备故障、停电停水、物料短缺或任务不足等原因造成的。工人虽然出勤但无工作可做，在工票上填写停工时间，但企业仍需按出勤来支付工资。

（3）效率差异。一般是由工作效率、加工工艺或投料批量变动等原因造成的，是一种量差。

21.7.3　变动间接费差异

间接费是一种期间成本，是为了便于计算成本时可以实时分配而采用的间接费率的做法。这种方法是带有人为因素的，往往和实际情况有较大出入，需要积累经验使间接费率逐渐逼近实际。

变动间接费有两类差异：

（1）开支差异（Spending Variance 或 Expenditure Variance），也称支出差异或费用差异，是由间接费率的差异造成的一种价差。

（2）效率差异。效率差异的概念和直接人工成本差异中的效率差异是相同的。当完成产出所耗用的工时有了变化，而间接费率又是基于人工费时，间接费也必然会随之发生变化，是一种量差。

21.7.4　固定间接费差异

固定间接费差异除开支差异和效率差异外，还有一项能力差异。

固定间接费从其成本性态来讲与产量没有直接关系，也是一种人为使之建立的联系。固定间接费率是由事先预计的固定间接费和预计的工时估算出来的。预计工时实质上是一种预计使用的能力，因此固定间接费差异中又多了一项能力差异。产销不对路、经济衰退、资源不足造成的停工都可能形成能力差异。能力差异与效率差异之和称为产量差异（Volume Variance）。

上述各种差异都应设置单独的会计科目，由系统自动入账。成本差异产生的金额可以按标准成本的比例分配给各类库存物料，用实际成本计价；也可以结转到销售成本，从销售收入中扣除。后一种方法由于比较简便，企业多采用。

21.8　决策应用

这一节将简要介绍和成本有关的生产经营决策应用，为的是说明**成本对管理决策的重要影响**，以加深对成本计划与控制意义的理解。ERP 系统提供的获利性分析功能主要依据以下一些分析方法的原理。如果需要详细、深入了解有关会计决策的问题，请参阅相关的管理会计教材。

21.8.1 贡献毛益

贡献毛益又称边际贡献，该参数在分析产品发展、售价和保本产量的决策过程中都会用到。

贡献毛益总量指产品的销售收入超过产品的变动成本部分的金额数，而单位贡献毛益等于销售单价减单位变动成本。

在产品销售过程中，一定销量品种的贡献毛益首先是用来弥补企业生产经营活动所发生的固定成本总额，在弥补了企业所发生的所有固定成本后，如有多余，才能构成企业的利润。

在多种产品中，贡献毛益总量大的产品，会给企业带来更大的利润。以下列举的几种会计决策都要用到贡献毛益的概念，用单位贡献毛益乘以销售总量或增产部分总量来进行分析比较。

- 一定售价下的最低产量；
- 新产品开发的品种决策；
- 剩余生产能力应该生产哪种产品；
- 亏损产品是否需要停产或转产。

21.8.2 差量分析

差量分析是会计决策时，对不同方案收入和成本的差量进行分析比较，选择最佳方案的方法。在差量分析中，如果几种方案的固定成本是不变的，属于无关成本，则不能笼统地混在成本里一起进行比较。如果有的方案要增加固定成本（如增加设备），那就要分别对比变动成本和固定成本。差量分析通常用于以下问题的决策。

- 自制还是外购；
- 产品是否继续进行深加工（如流程工业的联产品、食品工业一级产品的深加工等）；
- 自动化程度决策（加工工艺选择，变动成本和固定成本都有变化）。

在一定范围内，每增加一个单位产品的差量成本称为边际成本。

21.8.3 本量利分析

本量利分析的基本公式中有 5 种变量，即利润、销量、价格、固定成本和变动成本。

它们会受到各种因素的影响而发生变化，但只要确定了其中的 4 项，剩下的一项也就确定了。

$$\begin{aligned}利润&=(单价-单位变动成本)\times销量-固定成本总量\\&=(单位贡献毛益)\times销量-固定成本总量\end{aligned}$$

应用本量利分析，要注意它的假定条件，如：

- 所有成本都可以划分为变动成本和固定成本；
- 在一定范围内单位变动成本和固定成本总量不变；
- 销售价格不随销售量变化；
- 在一定范围内产品品种结构是稳定的。

如果假定条件变了，则要做相应的调整。

21.8.4 盈亏平衡点分析

盈亏平衡点即保本点，就是没有利润（零利润）的销售量，换句话说，就是销售收入总量等于销售成本总量时的销售量。

参考上一节的基本公式，得出：

$$\text{保本销量}=\frac{\text{固定成本总量}}{\text{产品单价}-\text{单位变动成本}}=\frac{\text{固定成本总量}}{\text{单位贡献毛益}}$$

单位贡献毛益（贡献毛益率）要根据企业的历史资料决定。盈亏平衡点也可以用保本销售额来表示。低于盈亏平衡点时，企业将出现亏损，如图 21.7 所示。

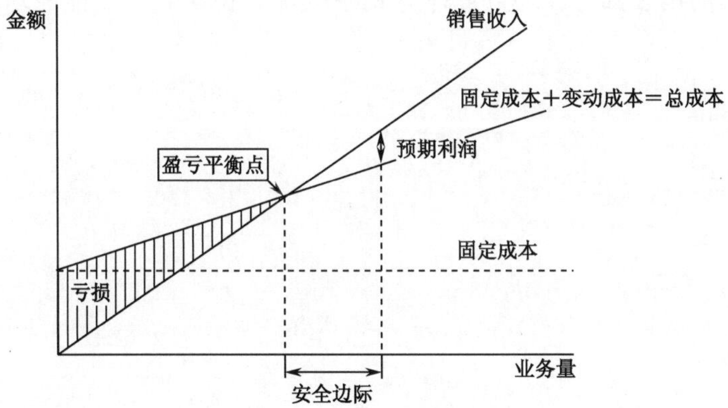

图 21.7 盈亏平衡点

21.8.5 预测利润和目标销售量

可在本量利分析的基本公式的基础上，设置各种变数，预测利润和制定目标销售量。

21.8.6 定价决策

产品定价可以用前面的本量利基本公式来计算，它是一种“完全成本定价法”。也可以采用变动成本定价法，即

$$价格=\frac{单位变动成本}{1-贡献毛益率}$$

关于定价和调价的决策方法很多，这里仅简单地介绍成本定价决策。

从上面列举的会计决策方法可以看出，变动成本和固定成本在许多决策中都要用到，所以对它们加以区别是十分必要的。在 ERP 系统中会提供一些管理会计常用的决策应用，这里只能简明扼要地列出常用的部分，为的是加深对管理会计和成本应用的理解。

至此，我们已经对 ERP 内部集成应用的主要内容做了系统介绍。这些内容与传统手工管理有较大的区别。但是，为了提升企业在全球市场的竞争力，这样做是完全有必要的。尽管步履维艰，却是一条不能回避绕行的必由之路。

让我们用一个小故事来结束本书第 2 部分。

我国有一家企业生产的产品受到了国际的青睐，出口量日增，引起了某个国家的不满，要提出反倾销公诉，认为这家企业隐瞒了真实的成本，有意压价倾销。但是当起诉方得知这家中国企业是按照 ERP 系统计算成本，而且所采用的软件就是这个投诉国的一个软件商的 ERP 产品时，马上像泄了气的皮球，“缩”了回去，撤销了起诉。

这个故事说明，管理向国际惯例靠拢，将会提高企业在全球竞争中的优势。企业就应当站在全球竞争的角度，来对待纠缠不清的“国情”问题争论，辨明是非。

明白了 ERP 的基本原理、运行模式、基础数据及与运行业务相关的基本理念之后，下面将进入本书的第 3 部分：项目管理与 ERP 实施，说明怎样才能成功实施 ERP 项目。

第 3 部分

PART 3

项目管理与ERP实施

主要内容

- ◎ 用项目管理原理指导ERP实施
- ◎ 实施ERP的项目组织
- ◎ 实施ERP的前期工作
- ◎ ERP的培训工作
- ◎ 管理诊断与需求分析
- ◎ 投资效益分析
- ◎ 制定项目目标
- ◎ 制造业行业特点与选型
- ◎ 把选对的ERP产品用起来
- ◎ 防范风险与成功的条件
- ◎ 变革管理
- ◎ 业务流程重组
- ◎ 项目实施评价

实施 ERP 系统，是一项典型的项目管理工程。成功实施 ERP 系统，必须对项目管理有基本的理解。实施 ERP 必须遵守的规范流程是“知理-知己-知彼-知用”。第 3 部分着重讲解前三项。

第 3 部分的要点是：

- 介绍项目管理在实施 ERP 过程中的应用。
- 逐个讲解项目管理的各项重点工作：组织、培训、前期工作、管理诊断与需求分析、投资效益分析、确定信息化战略、确立项目目标等的具体方法。
- 讲解实施进程中的几个重点及容易被人们忽略的一些必要的做法。
- 讨论实施 ERP 可能出现的风险及如何防范问题。
- 为适应信息化管理模式必须进行变革管理。
- 介绍业务流程重组（BPR）创始人 Hammer 教授 21 世纪新著中的见地，有助于澄清业内的一些争议。
- 运用平衡记分法的原则精神，为评价 ERP 项目实施成果，提出了一些新的创意，供业界参考。

第 22 章

用项目管理原理指导 ERP 实施

从本章开始，进入本书第 3 部分，介绍成功实施 ERP 系统必须掌握的知识和方法。

在实施过程中，有很多本来可以避免的失误和差错，其中多数情况往往是由于背离了项目管理原理和方法造成的。因此，在讨论 ERP 实施之前，必须先掌握项目管理的基本知识。

22.1 实施 ERP 必须运用项目管理

ERP 系统实施质量的好坏，成功概率的大小，在很大程度上取决于企业是否采用科学的方法来实施。这里所说的科学的方法就是**项目管理**。有些企业 ERP 项目之所以不理想、不成功，原因之一就是没有遵循项目管理的原则和规范化的流程来实施 ERP 系统；有些 ERP 实施小组成员根本就没有项目管理的基本概念。

美国项目管理学会（Project Management Institute，PMI）对项目的定义是：**"项目是为了实现一个有特定目的的产品或服务而进行的临时性任务。"**

项目管理（Project Management，PM）就是：在一个明确的**需求**推动下，项目的管理者在有限的**资源约束**下（人力、资金、物资、时间），运用**系统**的观点、方法和理论，对项目涉及的全部工作进行**有效管理**。即对从项目的投资决策开始到项目结束的**全过程**进行计划、组织、指挥、协调、控制和评价，**做好人的工作**，以实现项目的**目标**。

项目管理是一项专门的学科，内容非常广泛，可以用在工程建设、新产品开发、软件开发、重型/大型产品制造（如造船、重型机械成套设备）等领域。不论用在哪种类型的项目上，其基本原理和方法都是相同的。本章只是有针对性地重点讨论与 ERP 项目相关的项目管理事项。

实施 ERP 系统，所有参与实施的成员都要遵循项目管理的原则，这是不言而喻的。但由于 ERP 是一个涉及企业各主要核心业务的信息化管理系统，因此，不仅各级项目实施成员需要理解项目管理，而且应当把项目管理作为一种管理基础知识在企业内普及。事实证明，这样做将有利于企业员工自觉地配合 ERP 系统的实施，不仅有利于 ERP 项目的顺利实施，而且对企业开展其他工作也有帮助。

概括起来，ERP 项目管理的主要特点是：

- 从竞争需求和现状诊断出发，找出差距，论证实施 ERP 的必要性（有明确的需求）；
- 有明确的目标和范围界定（有明确的项目定义）；
- 有起点和终点（项目周期），项目组只是为了成功实施 ERP 项目，不是永久性组织（不同于日常管理职能）；
- 有具体的技巧和方法，要使用工作细分结构（Work Breakdown Structure，WBS）、关键路线法、计划评审技术、甘特图等；
- 有具体的管理内容，如需求分析与目标建立、计划、费用、质量、文档、变革、评价、防范风险等，以发挥有限资源的作用；
- 发扬团队精神，加强沟通与合作，调动人的积极性。

总之，项目管理的宗旨就是合理组织、调配和利用材料与设施、人力、资金等各种资源，保质量、保成本（控制预算）、保进度（在规定的时间点完成），通过有效的沟通和协调，组织各参与方有条不紊地协同完成预期的项目目标。

项目管理有专门的教材，本书不展开讨论。这里仅就 ERP 项目管理，重点说明几个需要关注的问题。

22.2 ERP 项目的项目周期

22.2.1 项目周期的起点和终点

就像产品有生命周期一样，ERP 项目也是有生命周期的。项目管理不同于日常例行工作，例行工作是日复一日地重复进行的，而项目是有起点和终点的。

提出项目生命周期的概念，是要说明 ERP 项目不是可以无限期拖延的。如果由于各种原因使 ERP 系统实施中断，然后隔了一段时期又重新开始，就应当作为另一个新项目对待。曾经有调查报告说国内某个企业的 MRP Ⅱ/ERP 项目实施周期长达 17 年，这个现象说明这个项目没有遵循项目管理的原则来实施，或者发生了不可抗拒的风险，是不成功的。

ERP 的项目周期从**任命项目经理并组成实施小组**之日开始，也就是说，项目有了负责人和工作班子后才能正式启动。有些企业迟迟不能正式任命项目经理，只是找一个人临时“过问”一下，先“顶”一下，没有真正负起责任，不能算作项目开始，只是在白白浪费时间。

项目是有明确目标的，因此 ERP 项目周期应以**实现目标**作为结束。

我们是以强调“**企业主体意识**”为出发点设定项目周期的起点和终点的，同 ERP 产品提供商签约的实施周期不一定完全一致，所划分的阶段也不会完全相同，但是就项目管理而言，其精神是一致的。二者的阶段划分主要有以下差异：

- ERP 产品提供商不一定参加项目的需求分析等前期工作，他们的项目开始时间会相对推后。当前，不少 ERP 产品提供商已经意识到售前服务的重要性，有的公司还专门设立了独立的管理咨询部，形同管理咨询公司，帮助企业进行前期工作，签订单独的合同；如果能真正做到客观、公正，最后的结论也有可能是选另一家更适用的 ERP 产品提供商。
- ERP 产品提供商往往以完成系统走通（所谓成功上线）作为项目可以交付的标志，但此时还不一定就实现了项目的预期目标，在交付验收结算后，企业还有大量后续工作要依靠自己的力量去完成。在这种情况下，企业的项目结束时间比 ERP 产品提供商的项目终点要推迟一段时间。

项目周期的起点和终点必须十分明确，尽管各个 ERP 项目会因具体情况而有所不同，但是在企业内部以及和 ERP 产品提供商或实施顾问公司各方之间必须取得共识，并在合同及项目定义中明文规定，这是项目管理中**目标和范围管理**的基本要求。

22.2.2　项目周期的阶段划分

实施任何一个项目，在项目周期内都是分阶段依次进行的。对完整的 ERP 项目来讲，一般可分为 7 个阶段，即前期工作、选择 ERP 产品（选型）、实施准备、原型测试、用户化（或二次开发）、切换至新系统、实现目标，如图 22.1 所示。

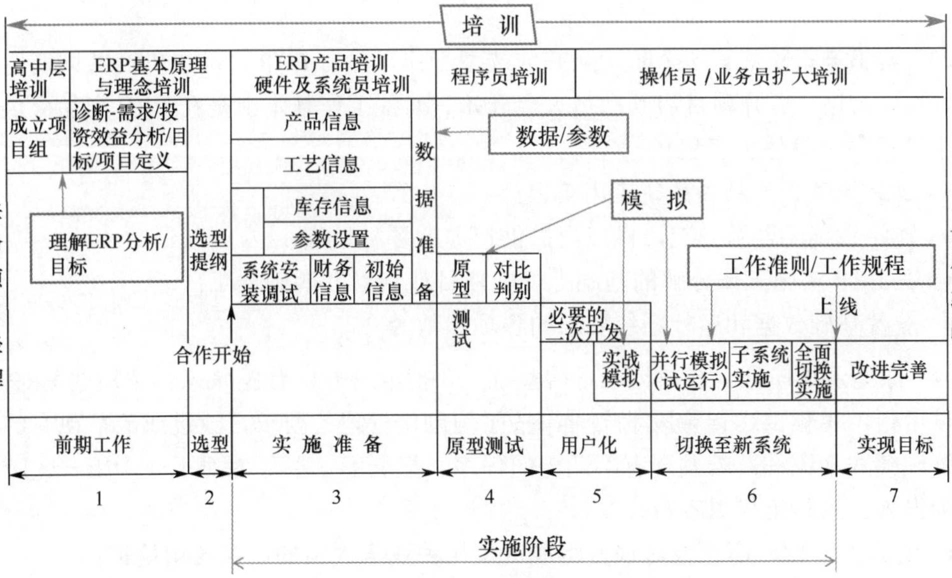

图 22.1　ERP 项目周期的阶段划分

项目周期各个阶段的工作内容简要说明如下。

（1）**前期工作阶段**。前期工作阶段是一个非常重要但又往往被忽视的阶段，将直接影响选型的正确性和项目的成败。要依次完成培训、需求诊断、投资效益分析、明确目标、选型准备等各项 ERP 产品选型前的重要工作。这个阶段从组建项目实施小组、任命项目经理开始，到确定选型原则结束。国外 ERP 业界非常强调在实施前期工作阶段时编写 Business Case（译成中文带有“项目立项报告”的意思）的重要性，基本上包含以下各项工作（每项工作完成后必须有书面文件存档备案）。

- 对企业高中层管理人员完成 ERP 基本原理**培训和考核**；
- 对高管团队提出的需要解决的管理问题进行**管理诊断**，运用标杆管理找出差距；
- 在诊断的基础上完成**需求分析**；
- 对需要改进和通过信息化实现的流程，设计**理想的解决方案**；
- 制定明确的**项目目标**和初步的**项目定义**；
- 分析可能出现的**风险**和制定防范措施；
- 完成**投资效益分析**；
- 根据需求分析和项目目标拟订**选型提纲**，进入选择 ERP 产品及合作伙伴阶段。

（2）**选型阶段**。选择的 ERP 产品是否适用关系到项目的成败，只有在完成前期工作阶段的全部内容，并制定选型提纲后，才能开始；否则，选型必然是盲目的，而且会丧失企业主体意识，饱受“忽悠”。前期工作做好了，选型会很主动，花费的时间也可以缩短。关于选型工作，在第 29 章会详细介绍。

以下 3 个阶段是选型以后要在 ERP 产品提供商的实施顾问的指导下，把选购的 ERP 产品用起来，以“全面走通”作为“成功上线”的标志，并结束 ERP 产品提供商的工作。

（3）**实施准备阶段**。这个阶段从完成选型工作，并与 ERP 产品提供商共同商定项目定义、签订合同、召开项目启动动员大会开始。准备工作基本上是在 ERP 产品提供商的指导下进行的，具体内容包括：

- ERP 原理、产品和系统应用培训；
- 硬件系统配置及安装，供应商提供相关的各种培训；
- 在 ERP 实施工作分解的基础上编制项目计划，并明确分工；
- 准备基础数据和运行系统要求的各项参数等。

（4）**原型测试阶段**。在数据准备的基础上，把准备好的数据录入到选用的 ERP 产品进行试运行，也称试运行阶段。同时，按照信息化管理的要求，改进或改革现有的不合理的管理模式和流程。若发现有不适用的程序、报表等，要作为对下一步用户化阶段的要求列出来。具体工作内容有：

- 实施方和供应商完成对项目组成员及相关业务人员的产品应用培训；
- 完成企业数据和参数修订及录入；
- 对比原型测试与现行管理流程，找出差异，制订并实施变革计划；
- 提出业务流程改进或重组方案；
- 对比原型测试与前期阶段初步设计的理想流程，分析用户化的必要性；
- 拟订工作流程与准则文件初稿。

（5）**用户化阶段**。一些 ERP 产品可以通过变化参数设置或“报表生成器”之类的功能来满足企业的特殊管理需求，通称用户化或客户化。这里用了“用户化”是考虑客户是相对于卖家的，而用户是企业自身。二次开发也是一种用户化，但是要改写程序，既影响实施进度和费用，也影响今后的软件升级，如果选型阶段的工作能做得非常细致，选用的产品能够满足企业管理的需求，二次开发是完全可以避免的。

用户化阶段的具体工作有：

- 根据试运行阶段发现的问题，由企业或 ERP 产品提供商进行用户化，以满足用户业务运行要求；
- 用户化后的系统需要再次模拟运行，直到确保系统运行顺畅无误，业务人员能够完全掌握和使用；
- 在用户化完全满足企业业务运行需求的前提下，编写工作流程与准则文件初稿。

（6）**切换至新系统阶段**。这个阶段指从通过用户化后的模拟运行开始，到企业员工可以完全正常运行新的系统。工作内容有：

- 实施方完成对企业员工的知识转移；最终用户（操作人员）完成培训及考核，可以持证上岗；
- 举办一次由各部门业务人员参加的开门模拟运行测试，审批工作准则与工作规程，做出项目评价报告并验收，再开始新系统的正式切换运行。

至此，实施方完成了自己应尽的任务，即所谓“成功上线”。但是对企业来讲，还有最后一个实现目标阶段。

（7）**实现目标阶段**。“成功上线”是否能够完全实现 ERP 项目最初制定的效益目标，要看双方签订合同的项目定义如何规定。多数情况下，由于实现目标的进度和工作量难以掌握，ERP 产品提供商一般是不参加的，在项目交付以后，主要由企业靠自己的力量来完成。但这不是绝对的，有些项目在双方协商一致写入合同的情况下，会由实施方负责到实现目标才算结束。

这里要特别强调：ERP 与一般的工程项目不同，不是交钥匙工程，不是由乙方准备齐妥后交付给甲方（企业），也不是信息部门学会后交付给各级管理人员，而是作为甲方的企业管理人员必须**自始至终参与和投入**，坚持**企业主体意识**、以**甲方为主导的合作工程**。

阶段划分的起点和终点、主要工作内容及阶段成果要求可参考表 22.1。

由于 ERP 产品提供商介入项目的时间点不同，上述阶段划分和 ERP 产品提供商的阶段划分在多数情况下会不一致，而且可能出现交叉进行的情况，工作内容会有变动和调整。

ERP 产品提供商一般都会有自己完整、成套的“实施方法论”。尽管各家厂商的“实施方法论”名称不同，如 SAP 公司的 ASAP、Oracle 公司的 FastForward、SSA 公司的 BASIS、Intentia 公司的 Implex、Scala 公司的 Signature 等，各家公司对划分项目阶段有各自的定义，但其实质都是项目管理精神的具体体现，万变不离其宗。

表 22.1　ERP 项目阶段划分参考表

<table>
<tr><th>阶段</th><th>起点标志</th><th>终点标志</th><th>主要工作内容</th><th>主导单位</th><th>合作单位</th><th>阶段工作成果文档</th></tr>
<tr><td>前期工作</td><td>任命
项目经理
组建
项目组</td><td>拟订选型
大纲</td><td>• 高中层管理团队培训 ERP 基础知识
• 管理诊断与需求分析
• 分析可能的风险及防范措施
• 投资效益分析
• 确定项目目标及项目定义初稿
• 拟订选型大纲</td><td rowspan="7">企业</td><td rowspan="2">咨询公司</td><td>• 培训考核答卷
• 需求分析报告
• 项目定义初稿
• 投资效益分析报告
• 选型要求提纲</td></tr>
<tr><td>选型</td><td>完成
前期工作
所有内容</td><td>签订 ERP
产品合同</td><td>• 招标评标
• 评选 ERP 产品提供商
• 签订合同</td><td>• 选型报告</td></tr>
<tr><td>实施准备</td><td>全公司
动员大会
实施顾问
进驻</td><td>完成
数据准备及
录入</td><td>• 全企业 ERP 启动动员大会
• 项目组 ERP 产品应用培训
• IT 员工培训
• 安装调试系统配置及软件
• 数据准备并录入
• 参数设定并录入</td><td rowspan="4">ERP 产品
提供商
实施顾问
公司</td><td>• 培训员工考评
• 签订项目定义
• 数据参数录入规则</td></tr>
<tr><td>原型测试</td><td>核查数据
及
参数录入</td><td>制定
新系统的
工作规程
与准则初稿</td><td>• 核查准备的数据和参数
• 完成原型测试
• 研究流程变革方案
• 企业数据运行测试
• 程序语言/开发技术培训
• 企业高管团队批准新系统流程及准则</td><td>• 原型测试报告
• 二次开发要求论证
• 工作流程与准则初稿</td></tr>
<tr><td>用户化</td><td>明确用户化
的必要性
和责任方</td><td>满足
用户需求</td><td>• 必要的用户化或二次开发
• 拟定工作流程与准则初稿
• 业务人员培训/考核/上岗证</td><td rowspan="2">• 上岗考核标准
• 开门运行报告
• 用户化验收报告
• 工作流程与准则</td></tr>
<tr><td>切换至新系统</td><td>完成
二次开发
通过
模拟运行</td><td>成功上线
完成
知识转移</td><td>• 各业务部门开门模拟试运行
• 确认各项用户化是可行的
• 修订工作规程与准则
• 业务流程重组</td></tr>
<tr><td>实现目标</td><td>完成
成功上线
的各项要求</td><td>实现目标</td><td>• 管理变革培训
• 建立关键业绩评价指标（KPI）
• 深化应用
• 实现既定目标
• 提出进一步深化应用目标</td><td>顾问公司</td><td>• 业绩评价考核标准
• ERP 项目实施总结报告</td></tr>
</table>

22.2.3　项目实施周期的跨度

通常，人们习惯把从购买 ERP 产品开始到实施顾问公司交付（所谓的“上线”）叫作实施周期，也就是图 22.1 中的 3～6 阶段。作为 ERP 内部集成项目，一个中型项目的实施周期一般平均约为 18 个月。但是作为完整的 ERP 项目，应以实现项目目标作为项目的终点，也就是完成图 22.1 中的第 7 阶段，因此在讨论实施周期时（尤其是和 ERP

产品提供商洽谈合同时）必须予以明确。请回顾 9.4.2 节“上线就是成功吗”中的图 9.4 和图 9.5。

有些企业的 ERP 系统实施拖延了几年，说明项目实施过程中发生了各种周折，这并不是正常现象。时间越拖延，不能及早见到效果，信心越不足，士气越低落，风险越大，成功的希望也越渺茫，因此应当遵循项目管理原理，有条不紊、按部就班地进行，避免反复和拖延。

ERP 产品供应商有时会列举他们的案例，说是可以在短短几个月内完成实施，企业对此一定要进行具体分析。一些有母公司的公司，或有可借鉴的生产类似产品的公司，已经有使用同样 ERP 产品的经验，所有的数据和参数都已齐备，业务流程也经过优化，只要采用“拿来主义”照搬现成的资料，新项目的实施周期自然不需要很长。一些产品比较单一、管理基础比较完善的企业，也可能不需要很长的实施周期。

企业里的人经常会问：实施我们这个项目要多长时间？回答这样的问题，是不能一概而论的。每家企业的规模、范围、需求、管理基础、人员素质、重视程度、改革决心都不一样。在上 ERP 系统的决策正确并满足先天条件（见 31.3 节“先天条件”）的大前提下，可以参考以下影响因素来估算实施周期。

（1）是否对项目管理的原理和规范流程有所了解并遵照执行，这是一条总的原则。如果实施人员经过项目管理培训，或有项目管理的经验，实施周期可以缩短。

（2）ERP 项目的目标是否明确，全员上下认识是否统一。认识不统一，步调就不可能一致，进而会严重影响进度。

（3）ERP 项目定义是否清晰。如果定义不清晰，实施过程中就会有大量扯皮现象，出现严重内耗，拖延进度。

（4）项目的范围有多大，涉及多少应用单位。应用范围大，则实施周期长。

（5）原有管理基础和基础数据是否符合信息化管理的要求。若管理基础扎实，基础数据规范齐备且符合 ERP 系统要求，则实施周期短。

（6）企业的产品品种数、产品复杂程度、产品结构的层次、物料总数量、工艺路线及工序数量、每天处理各种定单的数量，这些涉及要处理和运行的数据量的各个方面，都是影响准备工作时间长短和实施复杂程度的重要因素。

（7）是否选配得力的人员参加项目实施工作，尤其是项目实施小组的成员非常关键。人选得当、素质高、有改革创新精神、团队精神强，则会加快项目进程。

（8）实施顾问公司是否得力。例如，顾问是否具备企业所在的行业和企业管理的知识、对所应用的 ERP 产品是否熟悉、是否有同类 ERP 项目的实施经验、是否有很强的责任心等。顾问人选和实施指导得力，可以少走弯路。

（9）全员培训是否到位。如果员工对即将采用的新系统有所认识，认识到改革的必要性并积极参与，会大大加快实施进度。

（10）是否采取了有效的激励机制，鼓励了员工实施新系统的积极性。

（11）有无同类项目作为样板，如果有已经实施了 ERP 系统的母公司来指导子公司，不言而喻，进度可以加快。

（12）企业如果有实施过 MRP Ⅱ系统的经历，现在升级到 ERP，也会缩短实施 ERP 项目的周期。

参照以上各种因素后，企业应对比类似 ERP 项目的经验和条件，分析异同后再来估计自身项目的周期。

项目周期的跨度是由项目的关键路线决定的，或者说是完成各个阶段工作任务所需最长时间的累加。企业高层一般对实施周期会有一个期望值，比方说希望在一年内完成，但这仅仅是一个主观的要求，还需要在进行“工作分解”后确定。也就是说，制订出项目计划以后才能得到最后落实的周期跨度，制订计划的过程不可避免地会有几次反复。要遵从客观事物规律，考虑条件限制，如果用行政命令强制执行，最后必然会打乱实施步骤，欲速而不达，事与愿违。这方面有过不少失败案例，都是由于利用行政命令“瞎指挥”造成的，应引以为戒。

有时企业与 ERP 产品提供商会因财务需要赶在年底结算，有时又要求必须在验收后才能结算，也就是说，为了结算问题而打乱了实施秩序。企业一定不要由于这类原因而搅乱了 ERP 项目有步骤、有节奏的正常实施，双方应事先协商一个两全的办法，并写进合同。

按照关键路线法，计划的时间长度通常会按“乐观值”“悲观值”和“最可能值”做出 3 种估计，用统计学的分布原理，求出期望平均值。为了简化，企业不妨按照乐观和悲观两种情况，来估计 ERP 项目实施的最短周期和最长周期。总之，既要积极可行，又要留有一定余地。

22.3　ERP 项目管理的基本内容

项目管理的内容很多，但就 ERP 系统来说，项目管理的基本内容可以简化归纳为以下 10 个方面，如表 22.2 所示。

表 22.2　ERP 项目管理的内容

内　容	意　义
1　分析存在的问题，找出原因和解决方案	为什么要做？
2　确定项目的范围和目标	做到什么程度？
3　建立项目组织，调配人力资源，明确职责	谁来做？
4　分解工作，明确工作内容、层次、顺序和责任人	做什么？如何做？谁负责？
5　制订项目计划、控制进度	何时做？先做什么？再做什么？
6　跟踪工作进程、评价工作质量	做得如何？
7　控制项目预算	花多少钱去做？
8　提交工作成果和文档	做了些什么？
9　审批通过，工作成果	做的结果是否满意？
10　研究下一步工作	还要做什么？

在 ERP 项目的各个阶段，工作性质不完全相同。例如，表 22.2 中第 1、2 项是前期工作阶段的工作内容。有些企业的前期工作阶段由所谓的“筹备小组”负责，名称会有不同，但筹备小组的成员必须延续下去，此时的筹备小组应该就是项目小组。这对项目成功实施是必要的，谁做需求分析、谁选型，就由谁来实施，直到实现目标，即“一竿子负责到底”。

分解工作是准备阶段的工作，项目计划在准备阶段完成后，还可能有修订和改动。第 6～10 项在各个项目阶段会反复进行，属于项目计划的执行和控制内容。

22.4　项目定义

项目定义（Project Definition）通常是企业与 ERP 产品提供商及实施顾问公司之间的一种以书面形式确定的“共识”，是一种多方共同工作的协议和约束，也是多方长期愉快合作的保证。在多数情况下，由于企业没有实施 ERP 的经验，项目定义往往是由实施单位（ERP 产品提供商或实施顾问公司）协助企业的实施小组制定的。但是，如果企业对项目定义心中没把握，就与实施顾问公司签订合同，在实施过程中一定会遇到许多“扯皮”和不愉快的事，所以企业最好能在签订合同时，先拿出一个初步意见，这也体现了企业的主体意识。

如果企业对编写项目定义的要求有一定了解，应把它作为前期工作阶段的一项工作内容，由项目小组提出，经过领导小组的批准，作为项目总体规划的依据和与实施顾问方洽谈的初稿，或作为签订实施合同的附件。先有项目定义，再洽谈实施合同，对企业和实施顾问公司来说都比较主动。但是，这必须求企业事先对 ERP 系统有一个比较清晰的理解才能做到，对那些实施过 MRP Ⅱ项目或重新选择 ERP 产品的企业，更应该能完全做到。

实施项目时，经常出现用户与实施服务单位之间的矛盾，或实施单位撤离或更换专家顾问，或企业用户拖欠实施服务费用，结果是两败俱伤，究其原因，往往就是没有认真对待项目定义。

项目定义通常包括以下基本内容：

（1）目标、范围、进度——这 3 项因素相互影响。目标要积极可行，要具体量化，评价有据，我们在第 28 章“制定项目目标”还要进一步讨论。项目的范围必须十分明确，即明确哪些要做，哪些不在这次的项目范围之内；该做的必须圆满完成，不在范围之内的，以后再说。由于项目的范围涉及项目的工作量、费用和进度，所以对范围的定义必须十分明确，不能含糊其词，或做出多种可能的解释。

在明确目标和范围的前提下确定项目的进度。要充分估计到可能出现的变化，如果要增加内容，则费用和进度都会受到影响，不仅要重新定义项目，而且要修订实施服务协议。对待这种可能性也必须明确规定。在实施过程中，调整进度往往是不可避免的，在与实施顾问公司签订的合同中，对实施进度调整的原则要在取得共识的基础上予以书面明确。

（2）双方责任——ERP 项目能否成功，虽然企业要负主要责任，但合作各方也各有其责。要明确各方参加人员的组织形式、人员素质要求和职责，不要轻易变动。

（3）明确相互沟通的制度——沟通管理和情况通报是项目管理的重要内容，项目经理除与企业领导小组之间的沟通和交流外，与实施顾问公司的沟通形式、通报的内容和格式及提交报告的时间间隔，都要在项目定义中明确。出现例外情况时必须及时通报。

（4）工作量——项目周期仅仅从总体上说明了时间跨度，至于各方派出的具体人员，实施顾问在各个阶段的服务天数及具体的工作，二次开发的责任单位和开发工作量及费用，等等，都要在项目定义中说明。要避免实施顾问没有把有限的服务时间用在刀刃上，如在实施进程需要的时候，召之不来，而在实施组准备尚不充分时，又贸然来到现场，由于服务效果问题，往往会给结算服务费造成麻烦。

（5）培训计划——培训工作由实施顾问公司承担。对培训计划，培训教材的版本（培训教材版本和选用产品必须一致）和数量（原则上应该是一人一份），超出某个基数的额外费用，参与培训的人员要求和人数，培训效果考核及颁发资格证书等，都应当在项目定义中具体说明。

（6）实施方法——企业的项目组织形式与实施顾问公司之间的关系。说明实施顾问公司在什么情况下参加定期会议，实施过程记录和阶段成果报告由谁来做，谁参与，谁审核。还要说明实施顾问在哪些阶段到现场来、解决什么问题、派什么人来、工作天数、工作质量的认同和计费方法。所有这类内容都需要用书面文字详细规定，以避免实施过程中在项目的质量、进度和费用等问题上相互扯皮。

（7）风险估计及防范措施——对可能出现的变化和风险要有所估计，提出可行的预防和处理方案。对影响项目进展的不可预见的风险，也要给出明确定义和提出可能的处理方案。其中重要一条是保证双方实施人员的稳定。

（8）费用成本及付款方式——费用预算一定要细化和详尽，不要有遗漏项，以免超支。如果是分期付款，则付款条件一定要具体，做到可操作和可执行。

（9）完成期限与交付条件——项目什么时候完成、怎样才算完成及考核完成条件的标准都要明文规定。

在项目周期结束以后，还可能出现各种问题。除软件本身的缺陷（Bug）、软件的升级（企业支付了年度维护费），以及硬件的保修应当由软件和硬件公司在各自保修期内继续负责外，还会有许多不在项目定义之内的问题。例如，业务流程有新的变化，报表格式有新的要求，应用范围扩大，用户数量增加，与其他新购软件的信息集成，新员工的培训，安全保密出现了新问题等。这些在交付阶段以后发生的问题往往是不在项目定义之中的。但从长期合作的角度来看，也可以有一个意向性质的协议。当然，企业应当尽量培养出自己的专业人才来处理大量普遍性的问题，少量复杂的工作可以临时外包。

总之，对待项目定义要认真、重视，不要认为不言而喻的事就可以忽略，所有内容都必须白纸黑字，明文规定。

22.5　工作分解与项目计划

以下各项是选购 ERP 产品以后要做的工作。

22.5.1　工作细分结构

项目管理采用工作细分结构方法（Work Breakdown Structure，WBS）将各项工作细分为分项目或子项目、阶段和步骤、作业和任务，明确项目工作的内容、层次和顺序。

工作分解不是简单地绘制一个金字塔式的工作层次图，而是要说明各项作业之间的关系，可能是依次顺序进行的，也可能是并行的，甚至是网状的。要绘制工作流程图，标注每项作业的代码、名称、内容、责任人，结合计划进度，标注开始时间和完成时间。在流程图上要注意以下两种情况。

（1）先导和后续关系。工作 A 完成以后，工作 B 才能开始。先导工作没有做好，后续工作不能开始。这是一种最普遍的情况。例如，工作中心没有定义之前，不能开始编制工艺路线；仓库货位没有编码前，不能运行库存管理。

（2）并行作业关系。工作 A 和工作 B 先后开始，但都必须在工作 C 开始之前完成。例如，编制物料清单和建立工艺路线文件可以先后开始，但又必须在运行 MRP 之前完成。

从这两种情况可以演变出各种组合。例如，工作 A 没有开始，则工作 B 就不能开始，但不一定非要工作 A 全部完成后，工作 B 才能开始。例如，定义单层物料单在部分产品的物料主文件完成后就可以开始，而不是全部产品的物料主文件都完成后才能开始。也就是说，尽可能地开展并行作业，以利于缩短实施周期。

此外，还要估计工作量，考虑需要投入具备什么条件和资历的人员及人数，每一步工作要解决什么问题及达到什么目标（子目标）都必须明确。

工作应当分解到多细呢？一般来说，对一个大型项目，一项作业或任务的跨度极限不要大于 80 小时，也就是 2 周。同时，还要注意作业或任务的跨度与工作进度报告的间隔长度。例如，规定每周要提交一次进度报告，则工作分解的细度应当约为 40 小时的工作量。例如，编制一个产品的物料清单需要 2 周，就要把第一周应完成到什么程度作为一个子项，再把第二周作为另一个子项来对待，这样便于及时控制、检查和修订。跨度越长，越难预料在后期可能产生的不确定因素，越是不熟悉的任务，跨度越不宜过长。当一项任务的影响面比较大时，尤其要注意。

此外，工作分解还要结合具体的责任人，一项工作对应一位责任人，如果有多人从事同一工作，则要对应主要责任人。责任人应当全天投入项目实施，不可有其他兼职，以保证工作进度。

每个 ERP 产品都有其特有的数据、参数及操作要求。对一个既没有实施过 ERP 系统又不熟悉 ERP 产品的企业来讲，进行工作分解几乎是不可能的。正因为如此，才需要

ERP产品提供商或实施顾问公司的服务支持。一般ERP产品提供商或实施顾问公司都有规范化的实施标准，有完整的工作分解图表，工作内容是非常清楚的。即便如此，也还需要结合行业和企业的具体特点进行补充修订。实施顾问对企业所属行业的经验越丰富，可以借鉴的案例越多，工作分解就能做得越符合实际，既无疏漏，又能反映实施ERP的工作流程。

22.5.2 编制项目计划

1. 项目计划的依据

- ERP实施计划编制的原则需要依据项目定义，由领导小组提出，如项目范围、周期、人力资源投入和实施费用的限制，并由领导小组审批后公布执行。在执行过程中，如既定计划未能完成，就应重新修订，经过审批后按照新的计划继续执行，切忌由于没有完成计划变成没有计划可循，要始终保持有一个可执行的计划。任何修订都必须经过领导小组审批通过。
- 制订计划还需要根据工作分解的详细内容，考虑原有管理基础，安排投入人力。根据投入人力的情况，参考类似项目的经验，最后确定进度。领导小组的主观愿望要与项目工作的客观需要结合起来，要尊重项目实施的规律。

2. 计划内容

计划内容要具体，没有遗漏。

- 可运用Microsoft Project项目管理软件；
- 说明每项工作的前导任务和后续任务及其相互关系和影响；
- 明确每项工作应当什么时候开始，什么时候完成，并确定各自的最早、最迟的开始和完成日期，说明松弛时间（不影响总体进度的最早和最迟的时间差），保证计划有一定的弹性，且计划必须既积极又可行；
- 工作成果报告的编制时间、评价成果报告的审批时间也都应当包括在计划内，审批人要在规定的时间内完成审批，不要因为等待审批而影响整个进度；
- 变革管理和业务流程重组的内容也要结合实施进程列入计划；
- 培训是顺利实施的重要保证，同样不可忽略，培训工作应当针对不同的培训对象，结合实施工作的进程，一并列入实施计划；
- 说明责任人和参加人。

22.5.3 控制项目计划

保证项目计划顺利执行，不仅是项目实施小组的工作，也需要领导小组定期检查监督。在控制项目计划方面要注意以下问题。

1. 控制关键路线

- 制订计划时要把重点放在关键路线上。关键路线决定项目周期的长度，影响关键路线进度的各项相关任务必须严格控制，按计划进行。没有两个项目是完全一样的，即使是规模、目标非常一致的项目，也会因为参加人员的状况不同而有差异。通常要在预计的时间的基础上，增加一定百分比的缓冲期（如 10%～20%）。经验越丰富，把握越大，预留的余量可以越小。

- 在实施一个 ERP 项目的过程中，尽管加班加点是常事，但要分析加班加点的原因，尽量把对工作质量的要求明确在前，写成书面文件，尽量避免无效劳动和返工。项目成员如果过度疲劳，并不利于保证项目质量。要注意保持每位成员工作量的均衡性，适时调配。有时，为了不影响正常业务工作进行，项目工作只能在下班后进行，突击加班往往是免不了的，但要有相应的奖励机制。
- 一个好的项目管理必须能够有预见地发现那些可能发生的困难和问题，防范风险。要做到这一点，没有一定的经验积累是不行的，实施顾问公司的价值也就在这里。

实施 ERP 系统只能踏踏实实、按部就班地开展工作，绝不可拔苗助长，不可搞“献礼运动”，否则必定欲速则不达。

2．控制缓冲时间

项目计划会设有一定的缓冲时间，或称“松弛时间”，但是依然要时刻关注工作进度与缓冲期消耗的程度，采取措施保证计划顺利按时完成。

3．跟踪工作进程、评价工作质量

有了人选，有了计划，工作在进行中，但不等于万事大吉。项目领导小组必须经常跟踪检查，有了问题及时解决或纠正，绝不可等到问题成堆再去处理或返工，造成人力、财力和时间上的浪费，挫伤员工的积极性、延误进度。“气可鼓不可泄”在 ERP 系统实施中是需要时刻提醒的。检查计划执行情况的间隔期一般不大于 2 周，对项目计划标注的关注点要按时检查，遇到意外情况要调整计划，及时补救，切忌返工。

一些 ERP 系统实施周期拖延，原因之一就是缺少监督。这是实施 ERP 系统中项目领导小组的日常工作和责任。一些企业正在试行监理制度，就是委托有资质和公正的第三方来监督和检查项目的实施过程，保证项目实施的质量和深度，避免走弯路或因工作质量问题造成过量的返工。

项目实施小组要定期整理和提交工作进程书面报告，对工作质量进行评价，并作为文档保存（文档管理是项目管理的一项重要内容）。

4．控制项目预算

要实时地掌握项目的资金支出状况，不要超出预算。在一些案例中，往往由于预算超支，或不能按阶段支付必要的服务咨询支持费用而延误实施进度，有时甚至造成项目中断，这些都必须引起足够的重视。

ERP 项目应当有自己的专门账户，对 ERP 项目费用应当有一个支付计划，专款专用。

5. 提交工作成果和文档管理

进行工作结构细分工作的同时，要规定每个阶段必须完成的成果，明确用什么形式来说明成果，一般除日常工作记录外还要提交正式的书面报告。国外软件的实施方案中通常称为“里程碑”(Mile-stone)的就是指“阶段成果报告”。我们一再强调文档管理是项目管理的一项重要内容，人员流动有时是难免的，但反映工作过程和成果的文档必须得到妥善保存，这既是档案管理的内容，也是知识管理的内容。

6. 工作成果评价与验收

检查工作成果是否合乎预期要求，如果不够完善，必须“补课”，绝不可马虎通过。如果原计划有考虑不周之处，也要在这个步骤加以修订，增加必要的工作内容。实施ERP系统只能步步为营，稳扎稳打，一步一个脚印，否则欲速则不达。审核工作成果时，要特别注意实施过程中是否解决了立项时确定的需要解决的问题，而不是只看系统有没有走通(所谓的“上线”)。永远把实现项目目标牢记在心，要扎扎实实地应用ERP系统解决管理中存在的问题，不走形式，不玩“花架子”。

一个阶段的工作完成后，要经过项目领导小组的审批验收存档，再开始下一阶段的工作。

7. 研究下一步工作

每一个阶段的工作完成并验收通过后都要总结，以利于改进和提高下一阶段的工作，必要时可以修订计划中不切实际的部分，边实施、边调整业务流程。在整个系统实施完成后，同样也要研究下一步企业管理信息化应用的战略目标，不断完善，追求卓越，永无止境。

第 23 章

实施 ERP 的项目组织

我们明白了成功实施 ERP 需要运用项目管理的原理，那么应该由什么人运用项目管理的原理来实施 ERP 呢？这些人应该具备什么素质，又应该如何组织起来呢？这一章我们要讨论这些问题。只有先建立了企业的 ERP 实施组织，企业的 ERP 项目才能开始启动。

23.1 谁唱主角

在讨论实施 ERP 的项目组织之前，必须先明确实施 ERP 时“谁唱主角”的问题。

有一些企业是由信息部的员工在实施 ERP，因为信息化管理的确离不开计算机，而且是随着计算机和网络通信技术的飞速发展而成长起来的。但是使用 ERP 的是管理人员，所以实施 ERP 必须**以管理人员为主体**。

虽然运行 ERP 系统以管理人员为主体，但是它又必须得到信息部门的充分支持，无论是系统配置，还是产品开发、选型、维护、扩展等，都需要信息技术专业人员的积极参与；信息技术专业人员必须把握业务创新和管理变革对 ERP 系统发展的要求。因此，只有管理人员与信息技术专业人员密切配合、各尽其职、通力合作，ERP 才能成功实施并得以继续稳步发展。

从系统组织、实施和应用角度来看，管理人员是主角；从系统安全、维护和扩展角度来看，信息技术专业人员是主角。二者取长补短、缺一不可。再好的系统，没有人去充分发挥它的优势，也无法体现它的价值；即使人人都在用了，如果安全维护无保障，也可能因担心出现故障而失去信心。

当前主要的偏向，还是管理人员未能发挥“唱主角”的作用。因此，从项目立项和规划开始，就应由相关业务的管理人员和信息技术专业人员组成联合小组来开展各项工作，切忌把这样重大的投资项目完全交给计算中心或信息中心一手操办。其实，这个问题是老生常谈了，但至今还存在重蹈覆辙的现象，因此不得不反复强调。

一些企业设有信息副总裁（CIO），他的作用更多是根据企业经营战略的要求，站在企业经营战略的高度，关注企业的业务流程需求，研究如何应用信息技术来支持和满足管理业务的需求，并在应用过程中起到协调和服务的作用。

最后再次强调，实施 ERP 一定要牢牢树立“**企业主体意识**”，同时，要特别注意管理人员和信息技术专业人员的分工和配合问题。

23.2 ERP 项目组织

23.2.1 组织层次

实施 ERP 系统，要组织起一支得力的队伍来完成繁重又艰巨的工作；人员的素质、人力的安排、接受培训的深度和对新知识接受的程度、各个层次之间的配合、团队精神的发扬等因素，都将直接影响项目的进程和成败，所以说项目组织工作非常重要。

每项工作应该由什么部门、哪位员工来做？部门中的其他人员又应如何配合？每个人的职责权限又应如何确定？这些都需要明确。对工作量大的工作，要根据工作量大小、任务的并行或串行顺序等因素，确定可以投入的恰如其分的人力和时间，并为编制计划进度提供参考。

实施 ERP 项目的项目组织是根据企业的规模和项目性质决定的。如果仅仅是实施一个财务软件，则实施小组主要由财会人员组成，这是一种“职能型”的项目组织。如果同时实施几个项目（如总厂和分厂），每个项目都有一位项目经理，则项目成员与项目经理形成一个“矩阵型”的项目组织，这是最常见的“项目型”ERP 项目的组织形式。

项目型组织通常有 3 个层次，即领导小组、实施小组和各个业务组，必要时可以设置专题组处理特殊的重点问题，这一般是对大型项目而言的，小型项目可以由实施小组兼管业务组的工作，但前两个层次总是必要的。

这 3 个层次之间的关系就像几个套环，环环相扣、层层尽责、全心投入，如图 23.1 所示。

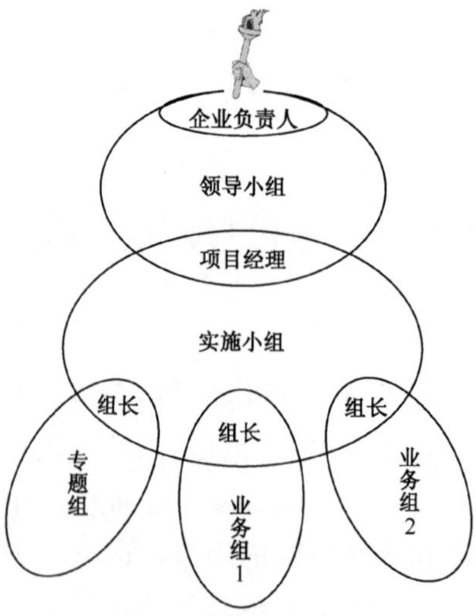

图 23.1　环环相扣的项目组织

23.2.2　领导小组

ERP 项目领导小组由企业“一把手”和所有项目涉及的业务的高层经理组成，企业“一把手”是当仁不让的责任人。领导小组主要侧重项目的战略决策，抓重大问题。例如：

- 项目范围、效益、目标；
- 正确选型；
- 资源调配与协调；
- 企业文化；
- 变革管理与业务流程重组；
- 实现目标，见到效益。

领导小组要指导并考核评议实施小组的工作，研究各项重大管理改革问题（包括业务流程重组和各种激励机制），排除各种障碍和阻力，审批实施小组提出的各种报告，以及最后的业务流程“宪法”——工作准则与工作规程等。

领导小组对 ERP 项目的成败负责（31.5 节“谁对 ERP 项目成败负责”要着重讨论）。ERP 项目的成败在于企业本身，具体地说就是由项目领导小组负责，尤其是“一把手”，他的担子是不轻的。

领导小组的组成要精干，便于定期召开会议研究工作，及时解决项目实施过程中不允许耽搁的问题，做出正确决定，保证项目实施顺利进行。会议的间隔期在实施进程中可以根据需要调整。例如，开始阶段可能是两天召开一次，以后可以一周一次甚至两周一次，不论间隔期有多长都必须明文规定。小组的成员应当是与系统所涉及的业务有关的高层经理，实施小组的负责人（项目经理）必须是领导小组的成员，领导小组一般由 5～7 人组成。

现实中，确实有个别企业的领导小组中有几十位成员，即把够得上厂级的干部都包括进去，这其实是把“官本位文化”掺杂到 ERP 系统的实施工作中了，而领导小组要做艰苦的工作，要集中精力研究带有战略性的管理改革问题，若人员过多，则召集不易，开起会来就像“神仙会”，往往“议而不决，决而不行”，机构臃肿，效率不高，对工作极其不利。人员精炼后，如果研究工作时涉及某位不是领导小组的高层负责人，可以临时请其来参加会议；ERP 实施的情况，应该在企业的例行高层会议上通报，而不是让所有的高层领导都成为领导小组的成员。

23.2.3　实施小组

实施小组的工作由项目经理主持。项目经理是一个极其重要的岗位和角色，我们将在 23.4 节“项目经理人选”详细讨论其人选条件和权限职责，由与项目有关的业务部门主管或业务精英组成，承担全部 ERP 系统的应用及实施工作。

在整个 ERP 系统的实施过程中，实施小组的学习和工作任务最重。在企业中，他们最先接受 ERP 产品培训，是员工中最初熟悉产品功能的骨干。

实施小组的责任重大，必须专职，其在实施阶段的主要工作如下：

- 研究实现需求分析，提出目标的实施方案；
- 与各管理业务部门、ERP 产品提供商、实施顾问公司保持密切的联系；
- 承担企业内部各个层次的培训教员工作；
- 完成各个阶段的模拟运行；
- 分析研究 ERP 产品的流程和现行流程的异同，提出管理改革的方案和计划；
- 提交各个阶段的工作成果报告；
- 提出必要的用户化或二次开发要求；
- 推动基层实施 ERP 系统；
- 制定工作规程与工作准则；
- 会同企业各个业务部门完成系统切换，负责系统在企业内的推广应用。

实施小组要按照项目管理的原则，分解工作内容、制订并执行实施计划、编写阶段成果报告、整理实施过程中的有关文档、检查和控制工作进程。

因此，实施小组的人选非常重要，他们应当是熟悉各项业务的骨干分子，能够推动企业基层贯彻执行 ERP 系统。一个值得推荐的范例是长春一汽集团的散热器公司，他们的实施小组是由中层经理第三梯队组成的。总经理的战略部署是：一旦第三梯队人员被提升为部门负责人，这个信息化管理系统必定能够在企业扎根并坚持下去，使企业信息化管理有一个牢固的基础。这是一个非常有远见的战略决策。粗略统计，不少成功实施 ERP 的企业，实施小组中的中层经理占的比例都不少于 60%。

实施小组要重视成员之间的信息沟通，每周应至少召开一两次例会，必要时每天都要开一个短时的碰头会。

23.2.4 业务组

实施小组中各项业务的成员会同业务主管负责各个业务小组的工作。在许多案例中，实施小组的成员就是各业务组组长。业务组的主要任务是在基层贯彻应用 ERP 系统，并结合实际情况不断创新改进。国内一些企业 ERP 系统之所以不能贯彻到基层应用，关键之一就是业务组形同虚设——只有实施小组，没有各个业务部门的业务组，到了基层，无人配合，还是无法推行不下去。归根究底，问题还是出在部门主管（中层经理）身上，分管该部门的高管也有责任。

每一个层次和人员对项目的各项工作任务都分别负有“制定、核查、审批”等责任。例如，项目定义由项目经理编写提出，由实施小组核查，由领导小组审批。需求分析由实施小组各个成员在分析现行业务流程的基础上提出，由项目经理核查，由领导小组审批。任何工作任务只有经过上下确认才能顺利推进。

与企业的项目组织对应，实施顾问公司也要指定对口的项目负责人，各项业务也要指定专业顾问指导配合。一个中型企业的项目组织结构如图 23.2 所示。

项目组织的人员一旦委派，在项目周期之内绝对不要轻易更换，尤其是领导小组组长（高层经理）和项目经理两个岗位，有些企业的项目之所以失败，人员变动是一个极其重要的原因。这里有外部的原因，如升迁调任，也有内部的各种复杂的原因。因此，千万不要在领导班子即将换届的时候开始实施 ERP 项目，无数经验说明，这是一大忌讳。

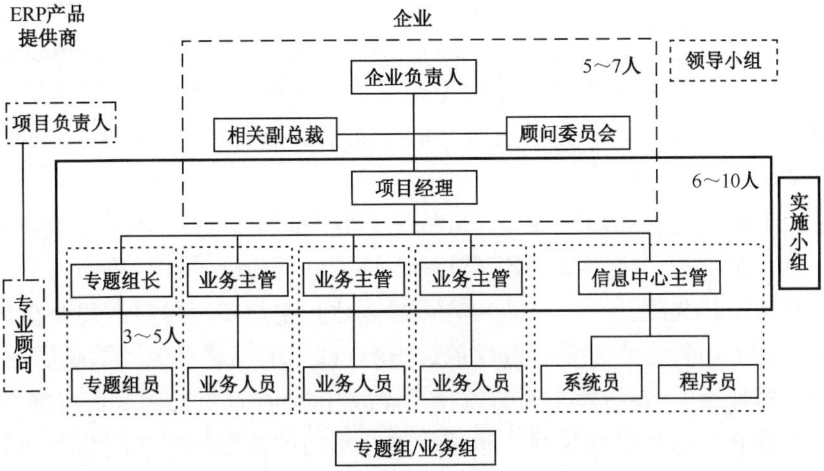

图 23.2　一个中型企业的项目组织结构

23.3　中层经理的作用

关于企业高层管理团队和“一把手”的作用，我们在 9.3 节已经讨论过。这里我们要讨论中层“一把手”（中层经理）的作用，因为在企业的每个部门同样要有“（部门的）一把手工程”。

若要成功实施 ERP 系统，中层经理的作用至关重要。“县官不如现管”，中层经理是各项业务的直接主管，ERP 系统能否贯彻到各个基层部门，关键就在中层经理的理解、配合和支持了。

在国内的各种企业中，有不少业务部门的中层经理非常热衷于信息化管理，在自己的部门中开发了各类应用软件，尽管只在局部应用且不够完善，但也能反映这个部门的求新和创新的精神面貌。

但是，也有一些业务部门的主管，一想到信息共享就非常敏感和警觉，生怕有些拿不到台面上的猫腻被暴露。这种现象不能全怪部门主管，往往是“承包制”和不合理激励机制的结果，但是对实施 ERP 系统会造成极大的阻力，必须改革。在工业企业中建立责任制是绝对必要的，但如果对部门用“承包”代替责任制，性质则完全不同，这会增加局部和整体的矛盾，对信息集成和信息化管理非常不利。在搞“承包制”的工业企业实施 ERP 系统，会有更大的阻力，因为部门承包会造成只顾自己完成承包指标，把局部利益凌驾在整体利益之上会割裂完整的业务流程，与供需链管理和 ERP 系统整体优化的思想是格格不入的。

我国北方有一家著名的企业集团，进口了一个 ERP 产品，并对财务部分进行了用户化开发，以适应国情和企业的特殊需求。有 4 家子公司率先使用这套产品，3 家都正常运行了，唯独有一家的财务主管就是说不好用。于是集团“一把手”找到这位财务主管，只说了一段话：“其他 3 家子公司都用起来了，你要是不会用，我可以请一位会用的来……”于是，问题就全解决了。这说明了实施 ERP 必须是“一把手工程”的必要性和重要意义，也说明了“一把手工程”的含义不仅指高层“一把手”，也包含了各级“一把手”。

人们常说市场是没有硝烟的战场，既然是一个“战场”，“打起仗”来就不能只有“司令部”的正确作战部署，还需要“各军兵种”协同立体作战。在战争中，一个侦察员的错误情报会导致指挥失误；一支部队未能按时到达指定地点会导致战局全盘皆输。军事上议而不决、决而不行是肯定要打败仗的。“司令部”的部署必须“军令如山”，中层经理如同各个“军师长”，要指挥下属的每一个“战斗单位”，贯彻到底。实施 ERP 系统就像作战一样，能否在基层贯彻执行，除负责这些部门的高层经理（副总经理）外，中层经理具有关键作用，负有不可推卸的责任。

23.4 项目经理人选

23.4.1 项目经理的条件

项目经理的位置是承上启下的，他要协调实施小组成员的工作，向领导小组负责，要指导各个业务部门实施 ERP 系统，同时又是代表企业对外与 ERP 产品提供商和实施顾问公司联系的总代表。项目实施的大量工作是由实施小组来完成的，项目经理的责任非常重大。因此，对项目经理的要求也非常严格。为了使 ERP 系统的实施能够有效进行，我们对选择项目经理的条件归纳如下。

- 熟悉企业的业务流程，有管理工作经历；
- 渴求学习新知识，有改革创新精神，是“学习型的改革派”；
- 思维敏捷，条理清晰，精力充沛，具有百折不挠的精神；
- 有敏锐的洞察力和预见推断能力；
- 善于表达（口头和笔头功夫好），善于与人沟通，能够整理详尽、清晰的项目文档；
- 处事谦虚谨慎且有原则，能以理服人，能够与人合作共事；
- 有较强的组织和领导能力，在企业中有一定的威望；
- 用 100%的精力和时间投入项目实施，原来的手头工作一定要完全移交。

不少人认为这些条件太高了，甚至认为有些条件连总经理都达不到。但是，确实有些企业的员工看到这个条件后，拍拍胸脯说：“这个岗位舍我其谁。”甚至还有人表示“我还可以再加上几条”，说明这几个条件并不是高不可攀的，而是保证成功实施 ERP 项目的必要条件。

有人会问：企业内部没有合适人选，或虽有合适人选但因工作太忙抽不出来，能否从企业外部聘请项目经理呢？事情不是绝对的，如果外聘的人员对企业所属的行业比较熟悉，对企业所选用的软件也比较熟悉，有过几个同类项目的实施经验，自身的素质又符合上述各项条件，只要不泄露企业的商业机密，也是可以从外面聘请的。但是，由于外聘的人员有一定的合同期限，将来是要“走人”的，因此企业一定要配备副手，协同外聘的项目经理一起工作，掌握项目的全过程，以保持工作的连续性，体现**企业的主体意识**。

23.4.2　项目经理的权限

仅仅委派具备上述条件的项目经理人选还不够，必须赋予项目经理一定的权限，才能有效地把工作推动起来。

对项目经理授权的根本目的是要项目经理能够切实地负起责任。项目经理担负的责任很重，企业必须赋予项目经理一定的权限，才能使“负责”不成为一句空话。例如，在级别对待上，必须高于一般的中层经理，否则大家平起平坐，谁也不服谁。这件事，就项目管理的原则来讲，只要在项目的范围内，各成员就必须听从项目经理的调度和决定，不要强调级别，国内有的企业就宣布项目经理比中层经理高半级，比副总经理低半级。也有由总经理助理或厂办主任来担任项目经理的。总之，一个全企业范围的信息化重大改革项目由中层经理来主持是推不动的。

权限的另一个重要方面体现在奖惩机制上。对待 ERP 项目的实施计划的重视程度，应同对待生产计划一样。完成 ERP 实施计划同样有奖，这笔奖金的分配权由 ERP 项目经理掌管。

不少企业指派有一定管理工作年限和经验的、有 MBA 学历或有计算机本科学历又在职进修 MBA 的经理人员担任项目经理，有些人甚至有管理和计算机双学历，他们具备一定的复合型人才的条件，都能够胜任项目经理的工作。

23.4.3　项目经理工作注意事项

以下列举了一些项目经理应当抓，但又往往容易忽略的工作事项，供参考。

（1）始终不能忘记项目的目标。

- 紧紧围绕立项时提出的目标，不能只想着走通系统之类的具体事务；
- 工作质量如果背离了目标，将无任何意义。

（2）严格控制项目的范围。

超出了项目定义的范围，会直接影响项目的进度和对实施顾问公司的承诺。

（3）注意与各方面的信息沟通。

正因为 ERP 信息化管理系统是以人为本的，因此做好人的工作永远是实施工作中的重头戏。每一位从事过 ERP 系统实施的人都会深有体会，项目管理的第一要求就是要做好员工之间的思想交流与沟通。实施 ERP 系统不仅要使技术与管理密切结合，而且还会经常遇到许多属于“人文科学”的问题，涉及管理及沟通艺术。

在沟通方面要注意以下几点。

- 全方位，企业内外，上下左右；
- 建立必要的通报制度（包括形式和格式、编号、时间间隔、报告人和接受人）；
- 会议制度（包括碰头例会）。

（4）注意项目文档的管理。

- 建立项目日志；
- 问题处理记录（发生原因、处理过程、处理效果）；
- 会议记录（中心议题、讨论过程和决议）；
- 原型测试、模拟运行的提纲，过程及结论记录的文档；
- 用户化和二次开发程序文档；
- 阶段成果报告，验收报告；
- 文档的编写、复查、修改、审核、归档、保管与查询调用制度；
- 项目进度中要留出编写文档的时间。

（5）严格控制实施进度。

随时检查实施是否按计划进行，出现偏离时要及时采取措施，自己解决不了的问题要及时上报。

（6）预见可能发生的问题，防患于未然。

- 项目经理或实施小组自己能够解决的问题，按“迫切性”和“重要性”的组合，即“迫切又重要”“迫切不重要”“重要不迫切”“不迫切不重要”的顺序来依次解决；
- 项目经理和实施小组解决不了的问题，必须立即向领导小组汇报，而且要及时、有效地解决。

（7）把工作质量的评价作为一项经常性的工作。

- 不要等问题成堆后再处理；
- 运用激励机制，提高工作质量。

（8）控制预算。

- 适时与财务部门保持联系，了解项目支出情况；
- 按照与产品提供商和实施顾问公司的合同规定，履行付款条件。

（9）关注员工对新系统的反映，及时解决问题。

- 随时注意不同岗位员工对新系统的适应状态和反应；
- 对可能影响项目进程的情况要及时解决，解决不了的问题要向领导小组汇报，求得指导和妥善处理。

23.5　创建团队精神

项目管理涉及不同类型的人群，而人是最不容易控制的复杂又不确定的因素，所以一定要建立项目实施小组的团队精神。项目管理不仅是一门有着标准流程和方法的科学，它还是一门处理复杂人际关系的管理艺术，发挥集体优势要靠创建团队精神这样的企业文化来保证。

团队精神是企业上下都应当具备的一种文化，对项目实施小组尤其重要。什么是团队精神呢？通俗地讲，团队精神可以归纳为以下几点。

（1）这个团队是为了一个共同的目标而工作的，步调一致，运作协调。一切人与人之间的矛盾都不能违背实现共同目标的原则。这就是“**目标一致、运作协调**”。

（2）要做到运作协调，团队内部的人员必须配置适当，使每个成员都能为实现一个共同的目标充分发挥他的才干和特长，成员的优势能够相互补充，从而加强整个实施团队的优势。团队内部绝对不允许有“明争暗斗”“势不两立”的情况出现，也不能人人都想当“老大”“以我为核心”。这就是“**搭配得当、互帮互补**”。

（3）团队内每个成员的责任和权力都非常明确，该做的事都有人做，而不要一件事几个人都在重复做，有的事却没人做。防止一件事由几个人负责，这样会导致谁也不负责。有严格的工作纪律，没有失职或越权的现象。这就是“**责权明确、纪律严明**”。

（4）每个成员相互信任，为了共同的目标通力合作。有一定的制度，保持经常交流情况和经验，做到“**信任合作、交流通畅**”。

（5）团队能够得到上级领导的充分支持，遇到问题能够及时得到领导的指示并得到解决，做到“**领导支持，及时得力**”。作为一个 ERP 项目实施团队，如果得不到领导有力、及时的支持，就不可能有持久的战斗力。

（6）团队精神必然包含“**追求卓越、永无止境**”的精神，只有这样才能永葆团队的青春战斗活力。

一定要在 ERP 项目的实施过程中，培育和发扬团队精神的企业文化，也就是前面提到的：

目标一致、运作协调；
搭配得当、互帮互补；
责权明确、纪律严明；
信任合作、交流通畅；
领导支持，及时得力；
追求卓越、永无止境。

第24章

实施 ERP 的前期工作

选择 ERP 产品提供商之前，一个绝对不容忽视的阶段就是前期工作阶段，前期工作是成立 ERP 项目组织后的第一件工作，是一个非常重要但又往往被轻视的阶段，是选型的依据，影响项目的成败。要回答该不该上 ERP？如果上，又该选哪个 ERP 产品？前期工作没有做好，选型就是盲目的，就有极大风险。

前期工作要做的具体工作内容很多，如培训、需求分析、投资效益分析、制订项目目标等，本书将在第 25 至第 29 章对以上内容分别做比较详细的介绍。

24.1 前期工作的重要性

在企业考虑上 ERP 项目并成立项目小组后，项目小组的第一件工作不是选型，而是进入前期工作阶段，为选型做好充分的准备。在 ERP 项目实施全周期中，前期工作阶段是一个容易被忽视的重要阶段，所以要重点讨论。许多项目失败，就在于不顾企业自身的条件和需求，不合时宜地上了 ERP，造成项目定义不清、目标模糊、期望值不切实际、实施范围多变。选择了不适用的 ERP 产品，又造成二次开发量过大。最后在交付和验收问题上与产品提供商和实施顾问公司纠缠不清，项目以失败或不了了之告终。因此，有必要对前期工作阶段的工作重点进行讨论。

前期工作阶段的目的，主要是避免上 ERP 系统的盲目性，解决该不该上 ERP 系统和选什么 ERP 产品的问题。根据企业的实力，前期工作可以由企业自己来做，也可以请管理咨询公司指导，但企业的项目实施小组必须全程参与，体现**企业主体意识**；前期工作一般需要几个月的时间。

24.2 前期工作的内容

前期工作是在组建“ERP 项目小组”后开始的。成立了项目组织，项目周期才算开始。实施 ERP 项目组织已在第 23 章详细介绍了。

前期工作阶段主要需要完成以下工作。其中一些重要的工作，我们会分别在以后的几个章节单独介绍。

1. 组织高、中层管理人员参加 ERP 基本原理培训

前期工作的第一件事就是抓培训。首先要组织企业高层、中层管理人员参加 ERP 原理与管理思想的培训，使企业高、中层管理人员对 ERP 是什么、能够解决什么问题、在企业信息化建设中的位置、成功实施 ERP 的条件、实施过程中可能遇到的问题及如何对待、业务流程重组和深化改革的必要性及做法等有一定的了解，通过培训做到统一认识，对待 ERP 项目有共同语言。ERP 项目小组全体成员要一起参加培训（见 25.2 节“培训内容”）。

2. 企业内外调研

通过培训，企业管理人员对 ERP 有了基本理解以后，才能开始调研，调研内容包括以下 3 个方面。

（1）摸清企业自身的底。首先结合企业的长远战略，对企业中存在的各种管理症状做出正确诊断，分析这些问题是否可以通过上 ERP 系统来解决。在这个前提下，对现有业务流程进行详细描述和分析，找出流程中所有非增值作业和各种影响响应速度的因素，设计理想的业务流程，充分估计流程变革可能带来的各种问题，以及变革的难度和阻力，并分清要解决问题的轻重缓急。弄清这些问题是下一步进行“项目定义”的前提，也是确定项目周期长度、规划投入人力、控制投资底线的依据。

（2）摸清已在使用 ERP 系统的业界同行或类似企业的底，学习它们实施 ERP 系统的经验和教训。注意，走访时要找对合适的接待人，能够客观、务实地介绍真实情况和深层次的实质性问题，避免被一些表面现象所迷惑。

（3）摸清哪些是有可能选用的 ERP **产品提供商（软件商）**和**实施顾问**公司，了解他们的行业定位、成长过程、专长和业绩。关于选择 ERP 产品提供商和实施顾问公司的注意事项，我们将在第 29 章详细讨论。

在项目起步时，由于企业对信息化管理没有经验，即使进行了 ERP 原理的培训，也还可能缺乏感性认识和直观的理解，因此，到外单位做一些调查是必要的。但是，千万不要因此而忽视了对企业内部的调研和分析，不要一味地“眼睛向外”，花许多冤枉钱无目的地“周游列国”。应当是先内后外，内外结合。

3. 企业诊断与需求分析

在明确企业迫切需要解决的问题后，对产生问题的根源进行因果分析，找出原因，并提出理想的解决方案，判断是否要通过实施 ERP 来解决？这将在第 26 章进行详细讨论。

4. 明确项目范围、制定项目目标和评价标准

在需求分析的基础上，根据需要解决问题的轻重缓急和难度，以及企业自身的管理基础和可能投入的力量，确定项目范围，制定项目目标。目标与项目范围是密切相关的，控制项目范围是项目管理的一项重要内容，是项目经理必须经常关注的一项工作。项目范围的变化必须经过项目领导小组的审批，项目越大，影响面也越大。

企业要解决的问题很多，受各种因素的制约，不可能一次全部解决，信息化也不可能一步到位。因此，要从需求的急迫性和环境的制约限制两方面考虑，在经过艰苦努力可以实现的原则下，编制总体规划及分步实施计划。ERP 项目可能是总体规划中的一个重要组成，可能还需要其他的信息化系统，才能完美解决企业存在的问题。

对每一阶段要明确做到什么程度，要有量化目标和评价目标的衡量方法。有关项目目标的问题详见第 28 章。

5. 完成投资效益分析

只有对实现项目目标带来的效益要心中有数，才能有效地控制投资预算，详见第 27 章。

6. 编写可行性研究报告

进行任何一项重大的技术改造或基本建设项目，都必须经过需求分析、投资效益分析，确定范围和目标，编写可行性研究报告，经过上级或公司最高决策层审批后才能开始实行。对像 ERP 系统这样一个带有风险的巨额投资项目，涉及方方面面的深化改革，如果没有一个经过认真论证的可行性研究报告，没有经过企业决策部门集体认真讨论和审批，是不可以贸然行事的。

可行性研究报告也称项目立项报告，以下相关内容可供参考：

- 说明实施 ERP 的目的，如竞争环境压力、老系统更新等；
- 期望 ERP 项目解决的主要问题，列出因果分析论证；
- 项目风险的防范和对策；
- 选型原则和要求，编制选型提纲；
- 项目预算，包括上限和下限；
- 效益分析，包括定量分析和定性分析。

ERP 产品选型不是一件简单的商品买卖事务，而是为了不断提高企业管理水平而与产品提供商和实施顾问公司建立长期合作伙伴关系的大事，企业的信息化需求会变化，需要产品提供商继续提供帮助，而提供商和顾问公司也需要积累经验和案例。前面提到的各项工作都是在为选型做准备，我们将在以后的几章分别重点介绍。

24.3 选型决策

前期工作阶段主要是为正确选型做好充分准备，在这个阶段高层管理团队要做两项重要决策：

- 审议可行性研究报告（包括需求分析报告和投资效益报告），确定是否上 ERP 项目。如果上，要对项目的目标、阶段、范围、进度、资金和人力调配做出明确规定，并责成实施小组编制“项目定义初步意见”（请回顾 22.4 节“项目定义”）和“选型提纲”。做到心中有底，选型洽谈才有底线。

- 确定选择 ERP 产品提供商的原则，包括产品的适用性、培训工作广度和深度、解决问题的范围、实施指导的成效、二次开发的处理等。

选型决策过程中要多听中层主管的意见，对不同的意见要进行分析，其中往往有不少意见是值得慎重考虑的，这样做有助于 ERP 项目的顺利推行。在征求意见阶段绝不能采取“压制”的做法，要让大家把问题和顾虑谈透，畅所欲言，找出合情合理的解决办法，体现民主集中制。

一旦做出决定，就要不折不扣地坚决执行，绝对不允许有干扰项目实施的“小动作”，不允许搞“内耗”和“窝里斗”。可以保留意见，但不能妨碍项目的进展。既有民主，更要集中。企业高管团队在“提倡什么、反对什么”的问题上必须旗帜鲜明，绝不可以“和稀泥”。

第25章

ERP的培训工作

ERP系统是一种在现代管理理念的指导下，采用和企业现行手工管理完全不同的全新管理模式来运行的。本书把“知理-知己-知彼-知用”作为成功实施ERP的规范流程，面对不熟悉的管理模式，第一步要做的就是学习和掌握它，做到“知理”。掌握一门新的知识，不可能一蹴而就，往往会似乎听明白了但做起来又糊涂了，即“聪明一时，糊涂一时”，所以培训是一项反复和长期的工作。

没有统一的认识，就不会有统一的行动，甚至不同人员还可能相互抵触。所以，持续对不同人员进行有针对性的培训，在ERP实施全周期中是一项必须高度重视的工作。

25.1 培训工作的重要意义

国外的“培训”含有教育（Education）和训练（Training）两重意义。

前者侧重于哲理（理论）和概念，说明ERP系统的原理和运行机制，讲解如何运用ERP系统解决经营生产业务中发生的问题，主要弄清“为什么这样做就能解决问题？这样做会带来什么效果？要创造什么环境促使其顺利实施？”，要做到**“知其然，还要知其所以然”**。

后者侧重于应用方法，主要说明“怎样做”，是一种面向软件应用的培训，一般安排在“教育”之后，结合实施ERP产品进行。只有明了“为什么做”，才能创造性地去处理“怎样做”，要做到**“授人以渔”**。

“教育”和“训练”都是必要的，先“教育”后“训练”，且对不同层次的管理人员可以有不同深度。有些企业为了节省培训费，免去了“教育”的内容，在带有一定盲目性的状态下推行ERP，不可能发挥人的能动性，这样做得不偿失，迟早还得“补课”。

ERP与手工管理的主要区别之一在于，它是一种规范化的系统（Formal System），它要求各级管理人员有严肃的工作作风，要求各个岗位的人员都要用严谨的态度对待各种信息。在ERP模式中，每一项数据、名词和术语都有严格的定义，每一项事务处理都有严格的程序。它要求每个人员不仅知道本岗位的工作要求，还要了解本岗位的工作质量对其他岗位工作的影响，要求人人都从全局和系统的观点来理解和做好本职工作。只有各岗位人员都对 ERP 有了系统的理解和统一的认识，明白了实施 ERP 的必要性和目标效益，变被动的“要我干”为主动的“我要干”后，才能提高自觉性。只有通过培训使企业中原来持有反对和观望态度的群体转变为积极赞成的群体（见图 25.1），实施中才能齐心协力，步调一致。ERP 软件的功能再强，也要靠人去运用。而 ERP 的威力和效益只有在人们学会运用它时才能真正发挥出来。

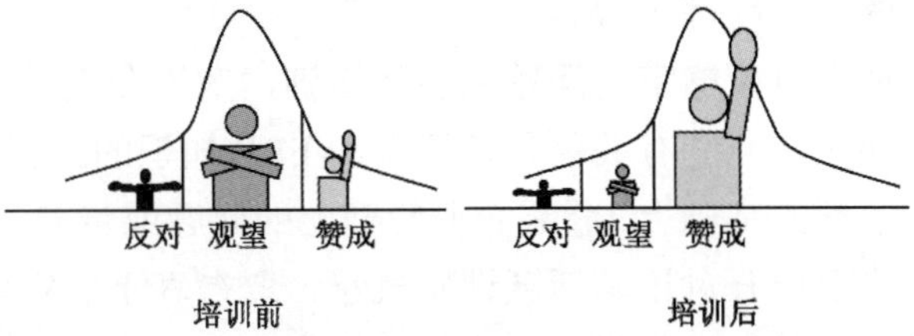

图 25.1　培训前后的支持率

所以说，**培训不仅是一个知识转移的过程，更是一个转变观念的思想革命过程**。

企业之间的竞争主要体现在人才的争夺，有了高素质的人才，才有可能开发出创新的产品和服务，生产出优质价廉的产品，这已经是众所周知和不言而喻的事了。就企业信息化建设来讲，也是同样的道理。从讨论企业信息化建设的环境开始，我们就不止一次地强调提高员工素质是企业管理信息化的必要条件，强调“复合型人才”和“管理以人为本”，而培训是提高员工素质的主要手段。

一个现代化管理和具备学习型企业文化的企业，不仅有专门的机构和经理人员来管理员工培训，有良好的培训用的教室（不是借用唱卡拉 OK 的“多功能厅”临时凑合）和教具（投影仪、白板等），对每一位员工都有全年的培训计划，包括培训内容和培训时间，以及培训费用预算。这也是人力资源管理的主要内容，是实现供需链管理的重要支持基础。不重视培训，也是企业人员流失的原因之一。

25.2　培训内容

本书虽然主要讨论实现 ERP 内部集成的实施进程，但是本着“由里及外”的精神，培训内容应当包括供需链管理和内外集成所有的基本知识。当然，不同层次人员培训内容的重点是有区别的，现分别介绍如下。

1．企业高中层管理人员

对各级“一把手”的培训是**实施 ERP 的首要工作**，培训内容侧重于供需链管理和 ERP 系统的原理和管理思想，使企业高中层管理人员明白信息化管理和手工管理的区别。在整个培训过程中“Education”的含义更多一些，一般不谈过多的操作细节，但有兴趣管理人员也可以继续参加实施小组的培训。高中层管理人员在项目实施中必须关注的问题在培训中应交代清楚，如ERP可以带来哪些效益及其运行机理，需求分析和确定量化目标的意义，对实施过程中可能遇到的矛盾冲突如何判断是非，高中层管理人员应承担的责任和起到的作用，等等。也就是说，要结合每家企业的实际情况开展培训，培训教员要注意联系企业实际进行讲解。

在系统实施后期，要向高中层管理人员讲解如何查询他们所关切问题的操作方法，以及显示屏幕上各种信息数据的意义。这项工作可以由ERP产品提供商或咨询顾问公司来做，也可以由企业的项目经理来做。

经验表明，若管理人员能够**带着问题来参加培训**，效果会大不一样。因此，建议听课之前最好能发给听课人员一些有关供需链管理和ERP知识的宣传资料，使管理人员能够在对其有一个初步了解的基础上，联系企业管理上的问题或带着对ERP系统的疑虑参加培训，并能在培训班上展开讨论，活跃课堂气氛，取得真正的实效。有些企业由信息部门或实施小组汇编了一些学习资料，结合企业情况和员工比较关心的问题，编写诸如《ERP 100问》的小册子，在企业管理层发放，使大家在接受培训前能够“酝酿、预习”，是一个非常值得推荐的好经验。

2．项目实施小组成员

在所有培训工作中，对项目实施小组的培训非常关键。因为实施小组的成员来自各个业务部门，有进一步向基层业务部门贯彻落实的责任，以及担任企业内部教员进行全面普及的任务。只有实施小组成员学得深透，才能带动其他员工。项目实施小组的成员不仅要接受高中层管理人员的培训内容，而且要对ERP产品功能和操作非常熟悉，尤其重要的是要帮助别人利用ERP系统解决企业的实际问题，不仅要听明白，还要能讲明白。

除对实施小组有比较深入的培训外，针对中高层管理人员的培训，实施小组也应参加，以便于了解中高层管理人员已经掌握了哪些知识，利于后期的交流。

3．部门业务人员

对业务部门管理人员的培训内容，基本上和项目实施小组人员的培训内容相同。每位成员不但对涉及本身业务的内容要非常精通，而且对相关业务也必须全面了解，只有从业务全流程来理解ERP系统，才能理解一个部门的业务和全局的关系，才能理解自身工作与上下游流程作业的关系和影响。要理解各个业务流程之间是**相互依存、相互作用**的道理，这样当部门利益与企业利益发生矛盾时，能用顾全大局的态度来处理。

一些企业项目组和业务部门成员对系统应用的了解和掌握程度超过了ERP产品提供商或咨询公司派来的实施顾问，对他们提出的问题，实施顾问不得不求助于公司的热线服务或更高层次的专家。达到这种效果不仅靠培训，更需要企业员工保持对信息化管理的高度热情和自觉。与此同时，企业应对有以上表现的员工予以奖励，使之成为企业普及信息化管理的中坚力量。

4．系统员和程序员

系统和硬件的配置和维护是培训信息技术专业人员的主要内容。有二次开发任务时，还要培训有关开发平台和编程技术。当然，应对供需链管理和 ERP 系统最基本的原理有所理解。这些培训内容，必须写进与软件商和设备供应商签订的合同里，因为可能会有按参加人数计费的问题。

虽然说不同层次人员的培训内容不同，但应当结合每个人的工作有所侧重。在知识经济时代，一个学习型的企业对知识的渴求是没有止境的，应当满足这种要求。例如，如果有中层管理人员愿意了解 ERP 产品的具体功能和操作，就应当组织这样的培训。总之，上述几个层次仅仅说明不同人员有不同的侧重，但培训内容是灵活的。

各类人员培训的内容、时间、地点、教员等说明，可参考表 25.1。

表 25.1　培训计划表

<table>
<tr><th>层　次</th><th>培训对象</th><th>培训内容</th><th>培训时间</th><th>培训地点</th><th>教　　员</th><th>备　注</th></tr>
<tr><td rowspan="3">1</td><td>企业高管团队</td><td>供需链管理</td><td rowspan="3">1～2 天</td><td rowspan="3">企业外某处全脱产培训</td><td rowspan="3">咨询顾问公司</td><td rowspan="3">项目前期阶段培训，人数控制在 30 人左右</td></tr>
<tr><td>项目领导小组</td><td>ERP 原理与管理思想</td></tr>
<tr><td>项目实施小组</td><td>项目管理与实施方法</td></tr>
<tr><td rowspan="3">2</td><td rowspan="3">项目实施小组</td><td>ERP 产品应用培训</td><td>10～20 天</td><td rowspan="3">企业内或企业外某处全脱产培训</td><td>ERP 产品提供商</td><td>购买 ERP 产品以后</td></tr>
<tr><td>有关信息技术</td><td>根据需要</td><td>企业信息主任</td><td></td></tr>
<tr><td>怎样做好培训</td><td>2～3 天</td><td>咨询顾问公司</td><td>掌握培训技巧</td></tr>
<tr><td>3</td><td>系统员</td><td>ERP 系统管理</td><td>7～20 天</td><td>企业内</td><td>ERP 产品提供商</td><td></td></tr>
<tr><td rowspan="2">4</td><td rowspan="2">职能组成员</td><td>基本内容同层次 2</td><td rowspan="2">10～20 天</td><td rowspan="2">企业内</td><td rowspan="2">实施小组成员/ERP 产品提供商</td><td rowspan="2">根据协议，部分人可以参加层次 2 培训</td></tr>
<tr><td>本职为主，兼顾全局</td></tr>
<tr><td>5</td><td>操作人员</td><td>ERP 产品应用</td><td>根据需要</td><td>企业内</td><td>实施小组成员</td><td></td></tr>
<tr><td>6</td><td>扩大培训</td><td>基本内容同层次 5</td><td>有计划、有重点分批多次</td><td>企业内</td><td>实施小组成员</td><td></td></tr>
</table>

表 25.1 中有些培训是在企业外某处脱产进行的，这是一些企业的做法，为的是让接受培训的人员能够专心致志地参加培训，不受日常业务或家庭事务干扰。

除上述内容外，有一个必须培训的共同科目，就是项目交付阶段制定的、由项目领导小组批准执行的“工作准则与工作规程”，这是全体员工都必须遵守的“宪法”，使新系统能够深入人心（见 30.5 节“工作准则与工作规程”）。

25.3 培训工作中容易忽视的问题

企业培训工作中往往出现以下一些偏向，需要注意纠正。

1. 忽视培养企业自身的教员

如果 ERP 系统对企业来说是一项全新的概念，那么一开始请“外来的和尚念经”往往是免不了的。但是，企业绝对不能总是请“外来的和尚念经”，有的企业实施 ERP 已经几年了，来了一批新员工，还要请“外来的和尚”培训，这就说不过去了。实施 ERP 几年后，如果企业还不能造就一批教员，说明还没有形成一支复合型的人才队伍，而且可能埋伏了极大的“复辟”风险，会导致项目失败。

企业一定要培养自己的教员，这是 ERP 系统能否在企业扎根的重要条件。要知道，“听明白”一种道理和“讲明白”一种道理，“自己会用”和“教会别人用”，在理解和应用层次上的差异不是“量”的区别，而是“质”的区别。如果企业内部有一批员工能够“讲明白”ERP 的道理，能够“教会”新员工使用系统，说明 ERP 已经深入人心，不容易出现倒退或“复辟”的现象。

在培训工作上，与 ERP 产品提供商或咨询顾问公司建立长期合作关系是必要的，但是企业一定要有立足于自立自强的企业主体意识。要培养自己的教员队伍，就像 20 世纪七八十年代一些企业在推行全面质量控制（TQC）的工作中，重视培养自己在各个部门的“小教员”一样。只有如此，ERP 的管理思想才有可能在企业普及并深入人心。只有做到绝大多数员工（如一个有 2000 人的企业中 80%接受了不同层次的培训）都接受了培训，即使有个别员工离职，也不至于影响大局，这一点非常重要。

2. 重技术，轻管理

不少企业在培训过程中，往往只注意软件的程序或指令如何应用，而忽视应如何正确地使用系统所提供的信息来改进管理工作。培训应当围绕“如何用 ERP 系统解决管理业务问题”来讲解，APICS 早期专门出版过一本书叫作 *Solving business problems with MRP Ⅱ system*（《应用 MRP Ⅱ系统解决管理问题》），进入 ERP 时代依然是这个道理。必须做到“知其然又知其所以然”，关键是“在深入理解的基础上熟练应用”，而不仅仅是“会操作”，而且要“解决问题”，这对最后实现 ERP 项目目标至关重要。

3. 忽视联系企业实际

每家企业的情况不同、存在的问题不同，因此培训时讲解的重点也应有所区别。要做到这一点，最好的办法就是由企业自己的教员来讲，因为“外来的和尚”对企业内部问题的理解总不如身在企业之中的员工。这也是为什么要强调企业必须有自己的教员的道理。企业不仅要有自己的教员，还要根据自己的具体情况和实际案例，自己编制员工喜闻乐见和容易吸收消化的教材和课件，编写教员使用的"教学要点辅导材料"，以便在教员职务变化时，保持教学工作的延续性。教材和课件都要随着培训工作的深入，进行定期补充修订。经常性的培训工作可以由企业的职工教育部或人力资源部负责，对新员工也要用自编的教材进行培训。

4. 只知局部，不解全局

一种常见的偏向就是：每个业务部门只培训本部门所使用的子系统。在进行其他业务系统培训时，本业务部门的人员不参加。这样似乎可以节省时间，或节省培训费用，但是在实际运行过程中，往往会出现许多不协调的问题。我们知道，ERP 是一种覆盖核心业务全流程的信息集成系统，是一项系统性工程，任何一个部门的工作都会和其他部门发生关系，数据流程也同样有"先导"和"后续"的关系。一个部门所处理的数据是由其他部门处理后输入的，如果不明白其他部门是如何处理、按照什么原则处理的，就很难判断输入的数据是否为本部门真正需要的数据。同理，如果不了解下游业务对信息的需求，就很难提供下游真正满意的数据，也谈不上改进。因此，在培训过程中，一定要避免只知局部、不解全局的做法，一定要从系统工程的角度进行培训；也就是从信息集成的角度理解业务部门之间"**相互依存，相互作用**"的关系。只有了解全局、顾全大局，才能创建协同文化。

5. 忽视联系实际的考核

每次培训后，要注意考察学员的接受程度，而不是课一讲完教员就"拍拍屁股走人"。有些企业在培训后拟出一些思考题，课后限期交卷。题目中除课程讲解的内容外（如 MRP 运算等），还要求学员联系自己的部门工作，分析业务流程是否合理，如何改进。同时要求学员针对本岗位业务与上下游业务的关系，按照信息集成的原理，对所处理的每一项信息数据的作用和要求，以及如何加快响应速度等提出建议。要启发员工结合岗位工作深入思考，最后再根据答卷发结业证书，并作为考核员工业绩表现的记录归档。

我国有不少实施 ERP 系统的企业对参与 ERP 系统运行的各个岗位上的员工，实行培训经过考评后，发给学业及格证，要求**持证上岗**，并在待遇上也有所区别。这也是鼓励员工学习好思路、好方法、新技术的一种激励机制，可在企业内创建一种学习文化，值得借鉴。

6. 注意温故知新

学习一门新知识，需要通过实践反复复习。经常会碰到一些人，听课时似乎什么都懂了，到实际应用时又糊涂了，这种"聪明一时、糊涂一时"的现象经常出现，并不奇怪，也符合实践论和认识论螺旋式上升的规律。每个员工对新事物的接受能力是有差别的，因此，培训不怕重复和反复，要温故知新，不可能"一次成功"。也可以采用研讨班的形式来提高和巩固培训的成果，这是一项经常性的工作，也要依靠企业内部的教员来完成。

在图 22.1“ERP 项目周期的阶段划分”中，把培训工作作为贯彻项目周期始末的一项工作，就是说明培训是一项经常性的工作，除第一次全面完整的培训外，随时都可以补课。

7．培训合作伙伴

在企业实施 ERP 系统之后，还有必要向合作伙伴（利用供应商年会或企业的客户大会）介绍 ERP 原理，让企业的供方和需方都明了企业在信息化管理上的运作情况，有利于向企业的上下游推广信息化，做到内外信息集成，实现真正的供需链管理和协同商务。这是一项非常重要的工作，也需要由企业自己的教员或有关的管理人员来做。

25.4 教室与教具

一个重视职工教育和培训以提高其素质的企业，应当有设施比较完善的各种培训教室。除教员和教材外，培训环境对培训效果有很大影响。在这里谈教室与教具问题似乎有些可笑，但是确实有一些企业对此没有足够的认识，准备不足，导致培训效果很差。

对教室与教具的基本要求是：

（1）配备演示 PowerPoint 文件的投影仪。幕布与投影仪之间应有足够的距离，保证有足够大的图像，便于后排听课人员看清。培训讲课不同于做大报告，是知识转移，不要用大幅“××××培训班”之类的红布横幅标语遮挡了投影幕布，一定要把听课效果放在第一位，绝对不搞形式主义。

（2）配备放置稳当而不晃动的白板或黑板，与投影幕布在讲台两侧对称放置。准备好书写流畅的笔和可以擦净板面的板擦，这些细节经常被忽视，从而影响讲课效果。

（3）教室窗帘和灯光布置上既不要影响图像的清晰度，又要照顾看清白板和听课人员记录需要。例如，灯光不要直射在幕布上，教室里如果有多排照明灯具，幕布上方的灯具必须可以单独关闭。

（4）教室所在位置没有环境噪声干扰（如车辆、生产车间或各类风机等）。

（5）配备可固定又可手持的话筒，电线长度足够的接线板，有无线话筒最好，扬声器工作稳定、没有噪声。

（6）有课桌，便于听课人员记录。

（7）企业应当有适合不同听课人数的大小教室。窄长会议桌及沙发的会议室、舞厅、多功能厅都不宜作为教室。少数人在一个显得空旷的大教室上课，效果不好。

在整个 ERP 系统实施过程中，培训工作要持续不断地进行。因此，创立一个较好的培训环境很有必要。除了 ERP 课程，其他职工教育课程也同样有此需要。

25.5　制作投影片注意事项

投影片（即幻灯片）的制作需要规范并有一定技巧，现将人们通常容易忽略的主要问题列举如下。

- 简明扼要。标题、段落层次分明，相关逻辑性强。
- 重点突出。切忌把整页书刊原封不动地作为投影片内容。
- 色彩简练，对比清晰。一张投影片上的色彩不要过于花哨，字体与背景反差要大，切忌在浅色背景上写浅色或白色字体，或在深色背景上写黑色或深色字体。
- 考虑听课人数，字体大小要使最后排学员能够看清，内容多时宁可将一个标题下的内容分成几页，也不要密密麻麻地挤在同一页上。

事先按每页 2～6 张投影片制成讲义，发给学员。制作黑白讲义时，有时需要对投影片进行重新加工，避免把有色彩的图案打印出无法分辨的“墨团”。演示过程有覆盖时要分别做成多个投影片，勿使讲义仅显示最上面一层的内容。

总之，培训是企业的一项经常性工作，从长远战略要求，企业一定要建立一支复合型人才队伍，不仅是为了实施 ERP 项目，而且对任何工作都是必要的。具体内容请回顾 10.2.4 节“壮大复合型人才队伍问题”。

第 26 章

管理诊断与需求分析

ERP 是企业信息化极其重要的一环，是制造业管理信息化的基石，它是必不可少的，但又不是万能的。企业存在的管理问题很多，只有做好“**管理诊断**”，找到问题的根源，才能确定哪些信息化手段可以解决企业的问题，许多情况下会需要多种应用技术共同发挥作用。

那么，企业究竟有哪些迫切需要解决的具体问题需要 ERP 来支持呢？为此，要做好“**宏观需求分析**”，论证上 ERP 的正确性，把握上 ERP 的时机；如果结论是需要上 ERP，再进一步做好“**微观需求分析**”，明确对 ERP 产品的具体要求，因为不同的 ERP 产品在一些细节上是有差别的。一定要带着企业要解决的问题，选择适用的 ERP 产品。

26.1 企业战略与信息化战略

实现经营战略需要信息化的支持，信息化战略为企业经营战略服务。如何将经营战略转换为信息化战略呢？我们不妨举一个简化的例子加以说明，如图 26.1 所示。

通过标杆分析（见 26.2 节），假设企业的销售利润率在行业里小于平均值，并因此造成企业资金紧张，限制了自主研发和技术改造投入。于是企业战略中提出要在 2 年内使销售利润率提高 30%，并提出多种措施，但是每一种措施都需要信息技术支持才能真正落实。例如，要开发出高附加值的产品，单靠一家企业是难以实现的，需要与具有相应特长的合作伙伴协同开发。除自己要有 CAD/PDM 等信息技术支持外，还需要 PLM/CPC（Collaborative Product Commerce，协同产品商务）等技术的支持，开展网络协同设计。这样做的结果，估计可以为提高利润率的企业战略目标实现 30%的可能性。其他如缩短上市时间、抢占市场，加快资金周转，降低库存，降低成本等许多环节都需要 ERP 系统的支持。但是单靠一个 ERP 系统还是不够的，还需要与其他相关的应用系统配合才能充分发挥作用。从这里也可以看到“ERP 是不可少的，但又不是万能的”的道理。

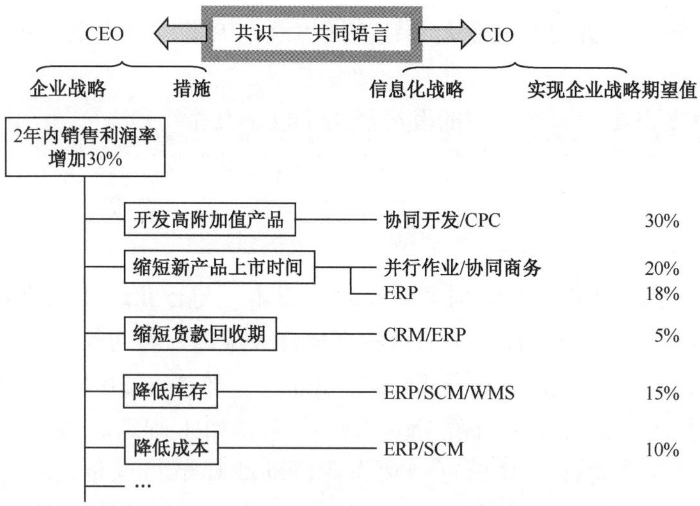

图 26.1　企业战略与信息化战略

在这样一个流程中，企业战略和实现战略的措施是由企业高管团队或 CEO 提出来的，如何利用信息技术支持这些措施的实现则由企业的 CIO 提出来。CIO 只有使信息化规划能够支持企业经营战略规划的实现，才能和 CEO 有共同语言。

企业的战略目标当然不止“提高销售利润率”这一项，把所有的战略目标和措施都一一列出，寻求所有需要支持的相应信息技术，最后可以发现，哪些应用系统是比较集中和迫切需要的，进而制定企业的信息化战略。

ERP 的需求分析首先从支持企业经营战略的实现开始，这也是 31.3 节“先天条件”的第一条。那么如何制定企业战略呢，这就要引进标杆管理的概念。

26.2　标杆管理与差距分析

企业战略的制定是由市场竞争环境决定的，不能单凭主观愿望。假如不考虑市场的需求就制定一个产值翻番的“企业战略”，只能是脱离实际的主观幻想，最后可能完全落空。战略发展规划也不是与自己的过去比，孤芳自赏，而是与竞争对手比，与全球的行业排头兵比，把自己置于全球竞争环境下研究并制定规划，只有这样才能在全球市场占有一席之地。

那么又该比什么，怎样比呢？为此，要引入**标杆管理**的概念。简单地说，就是回答：谁是行业的竞争强手？他们强在哪里？为什么强？我们与他们的主要差距是什么？我们又该如何赶超他们？

标杆管理（Benchmarking）于 20 世纪 70 年代末由施乐公司首创，后经美国生产力与质量中心（American Productivity & Quality Center，APQC）系统化和规范化。标杆管理的核心是为了持续不断地与业内高手对比，并学习高手的经验。第二次世界大战以后，日本为了复兴经济，派出大批工业人士到美国等西方国家访问考察，实质上就是一种标杆管理的学习行动。

从管理的角度来看，标杆管理的发展经历了以下几个阶段。

20 世纪 60 年代，财务分析：主要是对比自己的现在和过去。

20 世纪 70 年代，竞争对手分析：ROI、ROA、投资、薪资。仅与自己竞争的对手对比。

20 世纪 80 年代，业绩标杆：时间、质量、成本。与行业最佳企业对比。

20 世纪 90 年代，流程标杆：与如何实现**最佳**业绩的**流程**对比。

美国哈佛大学商学院波特（Michael E. Porter）教授在 20 世纪 80 年代提出的价值链中，把制造业企业的业务流程分为入厂物流、加工制造、出厂物流、市场营销和售后服务 5 个作业阶段。分析每一项作业活动或环节与竞争对手相比的优势和劣势，找出差距，努力赶超，可以理解为一种业绩标杆。具体请回顾 8.5 节“价值链”的内容。

如果对手的强项是他们产品的性能、可靠性和使用寿命，我们就要在产品研发方面赶超，相应管理措施可能是联合研发，加强质量管理。如果与竞争对手的差距是成本、利润、价格和交货周期短等问题，那么就可能需要通过实施 ERP 系统来赶超。不同方面的差距，有不同的解决方案，这就是**差距分析**（Gap Analysis）要考虑的问题。

根据美国生产力与质量中心（APQC）1993 年的定义：“标杆管理是一种流程，通过不断地对比全球的行业排头兵，持续评价企业的业绩，是一种衡量是否达到‘同类企业中最好’的方法，也是该类企业最佳业务流程的标准。”

应当注意：在这个定义里一再提到“流程”，标杆管理的最后阶段也是流程标杆，这和我们多次强调的“ERP 系统是面向流程的”完全一致。

标杆管理的要点可以归纳为以下几个方面：

- 它是一种对比流程而不仅是评价业绩结果，也就是通过对比产生优异业绩的流程；
- 它是一种结构化的流程；
- 它主要针对企业外部的高手；
- 它强调向高手学习；
- 它的着眼点在于，学习如何持续地改进（这是它的核心特点），而不是单纯地评价，更不是打分排队（如“世界领先 500 家”）。

Aberdeen 公司（见第 3 章［注 1］）在发表评价报告时，总是把所调查的公司分为“同类最佳”（Best-in-class）、“行业平均”（Industrial Average Middle）、“落后”（Laggard）3 档，说明各自在某个方面的业绩，供企业在进行标杆管理时参考。

通常对比的项目是关键业绩指标（Key Performance Indicator，KPI）。我们举一些例子，说明标杆管理是如何进行对比的，如表 26.1 所示。企业除与国内竞争对手对比外，为了在全球竞争中生存与发展，在全球经济环境下，还要与世界级的强手对比，要高标准定位。

表 26.1 对比关键业绩指标

对 比 项	本 企 业	国内竞争对手			世界级企业		
		甲	乙	丙	A	B	C
设计周期（天）	60	30	40	35	20	15	18
交货期（天）	10	6	8	7	5	4	4
库存周转次数	3	9	11.2	7.8	14	18	15
销售利润率	5	7.2	8.1	8.5	10	11.2	12.5
供应商数/客户数比	34	25.3	30.3	22.4	15	18	14
…	…	…	…	…	…	…	…

此外，根据每家企业的关键业绩指标的侧重面不同，还可以选择不同的对比项，如销售收入和利润率、资金周转率、市场占有率、供应和生产周期、交付履约率、每年出现的脱销次数、每吨“产品”能耗等。

找到差距后，还要分清各种差距影响力的大小，并重点分析这些主要差距产生的原因。只有找到原因，才能有针对性地寻求可行的解决方案。

26.3 宏观需求分析

26.3.1 宏观需求分析要确定的问题

宏观需求分析是战略层的需求分析，要确定以下主要问题：

- 企业上了 ERP 系统能够解决多少问题；
- 企业的主要问题是不是实施了 ERP 就可以解决的；
- 企业是不是该上 ERP 系统；
- 企业实施 ERP 的各种条件是否具备（对比第 31 章“防范风险与成功的条件”）；
- 确定上 ERP 的时机。

宏观需求分析要对企业存在问题进行管理诊断，并用因果分析方法找出问题发生的根源。

26.3.2 管理诊断与因果分析

与竞争强手产生差距的原因很多。有些是技术层面的，可能需要 CAD、CAPP、CAM、CAE、GT 等信息技术工具与手段；有些是管理层面的，需要各种不同的信息化管理系统来支持。企业存在的问题并不是 ERP 系统都能解决的。哪些问题是 ERP 能够解决的，需要通过管理诊断和因果分析来确定。

管理诊断主要对有差距或影响企业战略实现的各项业务流程进行以下工作：

- 准确描述影响问题形成的全部相关因素；
- 分析产生问题的原因及主要根源。

只有在管理诊断的基础上才能进一步开展以下工作：

- 对主要根源的流程进行如实的详尽描述；
- 提出解决问题的各种方案；
- 确定最优的理想方案；
- 考虑现实的限制和制约因素；
- 设计可行的解决方案。

最简便易行的因果分析法是“鱼刺图法”。鱼刺图法最早是 1953 年由日本川琦制铁公司的质量管理专家石川馨提出的，也称石川因果分析图。尽管年代已久，但其沿用至今仍然不失为一种比较简单而实用的因果分析方法。企业管理诊断可以体现在许多方面，就 ERP 项目来讲，主要是找出影响企业发展或竞争力的各项业务流程，目的是判断 ERP 能不能解决这类问题，在解决这类问题上又能够起多大作用。

我们曾在 8.2.2 节“约束理论的基本点”提到约束理论的因果关系，高德拉特用树枝状图说明因果关系，用云雾标注障碍，和鱼刺图法的精神是一样的，都是要刨根问底。

下面以图 26.2 为例来说明鱼刺图法的应用。图中以“销售利润率低”造成收益低、资金不足，限制了企业技术革新投入，作为一个影响企业发展的管理“症状”为例。利润率是由销售额和成本决定的。销售额低又有许多原因，如产品的性能差、质量差、交货期长等，对产生各种问题的原因再进一步分析，一直到找到最终根源为止。要“确诊”就要找到发生现象的最根本的原因——根源，只有从根上彻底解决问题，才能保证类似的现象今后不再发生。

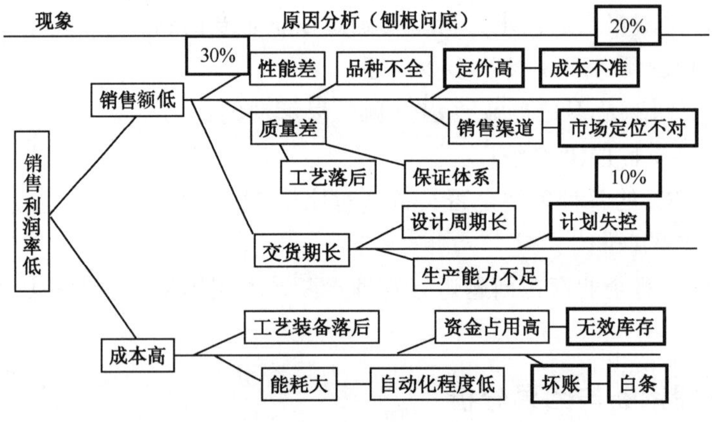

图 26.2　企业管理诊断举例之一——鱼刺图法

如果多数根源，如例中的成本不准、计划失控等，都是运行 ERP 后可能改善的，则要解决这类问题，就应该选择 ERP。

做因果分析必须坚持“刨根问底”的精神，在日本丰田生产方式中称之为“5 个为什么”（5 Whys）。而许多实际情况仅仅问 5 个为什么是不够的，如果还没有找到问题根源，就要继续追问下去，直到找到为止。举例说，一台车床的轴转不动了，于是问：

- 为什么轴转不动？　答：因为轴瓦坏了。

- 为什么轴瓦坏了？ 答：因为没有润滑油了。
- 为什么没有油了？ 答：因为润滑油泵坏了。
- 为什么油泵坏了？ 答：因为进去铁屑了。
- 为什么进去铁屑了？答：因为过滤网破了。
- 为什么过滤网破了？答：因为使用一年多了。
- 还有什么原因没有？答：没有了（刨根问底问到头了）。

于是建立制度，过滤网如果没有设计上的问题，以后不管是否损坏，每半年更换一次。这样做就能从根本上找出产生“轴不转”的原因，并找到彻底解决的办法。虽然过滤网没坏也要更换，似乎“不经济”，但这种措施却可保证这类生产中断的现象永远不再发生，减少了更大的停工和修理设备等“更不经济”的损失。

不论做什么分析，都应当遵循一丝不苟的态度。一定要“刨根问底”，因为如果没有从根源上解决问题，同样的问题还会重复出现。

因果分析采用的鱼刺法也是应用业务流程管理（Business Process Management，BPM）系统的基础，必须养成认真求实的思维方式和工作态度，这对我们分析和处理任何问题都非常有用。

如果有多个问题，就要找出影响最大的那个问题；如果有多种原因，则要找出出现最频繁的那个原因（见图 26.2 中的百分数举例）。换句话说，要用柏拉图的“20-80”原则，来分清轻重缓急。

图 26.2 中粗线条的方框是采用 ERP 系统可以解决的，如果这些根源是主要的原因，那么上 ERP 系统是合适的。有些原因即使采用了 ERP 系统，也还是解决不了，需要采取其他措施。可以通过这类分析来确定企业上 ERP 系统的目的和时机。孙子兵法谈到“知胜有五”的第一条就是“知可以与战、不可以与战者胜”，就是一种把握时机的概念。曾经有一家化工厂，在我国加入 WTO 以后，这家企业的产品售价无法与进口产品竞争，而影响成本的主要因素是工艺装备老旧，这种情况就不是上 ERP 能够解决的了，而是应该把资金首先用来加快技术改造，更新工艺装备。

在鱼刺图解的基础上，按照影响面的大小，依据柏拉图的“20-80”原则，找出重点因素。然后再进一步运用“刨根问底 5 Whys”精神，找出产生各个现象的根源，提出解决问题的方案。最后用戴明环（计划—执行—评价—改进）的方法反复检验和改进变革实践，直至达到允许条件下的最优化。

再举一个为什么车间定单不能按计划完成的鱼刺图法例子，如图 26.3 所示，供企业参考。

通过用鱼刺图进行因果分析，说明发生车间定单不能按计划完成的主要原因是“销售部门轻易允诺客户”和不做“能力平衡”，这种情况选用 ERP 是合适的。

运用鱼刺图还可以设置各种原因分类，国外有的文献[①]把原因归为人力（Manpower）、

① *Root Cause Analysis*，APICS 2004 Proceedings，2004.10，San Diego.

方法（Method）、机器（Machine）、社会环境（Milieu）、材料（Material）和计量（Measurement）6 类，称之为 6M。把产生问题的原因归纳到各个类别中，这是一种按照原因分类的分析方法，可以参考。

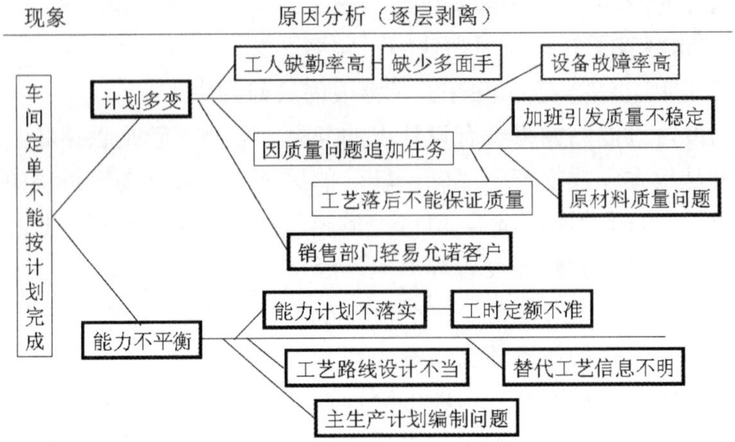

图 26.3　企业管理诊断举例之二——鱼刺图法

26.4　微观需求分析

如果宏观分析的结论确定上 ERP 是必要的，就要进一步分析主要原因和具体的业务流程，对现有流程提出改进方案，设计理想的流程作为选择 ERP 产品的依据，即微观需求分析或战术性的考虑。这是 Gartner 公司提出**"用户在选择 ERP 系统时要从战略和战术两方面来考虑"**的原则精神。

26.4.1　业务流程分析

微观需求分析是从分析业务流程入手的。首先根据宏观分析将产生问题根源的现行流程如实地描述，然后提出理想的流程方案，最后分析信息化管理系统能够起到的作用，提出对 ERP 系统功能的要求。

让我们以销售人员在发现潜在客户后的处理流程为例，来说明 ERP 系统对销售作业的支持。图 26.4 是一个企业答复客户的现行流程，由于不能迅速响应和及时回答客户的询问，前后方的信息沟通不畅，处理不及时，导致丢了单子。

为了获取客户，必须迅速、及时地满足客户的要求，使客户满意。要做到这一点，首先要对一线的销售人员进行培训，给予必要的原则指导和一定权限或授权（Empowerment），利用远程通信或移动网络系统，使销售人员不论在什么地理位置，只要在自己的权限范围内，都能在任意时间查询企业各处成品仓库的库存信息，如果库存不足，又可以进一步查询企业的计划和富余生产能力，以及与交付数量和时间保证等相关的信息。当一切都能满足时，还必须查询客户的重要性类别、交易历史和信誉度，确定允许的交易的数量或金额，确定付款条件……直到签订合同。这里对客户有“双向选择”的意思。在有明确处理各类事务的准则的情况下，销售人员在自己的权限内，可以不需要层层请示汇报，以加快对环境变化的响应速度。如果查询结果不能满足客户要求，则要将信息直接传达到计划人员（系统自动警示），由计划人员根据客户的重要性或交易额大小等业务规则，对计划做进一步调整。流程分析要特别注意不同业务之间的信息传递和交接，理想的流程如图 26.5 所示。

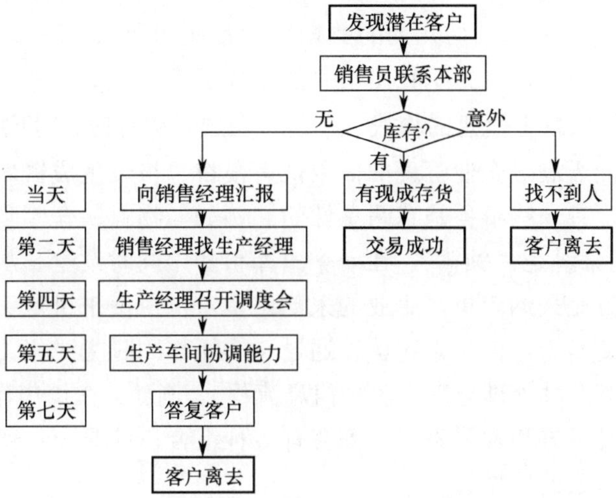

图 26.4　答复客户的现行流程

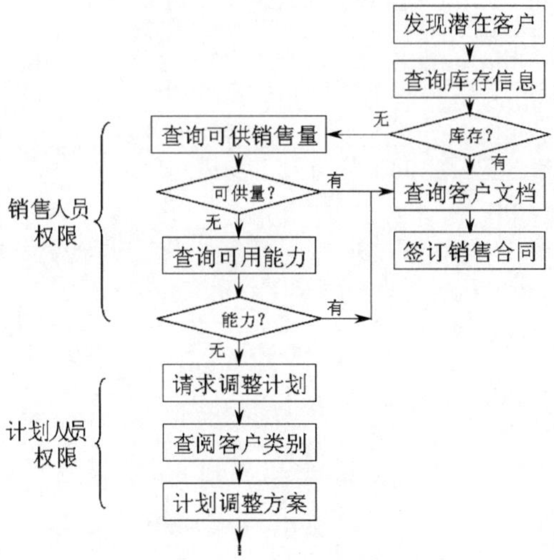

图 26.5　理想的流程

在这个例子中，需要远程通信和移动网络的功能，不论销售人员在什么地区，都能与总部保持联系，查询库存信息和客户信息。系统要能够提供模拟运行“可用能力”“可交付期限”的功能（如 APS）。选择 ERP 产品时，要以满足能解决问题的理想流程作为依据。

26.4.2 信息流程分析

在业务流程分析的基础上，对每一个小流程的输入、处理和输出，还要进一步做信息流程分析。通常的办法是收集所有相关的票据，描绘票据上的字段项的来龙去脉，核查每一项信息的定义和用途，对那些定义不清、用词多样的信息要规范化。例如，某企业的出入库几种小票上分别印有“入库量”和“过秤量”的字段，追究其定义，原来指的是同一件事，遇到这类问题就应当统一名词和定义。有些字段是长期沿用下来的，已经没有实际意义，一切冗余的数据字段都应当取消。

分析信息的来龙去脉，有助于找出信息的集成关系，借助管理信息系统消除重复劳动和无效作业。分析票据上信息的构成，有助于在选择软件时，对比 ERP 产品提供的相关报表格式和内容能否满足企业管理的需要，有没有“报表生成器”的功能。

在信息处理上，有一些事务是有两重性的。例如，物料从仓库到车间，对仓库来讲是“发料”，对车间来讲是“领料”，在一个出库事务中同时发生。从大的范围讲，企业的销售定单在客户方是采购定单，企业的采购定单对供应商来讲是销售合同，都是同一项事务处理的两个交易方。信息系统可以通过一次操作同时生成相关双方的单据。

有些业务可能有多种处理方案（多种信息流程）。例如，在销售作业中，买方、收货方、付款方、出具发票方和发票寄往地等会有多种组合，都要一一列出，作为选择 ERP 产品时对产品功能考察的依据。

在完成需求分析之后，还需要进行投资效益分析，研究用较少的投资，一次或分阶段满足需求。我们将在第 27 章“投资效益分析”进行讨论。

第 27 章

投资效益分析

ERP 项目是一项巨额投资，不是买个硬件/软件的一般采购业务。既然是投资，就要考虑回报、做投资效益分析、估算投资回收期。

投资要考虑回报是任何一位理财人都懂的浅显道理，本来就毋庸赘言，但是目前在众多实施 ERP 这样花费巨额投资和人力资源及长时间实施的项目中，却很少重视投资效益分析，甚至否定它的必要性。这种情况反映了一些企业上 ERP 项目还存在盲目性。

不做投资效益分析，在对待 ERP 产品价格问题上就会失去判断依据。

27.1 投资效益分析的必要性

通俗地说，投资效益分析就是要说清楚：花这么多钱、投入这么多人力和时间上 ERP 系统“值不值”？何时可以见到回报？

下面从 3 个方面说明投资效益分析的必要性。

1．论证决策的正确性

企业决策层在投资 ERP 项目问题上必须慎重，要用实施 ERP 解决问题带来的效益，**论证上 ERP 项目决策的正确性**。

资金是有**机会成本**的，一笔资金如果用在其他项目可能会比用在这个项目获利更多，因此要把用在其他地方可能带来的潜在效益与 ERP 项目进行比较，通过投资效益分析来论证。

2．项目目标的依据

实施 ERP 必须有量化的目标，它既要说明实施 ERP 将会带来的预期效益，又是考核员工对实施 ERP 的贡献、设定关键业绩指标（KPI）的基础。有了目标，还要有考核，才有助于 ERP 项目在企业中全面顺利推行，加强项目的“执行力”。

而**项目目标**要依据需求分析和投资效益分析的结论来设定，不做投资效益分析就很难设定量化的项目目标，这也是很多企业没有量化目标的一个原因。

3．确定投资金额底线

ERP 产品选型，首先考虑 ERP 产品的适用性，再依据投资效益分析的结果，参照可以接受的投资回收期，确定项目费用**可以承受的底线**。

27.2 投资和回报估算

在做不做投资效益分析的问题上业界有不同看法，有人认为 ERP 项目主要追求的是长期效益，为企业奠定一个竞争优势的基础，不能要求立竿见影；也有人认为，投资回报很难计算，无法用投资回报来考核 ERP 的成败。

效益是在深化应用中逐渐体现出来的，“上线”时还见不到效益的情况确实存在。很多项目可能要等若干年后才能收回投资，因此投资回收期会有长有短，无非是收益多少和回收期长短的问题。任何一项投资项目都必须做可行性研究，而投资效益分析是可行性研究报告的重要内容之一，是立项决策前必须做的一项不可缺少的重要工作，如果投资长期见不到效益，谁也不会做赔本买卖。

27.2.1 不要忽略任何资金投入

投资效益分析首先要确定投入的资金数额，在资金投入方面，通常要考虑以下各项，但不一定每个 ERP 项目都需要，要根据企业的具体情况而定。为了避免疏漏，这里列举了所有可能的支出，供企业参考。

- 调研、接待、差旅费用；
- 咨询、培训等售前服务费用；

（以上两项应列入 ERP 项目开支，不要分摊到行政办公费用中。）

- ERP 产品费用（软件使用许可证费、资料费、SaaS 类型的租赁费）；
- 计算机、终端机、打印机、服务器、各种网络通信系统设施、条码成套设施、数据采集器等各种硬件费用；
- 新建机房、添加的办公设备（如计算机桌椅、文件柜）的费用；
- 实施顾问、售后服务费用；
- 监理服务费用；
- 二次开发和用户化的费用；
- 日常维护费用（耗材、网络通信费用、工资等）；
- 升级费用及每年需支付的相关费用（ERP 产品公司有相应的规定）；
- 在线服务费用；

（以上是比较不容易忽略的支出。）

- 延误信息化应用造成的损失（推迟获益的损失，如何计入资金投入比较难估算，要和收益结合起来研究，不妨做些分析估算）。

这里，不妨引入总体拥有成本的概念（TCO，请回顾 20.5 节“总体拥有成本的应用”)，就是把 ERP 项目生命周期的一切费用，包括选型、安装、应用、维护和管理等费用都考虑进去，而不仅仅考虑初次投资。

27.2.2　效益从何而来

投资是相对比较容易估算的，前人已经积累了不少经验可以避免漏项，有各种报价可以参考，但估算效益难度就要大得多。尽管有难度，但还是要有一个估算，不能完全心中没底。

效益是相对的，在做投资效益分析之前，首先把要**对比**的各事项**当前的效益指标**梳理清楚，在此基础上才能估算数据的增减。一些企业之所以不做投资效益分析，原因之一就是平时没有重视经济指标，如说不出当前的库存资金周转率，说不清销售利润率，说不清由于产品成本不准造成的亏损，等等。长期以来，一些企业往往偏重规模扩展，片面追求产值和销售收入的增长而忽视了利润和效益，这种现象应当及早纠正，否则，会影响国民经济的健康发展。

就实施 ERP 项目的效益而言，可以从“开源”和“节支”两方面来考虑回报。ERP 项目投资回报估算如表 27.1 所示。

表 27.1　ERP 项目投资回报估算

节支或开源措施	回 报 计 算	增减
• 降低库存量	占用资金的利息和保管费及保险费减少	(−)
• 降低超储浪费	占用资金的利息和过期失效报废损失的减少	(−)
• 提高生产资源利用率	计划合理，产能发挥，多接任务，增加销售收入	(+)
• 减少加班	均衡计划，减少人工费和间接成本及加班费	(−)
• 减少采购成本	折扣优惠金额、管理费用减少	(−)
• 提高交货履约率	索赔费减少、提高客户忠诚度使销售收入提高	(+)
• 控制应收账款，加速资金回收与周转	应收账款天数/流动资金占用减少	(−)
• 规范化管理对质量的保证	降低质量成本	(−)
• 成本控制与精确核算	亏损减少，销售收入增加	(+)
• 加快对市场的响应速度	上市快，扩大市场占有率带来的销售收入增加	(+)
• 缩短财务报告汇总时间，实时发现管理问题	坏账及各种财务损失减少	(−)
• 各种物料信息提高了产品标准化、系列化	降低生产和采购成本	(−)
• 其他可能的改进	增收或节流	(±)

如果掌握了 ERP 的基本原理和运行机制，又完成了管理问题诊断，会比较容易明白效益因何得来。下面用一个降低库存和采购成本的例子说明其内在联系，说明用好 ERP 系统提供的信息，再结合必要的管理措施带来的效益。

我们曾多次提到，**效益是人用出来的，不是系统自动产生的**。系统可以“自动”提高工作效率，但是不能“自动”生成效益。效率的提高可能会带来“节流”的效益，如减少操作人员，减少工资支出；但是如果没有相应的管理措施，则很难带来“开源”的效益。表 27.2 是以改善采购管理为例说明 ERP 的效益是怎样实现的，可以看出降低库存和采购成本要从多方面入手，协同运作，才能产生效益。这也说明 ERP 系统是一种覆盖全流程的信息化管理系统，实施 ERP 系统只有在全面、整体运行情况下，才能发挥系统应有的优势。

表 27.2 效益来自用好 ERP 提供的信息（采购管理举例）

ERP 系统提供的信息	管理措施	效　益
• 物料分类	简化物料品种规格	降低运输储存/提高采购批量
• 物料需求计划	决定采购数量和时间	降低库存
• 计划报表（预见）	保证采购提前期和预算	避免突击采购增加成本
• 请购单	设定权限及审批层次	控制采购资金支出
• 最大储量/最长天数	控制库存量	避免超量存货
• 供应商业绩考核	选择合格的供应商	降低采购成本/保证质量和供应时间
• 自动核对后付款	报价/发票，定单/到货定货量/合格量	避免不良支出

要改进采购管理，首先要从产品设计开始，简化物料的品种规格，利用 ERP 提供的物料分类功能，确定优选件和标准通用件。品种规格优化集中后可以增加采购批量，降低采购成本和库存保管费用。

所有库存物料都必须根据 MRP 运算提出的需求量，避免产生过多和过早的库存量。同时，按照需求的数量和时间做好预算，该花钱时就有资金准备。对例外情况要通过请购程序，经过审批把关，控制资金支出。

对超出储量和存储天数上限的物料，系统会发出警示，有关业务人员必须及时处理。

对不能按照合同协议供货的供应商，要及时采取措施，给予帮助或更换。

系统自动核对采购物料的执行情况，符合要求后才能付款，避免不良支出。

ERP 系统的强大功能，突出表现为它所提供的实时共享信息。对这些信息，必须结合管理改革和人员素质的提高进行充分利用，才能真正见到效益，还是那句老话：“效益是人用出来的”。

实施 ERP 系统后，库存下降是最常见的效益。由于企业原有的管理基础不同，下降的幅度会有区别，管理基础越好，下降的幅度可能反而越小。

由于 ERP 系统能够运用模拟功能做到能力平衡，计划周密可行，排产调整迅速，可以保持物料均衡流动，减少了停工待料现象，使加工能力资源得以充分发挥，因而可以承接更多的任务，增加销售收入，也可以减少突击加班造成的质量问题，降低生产成本。

ERP 系统实现物料和资金信息集成后，能够实时地反映物流状况，使财务部门可以及时结算并及时发现问题，即采用标准成本体系，实时地计算成本，及时处理应收应付账款，减少坏账损失，加快资金周转。

有不少效益确实是由于多方面的因素得来的，如销售收入增加。就这个效果而言，通过 ERP 系统可以做到的仅仅是以下几方面，而不可能是全部。

- 报价准确、及时，得以中标；
- 计划得当，提高资源的利用率，增加产量；

- 交货周期短、履约率高、信誉度好，增加客户量；
- 通过对客户群和销售收入的在线分析处理（On-Line Analytical Processing，OLAP），做到市场定位准确，趋势分析及时；
- 售后问题处理得当，问题解决及时，优质的售后服务增加客户满意度和忠诚度；
- ……

销售收入增加还有许多其他的因素，如营销策略、产品推陈出新等，不一定完全是 ERP 项目的功劳。但是，可以通过估计 ERP 项目带来的效益所占销售收入增加的比重，即用一个百分数来估计 ERP 项目的回报。尽管很难准确估计，但是总比没有数字好。

27.2.3 定性效益

我们用投资**效益**分析而不是投资**收益**分析，是因为在英文里收益是 yield，主要指现金；而效益是 benefit，还包括非量化方面。所以，ERP 还有一些定性的效益，如：

- 发扬了团队和协同精神，加快决策和响应速度，不失商机；
- 摆脱了事务主义，致力于实质性工作，提高工作效率；
- 提高了应变能力，对环境变化的响应速度加快，赢得了定单；
- ……

这些定性的效益，依然有可能转换成定量的数据。例如，处理各种事务的时间缩短的百分比等，有些虽然不是用货币直接表达的，但有其他指标可以衡量，而且有可能转换为一种估计的货币值。

以下是湖南株洲车辆厂实施 ERP 后实现的定性效益，可以供企业参考：

- 生产组织有序、可控；
- 物流管理精细、准确；
- 产品质量全过程控制；
- 成本核算真实、细化；
- 促进了工厂经济效益的增长；
- 精细化管理理念已初步建立。

27.3 分析方法

27.3.1 净现值流曲线与回收期

在确定资金投入和预期效益的基础上，主要计算 ERP 项目的投资回收期，以及由于实施 ERP 系统对企业投资利润率（Return On Investment，ROI）的影响。这是最简单的粗略分析。

在考核ROI的问题上，最近国际上的观点是：不能仅仅看到ROI，ROI是一个体现财务指标的结果，着重于成本降低和收入增加，还有许多其他关键的业务指标和定性的效益也是不能忽略的。例如，创造更多的商业机会，加快产品的上市速度，改善与客户和供应商的关系，等等。另外，对供需链管理来讲，用ROI考核很难表达合作伙伴协同运作带来的增值效果。但就实施ERP这样的单个项目来讲，分析投资和效益以ROI为指标还是可以参考的。

不同的工程项目有不同的“有效寿命”，计算ROI和回收期都是在有效寿命的期间范围进行的。就ERP项目而言，除了硬件有使用寿命和折旧、更新问题，对软件来讲，一般只是升级和扩展的问题。除非企业先采用一个简单的ERP产品“练兵”，用几年就换掉。此时，应当在更换ERP产品之前能够把最初选购的ERP产品的投资收回，或以“折旧”形式计入新系统的投资。在做分析时，企业可以根据自己的具体情况，来确定下一次投资前的项目寿命。

由于投资和效益是在不同年份发生或实现的，今年投入的100万元和两年后投入的100万元的价值是不同的。计算时要考虑货币的时间价值，将历年的投资和收益，通过折现率（或贴现率）折算到项目投资起始年度的净现值，这样才具有可比性，如图27.1所示。

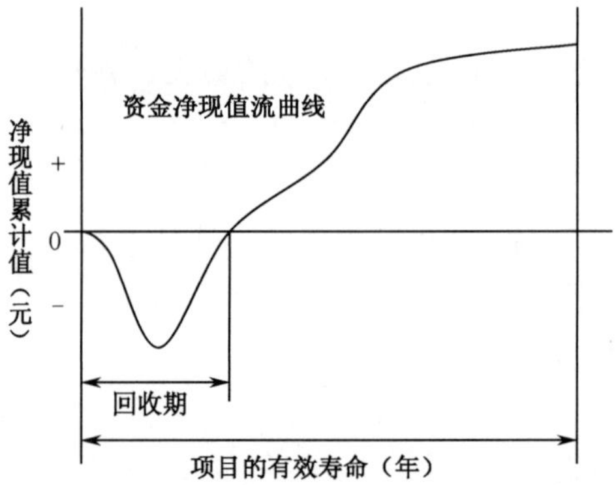

图27.1　净现值流曲线与回收期

需求分析和投资效益分析是项目可行性研究报告的主要内容，是前期工作需要提交和备案的书面文档，是企业实施ERP项目不可缺少的决策依据，也是衡量和评价项目实施业绩的标尺，一定要认真对待，不是可做可不做的工作。

27.3.2　敏感性分析

不论是投资还是回报，都可能出现不可预计的不确定因素，如期望值大于或小于某个百分点时会出现什么后果，可以通过“敏感性分析”做进一步深入研究。当实际情况出现各种百分比的正负（±）误差时，应分析期望值可能发生的变化，然后研究对这类变化是否可以接受。

进行投资效益分析所采用的各项数据指标，会随着时间和条件的改变而变化，影响原来评价的结论，甚至导致结论错误。因此，要对这些设定的数据再做一些分析，其中有一些对效益的增减影响较小，如可以控制的一些因素，企业无法控制的外部因素则相反。前者称为“不敏感因素”，后者称为“敏感因素”。对敏感因素变化的趋势及其造成影响的分析，称为敏感性分析。

各种影响表 27.1 中各项可能效益的敏感因素中，原材料和能源价格上涨、追加项目实施费用最为常见。在分析时，用原材料正常上调若干百分点后估算可能的正常效益，也要用异常上调的百分点来估算可能的最低效益。

第28章 制定项目目标

没有目标，何谈成功？

做任何事都要有目标，知道自己要到哪里去，否则会因目的地不明确而迷失方向，一事无成。我国 ERP 系统成功率不高，一个重要的原因就是盲目性，没有可以评价成功与否的量化目标。因此，在完成了需求分析和投资效益分析，明确了上 ERP 项目的必要性之后，就要研究如何确定 ERP 项目的预期目标。

28.1 制定目标的必要性

为什么要制定目标？可以归纳为以下 3 点。

1．目标是成功的标准

成功的标准就是实现预期的目标，没有目标等于不知道要到什么地方去，也就永远到不了要去的地方。制定目标是成功实施 ERP 的首要工作。

2．目标是业绩评价的标准

ERP 不仅有项目的总目标，而且还必须有各阶段的分阶段目标。只有根据各阶段目标制定考核用的关键指标，并经常进行考核，才能不断地推动 ERP 实施按照计划向总目标奋进。

3．目标是改进管理的催化剂

ERP 要取得效果，实现目标效益，不是把系统正常运转起来就可以了，必须有一系列的管理措施跟上。企业不仅要促使员工把 ERP 系统用起来，还要结合管理改革把效益用出来，只有确定了目标，管理改革才有方向。

28.2 制定目标的注意事项

ERP 的项目目标是在需求分析和投资效益分析的基础上制定的。做好需求分析和投资效益分析，并在此基础上确定实施 ERP 系统的目标，是 ERP 项目前期工作阶段极其重要的内容，是实施 ERP 项目的方向标。

ERP 项目是否成功，只有把实施后的结果与目标进行对比，才能说得清楚，目标必须量化才能评价。也就是说，没有量化的目标，说不清是否成功。

我国自 20 世纪 80 年代引进 MRP Ⅱ系统以来，成功率不高的主要原因就是盲目性。必须一再提醒：无数案例证明，在高层管理层还不理解什么是 ERP，不知道 ERP 能够解决哪些问题，没有明确一致目标之前，仓促上 ERP 项目的风险极大，笼罩着失败的阴影。

在确定目标时有以下几点要注意。

1. 必须站在战略高度

企业信息化规划是为了支持企业经营战略的实现，经营战略是在进行标杆管理时为找出与高标准的差距而制定的，ERP 是企业信息化战略的重要组成，因此，必须站在全球市场竞争的战略高度制定 ERP 项目的目标。

2. 目标要分清主次

在资金和人力等资源的约束下，根据投资效益分析的期望值，确定 ERP 项目要达到的效益目标。各项目标对投资效果的影响有轻重之分，所以项目目标也要分清主次。

3. 目标必须量化

只有可以衡量的目标才有可能对项目实施的成效进行评价，不能停留在原则性的“提高管理水平”“管理上一个台阶”“理顺业务流程”“加强管控”等无法考核的口号上。不仅目标要量化，而且要事先定义怎样才算达到目标的计算方法。国外管理界有一句名言：没有业绩评价，就谈不上管理（原文是：No measurement，no management）。没有量化的目标是无法评价的。

4. 目标必须得到一致认可

目标首先由能够综观全局的高管团队提出，在广泛征求意见和充分讨论的基础上制定。一旦确定，就要齐心合力去实现，特别是高管团队更要一致。

5. 目标必须深入人心

《孙子兵法》谈到“知胜有五”的第 3 条是“上下同欲者胜”，就是一种从高层到普通员工目标一致的概念，且要深入全员人心。绝不可把孔夫子在《论语·泰伯》里那句“民可使由之，不可使知之”的愚民统治理论搬到这里来用。

高层管理班子不仅要明确目标，而且要使目标被全体员工所知晓和接受，成为企业上下齐心的一致的行动纲领和行为准则，成为业绩考核的主要内容。

6. 指明实现目标涉及的变革和采用的可行方法

不要回避为实现目标可能采取的变革措施，要指出实现目标将要采用的可行方法，使全体员工能够正视现实，励志改革，树立信心。

7. 目标必须积极可行，没有不切实际的期望值

最后还要提醒，制定目标必须与采用的 ERP 系统功能和项目定义的应用范围结合考虑，不要有经过努力肯定能达到的过高期望。

28.3 ERP 项目目标举例

实施 ERP 的目标是根据企业各自的战略要求、需求分析和投资效益分析制定的，并没有统一标准。一般来说，目标中既会有定量的经济效益指标，也会有定性效益要求。这里举的例子是为了说明目标的内容，一般是以增减的百分比表达的。

北京紫竹药业在实施 ERP 项目时，与 ERP 产品提供商共同研究，提出了 13 项量化的指标，并约定要在指标实现后再结清支付费用。

这 13 项指标是：

（1）产品准时交货率	98%
（2）降低库存资金占有率	5%～15%
（3）提高资金周转率	5%～10%
（4）提高流动资金周转率	5%～10%
（5）降低采购成本	5%～15%
（6）降低生产成本	2%～5%
（7）降低管理成本	10%～30%
（8）提高利润率	2%～5%
（9）提高存货周转率	5%～10%
（10）提高应收账款周转率	10%～35%
（11）物流、资金流、信息流集成率	90%
（12）减少管理人员	10%
（13）投资回收期	1 年

以上指标中，几乎所有指标都规定了一个范围，公差值在 1～3 倍的范围，可以理解为项目管理概念中“乐观”和“悲观”两组数字。最后，经过双方共同努力实现了这些目标，合作过程愉快，且获得了双赢。ERP 产品提供商之所以同意对这个项目在实现目标后交付，主要是基于紫竹药业有良好的管理基础，有管理高层主动投入。该企业尹栩颖总经理亲自抓这个项目，我曾与她有过这样一段对话，值得企业借鉴。

问：许多企业的老总都抽不出时间来抓 ERP 项目，您是怎样做到的？

答：我们企业每一项工作都由专人负责，不是什么事都要找到我来处理，我有时间抓 ERP 项目。

问：许多企业的业务部门不愿意把骨干抽出来做 ERP 项目，你们是怎样解决的？

答：我们把 ERP 各项业务的推动贯彻任务直接交给各个业务部门主管负责。

问：许多企业在实施 ERP 后遇到的缩减编制问题，你们如何处理？

答：我们是一个发展中的企业，少招工就是了。

然后我又向仓库、计划、车间等基层的业务操作员问了一些“为什么”，都得到了满意的回答，说明他们都是以当家做主的心态在运行 ERP 系统。此外，企业还结合具体业务编制了培训教材，有自己的培训教员，工作非常深入扎实。这是一个非常值得学习的案例。

28.4　选型前必须完成的工作

至此，我们完成了需求分析和目标设定，也就是明确了：

- 我们的不足是什么；
- 需要哪些 ERP 功能来支持。

如果把 ERP 选型流程用“知己–知彼”来概括，至此，就是完成了**知己**阶段。接下来，要根据业务流程和管理需求，提出 ERP 产品的必要功能和可选功能，参照投资效益分析给出的投资底线，进入选型阶段，也就是进入**知彼**阶段。

图 28.1 归纳总结了知己阶段所要做的工作及所依据的理念和方法，也就是选型之前必须完成的工作，作为一个小结，以供企业参考。

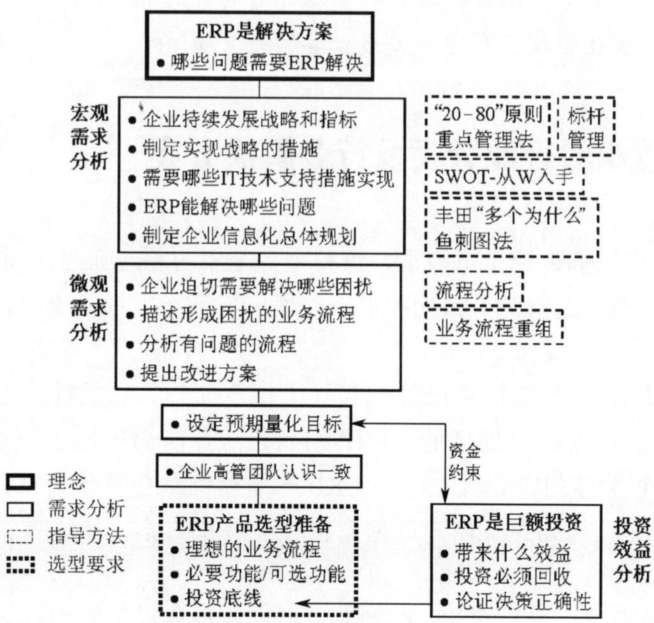

图 28.1　选型之前必须完成的工作

第29章

制造业行业特点与选型

在完成了以上各章节相关的前期工作之后，才能进入选型阶段。每个 ERP 产品都有其成长背景和特长，有其市场定位，有代表性业绩。因此，选型前企业首先要剖析企业的行业和企业特点，选择对口适用的 ERP 产品。

实施 ERP 项目的规范流程可以用“知理–知己–知彼–知用”来概括。只有在企业高层管理团队理解了 ERP 基本原理、明确了企业信息化的需求和目标之后，才能带着问题去选型。这个过程就是实施规范流程的前 3 个阶段“知理–知己–知彼”，是 ERP 产品选型必须遵守的流程，说明选型不是孤立的工作，必须在完成“知理–知己”的基础上进行。

选型不当，后患无穷，不仅会劳民伤财，而且可能挫伤员工对实现信息化管理的信心和积极性，影响企业管理信息化的发展，要慎之又慎。

29.1 制造业的行业分类及行业解决方案

在第 11 章中，我们讨论了离散型、流程型等基本的制造业生产类型，在 ERP 选型时，企业首先要明确自己包含了哪几种生产类型，需要复习 11.1 节“离散生产与流程生产”的内容。

当前，一些 ERP 产品提供商已经在实行“行业细分”的软件开发策略，由于不同行业有不同的特点和需求，“通用的”ERP 产品无法都能满足，这种“行业细分”策略有利于不同类型企业的 ERP 选型。一些 ERP 产品提供商会宣传自己的产品是“某某行业解决方案”，但是，作为企业用户如何看待行业解决方案，还需要有一个更深层次的理解。

制造业是一个非常广义的名称。在制造业内有各种各样不同的行业，如机床、家电、汽车、船舶、电工、电子、重型机械、食品、制药、烟草、纺织、建材、炼油、化工、冶金等。在同一个行业里的企业，由于在产业链上所处的位置不同，又会有各种生产类型，如汽车行业下面有整车装配（特点是混流生产）、1 级部件（如发动机、变速箱、散热器等）、2 级部件（如分配器、滤清器等）、3 级零部件（如活塞、火花塞等）和一些毛坯零件（如连杆、曲轴、凸轮轴等）。不同的汽车行业类型，其营销模式是不一样的，为少数几个整车厂供货的零部件厂，销售业务比较简单。而整车厂的营销业务就要复杂得多，如图 29.1 所示。因此，适用于汽车零部件生产的 ERP 产品不一定适用于整车生产。

	离散型			流程型	
	流水线(混流)	流水线(单一)	离散机群	连续流程	批流程
汽车行业	整车装配	发动机	铸锻毛坯		
化工行业				化肥/聚乙烯	洗衣粉
制药行业		制剂		原料药	
建材行业	卫生洁具			水泥	塑料制品
食品行业		灌装饮料			发酵
烟草行业		卷接包			烟丝
机床行业		紧固件	机床		
冶金行业				冶炼	轧材
家电行业	装配	零部件			
纺织行业			服装		染织/化纤
船舶行业		锚链	造船		

图 29.1　制造业的行业与生产类型

因此，仅仅看一个 ERP 产品标注是“某某行业解决方案”是不够的，必须进一步具体分析它是行业中哪一个类型的企业。

例如，制药行业有两种基本类型：原料药和制剂。有些原料药生产属于化工类的流程行业，而制剂（注射剂、片剂、胶丸、栓、浆……）属于离散型连续流水生产。若仅仅是药品销售系统，则又不同于制造业，所以不能简单地用一个“医药行业解决方案”来概括各种类型的制药企业。

再如，纺织行业是一个内容非常广泛的行业，其中化纤和棉纺是完全不同的生产性质。化纤属于流程型，棉纺属于离散流水型，而且有极其特殊的工艺要求。印染工业又有其特殊要求，都需要有非常专业的 ERP 产品。有的纺织行业集团包括服装，如果把服装算作纺织行业，则又是一种独特的行业，有其特殊需求。如果服装业包括专卖店管理，则具有营销网性质，管理需求又不一样。

生产和管理性质不同，对 ERP 产品的要求也不相同。这也是为什么要再三强调“先知己”（企业的特点和需求）“再知彼”（ERP 产品的功能和专长）的道理。不同生产类型对 ERP 产品有不同的要求。明白自己属于什么行业、什么生产类型，永远是企业在进行 ERP 选型时首先要注意的问题。对于多元化经营的企业来说，尤其要考虑周全，许多情况是不能用一个 ERP 产品包揽下来的。

29.2 选择 ERP 产品

29.2.1 勿为名称所误

当前 ERP 已经成为管理软件最热门的“代号”，因此，ERP 选型不能光看产品的名称，而要看它的实质内容。例如，过去的 MRP Ⅱ系统，联机事务处理（On-Line Transaction Processing，OLTP）是它的基本功能，但发展到 ERP 已经增加了不少复杂的查询功能和分析功能，有的 ERP 产品已经包括了“商务智能”（BI），涉及的技术远远超过“联机事务处理系统”。

还有人认为 ERP 产品是非常僵化的，不适用于企业业务流程和机构调整的变化。这样所谓的 ERP 产品是有的，但不能算是合格的 ERP 产品。按照 Gartner 公司的定义，ERP 系统要能够适应业务流程重组的需求，一些基于组件技术或基于流程设计原则（包括面向服务体系架构，SOA）开发的 ERP 产品绝不会僵化，这是软件工程的发展趋势。

把一些成功的企业经验作为样板范例融入 ERP 产品中，宣称是“最佳实践”（Best Practice）固然有其值得学习和借鉴的一面，但也不能因此而绝对化，一切都要从本企业的特点、需求和发展出发。事物总是在不断进步的，《财富》评出的“世界 500 强”，年年都有增有减，即使是当前世界级企业的管理模式或“最佳实践”也会不断变化或改进。所以，“先进管理模式”不应“僵化”ERP 产品。

再次强调，绝对不要被 ERP 产品的名称或产品样本说明所误，要深入了解其功能和技术内涵，经过详细考察和认真分析后慎重选用。

企业在选择 ERP 产品时，最主要的是看 ERP 产品是否适合企业行业的特点，有多少成功的先例，要突出**“适用的就是最好的”**的原则。所谓“适用”，是兼顾了近期和远期发展的需求，不是只看眼前。

选择 ERP 产品提供商实质上是选择长期合作的伙伴。企业要发展，管理模式在不断创新，对管理信息化会不断提出新的要求；同时，为了满足管理信息化日新月异的需要，信息技术和 ERP 产品研发也在不断发展。企业和 ERP 产品提供商双方应考虑长期合作关系、谋求共同发展。

除此之外，选型时还要考虑以下一些因素。

29.2.2 如何看待 ERP 产品

调研 ERP 产品时，必须时时刻刻想着企业的业务需求，坚持企业主体意识。可以从定位、功能、技术、服务和经营 5 个方面来评估提供 ERP 产品的公司。关于“服务”将在 29.2.3 节单独讨论。关于价格，只能以需求分析和投资效益分析的结论为准，首先要满足管理需求，详见 29.2.4 节。

1．看产品定位

首先要知晓 ERP 产品的行业定位是否和企业的定位相匹配，这是筛选 ERP 产品的第一关。尤其要强调：

- 连续流程行业和离散生产需要截然不同的 ERP 产品；
- ETO 类型的离散型制造行业有较之于其他类型更独特的管理要求。

多数 ERP 产品最初往往是针对某种类型的企业开发的，因为产品开发出来以后立马要有用户来使用，弥补开发成本，因此往往只对某几种类型的企业比较适用。有的 ERP 产品是从某些功能起步，之后将其他公司的产品买过来，经过修改作为自己的产品，逐步扩充。扩充的方式不同，结果也不同，可能是集成的，也可能只是一种“补丁”。同一种功能在各种 ERP 产品中的深度会有不同，这和产品的市场定位有很大关系。

2．看具体功能

ERP 产品必须满足在企业需求分析阶段提出的业务流程，能够解决企业迫切需要解决的问题。ERP 产品能否满足企业的各种业务流程，可以从物流和资金流入手来观察。

1）ERP 产品必须能正确描述企业的产品结构

ERP 产品首先要确切表述企业的产品结构。产品结构是集成物料的模型，可以反映企业的生产性质（离散、流程）及相应的计划方法。

不同行业的企业产品结构是不同的，如 A 型（装配型产品）、X 型（配置产品）、V 型（流程反应型产品）、T 型（冶金产品）等。有些产品的结构与工艺流程又有密切的关系，如发动机的连杆，由连杆盖和连杆体两件组成，但是在锻件状态时两件却是合成一个整体，于是出现局部 V 型结构，ERP 产品必须能够正确描述。

2）ERP 产品必须能正确描述企业的资金流

在资金流的问题上，主要是满足财务方面的规范要求。但要特别注意的是企业的特殊要求，如在**对外交易**的环节。例如，在销售方面，开具发票、收回货款和税务处理；交货地点、付款单位和发票寄往单位有各种不同组合；价格经常波动的产品又有处理和代理商的结算问题；在降价促销的运作中，出现差价对代理商如何补偿，等等。在采购方面，农牧产品的收购（没有发票）、供应商品临时替代、货到发票未到的登录方法、供应商的赠品（不收费）如何计入成本，等等。不仅要关注常规的处理流程，更要结合本企业的特点，关注一些特殊的处理流程。不同的企业都会有不同的处理方案，ERP 产品都必须满足各种处理方案的要求。

此外，要看在各种决策分析、增值与非增值作业的分析及股东权益和分配分析等管理会计方面，ERP 产品都能提供哪些手段。

3）ERP 产品必须满足企业组织机构及其相互关系的特点

企业的组织结构不同，对 ERP 产品也会有不同的要求。首先要注意企业的组织结构层次，如集团企业、分公司、子公司、事业部、工厂等。一家企业只有一座工厂还是拥有多座工厂；多座工厂是生产同一产品还是不同产品；是否有跨国经营、多元化经营，等等。不同组织结构在物资和资金上有什么特殊的汇总要求、报表合并的要求、汇率税率计算等，都需要在选型时注意。

4）其他注意事项

此外，还要注意以下与功能有关的问题。

- ERP 产品必须是成熟的，企业如果甘愿做第一个吃 ERP 产品提供商“螃蟹”的单位，当“试验品”，即使享受了一些优惠，但通常也会有极大风险，得不偿失。但是，如果企业的特点非常特殊，没有适用的现成的 ERP 产品，就需要开发适合企业需求的专用产品。
- ERP 产品必须满足企业需求，二次开发往往是不可避免的，有时会占到产品功能的 10%。但是，过多的二次开发会影响实施进度，同时会增加实施成本和风险，有可能不利于 ERP 产品升级，甚至影响与产品提供商的长期合作。但是，如果企业提出的功能要求带有普遍应用意义，产品提供商应从完善产品功能考虑，主动补充，不应作为二次开发对待。有些功能开发可以采取从 ERP 系统中摘取数据，在系统之外的计算机处理后再录入插回到系统的办法，尽量不影响系统的源程序。
- ERP 产品必须能够满足企业今后的业务流程重组，业务流程肯定会不断改进，不能因为业务流程或组织机构变动，ERP 产品就无法适应。
- ERP 产品的操作界面友好，转换敏捷方便，也就是说，用工业工程中的工效学（Ergonomics）的原理来设计和处理 ERP 产品界面与操作人员之间的关系，如可以根据业务人员的岗位职责，按照操作顺序显示需要操作的屏幕，即所谓的基于角色功能（Role-based），并可以随着业务流程的变化，由用户自行调整后，能够体现业务流程顺序，并自动提供业务岗位需要的信息。除采用下拉菜单和弹出菜单外，还可以通过点击、拖曳、挖掘等技术，极其方便地查阅各种相关信息。
- ERP 产品不仅提供企业特定事务处理的功能，还必须提供各种分析功能，如数据挖掘、辅助决策和优化的功能。
- ERP 产品必须提供各种报表用户化生成功能（不仅限于财务报表），这是一个极其普遍的基本要求，而且不需要太多的具备计算机知识的业务人员就能操作完成。不少 ERP 产品都有“报表生成器”这类功能，但在使用方便和灵活性上还会有很大差别。
- 生成条码的功能。将 ERP 一些字段代码转换为条码并打印。

3. 看技术平台

ERP 产品功能的实现，很大程度上受所采用的技术的限制。换句话说，先进技术是为了实现管理需要的功能而存在的。如果管理有所需求，但是缺少必要的技术，ERP 产品系统就可能无法实现所需的相应功能。管理需求、信息技术和 ERP 产品功能三者之间的关系，主要是管理需求驱动。

在选型过程中，凡是涉及技术问题的评估，都需要由企业的 IT 专业人员把关。

为了实现必要的功能，ERP 产品需要具备的主要基本技术有以下几方面。

- 能否支持供需链管理和电子商务。是否基于 Web（Internet），是否采用适应计算机和网络通信技术发展的通用标准，如 EDI（电子数据交换）应用。如何实现企业同上下游合作伙伴之间的信息实时沟通以及如何同企业已经在使用的其他应用系统集成，等等。
- 能否支持在线分析处理（OLAP），数据库是否开放。提供不同层次的决策分析功能。
- 能否支持业务流程优化和重组，ERP 产品开发是否采用基于组件的开发技术或基于工作流设计的开发技术。适应企业的业务流程重组和组织机构的调整变动。
- 权限设置技术是否可靠，是否可以定义到任意字段或最小对象，满足安全保密的深度要求。
- 系统安全和修复。保证系统稳定不间断地运行，防止商业泄密和黑客攻击。
- 如果是进口 ERP 产品，能否满足中文汉化的要求，如采用双字节或 Unicode。操作人员必须能够看懂屏幕上各个字段的含义。
- ERP 产品的开发工具必须开放和易用。
- 原有资源的保护问题。这里所说的资源，主要指的是企业在原有系统上运行的数据及原有的硬件（如微机，要注意已有微机的档次是否符合新系统的要求）。是否有必要保护及如何保护，首先应考虑新系统的长远需求。如原有数据在规范化上不符合 ERP 原则要求，首先应尽量把原有的数据，通过转换和维护形成符合 ERP 系统要求的数据。
- SaaS（软件即服务）和云计算（Cloud Computing）都是带有租赁性质的实施模式，具有投资小、运算快、交流面广等优势。对业务流程比较简单、资金比较紧缺的小企业，可能有吸引力。但由于服务器和程序均为租用，不属于企业所有，在适应企业的个性化需求、功能扩展、数据安全以及商务保密方面需要重点关注。

近年来，国外一些文献非常强调 ERP 软件产品的可用性（Usability）。可用性的概念不仅是屏幕设计“友好”和便于操作，更重要的是产品能够适应企业业务发展需要，业务人员不会因业务流程或业务规则的变化，感觉产品不再适用。由于人们对 ERP 产品的灵活性和可扩展性提出了更高的要求，信息技术和软件工程的发展要能支持这个要求。

因此，在选型时要密切注意技术发展，项目小组中的信息技术专业人员注意把关，选用的 ERP 系统不会因技术问题限制了系统的扩展，给日后造成被动。

AMR 在 2004 年 11 月的一份调查报告中说，仅仅从功能和技术两方面来评价一个 ERP 产品已经不够，相当多的受访者把“易于使用”和“很好理解”作为必要的考虑条件。其中，很好理解是指不需要过多的培训、能得到方便的技术支持、升级对使用的冲击小、易于用户化、较低的单位用户总体拥有成本等。

4. 看产品提供商的经营策略和稳定性

选择产品提供商不仅要看产品和服务，为了长期合作，还要注意产品提供商的研发实力、对产品的投入及版本升级的速度、客户成功案例及成功案例的比例，以及产品提供商的管理文化等。对国外产品提供商既要看全球，又要看国内，因为同企业直接签约的是国内的分公司或代理。有时，从全球看是一流的，但具体到国内就不一定了。也有的提供商在全球看已趋衰落，但在我国却依然强势。除了注意产品提供商的公司战略，还应了解产品提供商的股市波动状况。

国内已经出现 ERP 产品提供商“忽隐忽现”和“不辞而别”的现象，尤其是进口 ERP 产品。外国产品提供商在国内的办事处或分公司会突然撤销，置企业用户的合同利益于不顾，这对企业用户是灾难性的。有时，代理商的更替也会带来极大的麻烦。因此要注意这些公司的稳定性。

在西方不断对我国进行封锁和制裁的博弈形势下，选用进口产品要慎之又慎！

29.2.3 如何看待实施服务

ERP 项目的售后实施服务，可以由 ERP 产品提供商来做，也可以由产品提供商认可的咨询公司承担。企业在前期工作阶段有时需要聘请管理咨询公司担任顾问，但不一定同售后实施服务有关。关于选择管理咨询公司的注意事项请参阅 29.9 节。

考察实施服务可以从三方面来进行。

1. 看实施服务人员的实力

国内外产品提供商和咨询公司都会有一批优秀的实施顾问，但更重要的是看具体派什么人来担任本项目的工作，不要把在“夺标”大会上产品提供商从各地召集来的精英集体“亮相”的强大阵营，误解为就是今后会来企业工作的实施队伍，壮声势的人员组成不等于具体到企业来工作的人，实施服务工作的好坏最后要落实到具体的人，要了解今后具体是谁来实施。具体派来做 ERP 项目支持服务的人员的资质和水平差异很大，实施费用也会因人而异。

2. 看文档齐备

所谓文档包括用户手册、培训教材、帮助文本、学习光盘等。一个成熟规范的 ERP 产品应当具备成套的文档资料。我们之所以强调文档齐备，也是出于“企业主体意识”的原则，是为了企业能够长期、自主地掌握 ERP 产品的使用。企业的人员会流动，会不断增加新的员工。培训是一项长期的经常性工作，企业必须有自己的培训教员，需要利用产品提供商提供的文档，结合企业的情况和员工的背景，进一步编写本企业员工易于接受的培训和学习教材。

如果是进口 ERP 产品，最好保留一套英文原版的文档，以便在对译文有质疑时对照参考。注意，无论是中文还是英文，都必须与企业所安装的 ERP 产品版本完全一致，避免 ERP 产品已经是升级版本，而培训教材依然是老版本，出现对不上号的情况。

3. 看服务内容

有几点要特别关注：

- 要明确培训是局限于产品的使用和操作，还是全面地完成**知识转移**（包括 ERP 原理及相关理念、产品的灵活应用、供需链管理等内容）；明确培训的层次、范围、参加人数，以及培训所提供教材的版本和数量。
- 软件有瑕疵和漏洞是经常发生的，尤其对推出时间不长的 ERP 新产品更是如此，因此要负责维护和纠正。
- 用户化，尤其是和二次开发工作如何分工、进度会不会影响实施计划，费用如何。

29.2.4 如何看待价格

对待 ERP 产品的价格问题，可以从以下几方面来讨论。

1. 如何对待价格战

当前国内 ERP 产品的价格千差万别，相当混乱，以至于无法通过价格来判断是否“物有所值”。有时一个产品提供商为了争夺一个有影响力的项目，把价格压到难以置信的程度，宁可自己赔本，也不愿项目被对手抢去。

当前在国内 ERP 市场上，盲目砍价、压价的现象非常普遍。这种现象说明了以下几个问题：

（1）购买 ERP 产品的一方，不是在需求分析的基础上寻求解决方案，没有把哪家 ERP 产品能更完美地解决企业管理问题作为选型标准，而是以“便宜”作为选型标准，便宜不等于是好货。

（2）ERP 产品选型的成员班子，对本企业的管理需求了解得非常肤浅，在产品提供商销售人员的“花言巧语”面前，外行看热闹看花了眼，不能做出正确的判断。

（3）购买 ERP 产品的一方，对实施 ERP 系统后将会带来的效益没底，不是科学地根据投资效益分析来确定所选 ERP 产品的价格。

（4）产品提供商的销售人员，往往对企业管理的需求知之甚少，主要是介绍自己的产品，没有针对性，说不到点子上，以至于购买的一方看不到 ERP 产品的特色，感觉都差不多，于是就以“哪家便宜买哪家”作为选型标准。

ERP 产品选型不同于逛小商品市场，买到了“便宜货”就洋洋得意。必须看到，ERP 产品是知识密集型的高科技产品，一个集成度高、功能齐全、方便使用、技术可靠、具有发展潜力、能够真正解决企业管理问题的成熟 ERP 产品，是要投入成千上万“人年”工作量才能开发出来的，而且再好的 ERP 产品也必须在有资质的实施顾问指导下才能成功实施。不合理的砍价压价，有可能降低服务质量，最后对产品提供商和企业会造成两败俱伤，妨碍长期愉快合作。因此，如果没有扎实地做好需求分析和投资效益分析，是不可急于 ERP 产品选型。

此外，一个报价中包括哪些具体内容也会大相径庭，一定要弄得明明白白。比如说实施服务费用，一般会占到 ERP 产品价格的 2～4 倍，供应商往往会在这方面压缩，或减少服务天数，或指派资格肤浅的顾问，最后受到伤害的依然是企业。

2. 如何正确应对价格问题

在这种无序的竞争环境下，企业可以从以下几方面来应对价格问题：

- 明确 ERP 产品提供的功能能否满足企业的需求，选择的标准着重在能否解决管理问题，而不是首先看价格的高低；
- 运用投资效益分析的方法，判断投入和产出的关系，只要产出大于投入都是可以考虑的方案；
- 明确提供服务的质量。ERP 产品可以压价，因为 ERP 产品开发出来可以复制；但是每个 ERP 项目的实施和后续服务，都是从“0”做起的，麻雀虽小五脏俱全，偷闲不得。产品提供商或顾问公司不会在服务费用上吃亏，可以暗地在服务质量上偷工减料，这是较难判断的，因此要特别注意服务的条款。

千万不要把价格作为选择产品提供商的首要标准或唯一标准，一定要参考上述各个方面，综合考虑。

再次提醒：ERP 产品选型不是砍价，不能“哪家便宜买哪家”。

29.2.5 业务系统配置

ERP 的系统配置，在内部核心业务集成方面可参考 5.5 节“MRP Ⅱ基本子系统配置”的说明以及图 5.7 和图 5.8。现分类表述，如表 29.1 所示。

表 29.1 只是一种总体表述，还要特别注意子系统的具体功能，以及流程细分后的企业个性化需求的功能。

表 29.1 ERP 内部集成部分的子系统配置参考

类　型	子系统名称
基础数据	制造数据管理
物料管理	物料管理或库存管理，采购管理
市场与销售	预测，客户管理，合同管理，产品配置，需求/销售分析，分销资源计划，促销管理，售后服务
计划与控制	销售与运作计划，主生产计划，物料需求计划，能力计划，高级计划与排产，生产作业控制或车间作业控制（不同生产类型），制造执行系统
成本	产品成本，其他成本，作业成本法
财务	总账，应收账，应付账，固定资产，预算，工资，现金管理，外币，银行账务，财务分析，财务报表
总裁信息	EIS，决策支持
其他	质量管理，实验室管理，仓库管理，运输管理，设备维护，工具管理，条形码及 RFID，人力资源管理，CAD/CAM/PDM 接口，EDI 接口，业绩评价

29.3 选型的知理-知己-知彼流程

29.3.1 规范选型流程

归纳总结国内外长期实践的经验，对 ERP 产品选型应当遵循成功实施 ERP 规范流程“**知理-知己-知彼-知用**”流程中的前 3 个大步骤，如图 29.2 所示。

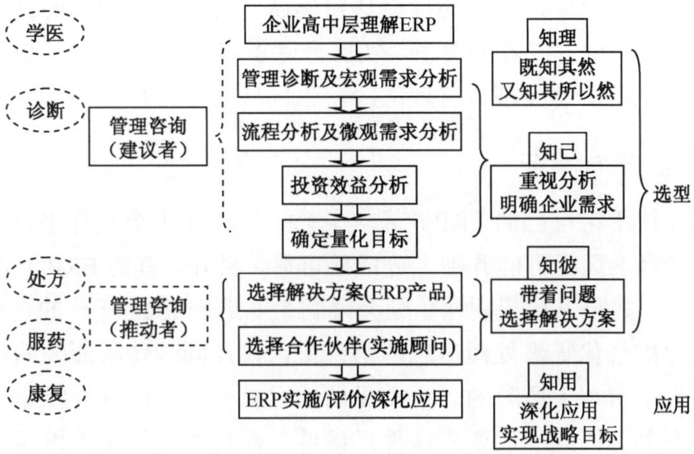

图 29.2　规范 ERP 项目实施与选型流程

知理-知己-知彼流程说明**选型不是一个孤立的过程**，必须在完成知理-知己流程后才能开始选型。这样一个规范化的选型流程是经过国内外长期实践总结得到的。

首先，企业的决策层和项目实施小组成员必须接受 ERP 基本原理的培训，了解什么是 ERP，它能解决哪些问题？怎样解决？不能解决哪些问题？这就是“知理”。

然后，进行企业管理诊断，研究分析企业存在和迫切需要解决的是什么问题，产生问题的根源又是什么？实施 ERP 能不能解决？在诊断基础上进行可行性分析（管理诊断、因果分析、需求分析、投资效益分析和确立项目目标），这几个过程合起来称为“知己”。

在“知己”的基础上，对产品提供商及其产品与服务进行充分的调查评价，然后带着想要解决的问题，选择 ERP 产品和配套硬件。如果产品提供商不提供售后服务支持，还要选择提供实施支持的咨询公司或实施顾问，通常是与产品提供商协商选择的。

得不到强有力的实施支持，再好的 ERP 产品也无法发挥其应有的效果。就像医生虽然开出了特效的对症药方，但服用方法不对（如剂量、服药时间、煎药火候等），同样也会影响药效或造成药物不良反应。

再次，图中两个“选择”流程，即选择解决方案（ERP 产品）和选择合作伙伴（实施顾问），我们称之为“知彼”。《孙子兵法》在“谋攻篇”中谈到“知胜有五”的结论时提到：“知己知彼，百战不殆。不知彼而知己，一胜一负。不知彼不知己，每战必败。”我们选择产品提供商和服务商，就是要遵循《孙子兵法》的原则精神。

最后，在正确选型基础上用好 ERP 系统，是选型的落脚点，也就是“知用”。我们之所以用了 4 个“知”字，是为了再次强调：信息化是一种学习、运用和创新管理和信息化知识的过程，同知识传播和知识管理有着密切的关系。

某产品提供商的一位高级管理人员说过：“客户、实施服务提供商和 ERP 产品厂商之间是一个稳定的三角形，对客户要求的是稳定和实施的决心，对 ERP 产品厂商的要求是对实施方的支持，实施方要做到的是对产品的了解和对产品的把握。”

这段话尽管还不够全面，三方还都应该明确企业的需求和项目的目标；但却说明了企业、产品提供商、实施方三者的关系。实施方除了对 ERP 产品的了解和把握，对客户行业和业务流程特点的了解和项目管理的经验也同样是非常重要的。

29.3.2 先软件后硬件

产品提供商往往承诺自己的 ERP 产品（软件）可以在多个硬件平台上运行，但实际上，在其中有些平台上运行可能并不十分成熟可靠。另外，有的 ERP 产品只能适应某一种硬件平台。因此，如果先购买硬件，则会限制企业选择 ERP 产品的自由度。此外，在没有充分研究企业信息化管理处理信息的信息量，以及同时使用最多的用户数等因素之前，仓促购买硬件是有很大风险的。最常见的情况就是运行速度慢得难以容忍，这往往同硬件选用不当有关。因此不但要先软件后硬件，而且选用的硬件性能一定要留有充分余地，一时图省钱，会造成长时难受煎熬。

有些领导以为硬件是看得见摸得着的“固定资产”，先买下来再说，这种理解和做法必然对 ERP 产品选型造成极大被动，一定要改变这种认识。硬件同 ERP 产品的关系应当是：硬件是躯体，ERP 产品是灵魂。没有软件，计算机只能是一种摆设。但是，有了“高雅”的灵魂也还要有“强健”的躯体，两者必须匹配。

29.4 具体选型步骤

项目实施小组依据选型提纲选择 ERP 产品，并提出选型报告（包括选型调研过程和评价意见，是项目管理的重要文档），由所有项目相关部门，包括核心业务的管理人员和企业信息化专业人员共同评议，领导小组最后拍板。

具体做法可以参考以下步骤。

1. 了解同行业用户的应用情况

同属一个行业的企业，生产性质和管理条件相近，应首先参照。了解其所用的 ERP 系统，实施服务情况，实施周期，投入人力等情况。有条件可以直接访问，或访问相关的政府部门或行业协会、咨询公司，或综合公开发表的资料和报道，对行业总体应用情况有一个比较全面的了解。

2．第一次筛选

各 ERP 产品提供商的产品都有一定的特点及行业定位，各有优势和不足，十全十美的 ERP 产品是没有的。在当前 ERP 市场竞争异常激烈的情况下，如果一家企业准备上 ERP 的消息一传出，会有十几家 ERP 产品提供商登门拜访，蜂拥而至，应接不暇。要根据企业特点和需求，按照“知己知彼”的原则，根据对行业总体情况的调查和行业定位匹配原则进行第一次筛选（不要局限于上级主管部门推荐），重点访问 5 家左右，过多则会延迟评价周期，并不有利。

除了访问，也可采取向重点产品提供商发送“征询建议书”（Request for Proposal，RFP）的形式，要给产品提供商充足的时间来完成调研和编写建议书。评议建议书见 29.5 节第 5 项。

3．观摩演示

仅仅从产品提供商的宣传品和产品样本上了解 ERP 产品是绝对不够的，一定要观看 ERP 产品演示，要有一个直观的认识。

观摩前要给 ERP 产品提供商足够的时间了解企业需求和准备演示（最好能按照企业的调查提纲和业务流程来演示）。大型的 ERP 系统可能会由几位售前人员依次演示，要按照易被理解的业务流程顺序观摩，不可以谁有空谁先来。

观摩 ERP 产品提供商演示时要注意：演示的 ERP 产品是否仅仅是一个专为演示设计的版本，因为这样的版本不是真正卖给企业的版本。因此，要注意演示所用的版本同出售的版本是否完全一致。

观摩演示前应组织相关的业务人员，按照准备好的调查提纲，带着企业需要解决的问题请演示人演示，观察 ERP 产品的功能是如何解决这些问题的。切忌只看热闹，不看门道。

要注意 ERP 产品本身而不是演示人，演示人的风度和口才（不排除可能会是“花言巧语”“避实就虚”“强词夺理”甚至“无中生有”）不能代表产品是否适用。是否适用要亲自动手操练来确认。

要注意各子系统之间信息和数据的集成性，尤其是当有些子系统是由第三方开发、产品提供商买过来“贴补”到自己的 ERP 产品包上时（国外称之为 bolt-on，意思是用螺丝钉把上去的“补钉”），或不同子系统是由几个人分别演示时更要留意，“集成”同“接口”不是同义语，关于集成的概念我们在本书第 1 部分已经详细讨论过。

此外，还要注意 ERP 产品的界面是否友好以及是否易于操作。

观摩演示还不同于测试 ERP 产品，要注意抓主要问题，不要纠缠非主流的细节而忽视了主要问题。要照顾产品提供商的时间和耐心。

4．访问 ERP 产品提供商的用户

请 ERP 产品提供商推荐行业或生产性质相近的企业用户，而且要上线后使用过 1 年左右。访问这样的用户，有助于对 ERP 产品本身及对 ERP 产品提供商有全面了解。要

注意 ERP 产品应用的版本、深度和广度，是仅仅用了几个“模块”，还是全面应用，为什么有些没有用上；还要注意实施周期的长短及原因、服务支持工作、经验和教训等。这种访问最好能在一种不受拘束和坦诚的气氛下进行，因为人之常情是不愿意“揭短”的，尤其是揭自己的短，“ERP 产品是我选的，说它不好岂非给自己抹黑——被人说成失职”；在 ERP 产品提供商陪同考察时，更会出现这种现象，所以最好避开提供商。

举一种非常典型的情况，值得引以为戒：一个用户曾为 ERP 产品提供商的产品在多次公开大会上说过大量好话（也可能是 ERP 产品提供商代拟的发言稿，但发言人确确实实是用户单位的），而最后却因实施不力又同产品提供商诉诸公堂，真是此一时彼一时。因此，要想尽可能掌握真实情况，企业必须坚持自主意识，独立思考，勿为表面现象所迷惑。

5．请咨询公司参谋

在市场竞争的环境下，有时访问同行业用户会有一定困难，尤其是竞争对手。针对这种情况，可以由咨询公司提供帮助和咨询。国内一些世界银行贷款项目，往往由世界银行认可的咨询公司负责选用 ERP 产品，有的咨询公司还负责指导实施，这些公司的服务质量一般较好，但费用也比较高。

在咨询工作上，ERP 产品提供商的方案往往是“我卖什么，就建议你买什么”，注意力放在“成交”上。而咨询公司应当是“企业需要什么，建议企业买什么”；或者，向企业提供多方案比较，供企业决策参考，注意力放在项目的“成功”和自己的咨询业绩上。

20 余年来，我国已在实践中造就了一批信息化管理咨询人员，但每家公司和顾问接受培训和实践的背景是不相同的，还缺少统一的标准，有时对一些基本问题的理解会有出入，尤其当咨询公司是某几个 ERP 产品的代理时，可能或多或少会带有一定的商务因素。因此，除了注意咨询公司的**实践经验**，更要特别注意咨询公司的商务背景和**公正性**。

6．二次筛选及上机操练

对最后筛选下来的两三家 ERP 产品，可用企业的实际数据，比如说用一个简化的产品部件（10～15 件），整理好有关数据，带着需要解决的问题，借用 ERP 产品提供商的条件实际操练，作为最后定案的判断。这样做虽然会给 ERP 产品提供商增添一些麻烦，但对企业来讲是必要的，应当争取。有条件时，企业的“一把手”若能亲自提出问题、看到解决方案，对取得高层领导的全力支持是十分有利的。最后的选择非常关键，“一把手”如果能够亲自出面考核，更有助于做出**正确的决策**。

7．招标和专家评审问题

企业在最后选定 ERP 产品之前，如果有需要，可以邀请几位**从事 ERP 项目并有实践经验**的人士对最后筛选的两三家产品提供商进行评审。一般由产品提供商提出项目建议书或解决方案，请专家参与答辩会，提出问题，最后给出专家评审意见，作为企业决策时的参考。

选择 ERP 产品并不一定非要采取招标的形式。但是，像世界银行贷款这类的项目往往要求通过招标来确定 ERP 产品提供商，以示公正。即使采用招标方式，前面谈到的方法也是必须参照的。招标书中对软件特征的要求应在企业需求分析的基础上提出，而不是简单地罗列 ERP 产品的各种基本功能，抓不到重点。对服务支持工作的具体要求和条件也应同时提出。

如果一个项目包含多家企业，各企业的行业或生产性质又不完全相同，应分别列出各家企业的需求，不要笼统地混在一起提条件。例如，一家机床集团，其中有生产普通机床、数控机床、重型机床、机床铸锻件等各种不同生产类型的企业，对 ERP 产品功能的要求是有很大区别的，招标时要分别列出各家企业的特殊需求，不可笼统地用一种要求来概括。

ERP 项目不同于一般泛泛的“管理信息系统”，有它的特殊问题需要关注。因此，评审人员的专业和专长必须对口，切忌只顾头衔、职称或学位，说些不痛不痒的“八股”意见，于事无补。

8. 签约

经过如此周密的选型后，企业最高管理层做出决策，选定产品提供商和实施顾问单位，进入选型的最后阶段——签订合同（见 29.5 节第 6 条）。

29.5 洽谈注意事项

ERP 产品选型和签约过程中，会同 ERP 产品提供商进行多次反复洽谈，要冷静、严格地坚持企业管理业务需求的条件，以下几方面值得注意。

1. 明确定义

对所有讨论和洽谈的问题都要明确定义，防止因误解引起纠纷。对进口汉化的 ERP 产品，要防止因翻译不准确造成误解。例如，real time 一词通常译为“实时”，但要明确如何才能做到实时，实时的应用范围有多大，是仅限于企业内部还是整个供需链。也就是说，除了实施 ERP 系统本身外还需要什么其他外部条件，才能做到实时。换句话说，必须弄清企业一次投资可以真正实现的内容和目标，避免事后层层加码，造成预算失控。

在这个步骤，“项目定义”是一项非常重要的书面文件，需要双方一致同意确认，承担责任。国内有一家企业的经验值得借鉴，该企业把所有需要提供解决方法的业务流程逐项罗列出来，由产品提供商认定哪些可以解决，哪些不能解决，哪些需要二次开发以后解决（二次开发的工作量、方法、责任、进度和费用也同时明确），一共开出几十页，都明文记录在案。各个实施阶段都按照最初双方认可的定义，逐项对照检查，是否如实实现。

2．寻找合作的互利点

要把 ERP 产品、支持服务、长期合作 3 个方面综合起来考虑。

首先要考虑企业的发展战略，对信息化管理系统的扩展趋势，ERP 产品提供商有无能力继续配合，满足企业不断增长的需求。企业的一些创新经验或对软件的一些改进想法也可供 ERP 产品提供商改进参考。

总之，ERP 项目是合作工程，不是一锤子买卖。

3．友谊不能代替产品

任何提供产品的公司，都会通过与用户建立友谊来促销，ERP 产品也不例外。站在企业立场要特别注意“友谊不能代替产品”。评价产品不应受友谊的干扰，千万不要碍于情面使企业利益受损。另外，即使生意没能做成，企业也应从礼节上对落选的 ERP 产品提供商表示谢意，尤其当企业最初曾对这些公司“吊胃口”，搞“陪绑”，使 ERP 产品提供商为此消耗较大投入时，更应婉言说明原委，保持友好关系，使落选公司的销售人员回去也好交代。

4．如何看待宣传资料

ERP 产品提供商用做开拓市场和推销产品的宣传资料往往装订豪华，印刷成本很高，不可能年年印，因此会把计划未来要实现的内容提前列上去，也就是 ERP 产品提供商常常会以“你们提到的这个问题在我们产品的下一个版本一定会解决”类似的空头支票来对付企业。一旦计划有变就会推迟实现甚至可能不再实现，在国外称之为 vaporware（气泡件，用 ware 作为后缀以与 software、hardware 对应）。多数通用的 ERP 产品一般不是能用不能用的问题，而是好用不好用的问题。所以对宣传资料除了要注意它介绍什么，还要注意它没介绍什么，或含糊其词地回避了什么。

5．如何评价产品提供商的建议书

ERP 产品提供商提出的项目建议书在一定程度上说明该公司对企业状况和存在问题的理解；从公司提出的解决方案可以看出其素质和诚意，是否对企业的管理状况有深入的理解，提出的方案是否能真正解决问题；是针对企业的实际问题认真编写建议书，还是拼凑一些“套话”或从其他过去的建议书“复制-粘贴”敷衍了事。产品提供商的方案主要是为了赢得合同，是“销售”方案，引向产品优势。但这并不是说产品提供商不关心用户的成功，任何有长远经营战略和良好企业文化的产品提供商都需要有一些好的成功范例来增强它的声誉，企业在选择 ERP 产品时应发挥这种共同点的作用。企业要事先向 ERP 产品提供商提出需要解决的问题，由 ERP 产品提供商在建议书中提供解决方案；也可以由 ERP 产品提供商到企业做现场调查后，分析存在问题并提出解决方案。能不能说到点子上，反映了产品供应商的资历和水平——是否真正了解企业的需求，令人信服地论证产品是适用的。

产品提供商的建议书风格基本上有两种类型：一种是花大篇幅宣扬“我的光荣历史和我有什么”，另一种是负责地阐述“你需要什么，为什么需要，我能帮你什么，哪些靠我一家还做不到”。

两种截然不同的“文风”很能说明问题，企业必须非常理性地审视建议书。

6. 合同条款注意事项

合同条款应尽可能具体。例如，ERP 产品升级的优惠条件及有效期限；免费修改 ERP 产品本身差错的期限（产品“三包”）；哪些现场工作要计算费用；培训教员或支持人员的资历和条件，不同等级支持人员服务的天数及费用；企业同 ERP 产品提供商在实施过程中的配合、分工与职责，如果是更新 ERP 系统，对原有系统的数据资源如何安全转换，哪些需要二次开发，以及费用和进度等容易含混的问题都应明确和具体。各 ERP 产品提供商的做法不同，没有什么惯例，应绝对避免口头承诺，永远记住：**口说无凭**，要白底黑字，写进合同条文。

ERP 系统不是单纯的技术问题，不同于交钥匙工程，ERP 产品提供商是不能单方面对系统成功负责的，必须有企业人员，尤其是管理人员的投入。如果产品提供商胆敢拍胸脯保证项目成功，则有骗取签单之嫌，非诚信之举，不要上当。换句话说，所谓“承包项目”是有条件的，必须在合同中讲明。经验表明，明确、严密的合同条款是企业同 ERP 产品提供商愉快合作的必要前提。

总之，选择 ERP 产品要有正确的指导思想，要遵循一定的方法和步骤。既要重视前期工作和决策，更要重视售后服务与支持。选好 ERP 产品关系到项目的顺利进展与成败，一定要排除形形色色的内外干扰，选择好企业适用的 ERP 产品。

29.6　对选型的几点忠告

根据国内外的经验，在选择 ERP 产品的问题上有几点特别需要注意的问题，如果稍有忽视，很容易带来各种风险。这些忠告尽管多年前早已提出，但并不是所有上 ERP 的企业都注意到了，同样的错误还会一犯再犯，因此还需要反复强调：

（1）在企业高管团队不理解 ERP 和未能取得一致意见的情况下，千万不要上 ERP 系统。这一点，我们在讨论成功的问题时，已经指出 ERP 项目成败的责任主要在企业，而企业的高管团队应负主要责任。如果决策层不理解 ERP 或几位高层经理的看法不一致，就无法承担责任。

（2）绝对不能让不理解 ERP 的人去选择 ERP 产品。这条听起来似乎是不言而喻的常识，然而往往在选择 ERP 产品上做出决定的人对 ERP 确实有不甚理解的情况，而且相当普遍，这是有极大风险的。切忌由上级主管部门来指定企业使用某个 ERP 产品，永远不要忘记：实施 ERP 系统，必须以企业为主体，是企业的投资项目，要由企业负责项目的成败。

（3）谁选择 ERP 产品，谁负责 ERP 系统的实施。必须在需求分析的基础上选择 ERP 产品，这是必须坚持的原则。为了保持 ERP 项目实施的连贯性，由负责需求分析的人员来选择 ERP 产品，并且能够接下去负责实施，这样做是比较有利的，同时也加强了选择 ERP 产品的人员的责任心。某些单位确实有“拍拍脑袋决策，拍拍胸脯保证，拍拍屁股溜号”的“三拍”领导，如果由这样的人来负责 ERP 项目，后果不堪设想。

（4）ERP 产品选型的班子成员，除了上述要求外，一定是对管理问题和解决方案有切身经历和体验的实践者，能够对 ERP 产品的具体功能做出正确的判断，而绝不能停留在 ERP 产品有些什么模块这样粗浅的层面上。要能够看门道，能够辨别真伪虚实，而不是看热闹。

（5）让接受了 ERP 培训的人员去实施 ERP 系统。这似乎是天经地义的事，但是确实有接受培训的人员不参与实施的奇怪现象，接受培训是“醉翁之意不在酒”，如果“动机不纯”或另有所图，并不打算参与实施，就应当把接受培训的宝贵机会和不菲的培训费用让给那些真正准备实干的人。这种现象，尤其在国有企业对待“境外培训”的人选处理上并不少见。

（6）坚持按照企业提升全球竞争力的战略目标和改进业务流程的需求选择 ERP 产品，遵守规范的选型流程，坚决抵制一切干扰、误导和诱惑，严防走关系、拿回扣之类的一切不正之风。

29.7 自行开发与更新问题

1. 自行开发 ERP 产品

在考虑是自行开发还是选购 ERP 产品的问题上，要根据企业管理特点的需求和开发力量确定，不能一概而论，不是绝对的。由于商品化 ERP 产品的适用范围在不断扩大。随着 ERP 产品适应性的提高和行业定位的扩大，自行开发的例子在不断减少。

所谓自行开发通常是指以企业的信息技术人员为主的开发，或与某个软件开发公司或学校合作开发。如果合作开发的单位不是以 ERP 为主业，也没有 ERP 资历，这种自行开发很容易简单照搬手工管理的模式，缺少先进的管理思想指导，起点较低，不利于管理水平的提高。由于实现信息集成的难度大，使用的开发工具又不一定合适，非专职开发人员往往开发周期较长、开发的产品不够成熟。在人员流动和文档管理不规范的情况下，维护、修订和扩展都会有不少麻烦。如果企业在生产和管理上没有特殊要求，应尽量选用成熟的、质量可靠的、能满足企业需求的商品化 ERP 产品，以缩短实施周期。无数先例说明，单靠企业自身的力量，开发和维护一个与商品化 ERP 产品有同等集成水平的管理信息系统，是一件难度很大而且耗时耗资的工作，往往事倍功半。

对管理信息系统确实有特殊要求的企业，可以寻找能够共同开发的长期合作伙伴，如专业的 ERP 产品技术公司。要注意做好需求分析和系统设计，引入现代管理思想，避免前面提到的缺陷。要注意保持人员的稳定性和工作的连贯性，做好文档管理。如果与科研院所合作，要特别注意长期合作的可能性；开发 ERP 产品不是做毕业设计，必须保证 ERP

产品的可持续发展。有特殊专长研发能力的院校，可以承担开发某些具有技术前瞻性的专题项目，但由于院校不是专业的软件公司，不可能长期投入庞大的人力持续完善和扩展一个 ERP 系统，因此和院校合作开发 ERP 产品是有风险的。

国内有些大的集团公司，拥有比较雄厚的 ERP 产品开发力量，成立专业的 ERP 产品提供商或信息服务公司，融入先进的管理思想，采用具有发展前途的技术平台和软件工程技术，为企业自身开发 ERP 产品或供需链管理系统，目前已有不少成功的案例。例如，我国著名的食品企业双汇集团麾下的双汇计算机 ERP 产品有限责任公司，既有在多个著名国外大公司工作经验的高层经理，又有来自国内著名 ERP 产品提供商的技术专家，在这种条件下开发的 ERP 产品，同样具有较高的技术和实用水平，而且完全可以发展成为某些行业的通用产品。上海宝钢集团控股的宝信软件股份有限公司同样也是一个很好的典型，专注于钢铁行业特色的 ERP 产品。从中我们可以看出，人才和稳定的机构是极其关键和决定性的因素。这类总公司下属的软件公司（独立或半独立）相当于公司集团在信息化建设方面的“私人医生”，一般不为公司的竞争对手服务。

企业的信息部门在完成本企业的 ERP 项目后，是否要向独立软件公司发展要看具体情况。根据国内经验，一些独立出去的信息部门，会由于自身生存，专注对外承接任务，忽视本企业已有系统的维护和改进。总之，要以有利于本企业信息化的发展为出发点考虑问题。

2. 软件更新

有些企业，先选用一个具备 ERP 基本功能、简洁价廉，又提供良好开发工具、有发展前途的 ERP 产品，然后在此基础上逐步扩展。在使用一段时间后，培养出人才，熟悉了 ERP，有了足够的资金，再更换功能较为齐全、水平较高的 ERP 产品。由于已经有了一定应用基础，只要信息资源得到保护，转型会比较容易。这类做法也不失为一种方案。

但是当更换“乘骑”造成信息资源、资金、人力和时间的极大浪费时，要慎重。尤其对于那种不按实施规律办事，轻率选型，用不好再换一个，随意浪费企业资金和人力的现象，一定要杜绝。

29.8 国产 ERP 产品和进口 ERP 产品

经常有些企业问：“你看我们买国产 ERP 产品好，还是进口 ERP 产品好？”这种提问的方式本身就有问题。选择 ERP 产品并不是以进口或国产为准，而是以适用为准。当然，资金承担能力也是一个要考虑的因素，但无论如何，“适用”是第一位的，便宜而不适用，只能是浪费资金。

一些企业在选择国产 ERP 产品时有各种各样的理由，归结起来主要有两点：一是便宜，二是好用好改。选择进口 ERP 产品也有各种各样的理由，归结起来主要有三点：一是引进先进管理思想，二是产品集成度高、成熟可靠，三是国际化业务需要。

有些企业会专门选一流 ERP 产品，认为：我是行业老大，所以要选 ERP 行业老大，错误地理解“门当户对”，这不是正确的行业定位。其中不排斥可能有些人考虑的是：“我选的已经是最好的 ERP 产品了，如果今后用不好可别怪我，那不是我的责任。”要注意防止这类偏差。

那么，“进口 ERP 产品究竟好在哪里？”对这个问题具体可以分以下几点来讨论。

1. 反映竞争环境的需求

第二次世界大战中，美国是受到战争创伤最小的大国。但是没有多久，战败的德国和日本就开始重返市场，对美国造成竞争威胁。ERP 的前身——MRP Ⅱ，就是在这种激烈市场竞争的环境下，借助计算机技术的发展而问世的，到现在已经有 40 多年历史。ERP 更是如此，是经济全球化和计算机网络通信技术迅猛发展形势下互联网时代的产物。ERP 产品的设计归根到底是为了满足用户提高竞争力的需求。

2. 体现现代管理思想

在 20 世纪 80—90 年代，在发达国家涌现出一系列的、反映当代市场竞争需求的现代管理思想（请回顾第 8 章），这些思想直接渗透到管理 ERP 产品的总体设计思想之中。实施这样的 ERP 系统不是手工管理的简单翻版，而是能够真正提高管理水平和全球市场竞争力。

3. 教育背景与复合型开发人才

ERP 产品产业是一个知识密集型的产业，人才和知识管理是一个非常突出的问题。我国在 ERP 培训中所谈的基本管理观念，在国外的高等教育教材中已有所讲解。各种教科书还在不断推陈出新，增加新的内容。例如，管理会计的教材中就讲解约束理论的原理和在管理会计上的应用。各种教材一般都会讲到价值链、增值与非增值作业、为客户创造价值以及客户关系管理，因此在管理上反映的诸如客户满意度和价值观，合作竞争（co-petition）与协同商务，精益生产和精益思维，约束理论及其思考和解决问题的方法，计划管理中的时间概念和要素，制造领域中的成组技术和选择配置概念，基于作业管理（ABM）中的作业增值分析以及作业成本法，财务会计中的管理会计和责任会计等观念，都在 ERP 产品中得到体现和应用。ERP 产品是先进思想的载体。ERP 产品的总设计师一般都是具有管理、计算机应用和生产过程等综合知识和实践经验的复合型专家，具有一定的资格认证。

国外一些领先的 ERP 产品提供商往往聘请国际上比较著名的行业专家组成顾问团或行业专家中心，汲取优秀专家们的管理经验和思想，融会于 ERP 产品之中，自诩为“最佳实践”。所以说，ERP 产品水平的高低首先取决于 ERP 产品总设计师的素质以及 ERP 产品提供商所处的大环境和背景。

4. 高度信息集成

ERP 产品之所以能够做到高度的信息集成，是基于 ERP 产品总设计师对管理业务流程的深刻理解，而规范化管理又是实现信息集成的必要条件和结果。

国外 ERP 产品主要的特点之一是满足规范化管理的要求，而且可以通过参数的设置强制业务流程必须规范化。例如，一个作业没有完成，就不能进行下一个作业；一个必要的参数没有设定，程序就不能继续执行；等等。ERP 产品运行的规范化，保证了管理流程的规范化。

不但应用 ERP 产品本身要求规范，ERP 产品提供商也有规范化的工作方法，包括开发流程、文档内容、服务程序、实施方法等，得到 ERP 产品过程能力成熟度模型（CMM，Capability Maturity Model for ERP Software）认证。注意，CMM 是“ERP 产品开发过程评估”，不是“ERP 产品功能评估”。

5．用户面广、经验累积多

国外管理 ERP 产品的另一个特点是在较长时期的实践中赢得了许多用户，这些用户又多为国际上各个行业处于领先地位的企业，有较高的管理水平和丰富的管理经验，因此反映在 ERP 产品上，必然吸取了世界各个大企业集团的管理经验和管理模式，在不断积累的基础上，形成不同行业实践的最佳方案。同时又充分考虑了国际惯例的需要，功能比较周全。

6．咨询公司和协会的作用

在国外有许多涉及信息化管理的咨询公司和协会学会，如 Gartner 公司及其兼并的 Advanced Manufacturing Research（AMR）、APICS、Forrester Research、Aberdeen Group、TEC（Technology Evaluation Centers）。这些单位拥有一些高水平的分析员和评论员，与产品提供商、咨询公司、企业有着密切的联系，在出版专业刊物、网上发布信息和网上论坛、短期培训班、专题研讨会和报告会、白皮书和网络课程等方面起到了重要的普及推广作用，对信息技术发展和 ERP 产品评价等也起到了极其重要的指导作用。

国外还有不少各种规模和具备某些行业优势的中小型信息化管理咨询公司，可以为企业提供管理诊断、需求分析、ERP 产品选择、实施指导等服务，其中有些咨询公司是代理某几种 ERP 产品并在某几个行业中有丰富经验的。这些公司同 ERP 产品提供商建立良好的合作伙伴关系，不时反馈在 ERP 产品的应用过程中发现的问题，促使 ERP 产品不断得到完善和发展。

我们在这里讨论国外 ERP 产品的产生背景和优势时，绝不是“长他人志气，灭自己威风”，或者有“推销进口 ERP 产品”之嫌，而是通过这种对比，找出我们自己的不足，迎头赶上并超过对手；而不要用所谓的“国情”或“照顾应用人员素质”来原谅或开脱自己。当然，国外的 ERP 产品也有它的不足之处，例如汉化的质量不好（没有双字节，不适用于东方语言），操作比较复杂，价格较高，不便于用户化和二次开发等。近年来，一些外国 ERP 产品提供商已经在我国设立研发机构，为的是利用本地的人力资源，使他们的产品更加本地化，成本更低。这是一个值得注意的趋势。

同时，我们也要看到，ERP 产品采用的开发和数据库技术在不断快速发展，近期研发的 ERP 产品有可能采用更为先进和实用的技术，有可能融入更新的管理思想，体现更先进的业务流程。一些资格较老的 ERP 产品，虽然问世较早，反而会有“船大难掉头”的弱势，跟不上管理思想和信息技术的迅猛发展。

需要再次提醒：在西方霸权主义不断对我国实行封锁和制裁的博弈形势下，选用进口软件时要注意这方面的影响。

只要我们能够不断创新，与时俱进，即使起步较晚，也完全可以“弯道超车”、后来居上。事实上，我国已经有了一些国产 ERP 产品具备多种语言，开始走向国际化，进入了外资企业，甚至海外企业。这是一个非常令人鼓舞的趋势。为满足我国信息化管理日益普及的需要，必然会不断涌现出大批国内自己开发的、价位相对较低、界面亲切、服务周到、能与进口产品媲美的国产 ERP 产品。

学习国外先进技术和经验是为了提高我们自己的竞争力。这里，还要借用清朝的政治改革派魏源（1794—1857）的那句话：**“师夷之长技以制夷”**，这是我们学习国外先进经验不可忘却的宗旨。所谓“师夷之长技以制夷”，就是说国产 ERP 产品提供商不仅仅是卖软件赚钱，更重要的是交给企业一把“制夷”的“利剑”。“制夷”一词用在今天的经济全球化时代，就是提高用户的竞争优势，在没有硝烟的战场上击败对手。

29.9 选择咨询公司

按照“知理-知己-知彼”原则，选好 ERP 产品提供商以后，如果它不负责实施指导，就会有选择实施顾问单位的问题。聘请管理咨询顾问不仅会发生在实施阶段，有时，前期工作阶段也会遇到。

我国非常迫切地需要大量有实际经验的管理咨询公司来协助企业实施 ERP 系统和业务流程重组工作。管理咨询公司的业务范围很广，有企业发展战略、市场营销、资源管理、物流管理、财务及投资融资管理、人力资源管理、品牌管理、经营管理、知识管理、变革管理等。就制造业信息化管理咨询和 ERP 项目实施而言，有其专业特点，参考国外的经验，这类公司的主要工作是：

（1）诊断企业管理中影响竞争优势的问题，找准根源，提出有效的解决方案。

（2）进行企业对信息技术的需求分析，编写投资效益分析和可行性分析报告。

（3）协助企业规划信息化工程的建设，评价和选择 ERP 产品。

（4）举办各种类型和内容的培训班、组织各种交流活动，推广普及市场竞争所必需的思想观念，进行知识转移，正确引导企业的信息化建设。

（5）公司有一批实施过某些行业的 ERP 项目、对某些 ERP 产品相当熟悉的专家，由这些专家承担实施 ERP 项目的项目管理或监理，协助企业取得真正的实效。

（6）指导企业进行管理改革和业务流程重组。

我们要注意，信息化管理咨询不等于信息技术咨询或信息化咨询，也不等于只做业务流程重组（BPR），更不是仅仅做 ERP。信息化管理咨询是从企业诊断开始，根据企业的具体情况和需求，提出信息化管理的规划和步骤以及企业管理改革的方案。与此同时，要做大量的知识转移和培训工作，这就决定了对信息化管理咨询公司必须考虑其资历和业绩。

承担信息化管理咨询的公司有不少是与国内外 ERP 产品提供商组成合作伙伴的，对其所代理的 ERP 产品有一定的实施经验。企业选择咨询公司是仅仅做管理咨询，还是做实施服务，可以由一家做下来，也可以由两家来做，选择要求是不一样的。选择时要考虑以下因素①：

- 公司从事管理咨询业务的年限；
- 公司的行业特长和业绩；
- 首席顾问及行业顾问的资历、背景和业绩；
- 对企业所选 ERP 产品的熟悉程度，实施过多少企业所属行业的项目；
- 公司如何进行知识转移，提供哪些培训教育，用什么教材；
- 如何处理管理变革和业务流程重组，有什么业绩；
- 用什么标准评价项目实施质量和成果；
- 如何考核支持服务的工作质量；
- 是否提供后期跟踪服务；
- 咨询费计算和支付方法，能否细分。

有些著名的外国咨询公司，在国际上有很高的声望和很强的实力，这些公司的主要优势是有庞大的知识和经验积累（知识库和案例库），以及一套非常规范和成熟的工作和分析方法。他们可以提供良好的咨询服务和 ERP 项目实施，费用较高。

在国外，ERP 产品提供商在销售 ERP 产品上的一份收入，可以带来咨询公司几倍咨询服务和技术支持的收入，确实是一个新的经济增长点。为了 ERP 系统在我国健康发展，从事信息技术应用、熟悉 ERP 系统和业务流程重组的管理咨询行业必须加速发展。

近年来，国内已经涌现出大量 ERP 实施支持顾问和管理咨询公司，但与需求相比，具备熟悉各种行业且有实践经验的多学科专业复合型人才还不够多，分布也不均衡。积累经验需要一个规范的市场环境和大量实践的机会，需要有一个成长的时间，并且存在一个严重的问题是：在国内从事管理咨询和 ERP 系统实施工作的专业人员已经积累了长期工作的经验，但是由于各种原因往往中途改行，不能继续坚持下去，或担任管理高职，不再从事具体工作，又没有带出新兵，十分可惜。

管理咨询是一项知识管理性质的工作，对人员的素质要求高，培养成长过程的投入很大，但是社会上还没有普遍意识到对管理咨询的迫切需求，通过管理咨询为企业带来明显效益并令人信服的案例还不够多，咨询的价值还没有得到普遍认可。发展我国的管

① 参考：Tom Rodenhauser. *Nine questions clients should ask their consultants*，May 4, 2001，TechRepublic, Inc.

理咨询行业还有大量扎扎实实的工作要做。

通俗地说，一位 ERP 项目的资深实施顾问应该：

- 有从战略上理解 ERP 原理和相关的管理理念的高度（理论基础）；
- 有对行业和企业管理问题理解的深度（管理经验）；
- 有对同类企业成功实施经验的广度（实践经验）；
- 有想客户之所想、急客户之所急的热度（职业道德）；
- 有耐心细致、坚持真理的平等处世待人风度（素质与责任心）。

必须记住，来企业指导实施的不是“咨询公司”，而是肩负具体指导企业实现 ERP 项目目标重任的“实施顾问”，尽管咨询公司可以作为实施顾问的有力后盾，但是在实施进程中和企业直接打交道的是具体的“人（顾问）”，而不是“公司”。在与咨询公司签约之前，必须明确具体是哪一位顾问来到企业指导工作，必要时可以“面试”，考察能不能胜任，人和人大不一样，这一点至关重要。

29.10 项目监理

除管理咨询和项目实施工作外，国内酝酿并试行建立监理机制，由企业选聘监理单位，来保证 ERP 项目的正常实施。

目前，监理工作一般是由咨询公司负责的，成为管理咨询公司的一项新的工作内容。承担监理工作单位的资格论证还需要有一套审批制度，就像建筑施工监理是由住建部审批的一样，监理人员必须持证上岗。作为 ERP 项目的监理单位，应当熟悉企业所从事的行业及所选用的 ERP 产品，有项目管理的经验。

国外有的 ERP 产品提供商，在实施顾问公司之外，再委托一家伙伴公司去监督和总结用户实施 ERP 系统的经验教训和应用成果。这样做虽然使 ERP 产品提供商增加了开支，但是对 ERP 产品提供商改进产品开发和服务以及宣传公司的业绩都是非常有利的。这种做法也带有一定的监理性质，但费用主要由 ERP 产品提供商负担，不一定全部转嫁给用户。

《信息系统工程监理暂行规定》自 2002 年 12 月 5 日起已经开始实施。这个规定泛指所有的信息系统工程，针对 ERP 项目而言，这个暂行规定还不够具体。对于具备什么“资质”的公司和个人才够承担 ERP 项目的监理工作，又如何考核，考核哪几门学科或技能，如何评价，对工作经历和业绩有什么要求，什么机构有资格颁发资格证书，监理单位在 ERP 项目中应承担什么责任，什么规模的 ERP 项目必须公开招标选择监理单位，监理收费标准，等等，都还没有具体要求。同建筑工程监理条例相比，尚须进行大量工作，继续完善。

29.11　双向选择问题

企业在选择产品提供商时，产品提供商也在选择企业。这是一个双向选择的问题。不是只要客户资金到位了，生意就可以做了。如果企业没有具备实施 ERP 的条件，存在极大的失败风险，对产品提供商也是十分不利的。因为一旦失利，人们很容易首先怪罪于 ERP 产品和产品提供商，不会去分析用户的问题，这种先例已经不少。

一般来说，ERP 产品提供商对选用其产品的客户会有一个内部认证。通常，ERP 产品提供商比较重视企业的资金是否到位，不要在投入大量人力、物力后，发现客户根本没有支付能力，造成无谓的损失。ERP 产品提供商还比较看重企业在行业中间的影响力、能不能提高 ERP 产品提供商的声望，从而创造更多的商机。

要使企业客户成为 ERP 产品提供商的典型成功案例，需要注意以下因素：

（1）客户的需求应当是 ERP 产品提供商的长项和优势，在 ERP 产品功能范围之内。

（2）客户有发展前途，可以长期合作，有后续的交易可做。

（3）客户的领导班子是一个重视信息化建设、有变革决心的团队。

（4）企业文化能够适应 ERP 系统的应用。

（5）客户具备真诚合作的态度，易于沟通和谅解。

这里，（1）和（3）两项是重点。一是对口，二是领导决心到位。

第 30 章

把选对的 ERP 产品用起来

完成了前期工作和 ERP 产品选型，开始进入 ERP 的实施阶段，也就是进入把选对的 ERP 产品用起来并实现项目目标的阶段。实施阶段可以细分为准备工作、模拟运行、用户化和系统切换四项主要工作。这个阶段占用全周期的时间最长，对所选的 ERP 产品能否在企业正常运行起关键作用。

30.1 ERP 的实施阶段

在完成 ERP 产品选型工作，和产品提供商或实施咨询公司签约后，在**实施顾问指导**下进入 ERP 的实施阶段。实施阶段包括实施准备、原型测试、用户化和切换至新系统四项主要工作，请回顾图 22.1“ERP 项目周期的阶段划分”。

从图 22.1 中不难看出，在实施全周期中，选型后的几项工作占用的时间最长，工作最繁重，本章把第 3 至第 6 阶段合并称为 ERP 产品的实施阶段来重点讲解。

在确定 ERP 产品提供商之前，是前期工作阶段。前期工作是一个不可逾越的阶段，而确定选型的原则，是避免盲目选型的重要阶段。其中有几项重要的工作，本书都用单独的章节做了详细介绍。

实施阶段是在正确选定了 ERP 产品后开始的，要完成以下 4 项工作。

1. 实施准备

主要是准备企业运行 ERP 产品实际要用到的运营数据和参数。

这项工作必须在完成 ERP 产品培训后进行；在数据准备前，先用产品培训教材设定的现成数据，学习如何操作 ERP 产品，在学习操作的同时要理解 ERP 产品的设计理念、数据设置要求，以及各项参数之间的关系。在此基础上准备企业的实际运营数据，并进入下一步工作。

2. 原型测试

原型测试就是在项目组成员熟练掌握 ERP 产品的操作以后，在不改动 ERP 产品的程序、保持产品原型的情况下，根据企业要解决的问题和要用到的业务流程，录入企业的实际运营用的数据，进行一次测试。

3．用户化

如果原型测试后，验证 ERP 产品完全满足企业管理运营的要求，就无须用户化。如果发现有不足之处，先在实施顾问的指导下看看有无变通的办法可以解决，如改变参数设置，利用 ERP 产品的“报表生成器”建立符合企业需求的报表等，甚至可将需要处理的数据下载到另外一台计算机上处理后再上载到 ERP 产品。这类工作都属于**用户化**，大多数情况都是不可避免的。如果变通的办法还解决不了问题，才考虑是否需要进行必要的**二次开发**，即修改软件的程序。

如果进行了二次开发，就必须再重新进行一次实战性的模拟运行，测试二次开发的实际效果，避免出现顾此失彼的现象。只有在认证新系统可以可靠地用于实际管理后，才能开始系统切换。由于在二次开发后需要再一次通过模拟运行验证，二次开发也需要占用相当长的时间，整个实施进度都会延长，可能还会增加费用，对此要有充分估计。

4．切换至新系统

只有通过实战模拟，确认用户化后的 ERP 产品符合企业运营要求，在企业各部门员工完全掌握了 ERP 产品应用，原来的手工管理模式已经转换到信息化管理模式后，才是所谓的**上线应用**（请回顾 9.4.2 节“上线就是成功吗”）。至此，项目实施阶段结束。

但是，上线应用只是企业可以自主掌握 ERP 产品应用，实施顾问的工作可以结束了，不一定就是实现了企业上 ERP 项目的目标，最后实现项目目标的各项指标，还要靠企业自己完成，于是就进入了实施全周期最后的第 7 阶段——**实现目标**。要通过业绩评价对 ERP 项目实施结果进行考核，验证是否实现项目目标，由项目领导小组验收，作为 ERP 项目周期的“项目终点”，至此项目才算真正成功。

在此基础上，根据当时形势发展的需要和企业经营战略的变动研究新的需求，酝酿下一个信息化项目，制定下一个信息化目标。体现追求卓越，永无止境的精神。

30.2　两个重要里程碑和四个关键环节

在上一节简要介绍了实施阶段的四项主要工作后，有必要突出强调两个里程碑和四个关键环节。

ERP 项目实施有两个重要的里程碑。

1．上线应用

在完成从原来的手工管理模式向 ERP 信息化管理模式的切换后，产品的适用问题通过用户化已圆满解决，企业员工可以自己独立熟练操作并投入实际应用了：实施顾问公司完成 ERP 产品上线走通，可以用起来了，这是第一个重要的里程碑。

能否圆满切换和过渡，取决于一系列项目实施进程的工作质量。聘请的实施顾问的工作基本结束，可以交付（具体还要看双方协议是怎样规定的），此时，多数情况下企业还没有完全实现预期目标，因此上线后还有一个巩固成果、深化应用和实现目标的阶段。

2. 实现目标

ERP 项目实施的最终落脚点是实现项目的预期目标。往往在 ERP 项目上线交付时还不一定能够完全实现目标，而实现目标才是 ERP 项目的最终目的。如果培训和模拟工作非常扎实，就可以企业为主，依靠自己的力量继续完成，体现“企业主体意识”的精神。当然，出现了自己实在解决不了的问题时也可以请实施顾问继续给予指导。

这个阶段能否顺利完成，在很大程度上取决于：

- 上线交付时系统用企业的数据运行**完全走通**，软件**无瑕疵**，企业员工掌握了 ERP 原理和应用，即通过培训完成知识转移并能够自主使用所选的 ERP 产品；
- 实战性模拟运行有群众基础，经过验证完全满足企业经营管理的要求；
- 建立了激励机制和考核执行力度指标（Key Performance Indicators，KPI）。

除前面已经特别强调过前期工作的“理解原理、需求分析、投资效益分析、明确目标、选择 ERP 产品”外，在实施周期还要特别强调以下四个重点环节：

（1）培训；

（2）数据；

（3）模拟；

（4）制定工作准则与工作规程。

企业抓住这四个重点环节，必将大大有利于系统的顺利切换。这 4 个环节相互关联，有着先导和后续的关系。

“培训”贯穿在项目实施的全过程中，自始至终都要对不同职务和岗位的员工进行不同内容的**反复**培训，它是提高企业员工素质的重要手段，也是成功实施 ERP 的基本保障。

只有通过培训，才能使员工明了并按照系统的要求准备**“数据”**，而只有数据和参数都得到合理而准确的设置，**“模拟”**工作才能反映企业管理的实际情况，并验证 ERP 产品的适用性。只有在模拟运行的成果得到项目领导小组审批通过和相关部门员工理解认可后，才有可能着手编制**“工作准则与工作规程”**。而“工作准则与工作规程”是为了巩固 ERP 项目实施成果不可或缺的“法治”文件。模拟工作详见 30.4 节。

上述四项关键工作有着密切的关系和先后顺序，这有利于向实际应用切换；只要扎扎实实做好各个环节的工作，系统切换工作就会顺利进行。

培训工作已在第 25 章单独讨论过，这里就谈后三项。

30.3 数据准备

前面提到实施阶段的第一项工作就是实施准备，主要是准备运行 ERP 产品所需要的数据和参数。数据准备是在实施顾问的指导下，由项目小组完成的。

30.3.1　信息化管理对数据的要求

只有明白了 ERP 系统的原理，才能明白要准备哪些数据和对每项数据的具体要求。与手工管理比较，运行 ERP 系统使用的数据有以下几种情况：

- 手工管理也在使用但不够完整的数据。例如，客户档案（可能现有的内容上还不够充分，或名称代码不统一）、会计科目（如没有按照管理会计的要求设定的科目）等。这类数据比较容易准备。
- 已在使用，但因人而异、极不规范的数据。例如，物料、仓库等的代码，安全库存、采购提前期、工艺路线的设定等。这类数据需要核对、补充、统一，往往要做大量工作。
- 手工管理中从来没有使用过的数据，如编制物料清单、定义工作中心等所需的数据。准备这类数据的工作量最大。

可见，数据准备是一项庞大、涉及各项业务的工作。有相应的大量数据要准备，有不少参数要设定，要投入一定的人力、组织相关部门的人员来共同研究完成，而投入人力的多少和素质又将直接影响项目的实施进度。要明白，有不少数据或参数是需要由几个部门的人员共同研究确定的，少了任何一个部门都定不下来。由于几方面的人员不能在计划时间内到齐而拖延实施进度的现象屡见不鲜，因此要特别注意发扬团队精神，遵守纪律，工作安排有序，通力协作，奖惩分明，严格执行实施计划。

是否把企业运行的全部数据一次准备齐全，要看数据量的多少，不能一概而论。最低的要求是为模拟运行准备好所需测试的数据。可以先准备产量大的产品的相关数据，从销售开始，覆盖全流程所有相关业务的数据和参数。

企业数据准备有可能会与“ERP 产品应用培训”交叉进行。

我们在 12.3 节“数据类型”谈到“静态数据”和“动态数据”，其中静态数据是在购买 ERP 产品之前就可以着手准备的。如果企业能够在前期培训的基础上，提前组织人力来进行数据准备，就有可能缩短 ERP 系统的实施周期和投资回收期。

30.3.2　影响数据准确的因素

数据的准确、及时和完整是成功实施 ERP 系统的重要因素。数据为什么不准？要认真分析。拿机械制造厂的工时定额举例，在追求“产值”的时代，一些企业以完成的工时定额作为发放工人奖金的依据，在这种情况下定额是不可能准确的。这种奖励制度看上去简单易行，但是有太多的弊病。首先弄清楚：“发奖金的钱是从哪里来的？”只有按计划完成客户定单的要求，等产品卖出去，货款收回来，奖金来源才有着落。所以说：“奖金是客户给的。”既然如此，发放奖金就应当以按时、按量、保质地完成客户定单为依据，而不是以工时定额为依据。如果完成的工时定额数字大，但加工出来的零件或产品并不是计划中所需要的，只能造成大量积压浪费。

从业绩评价的原则考虑，每个层次的考核指标（KPI）都是为了实现同一个企业目标。如果企业的目标是按期交货，而车间的考核却是完成工时定额，则二者风马牛不相及，因此，以完成工时定额的多少计算奖金的奖励制度必须改革。

用这种考核体系得出的工时定额，如果用于 ERP 系统的计划编制工作，不会有任何指导意义，会使人们对系统输出的报表失去信任。在以工时定额为基准的奖励制度下，还有一些可能出现的弊病。例如，当操作人员估计当月的奖金数已经差不多了，或打算下个月自己要请几天假时，他/她会留下一些工时放到下个月用，而不如实填报。此外，分配任务的班组长还有可能把工时定额“油水”大的任务安排给“铁哥们”去做，以致打乱了整体计划。总之，以完成工时定额作为发奖金的标准，其指导思想并不是以客户满意为中心。因此，如果这种激励机制不利于数据准确，就必须改革。

数据不准确的另一个常见原因是各个业务人员数据处理不及时。以库存业务为例，如果没有做到“日清日结”，第二天编制计划时将会依据一个滞后的信息，运算的结果必然是错误的。这也是为什么我们强调一定要制定规范化的“工作准则与工作规程”，其中“信息处理时间”是一项重要内容。有些企业虽然制定了这样的规程，但是没有规定处理业务的时间，因此还有欠缺。所以，数据不但要准确，而且要实时，错误和滞后的信息必然会影响业务分析和决策的可靠性。

类似情况一定很多，相信每个企业自己的培训教员一定会举出更多的生动例子。

30.3.3 数据的准确性与合理性

数据准确不等于这个数据就是合理的。以“定货批量”这个参数举例，对采购来讲，如果由于产品设计各自为政，导致标准化和通用化工作比较差，同一种类型物料的规格过于杂乱，以至于按照每种规格的需求数量定货时，由于批量小，会增加采购成本。如果按照供应商要求的最小批量定货，又会造成库存超量，从而出现有些企业上了 ERP 系统后，库存不但未减，反而增加的负面现象。

有一家汽车改造厂，在专用罐车的操作平台和走道上要用到花纹钢板。由于没有做到设计标准化，不同的设计人员采用了不同厚度的 3 种（2.0 毫米、2.5 毫米、3.0 毫米）规格极其相近的钢板。设计人员绘图时“笔下不留情”，造成采购、运输和库存方面的一系列的麻烦，3 种规格往往不是由同一家钢厂生产的，每种批量都很小，增加了采购和运输费用。在仓库分别存放时要占三块面积，导致仓库面积不够、保管成本上升。在数据准备阶段，如果发现这样的类似问题，应当向领导小组提出，而不是简单、机械地照录不误。一些企业在标准件、紧固件上也普遍存在类似的问题，近似的、可以归并简化的规格很多，必须改进。

再以生产电冰箱的塑料内胆为例。一个双门冰箱，有上门胆、上箱胆、下门胆、下箱胆 4 件塑料内胆。如果加工内胆的真空吸附机（一种带有抽真空装置的成型胎具，把经过电加热软化的塑料板材吸附到胎型上，形成冰箱内胆）有一套“模具快速更换装置”，更换一次模具只要短短几分钟，一天下来，4 种内胆都可以按需求数量加工出来，做到不多不少。这时，批量规则就可以采用“按需定量”设置，几乎没有库存积压。如果真空吸附机更换一次模具需要 2 小时，那么一天就不可能把 4 种内胆都加工出来，最坏的情况可能要每 4 天才能完成 4 种规格的配套。这时每种内胆的批量设置就只好按照设备 4 天的日产量来定，会有 4 天的库存积压。当然，如果生产批量很大，企业有多台生产内胆的设备，情况可能会好些。

如果真空吸附机的模具设计是一次把门胆和箱胆同时配套加工出来，在理想情况下，可以按照设备的日产量来定批量。一次配套压出门、箱两个胆，似乎非常理想，但是如果工艺掌握不好，两个胆中经常有一个是废品（有折皱或撕裂），为了补足，又不得不同时压出门、箱两个胆，多余的一个胆只有等待机会才能用掉，这样库存就很难控制了。这两个例子说明，必须通过模拟运行来找出数据不合理的环节并予以改进，使数据既准确又合理。

设置生产批量参数时会暴露出这类问题，要运用工业工程的知识，从管理上或生产技术上加以解决。也就是说，实施 ERP 系统，一定要用“技术”解决“管理”问题，而不是就技术论技术地讨论各种参数的设置。

总之，要把**数据合理化**作为数据准备阶段的一项工作**重点**！

30.4　模拟运行

在建立了所有必要的数据主文件后，就要用这些数据运行 ERP 产品，一方面用这些数据来熟悉 ERP 产品的应用，同时也要测试 ERP 产品对本企业经营管理的适用性。

30.4.1　模拟运行的意义

系统模拟运行的重要意义至今还没有被普遍重视。其实道理很简单，科研单位发明一项新的医用生物制剂，要通过动物试验，再做一定时期的临床试验，没有问题以后，才能申请医药卫生部门鉴定审批，审批通过后才能进入正式药品生产阶段。汽车企业的产品研发部门设计了一种新车型，也要先做出样机，经过各种测试及破坏试验，先进行小批试制，经过反复改进，然后才能大量生产。我国国庆 70 周年大阅兵，受检部队都是经过了几个月的排练，磨破了多双军靴，才做到了分秒不差地通过天安门。这些“前面”的工作，都带有“模拟”的性质。

实施 ERP 这样一个大型的信息集成系统，涉及企业所有的主要业务部门，关系到各个业务流程细节，所有的相关部门都要有业务人员参加，若不“排练”就实际应用，风险极大。

无论是哪个模拟阶段，都要事先拟出模拟提纲，记录模拟过程和结果，寻求正确的运行方法。总之，要建立模拟运行的档案，作为项目管理的阶段成果，并作为下一步改进工作的依据，这也是项目管理中文档管理的重要内容。

30.4.2 模拟运行的层次

在整个实施阶段，会遇到几次模拟运行。

ERP 产品提供商提供的“产品使用教材”培训是一种掌握如何操作该 ERP 产品的入门学习。培训教材通常都有一个设计好的简单产品作为案例，如圆珠笔、自行车等，有一套现成的、可靠的数据和参数，学员按照教材规定的步骤，照猫画虎，了解操作要领。主要目的是学会使用 ERP 产品，为模拟做好准备。

实施 ERP 的目的是要用 ERP 产品提供的功能来解决企业实际的管理问题。因此，在使用 ERP 产品提供的教材培训后，还必须录入企业实际产品的数据和各种业务参数，带着实际问题进行几个层次的模拟，只有对全部可能出现的问题都做到妥善处理后，才能在企业内部全面铺开，做到“成功上线”。

通常，实施 ERP 系统有以下几个模拟运行层次。

1．原型测试（产品功能模拟运行）

实施小组用数据准备阶段准备好的企业实际数据，对 ERP 产品做一次全面测试，称为原型测试（Prototyping）。可以用一个简化的产品结构，以较少量零部件（两位数）的产品来测试，尽量简单，以减少数据准备和录入的工作量，但是又必须能够全面反映企业要用 ERP 系统解决的主要问题。

用企业的实际数据进行模拟，一方面，是为了检查自己准备的数据是否符合软件的要求，加深对 ERP 产品功能及操作程序的理解；另一方面，更重要的是**测试 ERP 产品解决和处理实际管理问题的能力**。这时，对软件不做任何改动，所以称为“原型”测试。原型测试必须是各个子系统同时进行，是一次**系统的测试**。仅仅是各个子系统单独运行，不能看出各项业务之间“**相互依存，相互作用**”的关系，也看不到信息集成的效果和带来的效益。

原型测试的主要目的是：

- 深入理解 ERP 产品的机理，列出现行管理流程与 ERP 系统的流程之间的差异，经过分析确定进一步的解决方案。基本上有以下几种解决方案：采用变通办法、改革现行流程、用户化或二次开发；
- 用企业的数据运行，能加深对 ERP 产品各项功能的理解，从信息集成的角度弄清各个参数之间的关系及相互影响，以及一种数据的准确度对其他数据的影响；
- 弄清 ERP 产品显示的各种报表的作用，学会运用系统提供的报表来分析问题和做出决策；
- 若发现容易混淆的观点，则应在扩大培训时重点讲解，并作为编制企业内部案例式教材的依据；
- 若发现软件运算速度及硬件配置问题，要及时采取措施予以解决。

在手工管理中有许多参数是从来没有用过的，如排队时间、等待时间等。在建立工艺路线文件时，这些参数如果没有录入行不行？像这一类问题，需要在原型测试阶段弄清楚，试一试，如果留着空白会是什么结果，录入了又将是什么结果；数据偏大偏小又是什么结果，影响又有多大。这都是原型测试要做的工作，千万不要留下许多“潜伏”的遗留问题到以后再研究处理，否则，延误实施进度不说，挫伤军心可是大事。

经常有企业说，“模拟时还提不出问题，怎么办？”这反映了一个问题，就是项目的前期工作是怎么做的？如果提不出问题，那么干吗要上 ERP？又怎么知道所买的 ERP 产品是适用的？按照项目管理的基本内容，第一项工作就是要发现问题并找出问题的根源。我们许多企业之所以会说“提不出问题”，反映了他们没有按项目管理的基本要求和步骤去做，埋下了失败的种子。

2．实战性模拟运行

在原型测试之后，如果 ERP 产品有些功能还不能满足管理的需求，那么就要进行必要的用户化或二次开发的工作。用户化和二次开发是有区别的，一般来说，用户化是不需要修改源程序的，如流程顺序、字段长度或名称、报表格式的修改等，软件必须有“报表生成器”这类功能。而二次开发可能涉及源程序，要慎重对待。

我国有些企业在没有完全弄清 ERP 产品的功能之前，对有些乍看上去似乎没有符合企业要求的功能，就投入大量人力进行二次开发，造成不必要的人力和时间的浪费。其实，有些问题是可以用符合软件运算逻辑的“变通”办法来解决的；要和实施顾问充分沟通，**尽量减少或避免二次开发**，因为二次开发不仅会延误实施进度，而且会给 ERP 产品今后升级带来麻烦。在这种情况下，实施顾问的水平很关键。因此，选型时如果充分考虑了行业定位，选择的 ERP 产品能够满足企业管理需求，就有可能避免二次开发，并不是所有 ERP 项目都需要二次开发。

实战性模拟运行的主要目的和做法是：

- 测试用户化后或二次开发后的系统，把更全面的经营管理实际数据输入系统中，进一步进行验证，直到确认符合管理需求，可以放心应用为止；
- 检查数据是否准确与合理，运行系统要用到的各种参数设置是否正确；
- 调整和确定各种凭证和报表的格式；
- 根据模拟结果，制定企业管理改革措施（包括业务流程和岗位责任等）；
- 模拟结果要使 ERP 系统真正全面运行起来，使企业全体员工都能明白 ERP 运行模式和带来的效果；
- 编制实施 ERP 的工作准则与工作规程，测试文件的实用性，并补充完善，提交审批通过后执行。

同样，模拟之前要有模拟提纲，模拟过程要有记录。实战性模拟运行的结果，必须得到各个业务部门主管的认可。如果存在没有研究透彻或行不通的地方，需要及时“补课”，寻求可行的解决方案。

模拟运行选择的代表产品必须有实用意义，便于切换。这一点与原型测试是不同的。选择代表产品的原则是：

- 是一种生产多年的成熟产品，数据资料比较完整；

- 产品正在生产，模拟后有实用价值；
- 能比较全面地反映各种管理上的问题；
- 物料品种（包括原材料）控制在500～1000种，数据录入后可以正式使用。

项目小组测试通过后，由项目领导小组召开会议，公开演示，征求所有相关部门业务人员的意见，取得一致同意以后，草拟按照新的业务流程制定的“工作准则和工作规程”，作为切换后实施规范的依据（见30.5节）。

实战性模拟运行仍应是全系统的模拟，涉及各有关职能部门。模拟的结果要向各业务部门和车间演示，且要经领导小组审查，判断是否具备转入实际应用的条件。如果工作深度不够，在转入实际应用前要先补充完善。在实战性模拟运行时，除项目小组全体成员参加外，还必须有职能组和生产一线的人员参加。

这是顺利向ERP系统切换的必要条件，只有最终用户（实际操作应用的业务人员）理解、接受并愿意去应用时，才是真正的实施，才能取得效益。

3．并行运行同系统切换

如果实战性模拟运行已经得到高层管理人员的批准，并得到各个部门管理人员的一致认同，而且实战性模拟运行工作扎实，就没有必要经历这个并行运行阶段。

并行运行可以理解为一种切换前的预演，是一种特殊的模拟测试，是切换前最后一次总排练。因为员工对新系统不熟悉、不放心，不敢把原有的系统资料全部“扔掉”，所以需要有一段新老系统并行运行的阶段。

但是并行运行会带来一些问题，如新老系统运行的结果不一致时，以什么为准？以老的为准必然会否定新系统的价值，影响新系统的贯彻执行。新老系统同时运行，每项业务要做双份工作，增加了工作量，加重了员工的负担。因此，如果需要并行运行，并行时间绝不可拖得太长，越短越好。

关于系统切换的内容请见30.6节。

30.5 工作准则与工作规程

ERP系统是一种规范化的管理信息系统，任何岗位上的人员在任何时刻都必须遵循统一的准则和规程进行工作，不允许各行其是。因此，企业必须在模拟运行的基础上，结合自己的实际情况和ERP产品的操作程序，制定一套带有“法治”性质的规则，即实施ERP系统的工作准则与工作规程（Policy and Procedure）。通过编制工作准则与工作规程，也是一次复习ERP原理和熟悉产品操作的过程。

工作准则与工作规程与一般的企业规章制度不同，它不是离散的条文，而是按照业务流程说明要做什么，什么时候做，谁来做，遇到各种例外情况时应按照什么原则处理，前后工作的顺序及关系是什么，执行ERP产品的哪一条指令，等等。它有点类似于机床的操作规程，但它是一种管理规程。

这里所谓“准则”是指处理各种事务或问题的原则，特别要说明例外情况的处理原则。所谓“规程”是指在业务流程的基础上制定的处理业务的步骤。

工作准则与工作规程由项目小组会同各职能部门共同制定，结合模拟运行进行验证，经领导小组和厂务会议批准，形成企业的正式文件，发至全企业执行，并定期总结修订。

ERP 系统中的每一个环节，如数据准备、设计修改、编制物料清单（BOM）、签订销售合同、主生产计划、物料需求计划、库存盘点、能力计划、车间作业控制、采购、成本计算等都要制定各自的工作准则与工作规程。下面以主生产计划（MPS）为例来说明工作准则与工作规程，可以供企业参考，但企业应根据自己的具体情况制定工作准则与工作规程。

在工作准则与工作规程文件的封面要说明文件号、标题、编制人、编制日期、审批人、批准日期、版次和修改说明等。工作准则与工作规程一般包括以下内容（这仅仅是一个示意性质的介绍，实际应用要细致得多）。

1．主题

说明本部分描述的业务是什么。

例：主生产计划（MPS）。

2．目的

说明完成任务的步骤及方法，提供哪些保证。

例：说明编制 MPS 的工作程序和平衡客观需求与企业资源的原则与方法，保证实现对客户的承诺。

3．工作范围

说明本部分的规程包括什么和不包括什么。

例：MPS 汇集所有出厂产品及备件的需求信息，完成粗能力平衡，编制保证交货数量和完工日期的计划并同时控制库存量。产品的发运计划则由物料部制定。

负责设定每种产品合理、可控的计划期、时段和时界等参数。

定单必须经过合同评审后再进入本流程。

4．文件

说明使用的数据来源和工作依据的文件。

例：MPS 运行的依据来自市场经营部和现场服务部的集成信息，包括销售合同、销售预测、服务网点的备件和维修件、参展品。出口产品信息数据统一由市场经营部归口。破坏性试验产品由质量部门制定正式文件，由生产计划部按《破坏性试验暂行办法》的规定列入 MPS。

需求变动依据市场经营部提出的“需求变动通知”执行。

5．工作准则

说明处理各种事务或问题的原则。

例：

（1）主生产计划员每月复核 MPS 是否符合销售与运营规划（S&OP）的要求（重点是供需平衡与经济效益）。

（2）确认的 MPS 必须经过粗能力计划核实，必须是可执行的。

（3）MPS 的时段设置在近 3 个月内不得大于周，计划期必须覆盖产品生产装配全过程。

（4）正常情况下每月运行一次全重排，计划更改必须立即运行全重排。

（5）需求时界内的需求变动或设计更改，由市场经营部或产品研发部门提出，在生产副总的主持下，会同产品设计、生产计划、采购、车间、财务等有关部门研究分析影响的范围和程度，确定计划变动后的可行性，最后，根据批准后的"需求变动通知"执行。

（6）需求时界范围内，毛需求取合同与预测值二者中的大值，即合同量冲销预测值。需求时界与计划时界之间，取合同与预测值二者中的大值。

（7）出现能力矛盾时，首先修改交货期或分批交货，再考虑定货量，所有修改都必须得到市场经营部同意。

……

6．责任关系

说明责任部门和具体责任人及权限。

例：

（1）MPS 由主生产计划员负责编制，主生产计划员的主管是生产计划部部长。

（2）主生产计划员只负责 MPS 的可执行性，需求信息的准确性由市场经营部负责。

（3）MPS 不能满足 S&OP 规划时，主生产计划员有责任发现问题，及时向部门主管报告，并反馈给市场经营部负责调整。

（4）保证可供销售量信息准确。

……

7．工作规程

说明工作的规范流程。

例：MPS 的日常工作如下。

（1）复核预测信息，根据销售管理确定复核间隔期，可能是每月一次。

（2）复核销售管理及现场管理的集成信息，包括合同、备品备件、参展品、试验品等需求，确定需求方的优先级别，每天要了解变动情况。

（3）复核库存水准及现有库存量、批量规则、安全库存、提前期。若有异议，需要会同物料及生产部门研究。

（4）核查参数设置（时段、计划接收量定义）。

（5）编制初步 MPS。

（6）会同生产部门核定关键工作中心能力，运行粗能力计划。

（7）与销售和市场经营部协商，调整初步 MPS。

（8）完成 MPS 计划，经计划主管批准后执行。

8．工作流程图

工作流程图按照工作顺序绘制，工作准则与工作流程示意图如图 30.1 所示。

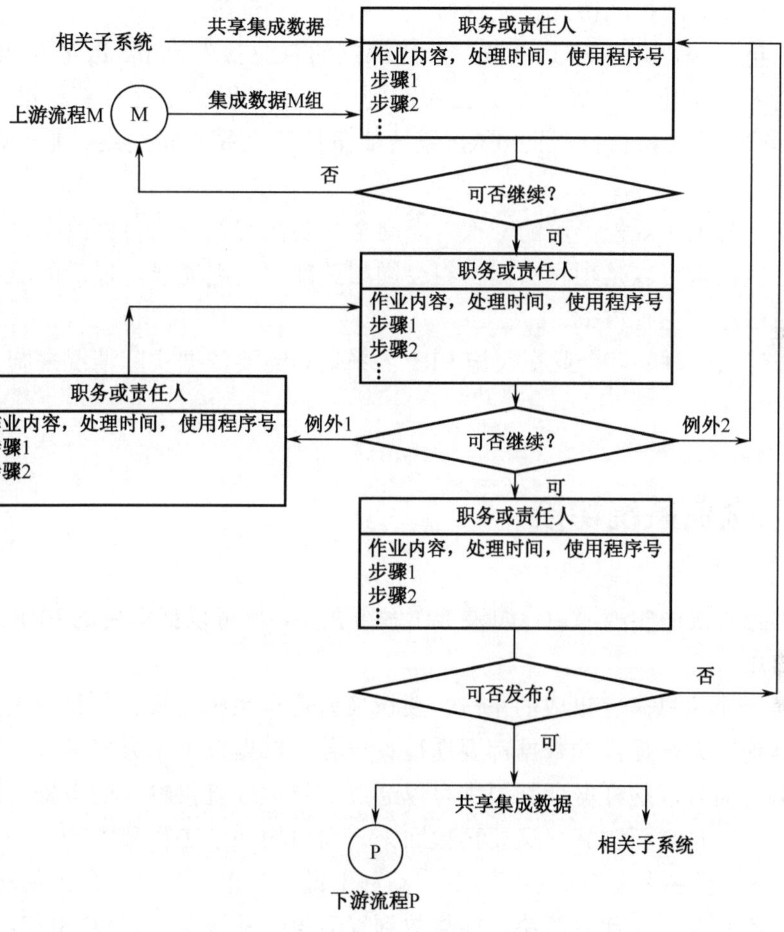

图 30.1　工作准则与工作流程示意图

需要说明的信息有：

（1）负责部门及负责人。

（2）工作任务内容与步骤。

（3）使用的系统程序或指令号。

（4）执行开始时间及完成时间。

（5）用菱形判定框说明例外情况的处理流程。

（6）上下游流程的接口或信息的输入/输出关系。输入数据有两类来源，一类是数据源性质，包括一些静态信息，不需要反馈或更改，如产品信息、库存信息。另一类是动态信息，有可能调整，有反馈关系，如销售需求信息，是上游流程。有些子系统对输出信息可能引发反馈和改动要求，如计划和执行，是下游流程。有些只是单纯接收共享信息，如库存管理、财务等。

必要时，有些任务还可以进一步详细绘制，作为“细化子系统”层次对待。

9．附件

附件包括相关的报表格式、文件格式、单据、凭证等。

我们一再强调，实施 ERP 系统是一场深刻的企业管理改革。改革的成果来之不易，要用新的管理标准把它巩固下来。工作准则与工作规程就是这种新标准，相当于企业的一部 ERP“宪法”。它将保证 ERP 系统能坚持下来并不断发展，是一项不容忽视的工作。

工作准则与工作规程不可能一次考虑周全，要在实践中逐步修改完善，因此要设定版本。第一次制定可以是项目实施小组会同相关部门一起完成，以后的版本可能由应用部门修订后由相关主管审批。

以上叙述只是举例，企业在实施 ERP 系统时，需要依据实际情况来制定工作准则与工作规程。

30.6　全面系统切换

经过模拟阶段的实战演习，如果工作做得扎实，就可以把选用的 ERP 系统全面切换到日常工作中。

ERP 是一个信息高度集成的系统，要切换就是全系统切换。如果只上某个子系统，所有需要其他子系统提供的数据都要通过收集各类票据以手工方式录入，不能体现信息集成的优势。而且，这样做就把原本可以通过信息集成直接输入的数据，通过开发的接口人工录入。一旦全面实施，又要再改回来，白白增加了工作量。

因此，按“模块”实施是不可取的，不利于说明各个业务之间信息的相互集成关系，有了问题也不易及时发现并解决，如果放到以后再“补课”，必然会引起不少修改返工。有些企业实施了 ERP 系统两三年后，效益并不明显，就是由这个原因造成的。因此，各个子系统必须一起上，才可能见到信息集成带来的效益。如果说分步实施，也要先上几个关联密切的车间及相关仓库及用到的子系统，取得经验后再逐步推广，千万不要割断业务流程。割断了业务流程，等于破坏了信息集成，与我们建立管理信息化的初衷是相悖的，也不可能实现 ERP 项目的目标。

为了顺利切换，我们在 30.2 节强调过，要抓好培训、数据准备、模拟运行和工作准则与工作规程 4 个重要的实施环节，在培训的基础上整理好数据，并在基本数据完整后进行模拟。把最后模拟运行的“管理模式”当众宣布并演示，得到广大管理人员和高层经理认可批准，在制定工作准则与工作规程的基础上，制定各个岗位相应的关键业绩评价指标（KPI）。然后再在企业全面推行。

有了群众基础，有了激励机制，有了操作和执行的标准规程，切换工作就会容易得多。企业应宁可在打基础的工作上多花些时间，稳扎稳打，也不要在系统切换时引起波折和反复。要特别注意项目管理要求的先导与后续工作的关系，一步一个脚印地进行，欲速则不达。

这里附带说明一点，设定 KPI 是说明每一个工作岗位“**应做**”什么，或者是“应做到什么程度”，是明确岗位的基本责任。它的目的不是发奖金，现在社会上有人把 KPI 理解为“金钱挂帅”，这是极大的误解。

第31章

防范风险与成功的条件

实施 ERP 会遇到风险，甚至会导致项目失败，所以上 ERP 系统是一种风险投资。但 ERP 失败的风险并不是一夜之间突然出现的，往往有埋藏已久的根源，如果认真汲取多年来业内实施 MRP Ⅱ/ERP 的经验教训，明白产生风险的根源，采取有效措施，许多风险都是可以防范和避免的。

31.1 风险管理

ERP 项目管理中可能会遇到各种风险，如“市场波动风险”“动机风险”“资金风险”“脱期风险”“人员流失风险”等，但是如果仔细分析这些风险产生的根源，不难发现，除个别风险是外部原因外，许多风险出自内因，是可以控制和防范的。

31.1.1 ERP 项目的风险是可以防范的

管理信息化是一项长期投资，是投资就会有风险。风险通常是由那些在未来条件和环境可能发生不可预见的变化造成的，不确定因素总是客观存在的。但是，信息化管理系统已经在国内外运行了几十年，积累了大量宝贵和丰富的经验教训，可供实施 ERP 系统借鉴，这对后来者是一个非常有利的条件。只要企业能够认真地研究和汲取，而不是“视而不见、听而不闻”，完全可以使实施 ERP 项目的风险降到较低的程度，取得成功。

例如，坚定支持 ERP 项目的总经理由于调动或健康原因离开岗位，使项目受挫，这类情况在我国实施 MRP Ⅱ/ERP 的项目中并不少见。如果注意到这种可能性，那么企业就不应该在总经理换届期间上 ERP 项目，同时，在系统启动时就要安排好万一总经理离职，谁是领导小组组长的候选人。

又如，在选择 ERP 产品的过程中有极大的分歧，在实施所选用的 ERP 产品的过程中互相埋怨，冷眼旁观，暗中较劲，秋后算账……，大量内耗使项目无法正常进行，这种事例也不少见（在国有企业中尤其常见）。对待这类风险，企业应当非常慎重地对待 ERP 系统上马和产品选型问题，充分讨论，民主集中，排斥各种干扰，立下军令状，从而防患于未然。高管团队对上 ERP 系统有一致的认识是绝对首要条件。

再如，项目实施中途，遇到企业的经营状况滑坡，出现亏损，这也是经常遇到的项目失败原因。因此，我们要强调，企业实施 ERP 项目时必须有一个抗击风险的长远经营战略作为保证，落实足够的预算用于信息化投资，才能启动 ERP 系统。

风险管理不是做“亡羊补牢”的事。对待风险，主要是发现与预防。如果避免不了，则要设法减轻其危害，要有预见性。要分析产生风险可能的根源，并从根源上去预防风险。

风险管理是项目管理的一项极其重要的内容，只要企业能够预见到可能出现的问题，并在问题发生之前就妥善处理解决或加以防范，就能把风险降低到最低程度。预见和防范风险是项目总负责人和项目经理的一项必要的素质和管理艺术，项目经理的管理经验越多，知识越丰富，预见风险并采取有效措施加以防范，出现风险的可能性就越小。

31.1.2 ERP 项目的主要风险

有不少书籍专门讨论风险管理问题，内容非常丰富，值得借鉴。要防范风险，就要找出出现风险的根源。就 ERP 项目而言，造成风险的原因可以归纳为以下需要特别注意的几个重点。

1. 思想认识造成的风险

思想认识造成的风险往往是所有风险的总根源，具体表现为：

- 企业上下对 ERP 不理解或理解不一致；
- 没有从企业的战略高度审视 ERP 项目，而是当成一般技术项目对待；
- 上 ERP 系统的目的和期望值不明确或不切实际；
- 选择实施 ERP 系统的时机不当；
- 对变革的必要性理解不一，企业高层不能果断地处理变革问题；
- 项目没有企业管理高层的参与、关注和支持。

这类问题在本书前面相关章节中都曾提到过，可复习领会。

2. 组织工作造成的风险

ERP 项目要靠人来实施，要有效地把人员组织起来，共同努力。由于组织工作不力造成的风险具体表现有：

- 项目组织的成员任命不当，没有选派得力的项目经理及核心成员；
- 项目组织缺少团队精神，成员之间缺少沟通，定期会议流于形式；
- 没有考核制度和激励机制，干好干坏一个样；
- 人员变动频繁，关键人物流失。

对项目经理和项目组的要求，请回顾第 23 章“实施 ERP 的项目组织”。

3. 实施方法造成的风险

指导思想正确了，组织工作落实了，如果没有一套科学的实施方法，照样会造成项目失败。不正确的实施方法有：

- 没有遵照项目管理的原则要求；
- 企业诊断和需求分析结论错误；
- 选择合作伙伴和 ERP 产品的方法和步骤不对；
- 没有明确的项目定义，目标和范围模糊不清；
- 没有熟练掌握 ERP 产品的功能和应用，数据或参数设置错误；
- 忽视模拟运行，在条件尚不成熟的情况下急于全面铺开应用；
- 忽视结合解决企业管理的实际问题使员工受益，得不到基层员工的支持；
- 没有重视变革管理，推行变革的方法不妥。

这里仅仅列出一些常见和主要的问题，企业在实施 ERP 项目时，还必须根据自己的实际情况，列出本企业可能出现的风险，并事先研究制定预防措施和对策。

31.2 成功率的争议

经常见到有文章说国外 ERP 的成功率也是如何如何低，想以此来否定 ERP，这种只引用结论不分析过程的文章非常有害——结论很容易被人们记住，但很少有人去深究其实施过程和产生结论的依据。

我们不妨分析一下，国外一些文章对 ERP 项目的成功又是怎样理解的呢？

美国著名的糖果食品商 Hershey Foods Inc.因实施 ERP 不利曾投诉 SAP 公司。但是据 2000 年 1 月 *CFO Magazine* 报道，Hershey 实施 ERP 不成功的原因有二：一是在企业最忙的销售旺季（感恩节、圣诞节）开始实施 ERP，企业的人力资源调配和管理精力跟不上，尤其是员工因忙于节日促销和加班生产无法安排足够的时间进行培训，也就是说，上 ERP 的时机选择不当；二是 Hershey 公司同时实施了 Siebel System 公司的 CRM 和 Manugistics 公司的 SCM 物流系统，同时还要解决“千年虫”的问题，增加了实施工作的难度和复杂性。Gartner 公司曾经指出：“**ERP 不是该上不该上的问题，而是什么时机上的问题。**”Hershey 公司的例子非常典型，问题出在不恰当的时刻上马，值得重视。

国外一些项目的所谓不成功是指进度拖延或预算超支，这是一种仅仅从项目管理的角度来评价成功，把“按计划交付”和“不超支”作为成功的标准。如果时间和费用都超过预计，或是略有超支，但最终还是用得很好，有一定效益，是否还算是不成功呢？由于对成功标准的理解不同，因此对成功率的解释出入很大。

因此，对待社会上成功率的议论要做分析，要了解不同报道对成功的定义，以及成功率是如何计算的，要了解各个案例的实施过程，而不是仅看结论。经常看到一些文章是这样写的：“由于种种原因，项目实施始终不理想。”那么这最能说明问题的“种种原因”又是什么呢？

不是任何企业都具备成功实施 ERP 的条件。我们把企业能够成功实施 ERP 的条件归纳为先天条件和后天条件，这些条件是否充分具备决定项目实施风险的大小。条件越充分，风险就越小。项目越大、越复杂，就越要重视和创建这些条件。

31.3 先天条件

无数事实说明，不是任何企业实施 ERP 都可以取得成功或实效。企业在实施 ERP 项目之前，应当先掂量一下自己是否已经具备以下几个方面的条件。缺少这些条件，属于“先天不足”，必然有失败的风险。

1. 企业的经营战略是什么

企业经营战略的核心问题是“如何通过各种创新（技术、知识、管理……）实现可持续发展”。关键词是“**可持续发展**”，在市场竞争激烈的惊涛骇浪中一往直前，永远立于不败之地。企业信息化战略要根据企业经营战略来制定，是为企业经营战略服务的，为解决企业最迫切的问题确定信息化的规划。许多企业的信息化规划报告往往忽视了这个基本出发点，他们列出的需求和目标就是“为信息化搭建平台”，换句话说，是为信息化而信息化。这类规划往往是由信息中心编制的，管理层并没有介入，这是一种急需纠正的普遍偏向。

2. 企业的体制是否符合市场经济的要求

ERP 是市场经济下的产物。企业如果没有建立起一个符合市场经济运作要求的现代企业制度，在实施 MRP/ERP 系统时必然会极不适应。我国早期实施 MRP II 项目之所以被认为效果不理想，原因之一就是企业还没有完全从计划经济转型到市场经济，而政府职能转变问题也是影响企业体制的一项不可轻视的因素。

企业管理高层应当有意识并有决心结合实施 ERP 系统来推动体制改革，排除一切不合理的干扰。

3. 企业文化是否适应全球经济竞争

我们在 9.5.2 节“建立实施 ERP 的企业文化”专门讨论了实施 ERP 的企业必须具备的文化内涵，就是为客户创造价值、学习型企业、团队精神和追求卓越创新改革。具备相应文化的企业应是：全体员工都应当有强烈的全球市场竞争意识，以诚信为本，一切行为以客户满意为准则，在此基础上获得合理利润并求得发展的企业。企业上下有追求新知识、渴望学习的风气，是一个**学习型的企业**。企业能给予广大员工施展才华的广阔空间，且广大员工能团结合作，是一个**有凝聚力的企业**；企业会时刻关注市场和竞争对手的变化，居安思危，是一个**进取不懈的企业**。

有了这样适应全球竞争的企业文化，ERP 才有顺利实施的条件。

4．稳定的市场环境

一个有经营战略的企业，比较能够经受得起各种环境突变和风险。在实施 ERP 系统的进程中，如果出现产品销售“滑坡”，必然会分散企业各管理层对实施 ERP 系统的注意力，是一大忌，有不少项目案例因此而夭折。因此，要求实施 ERP 的企业，至少在项目周期内能有一个比较稳定的市场和销售环境，保证管理高层能够专注 ERP 项目，有足够的资金和人力投入。正在转型变动过程中的企业实施 ERP 系统尤其要慎重。

5．企业的管理团队对 ERP 系统是否理解

一个改革开拓、不断进取的各级管理团队对企业成功实施 ERP 是极其重要的因素。国内外的经验都在强调：**“千万不要在高管团队不理解 ERP 的情况下上 ERP。”**这里，我们特别强调的是“团队”，不是少数几个人，也不是“貌合神离”的班子，而是对企业信息化建设和 ERP 系统有比较深刻的理解、认识和目标一致、齐心合力承担责任的高层管理团队。

此外，在实施 ERP 系统的项目周期内，企业“一把手”和项目经理都不能轻易变动，这是保证项目稳定性和成功的非常重要的条件。

6．有无一致的明确目标

要在理解 ERP 的基础上进行需求分析，在需求分析的基础上制定项目的量化目标。不要把 ERP 简单地看成一个软件，因为 ERP 是一个信息化管理系统，是一种解决方案，是用来解决管理问题的工具，所谓的“需求”是解决管理问题的需求，只有需求明确才能制定正确的目标。换句话说，首先明确**“上 ERP 想解决什么问题？”**

7．管理基础和数据

准备实施 ERP 系统的企业必须有一定的管理基础，主要体现在：

- 各项核心业务有形成文档的规章制度；
- 运行各项核心业务所需的文件、凭证、单据、报表、记录保管有序，经营生产使用的数据都有案可查，在此基础上，即使还不能完全满足信息化管理的要求，但也可为信息化管理创造必要的基本条件。对通过 ISO 9000 系列认证的企业，应具备较好实施 ERP 系统的基础。

31.4　后天条件

除了实施前要评价先天条件外，在实施 ERP 的过程中还必须注意以下几项“后天条件”。后天条件不好，同样存在失败的风险。

1．任命得力的项目经理，项目组织人选得当

整个 ERP 实施过程中项目实施小组的作用最大，实施小组的成员不仅要学习和充实自己，率先熟练掌握 ERP 的相关理念和产品功能，还要向不同层次的企业员工传播知识，推动管理改革，实现目标。项目经理作为小组的组长除了负责项目实施的全部工作，还要起承上启下、沟通内外的作用，担子非常繁重。到一个实施 ERP 的企业，只要观察是什么人在担任项目经理，项目实施小组由什么成员组成，就几乎可以判断出企业高层对 ERP 项目的重视程度，以及今后项目成败的命运。

2．重视培训教育，提高全体员工素质

长期习惯于手工管理模式的员工，如果知识得不到更新和充实，就不可能驾驭一个“从来不是这么干法的”ERP 系统，项目将无法启动和开展。通过培训提高员工素质，转变观念，励志改革。培训要贯彻始终，对不同层次、不同岗位的员工有不同的培训内容，具体请回顾第 25 章“ERP 的培训工作”。

3．管理人员与信息技术专业人员配合默契

管理人员是 ERP 系统的主宰要素，但若没有信息技术专业人员的支持，系统也很难正常安全运行和扩展。两类人员如果不能密切配合、各行其是，或是职责不清、越俎代庖，都会使项目陷于瘫痪。请回顾 23.1 节“谁唱主角”。

4．重视数据准确、及时、完整，建立保证制度

数据是各种信息的基础，我们在第 12 章已经反复强调，数据不准，运行 ERP 系统犹如玩数字游戏，这样的项目必然会失去员工的信任，会被束之高阁，无人问津。要建立一个数据质量的保证体系，有明确的要求、措施方法、责任体系和奖惩机制。

5．选择适用的 ERP 产品及长期合作的提供商和实施顾问单位

选择 ERP 产品重在“适用”，而不是追求“门当户对”或“世界第一”。选择不当，犹如花钱买包袱，往往会陷入进退两难的境地。企业在发展过程中对信息化的需求会不断扩大，因此要考虑与产品提供商和咨询顾问公司长期合作的战略远景。

6．项目管理实施方法和实施指导及服务支持，有严明的工作纪律

不按照项目管理的原则办事，就像在混乱和黑暗中瞎闯，最后，把人们对新事物的积极性耗费殆尽，使项目陷入不死不活的状况。同样，没有严明的工作纪律也会使项目拖拖拉拉，无法按计划有序地进行。

7．深化改革，重视业务流程重组

我们在第 32 章“变革管理”将会谈到，实施 ERP 系统如果不结合管理改革，就像在泥泞的道路上跑林肯或卡迪拉克高级轿车，再先进的 ERP 产品也使不上劲，最后会丧失信心，又退回到实施前的老路上去。

8．健全有利于进取不懈和市场竞争的激励机制

无论在项目实施进程中或项目实施之后，都必须修订或建立一种有利于追求卓越、实现企业总体目标的激励机制，否则，再高的热情也会熄灭，不能持久。

9. 建设一支具备管理、行业、信息技术和项目管理知识的复合型人才队伍

市场竞争首先是人才的竞争，实施 ERP 系统，如果没有建立起一支复合型的人才队伍，不仅信息化建设不能继续前进，而且已经得到的成果也可能丧失殆尽。要结合培训工作，有意识地建设复合型人才队伍，这对巩固和提高企业竞争力至关重要。

10. 制定严格执行新流程的工作准则与规程

实施 ERP 系统是一场深刻的管理革命，变革的成果必须用新的“法律”来巩固。没有这样的“宪法”，迟早会倒退到老路上去，从而导致功亏一篑、前功尽弃。

以上最后 3 条对巩固 ERP 项目的实施成果非常重要。成果不能巩固，同样也会导致失败的下场。

所有信息化管理系统的成功条件都有共性和类似之处，这里我们不妨参考著名 CRM 软件公司 Siebel System 技术服务部高级副总裁 Steve Mankoff 总结出的 10 个成功实施 CRM 系统的条件，供对比参考。

（1）建立量化的业务目标；

（2）协调业务与 IT 人员的运作；

（3）高层管理的支持；

（4）使业务目标成为原动力；

（5）尽可能减少二次开发；

（6）使用有经验的顾问人员；

（7）最终用户积极参与；

（8）培训最终用户提高其能力；

（9）分阶段地实施计划；

（10）评价、监控、跟踪。

31.5 谁对 ERP 项目成败负责

31.5.1 ERP 产品提供商能对成败负责吗

有人说我国企业实施 ERP 成功率低是受了 ERP 产品提供商和媒体的误导和“忽悠”，这只是问题的一面。一些媒体需要厂商的广告和支持，这样才能筹集经费，把出版物或网站办下去。一些软件公司和 IT 机构需要不断“创新”出天花乱坠和似是而非的“概念”，以开发“新的经济增长点”。国内、国外都存在这种现象，在市场经济的环境下，炒作和“忽悠”几乎是“天经地义”的，但不能过于离谱或偏离诚信的市场道德原则。问题是作为企业用户，应当如何冷静而理性地看待炒作和“忽悠”。

要求 ERP 产品提供商对 ERP 项目的成败负责是不现实的。ERP 产品提供商的人员组成，除管理人员和开发人员外，面对企业用户的主要是销售人员和售后服务人员。ERP 产品提供商对销售人员的考核指标是“销售额”“卖出多少套软件”“收回多少货款”“**成交**”，对服务人员的考核指标是“服务收入”“卖出多少服务天数”“创收”；都不考核“**成功**”。“成交”与“成功”一字之差，意义全非。

从这里可以明显看出，所有的 ERP 产品提供商都不考核项目的成功率，因为 ERP 不是交钥匙工程，靠 ERP 产品提供商单方面的努力，是不能保证项目成功的。尽管有不少 ERP 产品提供商的口号有“客户的成功就是我们的成功”的含义，但是论起 ERP 产品提供商的排行榜，就像世界 500 强企业排名一样，都是以销售收入为准的，没有以利润率排名的。ERP 成品提供商的排名也同样是以销售收入来衡量的，从来不以成功项目有多少为准。所以结论是：ERP 产品提供商不能也不应被要求对项目的成败负责，因为即使有时会因软件的瑕疵或漏洞影响项目的进程，但也不会是影响项目成功实施的决定性因素。

31.5.2 时刻坚持企业主体意识

在 31.3 节中，我们讨论了先天条件，就是要说明：不是任何企业想上 ERP 系统就可以想当然地取得成功的。企业实施 ERP 系统能否成功，首先取决于企业本身，所谓“外因通过内因起作用”，主要在于内因。ERP 产品提供商和媒体的误导和“忽悠”因素是存在的，而且会继续长久存在下去，但这些毕竟都是“外因”。

不可否认，有些 ERP 公司严酷的销售指标和末位淘汰压力会造成销售人员不惜代价、不择手段地去拼命实现。一些销售人员为了完成公司给自己定的指标，以免被“炒鱿鱼”，在用户面前绝对不说“不行”。不少公司的销售策略就是这样要求的，英文是本公司“Never Say NO!”，这是无可非议的，因为不少人处在那种地位都可能会这样做；当然，如果老老实实说明“我们没有这个功能，但是可以开发补充”就更好了。企业用户要明白这种“客观现象”，如果想避免误导，只有提高自己的免疫力和防范意识。我们在第 29 章介绍 ERP 产品选型时提出的一系列注意事项，就是这个目的。

新冠病毒感染肆虐时，并不是所有接触感染者的人都必然会被感染，为什么？还是“外因通过内因起作用”——免疫力强，就不容易被感染。

免疫力和防范意识不仅是针对外界的，如果企业授权选择 ERP 产品的负责人抱着一种“哪家软件商给我的回扣多就买谁的”心态，或企业上 ERP 系统有种种稀奇古怪和拿不到台面上来的动机，或企业内部有多家软件商的“线人”在各显神通，就会使项目陷入瘫痪的绝境。因此，对内部的不正常现象，企业同样也需要有“免疫力”。否则有可能出现“人走软件换”，一再投资却不见实效的怪异现象。要有“免疫力”，首先要企业的“一把手”有明辨是非的判断力和果断处理的魄力，这又回到了“高管团队工程”上来，即需要“一把手”要做明白人，稳稳掌好信息化建设的舵，当好“舵手”。

我国从 1980 年起实施 MRP Ⅱ/ERP 项目，至今已经有 40 多年的历史。在这个漫长的岁月里，众多的企业和从业人员经历了摸爬滚打，尝尽了甜酸苦辣，取得了极其丰富、宝贵的经验教训。这些经验教训对今后实施 ERP 的企业都是极其宝贵的知识财富。只要企业能够认真学习领会，就一定能汲取前车之鉴来指导并做好自己今后的工作。

总之，实施 ERP 系统成功与否主要取决于企业本身，企业是第一责任人。所以结论是：**ERP 系统的成功与否，责任应当在企业**，一定要时时刻刻坚持**企业主体意识**。

第32章

变 革 管 理

必须反复强调，信息化管理和手工管理是两种完全不同的管理模式，因此不可避免地要遇到管理模式的变革。变革管理的内容是多方面的，而且会是一项经常性的工作，这里只着重探讨在实施ERP过程中需要注意的变革问题。

32.1　变革管理的目的

ERP是信息化管理，与手工管理相比是完全不同的管理模式，因此，无论在业务流程、工作方式或习惯、岗位职责、组织机构等各个方面，实施ERP系统都不可避免地会遇到许多变革问题。ERP是一种解决方案，从非常困惑的现状进步到理想的境界，本身就含有变革原有形态的意思。因此，能否做好变革管理（Change Management）是成功实施ERP项目的重要关键因素。

变革是为了用好ERP系统，合理利用现有资源，优化业务流程，提高管理水平，从而扩大企业的效益。就ERP项目而言，对**变革**之所以要**管理**，就是要处理好：**既要实现实施ERP项目的目标，又要做好日常例行工作**，处理好长远和短期的矛盾，避免实施过程中出现生产混乱甚至项目夭折的危机。**变革管理的核心是做好人的工作**，改变人们的思维方式和行为准则，建立适应全球竞争环境的企业文化。变革管理不仅包括业务流程的变革，岗位职责的变革，还包括企业文化的变革，必须有计划地配合ERP实施同步进行。

变革的具体内容主要是业务流程重组和相应组织机构和岗位权责的调整。

32.2　如何看待和克服阻力

信息化必然会要求企业管理进行重大变革，为了企业在全球竞争中持续生存与发展，只能积极地面对改革，而不是消极回避。这不是愿不愿意的问题，而是全球市场竞争形势所迫，影响企业生死存亡，非变不可的问题。如何变革管理已经成为现代管理的一个重要课题和经常性的工作。

一般人的心理往往是安于自己已经习惯的工作方式，如果没有外力推动，一定是尽量维持现状，做“习以为常”的事。实施 ERP 系统由于业务流程、组织机构和岗位职责的变动，不可避免地会触动一些人的既得利益和权利，一些人旧的顽固习惯和知识更新迟缓，都会使变革遇到阻力。

但是有时也会出现积极的一面。例如，陕西重型汽车集团董事长张玉浦在整顿企业提出“从严治厂”时，一开始曾以为长期处于无序状态的企业会有不小的阻力，但事实恰恰相反，员工们认为“从严”是企业振奋的象征，是朝着有希望的方向前进，作为个人，尽管会在一些方面受到约束，但是企业的发展和个人前程是密切相关的，依然积极支持。这是一个非常好的例子，说明在变革的过程中要看管理高层的动员号召力，看到主流和积极的一面。

要克服阻力必须具备以下 3 个条件，它们的“合力”要大于“阻力”。

- 对现有流程状况普遍不满意，有改革的愿望；
- 对新流程的认可程度高，愿意接受新的流程；
- 有足够的知识实现向新的流程转变。

陕西重型汽车集团的例子说明了合力大于阻力。但是这个合力是在做了一系列工作以后得到的，并不是自然生成的。

实施 ERP 系统后能够提高工作效率，但是提高效率的目的并不是减员，由于职能调整，一些岗位的人减少了，但另一些岗位的人员增加了。例如，实现资金流信息和物流信息集成后，做财务报表的人员不再需要那么多了，但是需要更多的财务分析人员。通过培训，调整岗位职能，才是积极的做法；不要把裁员看成信息化的“必然”后果。

32.3 值得参考的变革要领

美国波士顿咨询公司（BCG）全球董事兼副总裁、上海执行总监林杰敏谈到的该公司的变革要领很值得参考：

（1）变革要有切实、宏大的远景目标。公司 CEO 要制订有说服力、基于事实的变革计划。同时，公司要和员工沟通，加强相互之间的信任，对员工坦诚地进行解释。

（2）有积极投入的领导梯队。除高层领导外，中层和基层领导梯队也非常重要。

（3）有严格明晰的项目管理。变革管理同样要运用项目管理的原则。

（4）要获得各利益方的鼎力支持。各个利益方之间会有矛盾，要注意协调。

（5）需要同时变革企业文化（参见 9.5.2 节“建立实施 ERP 的企业文化”）。变革管理看上去是针对业务流程和组织机构的，但是实现业务流程的变革，关键是企业文化的变革。

（6）必须有配套的软件、硬件支持。业务流程的变革在许多方面，如果离开信息技术的支持是无法实现的。

（7）尽量通过再培训提高员工技能和素质，调整岗位，不要触及员工原有职称和薪酬，合理处理裁员，减少变革阻力。

对待变革应当抱什么态度，惠普公司前总裁费奥瑞纳（Carly Fiorina）说得好："在变革面前，要么积极投入，要么申明退出。绝不允许坐在一旁，说三道四，指手画脚。"（中央电视台《对话》节目）。

美国通用电气公司（GE）对变革的看法更有其积极的认识，他们认为：

- 变革要主动和超前；
- 到了不得不变革的时候再变就已经太晚了；
- 任何时候一定有人在进行变革，你不变就会与别人拉开距离；
- 不应把变革看成一种威胁，变革带来的是新的发展机会。

事实上，在我国实施 ERP 系统的企业中，就有不少高层领导很重视变革，在做到"仁至义尽"的前提下，采取必要、果断的措施，重新安排了阻碍项目前进的少数经理人。这是推动 ERP 项目实施不得已而为之的办法。

32.4　变革与文化

我国有许多延续几千年的传统文化，变革会受到许多传统文化的影响。中华文化中确实有些不利于变革的因子，其中"人情、面子、关系"是最难处理的。"人情"就像货币一样可借可欠，绝不等于情谊；而"面子"就像个多彩的面纱，绝不等于尊严；至于"关系"，更应服从大局，摆正大我与小我的关系。它们都是"坚持原则"和"实事求是"的障碍，弄不好就是贪腐的温床，需要有一定的管理艺术来应对。儒家学说的中庸之道，对企业也会有很深的影响，待人接物都采取不偏不倚、调和折中的态度，俗称"和为贵"的思想。那么，在变革的过程中又该如何处理这个"和"字呢？

管理变革是人民内部矛盾，还是要讲"和"字。但是这个"和"字，不是"做老好人""和事佬""和稀泥"，更不是"哥们义气""任人唯亲"，以及诸如"刑不上大夫""光宗耀祖"和形形色色的官本位文化。就企业变革管理来讲，就是既要**为客户创造价值，**又要**为企业带来效益**的**共赢**理念和企业文化，凡是不利于实现这个理念的"和"都需要变革。

我们前面提到，岗位要服从机构，机构是为完成某种功能的作业而设置的，而诸多作业串联起来又是为了实现一定的业务流程。业务流程变革往往是形势所迫，所谓"穷则思变"，是有一定目的和道理的，不是为变革而变革，不是盲动。到了不变就难以继续生存和发展的时刻，只能发扬那些有利于企业生存和发展的文化。在变革中的"和"字，应当是"和衷共济"，同心协力攻克难关，应当为了一个共同的目标，公平、公正、公开、和谐地处理各种矛盾。

32.5 推动变革的几个环节

要认真、慎重地对待变革，在 ERP 项目实施过程中，以下几个环节要特别注意。要结合 ERP 实施进程，有序地推动变革。

- 管理诊断和流程分析阶段，ERP 项目组要预见可能要实行的变革，预估变革带来的各种反响和阻力，研究克服阻力的措施，并向高层管理人员提出书面汇报。
- 在各种宣讲和培训活动中，讲明信息化管理和传统管理的差别，以及变革带来的好处和必要性，一定要使全体员工明了变革的目的和意义，使员工学会在信息化管理模式下如何工作，用追求卓越、进取不懈的精神，积极对待变革。这是变革管理的前提。
- 在培训教育的基础上，制定各种考核标准、激励机制和奖惩办法，坚决严肃、认真地执行，并逐步完善。
- 动员大会上，“一把手”要号召全体员工面对变革做好观念转变和思想准备，宣布激励机制的初步方案。
- 在实施周期中的模拟阶段，模拟运行同时要研究变革的具体内容，制订具体的既保证日常工作正常进行，又能和 ERP 系统实施交叉和衔接的变革计划，这是变革管理的重点。

变革是企业追求卓越、不断进取的必要措施，随着市场竞争形势的变化，将是一项经常性的工作。实际上，小到任何一项合理化建议，都可能是一种不同程度和范围的变革。只有当变革成为企业文化的一部分时，企业才能不断创新、不断进步、不断发展。

一项常见的变革是业务流程重组，下一章我们要专门讨论这个课题。

第33章

业务流程重组

ERP 实现了全流程的信息集成，改变了传统手工管理各自为政或信息孤岛的运作方式，因而不可避免地会涉及业务流程重组，也是变革的一个组成部分。

业务流程重组是美国哈佛大学两位教授首先提出的，国内外有过各种正反的议论，这一章将本着正本清源的精神，依据几版原著和相关书籍予以介绍。

有些书把 Reengineering 译为“再造”，是对工程项目改造的直译，用在企业管理方面有些牵强。这里用了“重组”，是**重**新**组**织业务流程的意思。

33.1 业务流程重组的必要性

美国 Michael Hammer 和 James Champy 两位教授 1991 年在《哈佛商业评论》（*Harvard Business Review*）上首先提出了业务流程重组（Business Process Reengineering，BPR）的概念，该概念 1993 年在他们合著的 *Reengineering the Corporation*[①]一书中得到充分诠释。

书中指出，当前有三股相关的力量在日益深刻地影响着企业的发展，分别为客户（Customers）、竞争（Competition）和变革（Change），通称 3C。这三者并不是新的名词，但是进入全球经济时代以后，其内涵发生了极大的变化。在买方市场的前提下，客户是影响企业生存与发展的主要引导因素；全球市场竞争日趋激烈，竞争方式和策略不断变化，而产品和技术更新的速度更是日益加快。这就驱使企业高层经理不得不以非凡的灵活性和高度的应变能力来适应新的形势，不断审视和改进公司管理的业务流程。只要我们处在一个变动的世界，流程重组就不可避免。

换句话说，“客户”“竞争”和“变革”（3C）决定了业务流程重组的必然性和必要性。

① 中译本《改革公司》，胡毓源等译，上海译文出版社，1998。

33.2 正确理解业务流程重组

在 1993 年出版的 *Reengineering the Corporation* 一书中，Hammer 给 BPR 下的定义是："从根本（Fundamental）上**重新思考**并彻底（Radical）**重新设计**业务流程，以实现在关键业绩上，如成本、质量、服务和响应速度，取得**突破性的进展**。"

社会上曾经对"根本"和"彻底"解释为一种激进的做法，联想到政治主张和激进派系，往往被教条或机械地执行，以至于未能达到预期效果，甚至受到不少非议。

8 年以后，Hammer 在 2001 年再版 *Reengineering the Corporation* 时，并没有改动这个提法，他认为这种提法的精神并没有错。他在序言的后部分写道："**当出版社请他写一个新版本时，发现在 20 世纪所写的，在 21 世纪依然正确有效**。"

其实，Hammer 在 1993 年的书中已经解释了"根本"和"彻底"的意义。"根本"是针对最基础的业务问题，从问题的根源上开始**思考**，它的原意精神和因果分析是一致的。而"彻底"是指设计新的理想业务流程时不要受任何框框的限制，要改革而不是改进。它的原意是在思考问题时，不要过多地考虑约束和限制，彻底解放思想。他是在讲思维的方法，而不是讲改革的力度。因此，把业务流程重组说成"激进"，是曲解了作者的原意。我们可以用图 33.1 说明业务流程重组时从思考、变革到执行的流程。

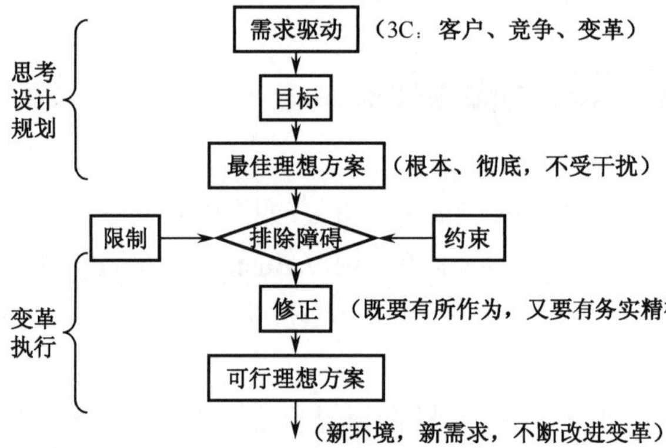

图 33.1 业务流程重组的思维流程

1995 年，英国伦敦西北 Cranfield 管理学院的信息系统研究中心的高级研究员 Joe Peppard 在他与 Philip Rowland 合著的 *The Essence of Business Re-engineering* 一书中认为，根据几年的实践经验来看，提出业务流程重组应当采取渐进的方式。他们给 BPR 下的定义是："BPR 是一种改进哲理。它的目标是通过重新设计组织经营的流程，以便使这些流程的增值作用最大化……并不断改进以获得绩效的改善。这种做法既适用于单独一个流程，也适用于整个组织。"[①]

尽管上述两本书在业务流程的做法上有些差别，但两者都肯定了业务流程重组的必

① 中译本《业务流程再造》，高俊山译，中信出版社，1999。

要性，都强调对流程的重组不仅仅是一般工作方法或技术的改进，都是为了增值，都是观念、流程和机构的重要变革。流程变革的力度，要根据企业在全球市场竞争中的地位和具体条件、期望达到的目的和效益，以及员工对管理变革的理解和接受程度来决定。变革的力度要完全根据重组单位的具体情况来定，既要有理想的远景，又要考虑约束条件，经过努力后加以修正，做到切实可行，并不是渐进与激进“孰是孰非”的问题。

哈默在他 2001 年出版的 *Agenda: What Every Business Must Do yo Dominate the Decade*[①] 的序言中提到：“蕴藏在 *Reengineering the Corporation* 一书中的核心理念是：在企业的运作中，**绩效的显著提升只有通过根本性的变革才能实现**。我想强调的是，‘重组’不是增强企业竞争力的灵丹妙药。要想打败竞争对手，‘重组’只是**解决方法之一**。”他还指出，“如果错误地理解或夸大了它们的实际作用，就会引起误解……”。2001 年该书再版时还指出：“不要把业务流程重组看成一辆节日游行彩车，不管三七二十一地往上跳。”“有些公司把所有的改动都归到‘重组’的大旗下，如果不见效果，又都归罪于‘重组’。”（一些人对待 ERP 不也是这样吗？）

哈默在书中对“radical”又做了进一步解释，不妨摘录他在 2001 版第 4 章中的一段文字，供读者在领会业务流程重组时参考。书中写道：“过去十年里的大部分时间，我想我已经找到了一个可以概括我的工作、我对这个世界的见解以及我的观点的词，这个词就是‘radical’。我采用这个词不是取其政治上的含义，而是用字典中的解释：‘基本的（fundamental），一直延伸到事务的根源。’……”

看来，哈默对“彻底”的原意应该首先是指“从造成问题的根源入手，思考解决办法”，也是英文词典对 radical 一词的第一解释[②]。这和我们在第 26 章提出“需求分析要从管理诊断入手”的“刨根问底”精神是完全一致的。

哈默接着说：“自 1980 年末期开始，我在讲解重组时，都是在谈论如何根本改变企业管理业务的模式，谈论要从**最基础**的地方重新**思考**，在一张白纸上画最美丽的图画……‘radical’成了重组的关键词……”

“但是我错了。请不要误会，我不是放弃进行根本性改革的主张……但是，我不再把 radical 看成重组的定义的核心词或关键词。这个词应当让位给比较温和且不矫揉造作的词——process……”

其实，在《新英汉词典》里，radical 的第一解释是“根本的，基本的，彻底的”，第二解释才是“激进的，激进派的”，但第二解释不是哈默教授的原意。哈默教授用了“process”一词，作为名词有“流程”的意思，作为动词是“处理”之意，在英文里这类双关语很多，要注意应用的场合。可以理解，关键是正确理解业务流程重组，又如何去有效实践，而并不在于它是“渐进”还是“激进”。

各国文字中都会有多义词，这里介绍了哈默教授的原意，有助于我们正确理解业务

---

① Micheal Hammer，*The Agenda, What Every Business Must Do to Dominate the Decade*。Crown Business，New York，2001。中译本《企业行动纲领》，赵学凯等译，中信出版社，2002 年第 2 次印刷。

② *Webster's Dictionary* 对 radical 的第一解释是：“a)of or from the root or roots; going to the foundation or source of something; fundamental; basic … b） extreme; thorough”。

流程重组。

哈默教授曾被 *Business Week*（《商业周刊》）杂志评为 4 名卓越的管理思想家之一，被 *Time*（《时代》）杂志评为 25 名美国最有影响的人物之一。他提出的一些思维方法，对追求卓越、进取不懈是值得时刻借鉴的。例如，经常问问自己：

“有什么必要一定要干我现在正在干的事？”

“为什么一定要用现在这种工作方式来干？”

“为什么一定要由这个部门、这位员工来做这件事？”

用一句通俗的话来说，就是：**不要把“习以为常”的事当成“天经地义”或“理所当然”的事**。只有思想不僵化才能真正在企业内建立一种“追求卓越，永无止境”的企业文化。

33.3 业务流程重组的注意事项

随着经验的不断积累，业务流程重组已日益成熟。根据国内外实践，在进行业务流程重组的过程中，要注意以下事项。

（1）进行业务流程重组必须明确需求、落实目标，并且必须向全体员工讲明，使员工看到光明的远景，产生改革的动力，并成为全体员工自觉的行动。

（2）成立指导性的联合权威组织，具体指导业务流程重组工作。

（3）在采用信息化管理时，要特别注意信息资源和数据的开拓和采集，支持业务重组。

（4）围绕业务流程而不是按任务或职能来进行重组，“部门经理”的概念将逐渐为“流程经理”所替代。

（5）按照供需链管理原理，为加速加大各种流（请回顾 6.2 节“形成供需链的 5 种流”）、以提高客户的满意度为核心重组业务流程，在此基础上调整组织结构。

（6）要推行平行作业（同步或协同），缩短信息处理时间。

（7）让使用流程产生结果的员工提出流程重组的建议，授予员工一定的决策权，把提高业务的处理速度作为业务流程的一项重要内容，由最了解问题症结所在的员工进行控制。这也是实现扁平化管理层次的必要条件。

33.4 业务流程重组与 ERP

哈默教授在其 2001 版的《重组公司》一书中除有三章改用了新的案例外，其他章节都没有改动，但是却重新改写了书的前言。新版前言里着重提到：“**与重组相关的最重要的技术是 ERP 系统的应用，一种由软件支持的集成系统不仅支持单项的业务，而且支**

持完整的业务流程。尝试实施 ERP 系统的公司，如果不是事先或同步地进行业务流程重组，将会对实施的结果感到失望。”国内汉普公司的创始人之一张后启先生曾会晤过哈默，知道他现在也在研究 ERP。从这段前言的内容来看，哈默确实很重视 BPR 和 ERP 的相互作用。

国内在这个问题上存在各种不同的理解，值得特别注意的是：哈默并没有强调一定要先 BPR，再 ERP，而是说**许多情况下 BPR 和 ERP 是“事先或同步”交叉进行的**。

事实上，不少企业在处理 BPR 和 ERP 的问题上是按照以下步骤进行的：

- 如实地描述现有需要优化的所有业务流程；
- 找出现有业务流程的症结和原因所在（因果分析）；
- 提出一个理想的业务流程或解决方案；
- 先着手改进其中不需要信息技术支持的业务流程；
- 实施 ERP；
- 改进其余需要 ERP 系统支持的业务流程。

哈默在新版前言中还提到，过去的谚语是“在混乱的状况下实现自动化，得到的是混乱自动化”，进入互联网时代，这个提法不妨修改为“一个糟糕的业务流程建立了网站，只能是替这个糟糕的流程做坏广告”，使更多的人知道这个公司的管理很糟糕，电子商务将成为噩梦而不是美梦。这里又一次说明要坚持**“先合理化，再自动化”**的原则，方向错了，速度越快，离目标就越远。

业务流程重组和信息系统支持是分不开的。曾经有过一个例子：我国西南地区有一个钢厂，客户来定购钢材洽谈业务要经过 16 道手续，走十几个分散在广阔厂区不同地点的部门，由于手续烦琐，一天都办不下来，这使前来采购钢材的客户望而却步，因而流失了不少客户。后来，新的总经理上任后，把客户定货手续简化，并且打破了部门界限，把客户所需要办理的采购流程集中到一个办公室处理，包括库存查询、询价报价、定货合同、财务结算、办理托运等各种销售事宜，给客户带来极大的便利。这就是一种最朴素的业务流程重组，即使这个重组比较简单，也需要使用简单的信息技术使集中办公的人员能够和各自的业务部门沟通。这样面向客户的部门是一种流程型的部门，而不是功能型的部门。负责这个部门的主管，实质上是一位“流程经理”，而不是“部门经理”。这就是用“流程”打破业务部门之间“隔墙”的一个实际例子。

许多文献经常对比美国福特汽车公司和日本马自达汽车公司在采购支付业务上投入的人力和处理时间。马自达公司采用了统一的数据库，把需要核对的凭证票据的数据都录入数据库中，通过软件程序由系统自动核对。而福特公司当时还是人工核对，自然要消耗大量人力资源。这个例子说明，在多数情况下，业务流程重组需要得到信息集成技术的支持才有可能实现。在信息技术的支持下，实现了信息集成，会计人员不是简单地从事登录和记账等事务性的工作，从某种意义上来讲，他们在起着一种决策人的作用，即人的价值改变了。

福特公司重组了整个采购流程，从“收到发票付款（需要大量核对工作）”到“货到付款（所有采购单、收货单、质检单和发票都输入系统自动核对）”，最后发展到供应商管理库存（VMI，请回顾 20.4.2 节“重复式生产与 VMI”）的“使用后付款”，即整车下线以后付款，从而彻底避免了应付账款的差错。离开信息技术的支持，是不可能改变原有业务流程模式的。

33.5 信息技术应用与流程重组

33.5.1 MRP 应用与业务流程重组

其实，早在实施 MRP Ⅱ阶段就已经遇到业务流程重组的问题。一个典型的例子可以用计划编制流程来说明。

传统手工管理编制计划的工作要多个层次参与，销售部门要编制厂级的年度销售计划，计划部门根据厂级计划编制车间计划，生产部门再进一步编制班组计划，而采购计划又是由供应部门来编制等，一项计划工作要涉及多个部门。在没有信息技术支持的情况下，这样做是迫不得已的。由于手工编制计划在人力和时间上都需要较大的投入，厂级年计划往往在上一年 10 月就要着手编制，到了年底情况会发生不少变化，在下达到车间以前，由计划部门根据当时变化了的情况进行修订，在前一个月的 25 日左右再编制车间月计划。等下达到车间时，几天过去了，情况又可能发生变化，于是不得不再次修订。编制计划不能一气呵成，造成延误和混乱，如图 33.2 左侧所示。

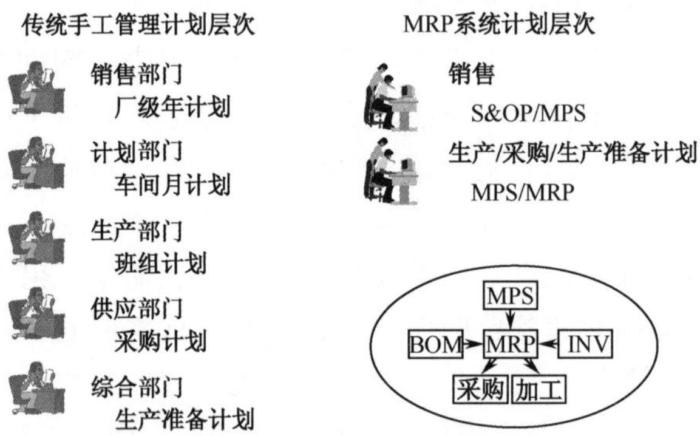

图 33.2　信息化可减少计划编制层次

有了 MRP 系统，实现了信息集成，信息的传递和处理都非常迅速，修订也非常方便，编制计划的时间大大缩短。手工管理的众多层次完全可以简化为两个层次，即 MPS（面向独立需求出厂产品的主生产计划）和 MRP（面向相关需求的物料需求计划）。采用全重排或净改变方法，修订一个计划的时间大大缩短。这时，两个层次的计划编制只需要由两个部门来完成，甚至由一个部门（如物料管理部）就可以完成，采购和生产准备计划也可以通过 BOM 和 MRP 快速展开运算，一气呵成。这就是在信息技术支持下业务流程必须重组的例子。在这个例子中，必然有一些部门会被撤销，部门的职责和工作内容也会发生变化，使组织机构趋向“扁平化”，提高了处理业务的速度和工作效率。这样对迅速响应内外环境的变化，对提高企业的应变能力和竞争力都是绝对必要的。

在上面的例子中，如果有了 MRP 系统，但业务流程和组织机构仍然维持不变，那么就会出现一项作业几个部门都在做，必然造成效率低下、责任不清，信息化的客观要求促使调整组织结构。但是，组织机构的调整又必然会影响到一些人的既得利益，对这类管理改革一定要妥善处理，这也是业务流程重组的难度所在。

从上面例子还可以看出，有了 ERP 系统，就好比有辆好车；有了经过培训的员工，就好比有了好司机。但是如果不改变不合理的业务流程，就好比没有良好路况的道路，再好的车、再好的司机也跑不起来。ERP 和 BPR 的关系就像好车和好路。当然，我们还需要有一个交通规则，才能减少交通事故。这就是企业内部的工作规程和准则，以及有关市场竞争的各种法令法规，也是我们习惯说的市场经济的“游戏规则”和体制机制问题。

企业的组织机构是为了完成某种功能的作业，所有作业都是实现企业目标的业务流程的组成部分，如果现有的组织机构妨碍了目标的实现，妨碍了企业的生存与发展，就有改革的必要。

33.5.2　供需链管理与业务流程重组

进入供需链管理时代，业务流程重组已经从企业的内部发展到与合作伙伴之间关系的变化。这就是 Gartner 公司最初对 ERP 的定义中指出的：“重新调整企业与合作伙伴之间的关系”的内涵，体现供需链管理合作竞争的特点。让我们以一个供需方交易流程的变化为例来加以说明，如图 33.3 所示。

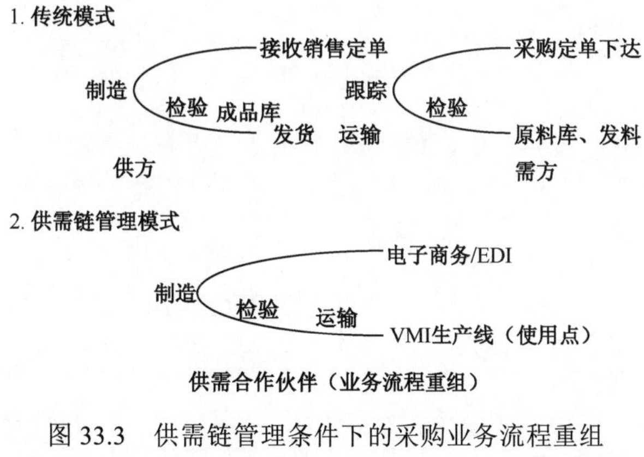

图 33.3　供需链管理条件下的采购业务流程重组

在传统的采购模式下，需方和供方经过洽谈后，要下达采购定单，供方要把需方的采购定单转变为客户定单，按照客户定单的要求安排和协调计划进行加工制造。在这个过程中，需方要不断跟踪，甚至派出专员常驻供方监督生产。供方在产品生产后要进行质量检验，先储存在自己的成品库中，然后发货到需方。需方在接到货物后，还要再进行一次检验，然后入原材料或配套件库，等待生产有需用时再发料到生产部门的使用点。

在供需链管理的模式下，需方和供方是协同文化指引下的合作伙伴关系，供应商是经过资格论证的，产品质量和企业信用是有保证的。采购作业通过电子商务，一次把需方的采购定单自动转换为供方的销售定单（这本来是一件事务处理的两面）。质量标准经过双方协议，由供方完全负责保证，或者由需方派人到供方参与检验，不需要多次重复检验。在签订协议的前提下，由于信息畅通和集成，采用设在需方附近的供方管理仓库的 VMI 方式，把供方的产品库和需方的材料库合二为一，仅在需方生产需要时，才把供方的产品直接发货到需方的生产线或使用点，并结算付款，减少供需双方各自分别入库领料的流程。新的流程和传统流程相比，减少了许多重复和不增值的作业，如一次完成需方的定单下达和供方的定单接收、双方实时交流计划进度免去生产跟踪、需方派驻供方一次完成质量检验、供方设在需方的成品库减少多次入库/出库作业、避免库存积压。

互联网技术提供了实现企业之间的业务流程重组的条件，呼唤着全新的工作方式，使企业的经营模式发生了根本的变化。不言而喻，在这种模式下，信息沟通、总体运营成本、库存控制都会有明显改善，体现了协同文化，提高了供需链的竞争力。

第34章

项目实施评价

对工作如果不能“三省吾身”，就不会有进步。评价不是验收，不是做给别人看的。评价是进取不懈的必要方法和经常性工作，没有业绩评价就谈不上有效管理。实施ERP项目同样必须对各阶段完成的工作进行评价，检查是否完成既定目标，可否开始进行下一阶段的工作，提出需要改进的建议。

34.1 业绩评价是企业自我检查的增值流程

业绩评价是ERP项目实施周期最后一项重要的工作，论证ERP项目是否实现了项目目标。人们把业绩评价比做企业的“生命力”，没有自我评价就没有进步。评价的着眼点不仅要检查企业是否实现了实施ERP项目预期的目标，而且要在评价的基础上，进一步树立新的、更高的目标，使企业在全球市场竞争的环境下有持续发展的后劲，体现现代管理“进取不懈”的精神。

其实，不仅在项目结束时要评价，在项目实施的每个阶段也要对各个阶段成果进行评价。当然，这种阶段评价的内容是有局限性的，但它是审查流程的一个组成部分，只有每个阶段工作都做好了，不偏离总目标，才能保证整个项目成功。

用著名质量管理大师E. Damin提出的戴明环（PDCA环）的精神作为对比，来说明业绩评价的几个过程：首先要制定项目目标，并确定需要改进的各个方面的轻重缓急和优先顺序，是评价业绩的计划过程（Plan)；然后是项目实施，即改进业绩的过程（Do)；接下来是业绩评价，是核查业绩的过程（Check)；最后根据核查的结果，进一步采取措施改进业绩（Action)。这是一种周而复始、无限循环、没有终点、螺旋式上升的不断进取的过程。作为业绩评价，仅仅看结果是不够的，结果是否巩固，还要看目标，看实施的全过程。

评价项目实施不等于验收，验收是一次性的，是贷款项目或科研基金项目需要履行的程序。参加验收的评审成员往往只能看到最后的结果，很少有条件跟踪项目的实施全过程，只看结果不问过程，掌握的信息是不全面、不完整的，对最后的结果能否巩固并继续发扬也很难做出正确的判断，因此得出的结论就有偏差。国内有些 ERP 项目通过验收之后就一蹶不振或依然故我，说明确实有走过场、应付差事的现象。

我们这里讨论的业绩评价是一种企业不懈进取和提高竞争力的增值作业流程，完全是一种企业自身的自我检查，是一种企业行为，是企业自主意识的体现。有的 ERP 产品中有企业业绩管理系统（Enterprise Performance Management，EPM）结合 BI 系统，可评价企业全面的经营业绩，但是我们在这里主要讨论实施 ERP 项目，不涉及过多的内容。

34.2 评价必须对照目标

西方有句名言：没有量化的评价就谈不上管理（No measurement，no management），说明评价对改进管理的重要意义。但是，如果没有正确的评价标准，也会对管理工作产生误导。评价本身不是目的，评价的目的是找出改进的方向和措施。企业必须清楚应当改进什么和如何改进。改进一定是一种变动，但是反过来，变动不一定是改进，更不一定是变革。

业绩评价是不懈进取和提高竞争力的重要前提，它必须与目标设定和标杆管理的高标准定位结合起来。因为没有目标，评价就无从对比。有了目标又该如何评价，同样也是一个需要注意的问题。这也是我们曾强调在制定目标的同时要制定考核“是否达到目标”的具体计算方法。

评价要注意几个方面：

- 选择正确和全面的评价标准；
- 按重要性排列评价指标的优先顺序；
- 采用有积极促进作用的评价方法；
- 评价过程要易于被员工理解和接收；
- 评价后要提出进一步改进的行动方向。

34.3 实施评价的平衡记分卡

34.3.1 平衡记分卡

美国哈佛大学教授 R. S. Kaplan 和 D. P. Norton 对 12 家公司经过一年多的研究，于 1992 年提出一种新的评价系统——平衡记分卡（Balanced Scorecard），目的是将企业的战略任务以特定的目标和评价内容表达出来①。

---

① *Harvard Business Review on Measuring Corporate Performance*，Harvard Business School Press, 1998.

他们为企业管理高层设计的 4 个方面评价内容是：

（1）客户是怎样看我们的（客户满意角度）？

（2）我们必须在哪些方面做得更好（内部经营角度）？

（3）我们能继续改进和创造价值吗（学习和创新角度）？

（4）我们该如何对待股东和权益群体（经济效益角度）？

对这 4 个方面可以这样理解：第（3）项学习和创新是基础，有了这个基础才有可能做到第（1）、（2）两项，改进内部经营，进而满足客户的需求，最后获取利润和效益。财务指标是其他 3 项运作指标综合的结果，说明财务上反映的效益是如何计算出来的。这 4 个方面，既有战略又有战术；既说明结果又说明过程。此外，还说明了各项考核指标相互之间的因果关系。

下面让我们尝试把平衡记分卡的精神运用到 ERP 项目实施评价中。

34.3.2　ERP 内部集成项目实施的平衡记分卡

平衡记分卡起源于战略管理评价，但是可以结合项目管理的要求和 ERP 内部集成的实施进程的特点，汲取它的精神来评价一个 ERP 内部集成项目的实施工作，尽量做到既兼顾战略又兼顾战术；既有结果又有过程；既考核决策层又考核管理层和执行层；全面、平衡地制定评价指标。它既要与目标对比，又要说明实现目标的过程，以及目标成果能否可靠地巩固下来。可采用评分来说明各项指标完成的程度。

ERP 的评价记分是按照以下一些原则设定的：

（1）实施 ERP 是一个项目管理的过程，因此，项目管理和实施方法论中提到过的各注意事项和原理、原则，在实施评价中应当有所对应，充分反映出来。反映实施进程的所有记录和文档齐全，有据可查，即确实是按部就班、脚踏实地、稳步扎实地走过来的。

（2）信息化是一种学习、运用和创新知识的过程。为此，实施 ERP 项目始终把培训工作摆在首位，用数据说明培训的实效（参加不同内容培训的人数及占员工的百分比，可担任教员的人数，自编教材的实用性等），项目交付必须完成知识转移，使员工今后能够能动地把信息化推向深入，为进一步深化应用打下基础。

（3）人们常说，实施 ERP 系统是“三分技术，七分管理，十二分数据”，且不论这个提法是否全面，至少说明如果数据不准确，则只能是“假话进，废话出”。因此，如何保证数据准确是一个极其关键的问题。企业必须有具体措施，把保证数据准确纳入全面质量管理的范畴内。

（4）一种结果可以是通过不同的过程得来的。如果过程合理，结果不但是“必然的”，而且是可以“持久的”或“巩固的”。反之，这种结果可能是短命的，验收通过，一切照旧。因此，作为项目评价，一定要既看结果又看过程。

（5）效益是实施 ERP 系统所追求的目的，是项目的目标，其中回收投资这一条有时比较难以估价，因为有些效益很难分辨是否单纯由实施 ERP 系统带来，有些效益是长期的和战略性的，短期内不一定能够估计出来。但是在可能的情况下，还是尽可能地进行一定的估算，核实可行性报告中投资效益分析的真实性。

（6）ERP 系统需要大量复合型人才来驾驭，系统能否在企业内应用起来，人才是关键。通过实施 ERP，企业必须建立一支既熟悉现代管理又能熟练应用信息技术的复合型员工队伍。我们多次谈过，企业的竞争力主要体现在人才优势上，一方面，员工素质是实施 ERP 系统的先决条件；另一方面，素质的提高是实施 ERP 系统后的必然结果，是保证 ERP 系统持续发展和改进的必要条件。因此，成功实施 ERP 系统必然会为企业造就一大批复合型、创新型的人才。而且，要有完善的激励机制，保证能够留住绝大多数的项目实施骨干，以巩固和发展信息化管理系统。

（7）信息化是一种持续发展和变革的过程，和变革管理有着极为密切的关系。必须反映出实施 ERP 系统后的重大业务流程改革成果和措施。

（8）实施 ERP 系统是一场管理革命，因此必须有新的“法律”把改革的成果巩固下来。这就是建立一套按照新的业务流程制定的工作规程和准则，尤其是在保证各项基础数据准确，以及迅速响应客观环境变化方面，有一套行之有效的保证措施。要建立书面文档，做到“有法可依”，使实施 ERP 的成果得以巩固，并继续充实、完善和提高。

（9）如果评价的结果不佳，必须进行因果分析，或者补课，或作为下一个项目周期的努力方向，绝不可走走过场，不了了之。永远不要忘记：评价的目的是进一步改进。

下面列举了 4 个方面作为全面“平衡”考虑评价的内容，每一项可以按 1、2、3、4、5 五个等级打分，这种评价的目的不是在几个企业中间评出一个“示范案例”，不是通用标准，而是企业自我检查时应当注意和不可忽略的内容。不同企业可以根据自己的情况和重点，自行设计评价内容和方法。同时要按重要性和优先级排列顺序，权衡各个方面，有所侧重。

这里列举的仅是建议，供读者参考，并不一定就是 4 个方面，可以根据具体情况增减。

1. 项目进程

不同的项目进程可能得出相同的结果。但是有些进程得到的结果是牢固的，有些可能是昙花一现，因此，评价实施 ERP 的成果，不但要看结果，更要看过程。可以注意以下内容。

- 项目进程是遵照“知理–知己–知彼–知用”的流程进行的，永远把培训（知理）放在一切工作的首位。
- 项目前期工作有正确的企业管理诊断，有需求分析和投资效益分析（或可行性分析报告），经过管理高层认真讨论研究并一致通过。
- 实施过程文档记录完整，包括：
  - ➢ 前期工作的各种文档（需求分析报告、投资效益分析报告等）；
  - ➢ 遇到的问题及解决处理过程的记录；

> ➢ 与软件商和实施顾问单位的往来联系记录；
> ➢ 阶段成果报告及审批记录；
> ➢ 二次开发和用户化文档；
> ➢ 各级工作例会记录；
> ➢ 总结报告。

- 体现“一把手”工程：
  - ➢ 项目是在企业各级“一把手”指导和关注下实施的；
  - ➢ 核心业务各级主管都已配备了计算机，可以随时依据系统提供的信息进行决策，指导企业各部门的经营生产活动，体现了各级“一把手”是主要的受益者。
- 整个项目控制在预期的进度和预算之内（允许有一个适当的公差浮动）。
- 建立了一套保证数据准确的措施。

2．效益

搞信息化需要一笔不小的投资，所以实施 ERP 一定要评价效益和回报，这是不言而喻的。企业可以注意以下几个方面。

- 实现了项目目标期望的经济指标：
  - ➢ 资金占用率降低；
  - ➢ 交货期缩短；
  - ➢ 库存量下降；
  - ➢ 结算时间缩短；
  - ➢ 对市场变化响应速度加快。
- 在预计的时间内回收了系统的投资。

3．系统应用

买了 ERP 产品，就要切实地用起来。评价应用，不能仅从个别部门来考察，ERP 是一个高度集成的信息化管理系统，因此，要从整体和集成的角度来考察。企业可以注意以下几方面。

- 员工对新系统满意，成为管理人员解决各种管理问题、改进日常工作和优化决策离不开的得力工具；
- 选购的系统已全部运行起来，体现了核心业务的信息集成；
- 实现了产品研发与核心管理业务的信息集成；
- 为保证信息流和工作流通畅，进行了必要的业务流程重组或改进。

4．巩固措施务实有效

一个像 ERP 这样的革新系统，是一场管理革命，随时会有“复辟”和倒退的风险，因此有没有巩固措施是一个非常重要的方面。经过“验收”后不了了之的项目并不少见。

至于能否坚持下去，可以考虑以下因素。

- 建立了一支复合型人才队伍；
  - ➢ 较实施前增加了 $X\%$；
  - ➢ 复合型人员的流失率低于预期的 $Y\%$。
- 建立了工作准则与工作规程，已经执行。
- 提出了下一阶段的工作建议，有了新的目标。

下面我们参考平衡记分卡的精神为 ERP 项目设计一个平衡记分卡。

图 34.1 只是一个建议性的平衡记分卡，主要突出评价应关注的主要方面。

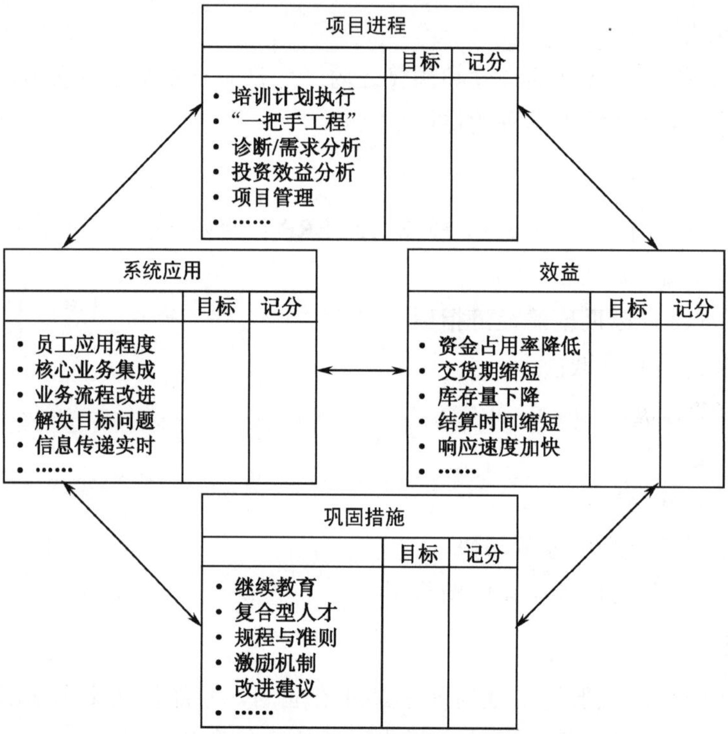

图 34.1　ERP 平衡记分卡设想

一般来说，各项评价指标之间是有密切联系的，项目进程规范，必然为其他评价指标奠定良好基础；库存量下降，资金周转自然会加快；核心业务集成不好，势必影响交货期缩短；激励机制没有明显改进，对巩固人才队伍必然会有影响。从这个示例可以看出，巩固措施有所欠缺，前期培训比较有力，但继续教育不够，值得加强和改进。

企业可以根据自己的目标和特点，设计符合自己需要的评价主题和内容，相信一定会有更多的创新。必要时，还可以绘制雷达图（蛛网图），直观地观测各方面业绩的偏差，如图 34.2 所示。

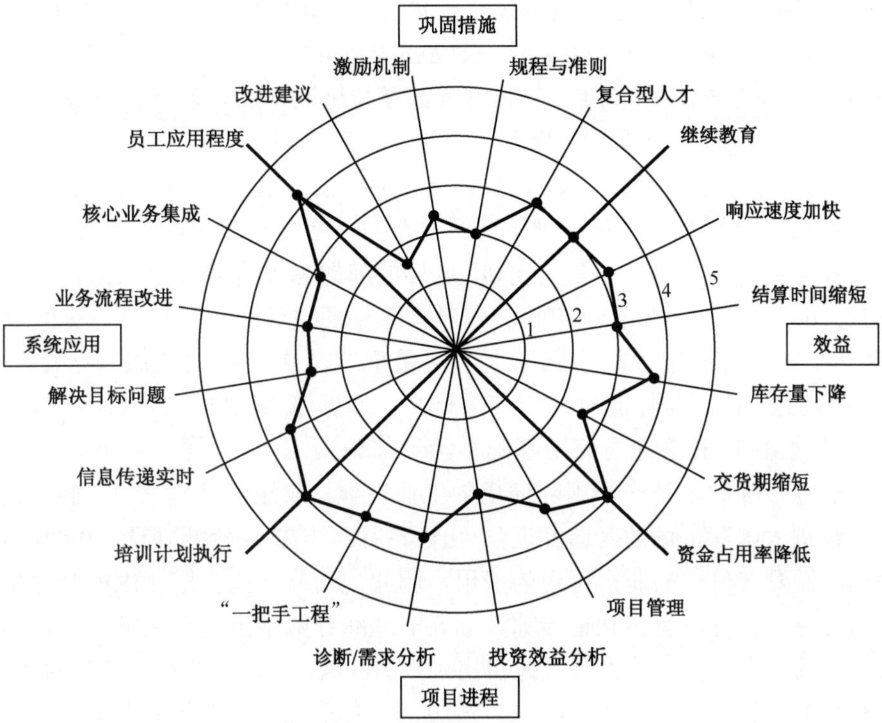

图 34.2 实施评价雷达图

34.4 MRP Ⅱ评价方法借鉴与不足

至今人们还在谈论着 MRP Ⅱ的实施评价方法，它有许多值得参考的地方，但是时至今日，又显得有些不足。作为历史参考资料，我们还是在这里扼要地介绍一下，供读者参考。

MRP Ⅱ的主要创始人怀特（Oliver Wight）在 1976 年提出：把实施 MRP Ⅱ系统的企业评级为 A、B、C、D 4 个等级。1982 年，在闭环 MRP 发展到 MRP Ⅱ以后，他又做了一些补充，并规定了一些基本的评级标准。1988 年，怀特创办的怀特公司的继任总裁戈达德（W. E. Goddard）在 APICS 年会上提出一个新的考核规则，汲取了 JIT 的哲理，把考核内容分为总体效果、计划与控制过程、数据管理、进取不懈过程、计划与控制评价、企业工作评价 6 个主题，列出了 35 个问题，增加了产品开发与设计、质量管理、分销资源计划、与客户和供应商的合作关系、降低成本等方面的考核内容（参阅期刊 *Modern Materials Handling*，January 1989）。

粗略地讲，达到 A 类标准是实现了物流信息和资金流信息的集成，即 MRP Ⅱ；达到 B 类标准是实现了闭环 MRP；达到 C 类标准是实现了 MRP；而达到 D 类标准仍然停留在简单的数据处理的水平，没有体现信息集成。

1993 年，Oliver Wight 出版社出版发行了第 4 版《ABCD 优秀企业运作考评表》（*The Oliver Wight ABCD Checklist for Operational Excellence*），由 20 余名 MRP Ⅱ专家编写，分为战略规划、员工与团队精神、全面质量管理与进取不懈、新产品开发、计划与控制五大类。每一类下面又分成若干标题。例如，战略规划下面有领导承诺、经营战略、高标准定位、持续竞争优势、持续的规范化战略规划、资金使用同战略的一致性、经营规划、产品成本计算 8 项。每一项下面又有数目不等的问题，给予具体打分（按优、良、可、差和无所作为，分为 5 等评分）。这样的问题总计有 450 个以上，其中计划与控制方面约 168 个问题，占了近 40%。作者们希望通过这个考核提纲，提醒管理人员在管理进步方面应当做什么和注意什么，并希望这个考核提纲能成为一个工业标准（ABCD 考评表的“计划与控制过程”部分译文，参见清华大学出版社 1997 年 11 月出版，初壮著的《MRP Ⅱ原理与应用基础》附录部分）。

由于上述考核提纲不是一个国际通用的工业标准，甚至不是 APICS 的正式文件，即它不是一种进入国际市场的“通行证”。由于进行 ABCD 评价要聘请 APICS 的认证专家（CPIM），需要支付一笔非常可观的费用，因此，国外一些实施 MRP Ⅱ效果很好的企业往往自行评价，并没有请认证专家，而在一些统计数字上没有包括这些没有请认证专家评价的优秀企业，从而被人肤浅地得出了“国外 A、B 类企业也不多”的片面结论。这种不加分析的结论，只能为“失败论”造势，不利于 MRP Ⅱ事业的发展。

但是，ABCD 评价方法依然有许多可以借鉴的地方，如：

（1）ABCD 核查表已经具有“平衡记分卡”的雏形，即细分类别，兼顾战略和战术，财务和非财务，高层与低层，尽量全面。

（2）从 MRP Ⅱ逻辑流程图中可以看出，MRP Ⅱ系统是由 3 个管理层次组成的。因此，考核指标的主题也是和管理层次对应的，既考核下级管理层，也考核上级管理层。各个层次都有相应的考核指标，做到责任明确。其中有几项涉及基本数据的准确度，考核负责维护数据的部门。

（3）考核内容分为“实施业绩考核”和“管理规范考核”两部分。前者主要是计划的可行性和完成率、数据的准确性，以及在交货、质量、速度、成本等方面完成的百分比；后者主要是回答在培训、数据准备、应用、总体运行等方面提出的问题，用“是”或“非”答题评分，也就是说，可以有百分比计算和答题两种基本形式。

MRP Ⅱ的 ABCD 业绩评价系统没有强调项目目标和高标准定位，而且 ABCD 考评表的方法过于复杂，这方面的工作还需要国内业内人士不断创新，每个实施 ERP 项目的企业可以根据上述精神，制定本企业有效的实施评价方法。

2002 年 APICS 出版了 CIBRES 公司发行的企业资源管理记分卡系统（T. Anderegg，CFPIM: *Scorecard System for World-Class Enterprise Resource Management — for ERP Systems, Version 1*），包括公司基本信息、综合问题、环境特点、决策准则、项目管理、TQM/JIT 及不断进取、战略规划、人员体制、培训及教育、业绩评价、信息沟通设施、产品设计及研发、运作计划与控制 13 个章节，采用 10 分制打分，涉及面较广，不限于对 ERP 项目实施的评价。有兴趣的读者可以设法买一本看看。

全书至此就结束了，由于内容涉及面很广，限于作者水平和能力，有些部分谈得不够深入，不足之处一定很多，欢迎读者提出宝贵意见和建议。书中提到的一些当前存在的模糊认识或不恰当做法，相信随着时间的推移，最后终将不再是什么问题。那时，这类叙述留在书里，只是作为历史的遗闻，供后人警示而已。

最后，祝愿所有实施 ERP 系统的企业都能正确理解 ERP，用规范化的“知理-知己-知彼-知用”实施流程，顺利达到预期目标，取得最好的实施效果。

参考文献

[1] APICS.Applied Manufacturing Education Series (AMES)1. MASTER PLANNING [M]. Alexandria Verginia: APICS Professional Bookstore, 2001.

[2] APICS.Applied Manufacturing Education Series (AMES) 2. MATERIAL REQUIREMENTS PLANNING [M]. Alexandria Verginia: APICS Professional Bookstore, 2001.

[3] APICS.Applied Manufacturing Education Series (AMES) 3. CAPACITY REQUIREMENTS PLANNING [M]. Alexandria Verginia: APICS Professional Bookstore, 2001.

[4] APICS.Applied Manufacturing Education Series (AMES) 4. INVENTORY MANAGEMENT [M]. Alexandria Verginia: APICS Professional Bookstore, 2001.

[5] APICS.Applied Manufacturing Education Series (AMES) 5. PRODUCTION ACTIVITY CONTROL [M]. Alexandria Verginia: APICS Professional Bookstore, 2001.

[6] APICS.Applied Manufacturing Education Series (AMES)6. JUST IN TIME [M]. Alexandria Verginia: APICS Professional Bookstore, 2001.

[7] FREDENDELL L D. APICS, Basics of Supply Chain Management [M]. New York: St. Lucie Press, 2009.

[8] COX J F, BLACKSTONE J H. APICS Dictionary [M]. 11th Edition. New York: APICS Professional Bookstore, 2005.

[9] PROUND J F. Master scheduling: a practical guide to competitive manufacturing[M]. 3rd Edition. New York: John Wiley & Sons, Inc., 2007.

[10] AYERS J B. Handbook of Supply Chain Management [M]. New York: St. Lucie Press/APICS Series on Resource Management, 2001.

[11] ODEN H W, LANGENWALTER G A, LUCIER R A. Handbook of Material & Capacity Requirements Planning [M]. New York:McGraw-Hill, 1993.

[12] VOLLMANN T E, BERRY W L, WHYBARK D C. Manufacturing Planning and Control Systems Rev[M]. New York: Irwin/McGraw-Hill, 2004.

[13] JACOBS F R, BERRY W, WHYBARK D C, et al. Manufacturing Planning and Control for Supply Chain Management [M]. New York: McGraw-Hill, 2011.

[14] HAMILTON S. Maximizing your ERP system: a practical guide for managers [M]. New York: McGraw-Hill, 2003.

[15] LANGENWALTER G A. Enterprise Resources Planning and Beyond, Integrating Your Entire Organization [M]. New York: St. Lucie Press /APICS Series on Resource Management, 2000.

[16] PLENERT G, KIRCHMIER B. Finite Capacity Scheduling [M]. New York: John Wiley & Sons, Inc., 2000.

[17] KIMMS D. Beyond Manufacturing Resource Planning (MRP Ⅱ): advanced models and methods for

production planning [M]. Berlin: Springer, 1998.

[18] MULLER M. Essentials of Inventory Management [M]. New York: Amacom, 2003.

[19] CAVINATO J L. The Purchasing Handbook [M]. Maryland: McGraw Hill, 2000.

[20] COKINS G. Activity-based cost management : an executive's guide [M]. Hoboken: Wiley, 2001.

[21] DAVIS E W, SPEKMAN R E. The Extended Enterprise: Gaining Competitive Advantage Through Collaborative Supply Chain [M]. Englewood: Printice Hall, 2004.

[22] 王平心. 作业成本计算理论与应用研究[M]. 大连：东北财经大学出版社，2001.

[23] 王纹. 数字会说话——ERP 中的财务管理[M]. 北京：机械工业出版社，2003.

[24] 吕文清，吕文彬. ERP 制造成本管理[M]. 广州：广东经济出版社，2002.

[25] HORNGREN C T, DATAR S M, FOSTER G. Cost Accounting [M]. 11th ed. Englewood: Prentice Hall, 2003.

[26] BARFIELD J T, RAIBORN C A, KINNEY M R. Cost Accounting, Traditions and Innovations [M]. 5th ed. New York: Thomsom Southwestern, 2003.

[27] RECKTENWALD J. TenStep Project Management Process [M]. New York: TechRepublic, Inc., 2001.

[28] LUBER A D. Solving business problems with MRP Ⅱ system [M]. Boston:Digital Press, 1995.

[29] WALLACE T F, KREMZAR M H. ERP, Making it Happen—The Implementers' Guide to Success with Enterprise Resource Planning [M]. New York: John Willey & Sons, Inc., 2001.

[30] GENUS A. The Management of Change: Perspectives and Practice [M]. London:International Thomson Business Press, 1998.

[31] HAMMER M. The Agenda: What Every Business Must Do to Dominate the Decade [M]. New York : Crown Business, 2001.

[32] HAMMER M, CHAMPY J. Reengineering the Corporation: a manifesto for business revolution [M]. New York: Harper Business, 2001.

[33] 陈启申. 成功实施 ERP 的规范流程——知理・知己・知彼・知用[M]. 北京：电子工业出版社, 2009.

[34] 萨缪尔森，诺德豪斯. 经济学[M]. 18 版. 萧琛，译. 北京：人民邮电出版社，2008.